EVELYNE LEVER

Marie Antoinette

EINE BIOGRAPHIE

EVELYNE
LEVER

Marie Antoinette

EINE BIOGRAPHIE

WELTBILD VERLAG

Die französische Originalausgabe
erschien 1991 unter dem Titel
Marie-Antoinette bei Fayard, Paris

Dem Andenken meiner Großmutter
Mathilde Annibali (1876–1973)

Danksagung

Dieses Werk wäre nicht entstanden ohne die Mitwirkung zahlreicher Kollegen, Freunde, Archivare und Konservatoren. Ich möchte an dieser Stelle allen danken, die mich mit ihren Hinweisen und Ratschlägen unterstützt haben. Besonderer Dank gilt Hon. Prof. Dr. OR Leopold Auer vom Haus-, Hof- und Staatsarchiv, Wien, François Bonnerot, dem Marquis de Breteuil, Eckhard Buddruss und François Crouzet, Professor an der Universität Paris IV und Leiter des Centre de recherche sur la civilisation de l'Europe moderne. Weiterhin danke ich Michel Duchein, dem Generalinspektor der Archives de France, Suzanne D'Huart, Honorar-Chefkonservatorin der Archives de France, François Moureau, Professor an der Universität Dijon, Doktor Andreas Pfersmann, Philippe Roger, Forschungsbeauftragter am C.N.R.S, dem Grafen de Sade, René Saive und Cécile Tardieu vom C.N.R.S.

Genehmigte Lizenzausgabe für
Weltbild Verlag GmbH, Augsburg 1996

Umschlaggestaltung: Adolf Bachmann, Reischach
Umschlagbild: Archiv für Kunst und Geschichte, Berlin
Gesamtherstellung: Presse-Druck Augsburg
Printed in Germany
ISBN 3-89350-948-8

Inhaltsverzeichnis

Kapitel I

Tu felix Austria, nube

In der Klosterkirche der Augustiner, die zugleich Hofkirche war, geleiteten die Kaiserin Maria Theresia und ihr Sohn, Kaiser Joseph II., die Erzherzogin Maria Antonia zum Altar. Rechts und links standen Grenadiere in Paradeuniform Spalier, dicht drängten sich Würdenträger und Höflinge aus den vornehmsten Familien des Kaiserreiches. Maria Antonia trug ein Kleid aus Silberstoff, die Gräfin Trautmannsdorff hielt die Schleppe. Die kleine Erzherzogin kniete neben ihren Bruder Ferdinand nieder, der Louis Auguste, den Enkel des französischen Königs Ludwig XV., vertrat. *Per procurationem* wurde Maria Antonia, die jüngste Tochter Maria Theresias, am 19. April 1770 mit dem französischen Dauphin vermählt.

Die Gemahlin des künftigen Königs war vierzehn Jahre und fünf Monate alt, groß gewachsen und gut gebaut, vielleicht ein wenig zu dünn nach den Schönheitsvorstellungen der damaligen Zeit. Mit ihrer rosigen Haut, den großen, erstaunt blickenden Augen und dem Schmollmund wirkte sie immer noch wie ein kleines Mädchen. An diesem Eindruck konnten auch die kunstvoll gelockten und aufgesteckten blonden Haare und die Art, wie sie mit stolz erhobenem Kopf einherschritt, nichts ändern.

Während der päpstliche Nuntius, Monsignore Visconti, die Messe las und die Jubelgesänge von den gotischen Mauern der Kirche widerhallten, genoß die Kaiserin still ihren Triumph. Mit dieser Heirat ging ein großer Wunsch in Erfüllung, sie war der Schlußstein des diplomatischen Gebäudes, an dessen Errichtung sie zusammen mit Staatskanzler Kaunitz seit fünfzehn Jahren arbeitete, die Krönung des Vertrages zwischen Frankreich und Österreich aus dem Jahr 1756. Seit damals hatte es Maria Theresia besonders am Herzen gelegen, die zerbrechliche Verbindung zu festigen und den König von Frankreich als Verbündeten Österreichs zu erhalten. Im übrigen war es ihr sehr wichtig, ihre zahlreichen Töchter so zu verheiraten, daß es dem illustren Hause Habsburg zum Ruhme gereichte. Maria Amalia hatte den Infanten von Parma geheiratet, Maria Karoline den König von Neapel. Diese Heiraten bedeuteten zwar ebenfalls Erfolge für Maria Theresia, doch keine war so glanzvoll wie die Vermählung der kleinen Maria Antonia, denn sie würde, daran zweifelte kaum jemand, eines Tages Königin von Frankreich sein.

Von einer solchen Zukunft hatte die Kaiserin sicher nicht geträumt, als sie dieses Kind am 2. November 1755 gegen sieben Uhr abends zur Welt gebracht hatte, während ihr Gemahl, Kaiser Franz I., mit ihrem ältesten Sohn, Erzherzog Joseph, die Messe für die Verstorbenen hörte. Es war Maria Theresias fünfzehnte Niederkunft, und sie fürchtete die Schmerzen der Geburt nicht mehr. Bis zum letzten Augenblick hatte sie Akten durchgesehen. Bevor sie sich endgültig den Geburtshelfern anvertraute, ließ sie noch einen Zahnarzt rufen, damit er ihr einen kranken Zahn zog, der ihr Beschwerden bereitete. Direkt nach der Entbindung unterschrieb sie weitere Dokumente, dann erst gönnte sie sich etwas Ruhe. Das kleine Mädchen wurde am nächsten Morgen auf die Namen Maria Antonia Josepha Johanna getauft. Stellvertretend für ihren Paten und ihre Patin, den König und die Königin von Portugal, hielten sie ihr Bruder und ihre Schwester, der vierzehnjährige Erzherzog Joseph und die siebzehnjährige Erzherzogin Maria Anna, über das Taufbecken.

Wie alle Kinder des Kaiserpaares wurde die kleine Antonia in die Obhut von Erzieherinnen, «Ajas», gegeben. Für die Kaiserin standen die Staatsgeschäfte an erster Stelle, und die leitete sie mit Meisterhand. Ihre elterliche und erzieherische Gewalt delegierte sie an Frauen ihres Vertrauens, die sie mit schriftlichen Empfehlungen und Anweisungen überschüttete; es kam durchaus vor, daß die Kaiserin ihre Kinder ein paar Tage lang nicht sah. Die «Ajas» mußten ausführliche Berichte über die Gesundheit und das Benehmen der Kinder verfassen, Maria Theresia beantwortete jeden Bericht ganz genau. Diese Korrespondenz wurde in Französisch geführt, neben Deutsch und Italienisch war dies eine der drei Sprachen, in denen sich die kaiserliche Familie privat unterhielt. Maria Theresia sorgte sich sehr um die Gesundheit ihrer Kinder und gab den Erzieherinnen zu diesem Punkt genaue Anweisungen. Sie verlangte, daß man sie jederzeit, tags oder nachts, unverzüglich von «dem ersten Anzeichen des geringsten Unwohlseins» in Kenntnis setze. Die «Ajas» sollten keine Skrupel haben, sie aus einem solchen Grund zu stören, sie sei «jederzeit auf alles vorbereitet».[1] Wenn die Kaiserin abwesend war, durften, soweit es um die Gesundheit der Erzherzöge und Erzherzoginnen ging, nur die Ärzte Entscheidungen treffen. Kein Erzieher und keine Erzieherin durfte ohne ausdrückliche Erlaubnis der Männer, die jene Kunst beherrschten, in die die Kaiserin ihr ganzes Vertrauen setzte, an dem Speiseplan der Kinder etwas ändern oder ihnen ein harmloses Medikament oder eine Salbe geben.[2] Der erste Leibarzt war der berühmte Doktor van Swieten, er wachte über das Wohlergehen der gesamten kaiserlichen Familie. Um den Kaiser und die Kaiserin machte er sich Sorgen, denn sie hielten sich nicht an die strenge Diät, die er verordnet hatte. Sie aßen zuviel, und im Laufe der Zeit nahmen sie eine beachtliche Leibesfülle an. Van Swieten ließ sie von Zeit zu Zeit zur Ader und verabreichte ihnen Chinarinde. Maria Theresia ließ ihn gewähren, aber genau befolgte sie seine Anweisungen nur, wenn es um ihre zahlreiche Nachkommenschaft ging. Die Kinder durften keine Süßigkeiten essen, keinen Kuchen und keine Konfitüre, abends gab es nur eine dünne Suppe, Eier und einen leichten Nachtisch. Überdies wies die Kaiserin die Erzieher der Prinzen an, ihre Schützlinge an eine gründliche Körperpflege zu gewöhnen. Dabei sollten sie darauf achten, daß «diejenige Person, welche damit befaßt ist, sie zu waschen und ihren Körper zu säubern, dies mit Anstand tut, damit sie beizeiten Zurückhaltung lernen».[3] Die Kinder sollten keiner starken Kälte ausgesetzt, aber zugleich nicht an zu große Wärme gewöhnt werden.

Maria Theresia hielt Erziehung bereits in frühem Alter für sehr wichtig. Die Kinder sollten sich daran gewöhnen, auch dann zu schlafen, wenn es um sie herum laut zuging oder hell war, und sie sollten ohne lange Schlaflieder einschlafen. Die Erzieher sollten ihnen «die Furcht nehmen vor Dingen, welche tatsächlich furchteinflößend sein können». Im Hinblick auf den Rang der Kinder verbot sie zu ihrer Unterhaltung «Verrenkungen, Grimassen, Possen, Fingerspiele und alles, was eine unangebrachte Vertraulichkeit entstehen lassen könnte».[4] Sobald die Kinder zu sprechen anfingen, sollten die «Ajas» darauf achten, daß sie «die Wörter nicht auf unschickliche Weise verunstalten» unter dem Vorwand, den Kindern das Sprechen zu erleichtern. Schließlich meinte die Kaiserin, wenn die Kinder laufen lernten, «darf man sie nicht zu lange an einem Gurt führen. Sie fühlen sich sonst gehemmt und werden ungehalten, sie sind viel geschickter, wenn man sie bei ihren Bewegungen nicht einschränkt.»[5]

Diese Regeln galten auch für die früheste Erziehung von Maria Antonia. Sie verbrachte glückliche Kindheitsstunden unter der süßen Zuchtrute der Gräfin Brandeis in den Kinderzimmern der schmucklosen Hofburg oder des verspielten Schlosses Schönbrunn, das Maria Theresia erst kurz zuvor hatte neu einrichten lassen. Zweimal bereitete die kleine Erzherzogin ihrer Mutter große Sorgen: Im Dezember 1757 erkrankte sie schwer an den Masern, und im Dezember 1763 verlor sie unter Krämpfen das Bewußtsein;

man fürchtete um ihr Leben. Doch es ging ihr bald wieder besser, und der Anfall wiederholte sich nicht.

Maria Antonia spielte oft mit ihren beiden Brüdern Ferdinand und Maximilian, Ferdinand war ein Jahr älter, Maximilian ein Jahr jünger als sie. Aber am liebsten war sie mit ihrer drei Jahre älteren Schwester Maria Karoline zusammen. Die anderen Geschwister waren erheblich älter als sie, und sie wußten nicht viel miteinander anzufangen. Leopold war 1747 geboren, Maria Amalia 1746, Maria Elisabeth 1743, Maria Christine 1742, Joseph 1741 und Maria Anna 1738. Maria Theresia und Franz I. versammelten regelmäßig ihre gesamte Kinderschar um sich. Diese Zusammenkünfte verliefen ganz und gar nicht steif, sondern sehr herzlich, wie eine Gouache der Erzherzogin Maria Christine zeigt. Auf dem Bild sind das Kaiserpaar und vier seiner Kinder zu sehen, die Kinder haben soeben ihre Geschenke zum Nikolaustag 1763 bekommen. Der Kaiser sitzt im Schlafrock, auf dem Kopf die Nachtmütze, neben dem Kaminfeuer und liest. Die Kaiserin steht, sehr einfach gekleidet, hinter seinem Sessel, die Kinder tollen um die beiden herum. Maria Antonia hat eine neue Puppe in der Hand, Maximilian spielt mit einem Reiter, ein weiterer kleiner Erzherzog (Ferdinand?) vergießt Tränen, weil er statt eines Geschenks eine Rute in seinem Stiefel gefunden hat.

Der Kaiser war ein guter Ehemann und allem Anschein nach seinen zahlreichen Kindern ein ebenso guter Vater. Weil seine Frau von Anfang an darauf geachtet hatte, daß er sich auf die Rolle des Prinzgemahls beschränkte, blieb ihm viel Zeit für die Erziehung der jungen Erzherzöge. Daneben gönnte er sich seine ganz privaten Zerstreuungen, wobei das schöne Geschlecht eine große Rolle spielte. Maria Theresia, Kaiserin und zugleich ihrem Mann ergebene Ehefrau, tat so, als wüßte sie von nichts. Wahrscheinlich war ihr diese Art von Beschäftigung lieber, als wenn ihr Gemahl sich in die Staatsgeschäfte eingemischt hätte. Franz I. kümmerte sich mehr um die Erziehung seiner Söhne als um die seiner Töchter. Seinen Töchtern gegenüber war er ganz der zärtliche Vater, und den Erzherzögen schärfte er ein, daß sie ihre Schwestern «mit Respekt und Anstand» behandelten. Er wünschte, daß «die gesamte Familie durch zärtliche Freundschaft verbunden» sei, und wußte, «daß dies ein einzigartiges Maß an Beherrschung der verschiedenen Temperamente und Neigungen erfordert».[6] Franz I. verfaßte für seine Kinder eine lange «Vorschrift», wie sie sich zu benehmen hätten. Aufbauend auf den Prinzipien des katholischen Glaubens, dem das Kaiserpaar zeit seines Lebens tief ergeben war, erteilte der Kaiser in seiner Vorschrift eine Reihe von Ratschlägen, die künftigen Herrschern von Nutzen sein sollten: Man soll niemals aus einem starken Gefühl heraus einen Befehl geben. Niemals darf das Volk unter der Steuerlast stöhnen, nur damit der Monarch ein Leben im Überfluß führen kann, denn «wenn die Untertanen wissen, daß man sie geschont hat, wo immer es möglich war, werden sie die Bürde, die man ihnen in der Not auflädt, ertragen». Der Kaiser warnte die Prinzen vor Schmeichlern und falschen Freunden, «die nur danach streben, das Vertrauen auszunutzen, das man ihnen schenkt», und mahnte sie, sich in keine außerehelichen Liebesabenteuer einzulassen. «Damit ist nicht zu spaßen», schrieb er, «davor sollte man immer so viel Angst haben, wie bei gefährlichen Dingen angebracht ist.» Die Prinzen sollten sich vor Zerstreuungen und dem Glücksspiel in acht nehmen, und vor allem sollten sie niemals «sich taub stellen gegenüber dem, was übel erscheint, und versuchen, es unschuldig zu finden, um es doch tun zu können, denn dies ist das Schlimmste, was man überhaupt tun kann». Wie jeder einfache Sterbliche sollten die Erzherzöge immer an ihr Seelenheil denken, das einzige Ziel, das man das ganze Leben über fest im Blick haben müsse.[7] Die Vorschrift wurde oft abgeschrieben, alle Kinder des Kaiserpaares kannten sie. Sie wurde so etwas wie das geistige Testament[8] dieses gütigen Fürsten.

Vom 5. bis zum 18. August 1765 feierte man in Innsbruck glanzvoll die Hochzeit des Erzherzogs Leopold mit der Infantin Luise, der Tochter des Königs von Spanien. Da schlug das Schicksal zu. Die Feiern waren bereits überschattet gewesen vom Tod des Herzogs von Parma. Dann ergriff den frischvermählten Erzherzog am Tag nach der Hochzeit eine geheimnisvolle Krankheit, alle waren in großer Sorge. Überdies fühlte sich schon seit einigen Tagen Franz I. nicht wohl. Am Abend des 18. August sah es so aus, als sei Leopold endlich außer Gefahr, und die kaiserliche Familie besuchte ein italienisches Schauspiel. Während der Vorstellung ging es dem Kaiser plötzlich schlecht, und er verließ mit seinem Sohn Joseph unauffällig die Loge. Kaum hatte er die königlichen Gemächer erreicht, da taumelte er und brach in den Armen des Erzherzogs zusammen. Der Arzt eilte von Leopolds Krankenbett herbei, aber er konnte nur noch den Tod feststellen.

Obgleich Maria Theresia die Bürde ihres großes Reiches tragen mußte, überließ sie sich einige Stunden lang der Verzweiflung. Nachdem der erste Schmerz überwunden war, erteilte sie die Anweisungen, die man von ihr erwartete. Der Tradition folgend, wurde der Sarg mit dem Kaiser nach Wien gebracht, dort wurde Franz I. in Abwesenheit der kaiserlichen Familie mit allem Prunk zu Grabe getragen. Maria Theresia und Joseph kehrten erst am 6. September in die Hauptstadt zurück. Nicht einen Tag lang hatte die Kaiserin die laufenden Staatsgeschäfte vernachlässigt. In der ersten Verzweiflung hatte sie daran gedacht, abzudanken und sich in ein

Kloster zurückzuziehen, aber sie gab diesen Gedanken rasch wieder auf und befand, sie müsse weiterhin ihre Pflicht tun. Sie ernannte ihren vierundzwanzigjährigen Sohn Joseph zum Mitregenten, wie es vor ihm sein Vater gewesen war. Doch Joseph wollte sich nicht mit der Nebenrolle zufriedengeben, die sein Vater gespielt hatte. Joseph interessierte sich für Philosophie und war ein großer Bewunderer des Preußenkönigs Friedrich II. Er wollte die Geschicke des erhabenen Hauses Habsburg in die Hand nehmen. Schon bald begann eine lange Periode unterschwelliger Feindseligkeit zwischen Mutter und Sohn, und Staatskanzler Kaunitz mußte viel Mühe aufwenden, immer wieder ausgleichend zu wirken.

Als Franz I. starb, war die kleine Antonia ein reizendes Kind von zehn Jahren, immer fröhlich, ganz vertieft in die Spiele mit ihren Geschwistern und den Prinzessinnen von Mecklenburg und Hessen, ihren liebsten Gefährtinnen. Ihre Ausbildung ließ indes erheblich zu wünschen übrig. Sie konnte kaum Deutsch lesen und sprechen, Französisch sprach sie schlecht und Italienisch nur wenig. Von ihrem Leben in jener Zeit weiß man über die Daten hinaus nicht viel; alles, was über ihre angeblichen Reaktionen auf den Tod des Vaters berichtet wird, gehört ins Reich der Legende. Allem Anschein nach änderte sich für sie durch den Tod des Kaisers nicht viel, allenfalls wurde die Distanz zu ihrer Mutter noch größer, als sie zu Lebzeiten von Franz I. gewesen war. Die Trauer und die Staatsgeschäfte nahmen Maria Theresia völlig in Anspruch, für ihre jüngsten Kinder blieb da nicht mehr viel Zeit. Sie kümmerte sich zudem mehr um die älteren, denn jedes Kind sollte in einer Weise versorgt sein, die seinem Rang entsprach. Überlegungen, mit wem sie welches Kind verheiraten könnte, beschäftigten Maria Theresia immer dringlicher. In ihren schwarzen Kleidern, die weißen Haare bedeckt von einer Haube mit Ohrenklappen, die von einem unter dem Kinn gebundenen Schleier gehalten wurde, wirkte ihre furchteinflößende Mutter auf Maria Antonia immer mehr wie eine alte Dame.

Obwohl die kleine Erzherzogin erst zehn Jahre alt war, dachte Maria Theresia schon seit langem über ihre Verheiratung nach. Maria Theresia hatte große Pläne mit ihrer jüngsten Tochter, denn sie war gerade im rechten Alter für den ältesten Enkel Ludwigs XV. Als kluge Herrscherin wußte Maria Theresia, daß das 1756 zwischen Frankreich und Österreich geschlossene Bündnis, das ihre Wünsche aufs schönste erfüllt hatte, besiegelt werden mußte. Die Neuordnung der Bündnisse hatte seinerseits ganz Europa in Aufruhr versetzt und in Frankreich harsche Kritik ausgelöst. Die Versöhnung mit einem Feind, den Frankreich seit fast einhundertfünfzig Jahren bekämpft hatte, bedeutete eine Abkehr von der traditionellen Politik, deren Ziel es gewesen war, das Haus Habsburg in den Hintergrund zu drängen und die deutschen Kleinstaaten, Schweden und das Ottomanenreich an Frankreich zu binden. Ludwig XV. fühlte sich von Friedrich II. verraten, weil dieser ein Bündnis mit England, Frankreichs Erzrivalen in Übersee, geschlossen hatte. Im Gegenzug schenkte Ludwig den diplomatischen Angeboten Gehör, die ihm die Kaiserin und ihr Staatskanzler Kaunitz unterbreiteten. Sie träumten davon, mit Frankreich zusammen das preußische Vormachtstreben zu brechen. Umgeben von schwachen Staaten, hatte Frankreich in Europa nichts zu befürchten, aber es konnte auch nichts gewinnen. Doch im Bündnis mit Österreich wäre Frankreich trotz der Bande, die Friedrich II. geknüpft hatte, in allen Konflikten auf dem Kontinent das Zünglein an der Waage. Unter diesen Umständen konnte Frankreich von einer sicheren Basis aus den Kampf mit England um die Vorherrschaft in den Kolonien aufnehmen. Mit der trügerischen Aussicht auf ein Bündnis gegen England verwickelte die Kaiserin Ludwig XV. in den Siebenjährigen Krieg, durch den sie Schlesien zurückzugewinnen hoffte. Der König von Frankreich erwies sich als loyaler Verbündeter, seine Soldaten kämpften an der Seite der kaiserlichen Truppen gegen Preußen. Unterdessen verlor Frankreich trotz des 1761 mit Spanien geschlossenen «Familienbündnisses» im Kampf mit England seine Kolonien. Zwar hatte Maria Theresia ihr Ziel, Schlesien zurückzuerobern, nicht erreicht, doch der verheerende Ausgang des Konflikts für ihren französischen Verbündeten tröstete sie darüber hinweg. Im Vertrag von Paris mußte Frankreich 1763 auf seine wichtigsten kolonialen Besitzungen verzichten – das interessierte die Kaiserin wenig –, vor allem aber mußte Frankreich nach den Niederlagen in Europa die Kontrolle über die Geschicke Osteuropas stillschweigend Österreich, Rußland und Preußen überlassen. Die Aussöhnung Österreichs mit Preußen erfolgte später auf dem Rücken Polens, eines traditionellen französischen Bündnispartners.[9]

In dem doppelten Wunsch, ihre Töchter zu verheiraten und ein für das Haus Habsburg höchst vorteilhaftes Bündnis zu befestigen, träumte Maria Theresia davon, Österreich und Frankreich durch eine Ehe zu verbinden. Seit 1764 hatten der Herzog von Choiseul, der französische Staatssekretär für Auswärtiges, und Fürst Starhemberg, der österreichische Botschafter in Frankreich, unverbindlich über eine Eheschließung verhandelt. Erst am 25. Mai 1766 schrieb Starhemberg an seine Herrscherin, man könne es nun als gewiß ansehen, daß der Enkel des französischen Königs eine österreichische Erzherzogin heiraten werde. Dank Choiseul konnte er sich rühmen, er habe dafür «die Versicherung erhalten» und sei «allen Intrigen und allen Zwischenfällen zuvorgekommen, die sich hätten ereignen können, und wenn nicht anders lautenden Entschlüssen, so doch anderen Gedanken», die jene Vereinbarung hätten in Frage stellen können.[10] Aber er feierte den Sieg ein wenig zu früh. Die Dauphine Maria Josepha von Sachsen, die Witwe von Louis Ferdinand, dem einzigen Sohn Ludwigs XV., versuchte den Heiratsplan zu vereiteln. Wie ihr verstorbener Mann stand sie dem Bündnis mit Österreich zutiefst ablehnend gegenüber. Nach ihrem Wunsch sollte ihr ältester Sohn Louis Auguste, seit 1765 Thronfolger, eine Sachsenprinzessin heiraten. Sie hatte es sogar gewagt, Ludwig XV. von ihren Absichten zu erzählen; er hatte ausweichend geantwortet. Am Wiener Hof erfuhr man vom Vorstoß der Dauphine, und Choiseul tat alles, was in seiner Macht lag, um Ludwig XV. für den österreichischen Heiratsplan zu gewinnen. In Anbetracht des jugendlichen Alters der künftigen Gatten gab die Dauphine dem König zu verstehen, es sei geschickter, Wien noch eine Weile hinzuhalten, das könne Frankreich Vorteile bringen. Und so erhielt der Kaiserhof zunächst keine offizielle Anfrage.

Die Kaiserin wurde langsam ungeduldig. Der neue französische Botschafter in Österreich, Marquis Durfort, sah sich einer Offensive des Charmes ausgesetzt. Darauf hatte man ihn schon vorsichtig vorbereitet, als er seine Beglaubigungsschreiben vorlegte. Der Marquis war mit reichlich widersprüchlichen Anweisungen aus Frankreich gekommen: Er sollte ein denkbar gutes Verhältnis zur Kaiserin unterhalten, aber niemals den Anschein erwecken, als sei die Heirat beschlossene Sache. «Auf jeden Fall bitte ich Euch, daß Ihr Euch in allem zurückhaltet, was mit der Heirat zu tun hat», legte ihm Choiseul noch am 24. März ans Herz.[11] Die Kaiserin durchschaute das diplomatische Spiel bald und setzte alles daran, den Botschafter zu einer Entscheidung in ihrem Sinne zu veranlassen. Sie behandelte ihn mit ausgesuchter Freundlichkeit und überschüttete ihn mit Aufmerksamkeiten, zugleich ließ sie in Wien das Gerücht verbreiten, die Heirat ihrer Tochter mit dem französischen Dauphin stehe unmittelbar bevor. Starhemberg, der sich gerade in der österreichischen Hauptstadt aufhielt, fragte Durfort ganz arglos, wie er die Erzherzogin Antonia finde. «Rundum vollkommen», antwortete Durfort. Lachend meinte Starhemberg: «Der Dauphin wird eine reizende Gemahlin bekommen.» Durfort, der sich zunehmend unbehaglicher fühlte, setzte hinzu: «Der Bissen ist lecker und wird in guten Händen sein, wenn es denn so kommt.»[12]

Im Frühjahr erfaßte eine Blatternepidemie die kaiserliche Familie, und alle Heiratspläne traten in den Hintergrund. Als erstes Opfer der Krankheit starb am 28. Mai die Gemahlin von Joseph II. Ihr Tod wurde mit allgemeiner Gleichgültigkeit aufgenommen. Vier Tage zuvor hatte sich Maria Theresia angesteckt und lag seither im Bett. Joseph II. kümmerte sich nicht um seine Frau, sondern wachte am Bett seiner Mutter, die bereits die Sakramente empfangen hatte. Ganz Wien betete für die Kaiserin, und am 5. Juni hieß es endlich, sie sei außer Gefahr. Joseph hielt es für angebracht, Ludwig XV. persönlich von der guten Nachricht in Kenntnis zu setzen. Während die Kaiserin sich in Schloß Laxenburg erholte, erkrankte Prinz Albrecht von Sachsen-Teschen, der Mann der Erzherzogin Maria Christine. Er konnte gerettet werden.

Am 21. Juli sah es so aus, als wäre die Krankheit überstanden, und die kaiserliche Familie versammelte sich vollzählig zu einem Dankgottesdienst im Stephansdom in Wien. Als nächstes galt es, die Feierlichkeiten anläßlich der Hochzeit der Erzherzogin Josepha mit dem König von Neapel vorzubereiten. Und Maria Theresia nahm die Belagerung des französischen Botschafters wieder auf. «Gestern abend fand ein großes Konzert in Schönbrunn statt», berichtete Durfort. «Die Kaiserin und die Erzherzoginnen spielten eine Partie, und als das Spiel gerade zu Ende ging, traten der Botschafter von Spanien und ich an den Tisch, wo die Erzherzogin Antoinette spielte. Kurz darauf kam die Kaiserin zu uns und sagte: ‹Es ist mir eine große Freude, Euch hier zu sehen.› Dann richtete sie das Wort an den spanischen Botschafter: ‹Ich hoffe, daß sie gewinnen wird. Wir können offener miteinander sprechen, denn›, so fügte sie hinzu, ‹der französische Botschafter hat noch nichts zu mir gesagt.› Ich tat mein Bestes, die junge Prinzessin zu loben, und versuchte zu erklären, daß ich nur aus Respekt über die Vorzüge geschwiegen hätte, mit denen sie begabt ist. Schließlich gab ich vor, nicht zu hören, was ich indes sehr wohl hörte.»[13] Durfort war die Situation offensichtlich höchst unangenehm. Aus Versailles hatte er strikte Anweisungen erhalten: «Der König wünscht», schrieb Choiseul, «daß Ihr weiterhin mit derselben Umsicht handelt, bis ein neuer Befehl ergeht.»[14]

Es war immer noch keine Entscheidung gefallen, als erneut die Blattern die kaiserliche Familie heimsuchten. Diesmal wurde die Erzherzogin Josepha das erste Opfer der Krankheit. Ausgerechnet an dem Tag, an dem sie *per procurationem* in Wien den König von Neapel hätte heiraten sollen, starb sie. Am selben Tag wie Josepha war auch ihre Schwester, die Erzherzogin Elisabeth, erkrankt. Sie überlebte, aber ihr Gesicht blieb schrecklich entstellt von den Pockennarben. Kaum hatte Josepha in der Kapuzinergruft an der Seite ihrer zahlreichen Verwandten ihre letzte Ruhestätte gefunden, da verhandelte die Kaiserin bereits wieder über neue Ehen: Maria Karoline sollte den König von Neapel heiraten und Maria Amalia den Infanten von Parma. Nur die Anfrage des Königs von Frankreich ließ weiterhin auf sich warten.

Die Heiratspläne für Maria Karoline betrübten Marie Antoinette zutiefst, denn dadurch würde sie ihre beste Freundin verlieren. Maria Karoline und

Marie Antoinette standen einander an Bequemlichkeit und Mutwillen nicht nach, keine tat einen Schritt ohne die andere. Dauernd steckten die beiden jungen Mädchen die Köpfe zusammen, tuschelten und kicherten und brachten damit den gesamten Haushalt gegen sich auf. Die Kaiserin befand, die allzu enge Gemeinschaft der Schwestern störe die Harmonie der kaiserlichen Familie, und beschloß im August, die beiden zu trennen. «Ich verbiete Euch jegliche Geheimniskrämerei, jedes Einvernehmen und jede Unterhaltung mit ihr», schrieb sie an Maria Karoline. «Eure Geheimnisse sind im übrigen nichts als Bemerkungen über Eure Nächsten oder Eure Familie oder Eure Hofdamen. Ich mache Euch darauf aufmerksam, daß man Euch sehr genau beobachten wird und daß ich von Euch als der Älteren und darum Vernünftigeren erwarte, daß Ihr Eure Schwester auf den rechten Weg zurückbringt.»[15]

Ungeachtet der strengen Überwachung setzten die beiden Schwestern ihre Heimlichkeiten fort. Doch die Stunde der endgültigen Trennung nahte unaufhaltsam. Sie waren beide sehr traurig, ließen sich aber bei den Feierlichkeiten anläßlich der Hochzeit der künftigen Königin von Neapel im April 1768 nichts anmerken. In ihren Briefen an die Gräfin Lerchenfeld, die Nachfolgerin der Gräfin Brandeis bei den Erzherzoginnen, dachte Karoline immer an ihre jüngere Schwester. «Schreibt mir alle Einzelheiten über meine Schwester Antonia, was sie sagt, was sie tut und am liebsten auch, was sie denkt. Ich bitte und beschwöre Euch, daß Ihr sie sehr liebt, denn sie liegt mir außerordentlich am Herzen», schrieb die junge Herrscherin eine Woche nach dem Abschied von Wien. Ein paar Tage später kam schon der nächste Brief: «Nichts wird mir größere Freude bereiten, als zu hören, daß man anerkennt, wie liebenswürdig meine Schwester ist, und daß man ihr Lob singt. Ich habe für sie stets eine besondere Zärtlichkeit empfunden, und wenn ich mir vorstelle, daß ihr Schicksal möglicherweise so aussehen könnte wie das meine, dann würde ich am liebsten Bände darüber schreiben, und ich hoffe sehr, daß sie wie ich jemanden für den Anfang haben wird, denn ich gestehe [...], daß man ein wahres Martyrium erduldet, was um so schlimmer ist, weil man stets glücklich erscheinen muß.» Das schrieb sie am 13. August 1768, nachdem ihr Eheleben sehr enttäuschend begonnen hatte.[16]

Die Kaiserin hatte zwar noch immer keine offizielle Nachricht aus Frankreich erhalten, doch ihr neuer Botschafter am französischen Hof, Graf Mercy-Argenteau, sprach regelmäßig mit Choiseul über das große Vorhaben und sandte beruhigende Berichte nach Wien. Anfang des Jahres 1768 beschloß Maria Theresia, die Bildung ihrer jüngsten, inzwischen dreizehnjährigen Tochter zu vervollkommnen. Gluck erhielt den Auftrag, sie am

Spinett zu unterrichten, Noverre sollte ihr die am französischen Hof üblichen Tänze beibringen. Beide Künstler lobten die Fortschritte der Prinzessin, aber kann ein Lehrer bei einem Schüler aus kaiserlichem Haus ehrlich sein? Marie Antoinette fand entschieden mehr Gefallen am Tanzunterricht bei Noverre als an den Musikstunden bei Gluck. Die Kaiserin hatte dann noch den seltsamen Einfall, ihre Tochter solle von zwei französischen Schauspielern namens Aufresne und Sainville eine Sprech- und Gesangsausbildung erhalten, die beiden feierten mit ihrer Truppe gerade große Erfolge in Wien. Gegen die Wahl von Gluck und Noverre konnte Ludwig XV. nichts einzuwenden haben, doch daß zwei Schauspieler die Erzherzogin unterrichten sollten, befremdete ihn sehr. Man sah darüber hinweg, wenn die französischen Prinzen sich Schauspielerinnen als Mätressen nahmen; Schauspielerinnen waren Frauen für das Vergnügen, mithin nicht sehr tugendhaft. Schauspieler waren ein loses Volk ohne Glaube und Moral, man konnte unmöglich die künftige Dauphine zwei Schaupielern anvertrauen. Choiseul ließ Mercy-Argenteau wissen, daß dem König diese Sorte Erzieher ganz und gar nicht genehm sei und daß man umgehend andere suchen solle, die über all jene Qualitäten verfügten, die man für eine so vornehme Aufgabe brauche. Maria Theresia war nicht im mindesten gekränkt, sondern höchst erfreut über die französische Reaktion. Der König hatte demnach den Heiratsplan, an dem die Kanzleien nun schon seit Jahren arbeiteten, noch nicht aufgegeben. Maria Theresia packte die Gelegenheit beim Schopf und bat Mercy, er solle den richtigen Lehrer für die Erzherzogin auswählen. Es sollte ein in Literatur und Geschichte bewanderter Geistlicher sein, der zugleich in der Lage war, das Mädchen auf das Leben am Hof von Versailles vorzubereiten. Auf Anraten von Choiseul wandte sich der Botschafter an den Bischof von Orléans, Monsignore Jarente, der den gesamten französischen Klerus kannte. Der Bischof empfahl den Abbé Vermond, Doktor der Sorbonne, Großvikar von Loménie de Brienne, dem Erzbischof von Toulouse, und Bibliothekar am Collège des Quatre-Nations.

Der Abbé, ein Mann in den Vierzigern, aus einfachen Verhältnissen stammend und eine unscheinbare Erscheinung, war ein Günstling von Loménie de Brienne, einem Prälaten, der für seine philosophische Bildung und einen eher lockeren Lebenswandel bekannt war. «Der Abbé ist einfach und bescheiden und hat es verstanden, den Beifall der achtenswertesten Bischöfe zu finden», schilderte ihn Mercy gegenüber Kaunitz.[17] «Er ist ein Mann von Verdiensten und Geist, bei dem sich Umsicht und Kenntnisreichtum verbinden, und wird gewiß zur Zufriedenheit Ihrer Majestät der Kaiserin und Königin die Aufgaben erfüllen, welche ihm anzuvertrauen ihr gefallen möge», schrieb Choiseul an Durfort.[18] Der Abbé war ein geschickter, doch keineswegs unterwürfiger Höfling, er war gelehrt, doch nicht übermäßig pedantisch. Mit seiner Ankunft in Wien im November 1768 begann eine interessante Karriere als graue Eminenz bei einem Kind, das zweifellos zu einem besonderen Schicksal berufen war.

Auf den ersten Blick sah es wie ein krasser Mißgriff aus, daß die leichtsinnige, ungebildete Prinzessin einen Geistlichen in reifem Alter, der zwar die schöne Literatur gut kannte, doch keinerlei Erfahrungen im Umgang mit Kindern und keinerlei Erfahrung im Unterrichten besaß, als Lehrer bekam. Doch wider alle Erwartungen verstanden sich die Erzherzogin und der Abbé hervorragend. Sie setzte ihren ganzen Charme ein, und der Abbé ließ sich bezaubern. Seit Maria Karoline den Hof verlassen hatte, fühlte sich Maria Antonia einsam; die Gräfin Lerchenfeld, die ihr vergeblich einen gewissen Grundstock an Bildung zu vermitteln versuchte, mochte sie nicht sehr. Der Abbé kam genau im richtigen Moment, um der Prinzessin die unerläßliche Bildung beizubringen, die sie dringend nötig hatte, und um die zahllosen Fragen zu beantworten, die ein Mädchen stellt, das eine der glänzendsten Partien Europas machen soll. In kürzester Zeit hatte Marie Antoinette den Abbé um den Finger gewickelt. «Ich kann Eurer Exzellenz gar nicht sagen», schwärmte Vermond gegenüber Mercy, «wieviel Güte, Aufmerksamkeit und Rücksichtnahme mir gegenüber diese junge Prinzessin Tag für Tag zeigt. Sie weiß freilich sehr wohl, welches Vergnügen es mir bereitet, an ihrer Seite zu sein. Ich war unendlich geschmeichelt von der ehrlichen und offenherzigen Antwort, welche sie neulich Ihrer Majestät gab, als sie Rechenschaft ablegen sollte, wie sie ihre Zeit verbracht habe. ‹Ihr unterwerft den Abbé zu sehr.› Und sie hatte die Güte zu antworten: ‹Nein, Mama, ich sehe doch, daß ihm das gefällt.›»[19]

Auch wenn Vermond sich wohl fühlte, so hatte er doch eine schwere Aufgabe übernommen. Gräfin Brandeis und Gräfin Lerchenfeld hatten die Prinzessin nie zu regelmäßiger Arbeit angehalten, Vermond mußte viel verlorene Zeit aufholen. Er begriff rasch, daß Marie Antoinette gegen jede Form von Zwang rebellierte, und begann seinen Unterricht damit, daß er ihr jeden Tag eine Stunde lang verschiedene wichtige Gegenstände auf möglichst fesselnde Weise vortrug. Tatsächlich fand sie Gefallen an dem Spiel. «Ein wenig Faulheit und viel Flüchtigkeit haben mir den Unterricht erschwert», berichtete er Mercy. «Ich begann während sechs Wochen mit der schönen Literatur. Sie hörte mir aufmerksam zu, wenn ich ihr klare Gedanken vorstellte. Ihr Urteil war immer zutreffend, doch ich konnte sie nicht dazu bringen, tiefer in einen Gegenstand einzudringen, obgleich ich fühle, daß sie die Fähigkeiten dazu hätte. Ich bin zu der Überzeugung gelangt, daß man ihren Geist nur erreichen kann, wenn man sie unterhält.»[20]

Der Abbé stellte ein Programm auf, welches das Studium der Religion, der französischen Sprache und Literatur sowie der Geschichte umfaßte. Besonderen Wert legte er auf die Sitten und Gebräuche am Hof sowie eine Vorstellung der großen Familien Frankreichs, die die Prinzessin bald kennenlernen würde. Marie Antoinette machte lobenswerte Fortschritte, und Vermond beglückwünschte sich zu seiner Schülerin. Der anfänglich auf eine Stunde beschränkte Unterricht zog sich mit Plaudereien in die Länge. Dabei bemühte sich Vermond, die Fehler zu korrigieren, die ihr immer noch in der französischen Sprache unterliefen. Marie Antoinette wollte nicht mehr ohne den Abbé sein und bezog ihn sogar in ihre Spiele mit ein. Jeden Samstagmorgen ließ sich die Kaiserin von ihm berichten, wie ihre Tochter die Woche hindurch gearbeitet hatte. Sie war sehr liebenswürdig zu ihm und lud ihn jeden Abend in den Familienkreis ein. Planvoll überschüttete die Kaiserin den Abbé mit schmeichelhaften Aufmerksamkeiten. Sie hoffte, er werde auch in Frankreich als Mentor und zugleich Spion an der Seite ihrer Tochter bleiben, kurzum sie sah in ihm eine wichtige Figur auf dem diplomatischen Schachbrett.

Die Erzherzogin wuchs heran und entwickelte sich erfreulich. Ihre frische Gesichtsfarbe begeisterte jeden. Sie war eher charmant als schön und bezauberte auf den ersten Blick trotz einer etwas hohen und ein wenig gewölbten Stirn, die der Friseur unter vielen Locken zu verbergen versuchte. «Man findet Gesichter von regelmäßigerer Schönheit», schrieb der Abbé, «aber ich glaube nicht, daß man ein anziehenderes Gesicht finden kann. Was auch immer diejenigen in Frankreich berichtet haben, die sie hier gesehen haben, man wird überrascht sein, wieviel Güte, Liebenswürdigkeit und Fröhlichkeit dieses reizende Gesicht ausdrückt.»[21]

Die Erzherzogin trat nunmehr bei allen offiziellen Veranstaltungen am Hofe in Erscheinung. Jede Woche saß sie mit ihrer Mutter am Spieltisch, aber mehr Spaß bereiteten ihr offensichtlich die Glücksspiele und Lotterien, die man fast täglich für sie und ein Dutzend junger Prinzen ihres Alters in ihren Gemächern veranstaltete. Im Winter unternahm sie lustige Schlittenpartien durch die verschneite Hauptstadt. Keinen Ball, kein Schauspiel ließ sie aus, und wenn sie einmal wegen einer Unpäßlichkeit ihr Zimmer nicht verlassen konnte, war sie sehr bekümmert. Dieses sorglose Leben dauerte bis zum Frühjahr 1769, als man ernstlich über die Heirat zu sprechen begann. Am 13. Juni erhielt Maria Theresia die lange erwartete offizielle Anfrage. Am Abend zuvor hatte die Kaiserin in Schloß Laxenburg ein großes Fest zu Ehren ihrer Tochter gegeben. Der Marquis Durfort saß neben Marie Antoinette an der Tafel, und Maria Theresia bat ihn, auf das Wohl ihrer Tochter zu trinken. Den Abschluß des Abends bildete ein großartiges Feuerwerk, glitzernde Delphine, auf französisch «dauphins», stoben in den Himmel. Jeder verstand, auf welches glückliche Ereignis hier angespielt wurde. Maria Theresia antwortete Ludwig XV. umgehend. Sie schrieb ihm, sie werde mit größter Freude die Erzherzogin Maria Antonia dem Dauphin zur Frau geben und hoffe, ihrer Tochter «möge das Glück zuteil werden, ihm zu gefallen».

Die Hochzeit sollte im Mai 1770 stattfinden, und sogleich begannen fieberhafte Vorbereitungen. Die beiden Kanzleien regelten alle rechtlichen Aspekte der Verbindung, Marquis Durfort richtete die französische Botschaft für die prunkvollen Feste her, die er zu geben hatte, und der Zeremonienmeister am Wiener Hof kümmerte sich um unzählige protokollarische Fragen. Die Kaiserin und Vermond bemühten sich unterdessen weiter darum, Marie Antoinettes Bildung zu vervollkommnen. Es ist nicht überliefert, was man ihr über das französische Königshaus erzählte. Mercy sprach nicht sehr freundlich über den französischen Hof, und bei seinem Vorgänger Starhemberg war es nicht anders gewesen.

König Ludwig XV. war damals, obwohl erst in den Sechzigern, ein gutaussehender alter Mann, wie wir heute sagen würden. Er kümmerte sich mehr um die Staatsangelegenheit, als bisweilen behauptet wurde, und hatte eine besondere Vorliebe für die Außenpolitik. Es war ihm sehr wichtig, wen seine Kinder und Enkelkinder heirateten. Als Fürst pflegte er einen ausschweifenden Lebenswandel, gegenüber seinen Kindern war er ganz der liebevolle, auf Eintracht bedachte Vater. Nach dem Tod der Königin Maria Leszscýnska am 24. Juni 1768 hatte Choiseul dem König die Erzherzogin Elisabeth als Gemahlin vorgeschlagen, doch der König war dem Zauber der betörenden Gräfin Dubarry verfallen, und so wurde der Heiratsplan bald aufgegeben. Zum Entsetzen der königlichen Familie quartierte der König seine Mätresse in den Gemächern der Dauphine ein, die am 13. März 1767 gestorben war, und beschloß, sie offiziell am Hofe einzuführen. Das Ereignis fand am 22. April 1769 vor einer neugierigen und sprachlosen Menge statt. Mesdames Adelaïde, Victoire, Louise und Sophie, die vier unverheirateten Töchter des Königs, die sich nicht aus dem Schatten ihres allzu faszinierenden Vaters hatten lösen können, waren fassungslos. Sie teilten ihre Mißbilligung den jüngeren Mitgliedern der königlichen Familie mit, das heißt ihren Neffen, dem gerade fünfzehnjährigen Dauphin und dem ein Jahr jüngeren Grafen von Provence. Dem dritten Neffen, dem Grafen von Artois, wagten sie nichts zu sagen, obgleich er für seine zwölf Jahre recht frühreif war. Die Prinzessinnen Clotilde und Elisabeth waren noch zu jung und zu unschuldig, als daß man so schändliche Dinge in ihrer Gegenwart hätte erwähnen dürfen. Das war also die neue Familie der Erzherzogin Maria Antonia.

Marie Antoinette verschwieg man vorsorglich die Affäre um Madame Dubarry, den König schilderte man ihr vermutlich nach dem üblichen Bild als einen wohlwollenden, aber eher entrückten Monarchen, dem sie unbedingten Gehorsam schulde. Die Töchter des Königs beschrieb ihre Mutter als fromme und tugendhafte Damen, auf die sie hören und die sie respektieren müsse. Was man Marie Antoinette über ihren künftigen Gatten, den Dauphin Louis Auguste, erzählte, wissen wir nicht. Die Auskünfte der Botschafter klangen eher niederschmetternd: «Die Natur scheint dem Dauphin alles versagt zu haben», schrieb Mercy am 3. Mai 1769 an Staatskanzler Kaunitz. «In seinem Auftreten und in seinen Worten zeigt der Prinz viel Beschränktheit, wenig Anmut und keinerlei Feinfühligkeit.»[22] Mercy warf dem Herzog von La Vauguyon vor, dem «dummen und lasterhaften» Erzieher des Prinzen, daß er die vielversprechenden Seiten einer von Natur aus blassen Persönlichkeit hatte verkümmern lassen.

Der künftige König Ludwig XVI. wirkte wie ein schmächtiger und linkischer Jüngling, der zu schnell gewachsen war. Seine regelmäßigen Gesichtszüge hätten trotz der schiefen Zähne einen gewissen Charme besessen, wenn man darin nicht allzu deutlich die Spuren einer unglücklichen Kindheit und Jugend gelesen hätte. Der Dauphin blickte sanft und ein wenig kurzsichtig aus großen blauen Augen, dabei sah er seinem Gegenüber niemals direkt ins Gesicht. Er machte einen gleichermaßen ängstlichen und mißtrauischen Eindruck, schien stets mürrisch und unglücklich, sprach nicht viel, und wenn er einmal das Wort ergriff, klang seine hohe, näselnde Stimme unangenehm. Obwohl er sehr dünn war, bewegte er sich ungelenk, als fühle er sich durch die Blicke der Menschen um ihn herum gehemmt.

Seine Eltern hatten ihn nicht geliebt und ihm seinen älteren Bruder, den Herzog von Burgund, der 1765 gestorben war, und seinen jüngeren Bruder, den Grafen von Provence, vorgezogen. Louis Auguste hatte außer seinen sauertöpfischen Tanten gegenüber niemals das geringste Gefühl der Zuneigung ausdrücken können. Es hatte den Anschein, als wäre seine Willenskraft ein für allemal gebrochen. Sein Großvater, der König, war eine viel zu strahlende und mächtige Persönlichkeit, als daß sein Blick jemals auf den unscheinbaren Enkel gefallen wäre. Sein Leben war stets vom Hauch des Skandals umgeben, und das machte die Distanz noch größer. Anders als die künftige Dauphine hatte Louis Auguste jedoch eine gründliche Ausbildung genossen. Er beherrschte die europäische Geschichte, kannte sich in der französischen Literatur gut aus und besaß solide Kenntnisse des Rechts, er sprach Englisch und ein wenig Italienisch. Überdies hatte er eine für seine Zeit bemerkenswerte naturwissenschaftliche Ausbildung erhalten und zeigte eine besondere Neigung zur Geographie.

Doch mit Frauen konnte er nichts anfangen, er war schüchtern bis zur Gehemmtheit. Den Gedanken an eine Heirat fand er wenig reizvoll. Daß man zudem eine Erzherzogin für ihn ausgewählt hatte, die das Unterpfand des Bündnisses zwischen Frankreich und Österreich sein sollte, des Bündnisses, das sein Vater so vehement bekämpft hatte, verstärkte sein Mißfallen noch. Er wußte, daß seine Mutter gegen die Verbindung war und daß sein Vater sich sehr darüber empört hätte, und so empfing er die Gemahlin, die ihm die diplomatischen Schachzüge des seinen Eltern verhaßten Ministers Choiseul beschert hatten, mit höchst gemischten Gefühlen. La Vauguyon stand der französischen Politik seit 1756 ablehnend gegenüber und hatte den Dauphin vor der österreichischen Heirat gewarnt: Er werde damit den Haß aller Gegner dieser Politik auf sich ziehen.

In der allgemeinen Aufregung während der Hochzeitsvorbereitungen dachte Marie Antoinette bestimmt nicht im entferntesten daran, daß sie in Frankreich bei der Partei, die sich um den Erzieher ihres künftigen Gemahls gesammelt hatte, hinter vorgehaltener Hand nur «die Österreicherin» hieß. Dieser Partei schlossen sich bald auch die Töchter des Königs an, die Schwestern von Louis Augustes Vater, der einen Wechsel des Bündnisses so entschieden verdammt hatte. Marie Antoinette ahnte auch nicht, daß das Volk die Heirat keineswegs begrüßte. Genährt vom Zorn über den schändlichen Friedensschluß von 1763, war eine Fülle von antiösterreichischen politischen Schriften in Frankreich erschienen. Alle Mißstände wurden auf «das Bündnis» geschoben, Österreich war «der Blutsauger des Staates». Alle Vorurteile, die sich im Laufe einer Jahrzehnte währenden Rivalität angesammelt hatten und durch die Katastrophe des Siebenjährigen Krieges wiederbelebt worden waren, trafen nun die Erzherzogin.

In Wien bereitete man die künftige Dauphine unterdessen auf ihre neue Rolle vor. Nichts wurde versäumt, um ihrem Auftritt in Frankreich den größtmöglichen Glanz zu geben. Man stellte eine prachtvolle Aussteuer zusammen. Stundenlang kümmerten sich ein französischer Friseur und ein gleichfalls französischer Zahnarzt um sie; der Zahnarzt sollte ihre schönen, aber nicht ganz gerade gewachsenen Zähne richten. Sie saß dem Pastellmaler Ducreux Modell, damit er ihr Bild für Ludwig XV. malen konnte. Und neben all diesen hektischen Aktivitäten versuchte Vermond weiterhin, die Lücken ihrer so lange vernachlässigten Bildung zu schließen. Zu Beginn des neuen Jahres brachte ihr Mercy ein Bild, das den Dauphin als

Landmann zeigte, bis dahin hatte es der französische Hof anscheinend noch nicht für nötig befunden, ihr ein Bild ihres künftigen Gatten zukommen zu lassen. Joseph II. stand den Ideen seines Jahrhunderts aufgeschlossen gegenüber; ihm gefiel es, daß ein Thronerbe die Landarbeit nicht verachtete. Was Marie Antoinette zu dem Bild sagte, ist nicht überliefert.

Die ersten Monate des Jahres 1770 vergingen wie ein Traum. Die fromme Maria Theresia wünschte, daß der Hof den letzten Karneval, den die Erzherzogin in Wien erleben würde, besonders ausgelassen feierte. Bälle und Empfänge wechselten in atemloser Folge, überall war die Erzherzogin glanzvoller Mittelpunkt. Marie Antoinette genoß die Vergnügungen in vollen Zügen, obwohl zwei Todesfälle diese Wochen überschatteten: Ihre Nichte, die kleine Prinzessin Theresia, einzige Tochter ihres Bruders Joseph, und die Gräfin Lerchenfeld waren gestorben. Nachdem man sich über den Heiratsvertrag geeinigt hatte und der Ablauf der Feierlichkeiten in allen Einzelheiten geregelt war, wurde festgesetzt, daß die Eheschließung *per procurationem* in Wien am 19. April stattfinden sollte und die Hochzeit in Versailles am 16. Mai.

Am 3. April nahm Marie Antoinette feierlich das Bildnis des Dauphins entgegen. Sie schien sehr erfreut und bat, daß man es in ihrem Zimmer aufhängte. Während der letzten Tage im Kreise ihrer Familie war die Erzherzogin nicht mehr so unbeschwert wie bisher. Die Kaiserin dachte voller Unruhe und Sorge daran, daß dieses leichtfertige, unerfahrene Mädchen sich bald auf den Weg an den glänzendsten, aber auch verdorbensten Hof Europas machen würde. Als wollte sie nachholen, was sie an ihrer Tochter versäumt hatte, bestand die Kaiserin darauf, daß Marie Antoinette bis zur Abreise das Schlafzimmer ihrer Mutter teilte. In der Karwoche, die den Hochzeitsfeierlichkeiten vorausging, zog sich die Erzherzogin drei Tage unter der Anleitung des Abbés Vermond in die Abgeschiedenheit zurück. Vermond gab sich freilich keinen Illusionen hin, wie ernsthaft diese innere Sammlung sein würde: «Die Meditationen werden gewiß nicht lange dauern», vertraute er leicht beunruhigt Mercy an.[23] «Ich fürchte sehr, daß es mit der geistlichen Lektüre und den Ermahnungen, die ich geben muß, nicht viel anders gehen wird. Dennoch müssen diese drei Tage sein, an denen Ihre Königliche Hoheit niemanden sehen wird.» Marie Antoinette war angesichts der bevorstehenden Hochzeit und der Trennung von ihrer Familie viel zu aufgeregt, als daß sie sich lange in Gebete hätte vertiefen können.

Am 15. April, dem Ostertag, hielt Marquis Durfort feierlich Einzug in Wien, um im Namen des Königs von Frankreich um die Hand der Erzherzogin zu bitten. Eigens für diesen Anlaß war er zum Außerordentlichen

Gesandten ernannt worden, der prachtvolle Zug aus achtundvierzig Karossen, der sich zum Ruhme seines Königs durch die Straßen von Wien wand, hatte eine schwindelerregende Summe gekostet. Wie eine einfache Bürgerin bewunderte Marie Antoinette von den Fenstern der Gräfin Trautmannsdorff aus das eindrucksvolle Schauspiel. Die offizielle Bitte um die Hand der Erzherzogin unterbreitete Durfort am nächsten Tag in öffentlicher Audienz. Die Kaiserin und der Kaiser gaben ihre Einwilligung, dann ließen sie Maria Antonia rufen, die in einem Nebenzimmer wartete. Dem strengen Protokoll entsprechend machte sie einen tiefen Knicks vor ihrer Mutter, der Gesandte verbeugte sich, und die Gräfin Trautmannsdorff heftete eine Miniatur mit dem Bild des Dauphins an das Oberteil von Marie Antoinettes Kleid. Am Abend gab es eine große Galavorstellung in den Gemächern der Königin. Auf dem Programm standen «La Mère confidente» von Marivaux und zum Abschluß des Abends ein von Noverre komponiertes Ballett.

Am 17. April verzichtete Marie Antoinette feierlich auf ihre Rechte in Österreich. Am Abend veranstaltete der Kaiser ihr zu Ehren im Belvedere ein großes Fest, das glanzvollste seit den Tagen von Prinz Eugen. Fünfzehnhundert Personen waren zum feierlichen Souper mit anschließendem Maskenball geladen. Am nächsten Tag gab Durfort einen Empfang im Palais Liechtenstein. Marie Antoinette nahm daran nicht teil, denn ein Botschafter durfte es sich nicht erlauben, eine Prinzessin einzuladen. Schließlich war der langersehnte Tag gekommen: Am 19. April wurde Erzherzogin Maria Antonia in der Augustinerkirche *per procurationem* die Gemahlin des französischen Dauphins. Beim Festessen nach der Zeremonie saß Marie Antoinette neben dem Kaiser. Der nächste Tag war mit Reisevorbereitungen ausgefüllt, am Abend fand ein großer Empfang für den Wiener Adel statt. Im Verlaufe dieses Tages diktierte Maria Theresia ihrer Tochter einen Brief an den französischen König und schrieb ihm selbst einen weiteren mit der «inständigen Bitte, Vater, Führer und Beschützer für ihre Tochter zu sein, welche [...], da sie noch so jung ist, gewiß [seiner] Güte und [seiner] Nachsicht bedürfen wird».[24]

An nächsten Morgen verabschiedete sich Marie Antoinette unter Tränen von den Ihren. Um halb zehn stieg sie in die komfortable Kutsche, eskortiert von einem vielköpfigen Gefolge begann ihre Reise nach Frankreich. Von den Adligen begleiteten sie Fürst Paar, Graf Paar, Graf Windischgrätz, Graf Sternberg, Graf Schaffgotsch und, soweit sie verheiratet waren, deren Frauen. Zu ihrem Gefolge gehörten außerdem der Abbé Vermond, ein Kaplan, ein Arzt, ein Chirurg, drei Pagen mit ihrem Erzieher und rund sechzig Bediente. Der riesige Zug kam nur langsam vorwärts. Die Reise war so geplant, daß jede Tagesetappe nicht länger als acht oder neun

Stunden dauerte. Am ersten Abend übernachtete man in Melk, dort erwartete Kaiser Joseph seine Schwester. Die Schüler des berühmten Benediktinerstifts hatten eine Oper einstudiert, aber die Aufführung wurde ein mühseliges Unterfangen. Marie Antoinette war traurig, weil sie sich am nächsten Morgen endgültig von ihrer Familie verabschieden mußte; das langweilige Schauspiel und die kalten Räume verdüsterten ihre Stimmung noch mehr. Am nächsten Morgen umarmte Joseph seine Schwester und versprach ihr, bald nach Versailles zu kommen. Die Reise ging weiter, die meiste Zeit regnete es heftig. Bis zur Grenze übernachtete man noch in Enns, in Lambach, in Altheim, Altötting, München, Augsburg, Günzburg, in Riedlingen, Stockach, Donaueschingen, Freiburg und in der Abtei Schüttern. Während der gesamten Fahrt hörte Marie Antoinette nur Jubelrufe.

Am Morgen des 7. Mai verabschiedeten sich alle Untergebenen, denn nun betrat sie französischen Boden. Um elf Uhr traf sie vor den Toren von Straßburg ein, wo die feierliche Übergabe stattfinden sollte. Von überall her strömten die Menschen zusammen. Für die Übergabe hatte man eigens einen Pavillon auf einer Rheininsel vorbereitet. Der Pavillon hatte zwei Eingänge, die österreichischen Zimmer lagen nach Osten, die französischen nach Westen, und dazwischen befand sich ein Saal. Dort sollten die Franzosen die Erzherzogin in Empfang nehmen. Marie Antoinette trat auf der österreichischen Seite ein, legte ihr Reisekleid aus «grobem weißem Leinen aus Tours» ab und zog ein Hofkleid «mit Rock und Oberteil aus Goldstoff» an. Die Kehle war ihr wie zugeschnürt, als sie sich von ihrem Gefolge verabschiedete. Starhemberg sollte sie als einziger bis Versailles begleiten. Schließlich öffnete sich die Tür zum Salon, starr vor Aufregung machte sie ein paar Schritte. Herzog Noailles hielt die Begrüßungsansprache. Die beiden Delegationen tauschten die in solchen Fällen üblichen Glückwünsche aus, dann öffnete sich die Tür auf der französischen Seite, und das französische Gefolge, das die Dauphine bis Compiègne begleiten sollte, wo der König und der Dauphin sie erwarteten, trat vor: Graf Saulx-Tavannes, Ehrenkavalier der Dauphine, der Zeremonienmeister Marquis des Granges, der Oberstallmeister Graf Tessé, der Kommandant der Leibgarde der Dauphine, Chevalier Saint-Sauveur, Marschall Contades, der Befehlshaber in der Provinz, und sein Stellvertreter Marquis Vogüé. Nach ihnen kamen die zur Begleitung der Dauphine ausgewählten Damen: ihre Ehrendame Gräfin Noailles, die Herzoginnen von Villars und Picquigny, die Marquise Duras und die Gräfinnen Mailly und Saulx-Tavannes. Sie alle hatten bereits zum Hofstaat der verstorbenen Königin Maria Leszcýnska gehört.

Madame Campan erzählte, Marie Antoinette sei über die symbolische

Grenze auf die Gräfin Noailles zugestürzt und habe sich ihr schluchzend in die Arme geworfen. Vielleicht war es so. Auf jeden Fall gingen die Dauphine und ihr französisches Gefolge, nachdem alle vorgestellt waren, in die Stadt, wo man zur Feier des glücklichen Ereignisses Triumphbögen errichtet hatte. Im bischöflichen Palais wurde Marie Antoinette von einem anziehenden jungen Prälaten willkommen geheißen, von Louis-Édouard de Rohan, dem Neffen und Koadjutor des Bischofs von Straßburg. Das gesamte Kapitel hatte sich zu ihrer Begrüßung versammelt. Die Dauphine sprach französisch, doch wenn sie auf deutsch angesprochen wurde, antwortete sie auch deutsch. Lächelnd erschien sie zu allen Festlichkeiten, die ihr zu Ehren stattfanden. Am 9. Mai ging die Reise weiter. Wohin sie auch kam, überall hörte sie Ansprachen, Gedichte und Glückwünsche, ein erschöpfendes Programm. Jeden Abend mußte sie sich ein Schauspiel ansehen, und oft wurde ihr die Zeit dabei sehr lang. Dann rutschte sie auf ihrem Stuhl hin und her, kratzte sich am Kopf und gähnte.

Am 14. Mai sollte die Dauphine endlich den König und ihren künftigen Gatten kennenlernen. Ludwig XV. hatte sich persönlich nach Compiègne begeben, um seine neue Enkelin in Augenschein zu nehmen. Er war sehr gespannt. Angetan mit ihrem Hofkleid, die Haare so sorgfältig frisiert, daß jede Locke an ihrem Platz lag, und sehr aufgeregt legte Marie Antoinette die letzte Etappe von Soissons nach Compiègne zurück. Die lauten Hochrufe, die ihr entgegenschallten, beruhigten sie ein wenig. Am Waldrand von Compiègne sammelten sich immer mehr Menschen. Dann erblickte die Dauphine mehrere Karossen, der große Augenblick war gekommen. Der König, der Dauphin und weitere Mitglieder der königlichen Familie erwarteten sie in der Nähe des Pont de Berne. Ihre Karosse hielt an. Sie stieg vorsichtig aus, Graf Saulx-Tavannes und Graf Tessé geleiteten sie respektvoll. Entgegen der Etikette eilte sie sodann auf den König zu und sank in einem anmutigen Knicks vor ihm und ihrem künftigen Gatten auf die Knie. Der Anblick ihrer graziösen Gestalt und ihr reizendes Lächeln hatten den König bereits in Bann geschlagen. Er hob seine neue Enkelin auf und küßte sie. Dann stellte er sie dem Dauphin vor. Der Dauphin gab ihr einen unbeholfenen Kuß auf die Wange. Wenn sie von seiner Begrüßung enttäuscht war, ließ sie sich zumindest nichts anmerken. Nachdem der König ihr noch seine Töchter und sein übriges Gefolge vorgestellt hatte, stieg er mit ihr und dem Dauphin in seine Karosse. Auf der Fahrt zum Schloß Compiègne bestritt der König allein die Unterhaltung. Er war glücklich wie ein Verlobter am Abend vor der Hochzeit. Der Dauphin sagte kein Wort.

Am nächsten Morgen ging die Fahrt weiter nach Paris. In Saint-Denis wurde die Reise für einen Besuch bei Madame Louise unterbrochen, der jüngsten Tochter Ludwigs XV., die vor einem Monat zum Leidwesen ihres Vaters beschlossen hatte, sich in das dortige Karmeliterkloster zurückzuziehen. Am Abend versammelte sich die gesamte königliche Familie im Schloß La Muette. Marie Antoinette lernte ihre beiden Schwager kennen, den Grafen von Provence, der ihr mit seiner gestelzten Haltung nicht sehr gefiel, und den Grafen von Artois, noch ein halbes Kind. Dieser lustige und ungebärdige Junge war zweifellos der anziehendste der drei Brüder. Mit seinen dreizehn Jahren bewegte sich Charles Philippe erstaunlich selbstsicher und gewandt. Beim Abendessen weckte eine bezaubernde junge Frau an der Seite des Königs Marie Antoinettes Neugier. Nachdem Ludwig XV., seine Töchter und sein Enkel nach Versailles zurückgekehrt waren – denn die Verlobten durften nicht unter einem Dach schlafen –, fragte Marie Antoinette, wer die schöne, geheimnisvolle Unbekannte gewesen sei. Ein wenig verlegen antwortete ihr Gräfin Noailles, Madame Dubarry sei am Hofe, um den König zu unterhalten. Darauf soll Marie Antoinette geantwortet haben, diesen Platz wolle sie ihr streitig machen. Natürlich ist diese Anekdote nicht bezeugt. Auf jeden Fall verstand die Dauphine, daß der König ganz offiziell eine Mätresse hatte. Als sie später ihre Gemächer betrat, erwartete sie noch eine Überraschung anderer Art: Der König hatte ihr ein wunderbares Diamantgeschmeide und die Juwelen der verstorbenen Dauphine Maria Josepha gebracht.

Der 16. Mai war ein strahlender Tag. Gegen zehn Uhr passierte die Kutsche der Dauphine das Tor des Schlosses von Versailles, des schönsten Schlosses der Welt, wie man ihr gesagt hatte. Auf den ersten Blick erschien ihr Versailles sehr viel größer und sehr viel feierlicher als Schönbrunn, das gegen das Schloß des Sonnenkönigs eher wie ein kleines Lustschloß wirkte. Schönbrunn war zweifellos auch ein prachtvolles Schloß, aber nicht so eindrucksvoll und ehrfurchtgebietend wie dieses.

Marie Antoinette bezog die Gemächer der Königin Maria Leszcýnska, die man seit deren Tod gerade notdürftig hergerichtet hatte. Im Vergleich zu den Zimmern mit den niedrigen Decken und den hellen Farben in Schönbrunn erschienen sie Marie Antoinette geradezu einschüchternd. Aber sie hatte ihre Kindheit nicht nur in Schönbrunn, sondern zum größten Teil in Wien verbracht, und verglichen mit der Hofburg waren die Säle in Versailles entschieden schöner. Im übrigen hatte sie nicht viel Zeit, sich ihre neue Umgebung anzusehen, denn es blieben ihr gerade zwei Stunden, um sich auf das große Ereignis in der königlichen Kapelle vorzubereiten. Während sie beim Ankleiden war, ließ der König sich melden. Er stellte ihr die beiden Schwestern des Dauphins vor: Madame Clotilde, ein dickes Mädchen mit sanften Zügen, und die noch sehr kleine Madame Elisabeth.

Um ein Uhr betrat Marie Antoinette in ihrem Hofkleid mit dem Reifrock das Arbeitszimmer des Königs. In ein golddurchwirktes, mit Diamanten besticktes Gewand vom Orden des Heiligen Geistes gekleidet, ging der Dauphin auf sie zu und reichte ihr die Hand. «Sie grüßte und küßte die Hand des Königs mit großer Anmut und Gewandtheit; sie erschien mir sehr hübsch, klein und zart», schilderte der Herzog von Croÿ die Szene.[25]

Gefolgt vom König und den Prinzen, schritt das junge Paar langsam durch die Gemächer, wo dichtgedrängt die Zuschauer standen. In der Kapelle knieten sie auf purpurroten Samtkissen vor dem Altar nieder. Der König nahm auf seinem Betstuhl weiter hinten in der Kapelle Platz, neben ihn setzten sich die Prinzen von Geblüt und die übrigen Mitglieder der königlichen Familie. Der Erzbischof von Reims zelebrierte die Messe. «Die Kapelle, in der stufenweise ansteigende Sitzreihen angebracht waren, so daß man wie in einem Amphitheater ringsum lauter prachtvolle Kleider sah, bot einen herrlichen Anblick, zumal die Sonnenstrahlen den Glanz noch erhöhten», berichtete wiederum der Herzog von Croÿ.[26] Zitternd vor Aufregung schob der Dauphin seiner Frau den Ring über den Finger. Nach der Trauungszeremonie waren die Unterschriften im Heiratsregister zu leisten. Der König unterschrieb mit weitausholenden Buchstaben, der Dauphin setzte seine deutlich kleinere Unterschrift darunter. Als letzte unterschrieb die Dauphine, und sie machte dabei einen Tintenklecks.

Um zwei Uhr, während die Gäste sich ein wenig erholten, nahm die Dauphine in ihren Gemächern den Treueeid ihres Hofstaats entgegen. Der erste Kammerherr des Königs, der Herzog von Aumont, brachte ihr den «Hochzeitskorb»: ein prachtvolles, von Bocciardi gebautes und von Gouthière verziertes Schränkchen mit vielen Schubladen, das unzählige Juwelen, Miniaturen, Kästchen, Futterale und andere wertvolle Geschenke für die Mitglieder des Hofstaates enthielt. Es folgte der Empfang der Botschafter, danach begab sich der König zum Spiel in den strahlend erleuchteten Spiegelsaal. Alle Festgäste warteten ungeduldig auf die Beleuchtung des Schloßgartens, das Feenspiel auf dem Wasser und das große Feuerwerk, aber aus heiterem Himmel brach ein Unwetter los, und dieser Teil der Festvorbereitungen fiel buchstäblich ins Wasser. Die junge Dauphine und die Höflinge waren enttäuscht, noch mehr freilich die Schaulustigen aus dem einfachen Volk, denn jeder, der anständig gekleidet war, durfte die Gärten betreten. Wenn das Wetter mitspielte, sollten diese Lustbarkeiten am übernächsten Tag stattfinden.

Den Abschluß des Hochzeitstages bildete ein Festmahl, das um zehn

Uhr abends in dem neuen, gerade fertig gewordenen Opernsaal serviert wurde. Trotz der Erschöpfung nach einem anstrengenden Tag ließen der Dauphin und die Dauphine auch dies noch über sich ergehen. Anschließend wurden sie in ihr Schlafzimmer geführt und nach einem altmodischen Ritual zu Bett gebracht. Der Erzbischof von Reims segnete das Brautbett, der König reichte dem Dauphin das Nachthemd, die Herzogin von Chartres, die älteste der verheirateten Prinzessinnen, half Marie Antoinette in ihr Nachtgewand. Der Dauphin wirkte reichlich gelangweilt, seine Frau hingegen bewahrte eine würdevolle und anmutige Haltung. Nachdem die Brautleute in ihre Nachthemden geschlüpft waren, legten sie sich unter den Augen des gesamten Hofes ins Bett. Der König sagte seinem Enkel noch ein paar launige Worte ins Ohr, dann zog der Dauphin die Bettvorhänge zu. Aber das war für die Anwesenden noch nicht das Zeichen zum Aufbruch. Das Ritual verlangte, daß die Vorhänge noch einmal aufgezogen wurden, damit alle Höflinge sich davon überzeugen konnten, daß der Thronerbe der Bourbonen sein Lager tatsächlich mit der Tochter der Cäsaren teilte. Die Bettvorhänge wurden also noch einmal geöffnet, und dann ließ man Louis Auguste und Marie Antoinette endlich allein.

In den nächsten Tagen gingen die Feierlichkeiten weiter. Am Morgen nach der Hochzeit wurde die neue Dauphine in einem unbeschreiblichen Gedränge der Öffentlichkeit «vorgestellt». Am Abend langweilte man sich vornehm bei der Oper *Perseus* in einer Bearbeitung von Quinault und Lully. Am 18. Mai hatten die Jungvermählten endlich einen Tag Ruhe. Für den Dauphin sah die Erholung so aus, daß er früh am Morgen aufstand und zur Jagd ritt; die Dauphine plauderte unterdessen mit Madame de Noailles. Als glanzvollen Höhepunkt der Feierlichkeiten eröffnete das junge Paar am 19. Mai einen Ball im Opernsaal, anschließend sollten die Gärten beleuchtet werden, und das am Hochzeitstag ausgefallene Feuerwerk sollte nachgeholt werden. Ein Skandal trübte die Festfreude: Die Lothringer Prinzessinnen hatten ihre Verwandtschaft mit Marie Antoinette, der Tochter Franz' von Lothringen, ins Feld geführt und gebeten, daß sie sogleich nach den königlichen Prinzessinnen und vor den französischen Herzoginnen tanzen dürften. Zur großen Entrüstung des französischen Adels, der seine Privilegien wanken sah, hatte Ludwig XV. den Lothringerinnen diese Bitte gewährt. Viele Höflinge blieben dem großen Ball fern und grollten, weil man ihre Empfindlichkeiten verletzt hatte, um der kleinen Österreicherin einen Gefallen zu tun.

Der Dauphin und die Dauphine wußten von dieser Palastrevolution nichts, und Ludwig XV. nahm die Aufregung nicht ernst. Er war glücklich über diese Heirat. Die Dauphine genoß die Festlichkeiten in vollen Zügen.

Ohne Schwierigkeiten gelang es ihr, Mesdames, ihre Tanten, zu überreden, daß sie mit ihr zu dem großen Feuerwerk fuhren, das auf der Place Louis XV, der heutigen Place de la Concorde, zu Ehren der Jungvermählten stattfinden sollte. Das sollte ihr erster Auftritt in Paris sein, allein der Gedanke daran erfüllte sie mit Freude; sie konnte es nicht erwarten, in die Hauptstadt zu kommen. Am Anfang des Cours-la-Reine hörte sie plötzlich aufgeregte Stimmen, und dann kehrte man um. Eine Katastrophe hatte sich ereignet. Von der Place Louis XV aus hatte sich ein riesiger Menschenstrom unaufhaltsam in die Seitenstraßen ergossen. In der Rue Royale staute sich das Gedränge in der Dunkelheit, die Menschen waren hilflos eingekeilt. 132 Opfer erstickten oder wurden totgetrampelt. So gingen die Hochzeitsfeierlichkeiten zu Ende.

Kapitel II

Die Dauphine

Nach den vielen Festen war das junge Paar erschöpft. Marie Antoinette hatte das Vergnügen in vollen Zügen genossen. Mit ihrer jugendlichen Anmut und ihren hellblauen Augen hatte sie alle Herzen erobert. Die stolze Art, wie sie den Kopf trug, und ihre natürliche Zurückhaltung ließen bereits ahnen, was für eine majestätische Erscheinung sie einmal sein würde. Sie schien wie geschaffen, um in Versailles zu herrschen, und der König war ganz vernarrt in sie. Der Dauphin blieb an der Seite seiner strahlenden Gattin weiterhin mürrisch. Was für einen sonderbaren Gemahl hatte die Staatsräson dieser kleinen lebenslustigen Prinzessin beschert! In der endlosen Folge von Bällen, Schauspielen und Empfängen hatten die beiden keinen Augenblick für sich allein gehabt. Marie Antoinette beobachtete Louis Auguste aus den Augenwinkeln, er ging ihr aus dem Weg. Doch abends lagen sie nebeneinander im Bett – und dort geschah nichts. Der König, die Prinzen und Prinzessinnen, die Botschafter und sämtliche Höflinge warteten ungeduldig auf die Nachricht, daß die Ehe vollzogen war. Aber seit der ersten Begegnung im Wald von Compiègne hatte der Dauphin seiner Gattin «nicht das geringste Zeichen des Gefallens oder Interesses gezeigt, weder öffentlich, noch wenn sie für sich waren». Der österreichische Botschafter, dem wir diese vertrauliche Mitteilung verdanken, fügte noch hinzu, «glücklicherweise machte das gleichgültige und grobe Benehmen des Prinzen auf die junge Prinzessin keinen Eindruck, und wohl zufällig war ihr Betragen von einer Art, als hätten es ihr eine Erfahrung und eine Geschicklichkeit diktiert, die sie in ihrem Alter keineswegs haben konnte».[1]

Die Schroffheit des Dauphins erregte am gesamten Hof Aufsehen; Choiseul war so entsetzt, daß er es für angemessen hielt, seine Beunruhigung dem König mitzuteilen. Unverblümt sagte er dem König, der Thronerbe werde «den Abscheu der gesamten Nation»[2] auf sich ziehen, wenn er sein Verhalten nicht vollkommen ändere. Und Choiseul beschuldigte den Herzog La Vauguyon, den Erzieher des Prinzen, er sei für dieses unglaubliche Betragen verantwortlich. Dieser fromme Heuchler ohne jede Spur von Großherzigkeit und Intelligenz übte auf seinen ehemaligen Schüler nach wie vor einen gewissen Einfluß aus. Er wollte auch die Dauphine, die er verabscheute, seinem Einfluß unterwerfen und träumte davon, eines Tages im Haushalt des Dauphins zu herrschen. Mit plumpen jesuitischen Anspielungen hatte La Vauguyon den im Umgang mit Frauen sowieso schüchternen Dauphin noch weiter verschreckt, bis er sich in Gegenwart seiner eigenen Frau als der hilfloseste Mensch des gesamten Königreichs fühlte. Marie Antoinette durchschaute schnell, was La Vauguyon bezweckte. Sie gab sich keinerlei Mühe, ihren Groll zu verbergen, und war entschlossen, seine Stellung beim Dauphin zu untergraben.

Die Beschwerde seines Ministers beeindruckte Ludwig XV. nicht sehr. Bei seinem Sohn waren schließlich auch einige Monate mit fruchtlosen Versuchen vergangen, bis die Ehe endlich vollzogen wurde. Man mußte den jungen Leuten Zeit lassen, sich kennenzulernen. «Es ist noch nicht alles getan», schrieb der König an den Infanten von Parma,[3] «aber das kommt noch, bald, wie ich hoffe. Mein Enkel macht sich nicht viel aus Zärtlichkeiten, aber die Jagd liebt er sehr.» In der Tat: Frühmorgens, während die Dauphine noch in tiefem Schlaf lag, stand ihr Gemahl auf und ritt für Stunden zur Jagd aus. «Er geht früh», tuschelten die Höflinge. Die Dauphine blieb in ihren Gemächern zurück in Gesellschaft von Madame de Noailles, die ihr zu ihrem großen Mißfallen stundenlang die Feinheiten der allerheiligsten Etikette auseinandersetzte. Madame de Noailles war über vierzig, keine Schönheit, mit mittelmäßiger Intelligenz und keinerlei Phantasie begabt. Doch ihre Sitten waren tadellos, und sie hatte eine vollkommene höfische Erziehung genossen, so daß sie Ludwig XV. als die richtige Ehrendame für die Dauphine erschienen war. Madame de Noailles sah in der jungen Prinzessin bereits die künftige Königin und war ihr ganz und gar ergeben. Sie behandelte die Dauphine mit einer Mischung aus Liebenswürdigkeit und Schmeichelei, die jene erboste. Marie Antoinette machte sich offen über ihre Ehrendame lustig und gab ihr den Spitznamen «Madame Etikette».

Dank der Fürsprache von Maria Theresia hatte der Abbé Vermond die Stellung des Vorlesers der Dauphine erhalten. So blieb er am Hof in Marie Antoinettes Nähe, und Marie Antoinette hing weiterhin sehr an ihm. Er war der einzige in Versailles, der sie gut kannte, und sie hatte unumschränktes Vertrauen in ihn, weil die Kaiserin ihm ihr Vertrauen geschenkt hatte. «Während ich am Morgen bei der Dauphine war», schrieb Vermond am Tag nach der Hochzeit, «trat der Dauphin ins Zimmer. Ich entfernte mich ein wenig. Monsieur le Dauphin sagte: ‹Habt Ihr gut geschlafen?› – ‹Ja.› Und daraufhin ging er wieder hinaus... Die Dauphine spielt mit ihrem kleinen Hund. Er ist für eine Weile gut als Ablenkung, aber dann beginnt sie wieder zu träumen. Mein Herz ist tief bekümmert.»[4] Das einzige wahre Glück auf dieser Erde, hatte die Kaiserin ihrer Tochter eingeschärft, ist eine glückliche Ehe. Alles hängt von der Frau ab, daß sie liebenswürdig ist, sanft und fröhlich.[5] Klug und sogar heiter versuchte die Dauphine die Versprechen zu halten, die sie als Erzherzogin gegeben hatte.

Maria Theresia bemühte sich von Wien aus, ihre Tochter zu lenken. Sie wollte in allen Einzelheiten über Marie Antoinettes Leben auf dem laufenden gehalten werden. Ihren Botschafter Florimond de Mercy-Argenteau hatte sie beauftragt, über ihre Tochter zu wachen und ihr mit seinem Rat zur Seite zu stehen. Darüber hinaus mußte er lange Berichte an seine Herrscherin schicken und genau schildern, was Marie Antoinette sagte und tat. So entspann sich, ohne daß irgend jemand davon wußte, vor allem ohne daß die Dauphine davon wußte, neben der offiziellen, «sichtbaren»[6] Korrespondenz ein reger vertraulicher Briefwechsel zwischen der Kaiserin und ihrem Botschafter in Frankreich. Staatskanzler Kaunitz gegenüber erwähnte Mercy zwar nicht die kleinen Geheimnisse, die Maria Theresia auf diesem Weg erfuhr, aber die Existenz des im übrigen für ihn mühseligen Briefwechsels verheimlichte er Kaunitz keineswegs: «Mit der heutigen Post schicke ich der Kaiserin einen ebenso umfangreichen wie unbedeutenden Bericht über die Beschäftigungen der Dauphine», schrieb Mercy am 20. Oktober 1770. «Ich könnte ihr dies ohne weiteres in wenigen Worten mitteilen, aber Ihre Majestät wünscht genaue Einzelheiten, und ich bin mir bewußt, daß es um so besser ist, je ausführlicher die Einzelheiten ausfallen.»[7] Kaunitz war seinerseits glücklich über Mercys Rolle am Hof. «Ich wünschte, die Dauphine [...] könnte sich entschließen, niemals anders als durch Eure Augen zu sehen», schrieb er an Mercy.[8] Über Mercy als Mittelsmann hofften der Staatskanzler und die Kaiserin so viel Einfluß auf die Dauphine nehmen zu können, daß sie im richtigen Augenblick die österreichische Politik verteidigen würde.

Mercy zeigte, daß er das Vertrauen verdient hatte. Er zog seine Fäden so, daß ihm reichlich Informationen zuflossen. Zwar hatte er ungehinderten Zugang zu Marie Antoinette, aber er hielt es für besser, im Hintergrund zu bleiben, damit niemand mißtrauisch wurde und Gerüchte in Umlauf setzte. Einen geradezu idealen Mitarbeiter fand er in Vermond. Mercy sorgte dafür, daß er von Vermond alles erfuhr, was die Dauphine ihm anvertraute. Doch damit gab sich Mercy nicht zufrieden. Er unterhielt sich viel mit Madame de Noailles, und vor allem bestach er – wie alle Botschafter es taten – die Bediensteten der Dauphine und des Dauphins. Auf diese Weise blieb ihm nichts verborgen, was zwischen den beiden geschah.

Als treuer Untertan Ihrer Majestät der Kaiserin hegte Mercy einige Vorurteile gegen Ludwig XV., gegen den Hof und gegen Frankreich insgesamt. Dem Kaiser und der Kaiserin gegenüber machte Mercy keinen Hehl aus seiner Verachtung für den alternden Monarchen, der mehr an seine Vergnügungen dachte als an die Staatsgeschäfte. In Anbetracht der «schwindenden Geisteskräfte» des Königs erschien ihm die Zukunft des Landes in düstersten Farben. Im Jahr zuvor hatte er ganz nüchtern den «Niedergang dieser Monarchie» geschildert, «die sich nur wieder erheben kann, wenn der Nachfolger des gegenwärtigen Herrschers mit seinen Qualitäten und Fähigkeiten in der Lage ist, die äußerste Unordnung, in welcher er das Königreich vorfinden wird, in Ordnung zu bringen».[9] Und es ist bekannt, daß Mercy nicht viel von den geistigen Fähigkeiten des Thronerben hielt. Die anderen europäischen Herrscher fanden an diesen Zukunftsaussichten natürlich Gefallen. Es galt, Marie Antoinette rechtzeitig auf die Rolle vorzubereiten, die man ihr für die Zukunft zugedacht hatte.

Marie Antoinette ahnte von diesen Plänen nichts und empfing Mercy gerne. Er war der einzige, der im Namen ihrer Mutter zu ihr sprechen konnte. Der dreiundvierzigjährige, große und schlanke, elegant gekleidete und undurchdringlich wirkende Mann verstand es, das Vertrauen der Dauphine zu gewinnen. Seine manchmal fast verletzende Reserviertheit hielten manche für Affektiertheit, tatsächlich jedoch verbarg sich dahinter eine große Schüchternheit. Im Umgang mit der Dauphine gab es solche Schwierigkeiten nicht: Sie war zu jung, zu naiv, zu harmlos, als daß sie ihm Furcht eingeflößt hätte, und er war in ihren Augen eine Art väterlicher Freund. Zweifellos empfand sie für ihn mehr als er für sie. Mercy wurde Marie Antoinettes persönlicher Berater. Da sie von den Intrigen am französischen Hof keine Ahnung hatte, verließ sie sich auf den Scharfsinn des Ministers ihrer Mutter, um zu entscheiden, für wen sie in einer bestimmten Situation Partei ergreifen sollte. «Die Prinzessin, welche in jenen ersten Momenten, da alles für sie neu war, auf mich gestoßen ist [...], hat mich mit ihrem Vertrauen beehrt, welches sie mir nun weiterhin schenkt aus Gewohnheit und weil sie um meine Geschicklichkeit, meinen Eifer und meine Ergebenheit weiß», schrieb Mercy an Maria Theresia.[10] Als Mentor beschränkte er sich nicht darauf, die Dauphine klug zu beraten, sondern er formte auch ihren Geist, daß sie so dachte und urteilte, wie man es in Wien wünschte. Vor allem anderen war der Wiener Politik daran gelegen, daß sie ihren schüchternen Ehemann fest an sich band, damit sie ihn vollkommen beherrschte, wenn er eines Tages den Thron bestieg.

Marie Antoinette dachte keinen Augenblick darüber nach, was für eine Figur auf dem politischen Schachbrett sie darstellte. Sie gewöhnte sich an ihr neues Leben und lernte nach und nach die königliche Familie kennen. Die Kaiserin hatte bereits vorsichtig angedeutet, daß am Hof von Versailles unendlich viel perfidere Intrigen gesponnen würden als in Wien. «Hier gibt es nur Kindereien und Eifersüchteleien um nichts, andernorts ist es sehr viel ernster», hatte Maria Theresia in ihrer «Verhaltensvorschrift» für die Erzherzogin geschrieben. Marie Antoinette begriff sehr bald, was mit dieser sibyllinischen Formulierung gemeint war. Dieser liebenswürdige, anziehende König, «welcher ihr tausendfach seine Güte bezeigte und sie zärtlich liebte»,[11] war bei genauerem Hinsehen doch nicht der ideale Vater, als der er ihr bei ihrer Ankunft in Compiègne erschienen war. Mesdames, ihre neuen Tanten, hatten ihr mit größtem Vergnügen auseinandergesetzt, was für eine Rolle die strahlende Gräfin Dubarry spielte, die Marie Antoinette bei dem Souper in La Muette am Vorabend ihrer Hochzeit so charmant gefunden hatte. Die ältlichen Prinzessinnen, die zu einem tugendhaften Leben verdammt waren, hatten ihr geschildert, aus was für Verhältnissen jene Gräfin stammte, und sie hatten aus ihrem Abscheu keinen Hehl gemacht. «Seine Schwäche für Madame Dubarry, die das dümmste und unverschämteste Geschöpf ist, welches man sich vorstellen kann, ist mitleiderregend», schrieb Marie Antoinette ganz aufgewühlt am 9. Juli an ihre Mutter.[12] Die Tanten lagen dem Dauphin mit ähnlichen Klagen in den Ohren, und er war erschüttert. Möglicherweise auf Anraten von Mesdames beschloß Marie Antoinette, die Favoritin künftig zu übersehen. Der Dauphin verzichtete auf die Jagdessen mit dem König, an denen er seit kurzem teilnehmen durfte.

Ludwig XV. bemerkte zunächst den Groll seiner Enkelkinder nicht, «und er war weiterhin sehr zufrieden mit der Dauphine. Sie schmeichelte ihm stets sehr anmutig und auf sehr anrührende Weise», berichtete Mercy.[13] Der König fand seine neue Enkelin «lebhaft und ein wenig kindlich, wie es ihrem Alter entspricht». Ein wenig kindlich war die Dauphine in der Tat. Berauscht von der relativen Freiheit, die sie trotz der Ehe genoß, träumte sie davon, nur zu tun, was ihr gefiel. Keine ernsthafte Beschäftigung fesselte sie lange. Mercy beunruhigte dies um so mehr, als dadurch Vermonds Stellung gefährdet war. Da der Abbé keine Gelegenheit hatte, seiner Aufgabe als Vorleser nachzukommen, weil die Dauphine jede Lektüre strikt ablehnte, intrigierte La Vauguyon mit dem Ziel, daß der Günstling Choiseuls, dessen heimliche Rolle er ahnte, vom Hof verwiesen würde. So taktvoll wie möglich sprach Mercy mit Madame de Noailles, und der Dauphine redete er so respektvoll ins Gewissen, daß sie sich aus Angst, ihren Vertrauten zu verlieren, mit dem ersten Buch einverstanden erklärte, das man ihr vorschlug. Sie tat so, als interessiere sie sich für einige Schriften. Doch allzu viel Konzentration durfte man ihr nicht abverlangen, lieber als mit Büchern beschäftigte sie sich mit ihren Hunden und mit dem kleinen Sohn einer ihrer Zofen. «Sie hat sich immer gern mit Kindern abgegeben», antwortete Maria Theresia auf Mercys verwunderte Anfrage.[14] Sie erschien verspätet an der Tafel und am Spieltisch des Königs, saß krumm auf ihrem Stuhl und lachte ein wenig zu laut hinter ihrem Fächer, manchmal machte sie sich auch ganz offen über jemanden lustig, den sie lächerlich fand. Mercy mußte sie warnen: «An einem stürmischen Hof ist es leichter, am Anfang alle Herzen zu gewinnen, als sie auf Dauer zu bewahren.»[15]

In den kleinen Schlössern Marly, Choisy und Bellevue, wohin sich der Hof jedes Jahr für einige Zeit begab, und vor allem in Compiègne waren die Familienmitglieder mehr unter sich. Diesmal hielt sich die königliche Familie vom 18. Juli bis 28. August dort auf. In dieser Zeit begann das Eis zwischen den Jungvermählten zu schmelzen. Marie Antoinette war freundlich und fröhlich zu ihrem Gemahl, und Louis Auguste unterhielt sich mit ihr. Madame Adelaïde hatte er anvertraut, «daß er seine Gemahlin sehr liebenswürdig finde, daß ihre Denkungsart ihm gefalle und er sehr glücklich darüber sei».[16] Der König räumte ein, es sei nun einmal «nicht ein Mann wie der andere», sein Enkel sei «äußerst schüchtern und scheu»,[17] und hoffte weiter auf einen baldigen Vollzug der Ehe. In Choisy sprachen der Dauphin und die Dauphine zum erstenmal über diese Angelegenheit. Louis Auguste versicherte Marie Antoinette, «daß ihm alles, was mit dem Ehestand zusammenhänge, sehr wohl bekannt sei; daß er von Anfang an einen bestimmten Plan gehabt habe, von dem er nicht habe abweichen wollen; daß nun der Termin gekommen sei und daß er in Compiègne mit Madame la Dauphine in der vollständigen Vertraulichkeit leben werde, die zu ihrer Verbindung gehöre».[18] Der Dauphin hatte endlich seine Schüchternheit überwunden. Ermutigt durch eine solche Erklärung, antwortete die Dauphine: «Da wir in inniger Freundschaft miteinander leben sollen, müssen wir voller Vertrauen über alles sprechen.»[19] Die Unterhaltung ging weiter, und irgendwann kamen sie auf Madame Dubarry. Der Dauphin schüttete seiner Ehefrau, die nun keine Fremde mehr für ihn war, sein Herz aus. Was für eine Erleichterung! Anscheinend hatte er endlich jemanden gefunden, zu dem er offen sein konnte. Er sagte «der Dauphine, daß er sehr wohl wisse und sehe, was vor sich gehe, daß er sich jedoch bisher niemals erlaubt habe, zu irgend jemandem darüber zu sprechen».[20] Die beiden Gatten stellten fest, daß sie über die Menschen in ihrer Umgebung ähnlich dachten. Doch beinahe wäre das Einvernehmen wieder dahin gewesen, als Marie Antoinette «bemerkte, wie ärgerlich es sei, daß der König als Opfer von Intrigen zu jener Verbindung veranlaßt worden sei, in welcher er sich nun befinde und welche soviel Unfrieden am Hof zur Folge habe, und daß dies alles nur ersonnen worden sei, um den Herzog Choiseul zu stürzen».[21] Mit dem Namen des Ministers, der ihre Ehe eingefädelt hatte und das Bündnis mit Österreich so vehement verteidigte, traf Marie Antoinette bei ihrem Ehemann einen wunden Punkt. Louis Auguste hatte, wie bereits erwähnt, von seinem Vater und seinem Erzieher die Abneigung gegen Choiseul übernommen, eine Abneigung, die an Haß grenzte. Doch er beherrschte sich und antwortete seiner Frau nur, «sie wisse nicht alles, was der Herzog Choiseul getan habe, um in die Stellung zu gelangen, die er nun innehabe».[22] Dann erwähnte er die Protektion von Madame Pompadour. Marie Antoinette war geschickt genug, Choiseul nicht zu verteidigen, und das Gespräch endete an diesem Punkt.

Am nächsten Morgen berichtete die Dauphine sogleich ihrer Mutter von der glücklichen Entwicklung ihrer Beziehung zum Dauphin. «Was meinen lieben Gatten angeht, so ist er sehr verändert und ganz zu seinem Vorteil», schrieb sie triumphierend. «Er zeigt sich sehr freundlich zu mir und bringt mir allmählich Vertrauen entgegen.»[23] Mercy blickte hoffnungsvoll in die Zukunft. «Es ist kein Zweifel», berichtete er Maria Theresia, «daß sie ihn mit ein wenig Vorsicht vollständig an sich binden wird.»[24] Aber Maria Theresia wagte noch nicht, sich allzusehr zu freuen. Sie war höchst besorgt über den Gesundheitszustand des Dauphins, der möglicherweise an Tuberkulose litt. «Ich fürchte, er wird nicht mehr lange leben», schrieb sie ungerührt am 1. August.[25] Maria Theresia dachte dabei offensichtlich weniger an das Glück ihrer Tochter, sondern in erster Linie an die Zukunft des Bündnisses.

Das Thronfolgerpaar traf zwei Tage später als der König, am 30. Juli, in Compiègne ein, weil der Dauphin ernstlich erkrankt war. Marie Antoinette hatte ihren Ehemann selbst gepflegt, und ihn hatte das sehr gerührt. Die beiden Gatten wirkten vielleicht nicht gerade rundherum glücklich, aber sie verstanden sich allem Anschein nach gut. Marie Antoinette neckte den Dauphin in aller Öffentlichkeit, abends hinderte sie ihn daran, daß er seine heißgeliebten Süßigkeiten in sich hineinstopfte, weil er davon immer wieder Verdauungsstörungen bekam. Er ärgerte sich nicht über ihre kleinen Tricks, denn ganz zu Recht sah er darin einen Beweis ihrer Liebe und Sorge.

Marie Antoinette befolgte die Ermahnungen ihrer Mutter. Sie schmeichelte dem König, sie erfüllte ihre religiösen Pflichten, sie bemühte sich, jeden Tag ein oder zwei Stunden zu lesen, sie sang, saß am Spinett und fuhr mit der Kutsche hinter der königlichen Jagdgesellschaft her. Abends spielte sie mit Anstand Cavagnole, obgleich dieses Lotteriespiel sie zutiefst langweilte. Sie zügelte in der Öffentlichkeit ihre Spottlust. Wenn sie noch mehr auf ihre Haltung geachtet und sich bereit gefunden hätte, ihr «Fischbeinmieder», ihr Korsett, zu tragen, dann wäre nichts mehr an ihr auszusetzen gewesen.

Die erwarteten Veränderungen im ehelichen Leben des jungen Paares blieben auch während des Aufenthalts in Compiègne aus. Ganz offensichtlich fühlte der Dauphin sich in Gesellschaft seiner Frau wohl, er zeigte sich ihr regelrecht ergeben, doch seit seiner Erkrankung vor der Reise schlief er nicht mehr in ihrem Zimmer. Es sah fast so aus, als hätte der Gedanke, daß er die Ehe vollziehen sollte, die Krankheit hervorgerufen. Der ganze Hof klatschte über dieses Thema, Louis Auguste und Marie Antoinette waren sich dessen bewußt. «Euer Cousin reitet mit mir zur Jagd, soviel er kann und soviel er Pferde hat. Das übrige geht nicht so gut, aber ich spreche nicht mehr darüber, und es könnte sich gerade dann ereignen, wenn man am wenigsten daran denkt», schrieb Ludwig XV. an seinen Enkel, den Infanten von Parma.[26]

Marie Antoinette war vom Verhalten des Dauphins überrascht, vielleicht auch heimlich erleichtert, doch sie verbarg ihre Ratlosigkeit. Sie sprach «voller Zärtlichkeit» über ihren Gemahl und vertraute Mercy an, «daß sie glücklich mit ihm sei, [...] daß er im Grunde seines Wesens hervorragend sei, daß er das beste Kind sei und den besten Charakter habe».[27] Das alles klingt nicht so, als wäre sie von ihm angezogen gewesen, aus ihren Worten spricht eher Nachsicht. Der Dauphin war gewiß kein Mann, der die Leidenschaft einer jungen Frau entfachte. Die schwere Hemmung ihres Ehemannes und sein Mangel an Selbstsicherheit hatten zur Folge, daß die Dauphine innerlich vor seiner Umarmung zurückschreckte. Er hatte Angst vor der Sexualität und sie ebenfalls. Im übrigen zeigt die Tatsache, daß seit ihrer Ankunft in Frankreich ihre Menstruation ausgeblieben war, in was für einer aufgewühlten Verfassung sie sich befand. Dazu kamen noch das Gerede der Höflinge, die Einmischung der Tanten, die freilich in dieser Angelegenheit über keinerlei eigene Erfahrungen verfügten, und in Wien lag Maria Theresia auf der Lauer und wartete, daß ihre Tochter ihr über die Entwicklung ihrer ehelichen Verhältnisse genau berichtete. Marie Antoinette war es nach wie vor unendlich wichtig, daß Maria Theresia mit ihr zufrieden war. Sie fürchtete das Urteil ihrer Mutter und fragte Mercy andauernd, ob Maria Theresia mit diesem oder jenem, was sie gerade tat, wohl einverstanden wäre. Es war der Wunsch ihrer Mutter, daß sie an der Seite des Dauphins schlief und «ihre Zärtlichkeiten verdoppelte». Doch da der Dauphin das Ehebett mied, hatte Marie Antoinette ein gutes Gewissen. Ihr Gemahl war vielleicht nicht sehr anziehend, doch daß er sie vernachlässigte, verletzte zweifellos ihr Selbstbewußtsein und verursachte ein gewisses Unbehagen.

Mercy versuchte die Kaiserin zu beruhigen und schrieb ihr, was der Chirurg des Königs, La Martinière, gesagt hatte: «Die Verspätung in der Natur von Monsieur le Dauphin hat keinerlei Auswirkungen [...], in seiner Konstitution finden sich keinerlei Anzeichen, welche dagegen sprechen, daß er zu guter und stabiler Gesundheit gelangen wird, vorausgesetzt er vermeidet allzu gewaltsame Anstrengungen, welche schädlich für ihn sein könnten.»[28] Bei der Jagd verausgabte sich der Dauphin oft so, daß er sich vor Erschöpfung kaum noch auf den Beinen halten konnte. Marie Antoinette verdroß dies sehr, und sie beklagte sich bei den Tanten darüber.

Der Einfluß der Tanten bei dem jungen Paar wurde mit jedem Tag größer. Die vom Leben enttäuschte Madame Adelaïde führte ein strenges Regiment über ihre beiden Schwestern Victoire und Sophie, die ihr widerspruchslos gehorchten. Für den Dauphin empfand Madame Adelaïde eine gewisse Zuneigung, und sie hatte immer gern die Rolle einer Ratgeberin gespielt. Obwohl sie dagegen gewesen war, daß der Dauphin eine österreichische Erzherzogin heiratete, behandelte sie Marie Antoinette freundlich und scheinbar herzlich. Doch hinter der freundlichen Fassade verbarg sich viel Bitterkeit und Eifersucht: Dieses schlecht erzogene Mädchen aus Wien, das man als künftige Herrscherin anhimmelte, hatte ihren, Adelaïdes, Platz eingenommen. Madame Adelaïde, die der Herzog von Croÿ «ein Dummchen» nannte, hatte einen Plan, der ihren geistigen Fähigkeiten entsprach: Sie wollte sich die Unerfahrenheit des Dauphins und die Bequemlichkeit der Dauphine, die sie für schwach und leicht beeinflußbar hielt, zunutze machen und an ihr Gängelband nehmen, um durch sie Macht auszuüben. «Diese Prinzessinnen sind mit allen Tugenden und Fähigkeiten begabt; ich hoffe, daß Ihr ihre Freundschaft verdienen werdet», hatte Maria Theresia ihrer Tochter mit auf den Weg gegeben.[29] Gehorsam war Marie Antoinette diesem Rat gefolgt. Da ihre Mutter nicht mehr da war, hatte sie sich ganz natürlicherweise den Tanten ihres Mannes zugewandt. In ihren unschuldigen Augen erschienen Mesdames als die Verkörperung aller Tugenden. Tatsächlich befleckte kein Skandal deren guten Ruf, doch sie griffen jeden Hofklatsch begierig auf, empörten sich lautstark über verbotene Liebschaften und zettelten kleinliche Intrigen an. Marie Antoinette wußte von all dem nichts, sie wußte auch nicht, daß Adelaïde ihr den Beinamen «Autrichienne», die Österreicherin, gegeben hatte. Marie Antoinette besaß Schlüssel zu den Gemächern der Tanten und verbrachte regelmäßig viel

Zeit bei ihnen. In den hellen Räumen, in die sich nur selten Besucher verirrten, schüttete sie ihnen ihr Herz aus. Mesdames legten verdächtige Anteilnahme an den Tag und hatten immer ein offenes Ohr, wenn sie Schlafzimmergeheimnisse witterten.

Am 18. September eilte Marie Antoinette zu ihnen und brachte die frohe Kunde, daß der Dauphin versprochen habe, am übernächsten Tag das Ehebett mit ihr zu teilen. Sie erzählte dies in Anwesenheit der hochmütigen Gräfin Narbonne, der Ehrendame von Madame Adelaïde. Wenige Stunden später wußte ganz Versailles von den Plänen des Dauphins. Möglicherweise wäre ihm allein verborgen geblieben, daß er unversehens zum Helden des Tages geworden war, wenn nicht Madame Adelaïde es für nötig befunden hätte, «ihm ermutigend zuzureden». Er war daraufhin «so eingeschüchtert, daß er gegenüber der Dauphine kein Wort mehr herausbrachte».[30] Drei Wochen später versprach er erneut, zu ihr zu kommen, und wieder berichtete sie die gute Nachricht umgehend den Tanten – mit der gleichen Wirkung. Schließlich fand es Mercy an der Zeit, daß er sich einmischte. Er deutete Marie Antoinette gegenüber an, am Hof munkele man von einem Zerwürfnis zwischen ihr und ihrem Gemahl. Notgedrungen erzählte sie ihm daraufhin alles und schloß mit den Worten: «Das kommt daher, daß ich so unvorsichtig war und Madame de Narbonne in dieser Angelegenheit ins Vertrauen gezogen habe. Aber wie kann man nur glauben, daß Menschen so geschwätzig und so indiskret sind, daß sie solche Dinge öffentlich verbreiten?»[31] Nicht einen Augenblick lang dachte Marie Antoinette daran, daß die Tanten die Schuldigen sein könnten. Sie besuchte sie weiterhin regelmäßig und hörte auf ihre Ratschläge.

«Mesdames sind durch ihre Erziehung schüchtern und ohne jeden Reiz, und sie möchten, daß Madame la Dauphine ihrem Beispiel folgt», seufzte Mercy.[32] Marie Antoinette beklagte sich bei ihnen, daß sie «Hof halten» mußte, wie die Sitte es von ihr verlangte. Für Mesdames war das natürlich ein gefundenes Fressen. Sie bestärkten die Dauphine in ihrer Bequemlichkeit und schlugen ihr vor, sie könnten ihr die lästige Pflicht abnehmen, «obgleich das gegen die Etikette und die Gepflogenheit war, nach welcher in Ermangelung einer Königin der Dauphine alle Repräsentationspflichten zufielen».[33] Mesdames genossen ihren Sieg, während Marie Antoinette sich beglückwünschte, daß sie einer lästigen Aufgabe entronnen war. Die Tanten ließen keine Gelegenheit aus, die Dauphine in den Hintergrund zu drängen. Einmal hörte die Dauphine, daß die Stadtväter von Paris und die Stände des Languedoc der königlichen Familie eine feierliche Ansprache vortragen wollten. Die Tanten befanden, in einem solchen Falle solle man nichts antworten. Marie Antoinette kam das sehr entgegen, denn sie wollte keine Dankesrede aufsetzen. Aber der Abbé Vermond war wachsam. Auf sein Drängen und mit seiner Hilfe hielt sie eine sehr schöne Rede und gewann die Herzen der Abgesandten von Paris und aus dem Languedoc. Trotz solcher einzelner Erfolge spielte Marie Antoinette unter dem Einfluß der Tanten immer mehr die Rolle des verwöhnten, unselbständigen und gelangweilten Kindes.

Am 31. August war der Hof nach Versailles zurückgekehrt, und ein Tag glich wieder dem anderen. «Ich stehe um zehn Uhr oder um neun Uhr oder um halb zehn Uhr auf», schrieb Marie Antoinette ihrer Mutter, «und nachdem ich mich angekleidet habe, spreche ich mein Morgengebet. Dann frühstücke ich, und danach gehe ich zu meinen Tanten, wo ich für gewöhnlich den König antreffe. Das dauert bis halb elf Uhr, danach, um elf Uhr, gehe ich mich frisieren. Mittags ruft man den Hofstaat, und nun kann jedermann eintreten außer den gemeinen Leuten. Ich lege mein Rouge auf und wasche meine Hände vor allen Leuten, dann gehen die Männer hinaus, die Damen bleiben, und ich kleide mich vor ihnen an. Um zwölf Uhr ist die Messe. Wenn der König in Versailles weilt, gehe ich mit ihm, meinem Gemahl und meinen Tanten zur Messe, wenn er nicht da ist, gehe ich allein mit Monsieur le Dauphin, aber immer zur gleichen Stunde. Nach der Messe speisen wir gemeinsam vor allen Leuten, aber das ist um halb zwei beendet, denn wir essen beide sehr schnell. Danach gehe ich zu Monsieur le Dauphin, und wenn er beschäftigt ist, kehre ich in meine Gemächer zurück. Ich lese, schreibe oder arbeite, denn ich mache ein Wams für den König, mit dem es nicht vorangeht. Ich hoffe aber, daß es mit Gottes Hilfe in einigen Jahren fertig sein wird. Um drei Uhr gehe ich noch einmal zu meinen Tanten, wohin auch der König um diese Stunde kommt. Um vier Uhr kommt der Abbé zu mir, um fünf Uhr alle Tage der Lehrer, der mich am Spinett unterrichtet, oder der Gesangslehrer bis sechs Uhr. Um halb sieben gehe ich fast immer zu meinen Tanten, sofern ich nicht spazierengehe. Ihr müßt nämlich wissen, daß mein Gemahl fast immer mit mir zu meinen Tanten geht. Um sieben Uhr wird gespielt bis neun Uhr, aber wenn das Wetter schön ist, gehe ich zu einem Spaziergang hinaus, und dann findet das Spiel nicht bei mir statt, sondern bei meinen Tanten. Um neun Uhr nehmen wir das Souper, und wenn der König nicht da ist, kommen meine Tanten zum Souper zu uns. Doch wenn der König anwesend ist, gehen wir nach dem Souper zu ihnen und warten auf den König, welcher gewöhnlich um Viertel vor elf kommt. Unterdessen lege ich mich auf ein großes Kanapee und schlafe bis zur Ankunft des Königs. Wenn er hingegen nicht anwesend ist, gehen wir um elf Uhr schlafen. Das ist unser ganzer Tageslauf.»[34]

Am 10. September nahm Madame Louise den Schleier. Marie Antoinette erfüllte bei dieser Gelegenheit zum erstenmal die offiziellen Pflichten, die mit ihrem Rang verbunden waren. Bevor die Tochter des Königs der Welt entsagte, mußte sie ein letztes Mal im Glanz ihrer hohen Abkunft und ihrer verblichenen Schönheit erscheinen. Gekleidet in ein «Gewand aus Silberfäden, das mit Blumen aus Gold besetzt und mit kleinen, wie Rubine eingefärbten Perlen bestickt war»,[35] Ohren, Hals und Arme geschmückt mit Diamanten, empfing Madame Louise im Kreise ihrer Ehrendamen im Hof des Karmeliterklosters Saint-Denis die Dauphine, die in Begleitung ihres gesamten Hofstaates gekommen war. Tante und Nichte küßten sich, dann trat ihnen der päpstliche Nuntius entgegen, und sie hörten im Kreise einer illustren Versammlung die Messe im Chor. Nach der Predigt des Bischofs von Tours war Marie Antoinette vielleicht immer noch nicht von der Eitelkeit aller irdischen Dinge überzeugt, Louise war es ganz gewiß. Die Tür zur Klausur öffnete sich, die Prinzessin tat ein paar Schritte, wandte sich dann noch einmal zu den Anwesenden um und grüßte sie mit einem majestätischen Knicks, bevor sie zu den Klängen des *O gloriosa* verschwand. Wenig später kehrte sie im einfachen weißen Gewand der Novizinnen zurück. Langsam trat Marie Antoinette auf sie zu, breitete den dunklen Mantel der Karmelitinnen um ihre Schultern und reichte ihr das Skapulier und den Schleier. Daraufhin legte sich die neue Schwester Thérèse vom Orden des heiligen Augustinus mit überkreuzten Armen auf den Boden, während von den Mauern das *Veni Creator* widerhallte. Die Dauphine fuhr noch am selben Abend nach Versailles zurück.

Der Hof bereitete die letzte Reise dieses Jahres vor. Sie führte nach Fontainebleau, dort blieb man bis zum 20. November. Marie Antoinette langweilte sich zusehends in Versailles und war begeistert von der Aussicht auf Zerstreuungen in einem neuen Schloß, das sie noch nicht kannte. Vor ungefähr zwanzig Jahren hatte Ludwig XV. Fontainebleau prachtvoll neu einrichten lassen. Die Dauphine erhielt die Wohnung der Königin direkt neben den Gemächern des Königs. 1747 hatte man die Räume für Maria Leszscýnska umgebaut und modernisiert, und nun waren sie sehr viel einladender als Marie Antoinettes Gemächer in Versailles. Die Wohnung in Fontainebleau bestand aus einem großen, im Stil der Antike dekorierten Schlafzimmer, einem Kabinett, einem Ankleidezimmer und zwei hellen, hübsch möblierten Zimmern im Zwischengeschoß. In dieser königlichen Residenz, mit der so viele historische Ereignisse verbunden waren, fühlte Marie Antoinette sich auf Anhieb wohl. Obwohl sie sich im allgemeinen nicht für Baukunst interessierte, «ließ sie sich einige Datails der weitläufigen, alten Gebäude erklären».[36] Im übrigen gefiel ihr die Umgebung von

Fontainebleau ungleich besser als die von Versailles. Sie gewöhnte sich an, im Park und außerhalb des Parks lange Spaziergänge zu unternehmen, oder sie ritt auf einem Esel aus und träumte von Jagden zu Pferde. Drei- bis viermal in der Woche trottete sie auf einem für ihren Geschmack viel zu gutmütigen Gaul durch den Park, begleitet von den Damen ihres Hofstaats, die alle älter waren als sie und an dieser anstrengenden und undankbaren Aufgabe wenig Gefallen fanden. Die Dauphine kümmerte sich nicht darum, denn sie entdeckte mit Begeisterung den Herbstwald. Die Damen bissen notgedrungen die Zähne zusammen, während die kleine Österreicherin ihr Wiedersehen mit der Natur feierte.

Österreicherin war Marie Antoinette immer weniger. Französisch sprach sie inzwischen flüssig, «wenn auch mit mehr Lebhaftigkeit und weniger Aufmerksamkeit», wie Vermond zu Mercy sagte. Und wenn sie zuweilen «Sätze formte, die nicht sehr französisch waren, dann tat sie dies mit viel Energie und einem Liebreiz, der mehr wog als die richtige Grammatik».[37] Mit zunehmender Beherrschung der Sprache wurde auch das Lesen weniger mühsam, aber nach wie vor unterbrach sie den Abbé nach drei oder vier Seiten und plauderte mit ihm. Vermond nutzte diese ungezwungenen Unterhaltungen und korrigierte freundlich ihre Fehler. Er diktierte ihr nicht mehr ihre Briefe und las sie nicht mehr zur Kontrolle. Die Briefe, die sie mit ihrer großen, ungelenken Schrift an ihre Mutter schrieb, waren übersät von Tintenklecksen und Durchstreichungen, und die Rechtschreibung hatte etwas sehr Zufälliges. Darin unterschied sich Marie Antoinette wenig von den Mädchen und Frauen ihrer Zeit, ob sie nun Königinnen waren oder nicht. Und selbst viele Männer der höheren Gesellschaftsschichten wußten mit der Feder nicht viel besser umzugehen als sie. Vermond bemühte sich zumindest nach Kräften, ihrer Bildung – soweit dieses Wort überhaupt angemessen war – Schliff zu geben. Er versuchte ihr die *Lettres d'un vieillard à un jeune prince* des berühmten schwedischen Diplomaten Graf Tessin nahezubringen, der die französische Kultur des 17. Jahrhunderts sehr bewundert hatte und der Erzieher von Gustav III. gewesen war. Weniger langweilig fand die Dauphine die *Bagatelles morales* des Abbé Coyer, der, in der hochtrabenden Formulierung von Vermond, «die Sitten, Gebräuche und die lächerlichen Gewohnheiten vieler Franzosen in ebenso einnehmenden wie interessanten Farben zeichnete».[38]

Weder der Graf Tessin noch der Abbé Coyer weckten Marie Antoinettes Interesse. Sie beschäftigte sich nur mit einem Gedanken: Wie konnte sie vom König die Erlaubnis bekommen, daß sie reiten durfte? Der Dauphin hatte den Plan gutgeheißen, aber Mercy war entsetzt gewesen, und Madame de Noailles hatte einen spitzen Aufschrei ausgestoßen. Doch wenn es ihr gelang, die Erlaubnis des Königs zu erwirken, dann konnte sich niemand mehr ihrem Wunsch widersetzen, nicht einmal ihre gestrenge Mutter. Sie mußte vorsichtig vorgehen und ihre Absichten vor ihren Ratgebern sorgfältig verbergen. Sie umschmeichelte Madame Adelaïde so lange, bis diese bereit war, mit ihrem Vater zu sprechen. Der König ließ sich erst ein wenig bitten, gab dann aber nach. Die Dauphine war außer sich vor Freude. Und so bekam sie Reitstunden. Sie setzte sich «wie ein Mann» aufs Pferd, nicht im Damensitz, das Pferd wurde an einer langen Leine geführt. Freudestrahlend, daß sie Mercy einen Streich gespielt hatte, vertraute sie der Herzogin von Chaulnes an, «sie sei gespannt, ob er seine Fassung bewahren werde». Mercy war tief gekränkt, daß Marie Antoinette ihn nicht ins Vertrauen gezogen hatte, zudem fürchtete er, daß sich eine wahre Flut von Verwünschungen von Wien aus über sein Haupt ergießen würde, und so zog er es vor, die Dauphine an diesem Tag nicht aufzusuchen. «Ich habe Euch nicht gesehen, obwohl alle Welt gekommen ist, mir zu einer Sache zu gratulieren, welche mir soviel Vergnügen bereitet», empfing sie ihn zuckersüß am nächsten Tag. Nun versuchte Mercy ihr auseinanderzusetzen, warum er gegen das Reiten war. Schlagfertig gab sie zurück, sie wolle reiten, um ihrem Gemahl eine Freude zu bereiten. Mercy hielt es für besser, nicht weiter zu insistieren, und machte sich daran, Maria Theresia ausführlich Bericht zu erstatten. «An keinem anderen Hof als an diesem hier wird eine solche Unvorsichtigkeit gebilligt», empörte er sich. Der Kaiserin waren die Hände gebunden, weil Ludwig XV. höchstpersönlich die Erlaubnis gegeben hatte, und so «mischte sie viel Zärtlichkeit in die Ermahnungen an ihre Tochter».[39]

Die Vorwürfe und Warnungen berührten Marie Antoinette nicht, sie schwelgte in dem Bewußtsein, daß sie ihren ersten Sieg davongetragen hatte. Allmählich befreite sie sich aus den Fesseln der Abhängigkeit. Ihr wurde bewußt, daß die Blicke der jungen Männer und Frauen am Hof auf ihr ruhten, weil sie ihnen eine strahlende Zukunft verhieß. Zum erstenmal nahm Marie Antoinette die jungen Leute um sie herum wahr, und sie erschienen ihr, die sich nur in den engen Grenzen der Staatsräson, bewacht von der allgegenwärtigen Etikette, bewegen durfte, wie die Verkörperung der wirklichen Welt. Die jungen Leute zogen sie magisch an, sie wollte mit ihnen in Kontakt kommen. So machte sie es sich zur Gewohnheit, daß sie kaltes Fleisch und erfrischende Getränke in die Kutsche laden ließ, wenn sie der königlichen Jagdgesellschaft folgte. Dann wurde draußen gegessen, getrunken und gescherzt; die Dauphine hatte zum erstenmal, seit sie in Frankreich war, eine Gesellschaft nach ihrem Geschmack gefunden. Die Gräfin Noailles und die anderen Damen ihres Hofstaates nahmen an diesen Lustpartien nicht teil, wo das Protokoll zur Freude aller außer Kraft gesetzt war. Mercy runzelte die Stirn und bemerkte, daß «unter so vielen immer genügend gedankenlose Menschen sind, die es an der Zurückhaltung und dem Respekt fehlen lassen, die in Gegenwart einer jungen Prinzessin geboten sind». Als pflichtbewußter Ratgeber «nahm er sich die Freiheit, Madame la Dauphine daran zu erinnern, daß sie auf der Hut sein müsse, daß man nicht allzuviel Liebenswürdigkeit und Vertraulichkeit ihr gegenüber bezeige».[40] Marie Antoinette hörte den Botschafter geduldig an und beschloß insgeheim, daß sie sich in Zukunft am französischen Hof nach ihren eigenen Vorstellungen amüsieren wollte.

Ganz vertieft in ihre Vergnügungen, bemerkte sie nicht, daß Choiseuls Stern verblaßte, ja daß nicht mehr viel zum Sturz des Ministers fehlte und daß sie selbst, ohne daß sie davon wußte, zur Hoffnungsträgerin einer Partei geworden war, die sich gegen die allmächtige Favoritin des Königs auflehnte. Die Dauphine interessierte sich nicht für Politik, es fiel ihr schon schwer genug, sich auf drei Seiten Lektüre zu konzentrieren. In ihren Augen war Choiseul der Minister, der ihre Heirat eingefädelt hatte, ein treuer Befürworter des Bündnisses, dessen Unterpfand sie war, und darum hatte sie ihn zu unterstützen. Im übrigen hatte ihr Maria Theresia Choiseul besonders ans Herz gelegt, das hatte sie nicht vergessen. Marie Antoinette wußte sehr wohl, daß ihr Ehemann Choiseul wegen dessen Feindschaft mit seinem Vater verabscheute. Ihr war sogar zu Ohren gekommen, daß böse Zungen der gegnerischen Partei Choiseul beschuldigten, er habe den Vater des jetzigen Dauphins vergiftet. Diese böswillige Verdächtigung hatte möglicherweise den Dauphin gegen Choiseul eingenommen; Marie Antoinette begriff nicht, wie schwerwiegend der Groll ihres Gatten war. In ihren Augen bestand Politik aus nichts anderem als kleinen Hofintrigen. Sie verstand nicht, daß Choiseul und die Männer, die auf seiner Seite standen, eine Monarchie befürworteten, deren Macht durch vermittelnde Körperschaften (in erster Linie Parlamente) gemäßigt war, und daß deren Gegner um den Herzog d'Aiguillon und den Kanzler Maupeou eine weitere Stärkung der absolutistischen Herrschaft wünschten. In der Außenpolitik stützten Choiseuls Anhänger die diplomatische Konstellation, die aus dem «Umsturz der Bündnisse» im Jahr 1755 hervorgegangen war, die Gegenpartei lehnte sie ab. Um dies zu durchschauen, hätte es einer Bildung bedurft, die man Marie Antoinette wohlweislich vorenthalten hatte. Sie sah nur, daß Choiseul sie verehrte und daß alle Menschen in seiner Umgebung ihr nicht genug schmeicheln konnten. Und sie wußte, daß die Gegenpartei, deren Seele La Vauguyon war, Loblieder auf Madame Dubarry sang. Daß ausgerechnet die eifrigen Verfechter von Tugend und Religion sich auf die

Seite der Mätresse des Königs schlugen, verletzte gleichermaßen den Stolz der Dauphine und ihren Sinn für Aufrichtigkeit.

Ohne daß die beiden Beteiligten es wußten, waren die Geliebte des Königs und die nach wie vor jungfräuliche Dauphine Symbolfiguren in einem Kampf geworden, in dem weit mehr auf dem Spiel stand, als sie mit ihren hübschen Köpfen erfaßten. Wer Madame Dubarry den Hof machte, wünschte Choiseuls Sturz und eine neue Politik; wer die Dauphine umwarb, sah die künftige Königin vor sich, die den Herzog verteidigen oder gegebenenfalls an den Hof zurückholen würde.

In der Blüte ihrer strahlenden Schönheit beherrschte Madame Dubarry den König und Versailles. Zum ersten Mal in ihrem Leben genoß sie dieses seltene Gefühl der Trunkenheit, das Macht zu geben vermag. Die stolzen Adligen, die sie insgeheim zutiefst verachteten, taten nicht nur so, als wäre sie die Herrscherin, sie ließen sich sogar dazu herab, sie um Fürsprache beim König zu bitten. Die gleiche Anerkennung wollte sie von der königlichen Familie bekommen. Mit der Empörung von Mesdames und der feindseligen Gleichgültigkeit des Dauphins hatte Madame Dubarry sich abgefunden, mehr Verständnis hoffte sie bei der Dauphine zu finden. Aber da hatte sie sich gründlich getäuscht. Marie Antoinette hatte beschlossen, die unwürdige Gefährtin des Königs zu übersehen. Die Tanten haßten die Favoritin und machten sich ein Vergnügen daraus, die Dauphine gegen sie aufzustacheln. Bis jetzt hatten die beiden Damen noch nicht mit scharfen Waffen gefochten. Madame Dubarry empfand die Mißachtung der Tochter der Cäsaren als eine Beleidigung, und es erzürnte sie, daß ihr väterlicher Geliebter dem «kleinen Blondschopf» so zugetan war. Der König, der nichts so sehr verabscheute wie familiäre Streitigkeiten, tat so, als wisse er von den Eifersüchteleien nichts.

Nach der Rückkehr aus Choisy zwang ein Zusammenstoß zwischen der Gräfin Gramont und Madame Dubarry die Dauphine, gegen die Mätresse ihres Großvaters Partei zu ergreifen. Der Vorfall hatte sich anläßlich einer Theateraufführung ereignet. Madame Dubarry hatte in Begleitung der Herzogin Mirepoix und der Herzogin Valentinois den kleinen Theatersaal betreten und feststellen müssen, daß die vordersten Plätze bereits besetzt waren. Die Hofdamen weigerten sich rundweg, ihre Plätze zu räumen. Zwischen der Favoritin und der Gräfin Gramont, die mit der Familie Choiseul verbunden war und zum Hofstaat von Marie Antoinette gehörte, entbrannte ein scharfer Wortwechsel. Am nächsten Morgen wurde Madame de Gramont auf Befehl des Königs vom Hof verbannt, mehr als fünfzehn Meilen durfte sie sich dem Hof nicht mehr nähern. Die Familie Choiseul wollte das nicht hinnehmen und wandte sich an die Dauphine. Mercy hatte ihr geraten, ihre feindseligen Gefühle gegenüber Madame Dubarry zu zügeln, damit sie den König nicht verärgerte, und so ließ es Marie Antoinette damit bewenden, dem König mitzuteilen, wie schmerzlich es für sie sei, daß eine Dame ihres Hofstaates einen Fehler begangen habe. Sie fügte noch hinzu, sie bedaure, daß man sie nicht direkt von dem Vorfall in Kenntnis gesetzt habe. Ludwig XV. war verlegen und erleichtert, daß seine Enkelin die wahren Hintergründe nicht erwähnte, und antwortete ihr mit warmen Worten, die nach einer vagen Entschuldigung klangen.

Damit war die Angelegenheit noch nicht erledigt. Einige Zeit später wurde Madame de Gramont krank, ihr Gesundheitszustand machte die Rückkehr nach Paris erforderlich. Sie schrieb an Marie Antoinette und bat sie, sich beim König für sie zu verwenden. Nach einem Souper im Kreise der königlichen Familie trug die Dauphine ihr Anliegen vor. Da Ludwig XV. nichts sagte und eher abweisend wirkte, rief sie aus: «Was für ein Kummer für mich, cher papa, daß Ihr eine Dame aus meinen Diensten in Ungnade sterben laßt!» Der Ausbruch seiner Enkelin rührte den König, er lächelte und gab nach. Immerhin mußte die Gräfin Gramont erst Bescheinigungen ihrer Ärzte vorlegen, bevor sie nach Paris zurückkehren durfte, und vom Hof blieb sie weiterhin verbannt. Damit hatte Madame Dubarry einen Sieg über Marie Antoinette davongetragen, und Marie Antoinettes Groll gegen die Favoritin wuchs.

In demselben Sommer geriet Choiseuls Position ins Wanken. In Compiègne hatten ihn der Kanzler Maupeou und der Generalkontrolleur Terray im Beisein des Königs bei einer Sitzung des Staatsrates direkt angegriffen. Choiseul hatte eine heftige Auseinandersetzung mit Herzog Richelieu gehabt, der das Vertrauen des Königs genoß. Richelieu beschuldigte seine Schwester, die Herzogin Gramont, sie habe die Abgeordneten des Languedoc und der Provence gegen das Königtum aufgehetzt. Am nächsten Tag sprach Choiseul eine Stunde mit der Dauphine. «Ich bin begeistert von dieser jungen Prinzessin», berichtete er Mercy überschwenglich. «Etwas Ähnliches hat man in ihrem Alter noch nicht gesehen. [...] Auf Gedeih und Verderb unterwerfe ich mich ihren Befehlen, und sie kann ganz und gar und jederzeit über mich verfügen, wie es ihr beliebt.» Möglicherweise hatte der Charme der Dauphine diesen blasierten Skeptiker tatsächlich in Bann geschlagen, vor allem aber dürfte er an seine Zukunft als Minister gedacht haben, wenn er sie bei ihrem wichtigsten Ratgeber so in den Himmel hob. Über Politik hatte er mit der Dauphine jedenfalls nicht gesprochen. Sie hatten über tausend Einzelheiten ihres neuen Leben geplaudert, und er hatte sich bemüht, klug, beruhigend und herzlich zu wirken und ihr damit das Gefühl zu geben, daß er ein Mann war, den sie brauchte. Im Umgang mit dem König, so hatte er ihr gesagt, müsse sie sich «beflissen und fröhlich» zeigen und «unbefangen und sicher mit ihm sprechen ohne Verlegenheit oder Furcht [...]. Bei Monsieur le Dauphin sind Freundschaft, Zurückhaltung, Vertrauen und Geduld vonnöten.» Er schärfte ihr ein, sie solle «niemals eine andere Partei als ihre eigene ergreifen und sich keinesfalls in die Hofintrigen einmischen».[41]

Marie Antoinette ahnte Choiseuls Sturz nicht voraus, in ihren Augen war er allmächtig. In Fontainebleau nahm er ruhig und gelassen an den Sitzungen des Staatsrates teil, die Spitzen, die Madame Dubarry beim abendlichen Spiel auf ihn abschoß, schienen ihn nicht zu verletzen. Doch im Hintergrund bereitete Maupeou die Entlassung des verhaßten Kollegen vor. Maupeou hatte Ludwig XV. von der Notwendigkeit einer Verwaltungsreform überzeugt, um dem Ehrgeiz der Parlamente, die davon träumten, die königliche Macht zu kontrollieren, einen Riegel vorzuschieben. Choiseul merkte, daß der Kanzler heimlich an seinem Stuhl sägte, und befand, daß «der Krieg sein Amt stärken und ihn unersetzlich machen könnte». So schrieb zumindest Mercy. Choiseul schlug darum vor, aus Rücksicht auf die «Familienbande» Spanien bei der Verteidigung der Malediven gegen die englischen Eroberer zu unterstützen. Das war eine Kriegserklärung an England zu einem Zeitpunkt, da die französische Marine noch nicht so weit war, daß sie ein so gefährliches Unternehmen durchstehen konnte, das den finanziellen Ruin des Staates hätte bedeuten können. Ludwig XV. lehnte es ab, sich auf ein so tollkühnes Abenteuer einzulassen. Am 24. Dezember erhielt Choiseul die Nachricht von seiner Verbannung. Die aufgeklärten Adligen und die nachdenklichen Geister trauerten ihm nach, als er sich auf den Weg nach Chanteloup in der Touraine machte.

Marie Antoinette war niedergeschmettert, aber Mercy hatte sie so gut instruiert, daß sie sich ihre Enttäuschung nicht anmerken ließ. Nur bei ihren Tanten sagte sie ein paar bittere Worte. In Wien war Maria Theresia aufs äußerste besorgt. Sie schrieb an Mercy: «Vermonds Entfernung vom Hof ist gewiß, ich sehe dies für unausweichlich an und ebenso den Sturz meiner Tochter [...]. Diese abscheuliche Clique wird meine Tochter verderben und ihr diejenigen, welche ihr gute Ratschläge geben könnten, verdächtig oder unlieb machen. Ich gestehe Euch, daß ich glaube, dies war ein entscheidender Schlag für meine Tochter.»[42]

Kapitel III

Schach der Dauphine

Choiseuls Sturz, den Maupeou, Terray, d'Aiguillon und ihre Freunde so klug eingefädelt hatten, beunruhigte die Dauphine nicht übermäßig. Sie sah darin lediglich eine Laune der Favoritin. Marie Antoinette eilte von einer Vergnügung zur nächsten, dieses Leben stellte sie anscheinend vollkommen zufrieden. Der König war ihr sehr zugetan und zeigte ihr das bei jeder Gelegenheit, als wollte er die Versäumnisse seines Enkels wettmachen. Er plauderte mit ihr in einer Mischung aus Zärtlichkeit und Galanterie, er küßte mit Vorliebe ihre kleinen Hände, und manchmal nahm er sie auf den Schoß. Wenn Marie Antoinette «es sich bequem machen und die Vorhaltungen von Mesdames vergessen wollte, dann war der König ganz bezaubert und legte eine Heiterkeit an den Tag wie bei keinem seiner Kinder», berichtete Mercy.[1] Ludwig XV. sah es gern, wenn Marie Antoinette sich amüsierte. Im Winter stellte sie fest, daß es am Hof von Versailles sehr viel unterhaltsamer zuging als in Wien. Sie stand spät auf, ritt aus, ging zur Jagd und unternahm lustige Schlittenpartien wie in der noch nicht lange zurückliegenden Vergangenheit. Die Abende waren mit vielfältigen Vergnügungen ausgefüllt: Jeden Montag fand in ihren Gemächern ein Ball statt, die Damen erschienen maskiert, die Herren in Hofkleidung. Zu ihrer Unterhaltung ordnete der König an, daß zweimal in der Woche ein Theaterstück aufgeführt wurde. Madame de Noailles leistete ihren Beitrag und veranstaltete in ihren Räumen Tanzvergnügungen zu Ehren der Dauphine. Beim ersten Mal kam Marie Antoinette am Arm ihres Gemahls. «Ich hoffe, Madame, daß Ihr den Gatten und die Gattin empfangen werdet», sagte der Dauphin, als er bei der Ehrendame seiner Frau eintrat.[2] «Wir wollen keine Verlegenheit stiften, sondern wir kommen, um Eure Vergnügungen zu teilen.» Den ganzen Abend tanzte er und unterhielt sich mit den anderen Gästen. Er hatte offenbar Tanzstunden genommen und zeigte sich ungewöhnlich liebenswürdig. Er wirkte deutlich verändert, «zu seinem Vorteil», wie Mercy bemerkte. Eine Hofdame «machte ihn darauf aufmerksam, daß Madame la Dauphine mit ihrem hübschen Gesicht beim Tanzen eine ausgezeichnete Figur machte, wenn sie sich darum bemühte. Worauf Monsieur le Dauphin antwortete: ‹Sie besitzt soviel Anmut, daß ihr alles aufs schönste glückt. Jedermann muß zugeben, daß sie reizend ist.›» Mercy führte die glückliche Veränderung, die er beim Dauphin beobachtete, auf Marie Antoinettes Einfluß zurück und malte sich schon begeistert aus, wie sie ihn «lenken» würde.[3]

In der Öffentlichkeit bemühte sich der Dauphin zwar sehr um seine Ehefrau, doch wenn sie allein waren, war er so scheu wie eh und je. «Es beginnt mich zu verdrießen, daß Ihr noch nicht Dauphine seid», schrieb Maria Theresia ihrer Tochter.[4] Die Kaiserin war so fassungslos über die Kälte des Dauphins, daß sie einen ihrer Ärzte nach Versailles sandte. Aber auch er fand keine Erklärung für den «ehelichen Zustand» des junges Paares. Maria Theresia gestand, ihr sei «das Verhalten des Dauphins gegenüber seiner Frau unbegreiflich», und sie fragte, ob nicht «die schlechten Grundsätze, welche man ihm in seiner Erziehung gelehrt hat, die Ursache davon sind».[5] Dieses Verhalten beschränke sich zwar «auf das Sittliche», schrieb Mercy, aber darum sei es «nicht weniger unerklärlich und ärgerlich». Dem spanischen Botschafter gegenüber sprach er von «sittlicher Empfindungslosigkeit».[6]

Der Dauphin war sich durchaus bewußt, was für einen seltsamen Eindruck sein Verhalten machte, und er versuchte, Marie Antoinette eine Erklärung zu geben. Ende Januar sprach er von sich aus das heikle Thema an und eröffnete ihr, «daß er sich am Tag nach der Hochzeit vorgenommen habe, die Ehe zu vollziehen, doch dann habe eine Anwandlung von Furcht ihn zurückgehalten, und seither sei die Furcht immer noch größer geworden». Mercy fiel «mehr Vertraulichkeit und Heimlichkeit» zwischen den Ehegatten auf. Die Dauphine plaudere nicht mehr so unbekümmert über ihr Eheleben, und der Dauphin scheine «wirklich in sie verliebt» zu sein. Am 21. März verbrachte er endlich eine Nacht bei seiner Gemahlin.

Am nächsten Morgen sprach der ganze Hof darüber, und etliche glaubten zu wissen, daß er nun doch noch seine Gattenpflicht erfüllt habe. Auch in den folgenden Nächten schlief der Dauphin bei seiner Ehefrau, doch «dies hat noch nicht die Folgen gezeitigt, welche man sich hätte versprechen können. Zumindest habe ich reichlich Gründe, dies zu befürchten», berichtete Mercy nach Wien. «Manche am Hof glauben, die Ehe sei vollzogen. Ich bemühe mich, diesen Glauben zu bestärken, denn er beendet das Gerede über eine so heikle Angelegenheit, über welche man lieber nicht soviel reden sollte.»[7] Wieder einmal war Mercy besser informiert als andere, denn Vermond hielt ihn über alles auf dem laufenden. «Es wurde viel und in gutem Einvernehmen geplaudert», schrieb Mercy. «Madame la Dauphine hat versprochen, nichts zu fordern, und sie hat Wort gehalten.»[8] Es erschien ihm «nunmehr von höchster Wichtigkeit, daß Madame la Dauphine nicht verbittert angesichts von Umständen, welche ihr für den Augenblick sehr wohl mißfallen können, denn die Abneigung und die Lauheit, welche daraus entstehen könnten, wären ein Schaden für eine Verbindung, welche durch die beständigsten Gefühle befestigt werden muß».[9]

Der Kaiserin und ihrem Botschafter war es sehr wichtig, daß die Ehe endlich vollzogen wurde, denn damit befestigte das junge Paar im wahrsten Sinn des Wortes das berühmte Bündnis. Zu einem Zeitpunkt, da man nach Choiseuls Entlassung einen außenpolitischen Kurswechsel befürchten mußte, war das eheliche Einvernehmen des Dauphins und der Dauphine ein eminent wichtiger politischer Faktor. Mercy und die Kaiserin wußten, daß Choiseuls Nachfolger, der noch nicht ernannt war, gewiß kein ebenso glühender Anhänger des französisch-österreichischen Bündnisses sein würde wie sein Vorgänger. Sie trösteten sich mit dem Gedanken, «daß es für Frankreich ebenso wichtig ist wie für uns, daß das Bündnis erhalten bleibt», wie Mercy am 28. Januar 1771 an Kaunitz schrieb. «Dies wird mein Grundsatz in meiner ersten Unterredung mit dem neuen Minister sein, und ich werde mit der nötigen Offenheit und Festigkeit mit ihm sprechen, je nach dem Tonfall und der Gangart, welche er mir gegenüber anschlagen wird.»[10] In den Briefen an die Kaiserin und den Staatskanzler verbarg Mercy seine Abneigung gegen Ludwig XV. und dessen Regierung nicht, er schrieb von «der allgemeinen Unordnung im Land» und ließ sich darüber aus, daß «alle Entscheidungen der Laune einer Favoritin und den Intrigen einiger Minister und Höflinge entspringen».[11] Und Kaunitz antwortete scheinheilig, «wie schrecklich es doch ist, wenn man sieht, daß ein Staat so regiert wird, wie es heute in Frankreich der Fall ist».[12] Einige Wochen später setzte er noch hinzu, «als gute Freunde und Verbündete» sei man am österreichischen Hof «empört über die Dummheit und die niedrigen und schändlichen Beweggründe» der französischen Politik.[13] In Österreich blickte man voller Verachtung auf jenen Verbündeten, der einst so willkommen gewesen war und mit dem man nach Belieben zu verfahren gedachte. Frankreich sollte ruhig schwächer werden, für Österreich konnte das nur von Vorteil sein.

Dieses Thema behandelte Maria Theresia in den Briefen an ihre Tochter mit größter Vorsicht, sie ließ die Verachtung aber immerhin durchblicken, indem sie an den Stolz ihrer Tochter auf ihre deutsche Abkunft appellierte und mit gönnerhafter Nachsicht über die ach so leichtfertigen und oberflächlichen Franzosen sprach. Nicht einmal der König blieb verschont: «Ich kann Euch nicht genug vor den geringsten Anlässen warnen, die Euch zu den Fehlern verführen könnten, denen die gesamte königliche Familie Frankreichs seit langen Jahren verfallen ist. [...] Sie sind ganz und gar nicht befähigt, den Ton anzugeben oder sich auf ehrenhafte Weise zu amüsieren, und das ist regelmäßig der Anlaß für die Verirrungen ihrer Oberhäupter gewesen. [...] Es ist an Euch, in Versailles den Ton anzugeben», schrieb sie ihrer Tochter am 1. November 1770.[14] Bei Choiseuls Sturz riet Maria Theresia ihrer Tochter zwar, nicht Partei zu ergreifen, mahnte sie jedoch zur Dankbarkeit: «Laßt Euch nicht durch gegenteilige Beispiele beeinflussen. Macht Euch nicht die französische Leichtfertigkeit zu eigen, bleibt eine gute Deutsche und seid stolz darauf, es zu sein», legte sie ihrer Tochter am 10. Februar ans Herz.[15] Marie Antoinette hegte bis zum Ende ihres Lebens die Vorurteile gegen die Franzosen, die ihre Mutter in den ersten Jahren am französischen Hof bei ihr geweckt hatte. Die übermächtige Mutter blieb für Marie Antoinette zeit ihres Lebens das geistige Vorbild, ihr wollte sie es recht machen. Insofern sprachen Schmeichler in späterer Zeit das höchste Lob aus, wenn sie Marie Antoinette bescheinigten, sie sei «die würdige Tochter Maria Theresias» gewesen.

Während der unglückliche Dauphin sich in der Zweisamkeit mit seiner Ehefrau weiterhin unbehaglich fühlte und Maria Theresia über etliche tausend Meilen hinweg jeden Wimpernschlag überwachte, stieg in jenem Winter 1771 der Stern der Madame Dubarry am Hof. Wie hoch sie in der Gunst des Königs stand, war daran zu erkennen, daß sie die Wohnung der ehemaligen Dauphine Maria Josepha von Sachsen über den Räumen des Königs bezogen hatte. Über eine Innentreppe in seiner Bibliothek konnte der König direkt in das Schlafzimmer seiner Mätresse gelangen. Die Wohnung bestand aus einer Flucht von Salons und Schlafzimmern, die Fenster mit den kleinen Schieferdächern gingen nach Süden hinaus zum Marmorhof, die erlesene Einrichtung stellte einen Höhepunkt der Innenarchitektur des 18. Jahrhunderts dar. Mehrere Monate lang hatte Gabriel mit seinen Handwerkern an dem Liebesnest für den König und Madame Dubarry gearbeitet. In diese ganz in Gold und Weiß gehaltenen Räume drang das dumpfe Grollen vom Hof nicht, hier war der König zu Hause. Und Madame Dubarry dürfte sich wie die Herrscherin über Frankreich gefühlt haben, wenn sie von dem Alkoven in ihrem Zimmer aus die hohe Kommode mit dem Sèvres-Porzellan betrachtete, das mit Motiven von Watteau bemalt war.

Bis dahin hatte sie sich damit zufriedengegeben, jedes kleine Vergnügen am Hof zu überwachen: Sie wählte die Stücke für die Theateraufführungen aus, bei Zwistigkeiten unter den Schauspielern wandte man sich an sie und so weiter. Der Königliche Schauspieldirektor Papillon de La Ferté entschied nichts, ohne sich vorher mit ihr beraten zu haben. Sie ließ sich die Pläne zum Umbau der Comédie française vorlegen, und als die Handwerker drohten, sie würden nicht weiterarbeiten, weil man sie noch nicht bezahlt habe (was recht häufig vorkam), bat der königliche Baumeister sie, mit dem König zu sprechen. Wenn Marie Antoinette irgendeine geringfügige Veränderung in ihren nicht komfortabel eingerichteten Gemächern verlangte, prüfte die allmächtige Mätresse ihre Wünsche.

Ludwig XV. machte es sich zur Gewohnheit, bestimmte Minister bei seiner Mätresse zu empfangen, bisweilen sogar in deren Gegenwart. Um bei Madame Dubarry gut dazustehen, gewährten die Minister ihren Günstlingen manchen Vorteil. Auch wer nicht so weit ging wie Madame du Deffand, die über die Mätresse des Königs sagte, «sie war mehr Herrscherin als ihre Vorgängerin oder der Kardinal Fleury»,[16] mußte doch anerkennen, daß ihre Macht wuchs. Wichtige Besucher wie der junge Schwedenkönig Gustav III. vergaßen niemals, Madame Dubarry ihre Ehrerbietung zu erweisen. Nach Choiseuls Sturz wurden viele seiner Freunde von einflußreichen Posten entfernt und durch Günstlinge von Maupeou oder Terray ersetzt. Nach außen hin sah es oft so aus, als wären solche Veränderungen den Launen der Favoritin entsprungen, tatsächlich jedoch dürfte das Ämterkarussell durch den neuen politischen Kurs des Außenministeriums unabhängig von Madame Dubarry in Gang gekommen sein.

Zusammen mit La Vauguyon wachte Madame Dubarry über die Zusammenstellung des Hofstaates für den Grafen von Provence, den jüngeren Bruder des Dauphins, der im Mai Marie Joséphine von Savoyen heiraten sollte, die Enkelin des Königs von Piemont-Sardinien, Karl Emmanuel III. Der Erzieher und die Favoritin wählten für das junge Paar Personen aus, die «der Clique» ergeben waren, wie Mercy und Maria Theresia diesen Kreis nannten. Eine enge Vertraute der Favoritin, die Herzogin Valentinois, wurde Hofdame der künftigen Gräfin von Provence, der Graf von Modena, der La Vauguyon nahestand, wurde Ehrenkavalier des Grafen von Provence. Damit man in beiden Haushalten genügend Verbündete hatte, wurde die Zahl der Ämter so sehr vermehrt, daß altgediente Höflinge wie der Herzog de Croÿ verwundert über den «großartigen Haushalt» sprachen. Die amtierenden Minister und die Favoritin hofften, daß um Louis Stanislas Xavier und Marie Joséphine eine «savoyische Partei» entstehen würde als Gegengewicht zu den proösterreichischen «Choiseulisten», für deren Mittelpunkt man zu Unrecht Marie Antoinette hielt. «Die Partei des Herzogs La Vauguyon und der Gräfin Dubarry zählt auf die Protektion der Gräfin von Provence», schrieb Mercy an Maria Theresia.[17]

Da der neue Außenminister immer noch nicht ernannt war, beobachtete der Botschafter die Entwicklung mit einiger Sorge, zumal dem König zu Ohren gekommen war, daß die Dauphine sich bisweilen nicht sehr freundlich über seine Mätresse ausließ. Zu allem Überfluß erschien der sonst so ergebene und respektvolle Dauphin nicht mehr zu den Jagdessen und «legte viel Geringschätzung für die Gräfin Dubarry, für den Kanzler von Frankreich und für alle, die mit ihnen gemeinsame Sache machten, an den Tag».[18] Auch sein ehemaliger Erzieher blieb nicht verschont: Der Dauphin «behandelte ihn mit offensichtlicher Verachtung». Natürlich hatte man Ludwig XV. das veränderte Verhalten seines Enkels umgehend hinterbracht, und man machte die Dauphine dafür verantwortlich. Da Ludwig es verabscheute, seinen Kindern Mahnreden zu halten, wandte er sich an Madame de Noailles. Erst rühmte er die Vorzüge der Dauphine, dann kam er auf die Vorwürfe zu sprechen: Sie solle vorsichtiger sein, wenn sie Hof halte, und ihrer fröhlichen Ausgelassenheit nur «bei sich» freien Lauf lassen. Bei der Jagd dürfe sie nicht so offenherzig sein, und sie müsse «zu große Vertraulichkeit» mit den jungen Leuten am Hof vermeiden. Das größte Problem erwähnte er zuletzt: Die Dauphine spreche zu freimütig über Dinge, die sie sehe oder zu sehen glaube, und ihre leichtsinnigen Bemerkungen könnten «schlimme Folgen in der Familie» haben.[19] Außerdem gab der König der Hofdame zu verstehen, daß die Dauphine sich nicht so sehr von den Tanten beeinflussen lassen solle.

Marie Antoinette war so aufgewühlt, als Madame de Noailles ihr von dieser Unterredung berichtete, daß sie all ihren Mut zusammennahm und zum König ging. Ludwig XV. war ein wenig verlegen, alles in allem aber begeistert, daß seine Enkelin so reagierte. Er «ging zu keinem Punkt ins Detail», sondern versicherte ihr lediglich, «daß er sie von ganzem Herzen liebe».[20] Von Kritik war keine Rede mehr, und zum Abschied küßte er sie.

Am 13. April 1771 war die Dauphine bei dem großen Gerichtstag zugegen, bei dem die Unterdrückung der Parlamente beschlossen wurde. Sie begriff ganz und gar nicht die Tragweite dieser von Kanzler Maupeou eingefädelten Reform, überdies war sie in Gedanken vollkommen mit der bevorstehenden Ankunft der Gräfin von Provence beschäftigt. Würde die Piemonteserin eine Rivalin sein? Marie Antoinette beschloß, sie kühl zu empfangen, damit «sie sich unbehaglich fühlt, weshalb ihr Beginn dann nicht sehr glanzvoll sein kann».[21] Mercy mußte viel diplomatisches Fingerspitzengefühl aufbieten, um die Dauphine zu einer anderen Haltung zu bewegen. Zuviel Dünkel und Hochmut hätten «ganz gewiß einen Krieg im engsten Kreis der königlichen Familie verursacht». Marie Antoinette versprach schließlich, «ihre Freundschaft und ihr Vertrauen zu gewinnen, ohne indessen zu weit zu gehen», denn sie war fest davon überzeugt, daß die Prinzessin von Savoyen «ganz und gar für Madame Dubarry» sein würde.[22] Als das Bildnis ihrer neuen Schwägerin am Hof eintraf, war sie fürs erste beruhigt. Augenscheinlich hatte es die Natur mit Marie Joséphine nicht sehr gut gemeint. Sie war klein, zu dünn für den Geschmack der Zeit, zu dunkel, glanzlos – kurzum ein häßliches Entlein. Bald sprach man an allen europäischen Höfen davon, daß der Graf von Provence keinen «Leckerbissen» bekommen würde. Maria Theresia konnte ihre Tochter beruhigen: «Ihr werdet keine Ursache zur Eifersucht haben, wohl aber Mitleid mit ihr haben und sich ihrer annehmen müssen: Das wird Euch zur Ehre gereichen und die rechte Haltung sein, nicht um sie zu beherrschen, denn das wäre ebensowenig passend wie die Eifersucht, sondern um ihr aus der Verlegenheit zu helfen. Denn man sagt, sie habe kein hübsches Gesicht und sei sehr schüchtern, aber im übrigen sehr gut erzogen. Mit der Zeit kann eine angenehme Verbindung und Freundschaft entstehen.»[23]

Der Wunsch, die Harmonie in der Familie zu erhalten, war nicht Maria Theresias einziges Motiv. Wieder einmal dachte sie in erster Linie an die politischen Interessen des Kaiserhauses. Es mußte um jeden Preis verhindert werden, daß die Prinzessin von Savoyen sich in die «Clique» um Madame Dubarry hineinziehen ließ und ihre Tochter in der Gunst des Königs verdrängte, vor allem falls sie vor Marie Antoinette schwanger werden sollte. «Bemüht Euch, in allem die Billigung des Königs zu erlangen», schrieb Maria Theresia ihrer Tochter im selben Brief. «Ich möchte, daß Ihr ihn öfter bei Euch seht, das ist ein sehr wichtiger Punkt. Eure Schwiegermutter hat er jeden Tag besucht, und zu meinem großen Erstaunen muß ich erfahren, daß er zu Euch nur an besonderen Tagen kommt. [...] Bemüht Euch, in Zukunft in diesem Punkt zu gewinnen. [...] Das ist von allergrößter Bedeutung.»[24]

Angestachelt von ihrer Mutter und getrieben von dem Wunsch, ihren Platz als erste Prinzessin am Hofe zu behaupten, fuhr Marie Antoinette höchst gespannt nach Fontainebleau, wo die Piemonteserin am 12. Mai erwartet wurde. Marie Antoinette hatte sich geschworen, den Sieg über die mögliche Rivalin davonzutragen. Seit der Abreise von Versailles «wurde bemerkt, daß sie dem König mehr Aufmerksamkeit und Zärtlichkeit bezeigte, wovon er bezaubert war».[25] Als die künftige Gräfin von Provence am nächsten Tag aus ihrer Kutsche stieg, atmete Marie Antoinette erleichtert auf. Wie sie gehofft hatte, war Marie Joséphine häßlich, linkisch und verlegen. Die Dauphine zeigte sich von ihrer charmantesten und liebenswürdigsten Seite. Sie begrüßte Marie Joséphine «herzlich, freundschaftlich und so anmutig, wie sich nur denken läßt». Sie kümmerte sich ganz selbstverständlich um die junge Ehefrau, «erwies ihr all die passenden kleinen Aufmerksamkeiten und schmeichelte in gewohnter Weise weiterhin dem König, was zusammen einen großen Eindruck machte».[26] Ludwig XV. war begeistert. Am nächsten Morgen kam er im Schlafrock in die Wohnung der Dauphine «durch eine Verbindungstür, die bis dahin verschlossen gewesen war». Er blieb zwei Stunden und nahm seinen Kaffee bei ihr, dabei «wirkte er heiterer und zufriedener als gewöhnlich».[27] An den folgenden Tagen glänzte die Dauphine auf Kosten der armen Marie Joséphine und zum großen Kummer des Grafen von Provence, der vorgab, seiner Frau sehr zugetan zu sein.

Louis Stanislas war genauso alt wie Marie Antoinette und mit einer schwierigen Veranlagung belastet. Er war nicht sehr groß, neigte aber schon früh zur Fettleibigkeit und wirkte dadurch schwerfällig, was durch eine angeborene Mißbildung der Hüften noch unterstrichen wurde. Er ging nach rückwärts geneigt mit wiegendem Oberkörper. Wären da nicht die höchst lebhaften schwarzen Augen gewesen und der sinnliche Mund mit den fleischigen Lippen in einem rosigen, ein wenig zu fülligen Gesicht, er hätte den Eindruck eines reichlich plumpen jungen Mannes gemacht. Seinem älteren Bruder, dem Dauphin, fühlte er sich weit überlegen, und er hegte ehrgeizige Pläne. Er galt als gebildet, doch das war eher schulmeisterliches Gehabe. Es bereitete ihm unverhohlenes Vergnügen, den schüchternen Dauphin abzukanzeln, der Dauphin wiederum wies ihn patzig ab. Seit der Graf von Provence nicht mehr La Vauguyons Obhut unterstand, umschmeichelte er seine Schwägerin. Marie Antoinette mißtraute ihm, nahm seine Huldigungen jedoch lächelnd entgegen. In der Liebe war der Graf von Provence genauso unerfahren wie sein Bruder, aber er wollte sich auf keinen Fall zum Gespött des Hofes machen. So begrüßte er seine Frau zur allgemeinen Verwunderung «mit überschwenglichen Bekundungen der Freude». Nur zu gut hatte er noch im Gedächtnis, wie mürrisch sein älterer Bruder im Jahr zuvor Marie Antoinette empfangen hatte. Die Prinzessin, die man für ihn ausgesucht hatte, mochte aussehen, wie sie wollte, er wollte jedenfalls am Hof in dem Rufe stehen, ein galanter Prinz zu sein. Am Morgen nach der Hochzeitsnacht berichtete er seinem Großvater voller Stolz, er sei «viermal glücklich gewesen». Dies schreibt zumindest der Chronist Bachaumont,[28] aber es ist durchaus wahrscheinlich, daß Louis Stanislas diese Worte gebraucht hat. Er neigte eher zu großen Worten als zu großen Taten. Tatsächlich hatte er die Ehe noch nicht vollzogen; aus den Briefen, die Marie Joséphine heimlich an ihre Familie schrieb, geht hervor, daß es keinerlei Intimität zwischen den Ehegatten gegeben hatte.

Doch Louis Stanislas wirkte so selbstsicher, daß es beim Dauphin und der Dauphine deswegen zu einem kleinen Drama kam. Mercy berichtete an die Kaiserin: «Am Tag der Hochzeit des Grafen von Provence gaben dessen eifrige Bemühungen um seine Gemahlin der Dauphine Anlaß zu betrüblichen Vergleichen. Der Dauphin fand sie abends im Bett in Tränen aufgelöst. Dies erschütterte ihn anscheinend sehr, und er bezeigte ihr viele Zärtlichkeiten. Überdies versprach er ihr von sich aus, daß er sie ganz zu seiner Ehefrau machen werde, und wenn dies aus Gründen der Gesundheit für den Moment aufgeschoben worden sei, so dürfe sie für die Zukunft keinerlei Sorge tragen.»[29] Der Dauphin fand immer wieder einen neuen Grund, um den schicksalhaften Augenblick hinauszuschieben. «Er glaubt, daß ein Mann, wenn er die Ehe in zu jungen Jahren vollzieht, Gefahr läuft, ein zügelloses Leben zu führen, und daß überdies die Kinder, welche von einem zu jungen Vater gezeugt wurden, von schwacher Konstitution sind und nicht lange leben werden.»[30]

Obwohl den Dauphin und die Dauphine keine besondere Zuneigung mit dem Grafen und der Gräfin von Provence verband, kamen die beiden Paare doch täglich zusammen. Die Brüder tauschten wie üblich spitze Bemerkungen aus, die beiden Schwägerinnen beobachteten sich zurückhaltend. Marie Antoinette war bald sicher, daß sie Marie Joséphine ohne Schwierigkeiten beherrschen würde, und so schrieb sie ihrer Mutter, sie seien «alle vier in gutem Einvernehmen. Meine Schwester ist sehr sanft, sehr liebenswürdig und sehr fröhlich. Sie liebt mich sehr und hat großes Vertrauen in mich.» Erleichtert stellte sie fest, daß Marie Joséphine «keineswegs voreingenommen ist, wie man es befürchtet hatte, weder für Madame Dubarry noch für Monsieur de La Vauguyon».[31]

Von den vier jungen Leuten hätte keiner von den Hofintrigen richtig Notiz genommen, wenn die Menschen in ihrer Umgebung sie nicht in das Ränkespiel mit hineingezogen hätten. Die feinen Schachzüge der Politik durchschauten sie alle vier nicht, der Staatsstreich, den Ludwig XV. mit der Unterdrückung der Parlamente de facto vollzogen hatte, interessierte sie nur beiläufig. Natürlich begrüßten es die beiden Brüder, daß die Macht des Königs gestärkt wurde, aber die ganze Tragweite des Beschlusses überblickten sie nicht. Sie dachten jeder für sich an die Zukunft, aber sie sprachen nicht darüber. Der Graf von Provence träumte von dem Schicksal, das dem Dauphin vorbehalten war und das jener instinktiv ablehnte, weil es ihm so unwägbar schien. Die beiden Schwägerinnen verstanden die großen Probleme ihrer Zeit nicht. In ihren Augen bestand Politik aus Bündnissen zwischen Staaten, deren Unterpfand sie waren, und aus Ernennungen, die entweder auf den Wunsch des gerade amtierenden Ministers oder die Laune einer Favoritin zurückgingen. Ihr Horizont reichte nicht weiter als die Gärten der Schlösser, die sie abwechselnd bewohnten: Versailles, Marly, Choisy, Compiègne, Fontainebleau... Und in weiter Ferne lagen dahinter noch die Schlösser, von denen sie endgültig Abschied genommen hatten: die Hofburg und Schönbrunn für Marie Antoinette, Turin und Moncalieri für Marie Joséphine. Zwischen den Schlössern gab es die gesichtslose Masse der Völker, die ihre Herrscher zumindest ehren mußten, wenn sie sie schon nicht liebten.

Der Graf von Artois brachte keine andere Denkungsart in diese Gruppe. Charles Philippe war mit seinem lachenden Knabengesicht, der hochaufgeschossenen Gestalt und dem respektlosen Verstand der umgänglichste und anziehendste der drei Brüder. Anders als die beiden anderen hatte er Frauen gegenüber keine Hemmungen, er liebte sie, und es sah ganz danach aus, als würde er ein großer Schürzenjäger werden.

Während der Dauphin und die Dauphine nur an Jagden, Spaziergänge und Theateraufführungen dachten, die einzigen Unterbrechungen in ihrem müßigen Dasein, schickte Maria Theresia weiterhin ihre Instruktionen an Mercy, damit er Marie Antoinette entsprechend lenkte. Die Zukunft des Bündnisses beschäftigte sie mehr denn je. Am 6. Juni 1771 ernannte Ludwig XV. endlich als Nachfolger von Choiseul den Herzog d'Aiguillon zum Außenminister. Der ehemalige Gouverneur der Bretagne war ein Erzfeind von Choiseul und erklärter Gegner der Allianz mit Österreich. Er lehnte Parlamente strikt ab und befestigte den triumphalen Sieg der Partei der Frommen, die paradoxerweise die Partei der Madame Dubarry geworden war. Dies war für die Dauphine Grund genug, ihn mit ausgesuchter Kälte zu behandeln und der Favoritin mit noch mehr Hochmut zu begegnen. Diese Haltung mißfiel natürlich dem König, und in Wien empörte sich Maria Theresia.

Anders als vielleicht zu erwarten gewesen wäre, hatten Maria Theresia und Kaunitz keineswegs etwas gegen den neuen Außenminister einzuwenden, über den Mercy sagte, er habe «Geist und ein haßerfülltes, boshaftes Herz», er sei «geschickt, sehr arbeitsam, ein gnadenloser Feind, aber auch denjenigen ein verläßlicher Freund, denen er seine Freundschaft schenkt».[32] Ganz im Gegenteil: Die Tatsache, daß der Herzog d'Aiguillon keine Erfahrung mit der europäischen Politik hatte, ließ sie hoffen, daß sie nach Osten hin freie Hand haben würden. Mercy bemerkte mit einiger Genugtuung, daß «sein erster Auftritt vor den auswärtigen Ministern sehr stark von dem Wunsch bestimmt war, zu gefallen», und daß «er sich in der ersten Zeit wohl mehr mit den Hofintrigen befassen wird als mit den Staatsgeschäften».[33] Zu einem Zeitpunkt, da das Kaiserreich, Preußen und Rußland davon träumten, Polen unter sich aufzuteilen, konnte es nur von Vorteil sein, wenn in Frankreich niemand am Ruder war, der sich ihnen hätte in den Weg stellen oder eine Entschädigung hätte fordern können. Man mußte d'Aiguillon schonend behandeln und sein Mißtrauen einschläfern.

Instinktiv hatte Marie Antoinette eine den österreichischen Wünschen entgegengesetzte Haltung eingenommen. Diesmal kam die Ermahnung jedoch nicht aus Wien, sondern vom König, als Mittelsmann hatte er niemand anderen als d'Aiguillon eingeschaltet. D'Aiguillon hatte es «weniger eilig, über Politik zu sprechen», berichtete Mercy, als sich mit ihm über das Verhalten der Dauphine «auseinanderzusetzen».[34] Ludwig XV. hatte d'Aiguillon zu dieser Unterredung mit dem Botschafter ermächtigt und sogar ermutigt. Nach dem Austausch der üblichen Höflichkeitsfloskeln kam d'Aiguillon auf den eisigen Empfang zu sprechen, den ihm die Dauphine am Tag seiner Einführung bereitet hatte, und er sagte sehr direkt, daß er nicht recht wisse, wie er die Qualitäten der Dauphine «mit bestimmten Verirrungen des Benehmens» vereinbaren solle, «über welche der König Grund hatte, betrübt zu sein». Der König, fuhr er fort, «beobachtet mit Mißfallen bei Madame la Dauphine Regungen einer allzu deutlichen Abneigung gegenüber bestimmten Personen, die zu seiner Gesellschaft gehören; daß die Erzherzogin ihnen nicht nur die angemessene Behandlung versage, sondern daß Ihre Königliche Hoheit auch noch spöttische und gehässige Worte gebrauche, und daß dies den Parteigeist am Hof schüre».[35] Aus dem Mund von d'Aiguillon hatten die Beschwerden des Königs noch mehr Gewicht, als wenn Madame de Noailles sie überbracht hätte. Mercy nahm sein ganzes diplomatisches Fingerspitzengefühl zusammen und verteidigte Marie Antoinette, indem er darauf hinwies, daß es «ungerecht wäre, von einer Prinzessin von fünfzehn Jahren eine beherrschtere und würdevollere Haltung zu erwarten, als ihrem Alter angemessen ist». Dann hob Mercy noch hervor, daß Mesdames einen schädlichen Einfluß auf die Dauphine hätten und daß man manche Vorwürfe «nicht ihr, sondern den Personen ihrer Umgebung» machen müsse.[36]

Maria Theresia wurde von der Angelegenheit umgehend informiert und antwortete, sie könne «es niemals gutheißen, wenn ihre Tochter Personen der herrschenden Partei in einer Weise behandelt, welche zu deutlich Mißfallen ausdrückt und an Niedrigkeit grenzt». Marie Antoinette solle «übersehen, was an Tadelnswertem im Verhalten der Personen ist, die auszuzeichnen dem König gefallen hat».[37] Kaunitz war über die Sache offensichtlich noch viel aufgeregter als die Herrscherin; er verlangte, die Dauphine solle wie zu Anfang des Jahres das Gespräch mit dem König suchen und sich rechtfertigen. Er ging sogar so weit, daß er diktierte, was sie sagen sollte. Marie Antoinette wollte nicht wieder ein Zwiegespräch mit dem König führen und gab vor, sie sei zu beschäftigt, um mit Mercy ernsthaft über die Angelegenheit zu reden. Sie ließ es damit bewenden, daß sie zu Madame Dubarry freundlicher war, ihr einen Platz in ihrer Kutsche anbot und den Herzog d'Aiguillon «ganz vortrefflich» behandelte, als er zu ihrem Spiel kam. Und als d'Aiguillon ihr Prinz Louis von Rohan vorstellte, den Koadjutor von Straßburg, der in Kürze als neuer Botschafter nach Wien reisen würde, «richtete sie einige verbindliche Worte an ihn». Das war ihr hoch anzurechnen, denn sie wußte, daß der Prälat mit seinem lockeren Lebenswandel ihrer Mutter sehr mißfallen würde. Maria Theresia hätte sich wahrscheinlich sogar geweigert, ihn auch nur zu empfangen, «wenn sie nicht der Gedanke an die Unannehmlichkeiten, welche ihrer Tochter daraus hätten erwachsen können, davon abgehalten hätte».[38]

Damit war die Sache freilich noch nicht erledigt. Marie Antoinette vergaß ihre guten Vorsätze bald. Sie ließ sich wieder von Mesdames beeinflussen, die wie eh und je gegen Madame Dubarry wetterten, und kehrte zu ihrer hochmütigen Haltung zurück. Kaunitz brauchte ihre Unterstützung in Versailles – so schwach war seine Stellung – und konnte sich nicht genug über ihr Benehmen empören. Aus seinen Briefen an Mercy sprechen Ärger und Unwillen über das ebenso eingebildete wie unwissende Mädchen, das nicht fähig war, sich dem Willen erfahrener Staatsmänner zu beugen, die ein ganz bestimmtes Ziel verfolgten. «Die Unterredung, um die Ihr sie gebeten habt, sieht sehr nach einem Mißerfolg aus», schrieb er an Mercy, und wütend fügte er noch hinzu: «Aber das sind ihre Angelegenheiten.»[39] Die Dauphine tat weiterhin nur, was sie wollte, und Mercy geriet immer mehr in Verlegenheit. Doch dann löste sich alles ganz von allein: Als er einmal bei der Gräfin Valentinois war, sprach Madame Dubarry ganz selbstverständlich mit ihm. Auf einmal trat der Herzog d'Aiguillon hinzu und sagte ihm, der König wolle ihn sehen und sich in aller Ruhe mit ihm unterhalten. Zu Mercys Verwunderung wollte der König ihn bei seiner Mätresse empfangen. Mercy fiel aus allen Wolken. Am nächsten Morgen ging er, wie vereinbart, zu Madame Dubarry und setzte mit ihr die Unterhaltung vom Abend zuvor fort. Schließlich schnitt sie das heikle Thema an. «Sie wisse sehr wohl, daß man sie seit geraumer Zeit bei Madame la Dauphine schlechtmache und daß man sich dazu übelster Verleumdungen bedient habe, ihr zum Beispiel respektlose Äußerungen über Ihre Königliche Hoheit unterstellt habe. Indes habe sie sich ganz und gar nicht eine so schwerwiegende Verfehlung vorzuwerfen, vielmehr habe sie stets zu jenen gehört, welche zu Recht den Charme der Erzherzogin gelobt hätten.»[40] Mercy protestierte höflich und versicherte ihr, alle ihre Befürchtungen beruhten auf leeren Behauptungen. In diesem Moment trat der König ein. Er versicherte Mercy, daß er große Zuneigung für die Dauphine hege, und beklagte sich sodann, «daß sie Vorurteilen und gehässigen Reden Glauben schenke, die nicht von ihr selbst stammten, sondern ihr eingeflüstert würden, und daß sie Personen, welche der König zu seiner engen Gesellschaft zähle, schlecht und hochmütig behandle.» Ludwig XV. verlangte von Mercy, die Dauphine zu lenken. «Geht oft zu Madame la Dauphine. Ich gestatte Euch, daß Ihr entscheidet, was Ihr ihr von mir sagen wollt. Madame la Dauphine wird übel beraten, es darf nicht sein, daß sie solchen Ratschlägen folgt.»[41]

Immer noch fassungslos vor Verwunderung verabschiedete sich Mercy. «Obwohl hier andauernd ungewöhnliche Dinge geschehen, glaube ich doch bisweilen zu träumen», schrieb er an Kaunitz.[42] Er begriff sofort, was für Vorteile ihm diese unerwartete Annäherung bot. In Zukunft würde es wichtig sein, den Kontakt mit der Favoritin zu pflegen. Zwar habe sie «wenig Geist», und «ihre Sprache erinnert noch sehr an ihre Herkunft», aber sie sei «leicht zum Plaudern zu bringen. Daraus kann man bei vielen Gelegenheiten großen Nutzen ziehen», berichtete er nach Wien. Über den Herzog d'Aiguillon schrieb er, er habe «nur Gewicht, soweit diese Frau es ihm gibt».[43] Man müsse darum unbedingt Marie Antoinette zur Vernunft bringen. Mercy redete ihr eindringlich ins Gewissen, wie wichtig es sei, daß sie mit dem König spreche, um alle Mißverständnisse aus dem Weg zu räumen, und daß sie einmal das Wort an Madame Dubarry richte. Wie ein trotziges Kind hörte sie sich an, was der Botschafter zu sagen hatte, und versprach lediglich, sie werde den Dauphin davon unterrichten. Am nächsten Tag überbrachte sie seine Antwort: Der Dauphin sei einverstanden, daß sie sich so verhalte, wie Mercy es vorgeschlagen habe, doch da ihre Tanten Einwände gegen eine Aussprache mit dem König hätten, habe sie beschlossen, nichts zu unternehmen. Vergebens versuchte ihr Mercy auseinanderzusetzen, «wie wenig überzeugend dieser Gedankengang» sei; sie blieb dabei, daß sie nicht mit dem König sprechen wolle. Tatsächlich fehlte ihr der Mut. Immerhin wollte sie bei einer passenden Gelegenheit das Wort an Madame Dubarry richten. Vor soviel Dickköpfigkeit mußte Mercy kapitulieren.

Daß sie, Marie Antoinette von Lothringen und Österreich, die künftige Königin Frankreichs, Ehefrau, aber immer noch Jungfrau, mit dieser Frau aus der Gosse verkehren sollte, die sich allen Lastern hingab und das Bett eines alternden Monarchen teilte, der sich von seiner Mätresse leiten ließ, erschien ihr als der Gipfel der Demütigung. Tausendmal lieber hätte sie eine Unterredung mit dem Herzog d'Aiguillon geführt, obgleich er das Oberhaupt der antiösterreichischen Partei war. Doch die Dauphine mußte ihr Versprechen halten. Es wurde mit Mercy vereinbart, daß er ein Gespräch mit Madame Dubarry anknüpfen sollte und die Dauphine dann beiläufig hinzutreten und das Wort an die Gräfin richten würde. Am vereinbarten Tag begann zunächst alles wie geplant. Während Mercy mit der Favoritin plauderte, unterhielt sich Marie Antoinette mit einigen anderen Damen und näherte sich dabei unmerklich Mercy und der Dubarry. Aller Augen waren auf sie gerichtet. Im letzten Augenblick erhob Madame Adelaïde ihre Stimme und verkündete: «Es ist Zeit, gehen wir. Wir werden den König bei Madame Victoire erwarten.»[44] Die erste Gelegenheit war verpaßt. In ihren Gemächern hielten die Tanten ihrer Nichte eine strenge Predigt darüber, was für einen nicht wiedergutzumachenden Fehler sie begangen hätte, wenn sie dem Ratschlag des Botschafters gefolgt wäre. Der Dauphin blieb bei seiner trägen Haltung und sagte nur, daß «Monsieur de Mercy recht habe und die Tanten unrecht».[45]

Beim Abendessen überschüttete Madame Dubarry Mercy mit Vorwürfen. Später kam noch der König dazu, er schob Mercy in eine Ecke und stellte ihn zur Rede: «Nun, Monsieur de Mercy, habt Ihr mit der Dauphine gesprochen? [...] Euer Rat ist fruchtlos, ich muß Euch wohl zu Hilfe kommen.» Mercy war indes sicher, daß der König nichts unternehmen würde. Da auch die Mitglieder der königlichen Familie wußten, daß Ludwig XV. nichts sagen würde, konnten sie «sowohl in ihrem Verhalten wie in ihren Worten auf alle Vorsicht verzichten».[46] Und Madame Adelaïde behielt ihren Einfluß auf die Dauphine.

In Wien schäumte Kaunitz vor Empörung. «Ich falle aus allen Wolken [...], wenn ich sehe, wie Madame la Dauphine nicht nur zögert, wenn es darum geht, sich zu entscheiden, ob sie Mesdames mißfallen will oder dem König, sondern sogar so weit geht, es an der nötigen Rücksicht auf den König fehlen zu lassen.»[47] Die tugendhafte Maria Theresia hatte ihre Worte über die Favoritin immer sehr sorgfältig gewählt und ihre Tochter nie zu Freundlichkeiten ermutigt. Doch diesmal schrieb sie Marie Antoinette einen strengen Brief: «Ihr seid die erste Untertanin des Königs und schuldet ihm Gehorsam und Unterordnung. Ihr müßt dem Hof und den Höflingen ein Beispiel geben, daß der Wille Eures Gebieters befolgt wird. [...] Ihr habt nur ein Ziel, nämlich unbedingt nach dem Willen des Königs zu handeln. [...] Man muß seine Rolle zu spielen verstehen, wenn man geachtet sein will. Ihr könnt es, wenn Ihr Euch ein wenig anstrengen und das befolgen wollt, was man Euch rät.»[48]

Dieser Brief, den die Kaiserin selbst «ein wenig scharf» fand, erschütterte Marie Antoinette sehr. Ihre Mutter konnte nicht alles wissen, und sie konnte nicht alles verstehen. Hin und her gerissen zwischen den dauernden, oft heftigen Vorwürfen ihrer Tanten und den gegenteiligen Ermahnungen ihrer Mutter, fühlte sich Marie Antoinette zu Unrecht behandelt wie ein Kind. «Wenn Ihr wie ich alles aus der Nähe sehen könntet, was hier geschieht, würdet Ihr glauben, daß diese Frau und ihre Clique sich nicht mit einem Wort zufriedengeben würden und daß man immer von neuem beginnen müßte. Ihr könnt versichert sein, daß ich niemandes Führung bedarf hinsichtlich dessen, was Ehrbarkeit betrifft», verteidigte sie sich. Dann schilderte sie ihrer Mutter das Labyrinth der Hofintrigen. In dem entscheidenden Punkt gab sie nicht nach: «Um Euch die Ungerechtigkeit der Ratgeber der Dubarry vor Augen zu führen, muß ich Euch sagen, daß ich in Marly mit ihr gesprochen habe. Ich behaupte nicht, daß ich nie wieder mit ihr sprechen werde, aber ich kann nicht zugestehen, daß ich an einem bestimmten Tag zu einer bestimmten Stunde mit ihr sprechen werde, weil sie es sonst vorher verkündet und darüber triumphiert.»[49]

Marie Antoinette bekundete nachdrücklich ihren Wunsch nach Unabhängigkeit. Die Wochen verstrichen. Mercy besuchte weiterhin eifrig die Favoritin, versicherte ihr, er spreche ganz offen mit ihr, und belastete unaufhörlich die Tanten, um die Dauphine zu entlasten. Marie Antoinette verweigerte trotzig dem König und der Kaiserin den Gehorsam.

In der Gräfin von Provence fand Marie Antoinette ein Opfer, an dem sie sich für alle Schikanen schadlos halten konnte. Marie Joséphine hatte sich mit den Blattern angesteckt und erholte sich in La Muette. Zur Feier ihrer Genesung gab Madame de Valentinois, eine enge Vertraute von Madame Dubarry, ein Fest. Dabei wurden Preisgedichte über den König, verschiedene Mitglieder der königlichen Familie und auch über die Mätresse des Königs vorgetragen. Die Gräfin von Provence hatte die Favoritin freundlich begrüßt und spendete dann dem Gedicht über sie herzlichen Beifall. Als Marie Antoinette davon hörte, begab sie sich auf der Stelle nach La Muette und verlangte von der völlig eingeschüchterten Marie Joséphine eine Erklärung. Marie Joséphine hatte ihre Schwägerin noch nie so erzürnt erlebt, und in ihrer Verwirrung brachte sie nur heraus, «sie tue lediglich, was Monsieur ihr gesagt habe». Marie Antoinette kehrte auf der Stelle nach Versailles zurück und suchte ihren Schwager. Sie fand ihn bei Mesdames, den Tanten. Sie «machte ihm lebhafte Vorhaltungen über die Falschheit seines Charakters und verschiedene Punkte seines Verhaltens, welche sie ihm mit bitterem Spott vor Augen führte, woraufhin er vollkommen aus der Fassung geriet».[50] Die Atmosphäre in der königlichen Familie war gespannt. Mercy beobachtete den Grafen von Provence genau. Er unterhielt ausgezeichnete Beziehungen zur herrschenden Partei, und Mercy fürchtete, er könnte später der Kopf einer Clique werden.

Der König geriet allem Anschein nach immer mehr unter den Einfluß seiner Mätresse und kümmerte sich immer weniger um seine Familie. Mercy forderte Marie Antoinette nachdrücklich zur Zurückhaltung gegenüber den Personen in der Umgebung des Königs auf, aber sie sträubte sich weiterhin hartnäckig gegen jedes Zugeständnis. Er ließ keine Gelegenheit aus, ihr ins Gewissen zu reden. «Die Kaiserin weiß», gestand sie ihm schließlich mit Tränen in den Augen, «daß ich letzten Endes doch immer tue, was sie will.» Wie Mercy sagte, war dies «ihr einziger Rückhalt in der Gesellschaft».[51] Marie Antoinette seufzte: «Wenn die Kaiserin sehen würde, was hier geschieht, würde sie mir vergeben.»[52]

Marie Antoinette blieb nichts anderes übrig, als sich dem Willen ihrer Mutter zu beugen. Zu Neujahr tat sie, was man von ihr erwartete. Am 1. Januar 1772 kam die Favoritin in Begleitung der Herzogin d'Aiguillon und der Marschallin Mirepoix zum Empfang. Marie Antoinette wandte sich an die Gräfin Dubarry und sagte zu ihr: «Heute sind viele Menschen in Versailles.» Madame Dubarry triumphierte, der König war zufrieden, Mercy fiel ein Stein vom Herzen. Und Marie Antoinette fühlte schmerzlich, daß sie kapituliert hatte. «Ich habe einmal gesprochen, aber ich bin fest entschlossen, es damit bewenden zu lassen. Diese Frau wird nie mehr den Klang meiner Stimme hören», sagte sie in Gegenwart ihres Ehemannes zu Mercy.[53] Im Einvernehmen mit dem Dauphin schärfte ihr Mercy noch einmal ein, wie wichtig ein «vorsichtiges und beherrschtes Verhalten» sei, «um nicht durch unpassenden Widerstand das Mißfallen des Königs zu erregen [...] und um vor allem keinen Anlaß zu Intrigen zu geben». Der Botschafter wußte, daß er nur einen vorläufigen Sieg errungen hatte. «Ich hoffe, Nutzen aus dieser Frau zu ziehen», schrieb er im Hinblick auf die Favoritin an Kaunitz, «vorausgesetzt, daß die Dauphine keine falschen Schritte mehr macht.»[54] Mercy besaß nur ein einziges verläßliches Druckmittel: Er mußte die Dauphine davon überzeugen, daß das Bündnis zwischen Österreich und Frankreich auf dem Spiele stand. Aus Marie Antoinettes Brief an ihre Mutter vom 21. Januar geht hervor, daß Mercy sie mit diesem Argument dazu bewegte, doch mit der Favoritin zu sprechen. «Ihr könnt mir glauben», versicherte sie ihrer Mutter, «daß ich stets meine Vorurteile und mein Widerstreben aufgeben werde, solange man von mir keine Verstellung verlangt und nichts, was gegen die Ehre ist. Es wäre das größte Unglück meines Lebens, wenn es zwischen meinen beiden Familien zu Zwistigkeiten käme. Mein Herz wird immer für meine Familie schlagen, und meine Pflichten hier würden hart zu erfüllen sein. Bei diesem Gedanken zittere ich. Ich hoffe, daß dies niemals eintreten wird und daß zumindest nicht ich der Anlaß sein werde.»[55]

Kapitel IV

Ein säumiger Zahler

Nach diesem denkwürdigen Vorfall bekundete der König Marie Antoinette wieder lebhaft seine Zuneigung, und sie nahm an, daß nun mit ihm und ihrer furchteinflößenden Mutter alles im reinen war. Eine Zeitlang hörte man in Versailles nur lobende Worte über Marie Antoinette, allein die Tanten waren mit ihrer Nichte unzufrieden und grollten ihr. Aber das spielte keine Rolle, wenn man sie nur in Ruhe ließ. Endlich konnte sie sich wieder ohne Gewissensbisse in die Vergnügungen des Hoflebens stürzen. Dort war sie in ihrem Element, solange man nicht etwas von ihr verlangte, was sie nicht tun mochte, und nicht erwartete, daß sie Gefühle zeigte, die sie nicht hatte. Marie Antoinette war impulsiv und unbekümmert, sie sträubte sich gegen jede Form der Anstrengung, und sie war unfähig, sich zu verstellen oder zu heucheln. Ihre lebhafte Mimik spiegelte genau wider, was sie dachte, ohne daß sie sich dessen bewußt war. So verärgerte sie manche am Hof, weil sie sie nicht so ansah, wie sie es hätte tun müssen.

Zu Beginn des neuen Jahres hielten die Parteigänger der Favoritin sich der Dauphine gegenüber zurück. Der König alterte zusehends. «Er verfällt», schrieb Mercy. Möglicherweise würde der Dauphin in nicht allzu ferner Zukunft die Nachfolge anzutreten haben. Angesichts der Eintracht zwischen den Ehegatten vermutete man, die Dauphine werde, wenn sie erst einmal Königin war, ihren schwachen Gemahl beherrschen; durch die Tochter werde Maria Theresia in Frankreich regieren. Um dies zu verhindern, kamen einige auf den Gedanken, die Ehe annullieren zu lassen, da sie immer noch nicht vollzogen war. Die Mehrheit jedoch hielt es für ein Gebot der Vorsicht, sich um die Gunst der Dauphine zu bemühen. Die Anhänger der Dubarry schlossen mit Marie Antoinette stillschweigend einen Waffenstillstand.

Mercy genoß nach wie vor Marie Antoinettes Vertrauen und tat alles, was in seiner Macht stand, um den zerbrechlichen Frieden und damit die Stellung der Dauphine am Hof zu festigen. Sein Rat hätte hilfreich für Marie Antoinette sein können, wenn nicht jeder seiner Schritte von den Interessen des erhabenen Hauses Habsburg diktiert gewesen wäre. Mercy wußte den König auf seiner Seite, seit der König ihn aufgefordert hatte, seinen Einfluß bei der Dauphine geltend zu machen, und er gedachte, die Situation am Hof zum Vorteil der österreichischen Diplomatie auszunützen. Die Rolle, die die künftige Königin von Frankreich spielen sollte, wurde in Wien geschrieben.

Unterdessen standen die Geheimverhandlungen zwischen Preußen, Rußland und Österreich vor dem Abschluß. Die drei Mächte waren übereingekommen, in aller Heimlichkeit Polen zu zerstückeln. Im Februar 1772 unterzeichneten Preußen und Rußland einen ersten Vertrag, in einem zweiten Vertrag sollten die österreichischen Ansprüche auf bestimmte Provinzen des in Auflösung begriffenen Staates bestätigt werden. Traditionell hatte Frankreich die Unabhängigkeit Polens unterstützt, so erfuhr der französische König nicht, was sich in Mitteleuropa zusammenbraute. Die Annäherung zwischen Preußen und Österreich gefährdete das französisch-österreichische Bündnis und konnte Frankreich nur beunruhigen. Herzog d'Aiguillon, den Kaunitz als «mittelmäßigen Minister»[1] bezeichnete, wußte von den Geheimverhandlungen nichts oder tat zumindest so, als wisse er nichts. Ganz ahnungslos konnte er nicht sein, denn Rohan, der leichtlebige neue Botschafter in Wien, hatte zumindest ein paar Brocken aufgeschnappt und nach Paris berichtet. Herzog de Broglie, der in das berühmte «Geheimnis des Königs»[2] eingeweiht war, war ebenfalls auf dem laufenden. Ihn hatten die Preußen direkt unterrichtet, weil sie auf diese Weise Zwietracht zwischen Maria Theresia und Ludwig XV. säen wollten. In Wien lebte man in großer Spannung, wie der französische König reagieren würde. Eine militärische Intervention zugunsten Polens erwarteten Maria Theresia und Kaunitz zwar nicht, aber sie fürchteten, Ludwig könnte entsprechend den politischen Gepflogenheiten der Zeit eine territoriale Entschädigung fordern. Es wäre nichts Besonderes gewesen, wenn Österreich die stillschweigende Einwilligung Frankreichs mit territorialen Zugeständnissen in den Niederlanden hätte erkaufen müssen. Genau dies wollte man in Wien unbedingt vermeiden. Maria Theresia war sicher, daß ein Mann wie Choiseul einen solchen Verstoß gegen das Gesetz der Räuberbande, nach dem damals Politik gemacht wurde, nicht hätte hingehen lassen. D'Aiguillon erfüllte mit seiner Untätigkeit die geheimsten Wünsche des Kaiserhauses. Die österreichische Diplomatie hatte herausgefunden, daß d'Aiguillon eine

Annäherung an Preußen versuchte, nachdem er von Preußen über die Verhandlungen informiert worden war. Die Österreicher vereitelten diesen Plan, der sie im übrigen überhaupt nicht beunruhigte, und danach hatte d'Aiguillon «seinen Kredit draußen» verloren. Frankreich gab eine miserable Figur ab, Österreich erwartete von seinem Verbündeten nicht mehr, als daß er schwieg. «In diesem Land [...] kann man nicht einmal auf die wahrscheinlichsten Dinge zählen», schrieb Kaunitz am 10. Februar an Mercy.[3] Wenn Ludwig XV. Einspruch erhoben hätte, hätte man ihn mit einem ironischen Lächeln gewähren lassen. Schon zwei Monate zuvor hatte der Kanzler dem Botschafter in Paris mitgeteilt, «daß man auf die [französische] Zustimmung ohne weiteres verzichten» könne.[4] Indes galt es den Schein zu wahren, und dafür brauchte man die Dauphine.

Maria Theresia war sich als Herrscherin und als Mutter möglicherweise der schwierigen Situation bewußt, in der sich ihre Tochter befand, Kaunitz hingegen wollte von Bedenken nichts wissen. Die Erzherzogin war eine Figur auf dem politischen Schachbrett, mehr nicht. Als Schachfigur mußte sie sich gehorsam hin und her schieben lassen. Kaunitz grollte Marie Antoinette immer noch, weil sie sich jüngst so widerspenstig verhalten hatte. «Von einem säumigen Zahler muß man nehmen, was man kann», schrieb er am 5. Januar im Hinblick auf Marie Antoinette an Mercy. Dieselbe Formulierung gebrauchte er noch einmal in einem Brief vom 10. Februar. Er hatte beschlossen, nach diesem Grundsatz mit ihr zu verfahren, solange «sie nicht aus Überzeugung handelt, sondern aus Prinzip».[5]

Während die österreichischen Armeen sich anschickten, in Polen einzufallen, war es Aufgabe der Dauphine, sich der Gunst der Favoritin und der Zuneigung des Königs zu versichern. Auch wenn man nicht so weit geht zu behaupten, daß Marie Antoinette mit ihrer Liebenswürdigkeit das Schweigen Frankreichs zu den Vorgängen in Polen erkaufen sollte, kann man doch sagen, daß Marie Antoinette mit ihrem Verhalten die Politik Maria Theresias unterstützen sollte.

Maria Theresia und Mercy winkten weiterhin abwechselnd mit Zuckerbrot und Peitsche und führten der Dauphine eindringlich vor Augen, daß sie mit jedem noch so kleinen Fehler das gute Einvernehmen zwischen den beiden Herrscherhäusern aufs Spiel setzte. Man schilderte ihr die internationalen Konflikte als Familienstreitigkeiten und mahnte sie, die gehorsame Tochter zu sein. Mercy führte sie am Gängelband, Marie Antoinette versuchte schlecht und recht, dem Weg zu folgen, den er ihr wies. Am 29. Februar konnte Mercy zufrieden an Kaunitz berichten: «Unsere junge Prinzessin überzeugt sich endlich von der Notwendigkeit und dem Nutzen der Ordnung, welche wir ihr vorschlagen.»[6]

Nachdem sich Marie Antoinette anders besonnen hatte, herrschte wieder Einigkeit in der königlichen Familie. Der Dauphin und die Dauphine verbrachten weniger Zeit bei ihren Tanten und mehr Zeit mit dem Grafen und der Gräfin von Provence. Mit einem gewissen Vergnügen beobachtete Marie Antoinette, daß ihre Schwägerin noch genauso linkisch und unscheinbar war wie am Anfang. Monsieur, der Bruder des Dauphins, behandelte seine Frau so herablassend, daß Marie Antoinette voller Mitgefühl ihrer Mutter schrieb, wie unglücklich die arme Prinzessin sei. Auch aus Marie Joséphines Briefen an ihre Eltern geht hervor, daß es in ihrer Ehe Mißhelligkeiten gab. Über Marie Antoinette war sie so erbittert, daß sich keine Sympathie entwickeln konnte. Marie Joséphine neidete ihrer Schwägerin ihren Charme, ihr selbstbewußtes Auftreten, das immer mehr dem einer Herrscherin glich, und sie verabscheute Marie Antoinette wegen ihrer Leichtfertigkeit und Launenhaftigkeit. Marie Joséphine hatte die Szene in La Muette nicht vergessen, aber sie unterwarf sich in allem dem Willen der Dauphine, und Marie Antoinette war damit zufrieden. Der Graf von Provence legte seiner Schwägerin gegenüber inzwischen eine höfliche Ehrerbietung an den Tag, die nach Zuneigung aussehen sollte. Er wollte ihr gefallen und gestand sogar ein, daß es falsch gewesen sei, den Ratschlägen seines Erziehers zu folgen. Er gab ihr zu verstehen, er habe «nunmehr eingesehen, daß man ihn in eine Intrige verwickelt habe und daß dies nicht der rechte Weg für ihn sei». Mercy erschien dieser Gesinnungswandel freilich «mehr geschickt als aufrichtig».[7] Marie Antoinette hörte ihrem Schwager freundlich zu, und er glaubte – sehr zu Unrecht –, er hätte ihr Vertrauen gewonnen. «Vermeidet jegliche Spaltung in der Familie. Laßt Euch nichts anmerken, geht auf nichts ein und bleibt gut», hatte es im letzten Brief ihrer Mutter geheißen.[8]

Die beiden Brüder wurden bisweilen sogar handgreiflich. Der Graf von Provence zeigte schon damals eine Neigung für die Künste und umgab sich gern mit wertvollen Dingen. So besaß er etliche Porzellanfiguren, auf die er sehr stolz war. Der Dauphin bewunderte vor allem eine, die auf dem Kaminsims im Schlafzimmer seines Bruders stand. Eines Tages nahm er, während er mit Marie Antoinette und dem Grafen und der Gräfin von Provence plauderte, scheinbar beiläufig die Figur in die Hand, als wolle er sie streicheln. Monsieur verfolgte mit Argusaugen jede Bewegung seines Bruders und hielt den Atem an in Erwartung des Unvermeidlichen. Auf einmal ließ der Dauphin die Figur fallen, und sie zerbarst auf dem Marmorboden in tausend Stücke. Der Graf von Provence stürzte sich auf seinen Bruder und beschimpfte ihn, Sekunden später wälzten sich die beiden am Boden. Marie Antoinette wollte die Streithähne trennen und bekam in der

Hitze des Gefechts einige Stöße ab. Schließlich erhoben sie sich wieder und standen ein wenig verlegen im Zimmer.

Ein paar Tage später spielten alle vier Pikett. Zum Spaß schlug der Dauphin dabei seinen jüngeren Bruder immer wieder mit einer Gerte. Der Graf von Provence wurde schließlich wütend und sprang auf seinen Bruder zu, um ihm die Gerte zu entreißen. Im letzten Moment kam ihm Marie Antoinette zuvor und rettete den Familienfrieden, indem sie die Gerte verschwinden ließ. Waren das nun Kindereien oder Zeichen offener Feindschaft?

Zeitweise verstanden sich alle vier dann wieder ausgezeichnet. Wie es dabei zuging, schilderte Marie Joséphine einmal kurz vor der Abreise nach Compiègne in einem Brief: «Ich weiß nicht, warum ich nicht verrückt werde. Nicht einen Augenblick ist Ruhe, auf die Dauer ist es nicht auszuhalten. Aber ich muß es wie alle machen und mit den Wölfen heulen. [...] Rings um mich herum liegen Kassetten mit Papieren und Stapel von Büchern auf dem Boden. [...] Ich hatte meine Papiere geordnet, und schon sind sie wieder durcheinander. Ich muß noch einmal anfangen. Madame la Dauphine hatte die Güte, mir einen Stapel Bücher auf den Boden zu werfen, ich werde wütend, man lachte, man reißt mir das Papier aus der Hand. Daneben steht der Graf von Provence und singt aus voller Kehle bemerkenswert falsch. So steht es um mich. [...] Ich bin in einer Ecke, um mich herum das Reisegepäck. Madame la Dauphine bringt alles durcheinander, der Graf von Provence singt, der Graf von Artois erzählt eine Geschichte, beginnt zum elften Mal, schreit sich dabei die Seele aus dem Leib und lacht dröhnend, und zu allem Überfluß liest Monsieur le Dauphin laut eine Tragödie. Ich glaube, er hält uns alle für taub. Dann sind da noch zwei Vögel, die singen, und drei Hunde, einer gehört mir, zwei gehören der Dauphine, und sie machen ein Spektakel, daß man sein eigenes Wort nicht mehr versteht. [...] Ich schildere ein wenig meinen Ärger, der freilich nicht sehr groß ist.»[9]

Die Dauphine amüsierte sich, tanzte von Tag zu Tag besser, sang ab und zu und sträubte sich nach wie vor dagegen, ihre Aufmerksamkeit auf irgendeinen ernsten Gegenstand zu richten. Sie war immer noch ein junges Mädchen im Wachstum, regelmäßig berichtete sie ihrer Mutter, wieviel sie und ihr Gatte gewachsen waren, gemessen ohne Schuhe und Frisur. Zu der Zeit sündigte Marie Antoinette noch nicht durch Putzsucht und schwindelerregende Ausgaben für Kleider und Schmuck. Die alte Herzogin Villars, die Hofdame, die für ihre Toilette zuständig war, wählte ihre Garderobe aus; die Dauphine kümmerte sich nicht darum, sondern überließ alles dem Geschmack von Madame de Villars. Als deren Nachfolgerin, die junge Herzogin Cossé, die Rechnungen für die Garderobe überprüfte, stellte sie fest, daß die Toilette der Dauphine Unsummen gekostet hatte. In einem Jahr waren 200 000 Livres ausgegeben worden, obwohl nur 120 000 Livres für Garderobe vorgesehen waren. Marie Antoinette fiel aus allen Wolken. Wieder einmal trat Mercy auf den Plan. Er sorgte dafür, daß alle Rechnungen gründlich durchforstet wurden, und dabei kam ein großer Betrug ans Licht. Marie Antoinette hatte niemals eine Rechnung überprüft, sondern arglos Rechnungen für Dinge abgezeichnet, die nie bei ihr angekommen waren. Nach den Rechnungen hätte sie vier Paar Schuhe pro Woche gekauft, drei Ellen Band pro Tag, nur um ihren Morgenrock zusammenzuhalten, zwei Ellen Taft, um den Korb mit ihrem Fächer und ihren Handschuhen zuzudecken, und so ging es weiter. Auf Anraten von Mercy beschlossen die Dauphine und Madame de Cossé, Ordnung in die Ausgaben für den Putz zu bringen.

Mercy hatte in allen Bereichen ein Auge auf die Dauphine. Ganz besonders wachsam verhielt er sich, als die österreichischen Geheimverhandlungen über Polen kurz vor der Enthüllung standen. Die Reaktion des Herzogs d'Aiguillon verursachte ihm nur «sehr geringe Verlegenheit».[10] Allein Maria Theresia schien darauf bedacht, den französischen Verbündeten zu schonen. «Im übrigen ist es nötig, da wir bislang so zurückhaltend mit Frankreich verfahren sind, daß wir dabei bleiben, bis der Friedensvertrag abgeschlossen und unsere Übereinkunft mit Rußland und Preußen ausgeführt ist. Dann wird man zumindest zum Schein Gründe zur Rechtfertigung nennen müssen»,[11] schrieb sie besorgt. Kaunitz wiederum instruierte Mercy, er solle es so darstellen, als sei Österreich gezwungen gewesen, sich an der Zerstückelung Polens zu beteiligen, um das Gleichgewicht der Mächte auf dem Kontinent zu erhalten. Mercy beruhigte Maria Theresia: Zwar zeige der Herzog d'Aiguillon eine gewisse Verärgerung, doch dem dürfe man nicht zuviel Gewicht beimessen. «Mit all seinem bösen Willen wird der Minister seinen Herrn, den König, nicht überzeugen», schrieb Mercy nach Wien. «Ich meine auch, daß die Favoritin sich nicht einmischen wird, um Vorstöße des Ministers zu unterstützen, welche jener unternehmen könnte, um die Ordnung zu erschüttern. [...] Das einzige, was dem König Schmerz bereiten könnte, wäre, wenn er Anlaß hätte zu glauben, daß die Freundschaft Eurer Majestät für ihn abgekühlt sei.»[12] Mercy war optimistisch. Zu seiner Freude behandelte die Dauphine die Favoritin weiterhin freundlich. D'Aiguillon zeigte sie zwar immer noch die kalte Schulter, aber das bekümmerte Mercy nicht sehr, denn in seinen Augen war der Minister eine unwichtige Figur.

Am 25. Mai drangen die österreichischen Truppen unter dem Kommando von Marschall Lacy nach Polen ein. Die fromme Maria Theresia war hin und her gerissen zwischen Befriedigung über den Territorialgewinn und Gewissensbissen, daß sie mit dem moralischen Machiavellismus eines Friedrich II. gehandelt hatte. Besorgt dachte sie an die «Gefahren», die diese Politik für ihre Tochter heraufbeschwor. Sie fühlte, daß sie Ludwig XV. verraten hatte, und wagte nicht, ihm zu schreiben. Statt dessen versicherte sie Mercy, er habe «vollkommene Freiheit», dem König «seinerseits alles zu sagen», was er für «angemessen» halte.[13]

Der Botschafter verteidigte sehr geschickt die Interessen seines Landes, was ihm durch die innenpolitische Entwicklung in Frankreich noch erleichtert wurde. Ludwig XV. war so mit der Verwaltungsreform und mit Finanzfragen beschäftigt, daß er die Teilung Polens geschehen ließ und «diesen Gegenstand mit einem Gleichmut und einer Zurückhaltung betrachtete»,[14] die Österreich sehr erleichterten.

Um sich der Unterstützung der Dauphine zu versichern, schlug Maria Theresia in ihren Briefen inzwischen andere Töne an. Keine Rede war mehr von Vorwürfen, sondern nur noch von Zuneigung, seit Marie Antoinette sich so verhielt, wie ihre Mutter es wünschte. Bis dahin hatte Marie Antoinette «geglaubt, daß sie nicht mehr geliebt werde und daß sie immer mit Strenge behandelt würde», berichtete Mercy. «Die letzten Briefe haben dieses Vorurteil zerstreut, und Eure Majestät kann immer mehr sicher sein, daß die Erzherzogin sich in allen wesentlichen Dingen ihrer Stellung und ihrer Pflichten lenken läßt. [...] Es gibt nicht den geringsten Zweifel über die Wirkungen, welche man sich daraus für die Zukunft versprechen kann.»[15]

Die Erpressung mit Gefühlen hatte funktioniert, endlich hatte man die leichtsinnige und launenhafte Dauphine in der Hand. Man mußte sie nur in der Furcht halten, sie könnte die Liebe ihrer Mutter verlieren, dann würde sie schon die Verbündete sein, die man am französischen Hof brauchte. Aber dieses Vorgehen hatte gewiß auch noch andere Folgen. Da man ihr die Liebe ihrer Mutter als eine ganz besondere Gunst vor Augen stellte und sie es bald auch so empfand, war diese Liebe für sie der einzige gefühlsmäßige Antrieb und blieb es lange Zeit. Damals liebte Marie Antoinette nur ihre Mutter, und alles, was sie tat, war nur darauf ausgerichtet, auf keinen Fall die Liebe ihrer Mutter zu verlieren. Maria Theresia hingegen urteilte kalt über ihre Tochter. Der Gehorsam ging ihr nicht weit genug, Marie Antoinettes Gefühle berührten sie nicht. Marie Antoinette fehlten zu offensichtlich all jene Gaben und Fähigkeiten, um derentwillen ihre Mutter sie geliebt hätte. Sie zählte nur als politische Schachfigur.

Die polnische Teilung, die vor allem Joseph II. und Kaunitz gewollt hatten, beunruhigte die alternde Herrscherin nach wie vor. Sie fürchtete, Ludwig XV. könnte eine Annäherung an Preußen versuchen; die einzige, die solchen Bestrebungen entgegenwirken konnte, war in Maria Theresias Augen ihre Tochter. Aber Marie Antoinette hatte nicht das Format für eine solche Aufgabe. In ihren Briefen an Mercy machte Maria Theresia kein Hehl aus ihrer Einstellung: «Ich zähle nicht mehr darauf», schrieb sie am 2. Juli, «daß sie [Marie Antoinette] sich hinreichend Mühe geben wird, um Einfluß auf den König zu gewinnen, welcher Vorteil auch immer daraus erwachsen könnte. Ich kenne ihre Trägheit und geistige Bequemlichkeit, wozu noch die üblichen Ablenkungen ihres Alter kommen. Sobald es um ernsthafte Gegenstände geht und sie ein Hindernis dabei zu erblicken glaubt, will sie nicht nachdenken und entsprechend handeln.»[16] Doch die Kaiserin hatte nun einmal nur Marie Antoinette am französischen Hof, und sie mußte versuchen, das Beste daraus zu machen. Wieder einmal sollten ihr die großen Gefühle dabei helfen. Mit demselben Boten schickte Maria Theresia noch einen zweiten Brief an Mercy, der für die Augen der Dauphine bestimmt war.[17] Darin beklagte sie die Teilung Polens («nichts hat mir größeren Kummer bereitet»), grämte sich über die «erniedrigenden Angebote» des Herzogs d'Aiguillon an Preußen und pries das Bündnis mit Frankreich, das angeblich in Gefahr war. Die nächsten Sätze richteten sich direkt an Marie Antoinette: «Man muß alles daran setzen, um diese Übel und diese Unannehmlichkeiten für die Monarchie und die Familie zu verhindern, und meine Tochter, die Dauphine, ist die einzige, welche gestützt auf Euren Rat und Eure Kenntnisse der Gegebenheiten ihrer Familie und ihrem Vaterland diesen Dienst erweisen kann. Vor allem anderen kommt es darauf an, daß sie sich mit Eifer und Zärtlichkeit die Gunst des Königs erhält, versucht, seine Gedanken zu erraten, ihn keinesfalls verärgert und die Favoritin gut behandelt.»[18]

Mercy tat, was man von ihm erwartete, und zeigte den Brief der Dauphine. Sie war «sehr bestürzt» darüber. «Was kann ich tun», fragte sie, «um den König zu gewinnen?» Mercy gab ihr «über die Zeit von drei Viertelstunden hinweg» Verhaltensmaßregeln. Seine Worte hatten die erhoffte Wirkung. «Sie sagte mir, daß sie alles tun werde, was Eure Majestät von ihr verlangen wolle», berichtete Mercy zufrieden nach Wien, «daß sie unabhängig von allen anderen Beweggründen aus Liebe und Respekt für ihre erhabene Mutter handele; daß eine Abkühlung zwischen den beiden Höfen ihr Kummer bereiten und sie unglücklich machen würde; daß ich ihr nur vorschlagen solle, was sie zu tun habe, und sie werde zu allem bereit sein.»[19]

Marie Antoinette dachte nicht im entferntesten daran, daß man ein Spiel mit ihr trieb. Ahnungslos schrieb sie ihrer Mutter, der an Mercy gerichtete

Brief habe ihr «zu denken gegeben». Erschreckt fragte sie, «was würde aus mir werden, wenn ein Bruch zwischen meinen beiden Familien einträte?» Zu Mercys großer Befriedigung hörte sie nunmehr auf seine Empfehlungen, und schon bald konnte er berichten, daß sie sich bereit fand, sein Vorgehen zu unterstützen.[20] Maria Theresia erkannte zwar an, daß die «eindringlichen Vorhaltungen» ihres Botschafters Früchte trugen, aber sie machte sich keine Illusionen darüber, daß es ihm gelingen werde, «sie dazu zu bewegen, daß sie sich in einer Weise verhält, welche der Situation und meinen Interessen mehr angemessen ist».[21]

Die Nachsicht des Königs angesichts der Ereignisse in Polen beruhigte Maria Theresia allmählich. Am 25. Juli wurden in Sankt Petersburg die Teilungsverträge unterzeichnet. Sie deuteten voraus auf eine Tripelallianz zwischen Österreich, Preußen und Rußland – ohne Frankreich. Ludwig XV. ließ die Vertragspartner gewähren, obgleich im Land Unmut laut wurde über die Umtriebe des österreichischen Verbündeten und die Untätigkeit Frankreichs. Wie Mercy berichtete, nahm der König die Vereinbarungen hin, weil sie seines Erachtens «den Geist der bestehenden Ordnung nicht bedrohen».[22]

Der König war der Dauphine weiterhin sehr zugetan. Er war ihr dankbar, daß sie Madame Dubarry mehr Aufmerksamkeit schenkte, und ahnte anscheinend nicht, welches Spiel Maria Theresia mit ihrer Tochter trieb. Er hatte rasch begriffen, daß die Prinzessin viel zu leichtsinnig war und sich viel zu wenig für Politik interessierte, als daß sie ernsthaft Einfluß zu nehmen versucht hätte. «In Eurer Gegenwart darf man über die polnischen Angelegenheiten nicht sprechen, weil Eure Eltern nicht derselben Meinung sind wie Wir», sagte er nur einmal im November 1772 lächelnd zu ihr. Bei einer anderen Gelegenheit neckte er sie in Anspielung auf den königlichen Staatsstreich Gustavs III., den Frankreich unterstützte: «Der Kaiser will sich dem widersetzen, was in Schweden geschehen ist. Das wird uns entzweien, und ich werde Euch nach Wien zurückschicken.»[23] Dann nahm er sie lachend in die Arme. Marie Antoinette war ihm gegenüber freilich nicht so herzlich, wie er es sich gewünscht hätte, sie blieb stets ein wenig kühl. Möglicherweise genierte oder schockierte sie der Gedanke, daß dieser bejahrte Mann, der so offen seinen Vergnügungen nachging, in allen Einzelheiten über ihre Ehe Bescheid wußte. Die Tatsache, daß der Dauphin nicht in der Lage war, sie zu seiner Frau zu machen, lieferte sie unfreiwillig der Neugier des lüsternen Großvaters aus. Und dies bereitete ihr zweifellos ein unbeschreibliches Unbehagen.

Inzwischen war der König ernstlich besorgt über den unglaublichen ehelichen Zustand seiner Enkelkinder. Einige Monate zuvor hatte er dem Dauphin einen Brief geschrieben und eine Erklärung verlangt, «warum er es an Eifer fehlen lasse, die Ehe zu vollziehen».[24] Der Dauphin hatte seinem Großvater nicht geantwortet. Marie Antoinette wirkte keineswegs verstimmt, sie kleidete das heikle Thema ihrem Ehemann gegenüber eher in einen Scherz. Als sie erfuhr, daß ihr Bruder Ferdinand seine Frau in der Hochzeitsnacht entjungfert hatte, sagte sie zum Dauphin ohne den Unterton des Vorwurfs: «Man berichtet mir, daß mein Bruder Ferdinand bald weiter sein wird als ich und daß er in einem Jahr gewiß ein Kind haben wird.» Der Dauphin «nahm den Vorstoß heiter auf, er gab indes keine Antwort und kein Versprechen»,[25] berichtete Vermond, der das Gespräch vom Zimmer der Kammerzofen aus mit angehört hatte. «Ich bewahre weiterhin gute Hoffnung», schrieb Marie Antoinette an ihre Mutter, «er liebt mich sehr und tut alles, was ich will, und wird gewiß alles zu Ende bringen, wenn er nicht mehr so gehemmt ist.»[26] Die Zeit verging, der Dauphin war weiter «gehemmt». Verschiedene Behandlungen wurden in Erwägung gezogen, vor allem Bäder. «Dieser Behandlung könnte eine kleine, sehr leichte Operation folgen», schrieb Mercy, «die man zum Vollzug der Ehe für nötig erachtet.»[27] Doch die Ärzte zögerten, und zwei Wochen später gaben sie dieses Vorhaben auf. «Sie meinen und sagen, daß all diese Maßnahmen überflüssig seien, daß der Vollzug der Ehe nur vom Willen des jungen Prinzen abhänge und daß sich, wenn er dazu entschlossen sei, kein physisches Hindernis ihm entgegenstellen werde. Ich glaube, daß der Tod des Herzogs La Vauguyon eine große Wirkung in dieser Angelegenheit haben könnte.»[28] Der Dauphin hatte seinen Erzieher während der letzten Krankheit vor seinem Tod kein einziges Mal besucht. Gab er La Vauguyon einen Teil der Schuld an seinen Schwierigkeiten? War dessen Tod eine Erlösung? Ein unscheinbares Detail spricht für diese Vermutung: Unmittelbar nach La Vauguyons Tod ließ der Dauphin in seinen Gemächern ein Badezimmer einrichten.

Die Sorglosigkeit, die Marie Antoinette noch zu Beginn des Jahres 1772 an den Tag gelegt hatte, schwand im Frühjahr und Sommer zusehends dahin. Zeitweilig war sie sehr traurig und erging sich in «ärgerlichen Gedanken über das unverständliche Verhalten von Monsieur le Dauphin».[29] Maria Theresia wunderte sich, «daß man den Dingen ihren Lauf läßt und sich nicht mehr darum bekümmert». Am 28. Oktober wurde ihre Bitte erhört. Ludwig XV. bestellte den Dauphin und die Dauphine zu sich und «verlangte eine genaue Erklärung, wie weit sie in der ehelichen Zweisamkeit gelangt seien. Der Dauphin sagte, er habe Versuche unternommen, seine Ehe zu vollziehen, aber jedesmal hätten ihn schmerzvolle Empfindungen abgehalten, und er wisse nicht, ob dies von einer Mißbildung herrühre oder von anderen Ursachen. Zwei Tage später wollte sich der

König selbst ein Bild machen. Er fand, daß das sehr kleine Hindernis, welches tatsächlich vorlag, nur eine Erscheinung ist, wie sie bei jungen Leuten häufig vorkommt, und keiner Operation bedarf.»[30]

In Versailles blieb nichts lange geheim. Innerhalb weniger Stunden wußte der ganze Hof, daß der König mit seinen Enkelkindern über das leidige Problem gesprochen hatte, über das seit mehr als zwei Jahren am Hof geklatscht wurde. Der Dauphin hatte sich zwar zu seinem Vorteil verändert und eine gewisse Selbstsicherheit gewonnen, dennoch war ihm die Vorstellung unangenehm, daß ganz Versailles über ihn reden würde. «Er glaubt, daß am Morgen, nachdem er die Ehe vollzogen hat, die Öffentlichkeit davon unterrichtet wird und sich aller Augen auf ihn richten», schrieb Mercy an Maria Theresia.[31] Die Untersuchung, der er sich hatte unterziehen müssen, hatte seine Hemmung keineswegs beseitigt, sondern im Gegenteil verschlimmert, er stellte sich noch linkischer an. Marie Antoinette war ganz sicher nicht die richtige Gefährtin, um ihm über seine Unsicherheit hinwegzuhelfen. Sie erwartete alle Initiative von ihm und hätte sich ihm gewiß bedingungslos unterworfen, wenn er nur «seinen Mann gestanden» hätte, wie sie es einmal bei ihren Tanten ausgedrückt hatte. Sehr wahrscheinlich empfand sie es als eine Demütigung, daß ihr Ehemann bei ihr impotent war, und hatte wenig Geduld bei seinen gleichermaßen mühseligen wie enttäuschenden Umarmungen. Der Gedanke, daß ihre Erzfeindin Madame Dubarry vom König mit Sicherheit in allen Einzelheiten darüber unterrichtet wurde, was in ihren Alkoven vorging, dürfte das Gefühl der Demütigung noch verstärkt haben.

Daß die Versuche des Dauphins weiterhin erfolglos blieben, führte Ludwig XV. auf «die Ungeschicklichkeit und Unwissenheit» der beiden zurück. Der König beriet sich mit Lassone, dem ersten Arzt der Dauphine, und beauftragte ihn, seinen Enkelkindern zu erklären, was sie wissen mußten. Nach einigen Gesprächen dieser Art berichtete Marie Antoinette am 15. März 1773 ihrer Mutter, der Arzt sei «sehr zufrieden» und habe «gute Hoffnung».[32] Einen Monat später schrieb sie, der Dauphin sei «bei guter Konstitution, er liebt mich und hat guten Willen, aber er ist von einer Unbekümmertheit und Trägheit, welche ihn nur bei der Jagd verläßt».[33] Die Ehegatten schliefen im selben Zimmer, und der Hof wartete täglich auf die große Neuigkeit. Die Bedienten der beiden bekamen wieder einmal reichlich Geld. Jeden Morgen inspizierte man die Bettücher, die Höflinge zerrissen sich den Mund. Um den 15. Mai herum hieß es, die Ehe sei endlich vollzogen. Vermond teilte sogleich Mercy mit, dieses Gerücht «stamme vom König, der Madame la Dauphine [...] dazu befragt habe und dabei mehr gehört und verstanden habe, als Madame la Dauphine ihm habe sagen wollen. Die Wahrheit ist, daß der Versuch beachtlich war und der Erfolg besser als je zuvor; beide fühlten einigen Schmerz, sind aber noch am Anfang. Lassone, der auch zugegen war, [...] meint und hofft, daß Monsieur le Dauphin die Rose bald pflücken wird.»[34] Marie Antoinette berichtete ihrer Mutter, das Gerücht sei nicht wahr, ihr Gatte sei lediglich «ein wenig weiter als gewöhnlich gekommen».

Die jungen Leute waren sicher erleichtert, daß man am Hof allgemein glaubte, ihre Ehe sei vollzogen, obwohl das nicht stimmte. Niemand widersprach dem Gerücht, der Dauphin fühlte sich befreit und faßte neuen Mut. Daß er am Hof nicht mehr die Zielscheibe des Spottes war, war ein besseres Heilmittel als die Eisenspäne, die man ihm zur Kräftigung verordnet hatte. Doch seine wiederholten Bemühungen waren immer noch nicht von Erfolg gekrönt.

Beim Aufenthalt in Compiègne konnte der Dauphin dann endlich den großen Sieg feiern. Am 22. Juli 1773, frühmorgens bevor der Dauphin zur Jagd ausritt, ging das Paar zum König. «Sobald der Diener geöffnet hatte und der König fragte, wer gekommen sei, antwortete Monsieur le Dauphin: ‹Hier ist meine Frau.› Lächelnd fragte der König, mit welchem Recht er sie so nenne. Monsieur le Dauphin erwiderte, er habe alles Recht dazu. Überrascht und bewegt nahm der Monarch den Prinzen und die Prinzessin bei der Hand; er führte sie in sein Arbeitszimmer, und dort teilte Monsieur le Dauphin ihm mit, daß seine Ehe nunmehr vollzogen sei. Der König schien von lebhafter Freude ergriffen, er küßte seine Kinder und war den ganzen Tag über mit diesem so ersehnten und so lange erwarteten Ereignis beschäftigt.»[35] Marie Antoinette schrieb ihrer Mutter am 13. August: «Wir haben geglaubt, daß wir den König von unserem Zustand unterrichten sollten. Er hat mich mit großer Zärtlichkeit geküßt und mich seine liebe Tochter genannt. Man hat es für gut befunden, unser Geheimnis zu verbreiten. Jedermann freut sich sehr darüber.»

Marie Antoinette empfand keine echte Liebe für ihren ungeschickten Gatten, aber aufrichtige Freundschaft. Sie hatte begriffen, daß sich hinter der rauhen Schale viel Güte verbarg. Er habe «einen ausgeprägten Sinn für Gerechtigkeit, für Ordnung und Wahrheit, viel gesunden Menschenverstand und ein klares Urteil».[36] Doch seine Apathie, seine «Unfähigkeit zu einer Gemütsbewegung» beunruhigten und verärgerten sie. Sie brachte den Menschen lebhafte Gefühle entgegen, die lethargische Gleichgültigkeit ihres Gemahls war ihr unerträglich. Schließlich äußerte sie die Befürchtung, ihm fehle «ein Nerv, ohne den man nicht lebhaft genug denkt und fühlt, um kraftvoll zu handeln».[37] Sie wußte, daß er während seiner endlosen Jagden ein anderer Mensch wurde, alle Unsicherheit und Hemmung verlor.

Erschöpft, aber glücklich kehrte er jedesmal zurück; nichts anderes bereitete ihm eine vergleichbare Freude. Marie Antoinette ahnte wohl, daß er in dieser exzessiven Betätigung ein Ventil für eine unbestimmte Unzufriedenheit gefunden hatte. Darüber hinaus galt die Jagd, die die Bourbonen schon immer sehr geliebt hatten, als der Inbegriff des königlichen Zeitvertreibs. Mit großem Abstand folgte die Dauphine zu Pferde ihrem Gemahl, aber für sie waren das normale Ausritte. Die Jagdleidenschaft des Dauphins führte immer wieder zu Zusammenstößen, mehrmals machte die Dauphine ihm heftige Szenen, einmal war es so schlimm, daß er in Gegenwart des Grafen und der Gräfin von Provence in Tränen ausbrach. Schimpfend verfolgte sie ihn bis in sein Schlafzimmer. Einige Zeit später kamen beide sichtlich beruhigt wieder heraus, die Wogen hatten sich geglättet. Galant sagte der Dauphin zu seinem Bruder: «Streitereien zwischen Verliebten dauern niemals lange.»[38] In den nächsten Tagen verausgabte er sich allerdings nicht weniger auf der Jagd.

Neben der Jagd erregten noch andere Neigungen des Dauphins das Mißfallen seiner Gemahlin. So fand sie seine Vorliebe für Bauarbeiten geradezu unerträglich. Als ihre Gemächer umgebaut wurden, ließ er es sich nicht nehmen, selbst Hand anzulegen; stundenlang schwang er die Maurerkelle, schleppte Balken, Steine und anderes Material, und am Abend war er genauso erschöpft wie die Maurer. Marie Antoinette beklagte sich bitter bei Mercy über ein so ganz und gar nicht königliches Betragen. Mercy riet zu «sanfter Überredung» anstelle von Vorwürfen. Sie ermahnte daraufhin den Dauphin, er solle «aufgeschlossener und geselliger» werden.[39]

Seit den ersten Tagen ihrer Ehe versuchte sie, ihn für ihre Interessen zu gewinnen, und träumte davon, daß sie beide an denselben Dingen Gefallen fänden. Der Dauphin machte gutwillig vieles mit und zeigte viel Verständnis für sie. Er «erklärte ihr sogar ein für allemal, daß er es mit großer Freude sehe, wenn sie Sorge trage für ihre Vergnügungen, und daß er sie niemals in irgendeiner Weise behindern werde».[40]

Der Dauphin zeigte seine Zuneigung zu seiner Ehefrau auch öffentlich. Er gewann deutlich an Selbstsicherheit. Sogar Mercy, der ihn einst so kritisch beurteilt hatte, erkannte echte Fortschritte und schrieb sie ein wenig vorschnell dem Einfluß der Dauphine zu. Aber war es nicht taktisch geschickt, der Kaiserin zu schmeicheln und die leichtfertige Prinzessin einmal mit einem Lob zu bedenken, das aufrichtig klang? Der Dauphin behandelte Mercy sehr respektvoll und teilte ihm gelegentlich einige treffende Gedanken mit, die zeigten, daß er die politischen Angelegenheiten genauer verfolgte und besser durchschaute, als es bisweilen den Anschein haben mochte.

Die außerordentliche Beliebtheit des jungen Paares trug viel zu ihrem Glück bei, wenn man denn von Glück sprechen will. Am 8. Juni 1773 hielten sie nach alter Tradition feierlich Einzug in der Hauptstadt. Es war nicht ihr erster Besuch in Paris seit ihrer Heirat. Mit inständigen Bitten hatte die Dauphine vom König die Erlaubnis erwirkt, zusammen mit allen anderen jungen Mitgliedern der königlichen Familie während des Karnevals zum Ball in der Oper zu gehen. In Dominokostümen und maskiert waren sie in größter Heimlichkeit von Versailles aufgebrochen und hatten wenigstens eine Weile den Reiz des Unerkanntseins genossen. Gegen sieben Uhr am nächsten Morgen waren sie nach Versailles zurückgekehrt, hatten die Messe gehört und waren dann ins Bett gegangen.

Der feierliche Einzug des Dauphins und der Dauphine in der Hauptstadt war natürlich etwas ganz anderes als ein solcher Ausflug; diese Zeremonie lief nach genau festgelegten Regeln ab. Man hoffte, daß bei dieser Gelegenheit viel Volk auf den Beinen sein und dem Thronfolgerpaar einen herzlichen Empfang bereiten würde. Um halb zwölf an einem warmen Frühlingstag begrüßten der Gouverneur von Paris, der Polizeikommandant, der Bürgermeister und eine Delegation von sechs Marktweibern aus den Hallen, die Arme voller Rosen und Orangen, das königliche Paar an der Porte de la Conférence. Dort stiegen der Dauphin und die Dauphine mit ihrem Gefolge in sechs Festkarossen. Ganz langsam bahnte sich der Zug einen Weg durch die unüberschaubare Menschenmenge. Von allen Seiten jubelten die Pariser dem jungen Paar zu, das eine glückliche Zukunft zu verheißen schien. «Monsieur le Dauphin, macht uns ein Kind!» schrien ein paar Weiber am Straßenrand. Die Frauen dieses Standes hatten von jeher sehr freimütig mit ihren Herrschern gesprochen, und der Dauphin konnte angesichts soviel herzlicher Vertraulichkeit nur freundlich lächeln. «Köstliche Naivität!» schrieb der Buchhändler Hardy, ein Zaungast unter vielen. «Was da so grob ausgedrückt wurde, war der Wunsch der ganzen Nation.» Wie alle anderen war auch Hardy vom Charme der Dauphine bezaubert, die lächelnd in die Menge blickte und so hinreißend winkte, wenn der Beifall wieder einmal anschwoll. Die Menschen begeisterten sich über ihre Schönheit, ihre Anmut, sie konnten sich nicht satt sehen. Marie Antoinette war die Königin, auf die die Pariser so lange gewartet hatten, die sie lieben und verehren wollten. An diesem Tag stellte sie den Dauphin vollkommen in den Schatten. Dennoch antwortete er freundlich auf alle Reden und Preisgedichte, die ihnen, wie es bei solchen Gelegenheiten üblich war, in Sainte-Geneviève, im Collège Louis le Grand, in der Münzstätte, im Stadthaus, am Pont Neuf und beim Festmahl zu ihren Ehren in den Tuilerien vorgetragen wurden.

Während sie speisten, drang die ungeduldige Menge in die Gärten vor, ganz besonders Mutige kletterten auf Bäume, damit sie das Thronfolgerpaar besser sehen konnten. Als die beiden dann zu einem Spaziergang in den Gärten aufbrachen, wollte der Beifall kein Ende mehr nehmen. Der Dauphin und die Dauphine gaben den Befehl, «das Volk nicht zurückzudrängen und jedermann so nahe kommen zu lassen, wie er es wollte». So weit die Pariser zurückdachten, sie konnten sich nicht erinnern, daß es jemals soviel überschäumende Freude in ihrer Stadt gegeben hatte. In dem Gedränge bekam Marie Antoinette kaum noch Luft, aber keinen Augenblick wich das Lächeln von ihren Lippen. «Das Gedränge war so groß», berichtete sie ihrer Mutter, «daß wir drei Viertelstunden weder vor noch zurück gehen konnten. Der Dauphin und ich ermahnten die Wachen mehrere Male, niemanden wegzustoßen, was einen sehr guten Eindruck gemacht hat. Es herrschte den ganzen Tag über eine so gute Ordnung, daß trotz der ungeheuren Menge, welche uns überallhin folgte, niemand verletzt wurde. Nach dem Spaziergang stiegen wir auf eine überdachte Terrasse, wo wir eine halbe Stunde blieben. Ich kann Euch, meine liebe Mama, kaum die Ausbrüche von Freude und Zuneigung schildern, welche man uns in diesem Augenblick entgegenbrachte. Bevor wir uns zurückzogen, winkten wir dem Volk noch zu, was große Freude auslöste. Wie glücklich ist man doch in unserer Stellung, wenn man so leicht die Freundschaft eines ganzen Volkes gewinnen kann! Dennoch gibt es nichts Kostbareres als diese, das habe ich genau empfunden und werde es niemals vergessen.»[41]

Die Pariser waren begeistert von der Dauphine, und die Dauphine kehrte trunken von den Jubelrufen der Menge nach Versailles zurück. Diese spontanen Bekundungen der Liebe waren Balsam auf ihre heimlichen Wunden. Sie wollte so schnell wie möglich wieder diese Stadt besuchen, die das richtige Königreich für sie war. Die Zukunft sah vielversprechend aus, denn in den nächsten Tagen sollte sie mit dem Dauphin die Oper, die Comédie française und das italienische Theater besuchen. «Ich spüre jeden Tag», schrieb sie treuherzig an die Kaiserin, «wie gut meine liebe Mama für mich gesorgt hat.»[42]

So war für Marie Antoinette jeder Tag ein Festtag. Der Beifall der Pariser berauschte sie. In der Stadt war sie nicht von Höflingen umgeben, die sich vor ihr verbeugten, weil die Etikette es verlangte, sondern von Männern und Frauen, die eigens gekommen waren, um sie zu sehen und ihr zuzurufen, daß sie sie liebten. In diesen Wochen schloß sie Paris ins Herz, die strahlende Stadt voller Leben, wo sie sich als Herrscherin fühlte und das Herrschen ihr so leicht erschien.

Kapitel V

Die Pferde der Königin

In die Lobeshymnen, die der Dauphine von allen Seiten entgegenschallten, mischten sich auch einige Mißtöne. Einer der Kritiker war ein gewisser Abbé Desnoyers: «Alle Königinnen müßten so sein wie die Frau Ludwigs XV., die keine andere Leidenschaft kannte als die Wohltätigkeit. Indes sehe ich hier eine, die sich anschickt, ein Spektakel zu veranstalten, das beachtliche Ausbrüche bei einer Nation zur Folge haben könnte, welche für ihre Beweglichkeit berühmt ist. Man unterhält sie nur mit der Aussicht auf ihre künftige Größe; man führt ihr nichts anderes vor Augen als Vergnügungen, man legt ihr die Erde zu Füßen, die Sinnenlust zu den Knien, das Vermögen in ihre Hände. Dieses Bild hat man ihr bereits ausmalen lassen an dem Hof, wo sie geboren ist, von Abgesandten des Hofes, an dem sie erwartet wurde. [...] Eine Königin, die nur dafür gekrönt wird, daß sie ihren Zerstreuungen nachgeht, ist eine verhängnisvolle Errungenschaft für die Völker, welche die Kosten zu tragen haben.»[1]

Nur wenige Menschen im Königreich hörten die Prophezeiung dieses eifernden Jesuiten, der wie viele seiner Gefährten ein Opfer der Politik von Choiseul geworden war. Wenn er die allgemeine Aufmerksamkeit auf die Leichtfertigkeit der Prinzessin lenkte, wollte er damit in erster Linie die Politik des verhaßten Ministers anprangern. Wie alle Frommen fürchtete er, Choiseul könne nach dem Tod Ludwigs XV. wieder an die Macht kommen, denn es war bekannt, daß die künftige Königin ihm als dem Vermittler ihrer Heirat sehr verbunden war. Pater Desnoyers wurde gewiß von den Feinden der Dauphine gründlich beraten. Aus seiner spitzen Feder flossen zum ersten Mal die Vorwürfe, die im Laufe der Monate und Jahre ein wahres Netz von Verleumdungen bildeten. Zwischen den Zeilen erschien sie als die Österreicherin, die Frankreich eines Tages ruinieren würde.

Der beim König in Ungnade gefallene Minister stand bei den Aufklärern durchaus noch immer in Gunst. In Chanteloup empfing Choiseul die Schöngeister und die klugen Köpfe des Reiches. In seinem Schloß waren immer viele Besucher, seine Bewunderer konnten ihre Namen im Inneren einer Pagode einritzen, die im Park zum Ruhm des Schloßbesitzers errichtet worden war. Das Triumvirat Maupeou-Terray-d'Aiguillon war nicht sehr beliebt, der König alterte zusehends, und so rechnete der Kreis um Choiseul damit, daß unter einem neuen König wieder seine Stunde kommen würde. Die ganze Hoffnung seiner Anhänger ruhte auf der umjubelten Dauphine, die ohne Zweifel ihren schwachen Gemahl lenken würde. Am Hof überboten sie sich gegenseitig mit Schmeicheleien und bildeten bald eine Clique um die Dauphine – die spätere Coterie der Königin. Die Partei der Favoritin ahnte voraus, daß die Herrschaft Ludwigs XVI. unangenehme Veränderungen für sie bringen könnte, und schonte Marie Antoinette. Sogar die Minister bemühten sich um ihre Gunst. «Diejenigen, welche mit dem Hof im allgemeinen unzufrieden sind (und deren Zahl ist groß), setzen all ihre Hoffnungen auf Madame la Dauphine. Die Prinzessin besitzt unendlich viel Liebenswürdigkeit und Anmut. Sie ist lebhaft und ungestüm, doch mit Vernunft und Selbstbeherrschung; über ihren Gemahl hat sie vollkommene Gewalt.»[2] So schrieb Graf Creutz, der Gesandte Gustavs III. Die Gräfin La Marck, die dem schwedischen König regelmäßig über die Vorgänge am Hof berichtete, rühmte ebenfalls den Charme der Dauphine, befand jedoch, daß sie wegen «ihrer großen Jugend und ihrer Oberflächlichkeit, der Mitgift ihres Alters, nutzlos für den König» sei.[3]

Mercy, dem keine Hofintrige entging, beobachtete die Dauphine und war stolz auf sein Werk. «Die Zeit kommt», schrieb er, «wo man mit Gewinn von den wichtigsten und ernsthaftesten Dingen mit ihr sprechen kann.»[4] Da er der einzige war, an dem sie sich in ihrem Denken orientierte, beeinflußte er sie weiterhin so, wie es für das erhabene Haus Habsburg von größtmöglichem Vorteil war. Er erzählte ihr nichts über die Rollen der verschiedenen Parteien am Hof und vermittelte ihr ein wenig schmeichelhaftes Bild vom König und der Regierung. Bewußt flößte er ihr antifranzösische Vorurteile ein, wie es bereits ihre Mutter getan hatte. Was sollte sie davon halten, wenn er ihr sagte, die Minister würden «nur durch Intrigen ausgewählt» und sie führten «die Staatsgeschäfte nur nach ihrem eigenen Gutdünken»?[5] Er gab ihr zu verstehen, daß sie möglicherweise dazu berufen sei, in naher Zukunft eine wichtige politische Rolle zu spielen. Im Hinblick darauf lobte er, daß es ihr gelungen sei, «den Dauphin für ihre Ansichten zu gewinnen», und er riet ihr, «auf den König Einfluß zu erlangen, indem seine Minister und alle, die sein Vertrauen genießen, geschont werden».[6] Damit, so glaubte Mercy, bereite er sie darauf vor zu herrschen. «Es ist unbestreitbar, daß die Erzherzogin eines Tages dieses Königreich regieren wird», schrieb er der Kaiserin, «und für den Erfolg einer so bedeutenden und so großartigen Berufung ist es von äußerster Bedeutung, daß sich Ihre Königliche Hoheit frühzeitig an die Grundsätze und die Denkungsart gewöhnt, die ihrer künftigen Stellung entsprechen.»[7] Was hätte wohl der Abbé Desnoyers gesagt, wenn er diese Sätze gelesen hätte?

Mit rührendem guten Willen versuchte Marie Antoinette, Mercys Lehren zu befolgen. Zudem zögerte er nicht, «ihrer Seele dadurch einen Stoß zu geben», daß er den «Kummer» der Kaiserin erwähnte.[8] Bei dem Gedanken, daß sie ihrer Mutter Kummer bereiten könnte, brach Marie Antoinette in Tränen aus. «Man quält mich, man beunruhigt mich, und ich werde die Politik doch niemals verstehen», seufzte sie.[9] Die Dauphine begriff die «Staatsgeschäfte» keineswegs so rasch, wie Mercy behauptete. Sie schreckte vor Täuschungsmanövern zurück, und die Fülle der Ratschläge, mit denen Mercy sie überschüttete, verschreckte sie, was wiederum ihn verärgerte. «Sie gestattet sich nicht, daran zu denken, daß sie eines Tages Macht und Einfluß haben wird», berichtete er nach Wien. «Dies hat zur Folge, daß sie zu einer untätigen und abhängigen Haltung neigt, und daraus ergibt sich, daß sie den kleinsten Anlässen schüchtern und ängstlich gegenübersteht. Gleichwohl ist es von höchster Wichtigkeit, daß die Erzherzogin ihre Kräfte besser kennenlernt und einzuschätzen vermag. Ich würde mit meinem Leben dafür bürgen, daß, wenn sie es auf sich nehmen könnte, Einfluß auf den König auszuüben, keine Favoritin und kein Minister beim König mehr Gehör und Vertrauen fänden als Madame la Dauphine.»[10] Es war höchste Zeit, daß sie der Liebling des Königs wurde und er auf sie nicht mehr verzichten wollte. Mercy glaubte fest, daß es ihr gelingen werde, das Herz des alternden Monarchen zu erobern, den Langeweile und die Angst vor dem Tod verzehrten. Marie Antoinette mußte ihm nur jeden Wunsch von den Augen ablesen und ihn bezaubern, wie einst die kleine Herzogin von Burgund Ludwig XIV. und die gefürchtete Maintenon bezaubert hatte. Listig wie eine Katze hatte dieses junge, schlecht erzogene Mädchen es verstanden, die Anliegen derjenigen, deren sie sich annehmen wollte, beim König zu vertreten, und sie hatte dafür gesorgt, daß wichtige Informationen an den Hof von Savoyen gelangten. Den Höflingen und einem Teil der königlichen Familie war nichts anderes übriggeblieben, als ihren vertraulichen Umgang mit dem König zähneknirschend mit anzusehen. Ludwig XIV. durchschaute das Spiel erst nach ihrem allzu frühen Tod. «Das kleine Fuchsgesicht hat uns betrogen», sagte er zu Madame de Maintenon, als er von dem geheimen Briefwechsel der Prinzessin erfuhr. Mit Anmut und gespielter Unschuld war es der Herzogin von Burgund gelungen, Ludwig XIV. hinters Licht zu führen. Genau dasselbe sollte nun Marie Antoinette bei Ludwig XV. tun.

Diesmal war die Kaiserin anderer Meinung als ihr Botschafter. Selbstverständlich sollte Marie Antoinette den Interessen des Hauses Habsburg dienen, aber Maria Theresia kannte «die Jugend und Leichtfertigkeit [von Marie Antoinette], welche sich mit einer geringen Neigung zur Anstrengung verbinden», und darum wollte sie nicht, daß ihre Tochter «entschiedenen Einfluß auf die Geschäfte erlangt».[11] Maria Theresia wußte, daß ihre Tochter niemals einen Sinn für Politik entwickeln würde; ihr fehlte auch die Begabung für das Intrigenspiel, das die Mutter Ludwigs XV. so meisterlich beherrscht hatte. Den König achtete Marie Antoinette eher gezwungenermaßen, im übrigen urteilte sie über ihn mit der unerbittlichen Strenge der Jugend. Ganze Tage bei ihm zu verbringen hätte ihre Kräfte überstiegen. «Sie glaubt, der Monarch sei allem in seiner Umgebung gegenüber gleichgültig und entbehre jeglichen Gefühls, welches die Seele berühren und empfänglich machen könnte», schrieb Mercy etwas beunruhigt. «Unglücklicherweise besitzt die Erzherzogin nur zuviel Scharfblick und durchschaut viele Dinge.»[12] Der König, der die Frauen besser kannte als irgend jemand, spürte ganz gewiß den Widerstand seiner eigensinnigen Enkeltochter. Sein Lebenswandel erinnerte sie zudem andauernd an die Geheimnisse der Begierde und der Sinnenlust, die für sie mit soviel Kummer und Schmerz verbunden waren.

Sinnenlust fehlte dieser jungen Frau in der Blüte ihrer achtzehn Jahre am bittersten. Unter der Herrschaft des Vielgeliebten mit den sündigen Affären, in der schwülen Atmosphäre eines Hofes, an dem das Vergnügen in höchster Verfeinerung kultiviert wurde, wo eine zügellose Lebensweise geradezu Gesetz war, schien sie als einzige dazu verdammt, die trostlosen Bemühungen eines linkischen Ehemannes zu erdulden, der nicht in der Lage war, sie zu schwängern. Der Dauphin legte «große Trägheit bei der Erfüllung seiner Gattenpflichten»[13] an den Tag. In die bewundernde Liebe für diese Frau, die zu besitzen ihm solche Mühe bereitete, mischte sich wahrscheinlich viel Furcht. Jedesmal, wenn er an das Ehebett trat, zweifelte er an sich. Seit beschlossen war, daß sein Bruder, der Graf von Artois, Marie-Thérèse von Savoyen, eine Schwester der Gräfin von Provence, heiraten sollte, war der Klatsch über die Ehe des Thronfolgerpaares neu erblüht. Es wurden Wetten abgeschlossen, wie lange es dauern würde, bis die künftige Gräfin von Artois schwanger sein würde. Als man sie in Fontainebleau erwartete, «dachte Monsieur le Dauphin als erster darüber nach. Er nahm Madame la Dauphine in den Arm und fragte sie: ‹Liebt Ihr mich?› Ihre Königliche Hoheit antwortete: ‹Ja, daran könnt Ihr nicht zweifeln. Ich liebe Euch aufrichtig, und ich schätze Euch noch mehr.› Der Dauphin schien sehr bewegt von diesen Worten. Er bezeigte der Erzherzogin große Zärtlichkeit, und auf dem Rückweg nach Versailles sagte er, daß er seine Diät wiederaufnehmen werde und hoffe, ‹daß alles gutgehen wird›.»[14]

Die Ankunft der zweiten Prinzessin aus Piemont erregte am Hof kein besonderes Aufsehen. Marie-Thérèse war ebenso unscheinbar wie ihre ältere Schwester, aber Charles Philippe machte sie ohne Umstände bereits in der ersten Nacht zu seiner Frau. Der König hoffte, daß wenigstens aus dieser Verbindung Nachwuchs für die Dynastie der Bourbonen hervorgehen werde. Marie Antoinette ärgerte sich und suchte immer neue Ablenkungen von ihrer ehelichen Misere.

Sie wollte sich amüsieren, Mercys Ermahnungen vergessen und überhören, wie die Höflinge hinter ihrem Rücken tuschelten und kicherten. Sie mußte so tun, als wäre das höfliche Lächeln echt, mit dem sie überall empfangen wurde, weil sie die Dauphine von heute und möglicherweise die Königin von morgen war. Marie Antoinette begann dem Schein zu glauben, und nirgendwo war der Schein für sie schmeichelhafter als in Paris. Seit dem feierlichen Einzug waren der Dauphin und die Dauphine noch mehrere Male in die Hauptstadt gekommen, und jedesmal hatte Marie Antoinette den gleichen betörenden Taumel verspürt. In Paris vergaß sie alles, in Paris war sie eine umschwärmte und begehrte Frau. Paris war ihre Entschädigung.

Mit großem Gefolge besuchte das Thronfolgerpaar regelmäßig Aufführungen in der Oper und im französischen und italienischen Theater. Mit ihrem ungekünstelten und freundlichen Auftreten durchbrachen sie stets sofort alle Schranken der Etikette. Seit Jahren hatten die Menschen keinem Herrscher mehr so von Herzen zugejubelt. Der Jubel galt in erster Linie der strahlenden Dauphine, aber auch ihr schüchterner Gemahl wurde begeistert beklatscht, als in einer Vorstellung von *Le Siège de Calais* (Belagerung von Calais) der Satz erklang:

> In seinem Fürsten will der Franzose einen Bruder finden,
> der, als Sohn des Staates geboren, dessen Bruder wird.

Die außerordentliche Beliebtheit des jungen Paares strahlte auf die Monarchie insgesamt aus. Der König war glücklich, Marie Antoinettes Gegner schluckten ihren Ärger hinunter.

Schon bald setzte Marie Antoinette beim König die Erlaubnis durch, jede Woche nach Paris zu fahren – «ohne großes Protokoll, ohne besonderen Putz und mit kleinem Gefolge».[15] Sie besuchte die Gemäldegalerie des

Louvre, das Architekturkabinett, den Jahrmarkt auf der Place Louis XV und viele Geschäfte. Sie unternahm lange Spaziergänge über die verschlungenen Wege im englischen Garten des Marschalls Biron, träumte vor den zum Schmuck des Gartens errichteten Ruinen und Grotten und begeisterte sich für die strohgedeckten Hütten dazwischen. Wo immer sie erschien, jubelten die Menschen ihr zu.

In der königlichen Familie herrschte um diese Zeit gutes Einvernehmen. Der Graf von Artois und seine Frau schlossen sich den beiden Brüdern mit ihren Frauen an, die drei jungen Paare bildeten ihren eigenen kleinen Kreis, in dem sie sich zwanglos amüsieren konnten. Charles Philippe war bald der lebhafte Mittelpunkt ihrer Abendgesellschaften, bisweilen kam es vor, daß er in der Ausgelassenheit «dem Dauphin gegenüber den Respekt vergaß, den er ihm schuldete».[16] Marie Antoinette mochte ihren ungestümen Schwager gern und vermittelte zwischen den Brüdern. Die Gräfin von Artois behandelte Marie Antoinette mit ausgesuchter Liebenswürdigkeit, obgleich sie einen «vollkommenen Mangel aller angenehmen Eigenschaften»[17] offenbarte. Der Graf und die Gräfin von Provence wetteiferten um die Gunst der Dauphine, doch es gab «in dieser Verbindung keinen Austausch von Vertraulichkeiten, der Mißbrauch hätte zur Folge haben können».[18] Den Kontakt zu den Tanten brachen die drei Paare nicht gänzlich ab, aber am liebsten waren sie für sich allein. Sie aßen gemeinsam bei der Gräfin von Provence mit Ausnahme der Tage, wo sie ihre Mahlzeiten öffentlich einnahmen. «Dieser Brauch, für den es kein Vorbild am Hof gab, war das Werk von Marie Antoinette.»[19] Alle sechs waren ungefähr gleichaltrig und füllten ihre müßige Zeit mit den gleichen Beschäftigungen. Weil sie alle für das Theater schwärmten, beschlossen sie, selbst Theater zu spielen. Doch dieses Vergnügen mußte «so geheim bleiben wie eine Staatsangelegenheit,»[20] denn der König hätte einen solchen Zeitvertreib gewiß nicht geduldet. Mit Unterstützung von Monsieur Campan und seinem Sohn spielten sie in einem nicht genutzten Kabinett im Zwischenstock, «eine zerlegbare Bühne, welche man in einem Schrank einschließen konnte, war das ganze Theater».[21] Die königliche Schauspieltruppe hatte Vater und Sohn Campan als Regisseure und Mitspieler engagiert. Nur der Dauphin und die Gräfin von Provence stiegen nicht auf die Bühne, sie bildeten das Publikum. Einige Wochen lang probten und spielten sie, ohne daß jemand davon erfuhr. Doch eines Tages schickte die Dauphine Monsieur Campan über eine Geheimtreppe in ihr Ankleidezimmer, wo er eine vergessene Requisite holen sollte. Plötzlich stand Monsieur Campan Auge in Auge einem Lakai gegenüber. Der Lakai war über die Karnevalserscheinung (Monsieur Campan spielte den Crispin, eine Dienerfigur) so erschrokken, daß er laut aufschrie; Monsieur Campan hatte einige Mühe, ihn zu beruhigen. Der Lakai mußte einen feierlichen Eid schwören, daß er niemandem etwas von seiner Entdeckung erzählen werde. Als die jungen Leute von dem Mißgeschick erfuhren, beschlossen sie dennoch, diesen Zeitvertreib aufzugeben, obschon er den einen Vorteil gehabt hatte, daß er «das Gedächtnis der Prinzessin förderte und ihr die französische Sprache noch vertrauter werden ließ».[22]

Die Karnevalszeit 1774 bot den drei Paaren reichlich Gelegenheit, sich zu vergnügen. Paris übte nach wie vor einen unwiderstehlichen Reiz auf die Dauphine auf, und so nahm sie ihren Gemahl und ihre Schwager und Schwägerinnen am 30. Januar mit zum Ball in der Oper. Sie trugen alle Masken, eine halbe Stunde lang blieben sie unerkannt. Marie Antoinette liebte «Bälle inzwischen mehr, um die Menschen zu beobachten, als um zu tanzen».[23] In jener Nacht plauderte sie verkleidet mit einem jungen, sehr gut aussehenden Mann, der nicht wie ein gelangweilter französischer Aristokrat wirkte. Sie unterhielt sich lange mit ihm, ohne daß er ahnte, wer sie war. «Sobald sie erkannt wurde, drängte sich alle Welt um sie, und sie zog sich in eine Loge zurück», schrieb der junge Mann, dem soviel Ehre zuteil geworden war, später in sein Tagebuch.[24] Marie Antoinette hatte den schönen Schweden vielleicht schon in Versailles bemerkt, seit dem 1. Januar war er öfter mit dem Grafen Creutz dorthin gekommen. Man hatte ihn auf den Bällen der Madame de Noailles gesehen und zweimal bei einem Ball der Dauphine. Er ließ bis Aschermittwoch keinen Ball in Versailles aus. «Ich war zum letzten Ball dort», schrieb er am 15. Februar in sein Tagebuch. «Madame la Dauphine war gekommen, die Gräfin von Provence, die Gräfin von Artois, Madame de Lamballe und zwei weitere Damen, Monsieur le Dauphin, der Graf von Provence und der Graf von Artois, Monsieur de Ségur, Monsieur de Coigny und ein weiterer Mann. Sie trugen alle Kostüme im Stil Heinrichs IV. und tanzten mehrere Eröffnungstänze, manche sehr schlecht, wie der Dauphin und der Graf von Provence, andere recht gut. Es war ein überaus hübscher Anblick.»[25]

Graf Axel von Fersen war im selben Alter wie die Dauphine. Wie viele junge Leute seines Standes unternahm er eine mehrmonatige Bildungsreise durch Europa, er wollte Neues kennenlernen und die wichtigsten europäischen Höfe besuchen. In Paris absolvierte er das übliche Programm eines ausländischen Adligen: Er langweilte sich vornehm bei Madame du Deffand und bei Mercy; er saß im Publikum, als Grétry seine Werke im Haus von Creutz aufführte; er sah zu, wie Madame de Brionne Toilette machte. Er hörte sogar Physikvorlesungen an der Sorbonne, wo Mademoiselle Diderot ihn angesprochen hatte, weil sie ihn kennenlernen wollte. Jeden

Morgen holte er sie mit einer Kutsche ab. «Sie war sehr geistreich, aber nicht sehr hübsch.»[26] Auch ihren Vater lernte er kennen. Jeden Abend verbrachte Fersen auf einem anderen Fest, er suchte das Abenteuer. Bei dem Ball in der Oper war er kurz vor seiner Begegnung mit der Dauphine auf «eine sehr hübsche und liebenswürdige Maske [gestoßen]», vertraute er seinem Tagebuch an. «Sie sagte ganz leise zu mir, sie bedaure, daß ich nicht ihr Gatte sei, denn sie würde gerne mit mir schlafen. Ich sagte ihr, daß dies kein Hindernis sei. Ich wollte sie davon überzeugen, doch sie entfloh. Eine andere [...] war nicht so schwierig.»[27]

Der schwedische Botschafter sparte nicht mit Lob für seinen Günstling. «Von allen Schweden, die während meiner Zeit hier gewesen sind», schrieb Creutz an Gustav III., «wurde er am besten in der großen Gesellschaft aufgenommen. In der königlichen Familie wurde er außerordentlich gut behandelt. Man kann kein schicklicheres Verhalten an den Tag legen, als er es getan hat. Da er gut aussieht und Geist besitzt, konnte sein Erfolg in der Gesellschaft nicht ausbleiben, und er hatte in der Tat großen Erfolg. [...] Sein Denken ist von einer einzigartigen Vornehmheit und Erhabenheit.»[28]

Vielleicht träumte Marie Antoinette ab und zu von dem schönen Schweden, der keinen Ball bei ihr versäumte. Für den Augenblick beschäftigte sie hauptsächlich die Frage, wie sie dem Ritter Gluck, ihren einstigen Lehrer am Spinett, zu einem Triumph in Paris verhelfen konnte. Ende des letzten Jahres war Gluck aus Wien gekommen. Er «begab sich sogleich nach Versailles, um die Dauphine zu sehen, doch da er sich nicht an die Ehrendame gewandt hatte, drang er nicht zu ihr vor. Madame la Dauphine erblickte ihn im Gang und sprach ihn an. Sie fragte ihn, warum er noch nicht zu ihr gekommen sei. ‹Ja nun, Madame›, erwiderte er, ‹in diesem Land kann man nicht mehr zu Euch gelangen.›»[29] Unverzüglich wurde Gluck zur Dauphine vorgelassen. Im Januar gestatteten ihm die ersten Adligen der Kammer, in der Oper seine *Iphigenie auf Aulis* aufzuführen, die nach der Vorlage von Racines Theaterstück entstanden war. In Paris erwartete man von dem Werk des deutschen Komponisten eine wahre Revolution in der Musik. Er hatte mit der Tradition der italienischen Oper gebrochen, die den Text der Musik unterordnete, und legte besonderen Wert auf das Rezitativ. In seinem «Widmungsschreiben für den Großherzog der Toskana» zur ersten Ausgabe der *Alceste* (1767) hatte er seine Vorstellung von der neuen Oper genau umrissen: «Ich gedachte die Musik auf ihre wahre Aufgabe zu beschränken, welche ist, der Dichtung durch den Ausdruck und die Darstellung der Fabel zu dienen, ohne die Handlung zu unterbrechen oder sie durch überflüssige Ausschmückung zu dämpfen. Ich glaubte, die Musik solle für das Gedicht das sein, was für ein richtiges und gut ausgeführtes Bildnis die Lebhaftigkeit der Farben und Kontraste ist, zusammen mit der Verteilung von Licht und Schatten, welche die Gestalten lebendig machen, ohne die Umrisse zu verwischen.» Glucks neuer Stil wurde in Paris mit großer Spannung erwartet. Natürlich hatte er auch Gegner in dem blasierten Publikum, das den Schöpfer eines höchst konventionellen Kunstwerks als Genie pries und sich über die kleinste Kühnheit empörte. Von Opern verstand die Dauphine nichts, sie zupfte lediglich recht hübsch ihre Harfe und sang mit einer wohlklingenden, wenn auch unausgebildeten Stimme. Aber sie hatte es sich in den Kopf gesetzt, daß der alte, aufbrausende, am Wiener Hof hoch geschätzte Meister in Paris triumphieren sollte.

Gluck erstattete ihr regelmäßig Bericht über seinen Ärger mit den Künstlern bei den Proben. Er war daran gewöhnt, daß die Sänger gehorchten und an nichts anderes dachten als an den Erfolg des Werkes. Die Launenhaftigkeit der französischen Künstler brachte ihn aus der Fassung. Die Sängerinnen und Sänger genossen meist Protektion von allerhöchster Stelle und empörten sich darüber, daß Gluck sie nicht mit der gebührenden Achtung behandelte, sondern Forderungen stellte. Marie Antoinette unterstützte ihn unerschütterlich. In den Augen von Maria Theresia und Mercy war diese Angelegenheit wahrscheinlich ein weiterer Beweis, daß Marie Antoinette sich viel zu sehr mit oberflächlichen Dingen abgab. «Der Ritter Gluck hat die ersten Vorstellungen seiner Oper gegeben», berichtete Mercy an Kaunitz. «Alle Kenner sind davon begeistert, aber man sieht voraus, daß das breite Publikum die Schönheit der Harmonien nicht recht begreifen könnte, weil sie Ohren erfordern, welche mehr an diese Art von Musik gewöhnt sind. Doch ist es immerhin möglich, daß die Oper ein Erfolg wird. [...] Madame la Dauphine, die ihn protegiert, wird zur ersten allgemeinen Vorstellung gehen, und ich denke, daß dieser Umstand den Erfolg sicherstellt.»[30] Einige Tage später rettete es Gluck tatsächlich, daß er die Dauphine auf seiner Seite hatte: Die erste Vorstellung war ausverkauft an die vornehmsten Persönlichkeiten des Hofes und der Stadt, da wurde der Sänger Larrivée heiser und konnte nicht auftreten. Es war ausgeschlossen, die Aufführung zu verschieben. Anstelle von Larrivée sollte die zweite Besetzung singen. Doch Gluck drohte, er werde sein Werk nicht dirigieren, wenn ein Sänger, mit dem er nicht geprobt habe, auf der Bühne stehe. Man gab dem Wunsch des Meisters erst nach, als die Dauphine ein Machtwort sprach.

In dieser gespannten Atmosphäre spielte das Orchester am 19. April die Ouvertüre zur *Iphigenie*. Marie Antoinette applaudierte als erste, der Dauphin, der Graf und die Gräfin von Provence, die Herzogin Bourbon und

Madame de Lamballe taten es ihr nach. Die Ouvertüre wurde daraufhin wiederholt. Um der Dauphine zu schmeicheln, spendeten die anwesenden Minister eifrig Beifall. Marie Antoinette klatschte nach jedem Rezitativ enthusiastisch. Sie hatte sich in die Schlacht um die *Iphigenie* geworfen, und das brachte ihr die Achtung von echten Musikliebhabern wie Rousseau, Julie de Lespinasse und vielen anderen ein.

Marie Antoinette wurde mit jedem Tag selbständiger. Sie wandte sich aus eigenem Antrieb mit Bitten an ihren Großvater, der ihr nur zu gern jeden Wunsch erfüllte. Eines Tages starb der Sohn von Madame de Mailly, die zu Marie Antoinettes Hofstaat gehörte. Marie Antoinette wollte nach Paris zu ihrer Hofdame fahren und ihr in diesem schrecklichen Augenblick beistehen. Mesdames empörten sich über das Ansinnen, ihr Rang verbiete einen solchen Schritt. Die Dauphine schrieb unverzüglich an den König, der sich gerade in Marly aufhielt. Ludwig XV. antwortete ihr sehr herzlich und ließ ihr vollkommen freie Hand: «Meine liebe Tochter, Ihr seid frei zu tun, was Euer gutes Herz Euch für diese arme Frau zu tun befiehlt.»[31] Auf der Stelle machte sich die Dauphine auf den Weg nach Paris. «Dieser Beweis ihrer Güte hinterließ einen großen Eindruck beim Volk, das solche Gesten der Wohltätigkeit von den Prinzen und Prinzessinnen der königlichen Familie nicht gewöhnt ist.»[32]

Nachdem dem Bündnis zwischen Österreich und Frankreich keine Gefahr mehr drohte, war Marie Antoinette zu ihrer hochmütigen Haltung gegenüber der Favoritin zurückgekehrt. Das bekamen auch die Verwandten der Dubarry zu spüren. Als ihre Nichte, die den Vicomte Dubarry geheiratet hatte, bei Hofe vorgestellt wurde, richtete die Dauphine kein einziges Mal das Wort an sie, und Mademoiselle de Fumel, der Marquise Dubarry, erging es nicht besser. Am 1. Januar 1774 war die Dauphine «strahlend in ihrer Anmut» an der Seite ihres Großvaters der Mittelpunkt der königlichen Familie und würdigte die Favoritin keines Blickes, die mit der Herzogin d'Aiguillon und der Herzogin Mazarin in einer anderen Ecke des Arbeitszimmers des Königs stand. Der Herzog von Croÿ bemerkte, daß die Prinzen und Prinzessinnen «die Dame», wie er sie nannte, nicht vorließen.[33]

Ludwig XV. war nach wie vor «sehr empfindlich in allem, was sie betraf», und er verzieh es nicht, wenn jemand es an der nötigen Achtung seiner Mätresse gegenüber fehlen ließ. Dennoch behaupteten manche, seine Leidenschaft kühle langsam ab. «Die Bande der Gewohnheit», die ihn an die Gräfin Dubarry fesselten, «würden sich unweigerlich lösen, wenn ein gesundheitlicher Verfall eine Rückkehr zur Frömmigkeit zur Folge hätte», befand der schwedische Botschafter.[34] Man munkelte, Madame Dubarry plane, um sich die Gunst des Königs zu erhalten, ihre Nichte in sein Bett zu schicken. Zugleich bemühte sie sich wieder um das Wohlwollen der Dauphine. Vermittelt durch den Grafen Noailles bot sie an, der König werde ihr ein Ohrgehänge mit Diamanten von unvorstellbarer Größe schenken, das einen Wert von siebentausend Livres hatte. Mit diesem zumindest seltsamen Vorstoß hatte sie bei der Dauphine keinen Erfolg, sie lehnte höflich ab. Im übrigen hatte der Dauphin seiner Frau erst vor kurzem einen wunderbaren Anhänger geschenkt, der aus einem rosafarbenen herzförmigen Diamanten und darüber einem grünen Diamanten bestand.

Man lauerte auf das geringste Anzeichen des Überdrusses in dem schönen, blasierten Gesicht des Königs. Innerhalb kurzer Zeit waren drei Männer aus seiner engsten Umgebung gestorben, diese Todesfälle hatten ihn tief erschüttert. Am 23. November 1773 war der Marquis von Chauvelin, der regelmäßig Whist mit dem König spielte, wie vom Blitz getroffen auf seinem Sessel zusammengesunken. Wenig später war genauso plötzlich Marschall d'Armentières gestorben. Und der mit Außenpolitik befaßte Abbé La Ville war kurz nach seiner Weihe zum Bischof einem Schlaganfall erlegen. «D'Armentières hat großes Glück gehabt», seufzte der König. «Ihm blieb noch die Zeit, seinen Beichtvater kommen zu lassen. Ich fürchte sehr, daß ich wie Bouillon und Chauvelin wie ein Hund sterben werde.» Er erinnerte sich, daß der schwedische König Adolf Friedrich II., der genauso alt war wie er, zwei Jahre zuvor beim Kartenspielen gestorben war. Eine Unterredung mit dem Herzog von Coigny brachte den König schließlich vollkommen aus der Fassung: Als der König ihn fragte, welche Krankheit man vermutete «bei Bernard, der den Verstand verloren hatte, antwortete Coigny: ‹Sire, ganz offen gesagt: Er lebte ein wenig freizügig und interessierte sich in Anbetracht seines Alters zu sehr für Frauen.›»[35] Der unglückliche Bernard war im selben Jahr geboren wie der König.

Eines Tages überraschte man den König, wie er auf dem Boden kniete und betete. Um sein Seelenheil besorgte Höflinge alarmierten unverzüglich Madame Dubarry, doch sie antwortete lediglich: «Wenn der König einen Glauben hat, muß er ihm folgen. Ich werde mich respektvoll zurückziehen.» Die Angst des Königs vor dem Tod war für die Frommen ein vielversprechendes Zeichen. Sie schöpften neue Hoffnung, daß es gelingen würde, ihn vom Weg der Sünde abzubringen, den er seit Jahren beschritt, und wieder zu Gott zu führen. Während sie öffentlich die Mätresse umschmeichelten, malten sie sich heimlich aus, wie man sie vom Hof vertreiben würde. «Aller Einfluß fiele dann den Priestern zu», urteilte Creutz, der ruhmreiche Zeiten für Monsieur und Madame de Noailles und Madame de Marsan voraussah.[36] Die Feinde der Dauphine würden triumphieren.

Wie im Vorjahr hielt der Bischof von Sénez die Fastenpredigt vor dem

König. 1773 hatte er gewagt, von der Kanzel herab die Ausschweifungen der Großen dieser Welt zu geißeln. «Mir scheint, der Prediger hat etliche Steine in Euren Garten geworfen», hatte Ludwig XV. daraufhin angeblich zu Herzog Richelieu gesagt. Und Richelieu hatte geantwortet: «Jawohl, Sire, und so kraftvoll, daß einige wieder hochgesprungen und in den Park von Versailles gefallen sind.» Am 1. April 1774, dem Gründonnerstag, ging der Bischof von Sénez noch viel weiter. «Zuletzt sucht jener Monarch, der alle Formen der Sinnenlust ausgekostet hat und es überdrüssig ist, um seine erschlafften Sinne zu erwecken, die Vergnügungen auszuschöpfen, welche den Thron umgeben, die schändlichen Überreste der öffentlichen Ausschweifung», donnerte er von der Kanzel.[37] Der tugendhafte Geistliche predigte zwar über den König Salomon, aber jeder wußte, welcher Monarch tatsächlich gemeint war. Er schloß seine Bußpredigt mit der schrecklichen Voraussage: «Und vierzig Tage später wurde Ninive zerstört.» Vierzig Tage nach diesem Gründonnerstag starb Ludwig XV.

Der Dauphin und die Dauphine konnten sich am wenigsten vorstellen, daß die Tage des greisen Herrschers gezählt waren. Louis Auguste ritt weiterhin zur Jagd, las und beteiligte sich an den üblichen Zerstreuungen seiner Familie. Marie Antoinette amüsierte sich und genoß mit jedem Tag mehr die Rolle der Dauphine. Das Leben war unbeschwert und heiter.

Am 26. April, während der König mit einigen Vertrauten und Madame Dubarry in dem kleinen Schloß Trianon weilte, das Gabriel 1768 vollendet hatte, fühlte er sich unwohl und wollte nichts essen. Am nächsten Morgen war er so schwach, daß er nicht wie gewohnt aufs Pferd stieg, sondern der Jagdgesellschaft in der Kutsche folgte. Abends hatte er hohes Fieber. Auch am nächsten Tag war das Fieber hoch, und er litt unter quälendem Erbrechen. Sein Chirurg La Martinière drängte ihn, Trianon so rasch wie möglich zu verlassen. «Sire, wenn Ihr krank seid, müßt Ihr in Versailles sein», sagte er angeblich. Der König ließ sich nicht lange bitten. Man legte ihm einen Mantel über den Morgenrock. «Galopp», rief er dem Kutscher zu, als er in seine Karosse stieg. Vollkommen erschöpft traf er in Versailles ein und ging sofort zu Bett. Seine Kinder eilten an sein Krankenbett, aber noch war niemand ernstlich besorgt.

In der Nacht berieten die Ärzte, was ihrem königlichen Patienten fehlen mochte. Das Fieber sank nicht, und zu der Übelkeit waren inzwischen starke Kopfschmerzen hinzugekommen. Früh am Morgen des 29. April beschloß der Arzt Lemonnier, den König zur Ader zu lassen. Da es ihm danach nicht besser ging, wurde er um drei Uhr ein zweites Mal zur Ader gelassen – ein untrügliches Zeichen, daß die Ärzte die Krankheit für schwerwiegend hielten. Der König war unruhig vom Fieber und sprach mit heiserer Stimme. Immer wieder rief er nach seinem Kammerdiener Laborde. Er schickte ihn zu Madame Dubarry, die jede Nacht an seinem Bett gewacht hatte und auch in dieser Nacht wieder kommen wollte. Marie Antoinette und der Dauphin gingen im Schlafzimmer des Königs ein und aus. «Alle Mitglieder der königlichen Familie schlichen unablässig um die Gemächer des Königs herum und warteten auf Neuigkeiten.»[38] Aus einer unbestimmten Sorge wurde im Laufe der Stunden hilflose Angst.

Um Mitternacht verbreitete sich eine alarmierende Nachricht von Zimmer zu Zimmer, von Haus zu Haus, von Versailles nach Paris: Der König hatte die Pocken. Der Dauphin und die Dauphine wurden als erste unterrichtet, und Marie Antoinette schrieb sofort mehrere Billets. Die Ärzte verboten den Prinzen und Prinzessinnen, das Krankenzimmer zu betreten, denn außer der Gräfin von Provence hatte noch niemand die Pocken gehabt, und nur Marie Antoinette war geimpft. Marie Antoinette erinnerte sich an die schreckliche Epidemie in Wien im Frühjahr 1767, die die Frau ihres Bruders Joseph und ihre Schwester Maria Josephine kurz vor ihrer Hochzeit mit dem König von Neapel dahingerafft hatte. Sollte nun diese Geißel auch die französische Königsfamilie dezimieren? Mutig bot die Dauphine an, am Krankenbett auszuharren, aber die Ärzte ließen es nicht zu, daß sie ein solches Risiko einging. «Es wird immer im Gedächtnis bleiben», schrieb Mercy, «daß die Erzherzogin angeboten hat, sich mit dem König einschließen zu lassen, und sie hat zumindest das Verdienst dieser Geste der Barmherzigkeit.»[39]

Seit den ersten Tagen der Erkrankung des Königs hielt sich Mercy in der Nähe der Dauphine auf, um sie für alle Eventualitäten vorzubereiten. Nachdem die Ärzte dem Thronerben und der Dauphine den Zutritt zum Krankenzimmer verwehrt hatten, zogen sie sich in ihre Gemächer zurück und mieden alle Kontakte; nur Mercy und der Abbé Vermond wurden noch zu Marie Antoinette vorgelassen. Mercy war nunmehr als Mentor wichtiger denn je, er «besprach mit der Erzherzogin, was sie über die Umstände des Augenblicks dachte und wie sie sich die Zukunft vorstellte».[40]

Bald wußte jeder, an was für einer Krankheit Ludwig XV. litt, nur er selbst war ahnungslos. Seine Töchter wichen Tag und Nacht nicht von seinem Bett, obgleich keine von ihnen die Pocken gehabt hatte. Auch die Herzöge von Orléans, Richelieu, Croÿ, Aumont, Bouillon, Noailles, Duras, Escars, Prinz Soubise und die Minister trotzten der Ansteckungsgefahr und fanden sich jeden Morgen beim König ein. Sollte man ihm die Wahrheit sagen? Die Verwandten des Königs und die Ärzte waren uneins. Die einen meinten, die Mitteilung wäre das Todesurteil für ihn, die anderen gaben zu bedenken, er müsse die Gelegenheit haben, mit Gott ins reine zu kommen. Man wußte auch nicht, wie man mit Madame Dubarry verfahren sollte; vorerst wagte niemand, sie fortzuschicken. Schließlich setzten sich d'Aiguillon und Richelieu mit ihrem Standpunkt durch, daß man schweigen solle.

Der König war überzeugt, daß er in seiner Jugend die Pocken gehabt hatte, und als sich überall Pusteln bildeten, beunruhigte ihn das nicht weiter, obgleich sein Kopf «rot und geschwollen wie ein Ballon» war.[41]

Die Ärzte überzeugten ihn ohne weiteres davon, daß er an Frieselfieber leide. «Keiner wagte etwas zu sagen, jeder bezwang sich und schwieg, wie man sich in einer solchen Situation einem Herrscher gegenüber zu verhalten pflegt, mit dem man niemals offen sprechen konnte.»[42] Aus Angst, den König zu erschrecken, fragte auch niemand, ob er beichten wolle, nicht einmal der Erzbischof von Paris. Am 1. Mai begab sich Monsignore Beaumont, der selbst todkrank war, zum König, und auch er erwähnte mit keinem Wort, daß es an der Zeit sei, daß der König an sein Seelenheil denke. Statt dessen erkundigte sich Ludwig XV. nach dem Gesundheitszustand des Prälaten! Der Erzbischof kehrte unverrichteter Dinge nach Paris zurück. Abbé Maudoux, der Beichtvater des Königs, wartete vergebens, daß man ihn rief. «Mesdames liebten ihren Vater und hatten niemals gewagt, über dergleichen Dinge mit ihm zu sprechen. Nun fürchteten sie, sie würden ihn mit einem Wort töten, doch zugleich spürten sie, daß sie sich vor dem Volk entehrten, wenn sie weiter schwiegen.»[43] Madame Dubarry wurde immer unruhiger und wiederholte andauernd: «Ich mißfalle allen in der Familie, so möge man mich doch gehen lassen.»[44] Mercy hatte auch diesmal Marie Antoinette bestens instruiert: Werde die Favoritin den Dauphin fragen, ob sie den Hof verlassen müsse, so solle man ihr keine Antwort geben. «Wenn der Monarch sich von seiner Krankheit erholen sollte, könnte es sehr gefährlich sein, wenn man Monsieur le Dauphin vorwerfen könnte, er habe bei dieser Gelegenheit danach getrachtet, die Gräfin Dubarry vom Hof zu entfernen.» Aber niemand wandte sich an den Dauphin. Herzog d'Aiguillon, der große Zweifel hatte, ob er unter einem neuen Herrscher noch lange Minister sein würde, verlangte weiterhin eisernes Schweigen und betete inbrünstig für die Genesung des Königs. «Wenn die Angst der Partei einmal nicht so groß war, lief man sofort zu der Dame, machte ihr den Hof und wollte bei ihr gut dastehen», schrieb Herzog Croÿ.[45] Marie Antoinette und ihr Gemahl bekamen von all diesen Umtrieben nichts mit.

Am 3. Mai war Ludwig XV. auf einmal sicher, daß er die Pocken hatte. Bordeu, einer seiner Ärzte, versuchte noch, ihn von dem Gedanken abzubringen, aber am 4. Mai nahm die Krankheit eine verhängnisvolle Wendung. «Die Katastrophe wird geschehen», flüsterte Herzog Escars Croÿ ins Ohr. Der Eiterfluß hatte aufgehört, die Pocken «wichen zurück», und das war das Schlimmste, was geschehen konnte. «Alle [...], die zur Partei der Dame gehörten, rasten und waren verzweifelt. [...] Einen Augenblick lang sah ich wie ein Gemälde die Charaktere und die Situationen vor mir. Bei dieser Gelegenheit erkannte ich die Seelen wie in einem Spiegel», sagte Croÿ später.[46] An diesem Abend begriff Ludwig XV., was man so lange vor ihm geheimzuhalten versucht hatte. Er bat unverzüglich Madame Dubarry, Versailles zu verlassen, «damit sich der Skandal von Metz nicht wiederholt». Am nächsten Tag brachte eine Kutsche die Favoritin nach Rucil, einem Schloß, das dem Herzog d'Aiguillon gehörte. Wie Herzog Croÿ meinte, ging der Minister damit ein beträchtliches Risiko ein, denn die königliche Familie und die Dauphine würden die Favoritin nicht in der Nähe des Hofes dulden, wenn der König nicht mehr da war.[47] Nach Aussage mehrerer Zeugen dachte der König mehr an seine Mätresse als an seinen Beichtvater. «Wenn der König sich von seiner Krankheit erholt, steht zu vermuten und mehr noch zu befürchten, daß diese Frau an den Hof zurückgerufen wird», schrieb Mercy.[48]

Am Hof wartete man weiter. Alle wußten, daß der König verloren war, aber niemand wagte es auszusprechen. Am 6. Mai wurde beschlossen, daß der neue Herrscher sich unverzüglich nach Choisy begeben sollte, sobald Ludwig XV. den letzten Atemzug getan hatte. Gegen drei Uhr in der folgenden Nacht ließ der König, dessen Gesicht durch die Schwellungen vollkommen entstellt war, endlich den Beichtvater rufen. In aller Eile weckte man die Mitglieder der königlichen Familie. Um sieben Uhr morgens spendete Kardinal La Roche-Aymon dem König in Anwesenheit des gesamten Hofstaates die Sterbesakramente. Marie Antoinette und die Gräfin von Provence wohnten der Zeremonie im Kabinett des Staatsrates bei, der Dauphin und seine Brüder knieten am Fuß der Treppe. Nachdem der König die letzte Wegzehrung empfangen hatte, trat der Großalmosenier vor die Tür und sagte an Stelle des Königs, der nicht mehr die Kraft dazu hatte, daß der König seine Verfehlungen bereue und um Vergebung bitte.

Nun wußten Louis Auguste und Marie Antoinette, was sie erwartete. Es war nur noch eine Frage von Stunden. Der greise Herrscher starb mit Würde. «Ich habe mich nie zuvor so wohl und so ruhig gefühlt», flüsterte er Madame Adelaïde zu.[49] Indessen verfaulte sein Gesicht buchstäblich. Am 8. Mai «war das Entsetzen allgemein». Am nächsten Tag fühlte der König das Ende nahen und verlangte die Letzte Ölung. Er lag auf einem Feldbett, sein geschwollenes, mit Eiterkrusten bedecktes Gesicht war schwarz angelaufen, so daß er aussah «wie ein Mohr». Rund um das Feldbett knieten die Priester in ihren Chorhemden. Der Bischof von Senlis sprach die Gebete, doch während der gesamten Zeremonie spürte man «mehr Etikette als Gefühl», berichtete Croÿ. «Im angrenzenden Zimmer stritten die Minister, und viele Menschen ließen sich ihre wahren Gefühle nur allzu deutlich anmerken. Alles in allem fand ich das Schauspiel abstoßend, man hätte es erbaulicher und anrührender gestalten müssen.»[50]

Aufgeregtes Tuscheln hob an, als Loménie de Brienne vorfuhr, der Erzbischof von Toulouse. War dieser freigeistige Prälat mit seiner Neigung zur Philosophie nicht der Förderer des Abbés Vermond? Daß er in Versailles auftauchte, während der König im Sterben lag, schien darauf hinzudeuten, daß die neue Epoche eher die Regierungszeit Marie Antoinettes als die Ludwigs XVI. sein würde. Vermond und Mercy legten sich auf die Lauer, damit ihnen «nicht das geringste entging».[51] Wer zum Thronfolgerpaar durchdringen wollte, brauchte ihre Fürsprache. Innerhalb der königlichen Familie übernahm die Dauphine die Führung. Während der Krankheit des Königs hatte sie so gut wie niemanden empfangen; eine Ausnahme hatte sie nur für einen Untertanen ihrer Mutter gemacht, den Marschall Lacy, unter dessen Kommando 1772 die österreichischen Truppen in Polen eingefallen waren. Geschützt durch ihre Impfung, sprach sie mit dem Herzog Duras, einem erklärten Feind d'Aiguillons, und anderen Männern aus der engsten Umgebung des Königs, die wegen der Ansteckungsgefahr nicht mit dem künftigen Herrscher zusammenkommen durften. Sie versicherte ihnen, daß der Dauphin nicht länger als eine Woche den Kontakt meiden werde. Der Graf von Provence fürchtete wohl, Marie Antoinette könne zuviel Einfluß auf die Staatsgeschäfte gewinnen. Er «sprach mit dem größten Nachdruck davon, daß man gar nicht genug Vorsichtsmaßnahmen ergreifen könne für die Gesundheit von Monsieur le Dauphin, und widersetzte sich dem, was Madame la Dauphine zu Monsieur de Duras gesagt hatte».[52] Draußen schien die Frühlingssonne, die Gartenlokale waren dauernd besetzt. Man erwartete den Tod des Königs wie eine Erlösung. Die Thronbesteigung des jungen Prinzen war das Versprechen einer neuen Ära.

Am 10. Mai blieb Ludwig XV. bis Mittag bei Bewußtsein, kurz nach drei Uhr am Nachmittag tat er den letzten Atemzug. Sofort erhob sich im Schloß ein «dumpfes Tosen»: Die Höflinge strömten zu den Gemächern des Dauphins. Die beiden Flügel der Tür wurden geöffnet, Louis Auguste und Marie Antoinette begriffen kaum, was geschah. Als erste traten die beiden Schwestern Ludwigs XVI. ein, Madame Clotilde und Madame Elisabeth. Der neue König küßte sie. «Wir werden uns niemals trennen», sagte er zu ihnen. «Ich werde immer für Euch dasein.» Dann wandte er sich an die jungen Höflinge seines Gefolges: «Messieurs, Ihr seht einen Verzweifelten. Kommt morgen nach Choisy oder sogar heute noch. Es wird mir eine Freude sein, Euch dort zu empfangen.»

Langsam schritten der König und die Königin den Gang entlang, rechts und links verbeugten sich die Höflinge. Wie in Trance registrierte Marie Antoinette, daß man nach «den Pferden der Königin» rief. Königin – merkte sie, daß dieses Wort, das in ihren Ohren so fremdartig klang, «anscheinend die ganze Familie bestürzte?»[53]

Kapitel VI

Kleine Königin von zwanzig Jahren

«Ich kann nicht umhin, die Fügung der Vorsehung zu bewundern, die mich, das jüngste Eurer Kinder, für das schönste Königreich Europas ausgewählt hat. Ich fühle mehr als jemals zuvor, was ich der zärtlichen Liebe meiner erlauchten Mutter verdanke, die sich soviel Sorge und Mühe gemacht hat, mich in eine solche Stellung zu bringen.»[1] Diese sehr aufrichtigen Worte schrieb Marie Antoinette vier Tage nach dem Tode des Königs im Überschwang ihres neuen Glücks. Sie ahnte nichts von den Gefahren, die auf sie lauerten, sondern ließ sich tragen von der Welle der Begeisterung, die anscheinend ganz Frankreich erfaßt hatte. Nicht im Traum wäre ihr eingefallen, daß ihre Mutter in Wien düsteren Gedanken nachhing: «Das Schicksal meiner Tochter [...] kann nur sehr groß oder unglücklich sein. [...] Ich rechne damit, daß ihr schönes Leben vorüber ist.»[2] In Marie Antoinettes Augen hatte das schöne Leben gerade erst begonnen.

Nach der ersten Erschütterung empfand Marie Antoinette die Thronbesteigung Ludwigs XVI. als eine Befreiung, obwohl ihr durch das Protokoll für die Trauerzeit einige Einschränkungen auferlegt waren. Mit dem knapp zwanzigjährigen König und der achtzehnjährigen Königin zogen Jugend und Lebensfreude am Hof ein. Marie Antoinette hatte keinerlei echten politischen Ehrgeiz; in ihrer Naivität glaubte sie, als Königin könne sie endlich tun und lassen, was sie wolle, ihre Launen befriedigen, und alle Welt werde sie verehren, bewundern und lieben. Begann die neue Epoche nicht überaus verheißungsvoll? Hatte nicht das Volk dem jungen Paar entlang der ganzen Strecke von Versailles nach Choisy begeistert zugejubelt? Genauso überschwenglich wurden sie begrüßt, als sie am 18. Mai eilends nach La Muette aufbrechen mußten, weil Mesdames ebenfalls an den Pocken erkrankt waren. Galten die Vivat-Rufe nicht ebenso der Königin, die Charme und Anmut verkörperte, wie dem König, von dem sich das Volk nach der sechzigjährigen Herrschaft seines Großvaters ein neues goldenes Zeitalter versprach?

In La Muette wie in Choisy boten Ludwig XVI., seine Frau und seine nahen Verwandten das Bild einer harmonischen Familie. Während der König arbeitete, Minister empfing und Akten studierte, schloß sich Marie Antoinette noch enger ihren Schwagern und Schwägerinnen an. Mittags und abends speisten die jungen Leute bei der Königin. Ludwig hatte seine Brüder und deren Frauen gebeten, bei der Anrede «mein Bruder» zu bleiben, weil der Titel «Majestät» eine Förmlichkeit in ihren Umgang gebracht hätte, die er vermeiden wollte. Abends gingen die Prinzessinnen in einfacher Kleidung nur in Begleitung ihrer Gatten im Bois de Boulogne spazieren. Der König bot seiner Frau den Arm und küßte sie ungeniert unter den Augen unzähliger ebenso begeisterter wie gerührter Schaulustiger. «Am Hof von La Muette geht es sehr fröhlich zu», berichtete der fromme Abbé Beaudeau. «Die Königin, die Prinzen und Prinzessinnen tollen in aller Öffentlichkeit auf dem großen Balkon herum. Das Volk belagert alle Türen, und wenn sie hineingehen oder herauskommen, erhebt sich ein unvorstellbarer Beifall.»[3] Als sich die königliche Familie unter die Fronleichnamsprozession zum Chaillot mischte, einer Erhebung in der Nähe von Paris, nahmen die Begeisterungsrufe kein Ende. Ganz Paris sang Loblieder auf den tugendhaften Fürsten, der auf das traditionelle Geschenk zur Thronbesteigung[4] verzichtet hatte, und auf die anmutige Fürstin, die das Geld für den Gürtel der Königin[5] ausgeschlagen hatte. Die Dichter schmiedeten Verse über die neue Epoche von Glück und Wohlstand. Allem Anschein nach besaß Ludwig XVI. die Liebe seines Volkes. Der Ruf des jungen Paares drang sogar über die Grenzen Frankreichs hinaus, und die stets besorgte Maria Theresia beglückwünschte ihre Tochter: «Alles ist in Ekstase, man ist verrückt nach Euch. Man verspricht sich das größte Glück, daß Ihr eine Nation wiederaufleben laßt, welche in größter Bedrängnis war und allein durch die Anhänglichkeit an ihre Fürsten erhalten wurde. Das muß man zu ihrem Lobe sagen, aber sie ist lebhaft, und je mehr sie braucht *[sic]* und alles vom König erhofft, desto schwieriger wird es sein, sie zufriedenzustellen.»[6]

Trunken von den Schmeicheleien, war sich die Königin sicher, daß ihr Volk sie liebte. Sie bedachte nicht, daß diese Liebe sehr zerbrechlich sein konnte, und sie vergaß, daß sie Feinde hatte, nicht zuletzt weil sie vielen als die Marionette ihrer erlauchten Mutter erschien.

Niemandem war entgangen, wie wachsam sich Mercy verhalten hatte, während der König im Sterben lag. So schrieb der Botschafter Sardiniens seinem Herrn von «den Bemühungen und Umtrieben der Kaiserin, um mit

Hilfe ihrer Tochter auf die Beschlüsse des Kabinetts von Versailles Einfluß zu nehmen».[7] Mercys Absichten waren klar: «Um der Sicherheit ihres Glücks willen», schrieb er in den letzten Lebenstagen Ludwigs XV., «ist es unerläßlich, daß sie sich des Einflusses bemächtigt, den Monsieur le Dauphin immer nur in sehr ungewisser Weise ausüben wird.»[8] Er drängte die Kaiserin, auf ihre Tochter einzuwirken, daß sie sich leiten lasse «bei den großen Anliegen, die mit dem Bündnis und dem Verhältnis der beiden Höfe zu tun haben».[9] Mercy hatte wie üblich Marie Antoinette genau instruiert. Vor allem sollte sie ihren Gemahl daran hindern, daß er als neuer Herrscher sogleich wichtige Beschlüsse faßte. Mit diesem – im übrigen heilsamen – Rat wollte Mercy Zeit gewinnen, damit er ihr nach und nach die Namen derjenigen einflüstern konnte, die dem Hause Habsburg als Minister genehm waren. Lange Zeit gab er sich keinerlei Mühe, seine Schachzüge zu verbergen, doch nach dem Tod des Königs mußte er Vorsicht walten lassen. «Ein höchst unpassendes und vor allem gefährliches Gerede darüber, daß unser Hof den hiesigen beherrsche, hat mich veranlaßt, mit größter Umsicht zu Werke zu gehen», schrieb er an Baron Neny.[10] Als der Hof sich nach Choisy begab, fand er es das beste, nach Paris zurückzukehren.

Kurz nach Mercys Abreise statteten Mesdames Marie Antoinette in Versailles einen tränenreichen Besuch ab und forderten sie auf, die königliche Familie nach Choisy zu begleiten, während sie sich wegen der Ansteckungsgefahr nach Trianon zurückziehen wollten. Die Königin war einverstanden. Madame Adelaïde, deren Einmischung Mercy fürchtete, behauptete, ihr Bruder, der verstorbene Dauphin, habe ihr eine Liste mit Namen von Männern gegeben, die man nach dem Tod des Königs als Ratgeber konsultieren solle. Sie schlug ihrem Neffen vor, den greisen Grafen Maurepas an den Hof zu holen, der bei Ludwig XV. im Jahr 1749 in Ungnade gefallen war. Mercy konnte sich gar nicht fassen vor Ärger, daß «die Königin aus Höflichkeit und Gefälligkeit selbst die Rolle übernommen hat, dem König die Gedanken von Mesdames zu überbringen».[11] Weil Marie Antoinette als einzige gegen die schreckliche Krankheit geimpft war, hatten die Tanten ihr anvertraut, was sie dem König zu sagen hatten.

Alarmiert von der Nachricht, eilte Mercy nach Choisy und warnte sie, daß es stets zum Amt eines Premierministers gehört habe, «den Einfluß der Königin zu hemmen und zu zerstören».[12] Marie Antoinette antwortete darauf ganz ruhig, Maurepas sei da, um den König in der ersten Zeit zu unterstützen, da wegen der Ansteckungsgefahr neun Tage lang die Minister Ludwigs XV. nicht zu ihm vorgelassen werden dürften. Mercy sah voraus, daß der kluge Greis, der sich stets von Intrigen ferngehalten hatte, aber trotz seiner langen Abwesenheit vom Hof alle Schliche der Politik kannte, den zaudernden jungen König lenken und auf diese Weise Frankreich regieren würde. Tatsächlich hatte Maurepas dem König mit viel Takt und Geschick versprochen, daß er «sein Mann sein» werde. Ludwig XVI. brauchte Rat und Führung, denn er wußte über die Staatsangelegenheiten nur das, was er in Büchern gelesen hatte. Bis auf den Abbé Véri, einen vertrauten Freund des greisen Maurepas, ahnte niemand, daß damit die Karriere eines Premierministers begann, der freilich niemals diesen Titel führte. Sie dauerte bis zu seinem Tod im Jahr 1781.

Mercy war verstimmt, daß seine Pläne durcheinandergebracht worden waren. Ihm blieb nur noch ein Punkt, um Einfluß auf die Königin zu nehmen: Er beschwor sie, niemals «lit à part» mit dem König zu machen. «Ich muß bei dieser Fürstin gegen ein wenig Leichtfertigkeit kämpfen und gegen eine allzu große Bereitschaft, sich überrumpeln zu lassen. [...] Wenn ich mich nur im geringsten auf Intrigen eingelassen hätte, hätte ich leicht ‹gut dastehen› können, wie man das hier nennt», schrieb er süffisant an Kaunitz.[13]

Der Staatskanzler hatte Mercy unverzüglich seine Wünsche für die neue Epoche mitgeteilt, und er hatte eine lange Denkschrift darüber geschickt, welche Haltung die Königin einnehmen sollte: Sie sollte den König bei seinen Entscheidungen lenken, aber in einer Weise, daß er nicht merkte, daß er unter ihrem Einfluß handelte. Selbstverständlich sollte sie den Umtrieben all derjenigen einen Riegel vorschieben, die versuchen würden, «dem König den böswilligen Gedanken einzugeben, daß die Königin ihn beherrsche».[14] Mit größtmöglichem Fingerspitzengefühl sollte sie den Frieden innerhalb der königlichen Familie bewahren und dafür sorgen, daß ihre nächsten Verwandten ihr ganz ergeben wären. Sie sollte sich nicht an unbedeutenden Hofintrigen beteiligen, weil sie damit leicht das Vertrauen verspielen würde, statt dessen sollte sie das Vertrauen ausnützen, um dafür zu sorgen, daß für die hohen Ämter, vor allem für Ministerposten, Männer ausgewählt würden, die sie lenken konnte. Damit schrieb Kaunitz der Königin ein Gespür für Macht und ein politisches Geschick zu, was sie beides nicht im entferntesten besaß. Er setzte Mercy auseinander, daß der am Wiener Hof ganz und gar nicht geschätzte Herzog d'Aiguillon der ideale Mann auf seinem Ministerposten sei, denn «in Ermangelung von Wissen und einem mutigen Geist wird er niemals etwas Großes und Kühnes in der Politik wagen».[15] Wenn denn unbedingt ein Premierminister gebraucht wurde, erschien der Kardinal Bernis dem Wiener Hof aus verschiedenen Gründen als der beste Kandidat. Von Choiseul, dem seit jeher Marie Antoinettes besondere Gunst gehörte, wollten Maria Theresia und Kaunitz nichts mehr wissen. «Ich gestehe, daß ich ihn fürchten würde», schrieb die Kaiserin.[16] Sie wünschte lediglich, daß sein Exil aufgehoben werde.

Besorgt um das Schicksal der Königin und das Schicksal des Bündnisses, überhäufte Maria Theresia ihre Tochter aus der Sicht der Mutter und aus der Sicht der Herrscherin mit guten Ratschlägen. Vor allem legte sie großen Wert darauf, daß ihre Tochter buchstabengetreu allem folgte, was Mercy ihr sagte. «Betrachtet ihn ebensosehr als Euren Botschafter wie als den meinigen», schärfte sie Marie Antoinette ein.[17] Marie Antoinette hörte Mercy geduldig an, las die Briefe ihrer Mutter aufmerksam – und machte dann doch, was sie wollte. «Infolge ihrer Sprunghaftigkeit und Leichtfertigkeit ist für diese junge Prinzessin alles mühevoll und störend, was konzentriertes Nachdenken, Kombinationsgabe und Aufmerksamkeit verlangt. Und das Mittel, welches sie anwendet, um sich von solchen Mühen zu befreien, ist dies, daß sie einfach nicht mehr an die Dinge denkt, die ihr Mühe bereiten», klagte Mercy und bat, daß der Kaiser versuchen solle, seine Schwester zur Vernunft zu bringen.[18] «Ich muß ihre Faulheit und ihren entschiedenen Hang zur Zerstreuung bekämpfen», antwortete Joseph II. «Fügt dazu noch die Gewohnheit hinzu und die Tatsache, daß sie mangels Erfahrung und Verstand nur sieht, daß sie andauernd mit Beifall überschüttet wird.»[19]

Möglicherweise war Marie Antoinette betrübt über die harschen Ermahnungen ihres Bruders, irgendeine Wirkung hatten sie jedenfalls nicht. Wahrscheinlich ohne daß sie es selbst gewahr wurde, aus Leichtsinn und Kindlichkeit, enttäuschte sie die Hoffnungen ihrer Familie und die Erwartungen, die man in die neue Königin Frankreichs gesetzt hatte. Ihr Horizont war darauf beschränkt, daß sie ihre Feinde bestraft sehen und das Glück ihrer Freunde – oder vielmehr derjenigen, die sie für ihre Freunde hielt – fördern wollte. In den folgenden Monaten und Jahren ruhte sie nicht, wenn sie in einer Angelegenheit, die sie vermeintlich betraf, ihren Willen durchsetzen wollte, und dabei verwechselte sie bisweilen auf gefährliche Weise die Interessen des Königreiches mit ihren Launen. Doch im Frühjahr 1774 hatte sie erst einmal allen Grund, zufrieden zu sein, denn der König hatte Madame Dubarry in die Abtei Pont-aux-Dames verbannt. In Marie Antoinettes Augen war das eine gelungene Rache an der verhaßten Rivalin. Nun mußte sie noch ihren zweiten Erzfeind loswerden, den Herzog d'Aiguillon, und dann konnte der hochgeschätzte Choiseul wieder in das Amt des Außenministers zurückkehren.

Als die Herzogin d'Aiguillon in La Muette der Königin ihre Ehrerbietung bezeigen wollte, wurde sie sehr kühl empfangen. D'Aiguillon war zwar ein Neffe von Maurepas, aber er spürte, daß ihm das wenig nützen würde. Ludwig XVI. hielt nicht viel von ihm; d'Aiguillons Amtsführung war achtbar, aber glanzlos, und er stand in einem denkbar schlechten Ruf. Man wußte, daß er gehässig sein konnte; in der Öffentlichkeit verzieh man ihm zudem nicht, daß Frankreich sich bei der Zerstückelung Polens schweigend im Hintergrund gehalten hatte. D'Aiguillon hatte viele Gegner: die Freunde Choiseuls, die Befürworter der Parlamente und die Freunde der Philosophen, die ihn als den bösen Geist der Jesuiten bezeichneten. Überdies galt er, durchaus zu Recht, als der Hauptverantwortliche für die unpopuläre Politik des «Triumvirats» seit 1771. Maurepas gewann täglich mehr Einfluß auf den jungen Herrscher. Er wollte das Amt des Außenministers mit einem Mann besetzt wissen, der ihm verpflichtet war. Ein neuer Mann schien ihm am besten geeignet, sein Neffe, dessen Situation von Tag zu Tag schwieriger wurde, fand bei ihm keine Unterstützung. Die Königin sah in d'Aiguillon nur den Günstling der ehemaligen Favoritin und haßte ihn. Seit Ludwig XV. tot war, drängte sie ihren Gatten, endlich den Minister zu verbannen, vor dem sie «wahren Abscheu» empfand, wie Mercy schrieb. «Dieser Haß hatte zwei Gründe», meinte der Abbé Véri. «Der schwächere von beiden war, daß er eine gewisse Distanz gegenüber dem Haus Österreich und dem Bündnis mit Österreich zu erkennen gegeben hatte. [...] Schwerer wog das ungehörige Benehmen der Madame Dubarry gegenüber der Dauphine und der königlichen Familie, wobei es mehr um die Rivalität der schönen Frau und unbedeutende Kleinigkeiten ging als um ernsthafte Dinge. [...] Ein hochmütiger Gesichtsausdruck hat eine große Wirkung auf eine Person von achtzehn Jahren, die neben ihrer bezaubernden Anmut keinen sehr besonnenen Verstand besitzt. Dieser Grund, welcher die Königin veranlassen könnte, heftig gegen Monsieur d'Aiguillon aufzutreten, wäre vom König und vor allem von Monsieur Maurepas ohne weiteres aus dem Weg geräumt worden, wenn er der einzige [Grund] gewesen wäre.»[20]

Am 3. Juni bat d'Aiguillon um seine Entlassung, vermutlich hatte ihn sein Onkel zu diesem Schritt ermutigt. Marie Antoinette frohlockte, Mercy bezwang mühsam seinen Unmut. Offensichtlich zu Unrecht schrieb er die Entlassung d'Aiguillons einzig einer Laune der Königin zu. Getreulich führte er Kaunitz' Wünsche aus und legte der Königin nahe, daß die Ernennung des Kardinals Bernis eine für die Zukunft des Bündnisses förderliche Entscheidung wäre. Marie Antoinette nahm seine Empfehlung «kühl und gleichgültig» zur Kenntnis. Eher beiläufig teilte sie ihm mit, daß sie den Baron Breteuil vorziehe. Breteuil war kürzlich aus Neapel zurückgekehrt, und ihre Schwester Maria Karoline hatte seine Vorzüge gepriesen. «Aber allein die Vorliebe und der Gewinn, den es für die Königin bedeutet hätte, selbst einen Minister auszuwählen, reichten nicht aus», berichtete Mercy.[21] Wenig später wurde Vergennes berufen, diese Ernennung schien Mercy nicht zu beunruhigen. Der Botschafter Maria Theresias täuschte sich über den tatsächlichen Einfluß der Königin – oder zumindest sah es so aus, als täusche er sich. Der König gab zwar der einen oder anderen Laune seiner Gattin nach, aber politische Entscheidungen traf er allein. «Er äußert die Entschlossenheit, die Frauen in keiner Weise an den Staatsgeschäften teilhaben zu lassen», schrieb der Abbé Véri, den Maurepas und Vermond auf dem laufenden hielten.[22]

Immerhin tat Ludwig XVI. seiner Frau den Gefallen, daß er Choiseul aus dem Exil zurückrief. Allerdings mußte sie all ihr taktisches Geschick einsetzen, um ihn zu diesem Schritt zu bewegen. Sie führte an, daß es demütigend für sie sei, wenn der Mann, der über ihre Heirat verhandelt habe, nicht an den Hof zurückkehren dürfe. Der König gewährte ihr die Bitte, aber die Art, wie er wenige Tage später den ihm einst verhaßten Minister empfing, zeigte deutlich, daß er nicht vorhatte, Choiseul wieder in sein altes Amt zu berufen. Trotz der freundlichen Begrüßung durch die Königin und den Grafen von Artois machte Choiseul schleunigst wieder kehrt nach Chanteloup. «Ich habe erfahren», vertraute Voltaire Madame du Deffand an, «daß der Herzog von Choiseul als Triumphator nach Paris zurückgekehrt und als Philosoph wieder weggegangen ist.»[23] Marie Antoinette wirkte nicht verstimmt durch den überstürzten Aufbruch. Vielleicht glaubte sie tatsächlich, wie der Abbé Beaudeau zu wissen vorgab, daß «Maurepas das Bett wärmte, in welches sich Choiseul später legen würde. [...] Maurepas wird uns langweilen und vielleicht auch die anderen. Im Winter wird er gehen, erzählt man sich, und Choiseul wird ihn ganz einfach ersetzen.»[24] Doch da täuschte der Abbé sich gründlich über die Absichten des Königs und seines Mentors.

Im Juni entwickelte sich alles auf das erfreulichste in der besten aller Welten. Der König und seine Brüder hatten sich gegen die Pocken impfen lassen, es ging ihnen ausgezeichnet. Die Königin hatte ihren Willen bekommen, und der König machte ihr noch eine ganz besondere Freude damit, daß er ihr das Schlößchen Trianon als Landhaus schenkte. Marie Antoinette interessierte sich nicht so sehr für das Werk des Baumeisters Gabriel, sondern vor allem für den Garten. Sie hatte nicht vor, wie Ludwig XV. zeitweilig in Trianon zu wohnen, sie wollte dort spazierengehen in einer Umgebung, die nach ihrem Geschmack gestaltet war. In ihren Augen gab es nichts Langweiligeres als die schnurgeraden Alleen und die abgezirkelten Blumenbeete, die der Baumeister und Landschaftsarchitekt Le Nôtre im Park von Versailles angelegt hatte. Weit besser gefiel ihr der Park von Trianon, den Claude Richard, «der geschickteste Gärtner Europas», wie Linné ihn nannte, für den verstorbenen König gestaltet hatte. Freilich beeindruckten sie die exotischen Pflanzen wenig, die Ananas, die Kaffeesträucher, die verschiedenen Aloearten, die Geranien, die Feigenbäume, die Orangenbäume in Kübeln, der Jasmin, die Zwergpfirsiche, die Aprikosenbäume, die frühblühenden Kirschbäume und die vielen seltenen Pflanzen in den beheizbaren gläsernen Gewächshäusern. Der botanische Garten des Trianon war in der ganzen Welt berühmt, aber Marie Antoinette wollte ihn umgestalten. In ihrer Umgebung war es in Mode, daß man den Klassizismus von Versailles verachtete, statt dessen begeisterte man sich für die englischen und chinesischen Gärten, die mit dem Vorbild der Natur wetteiferten. Einen solchen Garten wollte Marie Antoinette haben, und so wandte sie sich an den Mann, der in Frankreich am meisten davon verstand, an den Grafen Caraman.

Am 22. Juli gegen fünf Uhr nachmittags fuhr sie bei Graf Caraman an der Rue Saint Dominique in Paris vor. «Obgleich ein solcher Besuch eine hohe Ehre für mich bedeutete», schildert Caraman das Ereignis, «war ich in großer Verlegenheit. Es herrschte äußerste Trockenheit, die Rasenflächen waren verbrannt, die Blätter der Kastanien und der Linden waren gelb geworden, und da ich mein Sommerhaus nicht bewohnte, war der Garten vernachlässigt. Ich begab mich am 21. abends dorthin, schnitt, glättete und goß meinen Rasen, schnitt abgestorbene Blätter ab, stellte zwischen dichtbelaubten Büschen Blumentöpfe auf, die ich beim Blumenhändler hatte holen lassen oder die mir meine Nachbarn geliehen hatten, so daß es den Anschein hatte, als wären es die Blüten der Büsche. Auf einem schönen Rasenstück ließ ich ein prachtvolles Zelt errichten; die Schnüre waren Girlanden aus echten Blüten, das Zeltdach war hübsch mit ähnlichen Blumen geschmückt. Rings um das Zelt blühten Orangenbäume, Rosenlorbeer und spanischer Jasmin. In der Mitte des Zeltes standen auf einem runden Tisch ein Korb mit Früchten und silberne Teller mit einem Imbiß und verschiedenen Sorten Eis. [...] Am Morgen des 22. regnete es bis eine Stunde vor Ankunft der Königin, und ich muß sagen, daß mein Rasen durch das Wasser innerhalb von zwölf Stunden wieder grün wurde. [...] Da die Königin noch in Trauer war, durfte es keine Musik im Garten geben. Aber ich brachte zwei Kapellen, eine mit Flöten, die andere mit Waldhörnern, in Wohnungen auf der anderen Seite der Straße unter, und der erstaunliche Klang der Musik, der aus der Ferne herüberdrang, machte den allergrößten Eindruck, ohne gegen die Etikette der Trauerzeit zu verstoßen.»[25] Fast zwei Stunden lang promenierte die Königin in Begleitung von Madame, der Prinzessinnen Clotilde und Elisabeth, von Mademoiselle und der Damen Durfort und Pons durch den Garten. Sie plauderte mit Madame de Caraman, küßte ihre kleinen Töchter, die Blütenkränze in den Haaren trugen, schlürfte Eis und kehrte bezaubert nach Versailles zurück.

Am nächsten Tag wurde Graf Caraman zum «Direktor der Gärten der Königin» ernannt. Das schuf einigen Aufruhr in der königlichen Bauverwaltung, der die Anlage und der Unterhalt der Gärten von Versailles unterstand. Und Antoine Richard, der mit viel Liebe und Geschick das Werk seines Vaters fortgeführt hatte, mußte mit ansehen, wie die Pflanzen aus dem Park des Trianon abgeholt und in den Botanischen Garten nach Paris gebracht wurden.

Im Laufe des Sommers 1774 erhoben sich hinter vorgehaltener Hand erste kritische Stimmen gegen die Königin. Ein Teil der Höflinge kreidete ihr die Verbissenheit an, mit der sie ihre Feinde verfolgte, und die Ungeniertheit, mit der sie sich über Gepflogenheiten hinwegsetzte. Sie merkte indes nichts davon. Begonnen hatte alles in La Muette, an dem Tag, als sie die Kondolenzen zum Tod des Königs entgegennahm. Wie es Sitte war, defilierten die Damen des Hofes ganz in Schwarz an der Königin vorbei. Das Defilee dauerte endlos, junge Gesichter folgten auf die wackelnden Köpfe einiger «ehrwürdiger, ein wenig wunderlicher Witwen». Die Königin erfüllte ihre Aufgabe tadellos. Doch dann fand es die Marquise Clermont-Tonnerre, die direkt hinter der Königin stand, «auf einmal bequemer, sich auf den Boden zu setzen, dabei verbarg sie sich hinter der Mauer, welche die Reifröcke der Königin und ihrer Hofdamen bildeten. Um die Aufmerksamkeit auf sich zu ziehen und Ulk zu treiben, zog sie an den Röcken dieser Damen und machte allerlei Schabernack.»[26] Damit war es um die Haltung der Königin geschehen. Sie konnte nicht mehr ernst bleiben und hob ihren Fächer bis an die Nase, um das Lachen zu verbergen, während einige ehrwürdige Herzoginnen, die großen Wert auf Achtung legten, ihr die Hand reichten. Daß dieses törichte junge Ding sie so respektlos behandelte, empörte die Damen zutiefst. Niemals würden sie eine solche Beleidigung vergessen.

Am nächsten Morgen kursierten die ersten kritischen Verse über Marie Antoinette.[27] Während der Herzog d'Aiguillon fern des Hofes über sein Scheitern nachgrübelte und seinem Groll auf die Königin nachhing, machte sie sich beim mächtigen «Stamm» der Rohans und ihren vielen Verbündeten unbeliebt. Allerdings war es nicht ganz allein Marie Antoinettes Schuld. Prinz Louis René Édouard von Rohan-Guémené, Koadjutor seines Onkels, des Erzbischofs von Straßburg, und Gegner des Bündnisses zwischen Österreich und Frankreich, hatte seinerzeit die Erzherzogin in Frankreich empfangen. Nachdem Choiseul in Ungnade gefallen war, wurde Rohan auf Betreiben d'Aiguillons als Nachfolger von Durfort zum französischen

Botschafter in Wien ernannt, obwohl eigentlich Baron Breteuil für dieses Amt vorgesehen war. Doch da Breteuil ein Günstlings Choiseuls war, wurde seine Ernennung annulliert. Prinz Rohan war damals Ende dreißig, großgewachsen, elegant, eine gutaussehende Erscheinung. Er gab sich leutselig und war sehr darum bemüht zu gefallen, er liebte schöne Frauen und galt als ein Mann von überaus freien Sitten. Im Salon von Madame Geoffrin hatte er mit schlagfertigen Antworten brilliert, aber eine besondere Begabung für Politik und Diplomatie hatte er bis zu seiner Ernennung nicht gezeigt. Er war eher «in den Gassen und durch seine galanten Abenteuer» bekannt.

Maria Theresia mißfiel der neue Botschafter, einmal weil er das Bündnis ablehnte, zum zweiten wegen seines zweifelhaften Rufes, der so ganz und gar nicht zu seinem geistlichen Stand paßte. In ihren Briefen bedachte sie den lebenslustigen Prälaten mit Verwünschungen und warf ihm vor, er habe nichts anderes im Sinn, als die Wienerinnen zu verführen. In der Tat schwärmte innerhalb kürzester Zeit die ganze Stadt für Rohan. Feste und glanzvolle Empfänge bei dem neuen Botschafter wechselten in so atemberaubender Folge ab, wie man es in der eher behäbigen und biederen Hauptstadt noch nicht erlebt hatte. «Fast alle unsere Frauen, junge wie alte, schöne wie häßliche, sind von diesem schlechten Beispiel von Überspanntheit und Leichtsinn wie verhext», empörte sich Maria Theresia.[28] Verärgert beobachtete die prüde Kaiserin, daß ihr eigener Sohn, der Kaiser, und ihr Kanzler Kaunitz die Gesellschaft eines solchen Freigeistes schätzten. Joseph gefiel seine «Umtriebigkeit», und Kaunitz beeindruckte, wie unbekümmert er sich als Diplomat betätigte, obschon seine Talente auf diesem Gebiet ersichtlich begrenzt waren.

Innerhalb weniger Monate wurde aus Maria Theresias Vorbehalten tiefe Abscheu, und dieser Wandel hing nicht allein mit dem aufsehenerregenden Lebenswandel des Botschafters zusammen. Was er über die Kaiserin und die französische Königin sagte und schrieb, war alles andere als liebenswürdig. Bei der ersten Audienz in der Hofburg hatte er zuerst das Loblied der Dauphine gesungen, dann aber keinen Hehl daraus gemacht, daß es «gewisse Schwierigkeiten» mit ihr gebe, die daher rührten, daß sie sich mit schlechten Ratgebern umgebe. Solange Rohan in Wien war, behandelte Maria Theresia ihn vorsichtig, als würde sie ihn fürchten. Nach der polnischen Teilung machte sich Rohan öffentlich darüber lustig, daß sie heuchlerisch Tränen vergieße über das Los des bedauernswerten Staates, nachdem ihre Truppen ohne Zögern in eben diesen Staat einmarschiert seien. «In der einen Hand hält sie das Taschentuch, mit dem sie ihre Tränen abtupft, mit der anderen Hand greift sie nach dem Schwert, um sich in den Verhandlungen ihr Teil abzuschneiden», hatte er, so erzählte man sich, an d'Aiguillon geschrieben,[29] der den Brief angeblich Madame Dubarry zeigte, die wiederum ihn angeblich allen ihren Besuchern vorlas... Marie Antoinette kam zu Ohren, daß man sich bei der Favoritin über ihre Mutter lustig machte, und das brachte sie noch mehr gegen Madame Dubarry auf. Selbstverständlich erfuhr sie auch von den spöttischen Bemerkungen des Botschafters über ihre Ehe, in der französischen Botschaft in Wien zerriß man sich den Mund über sie und den Dauphin. Mercy schreibt nichts darüber, aber der Abbé Soulavie berichtet davon: «Als Prinz Louis, der spätere Kardinal Rohan, nach dem Charakter von Marie Antoinette gefragt wurde, zeichnete er ein wenig schmeichelhaftes Bild von ihr. Das Original des dechiffrierten Briefes wurde der Prinzessin zugetragen. Sie verzieh ihm dies niemals.» Diese Zeilen müssen im Zusammenhang mit einem Brief von Maria Theresia gelesen werden, in dem sie schrieb: «Der Kaiser ist verärgert über die Königin. Dieser Rohan hat ihr diesen üblen Dienst erwiesen. [...] Er ist ein schlechter und gefährlicher Mann.»[30]

Zur großen Erleichterung der Kaiserin wurde Rohan kurz nach der Thronbesteigung Ludwigs XVI. von seinem Botschafterposten abberufen. Wahrscheinlich hoffte er auf einen Ministerposten, aber der neue König schätzte ihn ganz und gar nicht. Seine Tante, Madame de Marsan, spann Intrigen für ihn, doch es nützte nichts. Bei seiner Ankunft in Versailles empfing ihn Marie Antoinette «sehr kühl und wechselte kein Wort mit ihm», berichtete Mercy. Rohan wurde von seinen Gläubigern bedrängt und galt bald als hoffnungslos in Schulden verstrickt. Mit einer gewissen Zufriedenheit notierte Mercy, Rohan sei «in einer denkbar schlechten Situation».[31] Reichlich naiv meinte Mercy, nunmehr könne «weder er noch seine Familie der Königin auch nur den geringsten Ärger bereiten», denn die Rohans seien vollkommen diskreditiert.[32] Damit unterschätzte er gewaltig die Macht der Rohans, der Soubises und ihrer Verwandten, Verbündeten, Günstlinge und Freunde. Die Kaiserin fürchtete indessen, ihre Tochter könnte ein Opfer der Rachegelüste der Rohans werden, und damit bewies sie mehr Weitblick als ihr Botschafter.

Höchst zufrieden, daß ihre Feinde einer nach dem anderen in Ungnade gefallen waren, brach Marie Antoinette nach Compiègne auf. Dort genoß sie ihre neue Freiheit in vollen Zügen. Sie liebte es, lange zu schlafen, die Nachmittage verbrachte sie mit ihren Vertrauten, vor allem mit ihrer Freundin, der Prinzessin von Lamballe, die sich willig von Marie Antoinette herumkommandieren ließ. Die offensichtliche Vorliebe der Königin für Madame de Lamballe weckte Eifersucht. In der Zwischenzeit hatten sich Mesdames von den Pocken erholt und waren an den Hof zurückgekehrt.

Man bemerkte sofort, daß Marie Antoinette ihnen keine Gelegenheit mehr geben wollte, Einfluß zu nehmen. Der Herzog von Croÿ urteilte, «daß die Königin gewachsen ist und zugenommen hat und sehr entschlossen wirkt. Mit Verwunderung habe ich beobachtet, daß Mesdames (stark gezeichnet von den Pocken, wodurch sie älter aussehen) nur wie einfache Höflinge am Hof verkehren.»[33] Die grollenden Tanten fanden Verständnis bei all jenen, die bei den jungen Leuten nicht mehr in Gunst standen. Bald schlossen sich auch der Graf und die Gräfin von Provence dem Kreis um Mesdames an, zugleich erwiesen sie nach außen hin ihrer Schwägerin weiterhin höfliche Ehrerbietung. Sie nahmen Marie Antoinette übel, daß sie ihre Vorrangstellung allzu deutlich zur Schau trug. Vergebens mahnte Mercy Marie Antoinette immer wieder, daß «ein vernünftiges und würdevolles Gebaren [...] und eine ruhige Sicherheit ohne Übermut und Spottlust»[34] die wahre Überlegenheit ausmache, sie kümmerte sich nicht um seine Worte. Sie amüsierte sich weiter auf geradezu kindliche Weise mit ihren Schwägern und Schwägerinnen, verhielt sich gänzlich unbefangen, bis ihr plötzlich von einem Moment zum anderen einfiel, daß sie die Königin war, und sie höchst ungeschickt «Bemerkungen machte über ihren Rang und Vergleiche anstellte, die für die Prinzen und Prinzessinnen verletzend waren».[35] Alle vier, insbesondere aber die beiden Piemonteserinnen, gewannen den Eindruck, daß sie für die Königin nur Spielzeuge waren, nichts weiter. Sie beklagten sich bei Mesdames, und alle zusammen verbreiteten sie nach Lust und Laune Details aus dem Privatleben der Königin, die sie dazu noch entstellten. «Was die eine Prinzessin aufbrachte, bestätigte die andere. Eine dritte steuerte weitere Einzelheiten bei.»[36]

Am Hof sammelte sich eine regelrechte «Partei» der Feinde Marie Antoinettes. Zum ersten Mal berichtete darüber am 30. Juni der Abbé Baudeau. Am 13. Juli schrieb er, zu dieser Partei gehörten «die Feinde Choiseuls, der Kanzler und seine Pfaffen, d'Aiguillon und seine Lakaien und die Clique von Mesdames. Man attackiert die Königin heftig und scheut vor keinen noch so böswilligen Behauptungen zurück, auch wenn sie sich widersprechen. Man munkelt, der Herzog von Chartres gehe zu ihr und Monsieur de Lamballe, der erstere widerwillig, der zweite *di gran voglia;* dann spricht man noch über Madame de Lamballe, Madame de Picquigny etc.»[37] Am 7. August habe der König unter seiner Serviette einen Zettel gefunden – dies berichtet ebenfalls Baudeau – mit einem verletzenden Epigramm:

Heinrich ist nicht auferstanden
wohl aber die Samariterin.

Offensichtlich wollte der Verfasser dem König mitteilen, daß die Königin wie die Samariterin im Johannes-Evangelium viele Männer hatte, von denen keiner ihr Ehemann war. Bis dahin wußte Marie Antoinette anscheinend noch nichts von den verleumderischen Gerüchten, die über sie in Umlauf waren. Doch bald schon mußte Ludwig XVI. sie vorsichtig über eine Schmähschrift informieren, die erste dieser Art, die die Kanzleien in Paris und Wien in Aufruhr versetzte. Durch Caron de Beaumarchais, der schon Ludwig XV. als Spion gedient hatte, hatte Ludwig XVI. im Juli erfahren, daß in Kürze ein niederträchtiges Pamphlet über die Königin in London und Amsterdam erscheinen sollte. Ludwig schickte Beaumarchais nach London, um die Veröffentlichung zu verhindern. Beaumarchais nahm Kontakt mit dem Mann auf, der das Schriftstück verbreiten sollte, einem gewissen Angelucci, und brachte ihn mit viel Geld dazu, daß er es vernichtete. Dann fuhren die beiden nach Holland und sorgten dafür, daß auch die holländische Ausgabe verbrannt wurde.

Und nun begann ein phantastisches Abenteuer, über das allerdings nur Beaumarchais selbst berichtet. Angeblich hatte er erfahren, daß Angelucci ein Exemplar der Schmähschrift gerettet hatte und es in Nürnberg drucken lassen wollte. Beaumarchais verfolgte Angelucci bis nach Nürnberg, in einem dramatischen Handgemenge gelang es ihm schließlich, sich der fraglichen Papiere zu bemächtigen. Doch statt unverzüglich nach Versailles zurückzukehren, fuhr er weiter nach Wien und bat um eine Audienz bei Maria Theresia und Kaunitz in der Hoffnung, er könne sich dort für seine Dienste ein zweites Mal entlohnen lassen. Die Kaiserin und Kaunitz empfingen ihn höchst mißtrauisch. Kaunitz glaubte fest, daß Beaumarchais ein Betrüger war und die Schmähschrift selbst verfaßt hatte, und ließ ihn unter Arrest stellen, bis man nähere Informationen aus Frankreich eingeholt hatte.

Maria Theresia war «außer sich» und wollte «ihrer Tochter verheimlichen, in was für Händen sie sich befand, umgeben von Verrätern und Schurken». Diese Affäre bestätigte sie wieder einmal «in ihrer tiefen Verachtung für diese Nation ohne Religion, ohne Moral und ohne Gefühl». Ein Teil ihrer Wut galt Rohan, den sie beschuldigte, er verbreite ähnliche Behauptungen wie jene Schmähschrift. «Man muß unbedingt die Quelle finden, und ich glaube, daß die Marsans die Urheber sind», schrieb sie zutiefst gekränkt.[38]

Die Schmähschrift war im Interesse der spanischen Bourbonen geschrieben worden, um «ihre Ansprüche auf die französische Krone zu verteidigen» für den Fall, daß die ältere Linie ohne männliche Nachkommen bleiben sollte. Choiseul und Marie Antoinette wurden angegriffen. Dem ehemaligen Minister warf man wieder einmal vor, er habe den verstorbenen Dauphin vergiftet; über ihn hieß es, er sei «der gefährlichste Mann der Welt» in der Umgebung der Königin. Seine Günstlinge hätten ihr Vertrauen erschlichen, angefangen bei den Frauen ihres Hofstaats, die «alle bestochen» seien: «Das beste Mittel, diese junge Frau zu schützen, ist, sie ganz der Wachsamkeit der tugendhaften Prinzessinnen, ihrer Tanten, anzuvertrauen, jeden geheimen Verkehr mit ihrer Mutter zu unterbinden (dieser Punkt ist entscheidend), den Abbé Vermond zu entlassen und schließlich Choiseul zu entfernen.» Marie Antoinette sei Agentin einer Partei im Dienste Österreichs, ihres Vaterlandes, und sie sei in der Lage, sich auf finsterste Machenschaften einzulassen, um dem Königreich trotz der allseits bekannten Impotenz ihres Gatten zu einem Thronerben zu verhelfen. Die durchtriebene und leichtsinnige Österreicherin – so erschien Marie Antoinette zwei Monate nach der Thronbesteigung Ludwigs XVI. in diesem Pamphlet.

Der König maß der ganzen Angelegenheit indes keine große Bedeutung zu. Er informierte seine Frau davon «mit allen Zeichen seines zärtlichsten Vertrauens» und beruhigte sie, so gut es ging. Marie Antoinette war sehr aufgewühlt und fragte Mercy nach weiteren Einzelheiten. Mercy ergriff die Gelegenheit und ermahnte sie zu größter Umsicht in ihrem Verhalten. Er setzte ihr eindringlich auseinander, wie wichtig es sei, daß das Volk sie liebe und daß sie bei der ganzen Nation den allerbesten Eindruck mache. Da sie sich nicht beruhigen konnte, fügte er noch hinzu, solche «Schandtaten» würden letzten Endes nur «ihrem verachtenswerten Urheber schaden».[39]

Einige Tage später wurde unter der Hand eine Schrift mit dem Titel *Der Aufgang der Morgenröte* verkauft. In diesem «abscheulichen Pamphlet [...] gegen den Monarchen und die Seinen» ging es gleichfalls um die angebliche Lüsternheit Marie Antoinettes. «Man schilderte in düstersten Farben eine Lustpartie, die so harmlos war, daß jede junge Frau nur zu gerne mitgemacht hätte», berichtet Madame Campan.[40] Der Verfasser der verleumderischen Schrift hatte ein tatsächliches Ereignis zum Anlaß genommen: Beim letzten Aufenthalt des Hofes in Marly, wo der König und seine Brüder sich von der Pockenimpfung erholten, hatte Marie Antoinette den Wunsch geäußert, eine Nacht zu durchwachen und von einer Anhöhe im Park aus den Sonnenaufgang zu beobachten. Die jungen Leute in ihrer Umgebung nahmen den Vorschlag begeistert auf, nur Ludwig XVI. war nicht sehr erbaut davon, denn er ging gern früh zu Bett. Er erlaubte seiner Frau, die Unterhaltung für den Abend und die Nacht ohne ihn ganz nach ihrem Geschmack zu planen. An dem besagten Abend legte er sich zu seiner gewohnten Zeit schlafen. Danach begann ein Konzert, das bis drei Uhr morgens dauerte. Um drei Uhr feuerte die Leibgarde die Waffen ab, und man begab sich hinaus, um das Naturschauspiel zu bewundern. Die Königin rief ein ums andere Mal «Wie schön ist das! Wie wunderbar!» und blieb zusammen mit Madame de Noailles und Madame de Lamballe draußen im Park. In dem Pamphlet wurde aus dem nächtlichen Spaziergang, der so gut zu der schwärmerischen Begeisterung des jungen Hofes für die Rückkehr zur Natur paßte, eine regelrechte Orgie, in deren Verlauf Marie Antoinette angeblich in galanter Begleitung zwischen den Büschen verschwunden war.

«Die Anmut der Königin, die Leichtfertigkeit ihres Alters und ihre Neigung zur Zerstreuung habe einige, die nichts als Niedertracht kennen, dazu veranlaßt zu behaupten, daß sie manchen Personen aus ihrer Umgebung eine besondere Vorliebe entgegenbringe», schrieb Abbé Véri in seinem *Journal.* «Die Fürstin ist darüber betrübt, weil in ihrem Alter alles von dieser Art Kummer bereitet und man die Nichtigkeit solcher Behauptungen noch nicht ermessen kann. Dieses Übel trifft man unvermeidlich überall dort, wo eine große Zahl Menschen zusammenkommt. [...] Aber das Übel fällt auf die Völker zurück, weil ihre Oberhäupter sich verhärten gegen alles, was man über sie sagt, und im Laufe der Zeit berechtigte Vorwürfe wie unsinnige Verleumdungen aufnehmen. Im vorliegenden Fall veranlaßte die Verleumdung die Königin zu einer Überlegung, welche ihr alle Ehre macht: ‹Diese Lektion›, hat sie gesagt, ‹ist hervorragend geeignet, mich davon zu heilen, daß ich den Bosheiten glaube, die man mir über diese oder jene gesagt hat.›»[41]

Nach den Worten von Métra, der den preußischen König auf dem laufenden hielt, «schrie das Volk Rache». Man verdächtigte Kanzler Maupeou, er habe die Verleumdungen in die Welt gesetzt. Tatsächlich hatte der König alle ehemaligen Minister seines Großvaters entlassen. Die Pariser hatten die Nachricht von der «Bartholomäusnacht der Minister» mit Begeisterung aufgenommen, denn nach ihrer Ansicht hatte es keine Unschuldigen getroffen. Mit Turgot und Miromesnil, die den verhaßten alten Ministern nachfolgten, verband sich die Hoffnung auf Wohlstand und Gerechtigkeit. Die allgemeine Freude kam auch der jungen Königin zugute. Sie hatte sich bei der Auswahl der neuen Minister nicht eingemischt, und die Schmähschriften hatten ihrem Ansehen noch nicht ernstlich geschadet.

In Compiègne wirkte der König sehr verliebt in seine Frau. Gelegentlich speisten sie nur zu zweit in ihren Privatgemächern, und Ludwig XVI. schlief jede Nacht bei ihr. Herzog Croÿ stellte fest, daß sie «mit reiner Freude zusammen waren, in gutem Einvernehmen, das zu betrachten großes Vergnügen bereitete».[42] Der «eheliche Zustand» hatte sich allerdings nicht so entwickelt, wie man es gehofft hatte. Als der König geimpft wurde, hieß es, er habe einen kleinen Eingriff vornehmen lassen. Daß er sich danach sehr um seine Frau bemühte, sprach dafür, daß ein kleiner Schnitt mit dem Skalpell es ihm endlich ermöglicht hatte, seinen Gattenpflichten nachzukommen. Doch das Gerücht war falsch. Der spanische Botschafter Graf Aranda, der Ludwig XVI. und Marie Antoinette bis in die Einzelheiten ihrer Zweisamkeit ausspionieren ließ, hat Berichte von seltener Präzision und klinischer Kühle über dieses delikate Thema hinterlassen. Nach seinen Informationen litt der König an einer Phimose.[43] Heute erscheint es verwunderlich, daß man sich so beharrlich dafür interessierte, was im königlichen Alkoven vor sich ging, aber immerhin handelte es sich dabei um eine Staatsangelegenheit von höchster Wichtigkeit. Wenn die ältere Linie der Bourbonen ausgestorben wäre, hätten die spanischen Bourbonen Ansprüche auf den französischen Thron erheben können. Und in jenem Sommer zeigte weder die Königin noch die Gräfin von Provence, noch die Gräfin von Artois das geringste Anzeichen einer Schwangerschaft.

Die Verleumdungen verbitterten die Königin und weckten Groll gegen ihre anonymen Feinde, die vermutlich in den Salons am Hofe zu suchen waren. Ohne Zweifel hatten Personen aus der engen Umgebung des Königspaares die schmutzigen Schriften auf den Weg gebracht.

Kapitel VII

Erste Verrücktheiten

Von Compiègne kehrte der Hof nach Versailles zurück. Dort blieb man gerade so lange, daß die Königin sich ein Bild vom Stand der Arbeiten in Trianon machen konnte. Danach begab sich der Hof nach Choisy und weiter zu dem alljährlichen Aufenthalt in Fontainebleau. Da die Trauerzeit noch nicht vorüber war, konnten die jungen Leute nicht unbeschränkt ihren Vergnügungen nachgehen, aber Marie Antoinette bereitete bereits den Wiederbeginn des glanzvollen Lebens im Dezember mit Bällen, Festen und Theateraufführungen vor. Sie erneuerte ihre Garderobe und versuchte, sich so weit wie möglich aus den Fesseln der Etikette zu befreien, die sie auf Schritt und Tritt verfolgte.

Ein paar Monate zuvor (wann genau ist nicht überliefert) war eine junge, energische Person namens Rose Bertin in Marie Antoinettes Leben getreten. Die Herzogin von Chartres hatte die Putzmacherin bei der Königin eingeführt, Marie Antoinette war buchstäblich geblendet gewesen von den prachtvollen Kleidern und dem phantasievollen Kopfschmuck, der da vor ihr ausgebreitet wurde. Bis dahin hatte sie sich nie viel um ihre Toilette gekümmert, sondern die Auswahl der dafür zuständigen Hofdame, der Herzogin Cossé, überlassen. In Mademoiselle Bertins Geschäft in der Rue Saint Honoré ging eine illustre Kundschaft ein und aus. Etliche Damen vom Hof ließen dort arbeiten, große Schauspielerinnen wählten aus, was ihre Gönner ihnen schenken durften, und selbst ernsthafte Bürgerinnen erlagen im «Großmogul», wie Mademoiselle Bertin ihren Laden genannt hatte, der Versuchung. Wie andere Modistinnen ihrer Zeit entwarf Rose Bertin Kleider und Hüte und ließ sie in ihren Ateliers anfertigen. In ihrem Geschäft konnte man auch «fertige Dinge» kaufen: Hauben, Morgenröcke, Badekleider, Haarschmuck aller Art, Hüte mit Blumen- oder Federschmuck, Umhänge, pelzgefütterte Mäntel, Krägen, Halstücher, Schleifen,

Börsen, seidene Taschentücher, Schultertücher, Muffe, Fächer, Gürtel, Handschuhe aller Art, Schuhe, bestickte Pantoffeln und tausend schmükkende Kleinigkeiten.

Seit dem Frühjahr 1774 trugen alle eleganten Damen die «Poufs» von Mademoiselle Bertin, schwindelerregende Aufbauten auf den Haaren mit Blumen, Früchten, Gemüse, Vögeln oder auch einmal einem Schiff, manchmal waren es ganze Theaterszenen. So hatte sich Marie Antoinette den unglaublichen «Pouf zur Impfung» anfertigen lassen: Hinter einem mit Früchten beladenen Olivenbaum sah man die Sonne aufgehen, um den Baum wand sich eine Schlange, die von einer mit Blumen bekränzten Keule bedroht wurde. Das kühne Kunstwerk sollte ein neues goldenes Zeitalter verkünden, in dem die Wissenschaft über das Böse triumphieren würde. Friseure und Modisten überboten sich gegenseitig an Einfallsreichtum und ersannen Haarkreationen, die ganze Geschichten erzählten. Kein Thema war zu ausgefallen, die Haartracht wurde zum Kunstwerk. Elegante Damen trugen die «Rückkehr des Parlaments» auf dem Kopf, englische Gärten, Ruinen, Schäferszenen. «Seit die Haartracht nicht mehr in Einklang steht mit der Kleidung, erfindet man immer pittoreskere Frisuren, und unmerklich verwandeln sich die Frauen in Theatergestalten. Für die Ballkleider, die sich von den alltäglichen Kleidern unterscheiden müssen, bleiben nur noch die Nachtmütze und der Morgenrock übrig», schrieb ein Kritiker im November 1774.[1] Obwohl die «Poufs» von Mademoiselle Bertin reichlich mit sarkastischen Bemerkungen bedacht wurden, standen sie hoch in der Gunst der Damen. Seit die Königin Rose Bertins wichtigste Kundin war, hatten ihre dreißig Arbeiterinnen Tag und Nacht zu tun. Marie Antoinette empfing ihre Modistin zweimal in der Woche. Die «Arbeit mit Ihrer Majestät», wie Rose Bertin ihre Besuche im Schloß nannte, dauerte bis zum 6. Oktober 1789. Bald wurde viel geklatscht über dieses höchst kostspielige «Ministerium für Mode», zumal Rose Bertins Auftreten ebenso exzentrisch war wie ihre Haarkreationen. «Die Sprache dieser Demoiselle war sehr amüsant», schrieb die Baronin Oberkirch, «eine einmalige Mischung aus Vornehmheit und Gemeinheit, die fast schon Frechheit wurde, wenn man sie nicht an sehr straffem Zügel führte.»[2] Bei der Königin überschritt Rose Bertin die Grenzen der respektvollen Bescheidenheit nie, aber sie verstand es sehr geschickt, die Königin immer wieder zu überzeugen, daß sie unbedingt dieses oder jenes Kleid brauchte. Im ersten Jahr, seit Marie Antoinette Königin war, verschuldete sie sich mit 300000 Livres. Ein ansehnlicher Teil dieser riesigen Summe war zu Mademoiselle Bertin geflossen.

Marie Antoinette verschuldete sich so hoch, obgleich Turgot unmittelbar nach Amtsantritt den für die Schatulle der Königin bestimmten Betrag von 96000 Livres auf 200000 Livres jährlich verdoppelt hatte. Sie hatte nicht gewagt, den König selbst um eine Erhöhung ihrer Einkünfte zu bitten; Mercy hatte den Abbé Vermond in dieser Sache zum Generalkontrolleur der Finanzen geschickt. Turgot «machte sich mit größtem Eifer daran, dem König die Notwendigkeit der fraglichen Veränderung vor Augen zu führen, als wäre es sein eigenes Anliegen».[3]

Während der König und seine Minister ganz mit der Rückkehr der Parlamente und den neuen Gesetzen für den Getreidehandel beschäftigt waren, bekam Marie Antoinette Genugtuung in einer Frage der Etikette, die sie seit einigen Monaten beschäftigte. Am französischen Hof durften die Königin und die Prinzessinnen von Geblüt Mahlzeiten nicht im Beisein von Männern einnehmen mit Ausnahme des Königs und der männlichen Mitglieder der königlichen Familie. Zu Zeiten Ludwigs XV. hatte die Dauphine, die Mutter Ludwigs XVI., oft mit dreißig Frauen am Tisch gesessen, und der Dauphin war der einzige Mann in ihrer Mitte gewesen. Diese Sitte, die es an den deutschen Höfen nicht mehr gab, hatte Marie Antoinette sehr entsetzt. Ludwig XV. hatte überdies Abendessen ganz ohne Etikette eingeführt. Wenn er von der Jagd zurückgekehrt war, hatte er alle Jäger an seinem Tisch versammelt; die Prinzessinnen nahmen an diesen Soupers nicht teil. Man munkelte, diese Zusammenkünfte unter Männern hätten mit zum ausschweifenden Lebenswandel des Königs beigetragen. Die Anwesenheit der Königin bei solchen Mahlzeiten sollte demnach dem Laster einen Riegel vorschieben. Ludwig XVI. zögerte einige Wochen, bis er seiner Frau diesen Wunsch erfüllte, denn es war ihm zutiefst zuwider, an der bestehenden Ordnung zu rütteln. Am 22. Oktober fand in Fontainebleau zum erstenmal ein gemischtes Abendessen statt, bei dem der König die männlichen Gäste eingeladen hatte und die Königin die weiblichen. Die neue Form des Abendessens wurde eingeführt, bevor Mesdames an den Hof zurückgekehrt waren, weil sie zweifellos schockiert gewesen wären über einen solchen Verstoß gegen die höfischen Gepflogenheiten. So wurden sie vor vollendete Tatsachen gestellt, und es blieb ihnen nichts anderes übrig, als wieder einmal nachzugeben. Dem König und der Königin gefiel dieses Souper sehr gut. Ludwig XVI. war ungewohnt galant zu den Damen, ohne jedoch im geringsten die Grenzen der Schicklichkeit zu überschreiten. Man beschloß, daß dies kein einmaliges Ereignis bleiben sollte, und so gab es künftig dienstags und donnerstags Abendessen im gemischten Kreis.

Unterdessen nahte das Ende der Trauerzeit. Als überraschend früh der erste strenge Frost einsetzte, kehrte der Hof nach Versailles zurück. Der

Dezember begann vielversprechend für Marie Antoinette. Sie trug Mademoiselle Bertins neueste Schöpfung, einen aufsehenerregenden Kopfputz mit Fell und Federn, und unternahm zusammen mit dem Grafen von Artois lange Schlittenpartien. Ausgelassen kehrten sie von ihren wilden Fahrten zurück. Danach spielte Marie Antoinette Harfe und plauderte nebenbei mit der Prinzessin von Lamballe, die ihr stundenlang ohne ein Wort des Widerspruchs und mit vor Begeisterung glänzenden Augen zuhörte. Am Abend kam dann endlich Leben in das Schloß. Marie Antoinette überschüttete Papillon de La Ferté, den Intendanten der königlichen Lustbarkeiten, mit immer neuen Plänen, die unbedingt in kürzester Zeit ausgeführt werden mußten. Zu ihrer Unterhaltung gab es neben den erwähnten Soupers jede Woche zwei Bälle in Versailles, einer davon, montags, ein Maskenball, dazu zwei Theateraufführungen der Comédie française und eine weitere italienische Aufführung. Aus Gründen der Sparsamkeit (!) ließ sie die Musiker und Sänger der Oper nicht ins Schloß holen; zu Opernvorstellungen fuhr die königliche Familie nach Paris. In Wahrheit hätte sie um keinen Preis auf die nächtlichen Ausflüge nach Paris verzichten wollen.

Der erste Maskenball fand am 9. Januar des neuen Jahres 1775 statt. Die Tänzer der ersten Quadrille waren «mit großem Geschmack» als Norweger und Lappländer verkleidet. Der König erschien gegen neun Uhr, ging herum und richtete das Wort an mehrere Personen, aber er tanzte nicht. Marie Antoinette widmete an diesem Abend ihre besondere Aufmerksamkeit den ausländischen Damen, die zu dem Ball hatten kommen dürfen, obgleich sie noch nicht bei Hofe eingeführt waren. Seit langem waren nicht so viele Menschen nach Versailles geströmt.

Die Vorbereitung der Maskenbälle verschlang unvorstellbar viel Zeit. Die Tänzer der Quadrillen mußten jedes Mal ein anderes Kostüm tragen. «Die Auswahl der Kleidung, die Ausarbeitung der Kontertänze zum Ballett und die damit verbundenen zahllosen Proben lassen keinen Augenblick Ruhe», klagte Mercy, «und kaum reicht die Zeit von einem Montag zum nächsten, um in der Woche alle Vorbereitungen auszuführen.»[4] Dann gab die Gräfin Brionne in ihren Räumen einen Maskenball. Das Königspaar kam nach Mitternacht, und Marie Antoinette bewunderte die Quadrillen: In der ersten Quadrille trugen die Tänzer Kostüme im Stil des 16. Jahrhunderts, in der zweiten erschienen sie als Gaukler, in der dritten als Tiroler und in der vierten als Indianer. Marie Antoinette war so begeistert, daß sie unbedingt wollte, daß dieses Schauspiel beim nächsten Maskenball in Versailles wenige Tage später wiederholt wurde. In jener Nacht blieb der König bis drei Uhr morgens, die Königin hingegen tanzte bis zum Morgengrauen, hörte dann die Messe... und ging zu Bett. Jeden Tag legte sie sich später oder vielmehr früher am Morgen schlafen und störte damit die Gewohnheiten ihres Gatten. Eines Tages empfing sie noch im Bett um elf Uhr vormittags Mercy, «möglicherweise weil der König es so gewünscht hatte, denn ich fand ihn im Morgenrock am Bett der Königin vor. [...] Bei dieser Gelegenheit konnte ich sehen, welche Einfachheit und Vertrautheit zwischen dem König und der Königin bei ihren privaten Unterhaltungen herrscht.» Immerhin erklärte Mercy der Königin, daß es wichtig sei, den Tagesablauf ihres Gemahls nicht zu sehr durcheinanderzubringen.[5]

Soviel Wirbel am Hof hatte Papillon de La Ferté bis dahin noch nicht erlebt. Tag und Nacht wurde gearbeitet, auf seinem Schreibtisch türmten sich innerhalb kürzester Zeit die Rechungen. Jede Laune der Königin mußte erfüllt werden. An einem Tag im Februar hatte sie einmal in letzter Minute vor einem Ball den Einfall, der König müsse ein Spitzengewand im Stil Heinrichs IV. tragen. Die Schneiderei arbeitete die ganze Nacht durch.

Um die Warnungen des Botschafters und das Stirnrunzeln des Intendanten kümmerte sich Marie Antoinette nicht. Sie herrschte über die Lustbarkeiten und hörte weder auf Mercy noch auf Vermond, sie hörte nur noch die betörenden Worte des Chors aus der *Iphigenie* von Gluck:

> Lob und Preis der Königin,
> uns vermählt als Herrscherin,
> die uns glücklich macht für alle Zeit.

In der ersten Vorstellung, die die Königin besucht hatte, hatten die Sänger sich ihrer Loge zugewandt und diese Strophe angestimmt. Das Parkett fiel mit ein, und Rufe «Es lebe die Königin!» unterbrachen eine Viertelstunde lang das Geschehen auf der Bühne. Mit Tränen in den Augen winkte Marie Antoinette ins Publikum, nach der Vorstellung begleitete eine unüberschaubare, jubelnde Menschenmenge ihre Kutsche. Solche Ereignisse taten ihr wohl. Die Welt erschien ihr immer mehr wie ein großes Theaterstück, sie stand als bezaubernde Königin auf der Bühne und grüßte anmutig ihr Publikum. Ihr Auftreten unterstrich noch den Eindruck der Schauspielkönigin. «Wenn sie mit ihren Hofdamen durch die Gänge schritt, sah man nur einen Wald aus Federn, der eineinhalb Fuß über den Köpfen wippte.»[6] Ludwig XVI. schätzte diese Art von Koketterie nicht sehr und schenkte ihr einen Kopfschmuck aus Diamanten in der Hoffnung, sie würde auf ihre Federn verzichten. In Zukunft trug sie das Geschenk des Königs geschmückt mit Straußenfedern.

Soviel Oberflächlichkeit ärgerte Maria Theresia. Sie beklagte das «unstete und mutwillige» Wesen ihrer Tochter, das sie nur zu gut kannte, und äußerte die Befürchtung, «ihr Hang zu Zerstreuungen und ihre Unbekümmertheit» könnten dazu führen, «daß sie den richtigen Augenblick verpaßt, um sich einigen Einfluß zu sichern, und das Versäumte später nicht nachholen kann».[7] Der Kaiser schrieb seiner Schwester mahnende Briefe, ein paar freundliche Sätze linderten kaum die harschen Vorwürfe. Nach jedem solchen Brief grämte sich Marie Antoinette für kurze Zeit. «Daraus könnte ein Streit entstehen», seufzte sie und antwortete ihrem Bruder liebenswürdig wie ein Kind, das um Vergebung bittet. Darüber hinaus vergaß sie alles sehr schnell, eingeschlossen die deutsche Sprache. Sie mußte sich Josephs Briefe übersetzen lassen.

Erzherzog Maximilian, der jüngste Sohn der Kaiserin, sollte eine Reise durch Europa unternehmen und dabei auch nach Frankreich kommen. Höchst beunruhigt über das Treiben Marie Antoinettes drängte Maria Theresia Maximilians Erzieher, den Grafen Rosenberg, ihr so genau wie möglich zu schreiben, wie die Situation ihrer Tochter am Hof sei und wie sie sich verhalte. Marie Antoinette freute sich über das Wiedersehen mit ihrem Bruder, der bei ihrem Abschied von Wien noch ein Kind gewesen war, und empfing ihn am 7. Februar 1775 herzlich in La Muette. Sie begrüßte Maximilian auf französisch, er antwortete entsprechend den Anweisungen, die er in Wien bekommen hatte, auf deutsch. Graf Rosenberg brauchte sein ganzes diplomatisches Fingerspitzengefühl, um die daraus drohende Verstimmung zu zerstreuen. Nachdem diese erste Klippe umschifft war, wollte Marie Antoinette ihrem Bruder zeigen, daß sie die Herrscherin über die Lustbarkeiten im Königreich Frankreich geworden war. Da Maximilians Besuch in die Karnevalszeit fiel, hatte sie ein wahres Feuerwerk von Vergnügungen geplant; der Erzherzog kam kaum mehr zur Besinnung. Auf den Bällen sah man ihn und Marie Antoinette oft in Gesellschaft des Grafen von Artois, und meist lachten alle drei gerade schallend über das lächerliche Auftreten oder ungeschickte Benehmen eines anderen Ballgastes. Der Erzherzog beeindruckte weder durch sein Aussehen noch durch seinen Verstand, wegen seiner Unbeholfenheit hieß er bei den Parisern bald nur noch «Erztölpel». Ein Verstoß gegen das Protokoll brachte die Prinzen von Geblüt gegen ihn auf und hatte weitere unkluge Schritte der Königin zur Folge.

Maximilian reiste inkognito als Graf von Burgau. Marie Antoinette führte ihn bei ihrem Gemahl und ihren Schwagern ein. Für alle protokollarischen Fragen wandte Rosenberg sich an Mercy, der Maximilian allen wichtigen Personen am Hof vorstellte – und dabei die Prinzen von Geblüt vergaß, den Herzog von Orléans, den Herzog von Chartres, den Grafen von La

Marche, die Prinzen von Condé und Conti. Das Versehen wurde erst nach einer Woche bemerkt. Die Prinzen befanden, der Erzherzog hätte sie vor allen anderen besuchen müssen. Ludwig XVI. maß dem Versehen keine allzu große Bedeutung bei und überließ es Marie Antoinette, die Angelegenheit ins reine zu bringen. Doch Marie Antoinette ergriff energisch Partei für ihren Bruder und gegen die Prinzen. Sie antwortete ihnen «in unpassendem Ton, was in der Öffentlichkeit keinen guten Eindruck machte. Das Wohlwollen derselben gegenüber der Königin wird sich um einiges vermindern, und obgleich sie Königin ist, hat das Volk die lautere Stimme», prophezeite Abbé Véri.[8]

Das Ansehen der Königin verlor an Glanz. Damit, daß sie so anmaßend eine Sonderrolle für ihren Bruder gefordert hatte, die gegen jede Etikette von Versailles verstieß, hatte sie den Bourbonen die Überlegenheit der Habsburger vor Augen führen wollen. In der Öffentlichkeit verstand man das als Geringschätzung Frankreichs.

Marie Antoinettes Verhalten erregte um so mehr Anstoß, als sie «von da an den König vernachlässigte und allzu lebhaftes Vergnügen an der Gesellschaft anderer junger Leute fand», wie es bei Véri heißt.[9] «Mehrere Personen, welche die Leere im Kopf der Königin kennen, sehen ganz klar, daß sie sich auf diesem Weg die Gunst ihres Gemahls verscherzen wird, wenn er scharf genug sieht und die Stärke besitzt, sich nicht auf der Nase herumtanzen zu lassen.» Ludwig XVI. war des Karnevalstreibens überdrüssig, die ständigen Bälle wurden ihm lästig. Eines Abends konnte er sich nur mühsam in den überfüllten Herkulessaal zwängen. Niemand nahm Notiz von ihm, schließlich bot ihm eine Dame die Hälfte ihres Stuhls an. Soweit die Höflinge zurückdenken konnten, war es noch niemals vorgekommen, daß die Majestät des Königs derart mißachtet wurde. Am nächsten Morgen sah es Maurepas als seine Pflicht an, den König daran zu erinnern, daß «vor achthundert Zuschauern seine Würde auf keinen Fall vernachlässigt werden dürfe und daß man es nicht gewohnt sei, wenn unser Herrscher in der Öffentlichkeit so wenig gelte».[10]

Die Königin schien sich wenig um ihren Ruf zu sorgen, aber bei anderen urteilte sie erbarmungslos hart. So erging es beispielsweise dem Vicomte d'Houdetot: Bei einem Ball hatte er ein Billett aufgehoben, das zu Boden gefallen war. Er las es zusammen mit dem Marquis Courtemer, und der Marquis bemerkte, daß die Unterschrift mit Blut geschrieben war. Es handelte sich um den Liebesbrief einer Dame an einen unbekannten Empfänger. D'Houdetot warf das Billett ins Feuer, und die beiden Männer schworen, für immer über den Namen der Absenderin zu schweigen. Mehrere Personen hatten die Szene beobachtet, d'Houdetot und Courtemer wurden mit Fragen bedrängt, und da sie schwiegen, erfand man alle möglichen Geschichten. Die Damen am Hof waren in höchster Aufregung. Schließlich kam die Angelegenheit der Königin zu Ohren. Verärgert verbot sie dem Vicomte, jemals wieder zu einem ihrer Bälle zu erscheinen, «obgleich sich selbst ein älterer Mann als er kaum klüger und zurückhaltender hätte verhalten können».[11] Marquis Castries legte ein gutes Wort für den Vicomte ein, aber die Königin ließ sich nicht umstimmen.

D'Houdetot war nicht das einzige Opfer ihrer Unnachgiebigkeit. Die Damen Marigny, Sparre, Gouy und Lambert wurden von den königlichen Bällen ausgeschlossen, weil ihre Abstammung nach Ansicht Marie Antoinettes nicht vornehm genug war, und Madame de Genlis hatte sich angeblich unpassend betragen. Am Hof tuschelte man, in Paris kühlte die Begeisterung für die Königin ab. Eine vielsagende Anekdote machte die Runde: Als die Königin einmal einer schlicht gekleideten Dame ansichtig geworden sei, habe sie sich spöttisch über den Geiz der Betreffenden ausgelassen. «Madame», habe die Dame zutiefst verletzt erwidert, «Euch genügt es nicht, daß wir unsere Kleider bezahlen, wir müssen auch noch Eure Kleider bezahlen.» Abbé Véri bemerkt dazu: «Ich erwähne diese wohl erdachte Geschichte nur, weil sie in Paris mit so offensichtlichem Vergnügen erzählt wurde. Man fand einige Wahrheit darin, weil die Königin sich nicht der Kritik und des Hohnes über diesen Gegenstand enthält. In der Antwort, welche jene Dame angeblich gegeben hat, erkannte man das allgemeine Gefühl der ganzen Nation wieder, und man kostete diese Geschichte aus als Spott über eine Prunksucht, welche mit Recht all diejenigen erbost, die dafür bezahlen müssen.»[12]

Während in der Öffentlichkeit Geschichten wie diese kursierten, stürzte sich die Königin weiterhin hemmungslos in ihre Vergnügungen. Der Graf von Artois, der gerne mit seinen weiblichen Eroberungen glänzte, wurde ihr bevorzugter Begleiter. Er war ungezwungen bis an die Grenze der Unverschämtheit, leichtfertig bis zur Haltlosigkeit und zutiefst vom Bewußtsein seines überlegenen Ranges durchdrungen, obwohl er gleichzeitig die dandyhaften Allüren an den Tag legte, die bei den Adligen damals in Mode waren. In den Augen der Königin besaß er all das, was dem König fehlte, und wahrscheinlich darum fühlte sie sich in seiner Gesellschaft wohl. Mit ihm zusammen amüsierte sie sich schrankenlos. Sie ritten gemeinsam aus, jeder Ritt endete mit einer wilden Jagd, die meist der Prinz gewann. Im Frühjahr 1775 begann man über die enge Verbindung der Königin mit ihrem leichtsinnigen Schwager zu tuscheln.

Der Graf von Artois war nicht ihr einziger Begleiter. Im Verlaufe einiger Monate sammelte sie einen kleinen Kreis, in dem sie sich endlich vermeintlich frei und ungezwungen bewegen konnte. Eine besonders enge Vertraute war nach wie vor die Prinzessin von Lamballe. Diese junge Witwe, sechs Jahre älter als die Königin, war ihr in ihrer ersten Zeit am französischen Hof bei den Bällen bei Madame de Noailles aufgefallen. Marie Louise von Savoyen-Carignan war eine Prinzessin von Geblüt, die Schwiegertochter des Herzogs Penthièvre. Sie war sanft und bescheiden, hübsch, wenn auch nicht schön, und aus der anfänglichen Freundschaft mit der Dauphine erwuchs eine tiefe Vertrautheit. Doch im Laufe der Zeit wurde die Königin der Sanftmut und Gefügigkeit der Prinzessin überdrüssig. Ihr jungmädchenhaftes Gebaren, ihre nervöse Überempfindlichkeit und ihr offensichtlicher Mangel an Intelligenz störten die Königin zunehmend. Anders als die jungen Frauen an ihrem Hof, die nach taktischen Gesichtspunkten verheiratet worden waren, konnte die Königin ihrem tristen Eheleben nicht dadurch entfliehen, daß sie sich einen Liebhaber nahm, und so suchte sie – wahrscheinlich unbewußt – Vertraute, die ein aufregenderes Privatleben führten als sie oder die Prinzessin von Lamballe. Durch sie wollte Marie Antoinette gewissermaßen stellvertretend leben.

Um diese Zeit schätzte sie besonders die Gesellschaft von Madame Dillon und der Fürstin Guémené. Madame Dillon war ihr bei den Bällen im Winter aufgefallen, und sie hatte ihre Bekanntschaft gesucht. Madame Dillon war eine charmante Frau, Nichte des Erzbischofs von Narbonne und Geliebte des Fürsten Guémené, was sie nicht hinderte, mit seiner Frau befreundet zu sein. Die Fürstin Guémené, Tochter des Marschalls Soubise, tröstete sich unterdessen mit dem Herzog von Coigny, ohne daß irgend jemand am Hofe daran Anstoß nahm. Von ihrer Tante Madame de Marsan hatte die Fürstin das verwaiste Amt der Gouvernante der Kinder der königlichen Familie übernommen. Die beiden Damen gehörten unterschiedlichen Hofcliquen an. Bei Madame de Guémené trafen sich die Anhänger des ehemaligen Ministers Choiseul, zu ihren Soupers und ihren Konzerten in Paris und auf ihrem Besitz in Montreuil kam eine sehr elegante und sehr frei gesonnene Gesellschaft. Auch die Königin beehrte ihre Feste, die um so vieles glanzvoller waren als die Bälle bei Madame de Noailles, mit ihrer Anwesenheit. Im Salon von Madame de Guémené lernte Marie Antoinette den Herzog Lauzun kennen, der mit stürmischen Affären von sich reden machte. Er war dreißig Jahre alt, ein Sproß aus hohem Adel, und tat sich, obgleich er sich einer diplomatischen Karriere verschrieben hatte, mehr als Liebhaber hervor denn als Diplomat. Kurz zuvor war er von einer Mission bei der Zarin zurückgekehrt, deren Resultate Vergennes wenig überzeugend erschienen. Die Fürstin Guémené und Madame Dillon «hatten die Königin auf mich neugierig gemacht», schrieb er. «Sie empfing mich wohlwollend. [...] Wir verstanden uns gut, und in kaum zwei Monaten war ich eine Art Favorit.«[13] Bald schon rühmte sich Lauzun, ein überzeugter Anhänger Choiseuls, seines Einflusses auf die Königin. Vielleicht malte er sich einen Augenblick lang aus, daß ihm an ihrer Seite eine große Zukunft beschieden war. «Ich wollte ihr zeigen, wie man ein großes Reich lenkt, wie sie mit zwanzig eine glanzvolle Rolle spielen könnte, die sie für alle Zeiten berühmt machen würde.»[14] Die anderen Anhänger Choiseuls holten ihn aus solchen Träumen wieder in die Realität zurück.

Lauzun verwirrte die Königin, und sie ließ sich verwirren, weil das Gefühl so vollkommen neu für sie war. Der Mann interessierte sie viel mehr als seine politischen Pläne, soweit er überhaupt in der Lage war, einen ernstzunehmenden Plan zu entwerfen. In politischen Dingen hörte sie eher auf Baron Besenval, der ebenfalls zum Kreis um Choiseul gehörte. Baron Besenval, ein alternder Don Juan von fünfundfünfzig Jahren, war der Enkel eines Bürgerlichen aus der Schweiz, den Ludwig XIV. in den Adelsstand erhoben hatte, und der Sohn von Katherina Bielinska, einer entfernten Cousine der Königin Maria Leszcýnska. Sein Leben hatte er dem Kriegshandwerk gewidmet, er war ein verdienter Feldmarschall und hatte sich in der Schlacht von Klosterkamp hervorgetan. Choiseul hatte seinem Günstling zum Amt des Generalinspekteurs der Schweizergarde verholfen. Neben den militärischen Aufgaben hatte Besenval Zeit gefunden, zwei Romane und mehrere Erzählungen zu schreiben, außerdem förderte er Maler und Bildhauer. «Mit seiner offenen, gewinnenden Miene nahm er sich bisweilen Unverschämtheiten heraus, die ihm aufs beste gelangen», sagte Besenvals Freund, der Prinz von Ligne, über ihn. «Er traf den rechten Ton im schlechten Ton, und seine Vertraulichkeiten wirkten offenherzig und freundlich.»[15] Besenval besaß vielfältige Talente, keiner konnte so gut wie er die alltäglichen Klatschgeschichten erzählen. Dies allein war Grund genug, daß die Königin ihn in ihren Kreis zog, außerdem sprach seine Treue zu Choiseul, den er mehrfach in Chanteloup besucht hatte, für ihn. Bald schon galt er als Vertrauter und Ratgeber der Königin. «Die Gunst und das Vertrauen, welche die Königin mir bezeigte, banden mich rückhaltlos an sie. Ich sprach zu ihr in einer für eine Frau von zwanzig Jahren angemessenen Sprache und bemühte mich, ihr die Vorstellungen und Auffassungen nahezubringen, welche ihr am ehesten zu ihrem Ruhm und zu ihrem Glück gereichten. Ich glaubte, daß sie diese im Ansatz bereits besaß, und schmeichelte mir, daß ich sie entwickelte», schrieb er mit einer gewissen Selbstgefälligkeit.[16] Marie Antoinette ahnte nicht, daß der Baron leidenschaftlich gern Intrigen spann. Ein neues Mitglied in ihrem Kreis unterstützte ihn willig.

Die Gräfin Jules de Polignac, geborene Gabrielle Yolande de Polastron, zog die Königin unwiderstehlich an. Klein, dunkelhaarig, das Gesicht ein vollendetes Oval, die Haut durchscheinend weiß, die Zähne regelmäßig und gerade gewachsen, war sie eine Frau von strahlender Schönheit, und sie bewegte sich voller Anmut. Ihr Geist entsprach allerdings nicht dem faszinierenden Äußeren, sie war träge, bequem, sehr einfältig und strebte nach keinem Ziel. Die meiste Zeit lebte sie auf ihrem Besitz in Claye, sie kam nur selten nach Versailles und machte der Königin ohne große Begeisterung den Hof. Doch Marie Antoinette suchte ihre Gesellschaft, und schon bald faßte sie «eine sehr lebhafte Neigung»[17] für sie. «Das Herz der Königin war dafür geschaffen zu lieben. Sie suchte eine Freundin, die von ihrem Wesen angezogen wäre und nicht von ihrer Macht, die sie um ihrer selbst willen lieben würde. Die Gräfin Jules war der Königin durch ihre Erscheinung aufgefallen, durch die Sanftheit ihrer Augen, das bescheidene und offene Wesen, das aus ihren anziehenden Gesichtszügen sprach, und sie faßte eine Freundschaft für die Gräfin, die bis zu ihrem Tode dauerte.»[18] Besenval, ein Freund der Familie Polignac, bemerkte vermutlich als erster das Interesse der Königin und bestärkte sie darin, «weil ich die Vorzüge fühlte, welche ihr aus einer solchen Freundschaft erwachsen würden».[19] Mit der bereitwilligen Unterstützung der Gräfin Polignac übte Besenval bald großen Einfluß auf die Königin aus, und sie ließ sich arglos von ihm lenken.

Neben ihren Zerstreuungen vernachlässigte Marie Antoinette ihren Ehemann, doch er schien darüber nicht verärgert zu sein. Eine schwere Erkältung war ein willkommener Anlaß, ihn zu bitten, er möge abends nicht mehr in ihr Schlafzimmer kommen. Nachdem sie wieder gesund war, hatte sie keine Eile damit, das eheliche Leben wiederaufzunehmen. Mercy fürchtete eine weitere Entfremdung zwischen den Gatten und schlug vor, einen Verbindungsgang zwischen den Gemächern des Königs und denen der Königin anzulegen, damit nicht jeder Besuch des Königs bei seiner Frau ein Spießrutenlaufen vor den Höflingen war, die ihn mit spöttischen Blicken verfolgten.

Marie Antoinette war mit diesem Leben ganz und gar zufrieden, wie aus einem Brief hervorgeht, den sie am 17. April an den Grafen Rosenberg schrieb: «Ich mache mir keine Sorgen um die Geschichten, die nach Wien dringen, solange sie Euch zu Ohren kommen. Ihr kennt Paris und Versailles, Ihr habt das Leben hier gesehen und Euch ein Urteil gebildet. Wenn ich eine Rechtfertigung bräuchte, würde ich mich an Euch wenden; aufrichtig gebe ich mehr zu, als Ihr sagen würdet: So sind zum Beispiel meine Neigungen nicht die gleichen wie die des Königs, der nur die Jagd und mechanische Arbeiten liebt. Ihr werdet beipflichten, daß ich in einer Schmiede keine anmutige Figur abgeben würde, ich wäre kein Vulkanus, und die Rolle der Venus könnte ihm womöglich noch viel mehr mißfallen als meine Neigungen, die er keineswegs mißbilligt. Unser derzeitiges Leben ähnelt in nichts dem in der Karnevalszeit. Ihr könnt Euch über mein Unglück verwundern, denn nach der Andacht der Karwoche war ich sehr viel mehr verschnupft als nach allen Bällen. Ihr werdet gewiß finden, daß dies recht gefügt ist. Jeden Montag findet bei mir ein Konzert statt, welches reizend ist. Die Etikette hat dabei keinen Platz. Ich singe in einer ausgewählten Gesellschaft von Damen, die ebenfalls singen. Es kommen auch einige liebenswürdige Herren, die nicht mehr zur Jugend gehören; es sind dies Monsieur de Duras, Herzog Noailles, Baron Besenval, Monsieur d'Esterházy, Monsieur de Polignac, Monsieur de Guémené und zwei oder drei andere. Das Konzert dauert von sechs Uhr bis neun Uhr, was niemandem lang erscheint.»[20]

Da die Königin in ihrer Vergnügungssucht keine Grenzen mehr kannte, wollte Mercy ihr die Augen öffnen. Er versuchte ihr zu erklären, «daß es die erste unerläßliche Bedingung für ihr dauerhaftes Glück ist, daß sie mit dem König in den wichtigsten Punkten seines Charakters übereinstimmt, daß er die Ordnung liebt, ein methodischer Geist ist, ein wenig ernsthaft, sehr besonnen und ruhig, und daß sie sich zu weit von seiner Lebensweise entfernt, wenn sie sich andauernd lauten Vergnügungen hingibt». Mit Nachdruck setzte er ihr auseinander, «daß sie den König nur noch ernsthafter macht, wenn sie ihm unaufhörlich das Bild unbegrenzter Zerstreuung vor Augen führt, daß seine Seele sich unmerklich nach außen abschließen und das Vertrauen sich im selben Maße vermindern wird, daß ebenso die Nachsicht schwinden wird und daß, wenn erst einmal dieser Punkt erreicht ist, alles verloren ist».[21] Die Königin hörte ihm nachdenklich zu und gab ihm dann zu verstehen, daß sie den unwiderstehlichen Drang spürte, sich zu amüsieren, weil sie andernfalls vor Langeweile sterben würde.

Um diese Zeit bereitete man die Salbung Ludwigs XVI. vor, die im Juni in Reims stattfinden sollte. Entsprechend der französischen Tradition empfing nur der König die Salbung, die Königin mußte sich mit der Rolle einer Zuschauerin zufriedengeben. Mercy kam zu Ohren, daß ein Oratorianer kurz zuvor eine Denkschrift verfaßt hatte, in der er die Auffassung vertrat, auch die Königin müsse gesalbt werden. Nach den Prinzipien der französischen Monarchie war diese These freilich nicht haltbar. Mercy ließ sich dennoch umgehend ein Exemplar der Denkschrift besorgen, die noch nicht einmal gedruckt war, und gab sie weiter an den Herzog Duras, einen Kammerherrn des Königs. «Ich habe mich in einer Weise verhalten», berichtete Mercy an die Kaiserin, «daß ich nicht verdächtigt werden kann, ich hätte mich in diese Angelegenheit eingemischt. Nun gilt es herauszufinden, was der König darüber denkt. In Anbetracht der derzeitigen Umstände wäre es keineswegs von geringer Bedeutung, wenn die Königin ebenfalls gesalbt würde. Dies würde in der Öffentlichkeit eine große Wirkung haben, und solange die Königin keine Kinder hat, darf man kein Mittel versäumen, ihre Position gegenüber der Nation zu stärken.» Die Königin wußte nichts von Mercys Vorstoß; man könnte sogar auf die Idee kommen, daß Mercy die fragliche Denkschrift selbst in Auftrag gegeben hatte. Doch seine Bemühungen blieben fruchtlos, der König äußerte sich nicht dazu. Der Königin erklärte Abbé Vermond eindringlich, wie wichtig es für sie sei, wenn sie zusammen mit dem König gesalbt und gekrönt würde, aber «er fand bei ihr nur große Gleichgültigkeit in dieser Angelegenheit».[22]

Andere Dinge beschäftigten Marie Antoinette sehr viel mehr. Wenn sie nicht gerade mit dem Grafen von Artois zu irgendeiner Unternehmung unterwegs war, verbrachte sie die Zeit mit ihren neuen Freunden, mit denen sie sich nie langweilte. Turgots Reformen und der «Mehlkrieg», der das ganze Königreich in Aufregung versetzte, nahm sie kaum zur Kenntnis. Sie versuchte nicht einmal zu verstehen, was die Reformen des Ministers bedeuteten und was die Aufstände ausgelöst hatte. Den Anhängern Choiseuls boten die Unruhen einen willkommenen Anlaß, um ihren Gönner bei der Königin ins Spiel zu bringen. Anfang April hatte die Gräfin Brionne, die als Choiseuls Geliebte galt, Marie Antoinette eine alarmierende Denkschrift über die Situation im Land überreicht. Daraus ging natürlich hervor, daß Choiseul der einzige war, der Frankreich retten konnte. Marie Antoinette war so ungeschickt gewesen, diese Denkschrift dem König zu zeigen, er hatte sie mit deutlicher Verärgerung beiseite geschoben. Von diesem verhaßten Mann wollte er nichts hören.

Choiseuls Anhänger gaben sich nicht so schnell geschlagen. Damit Choiseul wieder Minister werden konnte, mußte man Maurepas aus dem Weg räumen. Zunächst galt es dafür zu sorgen, daß d'Aiguillon vom Hof verbannt wurde, denn das hätte ohne Zweifel zur Folge, daß Maurepas sich «abgestoßen» von den Hofintrigen zurückziehen würde. Man rechnete damit, daß der Greis nicht die Kraft haben würde, sich trotz der Machenschaften der gegnerischen Partei an der Macht zu halten, und es vorziehen würde, um seine Entlassung zu bitten. Der König wäre dann gezwungen, den einzigen Mann zu rufen, der als Retter in der Not in Frage kam. Alle Hoffnungen der Clique um Choiseul ruhten auf der Königin, sie war die wichtigste Figur in ihrem Ränkespiel. Die Urheber dieses Plans legten freilich bemerkenswert wenig politisches Gespür an den Tag, sie überschätzten den tatsächlichen Einfluß der Königin und unterschätzten den König und die Macht der Minister.

Entsprechend diesem Plan machte sich Besenval daran, Marie Antoinette gegen den Herzog d'Aiguillon aufzuhetzen. In seinen Memoiren schildert Besenval sein Vorgehen ganz unverblümt: «Allein um der Interessen der Königin willen hätte ich Monsieur d'Aiguillon angegriffen, den zu hassen ich keinen persönlichen Grund hatte. Aber andere Überlegungen trieben mich noch stärker dazu. Er hatte den Sturz von Monsieur de Choiseul herbeigeführt, meiner Ansicht nach verdiente er dafür Bestrafung. Solange Monsieur d'Aiguillon noch in irgendeiner Weise Macht besaß, konnte ich keine Hoffnung für eine Rückkehr von Monsieur de Choiseul hegen.»[23] Die Königin hatte seit jeher eine Abneigung gegen d'Aiguillon, die man ohne Schwierigkeiten weiter schüren konnte. Es sah so aus, als würde Choiseuls Partei leichtes Spiel haben.

Um diese Zeit wurde im Gerichtshaus gegen einen Günstling von Choiseul verhandelt, den Grafen Guines. Der Herzog d'Aiguillon intrigierte nach Kräften gegen ihn, und schon allein darum unterstützte die Königin Guines, obwohl sie ihn kaum kannte und mit der Angelegenheit, um die es in dem Prozeß ging, nicht das geringste zu tun hatte. Folgendes warf man ihm vor: Graf Guines war französischer Botschafter in England. Im Jahr 1772 hatte sein ehemaliger Sekretär Tort de La Sonde gegen ihn Klage erhoben wegen Unterschlagung, unrechtmäßiger Bereicherung und Verbreitung von Staatsgeheimnissen zu seinem persönlichen Vorteil. Der Sekretär sann auf Rache, seit er einige Monate in der Bastille verbracht hatte, weil er spekuliert und höchst einträglich Schmuggel betrieben hatte, wahrscheinlich im Auftrag seines Herrn. Nachdem der Sekretär verhaftet worden war, ließ Guines ihn fallen. Im Jahr 1772 war d'Aiguillon Außenminister gewesen, und vom ersten Tag seines Prozesses an glaubte Guines fest, daß er ein Opfer von Machenschaften war, die sich gegen die Freunde Choiseuls richteten. Man hetzte ihn planvoll gegen d'Aiguillon auf. Eine Flut von Streitschriften ergoß sich über Paris, die Affäre zog sich hin. Nach der Thronbesteigung Ludwigs XVI. hatte Graf Guines an den neuen König geschrieben, d'Aiguillon beschuldigt und Gerechtigkeit verlangt. D'Aiguillon holte zum Gegenschlag aus, vermutlich hatte Maurepas ihn rechtzeitig gewarnt. Im Staatsrat unterstützten Maurepas und Vergennes Herzog d'Aiguillon, der König zögerte, Partei zu ergreifen, obwohl ihm seine Frau, aufgestachelt von der Partei um Choiseul, unaufhörlich in den Ohren lag. Marie Antoinette hatte keine Ahnung, was man Graf Guines vorwarf, sie träumte nur davon, daß er als strahlender Sieger aus dem Prozeß hervorgehen und d'Aiguillon mit Schimpf und Schande entlassen würde.

Für einen alten Fuchs wie Besenval war es ein Kinderspiel, die Königin davon zu überzeugen, daß d'Aiguillon ins Exil gehen müsse. Die Aufgabe wurde noch zusätzlich dadurch erleichtert, daß man in der Hauptstadt immer unfreundlicher über die Königin sprach. Ohne Schwierigkeiten gelang es Besenval, ihr einzureden, daß d'Aiguillon die Quelle aller Verleumdungen sei. Marie Antoinette bestellte daraufhin den ehemaligen Polizeichef Sartine zu sich und «wies ihn an, die nötigen Maßnahmen zu ergreifen, um gegen das zügellose Reden in den Cafés und an den anderen Stätten einzuschreiten, wo die Müßiggänger von Paris sich versammeln und über Regierungsangelegenheiten und angebliche Handlungen der königlichen Familie schwadronieren». Weil die Königin befürchtete, daß der Jubel nicht so laut wie üblich ausfallen könnte, verzichtete sie sogar darauf, in der Oper die Aufführung von Glucks *Orpheus* zu besuchen. Auf Anraten von Besenval begann sie «beim König gegen Monsieur d'Aiguillon zu arbeiten».[24] Kein Tag verging, ohne daß sie das leidige Thema zur Sprache brachte. Schließlich war Ludwig XVI. der Szenen und Tränen überdrüssig, er gab nach und versprach, d'Aiguillon auf seinen Besitz Veretz in der Touraine zu verbannen.

Marie Antoinette glaubte einen großen Sieg errungen zu haben und brannte darauf, die Neuigkeit anläßlich einer Jagd ihrem neuen Vertrauten zu eröffnen. Zu ihrer großen Enttäuschung teilte Besenval ihre Freude nicht. In der Touraine war d'Aiguillon immer noch nahe genug am Hof, daß er Intrigen spinnen konnte, man mußte ihn sehr viel weiter vom Hof entfernen, am besten nach Aiguillon im Agenais im Südwesten des Landes, «damit die Entfernung ihn außerstande setzt, sein Ränkespiel fortzuführen». Als Marie Antoinette nicht sofort darauf einging, zog Besenval alle Register, um sie zu überzeugen, daß «dieser Schritt unerläßlich war, wenn sie zu ihrem Nutzen und zum Nutzen aller ehrenwerten Personen handeln wollte». In den nächsten Tagen kam er immer wieder darauf zurück und drängte sie, auf den König einzuwirken. «Ich habe mit dem König gesprochen», berichtete sie kurz darauf Besenval. «Er beginnt endlich zu fürchten, daß Monsieur d'Aiguillon sich über ihn lustig machen könnte, und ich glaube, er wird Ordnung schaffen.»[25] Besenval triumphierte.

D'Aiguillons Verbannung überraschte viele Minister, denn zu diesem Zeitpunkt gab es keinen Grund für eine solche Maßnahme. Das Wirken der Königin hinter den Kulissen war ihnen verborgen geblieben, sie «konnten nur Vermutungen anstellen»[26] und waren beunruhigt. Mit Maurepas, der sich verwundert über die Härte gegenüber seinem Neffen geäußert hatte, sprach die Königin offen. Besenval schildert die Szene so: «‹Das Maß ist voll›, sagte die Königin. ‹So kann es nicht weitergehen.› – ‹Aber Madame›, erwiderte Maurepas, ‹mir scheint, wenn der König jemandem etwas Schlimmes zufügen muß, sollte dieses Schlimme nicht durch Euch geschehen.› – ‹Ihr könntet recht haben, Monsieur, und ich gedenke so etwas nicht noch einmal zu tun. Aber diesmal will ich es tun.› – ‹Darf ich sagen, Madame, daß es Euer Wunsch ist, denn der König scheint mir eher gleichgültig zu sein?› – ‹Ihr könnt es so an die Öffentlichkeit bringen, ich bin einverstanden. Ich nehme alles auf mich.›»[27] Obgleich Maurepas das uneingeschränkte Vertrauen des Königs besaß, schwante ihm, daß auch er über kurz oder lang in Ungnade fallen könnte. Die Hartnäckigkeit, mit der dieses verwöhnte, ahnungslose Kind seine Ziele verfolgte, beunruhigte ihn sehr.

«All dies wäre unbedeutend», schrieb der Abbé Véri, «wenn sich der Einfluß der Königin in Zukunft auf Gegenstände beschränkte, die nichts mit der öffentlichen Ordnung zu tun haben. Aber dafür kann niemand bürgen. Der König fürchtet sie mehr, als daß er sie liebt, denn er ist genauso fröhlich oder fühlt sich sogar noch wohler bei Unternehmungen, bei denen sie nicht dabei ist. Der Ausdruck der Furcht, so unsinnig sie auch sein mag, steht ihm oft deutlicher ins Gesicht geschrieben als die Zuneigung. [...] Der Einfluß der Königin auf die Staatsangelegenheiten (wenn es ihn denn geben sollte) wird kein Glück für den Staat sein. Ihr Verstand ist nicht so gut wie ihr Herz; sie wird leicht zu täuschen und nicht in der Lage sein, alle Angelegenheiten zu überblicken. Ihr Gemahl wird als erster darunter leiden. Seine Herrschaft wird durch Hofintrigen erschüttert werden und noch mehr durch öffentliche Ausbrüche, deren Vorzeichen mit jedem Tag deutlicher hervortreten.»[28]

Die Neuigkeit von d'Aiguillons Sturz hatte sich so schnell verbreitet, daß ganz Versailles davon wußte, noch bevor dem Herzog seine Verbannung offiziell mitgeteilt worden war. Die Königin hatte höchstpersönlich die Nachricht in Umlauf gebracht. Sie frohlockte. Sie hatte den Mann zerschmettert, der ihr Böses gewollt hatte. Zu allem Überfluß wurde auch noch Graf Guines für unschuldig befunden. Die neuen Freunde der Königin rieben sich die Hände und bereiteten dem «Opfer» des Herzogs d'Aiguillon einen triumphalen Empfang. Ein Minimum an Zurückhaltung war dennoch geboten, denn der Freispruch war nur mit einer Stimme Mehrheit erfolgt. Die Öffentlichkeit nahm die Entlastung des Botschafters gleichgültig zur Kenntnis, aber die Entlassung d'Aiguillons löste Empörung aus. Man spekulierte über die Gründe für eine so harte Entscheidung, selbst unter den Anhängern Choiseuls regte sich hie und da Unmut. «Überall war von Tyrannei die Rede, von Gerechtigkeit, bürgerlicher Freiheit und Gesetzen»,[29] schrieb Besenval und beglückwünschte sich im selben Atemzug zu seiner erfolgreichen Tat. «Ich hatte erreicht, was ich für das beste für die

Königin hielt, das beste für alle. Nun galt es nur noch dafür Sorge zu tragen, daß das öffentliche Gerede keinen Eindruck auf sie machte.«[30] Ohne Schwierigkeiten überzeugte er sie davon, daß ihr Sieg vollkommen war. Nur Mercy durchschaute allmählich die Machenschaften des Barons.

Im Hochgefühl ihrer Allmacht fuhr die Königin am 5. Juni mit dem König nach Compiègne. Dort erholte sich der gesamte Hof drei Tage, bevor man sich zu den Krönungsfeierlichkeiten nach Reims begab. Die Krönung, die die untrennbare Verbindung des Königs mit seinem Volk besiegeln würde, war für Ludwig XVI. ein höchst bedeutungsvoller Akt. Erst die Salbung, die er in wenigen Tagen empfangen sollte, würde ihm die Kraft und die Macht verleihen, über das Königreich zu herrschen, das er von seinen Vätern ererbt hatte. Ludwig XVI., dieser unsichere junge Herrscher, war zutiefst gläubig und von den Traditionen durchdrungen; er wäre nie auf den Gedanken gekommen, den Sinn der Salbung anzuzweifeln. Ihm war es unverständlich, warum aufgeklärte Geister darin kindliche Magie sahen, die einzig dazu diente, die Völker in Abhängigkeit und Gehorsam zu halten. Durch die Salbung würde die göttliche Gnade auf ihn übergehen, und er würde aus der Masse der Menschen heraustreten. Nach der Salbung war er für alle seine Handlungen allein Gott verantwortlich, und diesen Augenblick sehnte er herbei. Lange und sehr ernsthaft hatte er sich auf die heilige Handlung vorbereitet. Mit der Königin hatte er darüber nicht gesprochen, für sie war die Salbung eine leidige Zeremonie, der sie nun einmal beiwohnen mußte. Sie hoffte, daß sie bei dieser Gelegenheit wenigstens wieder bejubelt werden und die Begeisterung der Menschen spüren würde, die sie so berauschte.

Ein strenges Protokoll regelte, wie der König seine Hochzeit mit der Nation feierte. Am 8. Juni verließ er Compiègne früh am Morgen, die Königin folgte um acht Uhr abends in Begleitung von Monsieur und Madame und dem Grafen von Artois. Die Gräfin von Artois, im siebten Monat schwanger, war mit den Tanten in Versailles geblieben. In einem prachtvollen Kleid mit einem tiefen Dekolleté, um den Hals eine Kette aus schweren Diamanten, die Haare geschmückt mit Federn, fuhr Marie Antoinette in einer Prunkkarosse von Compiègne nach Reims. Das Mondlicht, die Fackeln, die Menschen, die die Straßen säumten, nur um sie zu sehen und ihr zuzujubeln – all dies erschien ihr wie ein Traum. Nichts anderes erfüllte sie mit so tiefer Glückseligkeit wie die Hochrufe der Menschen.

In Reims hatte man für sie Gemächer im erzbischöflichen Palais vorbereitet. Der König verbrachte die Nacht in Fismes. Am nächsten Morgen herrschte im Empfangszimmer der Königin ein unbeschreibliches Gedränge, jeder wollte einen Blick auf sie werfen und einen Blick von ihr erhaschen. Mit großer Anmut und Würde fand sie für jeden ein passendes Wort. Bei solchen Anlässen war sie die vollendete Königin, wie alle Augenzeugen berichten, diese Rolle beherrschte sie perfekt. Bei der Salbung war sie nur Zuschauerin, aber in ihrem Glanz zog sie alle Augen auf sich. «Sie schien mir noch schöner geworden», berichtet Croÿ, «ganz zarte Haut, sehr anmutig, und wenn sie wollte, konnte sie wie ihre Mutter überaus liebenswürdig sein.»[31]

Am 11. Juni war der Tag der heiligen Handlung gekommen. Mit großem Gefolge schritt Marie Antoinette zur Kathedrale, dort nahm sie mit den Prinzessinnen und den Damen ihres Hofstaats, alle prachtvoll gekleidet, auf der Tribüne Platz, die man für sie errichtet hatte. Da die Zeremonie mehrere Stunden dauern würde, hatte man hinter der Tribüne ein regelrechtes Appartement mit allen Annehmlichkeiten vorbereitet; sogar ein Abort mit Wasserspülung war vorhanden, damals der Gipfel des Komforts.

Unwillkürlich überlief die Königin ein Schauer, als der König feierlich Einzug hielt und fest und sicher auf den riesigen Thron unter dem Baldachin zuschritt. Aufgewühlt verfolgte sie die Zeremonie und beobachtete genau jede Bewegung ihres sonst so linkischen und ungeschickten Gemahls, der heute wie verwandelt wirkte. Im feierlichsten Moment, als Ludwig XVI. die heiligen Salbungen empfing, konnte die Königin die Tränen nicht zurückhalten. Der König hob den Kopf und blickte sie an. «In diesem Augenblick trat auf das Gesicht des Königs ein Ausdruck der Zufriedenheit, der niemandem entgehen konnte.»[32] Marie Antoinette war so überwältigt von Rührung, daß sie sich zurückziehen mußte und hemmungslos weinte.

Alle waren tief bewegt, der Gesandte von Tripolis brach in lautes Schluchzen aus. Aber dann ging die Rührung in Jubel über, es wurde geklatscht wie im Theater. Die Königin hatte sich gefaßt und war an ihren Platz zurückgekehrt. Der König sah sie an und lächelte. Der große Tag ging ohne den leisesten Mißklang vorüber. Am Abend nahm Ludwig XVI. erschöpft, aber glücklich, seine Frau am Arm, und ohne Eskorte bahnten sie sich einen Weg durch die begeisterte Menge. Marie Antoinette fühlte sich geliebt und bewundert. Wahrscheinlich hätte sie sich ganz diesem Gefühl hingegeben, wenn ihre Freunde sie nicht bald auf den Boden der Realität zurückgeholt hätten.

Das Intrigenspiel wurde in Reims unvermindert fortgesetzt. Die Anhänger Choiseuls wollten es ausnützen, daß Maurepas in Pontchartrain geblieben war und Choiseul sich in Reims befand. Ohnmächtig beobachtete Mercy ihr Treiben. «Die Königin wird von allen Anhängern des Herzogs Choiseul bedrängt», schrieb er an die Kaiserin, «die ihre Gunst für ihre eigenen Ziele nutzen ohne Rücksicht auf den Ruhm und die Interessen der Königin.»[33] Bald machte eine aufsehenerregende Neuigkeit in der beschaulichen Stadt die Runde: Die Königin hatte Herzog Choiseul eine Audienz von einer Dreiviertelstunde gewährt. Niemand wußte, worüber sie gesprochen hatten, aber schon munkelte man über eine Rückkehr Choiseuls. Mercy zufolge hatte Choiseul nicht selbst um die Unterredung gebeten, er hatte sich wieder einmal der Vermittlung Besenvals bedient. Ihrem Gemahl hatte Marie Antoinette schmeichelnd gesagt, sie wolle «nur ein wenig plaudern» mit dem ehemaligen Minister, und er hatte es ihr gestattet.[34] «Ihr habt vielleicht von der Audienz gehört, welche ich dem Herzog Choiseul in Reims gewährt habe», schrieb sie an den Grafen Rosenberg. «Man hat soviel darüber gesprochen, daß ich nicht dafür bürgen möchte, daß der alte Maurepas nicht Angst bekommen hat, er müsse sich bald zu Hause ausruhen. Ihr werdet mir gewiß glauben, daß ich ihn nicht gesehen habe, ohne vorher mit dem König zu sprechen, aber Ihr werdet nicht erraten, wie geschickt ich zu Werke gegangen bin, damit es nicht den Anschein hatte, ich wollte ihn um Erlaubnis bitten. Ich habe ihm gesagt, daß ich Lust hätte, Monsieur de Choiseul zu sehen, und daß ich nur wegen des Tages in Verlegenheit sei. Ich habe es so gut gemacht, daß mir *der arme Mann* selbst die bequemste Stunde vorgeschlagen hat, um ihn zu sehen. Ich glaube, ich habe in diesem Augenblick von meinem Recht als Frau reichlich Gebrauch gemacht.»[35] Rosenberg zeigte diesen Brief der Kaiserin und Joseph II., die beide über die Formulierung *der arme Mann* höchst verärgert waren. Diese Zeilen sind wahrscheinlich sehr viel ehrlicher als die geglätteten Berichte Mercys, der die Königin in einem möglichst schmeichelhaften Licht erscheinen lassen wollte. Zu Rosenberg war Marie Antoinette offen gewesen, ihm hatte sie ihren wahren Charakter gezeigt, während sie in den Briefen an ihre Mutter das kleine, zärtliche und immer ein wenig schuldbewußte Mädchen war. Rosenberg schrieb sie nichts von der Salbung, ihrer Mutter schrieb sie nichts von Choiseul.

Maria Theresia bekam selbstverständlich eine ausführliche, sehr gefühlvolle Schilderung der Ereignisse in Reims. «Die Salbung ist in jeder Hinsicht vollkommen gewesen», schrieb Marie Antoinette. «Es scheint, daß alle mit dem König sehr zufrieden waren; er hat guten Grund, mit allen seinen Untertanen zufrieden zu sein: Groß und klein, jeder hat ihm das größte Interesse entgegengebracht, und im Augenblick der Krönung wurde die Zeremonie in der Kirche durch bewegende Hochrufe unterbrochen. Ich konnte mich nicht mehr beherrschen, meine Tränen flossen wider Willen, und man war mir dankbar dafür. Ich habe während der ganzen Fahrt mein Bestes getan, um auf den Jubel des Volkes zu antworten, und obgleich es sehr heiß war und die Menge sehr zahlreich, bedaure ich es nicht, daß ich mich ermüdet habe, was im übrigen meine Gesundheit nicht beeinträchtigt hat. Es ist verwunderlich und zugleich ein großes Glück, daß wir zwei Monate nach der Revolte und trotz der Brotverteuerung, welche leider noch anhält, so gut empfangen wurden. Es ist bemerkenswert an dem französischen Charakter, daß er sich durch böse Einflüsterungen leicht hinreißen läßt und sofort wieder zum Guten zurückkehrt. Ganz gewiß sind wir um so mehr verpflichtet, für das Glück der Menschen zu arbeiten, wenn wir sehen, wie gut sie uns noch in ihrem Unglück behandeln. Der König schien mir von dieser Wahrheit durchdrungen; was mich betrifft, so weiß ich sicher, daß ich in meinem ganzen Leben (und sollte es hundert Jahre währen) den Tag der Salbung nicht vergessen werde.»[36] Erbauliche Worte – aber spricht da die wahre Marie Antoinette?

Kapitel VIII

Neue Intrigen, neue Launen

Nur «schöne Worte», bemerkte Maria Theresia zum Brief ihrer Tochter. «Bei allem Beifall, den man ihr spendete, hatte ich doch immer Angst, daß sie mit ihrem Temperament und Leichtsinn allerlei Verfehlungen begehen könne», fuhr die alte Kaiserin in ihrem blumigen Französisch fort.[1]

Die großen Orgeln der Kathedrale von Reims waren verstummt, und jetzt mußte man wieder an die nüchterne Wirklichkeit denken. Der stürmische Beifall hatte Maria Theresia so kalt gelassen wie jeden vernünftigen Beobachter der französischen Politik. Abbé Véri meinte treffend: «Der Beifall des Volkes [...], der den König und vor allem die Königin rührte, deren Tränen jedermann bemerkte, gehören immer zu pompösen, ungewöhnlichen Zeremonien. Sie begleiten das Schauspiel, ob die Menschen sich freuen oder nicht. Leider kann man sich am Jubel berauschen, der in der öffentlichen Meinung zuweilen einen falschen Eindruck erweckt. Den Schmeichlern ist er von großem Nutzen.»[2]

Marie Antoinette war tatsächlich wie berauscht, als sie freudestrahlend und zuversichtlich nach Versailles zurückkehrte. Die Zwanzigjährige hatte noch Illusionen und nahm die Sympathiebekundungen für bare Münze. Ihr gewöhnlich barscher Gatte war noch immer so aufmerksam, liebevoll und zuversichtlich wie seit seiner Krönung. Er liebte die Untertanen, die jubelnd die Ränder der Straße nach Versailles säumten, mit der naiven Liebe eines unerfahrenen Herrschers. Sie hofften auf Wunder, und Ludwig glaubte aufrichtig, er könne ihre Erwartung erfüllen. Was wußte er schon von seinem Volk? «Es ist wohl recht, wenn ich am Glück meines Volkes arbeite, das zu meinem Glück beiträgt», hatte er Maurepas vor der Abfahrt aus Reims geschrieben. «Die Aufgabe ist groß. Aber mit Courage und Euren Ratschlägen glaube ich sie zu meistern.» Nicht weniger gut meinte es Marie

Antoinette, die Turgot sogar erklärt hatte, sie wolle den König «bei seinen Vorhaben unterstützen».[3]

Ludwig XVI. und Marie Antoinette hatten noch Illusionen. Die Königin, die sehr spontan und nur mit den besten Absichten handelte, hatte Choiseul offenbar vergessen. Sie hatte bei ihrem Ehemann durchgesetzt, daß sie ihn treffen konnte, und dies reichte ihr vorerst als Sieg.

Die vielbeschworene Begegnung war übrigens nicht entscheidend gewesen. Choiseul, der zu sehr Realist war, um für die nähere Zukunft auf eine Rückkehr ins Ministerium zu hoffen, war vorsichtig gewesen. Er wußte, daß ihm der König nicht wohlgesinnt war, und beschränkte sich in der Unterhaltung mit seiner Gattin deshalb vornehmlich darauf, für seine Freunde um Gnaden zu bitten, zum Beispiel um das blaue Band für Graf Guines und um den Titel des Herzogs für Prinz Beauvau und Graf Châtelet. «In scherzhaftem Ton sagte er allerhand gegen die jetzige Regierung. Er spottete nach Kräften über den Amtsadel,[4] und [...] in diesem Teil der Audienz beeinflußte er das Denken der Königin. Alles in allem sah man in den Bitten und Meinungen des Herzogs eher Anzeichen intriganter Absichten als eines Diensteifers gegenüber der Königin.» Als verhängnisvoll sollte sich Choiseuls Ratschlag erweisen, wie die Königin mit ihrem Mann umzugehen habe, «den König durch Charme erobern oder ihn durch Furcht in ihr Joch zu zwingen».[5] Nach Mercy ging die Königin den zweiten Weg.

Choiseuls Anhänger rechneten allerdings mit seiner baldigen Rückkehr in die Politik. Besenval und Gräfin Brionne gewannen erneut Einfluß auf Marie Antoinette, obwohl Mercy und Vermond alles daran setzten, um dies zu verhindern. Vermond, der an den Launen und der Halsstarrigkeit der jungen Königin fast verzweifelte, dachte ernsthaft daran, den Hut zu nehmen, und es bedurfte der ganzen Überredungskunst des Botschafters, um ihn davon abzubringen. In einer Periode der Entspannung zwischen Österreich und Frankreich hätte Marie Antoinette besser daran getan, auf die Ratgeber ihrer Mutter zu hören, aber statt dessen konsultierte sie bei jeder Entscheidung Besenval. Und der versicherte ihr, daß sie ihren Kredit am besten vergrößere, indem sie sich bei der Besetzung von Ministerien engagiere. Marie Antoinette, für die Politik nur eine Sache von Personen war, betrieb es sozusagen als Spiel, Kandidaten für höchste Ämter vorzuschlagen, wobei ihre Fähigkeiten Nebensache waren. Im Regelfall handelte es sich um Choiseuls Anhänger.

Nach der Rückkehr nach Versailles behandelte sie Maurepas mit einem Mal nicht mehr von oben herab, sondern begegnete ihm zu seiner und der Minister Überraschung liebenswürdig. Seit der Affäre Aiguillon kannten sie die Launen der Königin und witterten sofort, daß hinter dem Stimmungsumschwung ein Plan der Anhänger Choiseuls steckte. Da Maurepas nicht hatte ausgebootet werden können, hatte Besenval der Königin nahegelegt, sich mit ihm gutzustellen. «Ich war überzeugt», schrieb er, «daß er zu allem bereit sei, wenn sie ihm nur einen Schritt entgegenkommen würde.»[6] Es ging also darum, die Gunst Maurepas' zu gewinnen, der noch immer das Vertrauen des Königs hatte, und sich statt dessen an Turgot zu halten, den starken Mann der Regierung. «Die Gegenwart des Generalkontrolleurs ist unvereinbar mit einer Rückkehr Choiseuls», versicherte Véri. «Die Art ihres Denkens, die Prinzipien ihrer Führung und die Herzen dieser Männer sind vollkommen gegensätzlich.»[7]

Während der Aufstände des «Mehlkrieges» hatte sich Turgot als Staatsmann von Format erwiesen und entschlossen die Ordnung wiederhergestellt, während Maurepas sich in der kritischen Lage als schwach und zaghaft gezeigt hatte. Turgot war bis zur Krönung zum einflußreichsten Minister Ludwigs XVI. geworden, der den König für die Reformen gewann. Ihm schwebten nicht nur Neuerungen in der Wirtschaft und im Steuerwesen vor. Er dachte selbst über Maßnahmen nach, die sein Ressort bei weitem überstiegen, wie die Verleihung der Bürgerrechte an Protestanten oder die Verweltlichung von Erziehung und Wohlfahrt. Seine Reformvorschläge, die man oft entstellt wiedergab, bedrohten allerhand Privilegien. Und einige machten Turgot sogar für den «Mehlkrieg» verantwortlich, weil er im vorigen September den freien Handel mit Getreide eingeführt hatte, was angeblich zur Verteuerung des Brotes geführt habe.

Choiseuls Koterie hatte für Turgot, der dem «Gemeinwohl verfallen» schien, jedenfalls nur Verachtung übrig. Besenval hielt ihn für einen «eitlen Charakter», der «wahrhaft unfähig» und ein «arroganter, mittelmäßiger und erbärmlicher Philosoph» sei.[8] Es gelang dem Baron rasch, ihn bei der Königin in Mißkredit zu bringen und ihr deutlich zu machen, daß sie die beste Gelegenheit hatte, ihre Machtposition zu festigen. Gerade jetzt mußte Ludwig XVI. die Posten des Herzogs von La Vrillière und Bertin nachbesetzen, der letzten Minister aus dem Kabinett Ludwigs XV. Maurepas und Turgot drängten darauf, Malesherbes, den berühmten Präsidenten des Obersteuergerichtes, in La Vrillières Amt zu berufen, das neben der Leitung des Hofstaates der königlichen Familie alle Aufgaben eines zukünftigen Innenministers umfaßte.

Malesherbes, ein herausragender Jurist, der sich brennend für institutionelle Fragen interessierte, galt zu Recht als einer der fortschrittlichsten Geister seiner Zeit. Sein Einzug ins Ministerium würde die «aufklärerische» Partei stärken, die das Gebäude der Monarchie von Grund auf erneuern wollte. Allerdings war der König dieser sogenannten «philosophischen Sekte» nicht gewogen. Wie im Vorjahr bei der Ernennung Turgots zögerte er auch diesmal. In weiser Voraussicht hatte Turgot die Unterstützung Marie Antoinettes zu gewinnen versucht, und sie hatte «die Wahl von Monsieur Malesherbes auch goutiert».[9] Doch kurz nach der Rückkehr aus Reims überlegte sie es sich anders: Besenval hatte sie überzeugt, daß Sartine Minister des königlichen Hofstaates und Ennery Marineminister werden müsse. Als die Minister dem König immer wieder rieten, Malesherbes ins Kabinett zu berufen, rief Marie Antoinette schließlich Maurepas zu sich. «Ihr wißt doch, daß ich gerne mit Euch übereinstimme», sagte sie ihm. «Es geht um das Wohl des Staates, um das Wohl des Königs und folglich um meines. Monsieur de La Vrillière zieht sich zurück. [...] Ich möchte, daß sein Posten mit Sartine und der des Marineministers mit Graf Ennery besetzt wird. Ich verstehe nicht, warum Ihr mir von Unstimmigkeiten berichtet, die es zwischen Turgot und Sartine geben soll. [...] Ihr haltet sie beide für Ehrenmänner, und damit ist ausreichend gesichert, daß sie im Dienst am König gut zusammenwirken. Sind sie es nicht beide, welcher ist dann der Schurke? [...] Ich setze Euch davon in Kenntnis, daß ich dem König heute abend und morgen meine Wünsche mitteile. Ich wiederhole, daß ich mit Euch im Einklang sein möchte; es liegt an Euch, daß dem so ist. Ihr seht die Bedingung.»[10]

Maurepas wich der Forderung der Königin, die einer Drohung gleichkam, höflich aus und setzte von da an alles daran, der politisch ignoranten und leicht zu beeinflussenden Frau, die immer mehr zum Spielball fremder Interessen wurde, möglichst den Einfluß zu entziehen. Selbst Vermond, der von seinem Freund Turgot von Marie Antoinettes Auftritt erfuhr, war über ihre unwirsche Art bei der Begegnung mit Maurepas überrascht: «Jemand muß sie im Verlauf des Tages verärgert haben, denn heute morgen sprach sie mit mir in einem anderen Ton», wunderte er sich. «Ich vermute, man hat ihr gesagt, Monsieur de Maurepas sei schwach und es mache auf ihn am meisten Eindruck, wenn man einen rüden und entschlossenen Ton anschlage. Aber Monsieur de Maurepas darf ihr in diesem Punkt nicht nachgeben.» Und optimistisch fügte Vermond hinzu, Marie Antoinette werde sich «in zwei oder drei Wochen schon mit demjenigen abfinden, den er [Maurepas] an die Stelle gesetzt» habe.[11]

Die heikle Ernennung hing natürlich von Ludwig XVI. ab, und der war noch immer unentschlossen. Da ihn die Minister respektvoll darauf hingewiesen hatten, daß ihm die Öffentlichkeit eine zu große Nachgiebigkeit seiner Frau gegenüber vorwarf, widersetzte er sich ihr diesmal: «Das sind Eure Wünsche, Madame; ich kenne sie, und dies genügt. Die Entscheidung liegt bei mir»,[12] antwortete er etwas brüsk, als sie ihn zu überreden versuchte, ihre Kandidaten ins Ministeramt zu berufen. Er schickte Malesherbes einen Eilbrief mit der Bitte, in seine Regierung einzutreten. Die Königin und damit die Partei Choiseuls mußte eine Niederlage einstecken. Marie Antoinette, die von Besenval beeinflußt worden war, hatte sich bei den Ministern verdächtig gemacht und weiter an Kredit eingebüßt.

Die Königin begegnete Malesherbes frostig, aber ihre Verärgerung ließ, wie von Vermond vorausgesehen, bald nach. Noch immer unter Besenvals Einfluß spann sie weiter Intrigen. Für den Herzog von Chartres verlangte sie die Regierung des Languedoc, die der König Marschall Biron versprochen hatte. Ludwig XVI. gab ihr nicht nach. Kurz darauf setzte sie sich dafür ein, daß Chevalier Montmorency die Oberintendanz des Postwesens erhalten solle, ein kostspieliges Amt, das seit Choiseuls Sturz vakant war und nach Turgots Willen abgeschafft werden sollte. Als Ludwig XVI. sich der Meinung seines Ministers anschloß, betrachtete sich die Königin als beleidigt und zeigte dem Gatten öffentlich die kalte Schulter. Sie scheute sich auch nicht, von den Ministern Vorteile für ihre Freunde zu fordern. Sie bat um die Entlassung von Sieur Garnier, des Sekretärs der Londoner Botschaft, weil er beim Prozeß gegen Graf Guines nicht wunschgemäß ausgesagt hatte. Als Vergennes die Bitte untertänigst abschlug, wurde die Herrscherin böse: «Ich bleibe dabei und verlange es.» Auch die Erklärungen, die Mercy der Königin auf Bitten des Ministers überbrachte, konnten sie nicht beschwichtigen. Und immer wieder setzte sie ihrem Gatten, der sich erstaunlich standhaft zeigte, mit neuen Wünschen zu.

Um sie über ihren Mißerfolg hinwegzutrösten, richtete der König für Prinzessin Lamballe wieder das Amt der Oberintendantin des Hofstaates der Königin ein. Diese rein repräsentative, aber sehr einträgliche Funktion, die mit einer märchenhaften Fülle von Prärogativen versehen war, hatte man zur Zeit der Königin Maria Leszscýnska aus Kostengründen abgeschafft.

In Wien machte sich Maria Theresia um die Tochter größte Sorgen. Sie hatte den berüchtigten Brief an Rosenberg gelesen: «Welcher Stil! Welche Art zu denken! Das bestätigt nur meine Befürchtungen. Sie läuft mit großen Schritten in ihr Verderben. Und es ist ein Glück, wenn sie mit den Tugenden untergeht, die sich in ihrer Stellung gehören.»[13] Die Kaiserin mußte der Königin von Frankreich eine Rüge erteilen, und auch der Kaiser schrieb seiner Schwester einen gesalzenen Brief, in dem er sie strengstens zurechtwies: «Ihr mischt Euch in eine Unzahl Dinge, die Euch nichts angehen und von denen Ihr nichts versteht. Ihr unternehmt Schritte, die Eurem Lebensglück hinderlich werden könnten; und dies alles wegen Ränken und Günstlingen, die Euch schöntun, Eurer Eigenliebe und Gefallsucht schmeicheln oder sogar Euren Haß und Eure Rachsucht anstacheln. [...] Wozu, meine liebe Schwester, Euch einmischen, wenn es darum geht, Minister zu versetzen, den einen auf seine Ländereien zurückzuschicken, diesem oder jenem einen Geschäftsbereich zu geben, dem einen zu helfen, seinen Prozeß zu gewinnen, oder an Eurem Hof ein neues kostspieliges Amt zu schaffen? Und wozu schließlich von Geschäften sprechen und Ausdrücke benutzen, die sich für Eure Stellung nicht gehören? Habt Ihr Euch gefragt, mit welchem Recht Ihr Euch in die Angelegenheiten der Regierung und der französischen Monarchie mengt? Was habt Ihr schon gelernt? Welche Kenntnisse habt Ihr vorzuweisen, daß Ihr dreist glaubt, Eure Ansicht oder Eure Meinung könne von Nutzen sein? [...] Ihr, eine liebenswerte und junge Person, die Ihr nur an Euren Leichtsinn, Eure Toilette und den ganzen Tag an Eure Vergnügungen denkt; die Ihr keine Viertelstunde im Monat lest oder Euch ernsten Dingen zuwendet. [...] Ihr handelt ganz nach der Eingebung des Augenblicks, und Euer einziger Leitfaden sind die Worte und Argumente, die Eure Günstlinge Euch sagen und an die Ihr glaubt. Kann man etwas Unvorsichtigeres, etwas Unsinnigeres, etwas Unpassenderes schreiben als das, was Ihr dem Grafen von Rosenberg geschrieben habt? [...] Wenn ein solcher Brief je verloren ginge, wenn Ihr Euch je, woran ich kaum zweifle, Euren engen Vertrauten gegenüber zu solchen Worten und Sätzen hinreißen laßt, dann sehe ich für Euer Leben nur ein Unglück kommen.»[14]

So deutlich konnte nur ein Vater oder Bruder werden. Vielleicht hätte die Königin sich die Ermahnungen zu Herzen genommen, wenn sie sicher gewesen wäre, daß Joseph II. und der Wiener Hof wirklich nicht daran interessiert waren, daß sie in die französische Politik mit eingriff. Aber der Kaiser hatte andere Vorstellungen und sah in seiner Schwester ein Werkzeug der habsburgischen Politik, das erst dann in Aktion treten sollte, wenn es gebraucht würde. Sie sollte Ludwig XVI. eine treusorgende Gattin sein, die ihn zu gegebenem Zeitpunkt nach den Anweisungen aus Wien lenken würde. Ohne ihr die genauen Absichten ihrer Familie zu erläutern, wirkte Mercy schon seit Jahren darauf hin, daß sie Einfluß auf ihren Gatten nahm. Im gleichen Sinn, nur mit anderen Zielen, hatte sich auch Choiseul geäußert, und Besenval und andere Ratgeber hatten ihr stets suggeriert, daß sie im Staat eine wichtige Rolle zu spielen hätte. All diese Ratschläge hatten dazu geführt, daß Marie Antoinette auf ihren Mann eine weibliche Tyrannei ausübte und für Freunde immer neue Vorteile verlangte.

Marie Antoinette reagierte auf Josephs Brief verärgert. Sie begriff den Ernst der Lage nicht und glaubte nur, der Bruder gönne ihr keine Autorität. Besser nahm sie Maria Theresias Strafpredigten auf: «Meine Mutter sieht die Dinge aus der Ferne, sie schätzt sie nicht aus meiner Sicht ein und beurteilt mich zu streng. Da sie aber meine Mutter ist und mich innig liebt, muß ich es mit gesenktem Haupt entgegennehmen, wenn sie mir etwas sagt»,[15] verriet sie Mercy. Der Botschafter nahm die leichtsinnige Königin in Schutz und gab sich alle Mühe, die Sache mit dem Brief herunterzuspielen, in dem sie Ludwig XVI. als «armen Mann» bezeichnet hatte. Trotzdem mußte er einräumen, daß Marie Antoinette sich mit einer solchen Äußerung leicht kompromittieren konnte: «Wenn die Königin auch keine wesentlichen Grundsätze von Sitte und Anstand verletzt hat, so ist dies anders, was äußere Formen, das Erscheinungsbild und das besonnene Verhalten angeht, die für die Entwicklung der Persönlichkeit und des Kredits Ihrer Majestät vonnöten wären.»[16]

Hinter Marie Antoinettes Rastlosigkeit, ihren ständigen Launen und anmaßenden Einmischungen steckten in Wahrheit seelische Nöte. Oft war sie schwermütig. Der Lebensüberdruß, damals schon ein aktuelles Thema, wurde ebenso zu ihrem Begleiter wie die Sehnsucht nach Wien, der Mutter und den Geschwistern ... Mit Tränen in den Augen dürfte sie erfahren haben, daß der Graf und die Gräfin von Provence Madame Clotilde nach Chambéry begleiten würden. Marie Joséphine durfte anläßlich der Hochzeit der jüngeren Schwester Ludwigs XVI. mit dem Prinzen von Piemont zwei Wochen bei ihrer Familie verbringen. «Wie furchtbar für mich, daß ich nicht das gleiche Glück erhoffen darf», vertraute die Königin der Mutter an. Sie beneidete ihren Bruder Ferdinand, der mit seiner Frau mehrere Tage in Wien gewesen war. «Der Abschied wird ihnen wohl schwer gefallen sein. Die Vorstellung ist schrecklich für mich und mischt einen bitteren Tropfen in das Vergnügen, das ich beim Gedanken an die Heimat empfinde»,[17] schrieb sie ihr noch. Österreich war für Marie Antoinette die Heimat, der süße Ort der Kinderträume geblieben, an dem sie sich trotz und gerade wegen der strengen mütterlichen Fürsorge geborgen gefühlt hatte. In Versailles bot die Familie ihres Gatten keinen gleichwertigen Ersatz für die Lieben zu Hause, und als Ludwig XV. gestorben war, fehlte es ihr an der väterlichen Autorität, nach der sie sich im Innersten sehnte. Ludwig XVI. war alles andere als ein Herrscher, zu dem man aufschauen konnte. Und gerade das war Marie Antoinette besonders wichtig, selbst wenn sie andere Enttäuschungen dafür hätte in Kauf nehmen müssen. Sie betrachtete ihn als einen zu nachgiebigen Menschen, der sie zudem nicht einmal zur Frau, zur würdigen Königin von Frankreich und Erhalterin des Geschlechtes der Bourbonen machen konnte. So kultivierte Marie Antoinette, die sich offenbar noch immer als Erzherzogin fühlte, ihre Sehnsucht nach Wien.

Obwohl König und Königin dank eines Geheimgangs die Nacht ohne

Wissen des Hofstaats zusammen verbringen konnten, wurden sie kaum intimer miteinander. Bitter mußte Marie Antoinette mit ansehen, wie die Gräfin von Artois am 6. August 1775 einen Knaben zur Welt brachte. In der Thronfolgeordnung stand dieser kleine Herzog von Angoulême auf Platz drei. Wenn Marie Antoinette nicht bald schwanger würde, hätten die Nachkommen des Grafen von Artois gute Aussichten, in einigen Jahrzehnten den Thron zu besteigen. «Ich brauche meiner lieben Mutter nicht zu sagen, wie sehr ich gelitten habe wegen der Geburt eines Erben, der nicht meiner ist», seufzte Marie Antoinette in einem Brief.[18] Man dachte bald an eine Operation des Königs, an deren Durchführung aber niemand wirklich interessiert schien, nicht einmal die Beteiligten. Wenn Marie Antoinette ihrer Mutter auch versicherte, daß von ihrer Seite «keine Nachlässigkeit» vorliege,[19] so änderte dies nichts daran, daß sie in ihrem Eheleben nicht weiterkam. Die Kaiserin wußte, wie heikel die Stellung einer kinderlosen Königin am Hof von Frankreich von jeher gewesen war, und ermahnte die Tochter zu Geduld und Fügsamkeit. Marie Antoinette versprach angesichts ihres trägen Gatten, «sich in die Vorsehung zu schicken und demütig auf einen glücklichen Ausgang zu warten».[20]

Die Familie des Königs konnte Marie Antoinettes Defizit an Zuneigung nicht ausgleichen: Sie mußte sich immer wieder mit den Schwagern und Schwägerinnen vergleichen lassen, man warnte sie vor dem Umgang mit dem Grafen von Artois, mit dem sie sich zu gemeinsamen Unternehmungen traf, und an Mesdames hatte sie bald jedes Interesse verloren. Die anderen Prinzen von Geblüt waren zu weitläufig mit ihr verwandt, und zudem hatte sich ihr Verhältnis zu ihnen seit dem Streit um die Reise Maximilians merklich abgekühlt. So fühlte sich Marie Antoinette nur noch der elfjährigen Prinzessin Elisabeth verbunden, auf die sie erst kürzlich aufmerksam geworden war und die für sie «Geist, Charakter und sehr viel Anmut»[21] besaß. Elisabeth hatte ihr Herz erobert, als sie beim Abschied von ihrer Schwester Clotilde, die sie wahrscheinlich nie wiedersehen würde, in Ohnmacht gefallen war. Marie Antoinette hielt sich für ebenso sensibel und fürchtete, sie werde das Mädchen «zu lieb gewonnen haben», wenn es in einigen Jahren ebenfalls würde ins Ausland gehen müssen.

Da ihr Ehemann sie trotz einiger positiver Eigenschaften enttäuscht hatte und sie ihre neue Familie nicht mochte, legte Marie Antoinette, die auf Liebe nicht mehr hoffen konnte, besonders großen Wert auf ihre Freundschaften. Im Jahre 1775 interessierte sie sich für die Gräfin von Polignac, zum Ärger der Prinzessin Lamballe, die das lukrative Amt der Oberintendantin des königlichen Hofstaates gleichsam zum Trost bekommen hatte. Die Königin und ihre neue Favoritin plauderten stundenlang mit wachsender Begeisterung über all die banalen persönlichen Dinge, über die man am Anfang einer Freundschaft spricht. Obwohl Gräfin Polignac erst einen bescheidenen Sieg errungen hatte, fühlte sich Prinzessin Lamballe ausgebootet, was zwischen ihr und der Königin zu ständigen Reibereien führte, die Mercys Nerven einer harten Probe unterzogen und den Klatsch am Hof befruchteten. Nach einigen Monaten hatte die charmante Gräfin Polignac die Rivalin endgültig ausgestochen. Welch ein Unterschied zur Prinzessin von Lamballe! Die Gräfin mit dem Engelslächeln und dem verführerischen Blick hatte im Leben und in der Liebe einen größeren Schatz an Erfahrung vorzuweisen, denn sie war alles andere als prüde. Nachdem sie blutjung den Grafen von Polignac geheiratet hatte, der kein Vermögen und wohl auch kein einnehmendes Wesen besaß, schwebte sie nun mit dem Grafen von Vaudreuil im siebten Himmel, wobei sie diese Liaison möglicherweise sogar von der Königin hatte absegnen lassen. Vaudreuil, eher interessant als gutaussehend, war ein ebenso leichtsinniger wie großspuriger Adliger, dessen Familie den Titel noch nicht lange hatte und die auf den Antillen reich geworden war. Vaudreuil gehörte bald zum engeren Kreis um Marie Antoinette, die für ihn aber nie wirkliche Freundschaft empfinden sollte. Angeblich soll sie auf den Geliebten ihrer Freundin sogar eifersüchtig gewesen sein. Neben Vaudreuil führte Madame Polignac mehrere Mitglieder ihrer Familie bei der Königin ein, darunter Gräfin Diane, eine spritzige, leichtlebige Intrigantin, die ihre Vorteile überall suchte. Marie Antoinette hielt diese Leute zunächst nur für eine Clique von Menschen, die zum «höfischen Ränkeschmieden taugten».[22] Zugleich aber war sie auch fasziniert von dieser Gesellschaft, die eine willkommene Abwechslung zu ihrem bisherigen gezwungenen Umgang bot. Die Alten hatten sich vom Hof auch zurückgezogen, kaum daß die Jugend das Terrain erobert hatte. Madame de Marsan und Madame de Noailles, inzwischen Marschallin von Mouchy, hatten sich, als Prinzessin Lamballe Oberintendantin des Hofstaates geworden war, aufs Land begeben. Die weniger betagte Herzogin von Cossé-Brissac hatte den schlechten Gesundheitszustand ihres Sohnes zum Vorwand genommen und sich von ihren Pflichten als Hofdame entbinden lassen. Vor der Abreise hatte sie der Königin mit höflichem Respekt Ratschläge gegeben, die zunächst beherzigt, dann aber rasch vergessen worden waren.

Trotz vorherrschenden Leichtsinns und verletzter Eitelkeiten wurde Versailles als grandioser prunkvoller Hof gesehen. Er hatte erstmals eine legitime Königin mit allen Allüren einer offiziellen Mätresse. «Man hat nur Augen für die Königin! Neben ihr sind diese Heben und Floras, Helenas und Grazien nur gemeine Straßendirnen. Wenn sie steht oder sitzt, ist sie das Ebenbild der Schönheit. Wenn sie sich bewegt, ist sie die Anmut in Person. Sie trug ein Kleid von Silber, mit Oleander übersät: wenig Diamanten und Federn. […] Es heißt, sie tanze nicht im Takt, doch ist es die Musik, die irrt. […] Was Schönheiten angeht, so sah ich wahrlich keine, oder die Königin überstrahlte sie allesamt»,[23] stellte Horace Walpole anläßlich der Hochzeitsfeier für Madame Clotilde fest, ein Porträt, das für eine Mätresse oder Herrscherin doch befremden mag!

Im kleinen Kreis engster Vertrauter herrschte Marie Antoinette so, daß sie beruhigt von sich sagen konnte: «Ich bin nicht die Königin, ich bin ich.» «Ein neues Lied, das Bonmot des Tages und kleine skandalträchtige Anekdoten waren [dort] das einzige Gesprächsthema. […] Diese Art von Esprit entsprach genau ihrem Geschmack, und sie meinte, eine Pedantin könne niemals ihre Freundin werden»,[24] versichert uns Madame Campan, die sich über die Galane, die der Königin den Hof machten, im übrigen ausschweigt. Wie Besenval eifersüchtig bemerkt, machten sich damals der Chevalier de Luxembourg, der Herzog von Lauzun und der Herzog von Coigny Marie Antoinettes Gunst streitig. Der ehrgeizige Chevalier de Luxembourg, der an Magie glaubte, gehörte zu jenen Querköpfen, bei denen Mercy verhindern konnte, daß sie auf Marie Antoinette zu großen Einfluß bekamen. Während der Herzog von Coigny sich als Hofmann diskret im Hintergrund hielt, sorgte Lauzun, der bei der Königin hoch im Kurs stand, durch sein Benehmen für allerlei Gerede. In Fontainebleau, wo sich der Hofstaat im Herbst üblicherweise aufhielt, saß Lauzun abends neben ihr am Spieltisch und begleitete sie auf Schritt und Tritt, was dazu führte, daß man sich wegen dieser letzten Eroberung im Kreis um Prinzessin Guéméné über ihn lustig machte. Wenn man dem unverbesserlichen Verführer glaubt, bat er die Königin deshalb dringend um eine Unterredung, die er sofort bekam: «Ich glaube, Eure Majestät davon in Kenntnis setzen zu müssen, daß man mich frech für die Gunst tadelt, mit der Ihr mich beehrt. Ich bin so kühn, Euch zu bitten, mir Eure Gunst unauffälliger zu bezeigen und mir zu erlauben, Euch weniger oft die Aufwartung zu machen», will er ihr gesagt haben. «Meint Ihr?» soll sie wütend geantwortet haben. «Dürfen wir uns frechem Geschwätz beugen, vor dem ich mich nicht zu fürchten brauche? Und könnte man mir verzeihen, wenn ich ihm jenen Herrn von Welt opfern würde, auf den ich mich am stärksten verlasse und dessen Zuneigung ich am meisten brauche?»[25]

Lauzun will sie gebeten haben, von weiteren Unterredungen abzusehen. Er wolle Frankreich verlassen, um sie nicht weiter zu kompromittieren. Marie Antoinette soll daraufhin ausgerufen haben: «Verlaßt mich nicht, ich beschwöre Euch; was wird aus mir, wenn Ihr geht?» Nach seinen *Mémoires* warf Lauzun sich ihr zu Füßen. «Sie reichte mir die Hand», versichert er, «ich küßte sie mehrmals leidenschaftlich, ohne mich von der Stelle zu rühren. Sie beugte sich liebevoll über mich. Als ich wieder aufstand, lag sie in meinen Armen. Ich drückte sie fest an mein Herz, das wie wild pochte. Wenn sie auch errötete, las ich in ihren Augen keine Empörung. ‹Nun!› rief sie aus und trat ein Stück zurück, ‹erreiche ich nichts?›» Lauzun will zwar versucht gewesen sein, «sich das Glück zu nehmen, das sich ihm bot»,[26] habe die Königin dann aber nur seiner Treue versichert, sich tief verbeugt und sich dann zurückgezogen. Wieder ganz bei sich, habe er sich glücklich geschätzt, daß er nicht unvorsichtig geworden sei. Aus Angst, Bekanntschaft mit der Bastille zu machen, habe er in Erwägung gezogen, der Zarin Katharina II. von Rußland seine Dienste anzubieten, und habe über seine weitere Zukunft bei der Familie Choiseul in Chanteloup nachgedacht. Angeblich mußte er Behauptungen entgegentreten, nach denen er der Geliebte der Königin sei. Erst Wochen später kehrte er nach Paris zurück, und auch dann blieb er dem Hof noch eine Zeitlang fern.

Die meisten Biographen Marie Antoinettes sind über diese Episode, die als fürchterlich anstößig empfunden wurde, stillschweigend hinweggegangen. Der Lebenswandel der Königin, für sie über jeden Verdacht erhaben, durfte nicht durch Verleumdungen eines leichtlebigen Elegants beschmutzt werden. Diese Weißwäscher der Marie Antoinette, die aus ihr eine sittenstrenge Frau machen wollen, die eher ins 19. als ins 18. Jahrhundert paßt, konnten die Episode schon deshalb leicht als Erfindung abtun, weil die *Mémoires* des berühmten Lauzun aller Wahrscheinlichkeit nach nicht von ihm selbst verfaßt worden sind. Das war bei Memoiren der Zeit freilich oft der Fall, und die gleichen Historiker ziehen Passagen, in denen die Königin besser wegkommt, nicht in Zweifel. Memoirenschreiber haben ihre Werke, wenn sie während der Restauration erschienen, aus naheliegenden Gründen häufig selbst zensiert. Lauzuns *Mémoires* wurden von dem Engländer Lewis und dem Franzosen Tissot nach Lauzuns Originalmanuskript abgefaßt: In der Erstausgabe von 1822 wurden für die Königin kompromittierende Passagen weggelassen, während sie in der Ausgabe von 1858 erscheinen. Obwohl die oben beschriebene Szene nicht mit letzter Sicherheit stattgefunden haben muß, ist sie angesichts der Sitten am französischen Hof um das Jahr 1775 auch nicht unbedingt reine Erfindung. Lauzuns Berichte decken sich im allgemeinen mit den Schilderungen anderer Memoirenschreiber der Zeit. Den leidenschaftlichen Anhängern Marie Antoinettes bleibt aber der Trost, daß ihre Märtyrerin in der geschilderten Szene der Versuchung widerstanden und ihre Ehre nicht verloren hat.

Mercy hütete sich während des Aufenthaltes in Fontainebleau, das besondere Verhältnis zwischen Lauzun und der Königin zu erwähnen. Überhaupt ließ der diskrete Botschafter niemals ein Wort zu Marie Antoinettes Romanzen fallen, weder 1775 noch später. Wenn er sich um den Umgang der Königin kümmerte, so nur deshalb, um Günstlingen, die über sie politischen Einfluß gewinnen oder sich Vorteile verschaffen wollten, das Wasser abzugraben. Sein besonderes Augenmerk galt dabei Baron Besenval und Gräfin Polignac. Und in den regnerischen Herbstwochen dieses Jahres unterhielt er sich länger mit der Königin, die ihm aufmerksamer zuhörte als im Sommer.

Von diesem Zeitpunkt an werden Prinzessin Lamballe und Gräfin Polignac in den Korrespondenzen, angefangen von Mercys Brief, als Favoritinnen der Königin gehandelt. Die beiden Frauen waren sich spinnefeind und zogen bei Marie Antoinette übereinander her, was Mercy Hoffnung machte, daß sie bei der wankelmütigen Gönnerin bald in Ungnade fallen würden. Nach dem Souper, das gemäß dem Botschafter der «kritischste Augenblick des Tages»[27] war, ging die Königin gewöhnlich zu Madame de Lamballe oder Prinzessin Guémené. In den Gemächern der Oberintendantin traf sie mit dem Herzog von Chartres und dem sogenannten Palais Royal, dem Haus Orléans, zusammen. Der Salon der Prinzessin Guémené war dagegen der Tummelplatz der Koterie Choiseuls, zu der die Polignacs, deren Freunde und natürlich Besenval gehörten. Die beiden Cliquen hatten eigentlich kein politisches Programm. Die Anhänger Choiseuls begnügten sich damit, die Kreaturen des ehemaligen Ministers in höhere Positionen zu hieven, während die andere Gruppe ebenfalls ihre Fäden spann. «Von beiden Quellen gingen täglich abwechselnd so viele schmeichlerische Ratschläge, so viele Bitten aus, daß man endlos Zeit vergeuden müßte, wollte man nur einen Teil davon darlegen»,[28] meinte Mercy. Die Ratschläge der Cliquen führten jedenfalls dazu, daß die Königin Ludwig XVI. immer wieder mit Forderungen behelligte, sich bei der Ämtervergabe einmischte und für Freunde Pensionen oder Vorteile verlangte. Madame de Lamballe bekam für ihr Amt als Oberintendantin auf Marie Antoinettes Drängen hin schließlich 150000 Livres im Jahr. «Was soll ich denn machen?» meinte Maurepas kleinlaut, als sich Abbé Véri über die Verschwendung wunderte. «Ich habe Bedenken angemeldet», meinte er weiter. «Aber was sagt man einer Königin, die ihrem Gatten in meiner Gegenwart beteuert, ihr Lebensglück hänge davon ab? Ich konnte ihnen nur ein schlechtes Gewissen machen, indem ich sie zwang, die Kosten des Arrangements geheimzuhalten. Die öffentliche Meinung ist empört über das, was schon bekannt ist. Aber man weiß noch nicht alles. Wenn man junge Herrscher zwingt, sich vor der Öffentlichkeit zu verstecken, dann macht man ihnen deutlich, wie sehr sie im Unrecht sind. Und dabei wäre es noch schlimmer, wenn herauskäme, daß Prinzessin von Lamballe und Herzog von Penthièvre, ihr Schwiegervater, darüber die Nasen gerümpft haben und ihre Zustimmung mit Geld erkauft werden mußte.»[29]

Für Marie Antoinette waren Großzügigkeiten dieser Art völlig selbstverständlich. Hätte der König ihre Bitte abgelehnt, hätte sie es als Zeichen der Schwäche aufgefaßt, und Ludwig hatte im Hinblick auf sein Eheleben einiges gutzumachen. So mancher Beobachter glaubte sogar, Ludwig XVI. und sein Ratgeber hätten seiner temperamentvollen, gebieterischen Gattin nur deshalb nachgegeben, weil sie sich bei der Besetzung des Kriegsministeriums zurückgehalten hatte!

Die Sache verhielt sich freilich anders: Nach dem überraschenden Tod des vorigen Amtsinhabers, des Marschalls von Muy, hatten Turgot und Malesherbes sofort Graf Saint-Germain als Nachfolger vorgeschlagen. Besenval, der nicht wußte, daß das Amt praktisch nachbesetzt war, versuchte die Königin davon zu überzeugen, daß sie ihre Niederlage wettmachen und Marschall von Castries in dieses Amt hieven müsse. Aber Marie Antoinette, die gerade mit ihrer Romanze mit Lauzun beschäftigt war, hörte diesmal nicht auf ihn. Das Amt interessierte sie wenig, und die Minister, die eine weitere Einmischung fürchteten, hatten sie längst über den Beschluß des Königs unterrichtet.

Mercy und Vermond ließen keine Gelegenheit aus, Marie Antoinette vor Besenval und Madame Polignac zu warnen. «Ich habe der Königin deutlich gemacht», schreibt der Botschafter, «daß man sie ständig hintergeht, sie geschickt über die Folgen ihres Tuns hinwegtäuscht und so, als seien dies Bagatellen, Forderungen an sie heranträgt und Gnaden erbettelt, die dem Dienst an ihr und der allgemeinen Ordnung schaden. [...] Ich führte unwiderlegbare Tatsachen an und bewies, daß Gräfin von Polignac und mehr noch Baron von Besenval sie aus Leichtfertigkeit oder Geltungssucht mehrfach verraten haben, indem sie die gütigen Worte der Königin entstellt wiedergaben oder den Einfluß, den sie für sie geltend gemacht hat, eigennützig für sich oder ihre Freunde mißbrauchten.»[30] Mercys Ermahnungen schienen zu fruchten: Sie verschwieg Besenval und der Polignac die Ernennung des Kriegsministers, reagierte verärgert auf ihr Drängen und ließ sie schließlich wissen, daß sie für sie nicht mehr zu sprechen sei. Später rief sie den Baron zu sich. Besenval beteuerte, er sei ihr gegenüber stets loyal und aufrichtig gewesen. Sie möge ihm «mitteilen, was man Schlechtes über [ihn] gesagt habe», er «könne alles mühelos widerlegen». «Die Königin», berichtet der Held des Abenteuers, «die sich, als ich bei ihr eingetreten war, auf ein weiches Sofa gesetzt und sich ein Taschentuch auf die geschwollenen Augen gelegt hatte, konnte vor Verlegenheit kaum antworten: ›Man hat nichts gegen Euch vorgebracht, ich bin noch immer die gleiche‹, sagte sie nur.«[31] Wenn man Besenval glauben darf, zog er sich auf die Unterredung hin wütend zurück und berichtete Gräfin Polignac von dem unliebsamen Vorfall. Die charmante Gräfin fühlte sich ebenfalls ungerecht behandelt, sprach mit Tränen in den Augen bei der Königin vor und bat um eine Erklärung. Marie Antoinette war gerührt. Als die Frauen sich trennten, war ihre Freundschaft herzlicher denn je. Trotzdem begriffen weder sie noch der Baron, worüber Marie Antoinette so verärgert gewesen war. Sie konnten allenfalls vermuten, daß ihnen ein Freund einen schlechten Dienst erwiesen oder daß sie von der gegnerischen Clique verleumdet worden waren. Auf Mercy als Verantwortlichen kamen sie jedenfalls nicht. Besenval glaubte nach seiner Unterredung mit der Königin, er sei in Ungnade gefallen, während die Polignac ihre Stellung gestärkt sah. Besenval blieb trotzdem der Vertraute der Königin, und Madame de Polignacs Stern war eben erst richtig am Aufgehen.

Das unbesonnene Verhalten der Königin im Jahre 1775 war Wasser auf die Mühlen der Gegner, die viel Geld für Pamphlete ausgaben: »Wir haben eine Epidemie an satirischen Liedern«, berichtete Marie Antoinette ihrer Mutter am 15. Dezember genüßlich. »Man dichtet sie auf alle Personen am Hof, auf Damen und Herren, und selbst der König blieb von der frivolen Art der Franzosen nicht verschont. Auch mich nahm man nicht aus. Obwohl man in diesem Land Gefallen an Bosheiten findet, waren sie so platt und von so schlechtem Geschmack, daß sie keinen Erfolg hatten, weder in der Öffentlichkeit noch in der guten Gesellschaft.«[32] Es fragt sich, ob Marie Antoinette die Stimmung um sich herum richtig beobachtet hatte. Man spottete über Ludwigs Impotenz, unterstellte ihr ehebrecherische und lesbische Beziehungen und höhnte vor allem über ihre Kinderlosigkeit. So legt ein Spottgedicht ihrer Mutter folgende Worte in den Mund:

> Meine Tochter bringt einen Erben
> uns zur Welt, ganz gleich von wem,
> und ob es vor oder hinter dem Thron geschehn.
>
> Doch bevor ihr diesen Kuckuck machen laßt,
> müßt ihr ihn überzeugen, daß er selbst die Kraft
> zur Vaterschaft besitzt.

Die Mühsal, in der ich Euch unterweise,
ist ein Meisterwerk der Nacht.
Im einzelnen bleibt es Euch überlassen,

und wenn dies nicht geschieht,
sehe ich da unten Leute,
die uns noch Schwierigkeiten machen.

Nur am Rande erwähnt Mercy diese Kampagne von Schmähschriften, die der Königin erstmals einen zügellosen Lebenswandel unterstellen. Interessanterweise vermerkt er aber am 17. Dezember, daß «der Einfluß und die Macht einer Königin dieses temperamentvolle und leichtsinnige Volk manchmal beunruhigt. Es fürchtet die Herrschaft einer Fürstin, die schon deshalb nicht als Französin gelten kann, weil sie noch nicht Mutter geworden ist.»[33]

Kapitel IX

Die Affäre Guines

Der Winter war mit einem Wirbel von Vergnügungen ins Land gezogen. Trotz rauher Witterung, Schnupfen und Husten ließ die Königin keine Schlittenpartie, keinen Ball und keinen Opernabend aus. Marie Antoinette konnte mitten in der Nacht nach Paris eilen, zitternd Stunden in einer Loge zubringen, um sechs Uhr früh nach Versailles zurückfahren, die Messe hören und sich dann schließlich schlafen legen. Sie war vergnügungssüchtig, empfand die kleinste Besinnungspause als bedrückend und stürzte sich in immer neue Aktivitäten, nur um die Einsamkeit oder Leere in sich nicht zu spüren und um nicht ins Grübeln zu geraten. Beim abendlichen Spiel lieh sie nur Baron Besenval ein Ohr und «machte sich über alle lustig, die vorstellig wurden. [...] Beim Diner sprach sie nur mit jungen Leuten»,[1] berichtet Herzog von Croÿ. Seit langem las sie nicht mehr, nicht einmal leichte Romane, sie musizierte kaum noch, und Mercy und Vermond mußten froh sein, wenn sie mit der Königin noch regelmäßig sprechen konnten.

Die Stimmung im Volk hatte sich verändert. Gelegentlich wunderte sich Marie Antoinette, warum sie bei Auftritten in der Öffentlichkeit kaum noch bejubelt wurde. Orte, an denen ihr Erfolg nicht mehr gesichert schien, mied sie tunlichst. Sie kümmerte sich weder um die Alltagssorgen der Pariser noch um die Gerüchte und unternahm, in Pelze gehüllt, weiterhin rasante Schlittenfahrten mit prächtig geschmückten Pferden und einer ausgelassenen Gesellschaft. Während sich Ludwig mit dem Reformprogramm seines Ministers abmühte, interessierte sich die Zwanzigjährige überhaupt nicht für «das Land hier», wie sie Frankreich in Briefen an die Mutter bezeichnete. Kaum mehr Interesse brachte sie für die Bevölkerung auf, die für sie nur die Adligen waren, denen sie am Hof begegnete. Sie wußte von ihren Untertanen wenig und kannte weder ihre politischen Ansichten noch ihre Lebensverhältnisse, und daß auch sie Ansprüche hatten, überstieg ihren Horizont. Untertanen waren zum Gehorsam geboren! War das französische Königreich nicht eine väterliche Monarchie, Ludwig XVI. nicht ein gütiger König, der ihnen kraft seiner Tugenden die Wege wies? Für sie war das Volk eine große Schar Kinder, die man stets zur Ordnung rufen mußte. Im übrigen hatten ihre Mutter und Mercy sie davon überzeugt, daß der wichtigste Charakterzug dieses Volkes Leichtsinn sei. «Meine liebe Mama hat ganz recht wegen des französischen Leichtsinns», schreibt sie kurz nach der letzten Pamphletaffäre, «aber es betrübt mich wirklich, daß sie deshalb eine Abneigung gegen diese Nation hat. Der Charakter ist wohl leichtfertig, aber nicht schlecht: Die Federn und Zungen sagen rasch Dinge, die das Herz nicht meint. Daß sie nicht hassen, beweisen sie dadurch, daß sie beim geringsten Anlaß Gutes über einen sagen und einen mehr loben, als man verdient.»[2] Marie Antoinette stand noch immer unter dem Eindruck des stürmischen Beifalls, den sie nach einer großzügigen Spende an die Opfer eines Brandes im Justizpalast geerntet hatte.

Sie beschäftigte sich nicht mit Politik, und machmal waren die Minister froh über ihren unverbesserlichen Leichtsinn, denn er hinderte sie, sich in Staatsgeschäfte zu mischen. Seit der Affäre um die Ernennung Malesherbes' hielt sich Marie Antoinette zurück und nahm vorlieb damit, die Minister mit Forderungen um Vergünstigungen für Freunde zu bedrängen.

Das änderte sich, als Turgot Anfang 1776 schließlich den Text für vier Erlasse erstellt hatte, die den Aufbau der Monarchie von Grund auf verändern sollten. Während Ludwig XVI. sich mit diesen Vorschlägen des Ministers auseinandersetzte, kam es zu einer zweiten Affäre Guines. Und Marie Antoinette, von schlechten Ratgebern gedrängt, ergriff für den Grafen heftig Partei.

Die ganze Sache hatte damit begonnen, daß Vergennes vor dem Staatsrat erklärt hatte, Graf Guines, seit Monaten wieder in der Londoner Botschaft, verstoße mit merkwürdigen Aktivitäten gegen seine Anweisungen. Er hatte dem spanischen Botschafter mitgeteilt, wenn Karl IV. den Kolonialstreit in Amerika mit einem Krieg gegen Portugal entscheiden wolle, werde ihn Ludwig XVI. trotz des Familienbündnisses zwischen Frankreich und Spanien nicht unterstützen. Und weiter hatte Guines erklärt, die Kriegsvorbereitungen der Engländer seien nicht gegen die Aufständischen in ihren Kolonien, sondern gegen das spanische Mexiko gerichtet. Und zu allem Überfluß hatte er dem englischen Königshof die Zusage gemacht, daß Frankreich die Insurgenten in Amerika auf keinen Fall unterstützen werde. Was hatte dieser Graf vor? Er hatte den Verstand verloren oder wollte Frankreich in einen Krieg stürzen. Steckte hinter seinem eigenmächtigen Handeln Choiseul? Choiseul war für einen Rachefeldzug gegen England, der ihm die Rückkehr an die Macht hätte bringen können. Manche sahen es so, aber eindeutige Beweise gab es nicht. Vergennes' Enthüllungen sorgten im Staatsrat jedenfalls für Aufregung. Der König wollte Guines sofort abberufen. Die Minister, die sich noch gut erinnerten, wie verbissen Marie Antoinette den Botschafter das letzte Mal verteidigt hatte, sannen nach Mitteln, wie sie ihre Einflußnahme verhindern konnten. Dann verkündete Ludwig XVI., er habe der Königin versprochen, daß er nicht eher einen Nachfolger für Graf Guines ernennen werde, als daß dieser sich gerechtfertigt habe. Marie Antoinette würde ihren Schützling mit allen Mitteln verteidigen.

Nachdem sich die Anhänger Choiseuls mehrere Tage abwartend verhalten hatten, schlugen sie plötzlich eine neue Taktik ein: Sie stellten Guines als das Opfer Malesherbes' und Turgots hin. «Es ist das Ziel der Partei Choiseuls, die Regierung zu zwingen, sich öffentlich in der Sache Guines zu rechtfertigen und ihm eine Wiedergutmachung zu bezahlen. Es ist ihre Hoffnung, Vergennes zu stürzen, die Arbeit einer geeinten Regierung zu stören und Malesherbes und Turgot zu diskreditieren», vermerkte der Abbé Véri.[3] Um zu verhindern, daß Marie Antoinette die Intrige für Guines anführen würde, kam Turgot auf den Gedanken, man sollte den Botschafter nicht nur vor den König und die Minister, sondern auch vor die Königin zitieren. Der Abbé Véri warnte ihn davor, die Königin in die Staatsgeschäfte einzubeziehen, was einen gefährlichen Präzedenzfall schaffen würde. «Die Königin ist im Grunde ihres Herzens anständig, wenn auch leichtsinnig», antwortete Turgot. «Ihr wißt, daß sie dem Abbé de Vermond vertraut, der ebenfalls eine aufrichtige Seele ist. Es wird die Staatsgeschäfte oft behindern und der Regierung oft Anlaß zur Sorge geben, daß sich der König den brennenden Wünschen der Königin mühselig widersetzen muß. Aber der König und die Königin haben im Grunde dieselben Interessen. Und wenn schon eine Frau die Beschlüsse des Königs beeinflußt, ist es dann nicht besser, wenn es die eigene ist und nicht eine Pompadour oder Dubarry? Unsere Aufgabe ist es, beide Herrscher nach Kräften aufzuklären und sie vor den Gefahren zu warnen, die Unbesonnenheit, Ignoranz und Intrige mit sich bringen.»[4] Einige Tage später kam eine solche Begegnung nicht mehr in Frage. Die Königin hatte sich, «von Choiseuls Partei umgestimmt», mit dem ehemaligen Minister auf dem Opernball getroffen und eine Stunde lang mit ihm gesprochen. Tags darauf nahm sie ihren Günstling in Schutz und ging auf Konfrontationskurs mit der Regierung. Betroffen gaben die Minister den Plan einer Anhörung vor der Königin auf. Am 3. März überreichte Guines, der nach Frankreich zurückgekehrt war, Vergennes einen Brief: Er wolle sich vor dem König rechtfertigen und versichere ihm, daß er das Vertrauen der Königin nicht mißbraucht habe.

Allerdings mußte diese Angelegenheit erst einmal verschoben werden, da der König und seine Minister augenblicklich mit Turgots Edikten zu tun hatten. Die Regierung war sich keineswegs so einig, wie Abbé Véri glaubte. Turgot kristallisierte sich mehr und mehr als eine Art Premier heraus, der übergeordnete Kompetenzen hatte, sich mit allen Angelegenheiten des Königreichs befaßte und selbst bei der Abberufung eines Botschafters eingreifen konnte. Nicht ohne Neid sah Maurepas mit an, wie der noch junge Minister dem älteren Kollegen langsam das Wasser abgrub und den gutwilligen, aber ängstlichen jungen König von Reformen überzeugte, die die Ständegesellschaft in Frage stellten und zahlreichen Privilegien den Kampf ansagten. Die Edikte stießen im Staatsrat zu Maurepas' stiller Genugtuung allerdings auf den entschiedenen Widerstand des Großsiegelbewahrers Miromesnil. Vergennes und Saint-Germain blieben neutral, und nur Malesherbes unterstützte den Generalkontrolleur der Finanzen. Am Hof brach ein Sturm der Entrüstung los. Turgot bedrohte die etablierte Ordnung! Die Privilegierten, allen voran die Königin, machten geschlossen Front gegen den Reformer.

Erwartungsgemäß dachte das Parlament nicht daran, diese Edikte zu registrieren. Auf Turgots Rat hin griff Ludwig XVI. auf das Mittel des großen Gerichtstags des Parlaments zurück, um seine Mitglieder zum Einlenken zu zwingen. Auf der feierlichen Sitzung am 12. März faßte der Generalprokurator noch einmal die Kritikpunkte an den geplanten Reformen zusammen. Überrascht mußte der König feststellen, daß seine Brüder öffentlich Kritik an ihm übten. Trotzdem setzten er und sein Minister sich durch.

Kaum war der große Gerichtstag vorbei, bekam Ludwig XVI. Angst vor der eigenen Courage. Maurepas nutzte seine Verunsicherung, gab zu bedenken, daß die Reformpolitik weitere Kreise ziehen könne, und stimmte in den Chor der erbitterten Gegner Turgots mit ein. Inzwischen hatte auch Marie Antoinette, von ihren Freunden aufgehetzt, dem Generalkontrolleur und seinen Edikten den Krieg erklärt. Die Verordnungen hatte sie dabei weder gelesen noch verstanden, und in Diskussionen gebrauchte sie lediglich die Argumente, die sie in Salongesprächen aufgeschnappt hatte. In Wahrheit ging es ihr auch um etwas völlig anderes. Der Generalkontrolleur gehörte zu den wenigen, die ihr, ungeachtet aller Standesunterschiede, die Meinung ins Gesicht sagen und ihr Paroli bieten konnten. Erst kürzlich hatte er Madame d'Andlau, Gräfin Polignacs Tante, die Pension verweigert, und als er sich, vom König gedrängt, bei ihr hatte entschuldigen müssen, hatte er der Favoritin zu verstehen gegeben, was er von der ganzen Sache hielt. Marie Antoinette empfand sein Benehmen als Angriff auf die königliche Würde, und als Turgot obendrein dafür eintrat, daß Guines, für ihn ein gefährlicher Agent, von seinem Posten abberufen würde, zog er sich endgültig den Zorn der Königin zu. Von da an arbeiteten Marie Antoinette und ihre kleine Clique am Sturz des verhaßten Ministers.

Freilich rückte die Affäre Guines damit in den Hintergrund, und es sah ganz so aus, als habe die launische Königin die Sache des Botschafters ganz plötzlich aufgegeben. Schwermütig mußte Guines mit ansehen, wie sie ihn offenbar ignorierte, weiter ein lustiges Leben führte und sich weniger denn je um die Geschäfte ihres Gatten kümmerte. Während der Fastenzeit 1776 war sie eine begeisterte Besucherin der Pferderennen, die Graf Artois und der Herzog von Chartres in der *plaine des Sablons* veranstalteten. Mercy äußerte sich empört über ihr Benehmen unter dem Jungvolk, dem das Protokoll gleichgültig und die Wetten wichtiger waren als die Königin. Die Schwägerinnen an ihrer Seite verfolgten die Rennen mit pikierter Miene, was die Königin eher dazu ermunterte, sich noch zwangloser zu benehmen. Sie trieb sich stundenlang im Anmeldebüro, einem Holzpavillon, der gleichzeitig als Tribüne diente, herum oder ritt mit dem Grafen von Artois auf der Jagd nach Damwild durch den Bois de Boulogne. Kaum einer hätte sich vorstellen können, daß sie an einer Intrige schmiedete, als Maurepas Ludwig XVI. riet, das Kabinett umzubilden. Trotzdem hatte Marie Antoinette Graf Guines und ihr Bedürfnis, sich an Turgot zu rächen, keinen Augenblick vergessen. Als sie eines Tages mit Prinz Ligne «bei einem Hundewetter» durch den Bois de Boulogne galoppierte, zog sie über den Generalkontrolleur her. Ligne antwortete darauf: «Madame, kehren wir heim und jagen statt Damwild Turgot. Das Wetter ist abscheulich»,[5] ein Bonmot, das die Königin sicher besonders amüsiert hat.

Auf Pferderennen und Lustpartien hielten die Freundinnen ihr die Kampfmoral aufrecht. «Man kränkte ihre Eigenliebe, hetzte sie auf und schwärzte diejenigen an, die sich ihr aus sachlichen Gründen widersetzten. [...] Schließlich war die Königin so ausgelassen, durch Ausschweifung so selbstvergessen, daß es angesichts der großen Geduld des Königs zeitweise kein Mittel mehr gab, sie zur Vernunft zu bringen»,[6] stöhnte Mercy. Maria Theresias Botschafter, der jeden ihrer Schritte aufmerksam beobachtete, hatte auch bemerkt, daß Marie Antoinette den König immer dann aufsuchte, wenn er in seinen Privatgemächern allein war. Diese vertraulichen Visiten hatten freilich einen Grund. Nach Mercy besuchte Marie Antoinette ihren Gatten nur dann, «wenn sie ihn zu Entschlüssen, die dem jungen Monarchen widerstrebten, überreden und zwingen wollte».[7]

Niemals seit Antritt seiner Herrschaft war Ludwig XVI. so unsicher gewesen. Die Angriffe der Königin waren Teil einer ganzen Hetzkampagne gegen den Generalkontrolleur der Finanzen. Die Brüder des Königs nahmen Turgot unter heftigen Beschuß, Maurepas schwärzte ihn systematisch an, und die anderen Minister begegneten ihm mit Mißtrauen, wenn nicht mit offener Feindschaft. Wenn ein Teil der Öffentlichkeit ihn auch begrüßte, so machten fast alle Privilegierten gegen ihn Front. Und die Volksmassen, die unmittelbaren Nutznießer der Edikte, wurden von Alltagssorgen, von der Verteuerung des Brotes, zu sehr in Atem gehalten, als daß sie sich hinter den Minister hätten stellen können. In dieser Situation hing alles von Ludwig XVI. ab, der dem Druck jedoch nicht mehr länger standhielt und sich zur Entlassung des Ministers durchrang.

Am 10. Mai 1776 verbreiteten sich wie ein Lauffeuer zwei inoffizielle Nachrichten: Turgot sei in Ungnade gefallen, Graf Guines werde zum Herzog ernannt. Turgots Entlassung überraschte nicht besonders, während die zweite Nachricht am Hof mit Betroffenheit aufgenommen wurde. «Wenn Monsieur de Guines vom König zum Herzog ernannt wurde, so ist diese Gnade das Werk der Königin», schrieb Graf Creutz an Gustav III. «Diese Fürstin ist in der Sache mit einer Diskretion und Geschicklichkeit vorgegangen, wie sie in ihrem Alter ungewöhnlich sind. Während der ganzen Zeit hat sie in der Öffentlichkeit an Monsieur de Guines kein Wort gerichtet, so daß man glaubte, er sei in Ungnade gefallen. Und plötzlich sieht man den glänzendsten Effekt ihres Einflusses. Es gibt keinen Zweifel mehr, daß sie über den König Macht hat.»[8] Mercy schien diesmal wirklich besorgt. Marie Antoinette war trotz seiner Bemühungen an ihr Ziel gelangt. «Ich kann und darf Eurer Majestät nicht verschweigen», schrieb er der Kaiserin, «daß die Dinge seit einiger Zeit eine Wende genommen haben, die dem wahren Wohl der Königin so sehr entgegensteht, daß es mich betrübt. [...] Ich mache Eure Kaiserliche Majestät auf die Auswirkungen aufmerksam, die ihr Einfluß gehabt hat. Sie könnten ihr eines Tages mit Recht die Vorwürfe ihres Gatten und der gesamten Nation eintragen. In der Sache um Graf von Guines befindet sich der König im offenen Widerspruch zu sich selbst. Mit eigenhändig geschriebenen Briefen an den Grafen von Vergennes und den Grafen von Guines, einander völlig widersprechenden Briefen, kompromittiert er sich und seine Minister, und dies vor der Öffentlichkeit, der nichts von den näheren Umständen der Sache verborgen geblieben ist. Denn die Öffentlichkeit weiß sehr wohl, daß alles auf Wunsch der Königin geschieht und daß auf den König Druck ausgeübt wird.»[9]

«Es war der Plan der Königin, vom König zu erreichen, daß Sieur Turgot fortgejagt und noch am gleichen Tag der Ernennung des Grafen von Guines zum Herzog in die Bastille gesperrt würde, und es bedurfte der größten, mühsamsten Anstrengungen, um die Folgen des Zornes der Königin abzuwenden. Und dabei hatte dieser Zorn keine andere Ursache als die, daß Turgot meinte, er müsse für die Abberufung des Grafen von Guines eintreten. Gerade der Generalkontrolleur stand im Ruf, ein Ehrenmann zu sein, und da er beim Volk beliebt war, ist es verheerend, daß die Königin an seiner Entlassung beteiligt war. Ihre Majestät möchte auch den Grafen von Vergennes ablösen lassen, ebenfalls wegen der Sache mit dem Grafen von Guines, und ich weiß noch nicht, ob es möglich sein wird, die Königin von diesem Ansinnen abzubringen. Eure Kaiserliche Majestät ist sicher überrascht, daß der Graf von Guines, für den die Königin weder persönliche Zuneigung hat noch haben kann, die Ursache für so viel Aufregung ist. Des Rätsels Lösung liegt jedoch bei den Vertrauten der Königin, die sich einhellig für den Grafen von Guines eingesetzt haben»[10], schrieb Mercy weiter.

In einem Brief, der mit der gleichen Post abging, teilte Marie Antoinette ihrer Mutter nur mit: «Monsieur de Malesherbes hat die Regierung vorgestern verlassen und ist sofort durch Monsieur Amelot ersetzt worden. Monsieur Turgot ist am gleichen Tag entlassen worden, und Monsieur de Clugny wird ihn ersetzen. Obwohl ich meiner lieben Mama gegenüber zugeben muß, daß ich über das Ausscheiden nicht böse bin, habe ich mich nicht eingemischt», beteuerte sie unschuldsvoll.[11] Auch wenn sie ihre Mutter anlog, kann man sie für Turgots Entlassung nicht unbedingt verantwortlich machen, wie es zuweilen geschehen ist. Marie Antoinette hatte wochenlang nur mit den Wölfen geheult und sich bei ihrem Ehemann zum Sprachrohr der Privilegierten gemacht. Den eigentlichen Ausschlag bei Ludwigs Entscheidung dürfte vielmehr Maurepas gegeben haben, der den Herrscher mit List und Tücke davon überzeugt hatte, daß Turgot die Grundlagen der Monarchie ernsthaft in Gefahr bringen könne. Voll verantwortlich war Marie Antoinette sicher nur für den bedauerlichen Ausgang der Affäre Guines. Es war ihrer Rachsucht zu verdanken, daß sie, um ihrem Günstling einen Gefallen zu tun, auch aktiv in die Politik eingegriffen und sich für Turgots Entlassung eingesetzt hat. Zudem brachte sie Ludwig XVI. mit einer geschickten Mischung aus Schmeichelei und Drohungen dazu, daß er Guines zum Herzog ernannte und ihm ein Empfehlungsschreiben ausstellte. Letzteres mußte er sogar zweimal abfassen, da Marie Antoinette die erste Version nicht überzeugend genug erschienen war. In der Öffentlichkeit war eine derartige Schwäche des Königs natürlich nicht gut angesehen, ebensowenig wie die Einmischung Marie Antoinettes, deren Einfluß auf die Politik ohnehin überschätzt wurde.

Turgots Entlassung löste bei allen Anhängern Choiseuls, die diesen Sieg sich selbst zuschrieben, großen Beifall aus. Die Freunde der Königin jubelten. Die Herzogin Choiseul frohlockte. Sie sei «über den Triumph von

Monsieur de Guines angenehm berührt. [...] Daß zugleich die beiden Minister in Ungnade gefallen sind, macht aus ihm einen der römischen Triumphatoren, welche die Sklaven in ihrem Gefolge mit sich schleppten», stellt sie mit mondäner Sicherheit fest.[12] Die Koterie der Königin, die ihren Einfluß überschätzte, schöpfte ernsthaft Hoffnung in bezug auf Choiseuls Rückkehr auf die politische Bühne.

Im Trubel um Turgots Entlassung fühlte sich Marie Antoinette, der es gleichgültig war, welche Politik sein Nachfolger einschlagen würde, rasch ziemlich einsam. Sie langweilte sich und empfand Versailles als trist und öde. Mercy mußte sie darauf aufmerksam machen, daß sie mit ihrem täglichen langen Fernbleiben vom Schloß die Höflinge mit den besten Absichten entmutige. Wenn sie nie anzutreffen sei, könne sie nicht mehr damit rechnen, daß man ihr die Aufwartung mache. Die Königin blieb in nachdenklicher Stimmung und beschloß wenig später, «die vorgeschriebenen Bußübungen zum Jubeljahr zu erfüllen».[13] Mehrere Tage lang verrichtete sie hingebungsvoll ihre Andachten. Sie machte in den Versailler Kirchen lange halt, verzichtete auf die üblichen Lustbarkeiten, fuhr nicht nach Paris und ging nicht mehr im Bois de Boulogne jagen. Sie ließ selbst Oper und Theater links liegen und begnügte sich statt dessen mit Kammerkonzerten in den Petits Appartements, wo sie sich mit Vorliebe mit älteren Hofdamen umgab. Zwei bis drei Mal in der Woche begleitete sie ihren Gatten zur Jagdpartie nach Saint-Hubert. Sie speiste mit ihm zu Abend und kehrte mit ihm gegen Mitternacht nach Versailles zurück. Marie Antoinette zeigte sogar eine barmherzige Regung und ließ die Verbannung des Herzogs von Aiguillon, ihres früheren Feindes, aufheben, nachdem seine Tochter, Madame de Chabrilland, während eines Aufenthaltes beim Vater in Aiguillon überraschend gestorben war. Aiguillon durfte nur nicht mehr bei Hof erscheinen.

Auf die Reise nach Compiègne hatte man dieses Jahr verzichtet. Eine Masernepidemie, die bald die Grafen von Provence und Artois aufs Krankenlager warf, sorgte für einzigartige Ruhe am Hof, der aus eben diesem Grund nach Marly zog. Die Königin verbrachte ruhige Tage im Kreis engster Vertrauter. Gräfin Polignac, Baron Besenval, Herzog von Coigny und der Herzog von Guines wichen nicht von ihrer Seite. Prinzessin Lamballe, die im Thermalbad Plombières kurte, wurde ebenfalls ein Opfer der Masern und mußte ihren Aufenthalt verlängern. Marie Antoinette sorgte sich um ihre Gesundheit mehr als um die ebenfalls kranken Schwäger. Trotzdem organisierte sie zur Feier ihrer Genesung ein reizendes Fest in ihrem Reich Trianon. Die königliche Familie soupierte gemeinsam, der Garten wurde festlich illuminiert, und der Abend endete mit Liedern zur glücklichen Genesung der Prinzen.[14] Tage später kam Gräfin Artois mit einem Mädchen nieder. Auch wenn sich die Königin der Schwägerin gegenüber aufmerksam zeigte, machte es sie bitter, daß die von der Natur nicht verwöhnte Piemontesin dem Geschlecht der Bourbonen wieder Nachwuchs geschenkt hatte. Wenigstens hatten sie die Marktweiber diesmal nicht bis vor die Tür zu ihrem Schlafzimmer verfolgt und einen Dauphin verlangt wie damals bei der Geburt des Herzogs von Angoulême.

Marie Antoinette mochte Kinder und entschloß sich nicht zufällig wenige Tage später zu einer Adoption. Als sie durch ein Dorf bei Versailles fuhr, fiel ihr eine Bäuerin auf, die bildhübsche, aber zerlumpte Kinder bei sich hatte. Sie ließ ihre Karosse anhalten, verteilte Geld an die Kinder und fragte die Alte, ob sie ihr eines überlassen wolle. Die Bäuerin gab ihr den Kleinsten, einen hübschen dreijährigen Blondschopf namens Jacques. Hingerissen setzte Marie Antoinette ihre Spazierfahrt mit dem Kleinen auf dem Schoß fort, mußte aber bald umkehren, weil das verstörte Kind, «laute Schreie ausstieß und der Königin und ihren Ehrendamen Fußtritte versetzte. Als Ihre Majestät mit dem kleinen Bengel an der Hand in ihre Gemächer in Versailles eintrat, staunte die ganze Dienerschaft. Er schrie ohrenbetäubend nach seiner Großmutter und seinen beiden Geschwistern, und er war durch nichts zu beruhigen»,[15] berichtet uns Madame Campan. Zwei Tage später wurde Jacques, den man auf den Namen Armand umgetauft hatte, in einem prachtvollen weißen und spitzenbesetzten Anzug und einem rosa Schal mit silbernen Fransen wieder in die Gemächer der Königin geführt. Mercy berichtete, Marie Antoinette habe mit dem Kind, das «lebhaft» und «sehr fröhlich» gewesen sei, «sehr viel Freude gehabt». «Der Knabe bleibt in den Privatgemächern, aber er ist weder laut, noch stört er»[16], schrieb er der Kaiserin.

Zum ersten Mal seit ihrer Ankunft in Frankreich wurde Marie Antoinette krank und litt unter rätselhaften Fieberanfällen, die von Übelkeit begleitet wurden. Lassone wußte nichts Besseres, als ihr Abführmittel zu verabreichen, was aber zu keiner Besserung führte. Sie brach oft in Tränen aus, fiel der Schwermut anheim, hielt sich möglichst von der Gesellschaft fern und reagierte selbst bei ihren Günstlingen gereizt. Es konnte keine Rede mehr davon sein, daß sie ihren gesellschaftlichen Verpflichtungen am Hof nachkam. Sie schloß sich mit den engsten Freundinnen in ihrem Zimmer ein, das nicht einmal ihre Ehrendame, die mit der Toilette betraute Hofdame und die anderen Hofdamen betreten durften. Gräfin Polignac begleitete sie auf Schritt und Tritt. Wenige Auserwählte wie Graf Artois, Herzog von Coigny oder Prinz Ligne hatten neben den Favoriten das Privileg, ihr Gesellschaft leisten zu dürfen. Der übrige Hof fühlte sich vor den Kopf gestoßen, und die immer enger werdende Freundschaft der Königin zur

Polignac erregte den Neid so mancher Dame. Vor allem Mercy fürchtete negative Konsequenzen wegen der unverdienten Gunst, die Marie Antoinette der Gräfin entgegenbrachte. Für ihn war die Polignac «eine junge Dame, die am Hof keinen Platz» habe «und in einem recht zwielichtigen Ruf» stehe.[17] Sie sei «dem Geist wenig förderlich» und könne die Königin allenfalls «noch weiter in die Zügellosigkeit führen». Im übrigen werde diese angeheiratete Nichte Maurepas', die zudem eine enge Vertraute Choiseuls war, «verdächtigt, abwechselnd die eine Partei im Auftrag der anderen auszuspionieren». Vor allem fürchtete Mercy, die Angehörigen der Gräfin könnten sie dazu benutzen, um die Herrscherin zu beeinflussen. «Es fehlt ihr an Geist und Talent, um sich zwischen der Königin, der Partei Maurepas' und der Partei Choiseuls sicher zu bewegen», bemerkte er. Und tatsächlich hatten die Bitten dieser jungen Frau mit dem Engelsgesicht die besten Aussichten, von Marie Antoinette, die ihr vorbehaltlos vertraute, erhört zu werden. Wenn Gräfin Polignac nach Paris oder aufs Land fuhr, hielt sie den Kontakt brieflich aufrecht. Von der gesamten Korrespondenz der Königin schien Mercy gerade dieser Briefwechsel «am gefährlichsten». «Derlei Briefe bleiben nicht geheim. [...] Ich habe unumstößliche Beweise, daß man mit ihnen vielfach Schindluder treibt, aber es wäre sinnlos, die Königin davon abbringen zu wollen»,[18] beklagte er sich bei der Kaiserin. Der Botschafter war sich bewußt, daß die Polignac Einfluß und damit auch politische Macht gewonnen hatte, was unweigerlich Profiteure auf den Plan rufen mußte. Man hofierte sie und hoffte auf dem Umweg über sie und die Königin auf Vorteile und Gnaden. Und vor allem die Familie der Gräfin versuchte am Hof Fuß zu fassen.

Vermond, der mit der Königin gewöhnlich sehr offen sprach, warnte sie davor, ihre Freundschaft allzu leichtfertig zu verschenken. «Ihr seid sehr nachsichtig geworden, was die Sitten und den Ruf Eurer Freundinnen und Freunde angeht», mahnte er. «Ich könnte zeigen, daß diese Nachsicht in Eurem Alter, vor allem bei Frauen, einen schlechten Eindruck macht. Daß Ihr mit ihr nur deshalb Umgang pflegt, sie zu Eurer Freundin macht, weil sie freundlich ist, muß ein Priester sicher nicht tadeln; daß aber ein liederlicher Lebenswandel, zügellose Sitten und ein verdorbener, schlechter Ruf mit der Grund ist, daß man als Freund in Eurer Gesellschaft zugelassen wird, dies schadet Euch unendlich. Ihr seid seit einiger Zeit nicht einmal mehr so klug, daß Ihr Kontakt zu Frauen aufrechterhaltet, denen man Vernunft und einen tadellosen Lebenswandel nachsagt.»[19] Marie Antoinette hörte sich die Strafpredigt mit größtmöglicher Grazie an, gab fast lachend zu, daß der Abbé recht hatte, und wandte sich bald wieder leichtsinnigen Beschäftigungen zu.

Um der Freundin eine Freude zu machen und sie in ihrer Nähe zu halten, versuchte die Königin dem Grafen Polignac ein glanzvolles und einträgliches Amt am Hof zu verschaffen. Der damals achtundzwanzigjährige Graf, ein einnehmender Mann, war Oberst des königlichen Regimentes. Marie Antoinette wollte ihn zum «Anwärter» für das Amt ihres Oberstallmeisters ernennen lassen, eine Funktion, die augenblicklich Graf von Tessé ausübte, der mit der mächtigen Familie Noailles verschwägert war. Daß die Königin dem Grafen Tessé gegen übliche Gepflogenheiten den Nachfolger vorschrieb (der Amtsinhaber bestimmte ihn gewöhnlich selbst), wurde vom Oberstallmeister und der gesamten Familie Noailles als Affront betrachtet. Überhaupt brachte sich die Königin mit ihrer Großzügigkeit ins Zwielicht, denn immerhin war das Amt mit satten achtzigtausend Livres dotiert. Mercy und Vermond, die die negativen Konsequenzen der Affäre vorhersahen, schlugen Marie Antoinette vergebens Wege vor, wie sie wenigstens den äußeren Anschein wahren konnte. Sie freute sich, daß sie der Freundin einen Gefallen tat, kümmerte sich nicht um das Geschwätz in der Öffentlichkeit und ließ die Familie Noailles schmollen, «die schon eine zu mächtige Sippe»[20] sei, wie sie ihrer Mutter schrieb.

Im Sommer 1776 sorgte sie immer häufiger dafür, daß Verwandte, Freunde und Bekannte ihrer Günstlinge in den Genuß von Vorteilen kamen. Für den Sohn des Arztes Richard, der den blatternkranken Sohn des Herzogs von Coigny hervorragend behandelt hatte, schuf sie das Amt eines Generalpächters der Post, eine Funktion, die immerhin achttausend Livres im Jahr einbrachte! Um Prinzessin Lamballe einen Gefallen zu tun, verschaffte sie ihrem Bruder, Prinz Eugen von Carignan, eine jährliche Zuwendung von über fünfzigtausend Livres; der Herzog von Chartres, ein angeheirateter Verwandter der Lamballe, erhielt die Herrschaft über das Poitou. Die Tante der Gräfin Polignac, Gräfin Andlau, die einst vom Hof verbannt worden war, weil sie an Madame Adelaïde anzügliche Bücher weitergegeben hatte, wurde mit einer Pension von sechstausend Livres bedacht. Die Großzügigkeit der Königin gegenüber den Freunden ihrer Freunde kannte keine Grenzen, und die «Unzufriedenen führten Buch über die zahllosen kleinen Pensionen, die zusammen erkleckliche Summen ergaben».[21] Marie Antoinette verabscheute es nun einmal, eine Bitte abzuschlagen, und nie verlangte sie von den Nutznießern ihrer Wohltaten irgendeine Gegenleistung. Ihr genügte die Dankbarkeit von Freunden. Es wäre ihr als unter ihrer Würde erschienen, wenn sie als Königin nicht freigebig gewesen wäre. Und ihre Lieblinge nutzten diese Schwäche nach Kräften aus.

Noch immer verschwendete Marie Antoinette für ihre Garderobe gewaltige Summen. Sie waren bescheiden im Vergleich zu dem, was sie für

Schmuck, vor allem für Diamanten, ausgab. So hatte sie Anfang 1776 ohne Wissen des Königs Ohrhänger zum phantastischen Preis von 460 000 Livres gekauft.[22] Da sie die Raten für die Juweliere nicht pünktlich bezahlen konnte, mußte sie an die Großzügigkeit ihres Gatten appellieren. Der Kauf genügte noch nicht: Sie versetzte Stücke aus ihrem persönlichen Schmuck zu Schleuderpreisen und erstand von dem Geld ein herrliches, mit Diamanten besetztes Armband zum Preis von 250 000 Livres. Als ihre Mutter sie darauf hinwies, «daß man vermute, sie verleite den König zu [...] schlimmster Verschwendung», sagte sie Vermond nur: «Meine Armbänder sind in Wien angekommen!» Und auf die Frage des Abbé, ob die Kaiserin verärgert sei, antwortete sie ebenso leichtfertig: «Ein wenig, lest selbst»,[23] worauf sie dem betroffenen Geistlichen den Brief reichte. Derlei Käufe waren für Marie Antoinette, wie sie ihrer Mutter schrieb, eben nicht mehr als «Bagatellen».

Für Trianon verbrauchte die Königin Unsummen. Der berühmte englische Garten, den sie bei Graf Caraman in Auftrag gegeben hatte, wurde schließlich von Mique entworfen, dem Nachfolger des königlichen Baumeisters Gabriel. Mique konnte seine Entwürfe erst gegen Jahresende vorlegen, und so hatte man sich einstweilen damit begnügt, die Umgebung um das Schlößchen nach aktuellem Geschmack, aber mit großem finanziellen Aufwand herrichten zu lassen. In einer kapriziösen Anwandlung ließ die Königin direkt vor dem Petit Trianon ein seltsames Karussell in chinesischem Stil errichten, in dem die Hofdamen und Edelleute des kleinen Kreises um die Königin auf bunten Pfauen und Drachen reiten konnten. Und zudem ließ sie nur für Vertraute ein Theater erbauen, das zur Genesung der Prinzen eingeweiht wurde. Marie Antoinette liebäugelte mit dem Gedanken, dort selbst Theater zu spielen wie damals zur Zeit Ludwigs XV. heimlich in einem ungenutzten Kabinett. Während der Amtszeit Turgots mußte sie sehr um die notwendigen Kredite betteln, und mehr als einmal wurden die Bauarbeiten mangels Geld eingestellt. Die Königin, der die Durchführung solcher Projekte nie schnell genug gehen konnte, machte für den schleppenden Fortgang der Bauarbeiten in Trianon die politische Führung verantwortlich, was ihre Aversion gegen den Generalkontrolleur noch verstärkte. Trotzdem «klagte man fast in aller Öffentlichkeit, daß die Königin beträchtliche Ausgaben hatte und verursachte».[24] Und man wußte noch gar nicht, daß der Schuldenberg Marie Antoinettes trotz Verdoppelung ihrer Einkünfte auf 487 272 Livres angewachsen war![25]

Mercy geriet in helle Aufregung, als sich die Königin einer noch kostspieligeren Passion, dem Glücksspiel, hingab: Bisher hatte sie sich wie Maria Leszcýnska mit Gesellschaftsspielen begnügt, bei denen es wenig zu verlieren gab. Aufregender als die langweiligen Lotterien und Cavagnol waren Spiele wie «Landsknecht» oder «Pharao», die selbst den Prinzen von Geblüt verboten waren. Marie Antoinette umschmeichelte ihren Ludwig auf der Reise nach Fontainebleau so lange, bis er den Widerstand aufgab und Bankhalter aus Paris kommen ließ. «Mit gewohnter Sanftmut meinte der König, dies werde keine weiteren Folgen haben, solange man nur einen Abend spiele. Die Bankhalter trafen am 30. Oktober ein und spielten bei Prinzessin von Lamballe die ganze Nacht bis zum Morgen des 31. Ihre Majestät blieb bis fünf Uhr morgens und ließ die Partie bis zum Abend und dann bis zum 1. November fortsetzen, dem Allerheiligentag. Die Königin spielte fast bis drei Uhr morgens. Das Schlimme an der Sache war, daß die durchwachte Nacht mit dem Morgen eines Feiertages endete, was in der Öffentlichkeit zu Gerede führte. Die Königin zog sich mit einem Scherz aus der Affäre und sagte dem König, er habe ihr doch eine Partie des Glücksspiels erlaubt und nicht gesagt, wie lange sie dauern solle. So habe man sechsunddreißig Stunden gespielt. Der König lachte und antwortete fröhlich: ‹Ihr taugt doch alle nichts, ihr, die ihr da mittut!›»[26] Die Königin hatte an die hundert Louis verloren und sich köstlich amüsiert. Ludwig XVI., dem fast jeder Wunsch seiner Gattin Befehl war, legte seine Abneigung gegen Glücksspiele bald ab und schlug vor, erneut Bankhalter kommen zu lassen. Am 11. November wurde wieder Pharao gespielt. Marie Antoinette, die sich nicht losreißen konnte, brachte eine ganze Nacht beim Glücksspiel zu, während formvergessene Stutzer – grober Verstoß gegen die Etikette – unaufgefordert das Wort an sie richteten. Sie antwortete ihnen aufgeregt mit gerötetem Gesicht und kümmerte sich nicht um ältere Personen, die respektvoll in ihrer Nähe vergeblich auf ein Wort von ihr hofften. Marie Antoinette waren die Ergebnisse, die die Bankhalter verkündeten, und das Geschrei der Laffen wichtiger! In diesem Jahr spielte man in Fontainebleau regelmäßig um hohe Einsätze, und es wurde eine kostspielige Angelegenheit, der Königin den Hof zu machen.

Nie war der Aufenthalt in Fontainebleau so lustig gewesen. Die Gesundheit der Herrscherin war offenbar wieder völlig hergestellt, und sie war vergnügungssüchtig wie eh und je. Grimm spricht in seiner *Correspondance* von einem «gewaltigen Zustrom von Menschen zu Festen, Spielpartien und Pferderennnen», zu denen man «in eleganter und in vielfältiger Toilette» erscheine.[27] Freilich zog die Königin die kleine Gesellschaft vor und beehrte noch immer die Gemächer der Prinzessinnen Guémené und Lamballe mit ihrer Gegenwart. Bei der Guémené hielt sie sich öfter auf, da sie dort sicher auf Gräfin Polignac traf. Bei ihr wurde freizügigste Konversation getrieben, Feinde wurden verhöhnt und tausend Intrigen gesponnen. Der kunstvoll verbrämte, preziöse Klatsch wirkte sich auf das leichtfertige Gemüt der Königin, die weder über Lebenserfahrung noch über Besonnenheit verfügte, verheerend aus.

Durch ihre ständige Suche nach Ablenkung, ihre unersättliche Lebenslust entfremdete sie sich zusehends vom König. Wegen ihrer Koketterie und ihres Leichtsinns, ihres Mangels an natürlicher Fröhlichkeit kam «sie in der Gesellschaft nicht so gut an, wie es ihre Qualitäten und ihre äußere Erscheinung erwarten ließen», bemerkte Besenval, der sie bestens kannte. «Kein Bestand in dem, was sie dachte. Ihre Zwanglosigkeit schadete ihrem Ansehen, und das Benehmen, das sie bei bestimmten Gelegenheiten und auf bestimmten Rat hin oft an den Tag legte, schockierte bei dieser liebenswerten Frau: eine Einschätzung, an die man sich bei ihr schon zu sehr gewöhnt hatte. So erregte sie bei allen zuweilen Anstoß, und man äußerte sich zur eigenen Überraschung oft schlecht über sie.»[28]

Kapitel X

Familiengeheimnis

Es wurde weiterhin geklatscht. Während der König auf eine Favoritin verzichtete und sich als galanter Ehemann zeigte, brachte sich die kapriziöse Marie Antoinette am französischen Hof und im Ausland durch lockere Sitten in Verruf. Die Königin, über die gesprochen wurde wie früher über die Mätressen Ludwigs XV., kam schlecht weg in den Berichten, die Gesandte an ihre Dienstherren in der Heimat richteten. Und als es dem österreichischen Geheimdienst gelang, die Briefe des Barons Goltz an Friedrich II. abzufangen, erfuhr Maria Theresia über ihre Tochter Dinge, die ihr die «brennendsten Schmerzen»[1] verursachten. Zum Glück bekam sie nicht noch die Depeschen des Grafen von Viry, des Botschafters von Piemont-Sardinien, zu lesen, der sich am 4. November 1776 über den Abschied der Madame Thierry äußerte: «Diese Kammerfrau galt als verantwortlich für das Benehmen der Königin, die sie durch ihre Manieren und wiederholt durch üble Behandlung zum Rücktritt zwang.» Der Botschafter kam im nächsten Brief auf die Affäre zurück, die «Anlaß zu skandalösen Gerüchten gegeben» habe. «Der Herzog von Coigny, der Oberstallmeister des Königs», so der Botschafter, «soll zu gewissen Stunden in den Gemächern der Fürstin verkehrt haben, was Anlaß zu allerhand Klatsch gab. Ich bin aber eher geneigt, dies alles für Verleumdung zu halten, hinreichend zu erklären mit dem leichtsinnigen Verhalten der Königin.»[2]

Mercy hütete sich in seinen Briefen an die Kaiserin vor entsprechenden Andeutungen. Statt dessen versicherte er, die Thierry habe «ihren Abschied nicht etwa aus Überdruß genommen», sondern müsse «für das gütige Verhalten der Königin» dankbar sein. «Ihr Abschied», so gab er allerdings zu, habe «zu Gerüchten geführt», nach denen ihr «von der Königin nahegelegt worden sei, sie zu verlassen».[3] Ohne genauer zu werden, wies der Botschafter allerdings darauf hin, daß die Königin ihre besondere Gunst im

Augenblick dem Herzog von Coigny schenke, der den Herzog Lauzun als Cicisbeo inzwischen ausgestochen zu haben scheint. Daß dieser Vierziger mit den tadellosen Manieren bei der Königin sehr beliebt war, entging niemandem, und viele behaupteten sogar, ihre Beziehungen seien mehr als platonischer Natur gewesen. Der reservierte Grandseigneur, der Marie Antoinette sehr diskret den Hof machte, sollte nach späterem Klatsch sogar der Vater von Madame Royale sein, des ersten Kindes Ludwigs XVI. mit Marie Antoinette. Tilly, der Page der Königin, versicherte, die Königin habe sich ihm hingegeben. Solche Behauptungen sind nicht bewiesen, und die späteren Bekenntnisse Josephs II. sprechen eher gegen sie. Trotzdem konnte man beim unglaublichen Leichtsinn dieser Frau durchaus an Fehltritte glauben.

Die Königin ließ sich vom immer lauter werdenden Gerede nicht beirren und setzte ihre Eskapaden fort. Wenn sie während des Karnevals inkognito an Opernbällen teilnahm, sprach sie vorbehaltlos mit jedem und zeichnete besonders Ausländer aus, die sie gerne neckte. «Dies hat als einziges zur Folge gehabt», vermeldet Mercy, «daß ein dauerndes unangebrachtes und ungerechtfertigtes Gerede entstanden ist, das sich aber einfach vermeiden ließe, wenn die Königin nur besser auf das achten würde, was für derartigen Klatsch sorgt.»[4] Sie frönte immer wieder solchen Soireen, auf denen sie auf die Etikette keine Rücksicht nehmen mußte und die ihr die Illusion gaben, das Leben einer gewöhnlichen Sterblichen führen zu können. Und am nächsten Tag empfand sie jedesmal diebische Freude, wenn sie den Freundinnen ihre Begegnungen anvertrauen konnte. «Sie war niemals langweiliger als damals», erzählt Prinz Ligne, «denn sie berichtete soviel von den Masken und von dem, was sie gesagt und was man ihr gesagt hatte, daß ich es kaum aushielt. Wenn wir das gleiche hätten tun können, wäre es aufregender gewesen als ihre sogenannten Abenteuer.»[5]

Versailles war nie so unpopulär geworden. Die Adligen begannen die Bälle der Königin zu meiden, und wer von den Höflingen Verstand hatte, blieb auch ihren immer kostspieliger werdenden Glücksspielen fern. Obwohl Marie Antoinette sich am liebsten im engen Freundeskreis aufhielt, machte sie sich doch etwas Sorgen, warum man ihr am Hof so wenig Sympathie entgegenbrachte. Mercy klärte sie auf, «daß die kleine Zahl derer, die sie ihre Gesellschaft» nenne, «ihr die größere Zahl der Höflinge beiderlei Geschlechts» entfremde «und ihnen Gelegenheit und Möglichkeit» nehme, «ihr den Hof zu machen».[6] Aber Marie Antoinette, die keine Dauphine mehr war, erlebte einen Freiheitsrausch und schlug Mercys und Vermonds Ratschläge in den Wind. Sie brauchte den väterlichen Beistand nicht mehr, der ihr in den ersten Jahren in Versailles über Einsamkeit und Schwierigkeiten hinweggeholfen hatte. Die Gefälligkeiten und Schmeicheleien von Freunden und Günstlingen waren angenehmer als die Ratschläge und Ermahnungen der Mentoren.

Maria Theresia in Wien, die die Situation ihrer Tocher als «kritisch» einschätzte,[7] war der Verzweiflung nahe. Die Reise Josephs II. nach Frankreich, die schon seit Jahren geplant gewesen war, war 1774 durch den Tod Ludwigs XV. vereitelt worden, und es hätte einen schlechten Eindruck gemacht, wenn er seine Schwester sofort nach der Thronbesteigung Ludwigs XVI. besucht hätte. Im Jahre 1777 stand einem Besuch nichts mehr im Wege. Auf seiner Reise wollte der Kaiser die Allianz mit Frankreich stärken, vor allem aber in Erfahrung bringen, inwieweit sein seltsamer Schwager aktiv für das Bündnis eintreten würde. Natürlich sorgte er sich auch um seine Schwester, deren zügelloser Lebenswandel gar nicht im Einklang mit ihrer Erziehung stand und der ihre Zukunft als Königin bedrohte.

Als Marie Antoinette erfuhr, daß ihr Bruder sie bald besuchen würde, reagierte sie zunächst mit überschwenglicher Freude: «Ich hoffe schon so lange darauf, daß ich es gar nicht recht glauben kann», schrieb sie der Mutter sogleich.[8] Allerdings mischte sich ein Wermutstropfen in die Freude. Sie kannte den strengen Bruder, seinen herrschsüchtigen und despotischen Charakter, seine Briefe, in denen er ihr stets schonungslos die Meinung ins Gesicht gesagt hatte. Wie würde die Begegnung verlaufen? Marie Antoinette wußte, daß ihm ihr lustiges Leben nicht verborgen geblieben war, und so rechnete sie mit heftigen Vorwürfen. Trotzdem behauptete sie scheinbar selbstsicher, es sei ihr «größtes Glück, daß er sich von der wahren Sachlage überzeugen und die liebe Mama beruhigen könne, was die vorgefaßten Meinungen» über sie angehe.[9] Gleichzeitig vertraute sie den Freundinnen und Mercy an, sie sei über den bevorstehenden Besuch des Bruders zutiefst beunruhigt. Bald darauf entspann sich zum Thema des Besuchs ein reger Briefwechsel zwischen Kaiser, Kanzler Kaunitz und Botschafter Mercy. «Ich gestehe Euch», schrieb der Kaiser Mercy, «daß ich dem Augenblick, an dem ich meine innig geliebte Schwester wiedersehe, mit aufrichtiger Freude entgegensehe und daß ich mich, von Euren Ratschlägen angeleitet, vor allem eingehend mit allen Aspekten ihrer gegenwärtigen und zukünftigen Stellung auseinandersetzten möchte, um dann die Sache mit ihr zu erörtern.»[10] Kaunitz legte dem Kaiser allerdings nahe, mit einer Aussprache mit der Königin bis unmittelbar vor der Abreise aus Versailles zu warten: «Wenn der König, die Königin oder die Regierung den Verdacht haben, daß sich der Kaiser auf der Reise nach Frankreich in ihre persönlichen oder nicht persönlichen Angelegenheiten mischt, dann kann ihnen sein baldiger Besuch nicht willkommen sein, und das wird deutlich werden in ihrer Haltung, die verlegen und gezwungen, statt herzlich und freundschaftlich sein wird.»[11] Kaunitz teilte Mercy daraufhin mit, Marie Antoinette könne «sicher sein, daß [der Kaiser] nicht von französischen Angelegenheiten, seien sie häuslicher oder anderer Art», sprechen werde, «solange man diese Fragen nicht von sich aus anschneidet». So wolle «er es während seines gesamten Aufenthaltes mit allem halten, was den König oder sie» betreffe. «Richtet der Königin aus, daß ich es für angezeigt halte, daß sie den König und seine Minister diskret über diesen Punkt unterrichtet, damit alle völlig beruhigt sein können.»[12]

Der Kanzler dachte dabei vor allem an die Allianz und fürchtete, eine Strafpredigt Josephs könnte die Bereitschaft der Königin, an der kaiserlichen Politik mitzuwirken, zunichte machen. Schließlich stand die heikle Frage der Nachfolge in Bayern ins Haus, ein Problem, bei dessen Lösung man sie dringend brauchen würde. Das Privatleben der französischen Königin ging den Kanzler nichts an, solange sie nur ihre Rolle für das Kaiserreich spielen würde. Etwas anders sahen es Maria Theresia und Joseph II., auch wenn sie ebenfalls vorrangig auf die Wahrung der Interessen des Hauses Habsburg bedacht waren. Für die Kaiserin war ihr Sohn der einzige, der ihre Tochter noch auf den rechten Weg zurückbringen konnte. Sie fürchtete allerdings, er könne die Sache durch zuviel Strenge verderben. Überhaupt hatte sie Zweifel an seiner Mission: «Ich rechne kaum mit einem Erfolg der Reise. Wenn ich nicht irre, gibt es nur eine Alternative: Entweder erobert meine Tochter den Kaiser durch Gefälligkeit und Liebreiz, oder er verärgert sie durch allzu viele Belehrungen. Wahrscheinlicher ist wohl das erste; aber man braucht in beiden Fällen nicht zu hoffen, daß der Kaiser mit seiner Anwesenheit eine heilsame Krise auslöst»,[13] erklärte sie mutlos.

Durch die Beschwichtigungen aus Österreich etwas beruhigt, schrieb Marie Antoinette, sie sei «überzeugt, daß die Reise des Kaisers in jeder Hinsicht ihr Gutes haben» werde. Sie wisse «sehr wohl um seine Verschwiegenheit» und werde auch «vertraulich zu ihm sprechen».[14] Außerdem versprach sie, den spontanen Einfall Josephs zu unterstützen, inkognito zu reisen, sich als ein einfacher ausländischer Adliger namens Falkenstein auszugeben und auf die Annehmlichkeiten Trianons zu verzichten.

In Paris logierte Joseph bei Mercy, und in Versailles begnügte er sich mit einer Herberge. Er hatte so etwas wie einen Studienaufenthalt im Auge, und dazu mußte er sich völlig frei bewegen können. Er wollte durch die Provinzen reisen, den aufgeklärten Menschen begegnen, für die Frankreich damals berühmt war, und die Bewohner ungestört in ihrem Tun und Treiben beobachten können. Bei einem Staatsbesuch mit allem Pomp wäre ihm gerade das Interessanteste vorenthalten geblieben. Und das steife Protokoll am Hof hätte ein ungezwungenes Wiedersehen mit der Schwester verhindert.

Am 19. April 1777 fieberte Marie Antoinette, die sehr früh aufgestanden war, gespannt der Ankunft ihres Bruders entgegen. Der Kaiser war am vorigen Abend angekommen, hatte im Petit Luxembourg in Paris übernachtet und sich morgens um acht Uhr fünfzehn auf den Weg nach Versailles gemacht. Er hatte der Königin ausrichten lassen, er wolle im Schloßhof vom Abbé Vermond empfangen und dann ohne Öffentlichkeit in ihre Privatgemächer geführt werden. Um neun Uhr dreißig war es dann soweit: Der Abbé begrüßte den Kaiser, führte ihn an den überfüllten Schloßsälen vorbei durch abgelegene Flure und über Hintertreppen bis zu Marie Antoinette, die ihn, noch im Negligé und unfrisiert, stürmisch empfing: «Der erste Augenblick war herzergreifend. Der Kaiser und die Königin fielen sich in die Arme und hielten sich lange gerührt und schweigend umschlungen», berichtet Mercy, der es von Vermond erfuhr.[15] Nach der stürmischen Begrüßung zog die junge Frau ihren Bruder in ein Kabinett und sprach mit ihm zwei Stunden unter vier Augen. Joseph, der die Schwester zuletzt als eine kleine Erzherzogin mit treuherzigen Augen gesehen hatte, saß jetzt überwältigt und überrascht einer majestätischen Dame mit aufrechter Haltung, frischem Teint und vollkommener Grazie gegenüber, die so aufgeregt noch charmanter wirkte. «Wenn sie nicht meine Schwester wäre», lobte sie Joseph kurz darauf, «und wenn ich sie heiraten müßte, so würde ich nicht zögern, eine neue Ehe mit dieser charmanten Braut einzugehen.» Und weiter verriet er, er werde sie bitten, sich wieder in Wien niederzulassen, «wenn sie Witwe werden und keine Kinder haben sollte».[16] Die Königin schüttete beim Bruder ihr ganzes Herz aus und führte das privateste Gespräch ihres Lebens. Joseph wurde zum unverhofften Vertrauten, dem sie sämtliche Sorgen erzählte, einschließlich die der enttäuschenden Ehe. Sie verriet ihm alle Einzelheiten ihres vergnügungssüchtigen Lebens. Der Kaiser hörte aufmerksam zu und blieb sehr freundlich. Seine Mission, Marie Antoinette in Fragen der Ehe zu beraten, stand unter günstigen Vorzeichen. Völlig beruhigt führte die Königin ihren Bruder zu Ludwig XVI., der seinen Schwager herzlich begrüßte, auch wenn er sich über dessen Absichten nicht so recht im klaren war. Anschließend wurde Joseph zu den Prinzen und Prinzessinnen geführt, worauf ein Besuch bei Maurepas und Vergennes folgte.

Ausnahmsweise wurde in Versailles die sakrosankte Etikette außer Kraft gesetzt. Ludwig XVI., Joseph II. und Marie Antoinette speisten vor dem Hofstaat im Schlafzimmer der Königin am Fuß ihres Bettes. Zum ersten Mal nahm eine Königin von Frankreich in der Öffentlichkeit ihr Mahl mit einem Mann ein, der nicht zur königlichen Familie gehörte. Der traditionsbewußte Herzog von Croÿ schildert überrascht die Szene, als das Königspaar mit dem Rücken zum Bett und ihrem Gast gegenüber auf hohen Klappstühlen aßen, der König in Violett, der Kaiser in Schwarz und die Königin im Nachtgewand und nur notdürftig frisiert.

Für Paris hatte sich der Kaiser ein ganz besonderes Programm zusammengestellt und sich fest vorgenommen, diese berühmte Hauptstadt von Grund auf kennenzulernen. Er sollte mit Berichten über den Handel und das Gewerbe, über Brücken, den Aufbau des Militärwesens und zahlreichen anderen Einzelheiten nach Wien zurückreisen. Zu den besuchten Einrichtungen gehörten die *École militaire,* der Invalidendom, die königliche Gerätekammer, die Gobelinmanufaktur, die naturkundliche Sammlung im Botanischen Garten, die königliche Physiksammlung in Passy, die königliche Druckerei, die Seifensiederei, die Taubstummenschule, die Salpêtrière und selbst die Irrenanstalt von Bicêtre. Joseph interessierte sich brennend für jede Art Neuheit und gewann mit seinem Interesse und seiner unkomplizierten Art rasch die Sympathie der Franzosen, die große Stücke auf ihn hielten. Als vorbildlicher, aufgeklärter Herrscher nahm er an einer Sitzung der *Académie française,* der Akademie der Wissenschaften und der Akademie für alte Geschichte und Sprachen teil. Zu den Persönlichkeiten, denen er einen Besuch abstattete, gehörten Necker, Buffon, Laborde, Lavoisier, Trudaine und Madame Geoffrin sowie zahlreiche Größen aus Wirtschaft und Wissenschaft. Trotz des dicht gedrängten Programms fand er Zeit zum Meinungsaustausch mit Ministern und Prinzen und zu Empfängen mit Vertretern des französischen Hochadels. Er besuchte Theater und Konzerte, nahm als Ehrengast am Leben des Hofs teil und verbrachte Stunden bei seiner Schwester und beim König.

Da Marie Antoinette ihren Bruder offen und herzlich empfing, begegnete er ihr so freundlich wie am Anfang. Allerdings beobachtete er sie bei aller Geschwisterliebe so aufmerksam wie niemand sonst. Er führte mit ihr im Park von Trianon oder in den Petits Appartements unter vier Augen endlose Gespräche, in denen sie ihre sämtlichen Geheimnisse verriet. Joseph hörte aufmerksam zu, enthielt sich vorerst der Kritik und wartete geduldig, bis seine Schwester alles gesagt hatte. Er nahm sogar an ihren Vergnügungen teil, begleitete sie zur Oper, wo man ihm lange Beifall klatschte, ging mit ihr ins Théâtre-Français und zur italienischen Bühne. Täglich speiste er mit der königlichen Familie und besuchte die Abendgesellschaften der Prinzessinnen Guémené und Lamballe. Er beobachtete die Sitten bei Hof, schätzte politische Kräfteverhältnisse ein und machte sich ein Bild von der Rolle der Intrigen in der Versailler Politik. Aber so unbeteiligt er sich gab, er machte sich über seine Schwester ernsthafte Gedanken und diskutierte an manchen Abenden mit Botschafter Mercy, der sie besser als jeder kannte, über ihre Situation in Frankreich.

Am 9. Mai ging Joseph II. schließlich in die Offensive. Zum ersten Mal seit seiner Ankunft machte er der Schwester heftige Vorwürfe und zeigte sich ihr gegenüber als der autoritäre und herrschsüchtige Mensch, der er im Grunde seines Wesens war. Zu dem Wortwechsel war es gekommen, als der Kaiser seinem Schwager, der sich weder für sein Königreich noch für seine Hauptstadt besonders zu interessieren schien, einen Besuch in Brest und in anderen Seehäfen des Landes vorgeschlagen hatte. Entzückt verlangte Marie Antoinette, ihren Gatten auf der Reise begleiten zu dürfen. Ludwig lehnte mit dem Hinweis ab, ihre Anwesenheit «sei ihm in keiner Weise von Nutzen». Nach Mercy «folgten auf diese Äußerung Vorwürfe an die Königin, sie nehme ihrem Gatten gegenüber eine dreiste Haltung ein, führe eine respektlose Sprache und lasse es zudem an Gehorsam fehlen».[17] Sie sollte von ihrem kaiserlichen Bruder noch mehr zu hören bekommen. Noch am gleichen Tag befahl er ihr in Gegenwart von Herzog Coigny und Gräfin Polignac, nach Ludwig zu schicken und ihn zu bitten, an ihrer Gesellschaft teilzunehmen. Am Abend brüskierte er die Königin noch mehrmals. Marie Antoinette war erschüttert. Wie der Kaiser Mercy anvertraute, habe «er das Gemüt der Königin erproben und sehen wollen, ob mit Strenge mehr zu erreichen sei als mit Milde».[18] Betroffen nahm er den heftigen Protest des Botschafters gegen diese Erziehungsmethoden entgegen.

So schlug Joseph II. schon am nächsten Tag wieder einen sanftmütigen und freundlichen Ton an. Allerdings kritisierte er die Aufmachung, Lebensgewohnheiten und den Umgang seiner Schwester. Obwohl er von «Gräfin von Polignacs Geist von Anfang an keine hohe Meinung» hatte, machte er doch einen Versuch und «ließ sie über Dinge reden, die für die Königin von Interesse waren. Die besagte Gräfin schnitt denkbar schlecht ab, und der Kaiser urteilte über sie, wie sie es verdiente.»[19] Joseph nahm kein Blatt mehr vor den Mund und nannte den Salon der Madame de Guémené eines Abends sogar eine «Spielhölle». Es wolle ihm nicht in den Kopf, wie sich seine Schwester in dieser korrupten Gesellschaft amüsieren könne, wo die Hausherrin in ihrer Gegenwart schamlos betrüge. Marie Antoinette hörte ihn wortlos an. Sie dachte überhaupt nicht daran, sich wie ein Kind behandeln zu lassen, und kehrte, es war schon Mitternacht, an den Spieltisch der Freundin zurück. Der Kaiser war «zerknirscht», und Mercy mußte ihm zur Geduld raten.

Als der Kaiser an den beiden folgenden Tagen wieder nach Versailles kam, empfing ihn die Königin trotz der Auseinandersetzung herzlich. Er hielt ihr einen langen Vortrag über die Pflichten der Ehefrau und die verheerende Auswirkung der Spielleidenschaft. Marie Antoinette hörte ihn geduldig an und nahm sich die Ermahnung zu Herzen. Zum ersten Mal unterhielt sich der Kaiser auch mit Ludwig XVI. unter vier Augen. Seit einigen Tagen war das Eis gebrochen, aber Joseph II. hatte für den etwas barschen und ungeschliffenen Schwager, dessen politischen Sachverstand er unterschätzte, kaum mehr als freundliche Nachsicht übrig. Immerhin verbarg er seine Gefühle so geschickt, daß Ludwig ihm schließlich sein Leid klagte, daß er «keine Kinder haben» könne. «Er beschrieb bis ins kleinste seinen körperlichen Zustand und bat den Kaiser um Rat.»[20] Joseph gab Ludwigs Bekenntnisse an Mercy weiter, der Maria Theresia informierte. Und am folgenden 4. Oktober sollte Joseph II. seinem Bruder Leopold, damals noch Großherzog von Toskana, schließlich mitteilen können: «Wie Ihr wißt, hat der König von Frankreich endlich das große Werk vollbracht, so daß die Königin schwanger werden kann. Beide haben mir geschrieben und danken mir dafür, denn sie führen den Erfolg auf meine Ratschläge zurück. In der Tat hatte ich völlig richtig erkannt, daß Trägheit, Ungeschicklichkeit und Gleichgültigkeit der Sache als einziges im Wege gestanden haben.»[21] Da sich Marie Antoinette und Ludwig XVI. dem Kaiser bei seinem Besuch vorbehaltlos anvertraut hatten, war er nach seinem Aufenthalt in Versailles der einzige Mensch, der über ihr Eheleben, über das an allen Höfen Europas geklatscht wurde, wirklich Bescheid wußte. In seinem amüsanten Französisch teilte er dem Bruder Leopold mit: «Im Ehebett hat [der König] die gewünschten Erektionen, er führt das Glied ein, bleibt ungefähr zwei Minuten ruhig liegen, zieht es jedesmal, noch immer erigiert, vor dem Erguß wieder heraus und wünscht ihr dann eine gute Nacht. Man begreift es einfach nicht, denn er hat in der Nacht zuweilen unwillkürliche Samenergüsse, nur an Ort und Stelle vollbringt er das Werk nie und begnügt sich ganz einfach mit dem Hinweis, er tue es nur aus Pflichtgefühl und habe keinen Spaß daran. Wenn ich nur einmal hätte dabei sein können, ich hätte es schon arrangiert. Man müßte ihn wie die Esel peitschen, um ihn dazu zu bringen, daß er sich entlädt. Meine Schwester hat diesbezüglich wenig Temperament, und zu zweit sind sie doppelt so ungeschickt *[sic]*.»[22]

Offener hätte man die Sache nicht schildern können. Immerhin erklärt sich daraus, warum Marie Antoinette sich nächtelang herumtrieb und den Ehemann allein ließ. In seiner gelungenen psychologischen Studie der Königin hat Stefan Zweig anhand von Dokumenten aus ihrer Korrespondenz, die bisher sorgsam unter Verschluß gehalten worden waren, als erster auf einen Zusammenhang zwischen dem ausschweifenden Lebenswandel der

Königin und ihrer schwer gestörten Partnerbeziehung hingewiesen. Andere Historiker haben die Argumentation des Freud-Schülers Zweig aufgegriffen und mit ihr eine postume Rechtfertigung der Königin versucht. Auch wenn diese Enthüllung etwas Licht in ihre Lebensgeschichte und Persönlichkeit bringt, so darf der Aspekt der frustrierenden Ehe in einer Biographie Marie Antoinettes keineswegs verabsolutiert werden.

Am 30. Mai gegen Mitternacht verabschiedete sich Joseph II. herzlich von Ludwig XVI. und Marie Antoinette. Die Szene war «ergreifend für die Königin, die ihren Kummer notdüftig zu verbergen suchte. Der Kaiser umarmte den König und sagte gerührt mit freundlichem Ton, er empfehle ihm seine Schwester an, die er so innig liebe.»[23] Ludwig XVI. war hingerissen vom schlichten Wesen seines Schwagers. Er lobte ihn oft und sagte der Königin, er hätte sich gewünscht, «daß sie während des Aufenthaltes des Kaisers öfter und länger beisammen gewesen wären». Er fühlte sich seinem Schwager gegenüber verpflichtet, sich stärker seiner jungen Frau zu widmen.[24]

Joseph, der im Anschluß die Normandie, die Bretagne, La Rochelle, Bordeaux, das Languedoc, Marseille, Toulon und Lyon besuchen wollte, fuhr, was die Zukunft seiner Schwester anging, beruhigt aus Versailles ab. Marie Antoinette hatte es tatsächlich geschafft, diesen autoritären Menschen, der sie ohne jede Nachsicht beurteilte, für sich einzunehmen. «Ich bin eben aus Versailles abgereist und habe meine Schwester wirklich liebgewonnen», teilte er der Kaiserin mit. «Ich habe ein süßes Lebensgefühl entdeckt, auf das ich verzichtet hatte, an dem ich aber, wie ich sehr wohl sehe, keineswegs den Geschmack verloren habe. Sie ist liebenswert und charmant. Ich habe etliche Stunden mit ihr zugebracht, die wie im Fluge vergingen. Sie war anfangs sehr empfindlich, bewahrte aber Contenance; ich mußte all meine Kraft zusammennehmen, als ich mich zur Weiterreise anschickte.»[25] Joseph II. hielt von der königlichen Familie nicht viel und hatte für die Grafen von Provence und Artois und ihre Gattinnen nur Verachtung übrig. Ludwig XVI. sei dagegen «etwas schwach, aber keineswegs einfältig», er habe «Verstand und Urteilsvermögen». Er sei «nicht impotent, weder geistig noch körperlich», nur sei «das *fiat lux* noch nicht gekommen und die Sache erst im Werden»,[26] vertraute er seinem Bruder Leopold an. Marie Antoinette war für ihn eine liebenswerte, sehr hübsche junge Frau, die nur an ihr Vergnügen denke. «Sie empfindet nichts für den König», schrieb er Leopold weiter. «Sie ist wie berauscht von den Sitten dieses Landes. Sie erfüllt, kurz gesagt, weder als Frau noch als Königin gehörig ihre Pflichten und vernachlässigt den König sogar vollständig. [...] Sie macht sich weder bei Tag noch bei Nacht etwas aus seiner Gesellschaft.»[27] Andererseits war

Joseph offenbar davon überzeugt, daß der König seine leichtsinnige und sehr eigenwillige Gattin tatsächlich liebte. Fast erleichtert versichert er: «Ihre Tugend ist unversehrt; sie ist sogar von Natur aus spröde, mehr noch als durch ihren Willen.»[28]

Der Kaiser hatte seiner Schwester in Versailles eine lange Liste mit Ratschlägen zu ihren Pflichten als Gattin und Ehefrau hinterlassen.[29] Nach dem Dokument mit seinen eindringlichen Ermahnungen kann man sich vom Charakter, den Gefühlen und dem Verhalten der Königin ein besseres Bild machen als aus Mercys Briefen. Joseph spricht die Königin direkt an und fordert sie auf, in sich zu gehen und sich ihre Situation klar vor Augen zu halten. Auf die Bekenntnisse von ihr und Ludwig hin stellt er ihr Suggestivfragen: Die Königin muß ihr Verhalten ihrem Ehemann gegenüber ändern. «Geht mit Euch zu Rate. Gebt Ihr Euch alle Mühe, ihm zu gefallen? Fragt Ihr nach seinen Wünschen, seinem Charakter, damit Ihr Euch ihm anpassen könnt, bemüht Ihr Euch darum, daß er Eure Gesellschaft und die Freuden, die er mit Euch genießen kann und ohne die er eine Leere in sich spürt, allem anderen und jeder Vergnügung vorzieht? Macht Ihr Euch ihm unentbehrlich, überzeugt Ihr ihn, daß niemand ihn aufrichtiger liebt und daß sein Ruhm und Glück keinem stärker am Herzen liegt als Euch? Sieht er, daß Eure Zuneigung ganz bei ihm ist und daß Ihr versucht, sie ihm ohne die kleinste Rücksicht auf Euch selbst zu geben?» Die Fragen sind leicht zu beantworten. Immer wieder stößt Joseph die Schwester auf ihre Pflichten als treusorgendes Weib: «Ihm gegenüber dürft Ihr keine Wünsche haben, während er, was Eure Person und die Staatsgeschäfte angeht, nur Wünsche haben kann. [...] Mit einem Wort, [er] kann über Euer Schicksal verfügen. Vergeßt dies nicht!» rät er als ein Mann und Herrscher, der von der Frau völlige Unterwerfung verlangt.

Ohne ein Blatt vor den Mund zu nehmen, spricht der Kaiser auch über das Intimleben des Königspaares. Nach den Bekenntnissen mahnt er ohne Rücksicht auf traumatische Erlebnisse einer enttäuschten Gattin die Erfüllung der ehelichen Pflichten an und macht sie indirekt für Ludwigs Versagen verantwortlich. «Seid Ihr nicht kalt oder zerstreut, wenn er Euch liebkost oder mit Euch spricht? Scheint Ihr nicht gelangweilt, gar angewidert? Wenn ja, wie soll ein kaltherziger Mann, der die leibliche Lust noch nicht genossen, sich Euch nähern, in Erregung geraten, Euch lieben und das große Werk vollenden oder mit Euch wenigstens die Freuden genießen, die bei seiner Verfassung möglich sind? Auf diesen Punkt müßt Ihr Euer ganzes Augenmerk richten, und alles, was Ihr für dieses hohe Ziel unternehmt, ist aufs engste mit Eurem Lebensglück verknüpft. Weist ihn nie ab und haltet Euer ganzes Leben die Hoffnung auf Kinder in ihm aufrecht, auf daß er sie nie fahrenläßt oder gar verzweifelt. Daß es soweit kommt oder daß Ihr in getrennten Betten schlaft, müßt Ihr mit der ganzen Kraft Eurer Reize und Freundschaft zu verhindern suchen.» Welche Ratschläge der Schwager erhielt, ist leider nicht überliefert. Man darf aber annehmen, daß der Kaiser in ihnen auf die sexuellen Probleme Marie Antoinettes nicht einging. Der König als Mann mußte dominieren, die Königin seine Wünsche erfüllen. Dann würde sich schon alles zum Besten wenden.

In der langen Strafpredigt kommt Joseph II. schließlich auf den Umgang der Königin und auf ihre schlimmsten Verfehlungen zu sprechen. «Man beurteilt Menschen am leichtesten nach ihren Neigungen und ihrem Umgang. Habt Ihr bedacht, welchen Eindruck Eure Verbindungen und Freundschaften auf die Öffentlichkeit machen können und müssen, wenn es sich um Personen handelt, die nicht in jeder Hinsicht tadellos und nicht über jeden Verdacht erhaben sind?» Der Kaiser hält ihr die Spielleidenschaft und ihre «schrecklichen Folgen» vor. «Erinnert Euch an die Tatsachen, die vor Euren Augen geschehen sind [...], und denkt daran, daß der König nicht spielt und daß es skandalös ist, daß von der Familie nur Ihr so etwas unterstützt.» Ihre nächtlichen Eskapaden, vor allem die Redouten in der Oper, seien «fraglos völlig ungehörig. Denkt nur einen Augenblick an Eure Mißgeschicke und an die Abenteuer, von denen Ihr mir selbst berichtet habt. [...] Wozu unerkannt bleiben und eine andere Person spielen wollen? [...] Schon der Ort hat einen schlechten Ruf. Was habt Ihr dort zu tun? [...] Was sucht Ihr Abenteuer und macht Bubenstreiche, was mischt Ihr Euch unter den Haufen der Libertins, Dirnen und Fremden, hört ihren Reden zu und schwingt womöglich ähnliche. Wie ungehörig! [...] Der König ist die ganze Nacht in Versailles allein und Ihr [...] seid unter der Kanaille von Paris.»

Es folgen weitere Ratschläge mit gewohnter Offenheit und Strenge. Die Königin solle sich bilden, ernsthafte Lektüre zur Hand nehmen und auf anzügliche Romane verzichten. (Marie Antoinette hatte solche Lektüre offenbar buchstäblich verschlungen, was Mercy freilich verschwieg.) «Vergeßt diesen Unsinn und vermeidet es, den Unfug, an dem Ihr Eure Phantasie geschult habt, auch nur andeutungsweise wiederzugeben», warnt der Bruder. Sie solle sich die Ermahnungen zu Herzen nehmen, ihren Einfluß nur in dringenden Angelegenheiten geltend machen, nicht allen zu gefallen versuchen und vor allem niemals vergessen, daß sie die Königin von Frankreich sei. Eindringlich ermahnt sie Joseph, den einmal eingeschlagenen Weg zu verlassen, sonst werde der «plötzliche Wandel grausam sein». Sie müsse sich «die Binde von den Augen reißen», die sie daran hindere, «ihre Pflicht und ihr wahres Glück zu sehen».

Leicht verärgert hatte Marie Antoinette Josephs bevormundende «Reflexionen» entgegengenommen. Um ihre Ehre zu retten, versuchte sie die Anschuldigungen Punkt für Punkt zu widerlegen, mußte aber mangels überzeugender Argumente bald aufgeben. Schließlich sah sie ein, daß der Kaiser mit der Strafpredigt nicht unrecht hatte, und nahm sich die Ratschläge zu Herzen. Im Grunde war sie ihrem älteren Bruder, der es trotz seiner groben Art gut mit ihr meinte, sehr dankbar für seine klugen Ermahnungen. Am Abend nach seiner Abreise war sie niedergeschlagen und fast am Rand einer Nervenkrise. Am folgenden Tag stand sie sehr spät auf und verbrachte den Tag mit den Damen Lamballe, Polignac und Gramont in Trianon. «Der Abschied von meinem Bruder ist mir sehr nahegegangen», schrieb sie der Mutter. «Ich habe ausgestanden, was man nur ausstehen kann, und mein einziger Trost war der Gedanke, daß er meinen Kummer teilte. [...] Ich wäre ungerecht, wollte ich nur den Schmerz und die Leere beklagen, die ich jetzt in mir spüre. Ich habe ein Glück genossen, und er hat mir eine Freundschaft bezeugt, die mit nichts aufzuwiegen sind. Ich bin ganz sicher, daß er nur mein Glück wollte, und seine Ratschläge beweisen es.»[30]

Marie Antoinette scheint die Ratschläge tatsächlich ernst genommen zu haben; von da an begegnete sie Ludwig XVI. als pflichtbewußte Ehefrau. Sie verbrachte mit ihm jeden Nachmittag ein bis zwei Stunden allein in den Privatgemächern, verzichtete auf Ausflüge nach Paris, und wenn sie Versailles überhaupt noch verließ, so um mit Damen durch den Garten von Trianon zu spazieren. Sie las sogar David Humes *Geschichte Englands*. Als sie im Juli an einem Tertianfieber litt, schlief sie vom Gatten getrennt, was Mercy aber mehr beunruhigte als ihn selbst. Dann kehrte Graf Artois, der wie sein Bruder Graf von Provence eine Art Popularitätsreise durch Frankreich unternommen hatte, nach Versailles zurück und brachte wieder Leben ins Schloß. Marie Antoinette erwachte wie aus sanfter Betäubung. Ende Juli verbrachte der Hof ein paar lustige Tage in Choisy. Die Königin kam ihren gesellschaftlichen Verpflichtungen nach, zeichnete nur verdiente Höflinge aus und versuchte ihre Gunst möglichst gerecht zu verteilen. Auf einer Fahrt auf dem Schiff genoß sie einen herrlichen Blick auf Paris, Turniere auf dem Wasser und ein prachtvolles Feuerwerk. Zufrieden kehrte sie nach Versailles zurück.

Und sie teilte wieder das Bett ihres Gatten. «Mein Zustand ist leider noch immer derselbe, weshalb ich meine liebe Mama nicht mit ihm langweilen möchte», schrieb sie der Kaiserin. «Aber ich verzweifle nicht daran, denn immerhin ist eine kleine Besserung eingetreten, die darin besteht, daß sich der König jetzt beflissener zeigt als früher, und das ist bei ihm schon viel. Im übrigen geht es ihm sehr gut, und ich muß darüber in jeder Hinsicht froh sein.»[31] Die Ehe war bis dahin jedenfalls vollzogen, was Mercy am 12. September 1777 Maria Theresia triumphierend verkündete: «Das so bedeutende Ereignis hat am 18. August stattgefunden. Um zehn Uhr morgens begab sich der König zur Königin, die gerade aus dem Bade stieg. Fast fünf Viertelstunden wohnten die erlauchten Gatten einander bei. Der König verlangte sehr nachdrücklich, daß alles, was zwischen ihnen geschehen sei, geheim bleiben solle, was die Königin versprechen mußte. Das galt auch für den ersten Arzt Lassone, der, vom König über alle Einzelheiten unterrichtet, den Vollzug der Ehe sofort bestätigte.»[32] Die Königin vertraute Vermond und Mercy das wichtige Ereignis tatsächlich erst am 26. August an, einen Tag nach dem Tag des heiligen Ludwig, denn «der König hat stets wiederholt, daß man sich nach all den Zweifeln und trügerischen Sicherheiten der Vergangenheit in dieser Frage Zeit nehmen und sich erst einmal von der Wahrheit der Sache überzeugen müsse, bevor man über sie sprechen könne».[33] Jedenfalls habe Marie Antoinette ihren Gatten am 24. August «sehr angenehm mit unterhaltsamen Dingen überrascht, die er nicht gewohnt» gewesen sei, erfährt man aus Lescures *Correspondance secrète*. «Den Höflingen fielen kleine Ausbrüche der Heiterkeit und kleine Zärtlichkeiten zwischen den Eheleuten auf, und sie behaupteten sogar, die Ausgelassenheit sei mit einer feurigen Szene zu Ende gegangen, deren Folgen Frankreich neun Monate später zu sehen bekommen würde.»[34] Das Geheimnis des Königspaares war also schon vor einer offiziellen Bekanntgabe durchgesickert. Marie Antoinette meldete ihrer Mutter am 30. August: «Ich genieße das größte Glück meines Lebens. Seit über einer Woche ist meine Ehe perfekt vollzogen. Das wurde erst gestern erneut und noch vollkommener als beim ersten Mal unter Beweis gestellt. Ich dachte zunächst daran, meiner lieben Mama einen Kurier zu schicken, bekam dann aber Angst, es könne zu Aufsehen und Klatsch führen. Auch muß ich gestehen, daß ich meiner Sache erst ganz sicher sein wollte. Ich glaube nicht, schon schwanger zu sein, habe zumindest aber Hoffnung, es von einem auf den anderen Moment zu werden.»[35] Kurz darauf erhielt Maria Theresia einen Brief des Arztes Lassone, der die Mitteilungen ihrer Tochter bestätigte.

Als wolle sie das glückliche Ereignis feiern, gab die Königin am 5. September im Park von Trianon ein Fest. Nachdem sie dort ihrem Bruder zu Ehren bereits eine kleinere Feierlichkeit mit Theateraufführungen[36] veranstaltet hatte, ging es diesmal vornehmlich um die Einweihung der neuen Anlagen im Park. Dazu ließ sie diesen in eine Kirmes mit zahllosen Ständen verwandeln, an denen Hofdamen kleine Kostbarkeiten verkauften. Eine Wiese wurde zum dörflichen Tummelplatz mit Brunnen und volkstümlichem Tanzlokal umgestaltet. Die Königin führte, als Limonadenverkäuferin verkleidet, in einem Kaffeehaus das Regiment! Auf Rängen um das Karussell herum spielten Musikanten der französischen Garde, als Chinesen verkleidet, der adligen Gesellschaft auf. Am Abend leuchteten sechshundert bunte Lichter im Park. Unter freiem Himmel bekam der Hof mehrere volkstümliche Stücke geboten, darunter die komische Oper *Sabots* (Pantoffeln) und ein groteskes Ballett, dem man den Titel *Les Menusiers* (Die Schreiner) gegeben hatte.

Freilich war das innige Verhältnis zwischen König und Königin von kurzer Dauer. Nach einigen Tagen ging Marie Antoinette wieder den gewohnten Vergnügungen nach, die sie ihre Nächte kosteten. Und von der Spielleidenschaft hatte sie trotz brüderlicher Ermahnungen nicht lassen können. Selbst der zurückhaltende Mercy machte keinen Hehl daraus, daß es auf solchen Abenden zeitweilig «tumulthaft und unanständig» zuging.[37] Vor den Augen der Königin wurde falschgespielt, und eines Abends zankten Herzog von Fronsac und Gräfin Gramont in ihrem Beisein sogar über die Spielregeln. Selbst Mesdames blieben von dieser zwielichtigen Passion nicht verschont. Marie Antoinette verlor Unsummen und ließ die Schulden unbekümmert in den Himmel wachsen. Und ihren Bruder Joseph, der ihr ein halbes Dutzend Briefe schrieb, speiste sie mit ein paar belanglosen Zeilen ab.

Im Sommer 1777 führte sie am Hof eine weitere Lustbarkeit ein, die den boshaften Gerüchten neue Nahrung gab. Wenn die Nacht hereingebrochen war, ließ sie die Musikanten der französischen und der Schweizergarde unter freiem Himmel auf der großen Terrasse des Versailler Schloßparks Aufstellung nehmen und das lustwandelnde Publikum mit den Klängen von Musik erfreuen. Auf Anregung des Grafen von Artois mischte sie sich dann wie einst auf Opernbällen inkognito unter die dicht gedrängte Menge und schlenderte, untergehakt bei den Schwägerinnen, die sich zuweilen losmachten und eigene Wege gingen, durch den halbdunklen Park, wo sich alle Augenblicke eine aufregende Begegnung ereignen, sich ein spannendes Gespräch entspinnen konnte. Da auch der König an einem solchen Rundgang amüsiert teilgenommen hatte, glaubte sich Marie Antoinette den kleinen Eskapaden, während deren sie dem Leben als Königin und Ehefrau entfloh, ungeniert hingeben zu können. «Der König schläft nicht gern zu zweit», schrieb sie der Mutter. «Ich halte ihn an, im Verhältnis keine vollständige Trennung zu vollziehen. Er übernachtet manchmal bei mir. Ich glaube, daß ich ihn nicht bedrängen darf, die Nacht noch öfter bei mir zu verbringen. Immerhin besucht er mich jeden Morgen in meinem Privatkabinett. Seine Freundschaft und Zuneigung werden täglich größer.»[38] Maria

Theresia wollte «die geringe Begeisterung des Königs, mit einer jungen hübschen Frau zu schlafen»,[39] einfach nicht begreifen. Mercy verteidigte Ludwig XVI.: «Zunächst möchte ich bemerken, daß es eine Ausflucht der Königin ist», antwortete er ihr. «Ich weiß sicher, daß er in dieser Hinsicht niemals Widerwillen bekundet hat. Überhaupt hat er mit der Gewohnheit nur wegen der durchwachten Nächte der Königin beim Spiel gebrochen. Er geht früh schlafen und steht früh auf. Er weiß nicht, wann die Königin sich zurückzieht, und möchte sie auch nicht stören: Das ist der wahre Grund für die getrennten Betten, und angesichts der Haltung des Königs und der Sitten dieses Land ist das für die Königin eine viel größere Ungehörigkeit.»[40] Wenn sie früh schlafen ging, kam es vor, daß sie sich einschloß, wie Scarnafis berichtet, der neue Botschafter von Piemont-Sardinien. Da die Zimmerfluchten der Königin und des Königs durch einen Geheimgang verbunden waren, wußte der Hofstaat in Versailles eigentlich nie, wann Ludwig seine Frau aufsuchte. In Fontainebleau war das anders: Um zu ihr zu gelangen, mußte er ein Vorzimmer voller Menschen durchqueren. Als er eines Abends vor verschlossener Tür stand, machte er, ohne eine Regung zu zeigen, wieder kehrt. Wenn man Scarnafis glaubt, kann er während seines Aufenthaltes in Fontainebleau höchstens drei Mal mit Marie Antoinette geschlafen haben. Im gleichen Zeitraum war er 26 Mal zur Jagd geritten!

Mercy hatte zur Verteidigung der Königin nichts mehr vorzubringen und mußte sogar einräumen, daß ihr Betragen «schlimmer» sei als vor dem Besuch des Kaisers. Der Botschafter hatte sogar «Grund zur Annahme, daß die Regeln Seiner Kaiserlichen Majestät im Feuer gelandet» seien.[41] Wieder hatten die Günstlinge das Sagen. Im Taumel der Vergnügungen las Marie Antoinette dem Herzog von Coigny und Gräfin Polignac, die für ihre eigenen Lieblinge um Ernennungen und Pensionen bettelten, zur Erbitterung der Neider jeden Wunsch von den Augen ab. Die Freundschaft der Königin zur Gräfin Polignac wurde täglich enger. Sie zog sie in allen Fragen zu Rate, schenkte ihr volles Vertrauen und zeigte ihr wahrscheinlich sogar ihre Privatbriefe. Nach Mercy soll sie mit ihr jede Mitteilung an die Kaiserin abgesprochen haben. Der Botschafter vermutete sogar, daß Marie Antoinette ihre Mutter, gegenüber der sie bisher relativ ehrlich gewesen sei, unter dem Einfluß der Gräfin schamlos zu belügen begann. Maria Theresia wurde allmählich von Yolande de Polastron Gräfin von Polignac als engste Vertraute ausgestochen. Mit ihrem unwiderstehlichen Charme und einer beneidenswerten Erfahrung in erotischen Dingen gewann die Gräfin über die enttäuschte labile Königin fast unumschränkt Einfluß.

Denn trotz des äußeren Anscheins fand Marie Antoinette in ihrer Ehe nicht das erhoffte Glück, und so nahm sie jede Gelegenheit wahr, das Bett nicht mit ihrem Mann teilen zu müssen. Sie ließ durchblicken, daß sie seine sexuellen Bedürfnisse nur widerwillig befriedige, und verriet Vertrauten, «daß sie weder Schmerz noch Ärger empfunden hätte, wenn der König eine spontane und vorübergehende Zuneigung zu jemandem gefaßt hätte, vorausgesetzt, er hätte dadurch etwas mehr Schwung und Leidenschaft gewonnen».[42] Mercy versuchte sie taktvoll darauf hinzuweisen, daß sie sich in eine delikate Lage begebe, wenn sie sich über mögliche galante Abenteuer ihres Gatten äußere. Marie Antoinette berührte das nicht. Sie war überzeugt, daß sie auf Ludwig genügend Einfluß hatte, um sich keine Sorgen machen zu müssen, wenn es tatsächlich zu einer Affäre komme. Und überhaupt sei der König «für Aufmerksamkeiten so wenig zu haben, daß man sich besser gar nicht zwinge, sie ihm zu erweisen». Man beherrsche ihn besser durch Angst, was «genauso sicher, kürzer und bequemer» sei «als Fürsorge und Rücksicht».[43]

Als der Hof nach Versailles zurückgekehrt war, teilte die Königin mit ihrem Gatten wieder das Bett. Und am 11. Dezember «kam es zu Ereignissen, die allem Anschein nach befriedigender und vollkommener waren als alle zuvor», beeilte sich Mercy zu melden. Diese Ereignisse «wiederholten sich am übernächsten, hellichten Tage im Kabinett des Königs, und von da an kam fast jeden Tag dasselbe zustande, was mit einer solchen Häufigkeit und solchem konstanten Erfolg noch nie der Fall gewesen war».[44] Tage später schrieb Ludwig XVI. an den Kaiser, er sei sicher, «getan zu haben, was man tun muß». Er hoffe, «das nächste Jahr werde nicht vergehen», ohne daß dem Kaiser «ein Neffe oder eine Nichte geboren» würde. «Dieses Glück verdanken wir Euch», schrieb er einfach, «denn seit Eurem Besuch hat sich die Sache zusehends und bis zum perfekten Vollzug gebessert.»[45]

Im Winter hinderten die Bälle, vor allem in der Oper, Marie Antoinette noch immer nächtelang an einem geregelten Eheleben, was Ludwig aber offenbar nicht störte. Nach Mercy habe sie ihm sogar «die Bälle und die Aufführungen opfern» wollen, «um die Abende mit ihm zu verbringen». Ludwig soll abgelehnt und sie sogar «zu allem ermuntert haben, was ihr Freude mache».[46] Angesichts des Karnevals nahm er damit freilich billigend in Kauf, daß «die Hoffnungen auf eine baldige Schwangerschaft»[47] fürs erste unerfüllt bleiben würden. Man mußte bis zur Fastenzeit warten, ehe das Eheleben wieder in geregelten Bahnen verlief. Aber am 19. April war es schließlich soweit: Die Königin konnte ihrer Mutter mitteilen, sie sei guter Hoffnung.

Kapitel XI

Die Bayernaffäre

Die Nachricht, daß Marie Antoinette tatsächlich schwanger war, kam für Ludwig XVI. so überraschend wie für sie selbst. Joseph II. und Maria Theresia waren erleichtert. Der französische König hatte das «große Werk», wie der Kaiser sich ausdrückte, endlich vollbracht und konnte nun stolz darauf sein. Die Königin fieberte ungeduldig der Mutterschaft entgegen, die sie als Krönung ihrer Existenz betrachtete. Und ihr körperlicher Zustand brachte fürs erste Ruhe in ihr Leben. Sicher hätte sie das Glück in vollen Zügen genossen, wenn nicht Joseph II. und Maria Theresia über Mercy Forderungen an sie herangetragen hätten: Sie sollte sich bei Ludwig XVI. dafür einsetzen, daß Frankreich die österreichischen Ansprüche auf Bayern unterstützte. Ihre Schwangerschaft kam wie gerufen. Wie hätte Ludwig, auf dem Gipfel des Glücks, seiner Gattin einen Wunsch abschlagen können?

Diese ganze Affäre war recht verworren. Joseph II., von jeher bestrebt, seinen Herrschaftsbereich auszudehnen, hatte schon lange ein Auge auf Bayern geworfen. Mit diesem Kurfürstentum wäre die Zahl seiner deutschen Untertanen gewaltig angestiegen und die Reichsgrenze – für Frankreich eine Bedrohung – bis an den Rhein vorgerückt. 1765 hatte der Kaiser Fürstin Maria Josepha geheiratet, die Schwester des Kurfürsten Maximilian III. Joseph von Bayern, der keine Kinder hatte. Obwohl sie zwei Jahre später ohne männlichen Erben starb, gab er seine Hoffnung auf Bayern nicht auf und wartete ungeduldig auf den Tod des Kurfürsten, damit ihm wenigstens ein Teil Bayerns zufiel: Der Coup war von langer Hand vorbereitet: Er hatte mit Kaunitz den Kurfürsten Karl Theodor von der Pfalz, Maximilian Josephs legitimen Erben, so lange bearbeitet, bis dieser seine Ansprüche anerkannte, was einer Enterbung seines Nachfolgers gleichkam, des Herzogs Karl von Zweibrücken aus der jüngeren Linie der Wittelsbacher.

Joseph II. hatte die Frage um das bayrische Erbe mit Ludwig XVI. und seinen Ministern bereits bei seinem Besuch im Frühjahr in Versailles angeschnitten, freilich ohne seine Absichten zu äußern und die Verhandlungen mit dem Kurfürsten von der Pfalz zu erwähnen. Er hatte vorsondieren wollen, ob das Bündnis mit Frankreich der Zerreißprobe standhalten würde, wenn sich Österreich nach der Aneignung Bayerns den Zorn der Preußen zuziehen und das europäische Kräftegleichgewicht verändern würde. Wie die Gespräche genau verliefen, ist nicht bekannt; Ludwig und seine Minister versprachen jedenfalls nichts und begnügten sich mit Unverbindlichkeiten, die der Kaiser nach seinen Wünschen interpretierte. Weder der König noch Vergennes dachten daran, das kaiserliche Vormachtstreben zu unterstützen, wenn es sich als unvereinbar mit den Bestimmungen des Westfälischen Friedens, für den Frankreich garantierte, herausstellen sollte. Joseph II. war ohne die erhofften Zusicherungen wieder abgereist.

Kaum hatte Vergennes die Außenpolitik übernommen, begann er die räuberische Praxis der Großmächte zu kritisieren, die, wie er sich ausdrückte, gegen «wahre Grundsätze» verstießen. Entsprechend hatte er auch gegen die polnische Teilung durch Österreich, Preußen und Rußland protestiert. Da jedes Vormachtstreben das empfindliche Gleichgewicht der Kräfte in Europa gefährdete, widerstrebte es ihm besonders, daß die Österreicher, die schon einen Teil Polens an sich gerissen hatten, jetzt auch noch Hand an Bayern legen wollten. Überhaupt war Vergennes kein Freund der Allianz mit Österreich. Frankreich hatte durch den Vertrag von Paris 1763 an Kredit eingebüßt, und der Minister war bestrebt, die Auswirkungen dieses Mißgriffs, der die französische Außenpolitik stark belastete, möglichst gering zu halten. Ihm schwebte eine gegen England gerichtete Politik vor, die unvereinbar war mit einer Unterstützung des österreichischen Hegemonialstrebens in Mitteleuropa. Der König von Frankreich sollte dabei die Rolle des Schiedsrichters auf dem Kontinent spielen, statt für Österreich Partei zu ergreifen. Den Österreichern, die sich des Bündnisses von 1756 nicht sicher waren, waren solche Ambitionen natürlich verdächtig, und Kaunitz äußerte sich Mercy gegenüber besorgt, Frankreich könne sich Preußen oder Rußland annähern.[1]

Anfang Dezember 1777, als mit dem Ableben des Kurfürsten von Bayern gerechnet werden mußte, bat Kaunitz Mercy, die Königin möglichst schonend zu behandeln, da das Haus Habsburg ihre Hilfe noch brauchen werde. Wenn man sie zu oft ermahnte, könne das «zu Verstimmungen führen, so daß es heißt, wir sollten unsere Ratschläge für uns behalten. Setzen wir also lieber auf Zeit und nutzen die Königin für politische Ziele», erklärte er Mercy am 5. Dezember unverblümt.[2]

Maximilian Joseph starb am 2. Januar 1778. Joseph II. in Wien verordnete sofort Hoftrauer und handelte eine Übereinkunft mit dem Kurfürsten von der Pfalz aus. Schon am 3. Januar trat Karl Theodor dem Kaiser vertraglich Niederbayern und die Herrschaft über Landshut und Straubing ab. Später wollte sich Joseph II. das übrige Bayern einverleiben und im Gegenzug einen Teil der Niederlande abtreten. Fürs erste begnügte er sich damit, ein Korps von zwölftausend Soldaten zum Einmarsch nach Niederbayern zu rüsten. «Das gefällt dort, wo Ihr seid, nicht besonders, aber ich habe nichts zu beanstanden, und im Hinblick auf die Engländer scheinen die Umstände sehr günstig», teilte er Mercy noch mit.[3] Um sich als loyaler Verbündeter zu geben, ließ Kaunitz den Text der Übereinkunft vom 3. Januar an Vergennes schicken: Es sollte so aussehen, als sei Frankreich über die österreichischen Schritte informiert und längst mit ihnen einverstanden. In Versailles bereitete Mercy die Königin mühsam auf ihre Rolle in dem sich anbahnenden Konflikt vor. Marie Antoinette wurde zum Werkzeug der österreichischen Politik.

Als der Kurfürst gestorben war, hatte die Nachricht, daß die Österreicher einen Einmarsch nach Bayern planten, in Paris heftige Reaktionen ausgelöst. Erneut geriet die Allianz mit Wien unter Beschuß. Ein Krieg bahnte sich an. Marie Antoinette, der die brisante Situation nicht entging, befürchtete eigentlich nur, daß es zu einem Bruch zwischen ihrer und Ludwigs Familie kommen könne. Alles andere war ihr egal. In ihrer Aufregung äußerte sie in einem Brief an Gräfin Polignac die Angst, ihr Bruder könne «Dummheiten machen».[4] Mit ihrer politischen Bemerkung konnte sie nur noch Mercy schockieren, der augenblicklich krank in Paris darniederlag. «Ich schrieb der Königin eiligst», meldete er dem Kaiser betroffen, «und machte sie auf die Folgen solcher Äußerungen aufmerksam. Wenn die Minister von ihnen erführen, würden sie unweigerlich schließen, daß die Köngin, weit entfernt davon, sich die Ansichten ihres erlauchten Hauses zu eigen zu machen und sie zu unterstützen, diese fürchtet und mißbilligt. [...] Ich gab der Königin zu bedenken, daß sie es am schuldigen Respekt gegenüber Eurer Majestät, ihrem erlauchten Bruder, und sich selbst fehlen lasse und daß sie sich die Möglichkeit nehme, ihren Einfluß zum Erhalt des Bündnisses zwischen beiden Höfen geltend zu machen.»[5] Begriff Marie Antoinette, was sie zu tun hatte? Keineswegs. Sie beschwerte sich lediglich bei Ludwig über seine «schwachen und unfähigen» Minister und sang Lobeshymnen auf Choiseul, der als einziger «wieder Schwung in die Regierung bringen» könne. Ludwig XVI. kümmerte sich nicht um das Geschwätz der Gattin.

Obwohl Maria Theresia über den bayrischen Coup ihres Sohnes beunruhigt war und ihn bedauerte, war ihr doch wichtig, daß die Tochter «ihren Einfluß beim König richtig» nutze. «Wie aber soll man sich auf sie verlassen, wenn sie bei ihrem Leichtsinn und den gewohnten Ausschweifungen bleibt?» klagte sie.[6] Erneut setzte sie der Tochter mit all ihrer Mutterliebe zu. «Eine Veränderung in unserem Bündnis [...] wäre mein Tod, denn ich liebe Euch so zärtlich», beteuerte sie. Und um ihr das Gefühl zu geben, als sei sie besonders wichtig, fügte sie hinzu: «Der König von Preußen fürchtet nur Euch, und ich muß zugeben, daß mich dies für Euch und mich selbst sehr freut. Unser Bündnis, das einzig natürliche und nützliche zwischen unseren Ländern, wird durch unsere liebenden Bande und gemeinsamen Anschauungen gestärkt. Es liegt mir sehr am Herzen, ist es doch für den Glauben und das Wohl von Tausenden von Menschen und für ihr Glück so notwendig. Ich hoffe, daß Ihr dank allem, was Mercy Euch hierzu nahebringen kann, eines Tages seinen Nutzen und Vorteil einsehen werdet.»[7]

Maria Theresia hatte ins Schwarze getroffen. Der Gedanke, ihrer alten Mutter schlimmen Kummer zu bereiten, ja ihr das Grab zu schaufeln, erschütterte Marie Antoinette bis ins Mark. Nach Mercy soll sie, als sie die Zeilen las, ganz blaß geworden sein. Sie befolgte von da an in der Angelegenheit um Bayern gehorsam die Ratschläge des Botschafters. Mit einer Fähigkeit zur Verstellung, die ihm die Kaiserin nicht zugetraut hätte, überzeugte Mercy die Königin von der Rechtmäßigkeit der österreichischen Ansprüche. Er machte ihr glauben, daß Frankreich der Übereinkunft vom 3. Januar zwischen dem Kaiser und dem Kurfürsten von der Pfalz grundsätzlich zugestimmt habe. Schließlich hetzte er sie gegen die Preußen auf, deren diplomatische Taktik darauf abziele, die Pläne des Kaisers zu durchkreuzen und das Bündnis zum Nachsehen Österreichs zu sprengen.

Seit einigen Wochen herrschten zwischen Wien und Versailles gespannte Beziehungen. Die Königin bekam es wahrscheinlich nicht mit, denn Ludwig und seine Minister hüteten sich, sie über die delikate Situation auf dem laufenden zu halten. Maurepas und Vergennes hatten Ludwig XVI. auf die Rolle Mercys bei Marie Antoinette aufmerksam gemacht, was erklärt, warum der König die Ausflüge seiner Frau Anfang 1778 so bereitwillig unterstützte.

Einen Monat nach seinem Gewaltstreich freute sich Joseph II. über die Entwicklung in Bayern. «Wir sind im Besitz der ganzen Gegend mit den Lehen, die uns zustehen, und bisher hat noch keiner ein Wort gesagt», schrieb er Mercy am 31. Januar.[8] «Auf erstaunlichere Art kann man einen so folgenschweren Zugewinn nicht machen», meinte Baron Breteuil, der französische Botschafter in Wien.[9] Ludwig XVI. hatte auf Josephs Einmarsch bisher ebensowenig reagiert wie andere Herrscher. Er und Vergennes arbeiteten gerade einen Vertrag mit den amerikanischen Insurgenten aus, ein Werk, das einem Bruch mit England voranging. In dieser Situation hätte es für den Allerchristlichsten König ein großes Risiko bedeutet, sich eindeutig für die Österreicher zu erklären. Frankreich verhielt sich also weiterhin abwartend, als der Herzog von Zweibrücken, der Erbe des Kurfürsten von der Pfalz, vor dem Reichstag gegen die Übereinkunft vom 3. Januar protestierte. Der Preußenkönig Friedrich II. ergriff sofort Partei für den Kurfürsten und riet den anderen deutschen Staaten zu größter Wachsamkeit gegenüber dem Kaiser. Gleichzeitig machte sich Friedrichs Botschafter in Paris, Baron Goltz, bei Ludwig für die Rechte des enterbten Kurfürsten stark und versuchte das Bündnis zwischen Frankreich und Österreich zu hintertreiben. Goltz' häufige Besuche bei Vergennes bereiteten Mercy schließlich ernsthafte Sorgen. Er wußte, wie unpopulär die österreichische Allianz, die Frankreich militärische und diplomatische Niederlagen gekostet hatte, noch immer war. Österreich galt nach wie vor als Erbfeind und ein erbitterter Gegner des hoch angesehenen Preußen: Maria Theresia und Joseph II. hatten den Verlust Schlesiens niemals verwunden. Preußen, das sie am liebsten vernichtet oder zumindest aufgeteilt gesehen hätten, stand einer Erweiterung ihrer Herrschaft in Mitteleuropa im Weg. Und es konnte ihnen in den Rücken fallen, wenn sie ihre Fänge in Richtung Osmanisches Reich ausstreckten. «Ich habe ihn im Visier», schrieb Joseph II. 1783 an seinen Bruder Leopold über den preußischen Staat, «und will ihn bei erster Gelegenheit vernichten, bevor man von diesem Unternehmen erfährt.»[10]

Dagegen kam Ludwig XVI. und Vergennes das preußische Eingreifen in den Konflikt ganz gelegen. Im Interesse des europäischen Kräftegleichgewichtes dachten sie überhaupt nicht daran, sich Friedrich, der den Status quo wiederherstellen konnte, in den Weg zu stellen. Mercy, der schon die französisch-österreichische Allianz bersten sah, bedrängte Marie Antoinette, sie solle durch ihren Mann eine preußisch-französische Annäherung mit allen Mitteln verhindern. Die Königin mußte auch gar nicht erst lange von Friedrichs schlechten Absichten überzeugt werden. Sie war von Hause aus seine erbitterte Feindin und haßte ihn schon deshalb, weil er seit Monaten niederträchtige Gerüchte über sie verbreiten ließ. Aber wieder enttäuschte Marie Antoinette die Hoffnungen ihrer Familie. «Auch wenn ein Gegenstand ihr lebhaftes Interesse gefunden hat, so fehlt ihr stets die Geduld, sich mit ihm eingehend auseinanderzusetzen oder sich gar grundlegende Gedanken zu machen», seufzte Mercy.[11] Marie Antoinette machte beim König ihrer Wut gegen Friedrich zwar Luft, «aber in Begriffen, die nur eine allgemeine und kaum begründete Empörung zum Ausdruck brachten, statt an Beispiele der niederträchtigen und hinterhältigen Politik Preußens und an Gelegenheiten zu erinnern [...], aus denen sich logischer Weise ergibt, daß sich das Land vor Preußen in acht nehmen muß». Wohl zum ersten Mal reagierte Ludwig XVI. auf diese neuerliche Einmischung seiner Frau wie ein ernstzunehmender Herrscher: «Eure Familie stellt mit ihrem Ehrgeiz wohl noch alles auf den Kopf», meinte er. «Mit Polen hat es angefangen, jetzt bildet Bayern den zweiten Band. Ich bin, was Euch betrifft, empört.» «Aber Ihr könnt doch nicht leugnen, Monsieur», entgegnete die Königin, «daß Ihr über die Sache mit Bayern informiert und einverstanden wart.» «Ich war so wenig einverstanden, daß ich die französischen Minister angewiesen habe, an den Höfen, an denen sie sich augenblicklich aufhielten, bekannt zu machen, daß man Bayern gegen Unseren Willen zerstückelt hat und daß wir dies mißbilligen.»[12] Deutlicher hätte man nicht sein können. Ludwig XVI. hatte der Politik seines kaiserlichen Verbündeten offiziell eine Absage erteilt. Marie Antoinette, die aus allen Wolken fiel, berichtete Mercy rasch vom Verlauf der Unterredung. Der Botschafter erfuhr bei der Gelegenheit, daß Frankreich der schriftlichen Übereinkunft zwischen dem Kaiser und dem Pfälzer Kurfürsten nicht zugestimmt hatte. Er geriet damit in arge Bedrängnis, denn er hatte die Königin genau vom Gegenteil überzeugt. Da er den französischen König schlecht als Lügner hinstellen konnte, schob er die Schuld den Ministern zu, die mit «suspekten Absichten»[13] falsche Informationen weitergegeben hätten. Die Betroffenen ließen sich allerdings nicht ins Bockshorn jagen. «Man hat es geschafft, ihr Zweifel an unserer Bündnistreue einzureden»,[14] schrieb Vergennes an Breteuil.

Nach der Unmutsbekundung des Königs wegen Bayern verlangte Mercy von Vergennes eine Erklärung. Im Verlauf der heftigen Aussprache bestätigte der Minister den Standpunkt Ludwigs XVI. Eine entsprechende Szene spielte sich kurz darauf zwischen Kaunitz und Breteuil in Wien ab. Joseph II. und sein Staatskanzler waren außer sich. Die Kaiserin, die die abenteuerliche Politik ihres Sohnes nur widerwillig unterstützt hatte, stand wegen ihrer Tochter, deren mangelndes diplomatisches Geschick sie kannte, schlimmste Ängste aus: «Ihr wißt», schrieb sie Mercy am 3. März, «was es mich kostet, mich in die Affäre um Bayern zu mischen, die meiner Art zu denken völlig widerstrebt. [...] Ein Bruch des Bündnisses würde meinem Unglück die Krone aufsetzen. [... Meine Tochter] muß diskret, mit viel Besonnenheit und Geschick handeln, damit sie den König nicht verärgert oder mißtrauisch macht. Es wird sich mehr als ein französischer Minister finden, der die Situation, sollte er etwas bemerken, unweigerlich dazu benutzt, ihren Kredit zu schwächen und dafür zu sorgen, daß sie jeden Einfluß auf die Staatsgeschäfte verliert.»[15] Maria Theresia schrieb ihrer Tochter nicht genau vor, welche Taktik sie dem König gegenüber einschlagen sollte, aber sie erinnerte sie mit mütterlicher Fürsorge an die Notwendigkeit, das Bündnis zwischen Paris und Wien aufrechtzuerhalten. «Es ist für uns beide wichtig, daß man uns für so eng verbündet hält, daß nichts fragwürdig erscheint. Sonst gibt es nur allzu viele Kritiker, die in unserem Bündnis keinen Sinn sehen und die kleinste Gelegenheit nutzen, um Unruhe und Verwirrung zu stiften. Wir können also nicht genug tun, um jeden Anflug einer Meinungsverschiedenheit oder einer Abkühlung in unserem Verhältnis sorgsam zu vermeiden. Ich bin dem König zu sehr zugeneigt, als daß ich ihn in etwas hineinziehen wollte, das seinen Interessen oder seinem Ruhm zuwiderläuft. [...] Wenn wir das Gute tun wollen, müssen wir es gemeinsam tun, sonst schaffen wir nichts Solides.»[16]

Joseph II., über die französische Haltung außer sich, wollte nun endlich wissen, woran er bei Ludwig XVI. war. Am 14. März bat er um die Vermittlung seines Schwagers und fragte an, ob er bereit sei, ihm im Fall einer preußischen Aggression Truppen zu stellen, wie im Vertrag von 1756 festgelegt.[17] Kaunitz nutzte die Gelegenheit, um zu prüfen, ob Frankreich «der Verbindungen zum Hause Österreich überdrüssig geworden» sei. Allerdings war Karneval, und Marie Antoinette trieb sich zur Beruhigung des Königs und seiner Minister nächtelang auf Opernbällen herum. Betroffen räumte Mercy ein, er habe die Königin nicht zu den «Schritten bewegen können, welche die Umstände erfordert hätten».[18]

Immerhin verbrachte Marie Antoinette Ende März einige Nächte bei ihrem Mann. Wie schon so oft nutzte sie die Gelegenheit, um sich für ihre Familie zu verwenden. Bald konnte sie den Ihren «beruhigende Nachrichten» zukommen lassen. Dem König, schrieb sie der Mutter, sei «an der Allianz sehr gelegen».[19] Maurepas und Vergennes hätten sich bei Gesprächen im gleichen Sinne geäußert. Allerdings habe sie nicht in Erfahrung bringen können, ob Frankreich auch bereit sei, gegebenenfalls Truppen zu stellen.

Auch wenn sich die Habsburger um Marie Antoinette noch keine ernsten Sorgen machten, so hatte sie sich durch ihre heftigen Angriffe auf den Preußenkönig, ihre begeisterte Parteinahme für die Allianz, ihre langen Unterredungen mit dem österreichischen Botschafter, ihre wiederholten Forderungen an die Minister und durch ihre hervorragenden Beziehungen zur Koterie des Regierungsgegners Choiseul in der Öffentlichkeit, wo man ihren Einfluß bei weitem überschätzte, in Mißkredit gebracht. Scarnafis, der Botschafter Sardiniens, meldete seinem Hof, die Königin mache sich immer unbeliebter, und man sage ihr öffentlich nach, daß sie «die Franzosen nicht möge». An einem Abend in der Oper passierte es sogar, daß zahlreiche Zuschauer aufkommenden Applaus für sie gewaltsam zum Verstummen brachten. «Diese Fürstin», konstatierte Ende März Abbé Véri, «meinte es im Grunde gut. Das erkannte man jedesmal, wenn ein vernünftiger Mensch mit ihr über ihre Wünsche diskutierte. Aber ihr Leichtsinn, ihr beschränkter Geist und die gefährlichen Ratschläge aus ihrer Umgebung lassen sie bald an etwas anderes glauben als an das, was der vernünftige Mensch ihr dargelegt hat. Bei ihr wechselt der gesunde Menschenverstand rasch mit Zuständen der Verwirrung, wodurch sie ungewollt jedes erdenkliche Durcheinander stiftet, das nur dazu angetan ist, die Regierung zu stören. [...] Ihr Gemahl mag noch so wenig auf sie hören, stets sammelt sich in ihrem Schatten eine Partei von Gegnern, und andererseits gewinnt sie niemals jene souveräne Autorität, mit der man die Parteien zum Schweigen bringt. [...] Und jetzt ist der Augenblick gekommen, da sich ihr Kampf mit der Regierung um eine wichtige Sache entscheidet.»[20]

Der König und die Minister blieben ihr gegenüber standhaft. Wie befürchtet, antwortete Ludwig XVI. auf die Anfragen des Kaisers ausweichend. Am 30. März schrieb er nach einer nachdrücklichen Loyalitätsbekundung, daß «die Aufgabe eines Vermittlers bei weitem über das hinausgehe, was er als seine Rolle sehe. Und im Falle einer preußischen Aggression könne er unter den gegebenen Umständen keine «andere Position als die der Neutralität» beziehen.[21] Der Kaiser und sein Kanzler waren empört. Es kam zu einem zweiten heftigen Wortwechsel zwischen Kaunitz und Breteuil, der wacker die französische Position vertrat. Aber bald gab sich der Staatskanzler wieder versöhnlich: «Im Augenblick müssen wir uns verstellen und uns die Sache für die Zukunft merken», schrieb Joseph Leopold. Nachdem der preußische König mobilgemacht hatte, bettelte der Kaiser Ludwig XVI. geradezu an, ihn im Falle eines Angriffs auf die österreichischen Niederlande zu unterstützen.[22]

In diesem entscheidenden Augenblick beorderte Marie Antoinette, durch die Nachricht, daß sie schwanger war, besonders mutig geworden, am 22. April Maurepas und Vergennes zu sich. «Ich bin in der Unterredung mit ihnen etwas heftig geworden», teilte sie der Mutter mit, «und ich glaube ihnen imponiert zu haben, vor allem dem letzten. Die Argumente dieser Herren, die sich nur herauswinden und versuchen, den König an diese Politik zu gewöhnen, haben mich keineswegs befriedigt. [...] Ich denke, ich werde erneut mit ihnen reden, vielleicht sogar im Beisein des Königs. Es ist schon arg, wenn man es in einer so wichtigen Angelegenheit mit unlauteren Menschen zu tun hat.»[23] Glaubt man dem Abbé Véri,[24] so ließ sich Marie Antoinette schließlich von der französischen Haltung überzeugen, nach der man die Österreicher in der augenblicklichen Lage unmöglich mit Truppen unterstützen könne. Trotzdem bestand sie darauf, daß Frankreich sein «Interesse an der Sache Österreichs öffentlich bekunde». Maurepas machte ihr mit allen Mitteln deutlich, daß der König nicht daran denke, sich in deutsche Angelegenheiten zu mischen, unterbreitete ihr aber einen Vorschlag: «Madame, macht Euch zur Vermittlerin und sorgt für eine Übereinkunft: Königinnen haben diese schöne Rolle oft schon übernommen. Bringt den Kaiser dazu, daß er einen Teil von dem, was er Bayern genommen hat, wieder zurückgibt. Dann könnten wir versuchen, den König von Preußen so zu stimmen, daß er ihm das übrige läßt.» Ludwig XVI. nahm seine Frau bei einer Unterredung mit Maurepas in Schutz: «Es ist ganz verständlich, daß die Königin von der Verlegenheit ihres Bruders betroffen ist und sich bemüht, Hilfe für ihn zu bekommen.» Aber Maurepas warnte ihn vor einer heimlichen «Regierung» der Königin: Gemeint seien «mehrere Fälle, in denen die Königin auf Drängen ihrer Umgebung über Posten und Angelegenheiten, die mit der allgemeinen Verwaltung zusammenhängen, entscheiden wollte, und vor allem die Geheimkorrespondenz, die sie ganz offenbar mit Choiseul und seinen Anhängern» unterhalte.[25] Trotzdem ließ der König seine Gattin wissen, daß er im Staatsrat beschlossen habe, im Falle eines Angriffs auf die Niederlande in den Konflikt einzugreifen. Marie Antoinette war erleichtert, denn ihr Bruder hatte sie stark unter Druck gesetzt: «Da Ihr den Krieg nicht verhindern wollt, werden Wir Uns tapfer schlagen, und Ihr werdet unter keinen Umständen über einen Bruder erröten müssen, der sich Eure Wertschätzung stets verdienen wird.» Marie Antoinette hatte auf die Mitteilung entsetzt reagiert. Sie sei wegen ihrer Mutter «so tief beunruhigt».[26] Mercy empörte sich noch immer über die Haltung der französischen Minister, die sich «so schäbig verhalten» hätten.[27] Für ihn hatte Frankreich gegen die Bündnistreue verstoßen: «Ich bestehe darauf», meinte er, «daß die Königin deutlich macht, daß Frankreich jetzt noch die einzige Gelegenheit nutzen muß, um das Unrecht wiedergutzumachen und seinem Bundesgenossen wenigstens etwas Treue und Zuvorkommenheit zu zeigen.»[28] Mercy hatte offenbar keine Mühe, die Königin von diesem Standpunkt zu überzeugen, denn am 16. Mai schrieb sie ihrer Mutter: «Ich bedaure nur, daß ich nicht selbst auf den Geist dieser ganzen Minister einwirken und ihnen deutlich machen kann, daß alle Unternehmungen und Forderungen Wiens berechtigt und vernünftig sind: Aber leider sind diejenigen, die nicht hören *wollen,* die schlimmsten Tauben, und im übrigen tauschen sie so viele nichtssagende Worte und Phrasen aus, daß sie völlig verwirrt sind, bevor man ihnen etwas Vernünftiges sagen kann. Ich werde auf das Mittel zurückgreifen, vor dem König mit ihnen zu reden, damit ich wenigstens erreiche, daß sie jetzt mit dem König von Preußen die passende Sprache sprechen. Wenn ich mich dafür einsetze, so dient dies nur dem Wohl und Ruhme des Königs; er kann nur gewinnen, wenn er Verbündete unterstützt, an denen ihm in jeder Hinsicht viel liegen muß. [...] Das ganze Übel rührt von der entsetzlichen Unfähigkeit seiner Minister und seinem eigenen großen Mangel an Selbstvertrauen her. Ich bin sicher, wenn er sich nur auf sich verläßt, dann entdeckt man an ihm eine Rechtschaffenheit, einen Sinn für Gerechtigkeit und ein Taktgefühl, wie man es bisher nicht vermutet hat.»[29] Marie Antoinette hatte die Lehren des Botschafters offenbar verinnerlicht. Er hatte sie davon überzeugt, daß ihre Parteinahme zugunsten Österreichs nur im Interesse des Königs und seiner Familie sei.

Einige Wochen lang hoffte Marie Antoinette nur noch, daß man sie mit der leidigen Bayernaffäre nicht mehr behelligen würde. Schließlich hatte sie ihre Heimat Österreich mit allen Mitteln unterstützt. Tatsächlich äußerte sich Kaunitz zufrieden über die starken Nerven, die sie bei Auftritten beim König und bei den Ministern bewiesen habe. Er wünschte sich, sie möge «weiterhin Einfluß auf die großen Staatsgeschäfte nehmen, da dies von unabsehbarem Nutzen sein»[30] könne.

Marie Antoinette wollte sich freilich nur noch mit ihrer Schwangerschaft befassen. Sie beobachtete ihren Körper, maß ihren Bauchumfang und stellte Anfang Juni überrascht fest, daß sie schon «viereinhalb Zoll zugelegt» habe. Zu ihrer Verwunderung empfand sie nicht das leiseste Unwohlsein. Ihr Alltagsleben verlief herrlich ruhig. Während des Aufenthaltes mit dem Hof in Marly stand sie spät auf, machte kleine Spaziergänge im Park, besuchte die Prinzessinnen, schwatzte stundenlang mit Gräfin Polignac und arbeitete an Stickereien oder flocht an einer Börse. Während Mercy mit ihr die zukünftigen Aufgaben von Prinzessin Guémené, der Erzieherin der Kinder aus Frankreich, durchsprach, dachte die Königin wie jede Schwangere lieber an die ersten Lebensmonate des Säuglings und an die neuesten Methoden seiner Pflege. Gegenwärtig, so erklärte sie, versuche man Kinder in ihrer Bewegungsfreiheit möglichst wenig zu beeinträchtigen. «Man wickelt sie nicht und läßt sie stets in einer Hängewiege oder auf dem Arm liegen, und sobald sie können, gewöhnt man sie ans Freie, wo man sie dann fast ständig läßt. Ich glaube, das ist für sie am gesündesten. Meines wird unten in einem Gitterstall logieren, von der übrigen Terrasse getrennt. Dort kann es schon früher laufen lernen als auf den Holzfußböden.»[31]

Während sich der König freute, daß Marie Antoinette ihre Mutterschaft vorbereitete, geriet Mercy über ihre abermalige «Untätigkeit» in schiere Verzweiflung.[32] Der Botschafter versuchte immer wieder, sie aus ihren süßen

Träumen zu reißen, und überzeugte sie schließlich tatsächlich davon, daß sie ihren ganzen Kredit verspiele, wenn sie beim König und den Ministern nicht weiter ihre Interessen verfocht. So beschwor sie ihren Gatten erneut, sich gegen Friedrich II. zu erklären. Ein Krieg zwischen Preußen und Österreich stand unmittelbar bevor. Friedrich II. hatte in Schlesien Truppen zusammengezogen und war aus Berlin nach Breslau abgereist. Joseph II. bezog Stellung in Olmütz. In Briefen tauschten die Herrscher ihre Standpunkte zu den Erbansprüchen im Reich aus. Ernsthafte Verhandlungen wurden immer unwahrscheinlicher. Die französische Regierung erklärte sich nicht für Österreich. Joseph und sein Kanzler waren über ihre Niedertracht entrüstet. Kaunitz beschimpfte Maurepas und Vergennes als «Einfaltspinsel». Ihretwegen solle Österreich «den Frieden mit einer Schmach erkaufen».[33] Zugleich erstellten die Minister ein Gutachten, nach dem sich Österreich einen Teil Bayerns widerrechtlich angeeignet habe. Der Kaiser könne in der Sache von seinem Verbündeten schon deshalb keine Unterstützung verlangen, weil Frankreich nur für jene Territorien garantiere, die zum Zeitpunkt des Vertragsschlusses bereits in österreichischer Hand gewesen seien.

Marie Antoinette, die über den Stand der Dinge nicht auf dem laufenden war, bat Ludwig XVI. im Park von Marly erneut darum, das Kaiserreich zu unterstützen. «Ich konnte dem König nicht verbergen, wie sehr ich mich wegen seines Schweigens sorgte», schrieb sie ihrer Mutter. «Sein Ton war entwaffnend. Er sagte zu mir: ‹Wie Ihr seht, habe ich so viel Unrecht begangen, daß ich Euch nichts zu antworten habe.›»[34] Geschickter hätte sich Ludwig bei der unwissenden Gattin nicht aus der Affäre ziehen können. Ihr Zorn richtete sich jetzt gegen die Minister, die sich «einfach nicht anständig benahmen».[35]

In der Regierung war man indes besorgt, daß die Habsburger über die Königin immer stärker Einfluß auf die französische Politik gewinnen könnten. Maurepas äußerte sich sogar bedauernd darüber, daß man nach Ankunft Marie Antoinettes in Frankreich nicht sofort alle Beziehungen zu ihrer Familie abgebrochen habe – wie es seit Ludwig XIV. bei Eheschließungen mit ausländischen Prinzessinnen üblich war. «Die Königin läßt ihre Briefe nach Wien gegenwärtig nur noch von Kurieren des Botschafters befördern. Jetzt kann man nichts mehr an dieser Gewohnheit ändern, der man damals, als die Dauphine hierherkam, leicht hätte vorbeugen können», beklagte er sich bei Véri. Und Mercy, fügte Maurepas hinzu, nutze diese Situation schamlos aus und behaupte auch noch, er halte «sich ganz an die Wege der Minister».[36]

Am 7. Juli 1778 marschierte Friedrich II. in Böhmen ein. Marie Antoinette schluchzte auf die Nachricht hin auf und wollte «ihre Tränen in die ihrer Mutter mischen»,[37] wie sie ihr schrieb. Da sie von Politik nichts verstand und irreführend informiert wurde, machte sie «nicht das Herz, sondern die äußerste Schwäche und das geringe Selbstvertrauen» des Königs für die mißliche Lage ihres Bruders verantwortlich. Sie unterschätzte ihren Gatten und seine Ratgeber und ging davon aus, daß Ludwig im Privaten und in den Staatsangelegenheiten auf ihre Ratschläge hören müsse. Dieser Trugschluß entsprach ganz ihrem Leichtsinn und ihrer Ignoranz hinsichtlich der internationalen Politik, die sie nur als Beziehungen von Herrscherhäusern begriff. Sie folgte blindlings den absichtlich vereinfachenden Erläuterungen des Botschafters Mercy, den ihr die Mutter als ergebenster Ratgeber empfohlen hatte. Jahrelang hatte man Marie Antoinette eingeredet, daß sie ihrem Gatten geistig überlegen sei, daß seine Minister nichts taugten und daß die Franzosen leichtsinnig seien, und so glaubte sie sich im Recht, wenn sie die Interessen ihrer Familie gegen die französische Regierung durchzusetzen versuchte. Sie war seelisch und moralisch noch immer der Mutter, dem Bruder und Österreich verpflichtet, während sie für den Gatten und die neue Heimat weder Zuneigung noch Bewunderung oder Pflichtgefühl aufbringen konnte.

Als sich ihre Aufregung über Friedrichs Militärschlag etwas gelegt hatte, rief Marie Antoinette Maurepas zu sich: «Ich spreche Euch», sagte sie scharf, «nun zum vierten oder fünften Mal auf die Staatsgeschäfte an, Monsieur, und Ihr habt mir immer nur dasselbe sagen können. Bisher hatte ich Geduld, aber die Dinge werden mir nun zu ernst, und solche Niederlagen möchte ich nicht mehr ertragen müssen.» Dem Standpunkt Mercys folgend, machte sie Frankreich dafür verantwortlich, daß Preußen Österreich den Krieg erklärt hatte. Der Botschafter behauptete, Maurepas habe sich, über «den Sachverstand der Königin» überrascht, vielmals «entschuldigt und ihr seine Ergebenheit beteuert».[38] Der Minister ließ sich nicht einschüchtern, machte gute Miene zum bösen Spiel und steckte die Schläge ein, die eigentlich dem König galten.

Aus Betroffenheit über die kritische Situation sagte Marie Antoinette ein Fest ab, das sie dem König in Trianon hatte geben wollen. Bis zu einer Normalisierung war sie sogar bereit, auf jegliche Vergnügung zu verzichten, ein Opfer, das Mercy ihr nur mit viel Mühe ausreden konnte. Zu ihrer Ablenkung hatte Ludwig XVI. Gräfin Polignac, die sich auf dem Land erholte, sofort nach Versailles zurückbeordert. Trotzdem verbrachte sie ihre Zeit nur noch im bangen Warten auf die Kuriere von Mutter und Bruder.

Maria Theresia, über den Verlauf der Ereignisse erschreckt, hatte dem Preußenkönig inzwischen ohne Wissen ihres Sohnes Friedensverhandlungen angeboten. Entsprechende Vorschläge gingen ihm am 17. Juli durch Baron Thugut zu. Friedrich II. war tatsächlich zu Verhandlungen bereit, aber Joseph II., der wütend vom eigenmächtigen Schritt seiner Mutter erfuhr, schmetterte die Gegenvorschläge des Preußenkönigs ab. Der Krieg dauerte fort. Österreich war militärisch deutlich unterlegen. Die preußische Armee, die Verstärkung aus Sachsen und vermutlich aus anderen deutschen Staaten erhalten hatte, war doppelt so stark wie die des Kaisers. Um einem Gefecht aus dem Weg zu gehen, zog sich Joseph an den Oberlauf der Elbe zurück und überließ den Preußen die böhmischen Gebiete, in denen 1772 eine Hungersnot gewütet hatte.

Maria Theresia, die den Frieden um jeden Preis wollte, wandte sich verzweifelt wieder an die Tochter. Sie solle versuchen, Frankreich dazu zu bewegen, schlichtend in den Konflikt einzugreifen. «Ich empfehle Euch», beschwor sie Marie Antoinette am 6. August, «Mercy dabei zu unterstützen, Euer Haus und Eure Brüder zu retten. [...] Ich würde vom König niemals etwas verlangen, das dazu führen könnte, daß er in diesen unglückseligen Krieg hineingezogen wird», versicherte sie. Sie bitte «nur um Demonstrationen der Stärke, darum, zur Unterstützung Regimenter und Generäle zu ernennen oder zu versammeln, falls die Hannoveraner oder andere zu Feinden werden sollten».[39] Marie Antoinette hätte nie gedacht, daß ihre Mutter angesichts der Lage so sehr aus der Fassung geraten könne. Da sie sich von ihrer Mission überfordert fühlte, bat sie Mercy um Rat. Der Botschafter legte ihr nahe, die Bitte um Schlichtung beim König und seinen Ministern als eigene Idee darzustellen. Marie Antoinette legte sich also ein geeignetes Plädoyer zurecht und verschaffte sich Einlaß ins Arbeitszimmer des Königs. Bei Ludwig waren Maurepas, Vergennes und Sartine. Sie bat Sartine zu gehen, sie wolle mit ihrem Gatten und den beiden Ministern alleine reden.

Kaum hatte sie mit ihrer kleinen Rede begonnen, klopfte es an der Tür. Es war der Kurier Baron Breteuils. Ludwig XVI. öffnete das Paket zur Erleichterung der Minister persönlich: Die Königin konnte sich davon überzeugen, daß ihr Gatte die Staatsgeschäfte tatsächlich selbst führte und nicht alles an die Minister delegierte. Ludwig verlas in ihrer Gegenwart die Depeschen des Botschafters. Nach Maurepas soll die Königin durch die Unterbrechung aus dem Konzept geraten sein und sich darauf beschränkt haben, «die Interessen ihrer Familie zu empfehlen, darauf hinzuweisen, daß sie mehr Französin als Österreicherin sei, und den König zu bitten, er möge gute Dienste leisten, damit der König von Preußen in seinen Ansprüchen nicht zu weit gehe».[40] Sie bekam ein paar Artigkeiten gesagt. «Das Entscheidende ist, daß wir unsere Minister wirklich die Sprache der Allianz sprechen lassen», schrieb sie ihrer Mutter. «Sie versprechen es, aber man wird wachsam sein und mehr als einmal dafür kämpfen müssen, wenn die unselige Affäre nicht sofort zu Ende geht.»[41] Mercy hoffte derweil auf die guten Dienste der Franzosen, wenn nicht sogar auf ihre weitergehende Vermittlung im Konflikt.

Maria Theresia überschüttete ihre Tochter in jedem Brief mit zärtlicher Fürsorge und verknüpfte ihre Ermahnungen stets mit eindringlichen Appellen an ihre Hilfsbereitschaft. Sie setzte familiäre Angelegenheiten mit Staatsinteressen gleich, dramatisierte die Lage, schilderte die militärische Situation in den düstersten Farben, beschwor schreckliche Gefahren und Entbehrungen für ihre Söhne im Krieg herauf und setzte die Tochter erneut unter Druck, sich beim König für die Familie einzusetzen. «Ihr rettet eine Mutter, die am Ende ist, zwei Brüder, die auf lange Sicht unterliegen müssen, und Eure Heimat, eine ganze Nation, die so sehr an Euch hängt. Der Ruhm und selbst das Interesse des Königs und der Allianz sind eng damit verbunden.»[42]

Marie Antoinette, die auf den Brief der Mutter hin regelrecht in Panik geriet, sah für die Familie das Schlimmste voraus. Da sie die französische Diplomatie nicht durchschaute, glaubte sie noch immer an die fehlende Loyalität der Minister, für deren Marionette sie ihren Gatten hielt. Scheinbar nur Maurepas und Vergennes widersetzten sich einer Politik der Stärke gegenüber Preußen, die Österreich, noch immer «ihre Heimat»,[43] die einzige Rettung bringen konnte. Naiv räumte sie schließlich ein, ihre Demarchen bei Maurepas, den sie der Schwäche und Verlogenheit bezichtigte, seien gescheitert. Trotzdem gelte es, «sich zurückzuhalten und es mit ihm nicht ganz zu verderben, damit der König, der zwischen seinem Minister und seiner Frau» stehe, «nicht in eine peinliche Situation» gerate.[44]

Maria Theresia durchschaute die Taktiken der französischen Regierung natürlich: «Man möchte meiner Tochter nur schmeicheln und gibt ihr in unwichtigen Dingen nach, um in den wichtigen Fragen um so sicherer den alten Kurs zu steuern und sie aus diesen Dingen herauszuhalten.»[45] Hatten die Franzosen nicht recht? Frankreich hatte Interesse daran, das europäische Kräftegleichgewicht aufrechtzuerhalten. Für dieses Ziel mußte es sogar in Kauf nehmen, einen Verbündeten zu verärgern, dessen Politik sich auf Frankreich noch nie besonders günstig ausgewirkt hatte. Ludwig XVI. hätte einen fatalen Fehler begangen, wenn er das österreichische Vormachtstreben unterstützt hätte. Es verwundert schon sehr, wie eine hellsichtige Politikerin wie Maria Theresia ihrer Tochter nachdrücklich dazu raten konnte, sich auf so kompromittierende Weise in die französische Außenpolitik einzumischen.

Allerdings wurde Marie Antoinette ihre lästigen Pflichten schon früher los, als sie gehofft hatte. Die Affäre um Bayern wurde schließlich durch Rußland entschieden. Zarin Katharina, die mit französischer Hilfe einen Zwist mit den Türken zu ihren Gunsten entschieden hatte, erklärte, sie werde sich jetzt wieder um die Verpflichtungen gegenüber ihrem Bundesgenossen Preußen kümmern. Sie drohte den Habsburgern mit Kriegseintritt an der Seite Friedrichs II., falls die Affäre um Bayern nicht zur Zufriedenheit der deutschen Fürsten geregelt würde. Maria Theresia und Joseph II. lenkten notgedrungen ein. Unter Führung von Baron Breteuil für Frankreich und Fürst Galitzin für Rußland wurden Verhandlungen eingeleitet, die am 13. Mai 1779 zum Frieden von Teschen führten. Österreich erhielt das Innviertel, die niederbayrische Region zwischen Donau, Rhein und Salza. Der Kurfürst von der Pfalz trat sein Erbe an. Die preußischen Ansprüche auf die Markgrafschaften Ansbach und Bayreuth wurden bestätigt.

Bis dahin hatte Marie Antoinette die ganze Affäre, deren Tragweite sie nie so recht begriffen hatte, längst wieder vergessen. «Ich verdanke von Geburt an alles meiner lieben Mama, auch die Ruhe, die dank ihrer Güte, ihrer Sanftmut und, wie ich zu sagen wage, ihrer Geduld diesem Land gegenüber wieder in meine Seele einzieht», hatte sie der Kaiserin bei Abschluß der Friedensverhandlungen[46] geschrieben. Ihre Einmischungen während der Affäre waren zwar nicht bis in alle Einzelheiten bekannt geworden, aber was nach außen durchgesickert war, hatte ihrem Ansehen geschadet. Marie Antoinette, die bisher als sehr leichtsinnige, wenn auch liebenswerte Königin gegolten hatte, wurde jetzt auch noch als Sachwalterin der österreichischen Interessen in Frankreich betrachtet. Zum Vorwurf von Leichtsinn und Verschwendungssucht kam der des Landesverrates. Das war Anfang 1779.

Kapitel XII

Gefährliche Spiele

Man mußte Marie Antoinette inzwischen in Ruhe lassen. Die Niederkunft rückte näher, und die dauernden Forderungen seitens ihrer Familie konnten in ihrem Zustand nur schaden. Die Königin erfreute sich allerdings bester Gesundheit und hatte vor der Entbindung keine Angst. Ihr Leben verlief augenblicklich in geregelten Bahnen: Sie ging gegen Mitternacht ins Bett, stand morgens um elf Uhr auf und begnügte sich tagsüber mit kleineren Spaziergängen durch die Galerien des Versailler Schlosses, dessen Treppen sie noch mühelos hinabsteigen konnte. Seit sie schwanger war, begegnete ihr der König ausgesprochen liebevoll und vermittelte ihr ein Gefühl der Geborgenheit. Natürlich kam boshaftes Gerede in Umlauf, hieß es unter anderem, Herzog von Coigny sei der Vater des ungeborenen Kindes, aber das Königspaar kümmerte das boshafte Geschwätz wenig. Außerdem hatte der schüchterne Ludwig XVI. seit seinem diplomatischen Sieg und den Erfolgen seiner Außenpolitik, die in ganz Europa geschätzt wurde, ein ungeahntes Selbstbewußtsein entwickelt. Und obendrein hatte er in der heiklen Affäre um Bayern gegen seine Frau eine eigenständige Politik vertreten und erschien jetzt als ernstzunehmender Herrscher.

Anfang Dezember erwartete ganz Versailles aufgeregt das frohe Ereignis. Lassone, der erste Arzt, und Vermond, der Geburtshelfer der Königin und Bruder des Abbé, hielten sich in der Nähe ihrer Privatgemächer in ständiger Bereitschaft. Vermond, den Marie Antoinette Levret, dem Geburtshelfer der Gräfin Artois, vorgezogen hatte, hatte in Paris einen hervorragenden Ruf. Freilich galt er auch als sehr eigennützig und soll jede Bürgerliche in den Wehen sofort alleingelassen haben, wenn er von einer Herzogin gerufen wurde. Aber Marie Antoinette vertraute ihm und sollte es nicht bereuen.

Der Dezember verlief ruhig. Die Königin zeigte sich so charmant wie immer, und jeder tat sein Bestes, um sie abzulenken. Ludwig überschüttete sie mit Aufmerksamkeiten und überraschte sie vor der Entbindung mit einem Kostümball. Dann spürte Marie Antoinette am Freitag, dem 18. Dezember, gegen Mitternacht erste Schmerzen. Der König wurde sofort geweckt. Als er im Schlafzimmer seiner Frau eintraf, lag sie noch in ihrem Paradebett. «Eine halbe Stunde später legte sie sich in ihr Gebärbett», berichtet der König in seinem Tagebuch. «Madame Lamballe ließ die königliche Familie, die Prinzen und Prinzessinnen holen, die in Versailles waren; sie schickte Pagen zum Herzog von Orléans, zur Herzogin von Bourbon und zur Prinzessin von Conti, die sich in Saint-Cloud aufhielten. Der Herzog von Chartres, der Herzog von Bourbon und der Prinz von Conti waren in Paris.»[1] Die Entbindungen der Königinnen von Frankreich fanden gewöhnlich in der Öffentlichkeit statt.

Kaum hatte sich herumgesprochen, daß Marie Antoinette in Kürze ihr Kind zur Welt bringen würde, war ganz Versailles auf den Beinen.[2] Die Prinzen und Prinzessinnen von Geblüt machten es sich im Zimmer neben ihrem Schlafgemach bequem. Die Höflinge warteten im Herkulessaal. Gegen acht Uhr morgens setzten die Wehen richtig ein. Die Königin unterdrückte tapfer die Schreie. Gegen elf Uhr wurden die beiden Flügel der Tür geöffnet, worauf sich «alle im Spielsalon Anwesenden wie eine Flut an das Fußende ihres Bettes ergossen».[3] «Die Königin kommt nieder», kündigte Vermond die Geburt an. Da das Kind nicht schrie, glaubte man einen Augenblick an eine Totgeburt. Dann hörte man aber zum Glück ein erstes Quäken. «Die Königin hatte eingeführt, daß fast bei jeder Gelegenheit geklatscht wurde, und so spendete man auch jetzt Beifall, woraufhin sie glaubte, sie habe einen Knaben geboren. Ab diesem Moment bekam sie keine Luft mehr und verlor das Bewußtsein. Man trug das Kind, das wohlauf war, ins Nebenzimmer hinüber. Der König ging hinterher, um sich anzusehen, wie es gereinigt wurde. Als man sah, daß es ein Mädchen war, gingen alle betroffen auseinander»,[4] berichtet Herzog von Croÿ.

Während die kleine Prinzessin versorgt wurde, bangten die Ärzte um das Leben der Königin. Sie lag leblos und mit verzerrtem Mund auf ihrer Unterlage, während sie vergeblich auf die Nachgeburt warteten. Sie mußte sofort zur Ader gelassen werden. Vermond brüllte nach heißem Wasser, da in der Menge aber kein Durchkommen war, befahl er dem ersten Chirurgen Chavignac, den Aderlaß ohne Wasser vorzunehmen. «Improvisieren sie eben», schrie er ihn an. Bald spritzte Blut, die Königin kam wieder zu sich, und der Geburtshelfer konnte weiter seine Aufgabe erfüllen. Als Marie Antoinette das Geschlecht des Kindes erfuhr, weinte sie lange.

Ludwig XVI., der verfolgt hatte, wie man seine Tochter wusch, und der dann sofort zur Messe gegangen war, erfuhr erst später, in welch kritischem

Zustand seine Frau gewesen war. Er empfand ihr gegenüber die «größte Zärtlichkeit» und war begeistert, daß er Vater geworden war.[5] Die kleine Prinzessin wurde zu ihrer Mutter gebracht, die sie liebevoll in die Arme schloß. Glaubt man Madame de Campan, so soll sie dem Kind gesagt haben: «Ein Sohn hätte eher dem Staat gehört. Ihr gehört mir. Euch gehört all meine liebe Sorge. Ihr teilt mein Glück und lindert meine Not.»[6] Da diese pathetische Ausdrucksweise kaum Marie Antoinettes Stil entspricht, darf man annehmen, daß Madame de Campan die einfach dahingesagten Worte der Königin zur besseren Wirkung aufbereitet hat. Jedenfalls scheint die junge Mutter mit ihrem Töchterchen doch glücklich gewesen zu sein. Man gab ihm den Namen Marie Thérèse und die Titel «Madame Royale» oder «Madame, Tochter des Königs», damit Gräfin Provence ihren Titel «Madame» behalten konnte.

Nach der schweren Entbindung mußte sich die Königin erholen und brachte mehrere Tage in relativer Abgeschiedenheit zu. Niemand außer dem König, den Mitgliedern des Königshauses, einigen Hofdamen, den Ärzten und Abbé Vermond durfte sie in ihrem Zimmer besuchen. Prinzessin Lamballe und Gräfin Polignac wechselten sich an ihrem Bett ab und überboten sich an Liebenswürdigkeit. Der König verließ in der ganzen Woche nach der Geburt seiner Tochter das Schloß kein einziges Mal. Er brachte den Vormittag am Bett seiner Frau zu, besuchte sie nachmittags wieder und blieb den ganzen Abend bei ihr. Diese Besuche hinderten ihn nicht daran, öfter einmal bei der kleinen Marie Thérèse vorbeizuschauen, für die er das «zärtlichste Entzücken» empfunden haben soll.[7]

Es war üblich, daß man die neugeborenen Kinder des Königshauses der Erzieherin der Kinder von Frankreich übergab, ein Amt, das augenblicklich von Prinzessin Guémené ausgeübt wurde, deren Salon vor allem als Veranstaltungsort des berühmt-berüchtigten Pharaospiels bekannt geworden war. Die kapriziöse Prinzessin, der man nicht gerade Sittenstrenge nachsagen konnte, verdankte das Amt, das sie bekanntlich von Madame de Marsan übernommen hatte, nur ihrer Herkunft und ihrem Rang. Zum Glück wurde sie vom Hofstaat der kleinen Prinzessin unterstützt, den der König und die Königin persönlich zusammengestellt hatten. Obwohl sie diesen Haushalt bereits deutlich reduziert hatten, umfaßte er noch immer vierundzwanzig Personen! Marie Antoinette wollte ihre Tochter in einer schlichteren Atmosphäre heranwachsen lassen, als es bei französischen Prinzessinnen üblich war. Ludwig XVI. entsprach ihrem Wunsch, und so blieb es dem kleinen Neugeborenen erspart, daß ihm eine Ansprache gehalten und ihm die Würdenträger des Hofs und die Mitglieder des diplomatischen Korps vorgestellt wurden. Maria Theresia war über diese weitere

Mißachtung der sakrosankten Formen empört: «Ich bin in keiner Weise damit einverstanden, daß man die Etikette aus dem Erziehungsplan für Kinder unserer Geburt streicht. [...] Die augenblickliche Mode nach Rousseau, ihnen Freiheit zu gewähren und sie damit zu Bauern zu machen, gefällt mir nicht, und ich sehe in ihr bisher keinen Vorteil, im Gegenteil. Auch wenn man ihren Hochmut nicht zu nähren braucht, so muß man sie doch von klein auf an die Repräsentation gewöhnen, um vielen unschicklichen Situationen vorzubeugen, die sich unvermeidlich einstellen, wenn der Herrscher und seine Familie sich nicht durch standesgemäßes Auftreten von Privatpersonen unterscheiden. Das ist ein wesentlicher Punkt, vor allem im Hinblick auf die französische Nation, die so lebenslustig wie leichtfertig ist»,[8] meinte die alte Kaiserin verstimmt. Ihre Tochter beließ es bei der Neuerung. Bleibt hinzuzufügen, daß die protokollarischen Vereinfachungen ohnehin nur sehr oberflächlich ausfielen.

Der Neujahrstag 1780 verlief sehr ruhig im Versailler Schloß, in dem sich nur wenige Menschen aufhielten. Am 3. Januar empfing die Königin erstmals nach der Entbindung in ihrem Schlafzimmer Besuch. Bei der Gelegenheit nahm sie eine alte Gewohnheit wieder auf und spielte Pharao, ein «kleines Spiel», wie Mercy meinte.[9] Zu ihrer Unterhaltung hatte der König erlaubt, daß das große Kabinett der Königin in ein Theater umfunktioniert wurde. Der Raum faßte ungefähr fünfzig Personen, und die erste Aufführung konnte am 11. Januar stattfinden. Am 17. Januar «sah die Königin erstmals seit der Niederkunft alle Frauen wieder», berichtet uns Herzog von Croÿ. «Ich ging aus Neugierde dorthin, um mir die Sache anzusehen. Die Räumlichkeiten reichen für solche Zeremonien nicht aus.» Nicht ohne Überraschung blickte der greise Adlige über das elegante Gedränge hinweg. Im Saal standen dicht an dicht um die zweihundert Frauen mit hoch aufgetürmten Coiffuren, die, mit «Schleiern aus Mousselin bedeckt, wie zahlreiche Schiffe auf kleinen Grundflächen zu schwimmen schienen und einem vollständig die Sicht nahmen». Die Königin empfing die illustren Besucherinnen hoheitsvoll mit ausgestreckten Beinen auf einer Chaiselongue. Nach einem Knicks gingen sie in den Spielsalon hinüber und erkundeten das neue Theater der Königin: «So ging sie also vor ihrer Entbindung bei sich zu Hause ins Theater», spöttelte der Herzog von Croÿ.[10]

In Frankreich war es Tradition, daß die Königin, wenn sie einen Dauphin zur Welt gebracht hatte, sechs Wochen nach der Geburt zur Kathedrale Notre-Dame und zur Kirche Saint-Geneviève nach Paris fuhr, wo sie den ersten Kirchgang der Wöchnerin absolvierte, eine Zeremonie, die gewöhnlich ausgiebig gefeiert wurde. Das Königspaar beschloß, die Geburt ihrer Tochter mit dem gleichen Zeremoniell zu begehen. Als es am 8. Februar soweit war, wohnten sie in der Kathedrale zugleich der Trauung von hundert jungen Mädchen bei. Marie Antoinette hatte sie mit einer Mitgift von je fünfhundert Livres versehen und versprochen, die Ammen der Kinder zu bezahlen, die aus den eben geschlossenen Ehen hervorgehen würden. Zur Feier des Tages wurden fünfzehntausend Livres unters Volk geworfen.

So schrieb Herzog von Croÿ später, am 8. Februar 1780 habe sich ihm der schönste Anblick seines Lebens geboten. «Sechzehn Staatskarossen und andere Kutschen» seien über das Pflaster gerollt. «Alles drängte nach vorn, um besser sehen zu können, doch ich als Kenner und Liebhaber wollte auf keinen Fall die gute Gelegenheit versäumen, diesen prachtvollen Einzug in die Stadt von jener Terrasse aus zu beobachten [...], die man mit vollkommenem Sachverstand auf der Höhe des Hôtel de Croÿ d'Havré angelegt hatte.» Man kann sich den überwältigenden Prunk der Kutschen, die zum Bersten vollen Straßen und die Menschen im Sonntagsstaat sehr gut vorstellen. Croÿ überblickte die Place Louis-XV, die mit grünen Barrieren gegen die Schaulustigen abgesperrt war und die an ein «großes Blumenbeet» erinnert habe. Die Karossen rumpelten «in majestätischem Zug über die breite Uferstraße hinter dem dichten Gürtel aus Menschen» am Rande der Terrasse. «Von ihr aus überblickte man nicht nur das Gedränge auf dem Pont Royal und dem Pont Neuf, sondern auch die Uferstraßen mit ihren zahllosen Menschen und den allseits geschmückten Fenstern.»

«Wenngleich ein wenig bewölkt», berichtet uns Croÿ weiter, «so war es doch mild, windstill und schön. [...] Ich sah den König ankommen und an der Einfahrt zum Cours la Reine in eine Staatskarosse steigen. Von da an hatte ich ihn genau im Blickfeld, ebenso wie die Königin und Monsieur an einem Wagenschlag. Rechts, auf der Höhe des Kutschers, ritt der Marschall von Soubise, ein gutaussehender, stattlicher Mann. Ich erkannte jeden einzelnen. Der König trug über dem Gewand aus Gold- und Silbertuch die Schärpe, blickte zufrieden und offen drein und fühlte sich anscheinend wohl. Die Königin schien mir magerer geworden und guter Dinge. [...] Der Ort, vor allem an der Biegung zur Place Louis-XV, wirkte durch den endlosen Zug der großen Kutschen und geschmückten Pferde wie ein bunter Blumenteppich. Reich geschmückte Soldaten salutierten unter dem Banner. [...] Der König hielt an, der Wagenschlag wurde geöffnet; Monsieur stand aufrecht in der Karosse, und der König hörte, leicht vorgebeugt, andächtig der feierlichen Ansprache des Bürgermeisters von Paris zu, der ihm den Gouverneur Herzog von Cossé vorstellte. Dann setzte sich der Zug erneut in Bewegung, und man sah die beiden freigestellten Soldaten der Leibwache, [...] wie sie an den Rädern immer wieder majestätisch mit vollen Händen Geld in die Menge warfen, was sich ungefähr alle dreißig Schritt wiederholte. [...] Ich hatte den Eindruck, daß das Volk das Schauspiel respektvoll, zufrieden und ohne besondere Ausgelassenheit verfolgte.»[11]

Was der Herzog von Croÿ als respektvolle Zurückhaltung auffaßte, war in Wahrheit schiere Ablehnung. Selbst Mercy mußte einräumen, daß «der Beifall des Publikums nicht dem entsprach, was man erhofft hatte». Hochrufe auf die Königin seien rar gewesen, und man habe Marie Antoinette an manchen Stellen in Paris mit eisigem Schweigen empfangen. «Das Gedränge kam viel eher wegen der Neugierde als wegen der Zuneigung des Volkes zustande», gab er zu. Der kühle Empfang sei eine Folge der Teuerung des Brotes, wegen der die Öffentlichkeit kritischer geworden sei. Zudem habe Marie Antoinettes Vergnügungssucht ihrem Ansehen geschadet.[12] «Schon seit einiger Zeit ist die Königin darüber unterrichtet, daß das Volk von Paris sie nicht liebt. Und ich sehe nicht, daß sie durch diese Ansicht bewogen wird, ihre ungehörige Spielleidenschaft, ihren übertriebenen Aufputz und ihre Ausschweifungen einzuschränken, derentwegen sie verärgerte Reaktionen verdient», schreibt unverblümt der Abbé Véri, der weniger vorsichtig sein muß als der Botschafter.[13]

Tatsächlich hatte der festliche Umzug, der als eine Kampagne königlicher Propaganda gedacht gewesen war, sein Ziel verfehlt. Der Tag war geradezu eine Warnung. Aber das junge Herrscherpaar blieb unbeeindruckt von der geschwundenen Popularität. Und kurz zuvor war in Paris eine weitere Serie von Pamphleten aufgetaucht.

Marie Antoinette gab sich wieder ihrem lustigen Leben hin, wenn auch mit einigen Einschränkungen. Am Sonntag vor Aschermittwoch überredete sie den König, sie zum Opernball zu begleiten. Ludwig amüsierte sich sogar ein wenig. Am Faschingsdienstag, als sie auf seine Begleitung verzichten mußte, passierte ihr abends ein Mißgeschick, das sie sehr belustigte, ihrem Ansehen aber erneut schadete: Sie fuhr nur in Begleitung einer Palastdame, der Prinzessin von Hénin, inkognito nach Paris, machte im Stadtpalast des ersten Stallmeisters, des Herzogs von Coigny, halt und fuhr von dort aus, um nicht erkannt zu werden, in einer klapprigen Kutsche weiter. Auf dem Weg zur Oper brach ein Rad, so daß die Königin in ihrer festlichen Toilette auf offener Straße aussteigen mußte. Sie klopfte an die nächstbeste Tür, kam bei einem Tuchhändler unter und ließ sich dann von einer eilig herbeigerufenen Droschke sicher zur Oper bringen, wo sie prustend ihr originelles Abenteuer zum besten gab. «Ich in einer Droschke, ist das nicht komisch?» wiederholte sie immer wieder. Man schmückte die Geschichte, die sie indiskreterweise verraten hatte, nach Kräften aus und behauptete, sie habe ein galantes Abenteuer mit dem Herzog von Coigny gehabt. Ganz Paris glaubte die Geschichte.

Wenn Marie Antoinettes Herz je für Coigny geschlagen hatte, so war dies jetzt jedenfalls vorbei. Die Königin war damals nämlich zum ersten Mal in ihrem Leben richtig verliebt. Bei dem Glücklichen handelte es sich allerdings nicht um einen kleinen französischen Adligen, sondern um einen Ausländer, den sie fünf Jahre zuvor auf dem Opernball kennengelernt hatte: Er hieß Graf Fersen und war im August vorigen Jahres, als er vom müßigen Leben am Hof des Schwedenkönigs Gustav III. genug hatte, wieder nach Frankreich zurückgekehrt. Der damals Vierundzwanzigjährige, nach einhelligem Urteil seiner Zeitgenossen ein ungewöhnlich schöner Mann und bei Frauen sehr beliebt, wirkte melancholisch und gab sich oft reserviert, was ihm als Gefühlskälte ausgelegt wurde. Er hatte weder französisches Temperament noch deutschen Ernst oder englische Originalität. Seinem mysteriösen, verheißungsvollen Wesen erlagen zahlreiche Frauen, und Fersen, ein feinsinniger Libertin, wußte ihre Leidenschaft zu nutzen. Hatte er selbst schon die süßen Qualen der Liebe erfahren? Man darf daran zweifeln. Er unterhielt gewöhnlich mehrere Liaisons gleichzeitig, war 1778 aber ungebunden und dachte wie jeder junge Adlige vage an Heirat. Die Frau mußte nur reich und aus guter Familie sein, eine nüchterne Haltung, die er mit den meisten Aristokraten seiner Zeit teilte. Als er von einer reichen englischen Erbin abgewiesen wurde, die ihre Eltern angeblich nicht verlassen wollte, bat er seinen Vater, «Creutz in Paris dienen oder in den Krieg ziehen zu dürfen». Für den Dienst am Vaterland brauche er «die nötigen Kenntnisse».[14] So brannte Fersen darauf, in Frankreich den militärischen Drill kennenzulernen und ins Feld zu rücken.

Seit seiner Ankunft in Paris ging er regelmäßig an den Hof, «um der königlichen Familie vorgestellt zu werden». Die Königin sei «eine charmante Person», schrieb er am 26. August 1778 seinem Vater. «Als sie mich sah, sagte sie: ‹Oh! Ein alter Bekannter!› Die übrige Familie richtete kein Wort an mich.»[15] Marie Antoinette hatte den Schweden, mit dem sie sich im Februar 1774 auf einem Maskenball amüsiert hatte und der zu Lebzeiten Ludwigs XV. schon mehrfach in Versailles gewesen war, nicht vergessen. Im Sommer 1778 führte er in Paris ein vergnügliches Leben. Der schwedische Botschafter, Graf Creutz, stellte ihn in allen Salons vor, die damals in Mode waren. Seine Auftritte in Versailles waren freilich eher unauffällig, zu unauffällig für den Geschmack Marie Antoinettes. «Die Königin, die hübscheste und liebenswerteste Fürstin, die ich kenne, hatte die Güte, sich oft nach mir zu erkundigen. Sie fragte Creutz, warum ich sonntags nicht zum Spiel zu ihr käme. Als sie erfuhr, daß es gerade an dem Tag, als ich einmal hingegangen war, nicht stattgefunden hatte, entschuldigte sie sich fast. Ihre Schwangerschaft macht Fortschritte und ist schon gut zu sehen», schrieb er am folgenden 8. September.[16] Selten ist einem jungen ausländischen Edelmann am Versailler Hof ein so schmeichelhafter Empfang zuteil geworden.

Anfang September reiste Fersen mit einem der Stendingks in die Normandie ins Militärlager Vaussieux, um an den Manövern Marschall von Broglies teilzunehmen. Broglie empfing die jungen Schweden freundlich und stellte sie seiner Frau und seinen Töchtern vor. Später folgten Einladungen bei Prinz von Beauvau, Marquis von Lambert und Graf La Tour du Pin. Abends gab es Tanz beim Marschall mit den Damen, die mit ihren Männern ins Manöver gezogen waren: die Marquise von Coigny, die Damen La Châtre und Simiane und andere. Fersen, ein besonders aufmerksamer Beobachter im Militärlager, vermerkte in seinem Tagebuch, «daß die Truppen in exzellentem Zustand» und die Disziplin hervorragend seien. Allerdings sei das Heer «bei weitem nicht so schneidig und gut geführt wie zur Zeit des Marschalls *[sic]* Choiseul»[17] – eine merkwürdige Beobachtung für einen Ausländer, der keine militärische Erfahrung hatte und die Verhältnisse unter Choiseul überhaupt nicht kannte. War er schon damals von der herrschenden Meinung in der Umgebung der Königin beeinflußt?

Als Fersen Anfang Oktober nach Paris zurückkehrte, sah man ihn wieder am Versailler Hof. «Die Königin behandelt mich noch immer zuvorkommend», schrieb er seinem Vater am 19. November. «Ich mache ihr oft beim Spiel den Hof, und jedesmal hat sie einige liebenswerte Worte für mich übrig. Sie hat von meiner Uniform gehört und gesagt, sie freue sich sehr darauf, mich darin zu sehen. So muß ich am Dienstag in diesem Aufzug nicht etwa zum Hof, sondern zur Königin. Sie ist die liebenswerteste Fürstin, die ich kenne.»[18] Fersen machte Eindruck mit seinem blauen Waffenrock, dem blauen Wams und den eng anliegenden Hosen aus Gamsleder. Er trug Seidenstrümpfe, ungarische Stiefeletten, auf dem Kopf einen schwarzen Tschako mit blauem und gelbem Federbusch und einen goldenen Gürtel, in dem ein Paradedegen mit goldenem Knauf steckte. Bei seiner Ankunft in Vaussieux, als er sich beim Marschall von Broglie hatte melden sollen, war ihm nicht wohl gewesen in der ausgefallenen Uniform, jetzt aber fühlte er sich sehr geschmeichelt, daß die Königin sie sehen wollte. «Ganz Versailles spricht nur noch von einem Graf Fersen, der am Hof in der schwedischen Nationaltracht aufgetaucht ist; wie ich hörte, soll die Königin sie eingehend begutachtet haben», schrieb der spätere Erzbischof Lindblom, der Fersen nicht kannte und damals ebenfalls am Hof weilte.[19] Graf Saint-Priest schildert die berühmte Episode in seinen *Mémoi-*

res: «Was Rang und Namen hatte, war auf Eroberung [der Königin] aus, sie aber schenkte ihr Herz nach mehrmaligem Zögern dem Grafen von Fersen, einem Schweden. Er machte 1779 bei einem Aufenthalt in Frankreich besonders von sich reden, als er in der neuen schwedischen Uniform in Versailles erschien. Die Königin [...] war von dem Schneid überwältigt. In der Tat war er eine bemerkenswerte Erscheinung. Dieser große, schlanke und bestens gewachsene Mann mit den schönen Augen und dem matten, aber frischen Teint mußte eine Frau, die lebhaften Empfindungen nicht aus dem Wege ging, sondern diese eher suchte, einfach beeindrucken.»[20] Als Saint-Priest diese Zeilen schrieb, wußte er pikanterweise bereits, daß Fersen mit seiner Frau ein Verhältnis hatte.

Der Aufenthalt des jungen Schweden, dem die Königin ihre Gunst schenkte, stand auch weiterhin unter dem besten Stern. Allerdings gab er zur Besorgnis seines Vaters, eines Marschalls, große Summen für Vergnügungen aus. Am 15. Dezember, vier Tage vor der Niederkunft der Königin, teilte er ihm mit, er «mache jeden Augenblick neue Bekanntschaften» und alle, die er während seines früheren Aufenthaltes kennengelernt habe, sähen ihn sehr gerne wieder.[21]

Als Marie Antoinette sich von der Entbindung vollends erholt hatte, sorgte sie dafür, daß Fersen möglichst oft nach Versailles kam. Er blieb reserviert, war völlig unkompliziert und gab schlichte Antworten auf die Fragen der Königin, die sich auch nach seinem Vater erkundigte. Im Winter 1779 war er schließlich zum Vertrauten und Favoriten avanciert, auch wenn Marie Antoinette mit ihm einen anderen Umgang pflegte als früher mit Lauzun, Coigny oder anderen. Fersen unterschied sich deutlich von den intriganten Höflingen, er war ganz er selbst und imponierte, ohne viel reden zu müssen, durch seine schlichte und völlig ungekünstelte Art. Wahrscheinlich war die Königin, der man ihre Gefühle in Gegenwart des jungen Mannes wohl angemerkt haben wird, von ihrer Umgebung, vor allem von Gräfin Polignac, dazu ermuntert worden, ihrem «penchant» zu Fersen nachzugeben. Glaubt man Saint-Priest, so seien Vaudreuil und Besenval ganz froh gewesen, daß ein «alleinstehender Ausländer von wenig unternehmungslustigem Charakter» zum Favoriten der Königin geworden war. «Ein Franzose hätte für seine vielen Verwandten sämtliche Vergünstigungen beansprucht und wäre zum Oberhaupt einer Clique geworden, die sie schließlich aus dem Felde geschlagen hätte.»[22]

Der König bemerkte das Faible seiner Frau für den schönen Schweden offenbar nicht. Und Marie Antoinette hatte es nicht eilig, ihr Eheleben, das seit dem zweiten Monat ihrer Schwangerschaft auf Eis lag, wieder aufzunehmen. Nach der Geburt ihrer Tochter hatte sie Ludwig erklärt, sie wolle bis zur nächsten Schwangerschaft noch ein paar Monate warten, und er hatte ihr, seinem Temperament entsprechend, nachgegeben. Mercy und Vermond führten ihr oft das abschreckende Beispiel der verstorbenen Gattin Ludwigs XV. vor Augen, die ihren Mann vernachlässigt hatte und deshalb von einer Mätresse ausgestochen worden war. Aber Marie Antoinette glaubte bei ihrem Mann nicht an ein galantes Abenteuer, und sie täuschte sich nicht. So blieb es trotz des Zuredens ihrer Ratgeber und trotz der Ermahnungen ihrer Mutter, die von ihr einen Dauphin verlangte, bei den getrennten Betten.

Obwohl Fersen in Paris ein berauschendes Leben führte und in Versailles in besonderer Gunst stand, gab er die Träume vom Militär nicht auf und bat um Erlaubnis, sich mit einem französischen Expeditionskorps nach Nordamerika einzuschiffen. Dank einer Empfehlung des schwedischen Königs wurde er zum Adjutanten von Graf Vaux, dem Kommandeur der Truppen, ernannt. Als sich Fersen Ende März schließlich vom Hof verabschiedete, war Marie Antoinette betroffen. Der schwedische Botschafter kommentierte das Ereignis in einer Geheimdepesche an Gustav III.: «Ich muß Eurer Majestät anvertrauen, daß der junge Graf von Fersen bei der Königin so gern gelitten war, daß sich andere Personen zurückgesetzt fühlten. Ich gestehe, daß ich nicht umhin kann zu glauben, daß sie für ihn eine besondere Neigung hatte: Zu sicher sind die Anzeichen, die ich bemerkte, als daß Zweifel möglich wären. Der junge Graf von Fersen glänzte bei der Gelegenheit durch Bescheidenheit und Zurückhaltung und zeigte vor allem mit seinem Entschluß, nach Amerika zu fahren, eine bewundernswerte Haltung. Er ging mit dieser Abreise zwar sämtlichen Gefahren aus dem Weg, widerstand aber immerhin einer Versuchung, und dies mit einer Standhaftigkeit und Besonnenheit, wie sie seinem Alter weit voraus sind. Die Königin ließ ihn in den letzten Tagen nicht aus den Augen, in die Tränen stiegen, wenn sie ihn sah. Ich bitte Eure Majestät inständig, dieses Geheimnis ihretwegen und wegen des Senators Fersen für Euch zu behalten. Als die Günstlinge von der Abreise des Grafen erfuhren, freuten sie sich. Die Herzogin von Fitz-James sagte ihm: ‹Wie! So gebt Ihr Eure Eroberung preis, Monsieur?› ‹Wenn ich eine gemacht hätte›, so antwortete er, ‹gäbe ich sie gewiß nicht preis. Ich fahre ungebunden ab, und leider lasse ich keine Traurigkeit zurück.› Eure Majestät wird zugeben, daß diese Antwort von einer Besonnenheit und Klugheit ist, wie sie seinem Alter weit voraus sind.»[23] Sir Richard Barrington schildert in seinen *Souvenirs* eine Episode, nach der die Königin ihren bangen Abschiedsschmerz mit einer Arie aus der Oper *Dido* zum Ausdruck gebracht haben soll: «Ah! Que je fus bien inspirée, quand je vous reçus dans ma cour.»[24] «Die Königin hatte die Augen voller Tränen, aber ihre sanfte Stimme klang so süß, daß alle Herzen unweigerlich erbebten. Ihr liebliches reizendes Gesicht rötete sich, als sie tränenfeuchte Blicke auf Fersen heftete, der bei diesem törichten Unternehmen ebenfalls von unbezwingbaren Gefühlen übermannt wurde, mit gesenkten Lidern und kalkweiß bis auf die Lippen der Arie lauschte, von der ihn jedes Wort bis ins Innerste erschaudern ließ. Wer sie in diesem Augenblick sah, konnte über die Natur ihrer Gefühle keine Zweifel mehr haben.»[25] Fersen reiste jedenfalls nach Le Havre ab.

Kaum hatte er Paris verlassen, wurde Marie Antoinette krank. Die Ärzte diagnostizierten am 31. März Masern. Die Königin gab sich ganz der Krankheit hin, die sich in einer geschwollenen Kehle, einem Druck auf der Brust und Aphten im Mund und auf der Zunge äußerte. War die Infektion psychosomatisch bedingt? Das ist nicht von der Hand zu weisen. Sofort nach der ärztlichen Diagnose, berichtet Mercy, soll Marie Antoinette «aus Rücksicht auf den König»[26] allen den Zutritt zu ihrem Schlafzimmer verboten haben. Merkwürdigerweise galt das Verbot nicht für die Herzöge von Coigny und Guines, für Graf Esterházy und Baron Besenval, die sie gleichsam zu Krankenwärtern ernannte. Ludwig XVI. schickte sich erneut in die Laune seiner Frau. Selten hatte der Hofklatsch so viel Stoff gehabt. Die Königin ließ die vier Höflinge schon morgens zu sich kommen und unterhielt sich den ganzen Tag mit ihnen. Am liebsten wären sie über Nacht geblieben, aber Mercy, Vermond und der Arzt Lassone beschworen sie, von diesem Vorhaben Abstand zu nehmen. Nach langer Debatte verständigte man sich darauf, daß die Herren sich um elf Uhr zurückziehen würden. Da Gräfin Polignac ebenfalls an Masern erkrankt war, mußte Marie Antoinette auf ihre Gesellschaft verzichten. Notgedrungen empfing sie von Zeit zu Zeit auch die lästigen Besuche der Gräfin von Provence, die ihr den Mangel an Sympathie mit gleicher Münze heimzahlte. Ihre vier Krankenwärter unterhielten sie dafür mit den neuesten Intrigen bei Hof und ließen in die Unterhaltung immer wieder ihre Wünsche und die von anderen mit einfließen. Frech kritisierten sie sogar den König, weil er das Verbot seiner Frau befolgte und nicht an ihrem Bett weilte. Marie Antoinette war schließlich tatsächlich «über ihren Gatten verstimmt», wie uns Mercy versichert. Die ungenierte Art der Königin war für den Hof von Versailles, wo Etikette großgeschrieben wurde, geradezu ein Schock, und schon wurde gespottet, mit welchen vier Damen Ludwig XVI. das Krankenlager teilen werde, wenn er ebenfalls krank werden sollte. Mercy stand Ängste aus, daß man die skandalträchtige Situation dazu benutzen könne, um eine Mätresse ins Schlafgemach des Königs zu schleusen.

Das brachte den Botschafter und Vermond auf den Gedanken, die Königin zu überreden, dem König liebevolle Billetts zukommen zu lassen. «Der Vorschlag wurde zunächst angenommen, dann aber mit äußerster Schärfe verworfen.» Nachdem Vermond ihr ins Gewissen geredet hatte, schrieb Marie Antoinette ihrem Gatten schließlich, sie habe «viel gelitten», aber es mache ihr am meisten zu schaffen, daß sie «noch mehrere Tage des Vergnügens, den König zu sehen, beraubt sein werde». Ludwig XVI. war «entzückt» und antwortete prompt. Zwischen dem Ehepaar entspann sich daraufhin ein Briefwechsel, der «in Versailles Aufsehen erregte und den Klatsch auf der Stelle verstummen ließ».[27] Allerdings dürfte die Geste den König nicht so befriedigt haben, wie Mercy uns weismachen möchte.

Als Marie Antoinette auf dem Wege der Besserung war, beschloß sie, sich in Trianon vollends auszukurieren. Sie teilte ihrem Gatten den Entschluß unter dem Vorwand, sie könne ihn anstecken (damals ging man davon aus, daß die Ansteckungsgefahr bei Masern drei Wochen daure), von einem Balkon ihrer Wohnräume aus mit und siedelte am 12. April in das Schlößchen über. Mit einem kleinen Gefolge, zu dem die vier unabkömmlichen Krankenwärter gehörten, verbrachte sie relativ ruhige Tage: «Kleine einfache Feste in reizender Umgebung im Frühjahr, Ausflüge in einer Kalesche oder zu Wasser, keine Intrigen, Geschäfte und aufregenden Spielpartien; nur am gewaltigen Prunk bemerkte man, daß man sich bei Hofe befand», erinnert sich Esterházy in seinen *Mémoires*.[28] Marie Antoinette verlängerte ihren Aufenthalt um achtundvierzig Stunden, und Graf von Provence speiste mit der Königin, während der König sein Mahl in Versailles zu sich nahm. Ludwig äußerte sich damals «gleichgültig über das, was sich in Trianon» abspiele. Die Gattin war darüber so «zerknirscht»,[29] daß sie ins Versailler Schloß zurückkehrte, um seine Gunst zurückzugewinnen; vielleicht auch deshalb, weil Mercy die Königin zuvor gewarnt hatte, daß man «den König auf galante Ideen zu bringen versucht» habe. Damit nahm das für Marie Antoinette eintönige Eheleben, das durch den Gedanken an einen möglichen Seitensprung des Gatten vielleicht sogar Würze bekam, wieder seinen Lauf. Um ganz sicherzugehen, daß ihr Einfluß auf diesen labilen Menschen, den sie nicht lieben konnte und über den sie herrschen sollte, ungebrochen war, entlockte sie ihm beim zärtlichen Tête-à-tête ein Liebesgeständnis. «Er sagte ihr unter anderem», meldet Mercy der Kaiserin zufrieden, «daß er sie von ganzem Herzen aufrichtig liebe und daß er ihr beschwören könne, daß er nie für eine andere Frau eine Neigung oder gar eine Leidenschaft empfunden habe. Die Königin merkte bei diesem Satz auf und schloß, daß der König wohl ahne, daß sie um die Pläne wußte, ihm eine Mätresse zuzuschanzen.»[30]

Einige Wochen lang nahm Marie Antoinette pflichtbewußt an den Vergnügungen ihres Mannes teil und begleitete ihn zur Jagd nach Saint-Hubert. Abends schleppte sie ihn zur Gräfin Polignac, die in ihren Gemächern im Schloß eine elegante Gesellschaft um sich scharte. Ludwig beugte sich den Wünschen seiner Frau und zeigte sich mehrmals bei der Favoritin, die sich höchst geschmeichelt fühlte. Marie Antoinette versuchte zudem, ihren Lebensrhythmus dem Tagesablauf ihres Mannes anzugleichen, das heißt, sie zog sich früh zurück und verbrachte die Nächte bei ihm. «Zu sehr weiß ich um die Notwendigkeit, Kinder zu bekommen, als daß ich in dieser Hinsicht nachlässig wäre», versicherte sie der Mutter. «Wenn ich gefehlt habe, so aus kindlichem Trotz und Leichtsinn, jetzt aber geht es in meinem Kopf gesetzter her. [...] Ich kenne meine Pflichten in dieser Beziehung.»[31] Ihrem Töchterchen ging es derweil gut. Es entwickelte sich völlig normal, und alle seine Fortschritte wurden von der Mutter aufmerksam verfolgt. «Die arme Kleine fängt in ihrem Gitterchen schon richtig das Laufen an. Seit einigen Tagen sagt sie *papa,* ihre Zähne sind noch nicht draußen, aber man kann sie schon alle spüren. Es freut mich sehr, daß sie ihren Vater zuerst nennt, das macht die Beziehung zu ihm noch inniger. Alles geht genau nach Plan, und was mich betrifft, so könnte ich sie nicht zärtlicher lieben.» Madame Royale war damals gerade acht Monate alt. In Briefen an die Mutter spricht Marie Antoinette liebevoll von der Entwicklung des Mädchens, äußert aber die Befürchtung, sie könne «ihrer lieben Mama» mit dem Geplauder lästig fallen. In Wahrheit schien sich Maria Theresia für ihre Enkelin sehr zu interessieren, auch wenn sie stets die Hoffnung äußerte, daß bald ein Dauphin geboren würde. Aber die nächste Schwangerschaft ließ auf sich warten. Die Ärzte verordneten Marie Antoinette eine Behandlung mit Eisenfeilspänen und erwogen, sie noch zur Kur nach Forges-les-Eaux zu schicken.

In diesem Sommer, in dem sich Marie Antoinette ungewöhnlich besonnen zeigte, nahm sie auch regen Anteil an den geplanten militärischen Unternehmungen gegen England. Wegen der aufreibenden Affäre um Bayern hatten sie die Aufstände der Insurgenten, der Vertragsschluß mit den englischen Kolonien und der Besuch Benjamin Franklins völlig kalt gelassen. Aber seit März, seitdem Fersen unter Graf Vaux' Kommando in Le Havre auf seine Einschiffung und Landung auf den Britischen Inseln wartete, war alles urplötzlich von großer Bedeutung. Sicher wurde die Königin von ihrer Umgebung, möglicherweise vom Herzog von Guines, dazu gedrängt, Maurepas zu einer Unterredung zu sich zu bestellen, während der sie ihn belehrte, «daß es besser gewesen sei, alle Kräfte auf die englischen Inseln in Amerika und ähnliche Objekte zu konzentrieren, statt die Flotte am Eingang des Ärmelkanals zu stationieren, um den englischen Handel zu stören».[32] Der Minister antwortete höflich. Marie Antoinette war freilich viel mehr am Frieden gelegen, und als ihre Mutter die österreichische Vermittlung im Konflikt anbot, dankte sie der Kaiserin herzlich. Der Frieden sei ein großes Glück, schrieb sie: «Mein Herz wünscht ihn mehr als alles auf der Welt. [...] Sie sind also im Ärmelkanal! Nicht ohne einen Schauder muß ich daran denken, daß das Schicksal dort von einem Moment auf den anderen entschieden wird. [...] Am Busen meiner lieben Mama entlaste ich mich all meiner Sorgen.»[33] Es überrascht schon, wie leidenschaftlich die sonst so gedankenlose Königin Anteil am Ausgang dieser militärischen Operation nimmt! Zwei Monate später, im Oktober, stand sie das Schlimmste aus, als unter den einschiffungsbereiten Truppen die Ruhr ihre Opfer forderte. Marie Antoinette mußte sich nicht lange Sorgen machen. Das Expeditionskorps des Grafen Vaux blieb an Land, und Fersen wurde, über den Abbruch des Unternehmens tief enttäuscht, zu ihrer Überraschung wieder in Versailles gesehen.

Bis dahin hatte Marie Antoinette das ruhige Leben, das sie sich selbst auferlegt hatte, schon wieder satt. Erneut spielte sie um hohe Einsätze und konnte ihren Mann sogar dazu überreden, sich in Marly erstmals an einen Spieltisch zu setzen. Ludwig nahm an der Partie mit der gleichen Begeisterung wie seine Mitspieler teil, verlor aber die stattliche Summe von 1800 Louis und ließ von da an von dieser Vergnügung für immer die Finger. Zugleich beschloß er in einer großzügigen Anwandlung, die Finanzen der Königin zu sanieren, um die es noch immer schlimm bestellt war. Er verdoppelte ihr Einkommen von zweihundert- auf vierhunderttausend Livres im Jahr, eine Aufmerksamkeit, die Marie Antoinette nicht daran hinderte, die Romanze mit dem Schweden fortzuführen.

Sobald Fersen in Paris eingetroffen war, verkehrte er auch wieder in Versailles, um der Königin den Hof zu machen. Zugleich aber setzte er alles daran, um in einer Armee Dienst für die Vereinigten Staaten tun zu können. Mit einer Empfehlung von Creutz ging er bei Vergennes und dem Fürsten von Montbarey, dem damaligen Kriegsminister, erfolgreich antichambrieren und wurde am 20. Januar 1780 vom König zum «Adjutanten des Obersten der deutschen Infanterie» ernannt. Mit seinen Erfolgen in Versailles hatte er sich «den Neid aller jungen Leute am Hof»[34] zugezogen und innerhalb weniger Wochen alle angestammten Cicisbeos aus dem Feld geschlagen. Mercy, der den schönen Fersen wohlweislich mit keinem Wort erwähnt, vermerkt dazu, daß die Königin den Herzog von Guines, dem sie den Sommer über noch ein gefälliges Ohr geliehen habe, jetzt keines Blickes mehr würdige. Die französischen Memoirenschreiber, die ihre Werke zumeist nach der Revolution veröffentlichten, gingen über das facettenreiche Verhältnis zwischen Marie Antoinette und Fersen fast alle stillschweigend hinweg, so daß die bedeutendsten Dokumente zu dieser Affäre in schwedischen Archiven zum Vorschein kamen. Besonders wichtig ist der lange, bisher leider unbeachtet gebliebene Brief Baron Taubes an Gustav III.,[35] der sich gierig auf alle Neuigkeiten aus Paris stürzte: «Die Königin hat die Schweden, die an ihrem Hof erschienen sind, bei jeder Gelegenheit ausgezeichnet», schreibt Taube an seinen Dienstherrn. «Sie hat vor allem den jungen Grafen Axel ausgezeichnet. Immer in diesem Winter, wenn sie zum Opernball ging, spazierte sie mit ihm umher. Sie stieg mit ihm sogar in eine Loge, wo sie sich lange mit ihm unterhielt. Es fanden sich Neider, die es seltsam dünkte, daß sich die Königin ständig mit dem jungen Grafen Axel, einem Ausländer, zeigte, und alle fragten sich: ‹O Gott, wer mag der junge Schwede sein, der die Königin ständig begleitet?› Und es hieß auch: ‹Die Königin ist noch nie so lange auf dem Opernball geblieben wie in diesem Jahr.›»

«Ich glaube», fährt Taube fort, «daß der Königin all diese neidischen Bemerkungen zu Ohren gekommen sind. Damit wurde ihr Verlangen, den jungen Grafen zu sehen, nur noch größer. Damit es aber nicht zu sehr auffiel, wollte sie zu ihrer Gesellschaft weitere Schweden zulassen und sorgte dafür, daß Monsieur de Stedingk, der nach seiner Rückkehr aus Amerika mit dem König hatte sprechen dürfen, zum Souper in die Kabinette geladen wurde. Stedingk hielt die Einladung für eine besondere Auszeichnung um seiner schönen Augen willen. Und so mancher zeigte sich empört, daß gerade Stedingk eine solche Gunst gewährt wurde, und man fragte sich, ob er überhaupt die Manieren eines alten Edelmanns besitze, um mit dem König in den Kabinetten zu soupieren. Für unseren Stedingk war das ganze Geschwätz natürlich weniger erfreulich, während es der Königin gelungen war, ihn in den Mittelpunkt des Klatschs zu rücken. Acht Tage später, als man sich noch immer heftig über die Auszeichnung Stedingks ereiferte, wurde Graf Axel zum Souper mit dem König befohlen. Da dieses Souper aber nur einmal pro Woche stattfand, veranstalteten die Hofdamen der Königin, Prinzessin von Lamballe, Gräfin von Polignac und Gräfin von Ossun, in ihren Gemächern kleine Festlichkeiten und Spiele, zu denen stets die Königin und oft auch der König erschienen. Graf Axel war bei diesen Soupers immer mit dabei, und jedesmal, wenn eines in den Kabinetten stattfand, war er mit von der Partie. Er nahm auch an den Spielen der Königin teil, an jenem Blindekuh, das bei uns *naïr war tar sinn, sa tar jag minn, sa far de andra inte*[36] heißt. Graf Axel machte eine besonders gute Figur bei diesen Spielen, die dem König und der Königin sehr gefielen. Sie wurden nach seiner Abreise nach Brest sogar fortgesetzt. [...]

Ich weiß nicht, ob Graf Axel während seines hiesigen Aufenthaltes heiraten wollte, aber jedenfalls war er ganz bezaubert von den Reizen der Gräfin von Matignon, einer der bewundernswertesten und vor allem elegantesten Frauen von Paris. Sie schien mir eine geeignete Gattin für den jungen Grafen, aber sie möchte grundsätzlich nicht mehr heiraten.»

Die junge Witwe war die Tochter Baron Breteuils und galt als eine der begehrtesten Partien im Königreich. Ihr Vater, der die Botschaft in Wien vorübergehend verlassen hatte, hielt sich zur gleichen Zeit wie Fersen in Paris auf. Er war aus seiner Zeit in Frankreich und Schweden gut mit Fersens Vater bekannt und nahm den jungen Grafen väterlich unter die Fittiche: «Ich kann Euch gar nicht schildern, lieber Papa», schwärmt der schöne Schwede, «wie gut Baron von Breteuil zu mir ist. Er könnte seinen Sohn nicht aufmerksamer umsorgen als mich. Er führt mich überall ein.»[37] Ganz selbstlos waren diese Mühen allerdings nicht: Breteuil hoffte damals auf ein Ministeramt, und er wußte, daß Marie Antoinette, die die Entscheidungen ihres Gatten bei der Ämtervergabe schon mehrfach beeinflußt hatte, eine Vorliebe für seinen Schützling hatte. Fersen lobte sie dem Vater gegenüber denn auch erneut als «reizende Fürstin. [...] Sie hat mich immer zuvorkommend behandelt, doch seitdem Baron von Breteuil mit ihr gesprochen hat, zeichnet sie mich noch mehr aus. Auf den Opernbällen habe ich sie fast ständig begleiten dürfen, und im Anschluß daran hat sie mit Baron von Breteuil über mich gesprochen; er hat ihr wiederum von Euch erzählt, mein lieber Papa. [...] Die Königin nennt ihn immer meinen Papa, seitdem er ihr von mir berichtet hat.»[38]

Freilich war der «große Axel», wie ihn Freunde nannten, ein eingebildeter Herzensbrecher, der anscheinend keine Gelegenheit versäumte, an eine gute Partie zu kommen. Es dürfte ihm kaum entgangen sein, daß er Marie Antoinette unwiderstehlich anzog, aber andererseits wußte er auch um die Brisanz und Gefährlichkeit einer solchen Romanze. So verstand es sich ganz von selbst, daß er seinem Freiheitsdrang nachgab und endlich das harte Soldatenleben kennenlernen und die Feuertaufe erleben wollte. Zum zweiten Mal und ohne großen Trennungsschmerz nahm er Abschied vom Hof. Wie der Königin, die ihre Gefühle nur Gräfin Polignac offenbaren konnte, zumute war, läßt sich aus den Zeilen erahnen, die sie kurz vor dem Abmarsch der Truppen an ihre Mutter schickte: «Es ist ganz sicher, daß wir diesen großen Konvoi nicht wagen dürfen, ohne des Meeres ganz sicher zu sein; es wäre entsetzlich, wenn uns auch hier noch Malheurs widerführen; ich gestehe, daß ich nicht mit Gelassenheit an dieses Unternehmen denke.»[39]

Die Königin fand Trost bei ihrem Töchterchen und der Busenfreundin

Polignac, die noch immer größten Einfluß auf sie hatte. Marie Antoinette konnte alles stehen und liegen lassen, nur um zu einer Verabredung mit ihr zu eilen. Im vorigen Winter hatte sie Ludwig in Saint-Hubert versetzt und war in vollem Galopp ohne Leibwache nach Paris geritten, wo die Gräfin soeben nach einer Reise eingetroffen war. «Niemand wagte ihr zu sagen, was ihr der Anstand dem König gegenüber gebot, und von diesem Motiv ließ sie sich auch nicht zurückhalten. Wegen ihrer Favoritin vergaß sie alles um sich herum», berichtet der Abbé Véri.[40] Diese engelsgleiche Gräfin, ohne die Marie Antoinette nicht mehr auskam, geriet inzwischen immer mehr ins Kreuzfeuer der Kritik, weil sie aus ihrer Freundschaft gewaltig Profit zu schlagen wußte. So veranlaßte sie die Königin durch sanftes Bitten, Ludwig XVI. zu überreden, ihre gerade erst dreizehnjährige Tochter mit einer Mitgift von märchenhaften achthunderttausend Livres zu versehen. Der König hatte für Mitgiften bisher nicht mehr als achttausend Livres im Jahr ausgegeben! Die milde Gabe hatte ihn in arge Verlegenheit gebracht: «Die Gräfin von Polignac», erklärte er seinen Ministern, «ist die einzige Freundin der Königin. Es wäre mir sehr recht, wenn man einen Ausweg fände, der ohne Folgen bleibt.»[41] Die königliche Schatzkammer hatte schon sämtliche Schulden der Familie Polignac in einer Höhe von vierhunderttausend Livres beglichen; Abbé Polignac war Bischof von Meaux geworden, die Königin hatte Diane von Polignac trotz ihres zweifelhaften Rufs zur Haushaltsvorsteherin ihrer jungen Schwägerin Elisabeth ernannt, und ihre Freundin Gräfin Châlons war Hofdame der Gräfin Artois geworden. Nicht einmal Vaudreuil, der Liebhaber der Gräfin, war vergessen worden. Da er wegen des Kriegs mit England die Einkünfte aus seinen Investitionen «auf den Inseln» nicht einziehen konnte, erhielt er für die Dauer der Auseinandersetzung eine Jahresrente von dreißigtausend Livres und bald darauf das lukrative Amt des Oberfalkners von Frankreich, das es eigentlich überhaupt nicht mehr gab.

Als Mercy der Königin respektvoll zu bedenken gab, daß solche Freigebigkeiten ihrem Ansehen in der Öffentlichkeit schadeten, verwies sie auf «die Empfindlichkeit ihrer Freundin und die Schwierigkeit, der Hilfsbereitschaft Freunden gegenüber zu widerstehen, da man gewöhnlich über Fehler und Mängel derjenigen hinwegsehe, die einem nahestehen und ständig um einen sind».[42] Vergeblich warnte der Botschafter vor dem verderblichen Einfluß der Polignac, die im neunten Monat schwanger war, obwohl ihr Mann sich seit über einem Jahr in der Provinz aufhielt. Marie Antoinette kümmerte der zweifelhafte Lebenswandel der Freundin nicht. Um sie weiterhin sehen und ihr im schlimmen Augenblick beistehen zu können, siedelte sie mit dem Hof rechtzeitig nach La Muette über. Mercy war über den Entschluß bestürzt. «Die Königin hat so empfindliche und reizbare Nerven, daß schon der Anblick einer lieben Person, die leidet, fatale Folgen für ihre Gesundheit haben kann», klagte er.[43] Von La Muette aus suchte sie die Gräfin morgens in ihrem Haus in Passy auf, aß dort zu Abend und wachte bis tief in die Nacht an ihrem Bett. Selbst Ludwig XVI. besuchte die Freundin Marie Antoinettes. Ihr Haus war «das einzige Privathaus in Paris, das der König seit seiner Thronbesteigung betreten hat, und eine so herausragende Auszeichnung erregte in der Öffentlichkeit fast noch mehr Aufsehen als alle Vorteile, welche die Favoritin erhalten hatte.»[44] Kurz nach der Geburt des Kindes wurde Graf Polignac zum Herzog ernannt, womit seine Frau das Recht erhielt, sich bei offiziellen Anlässen in Gegenwart der Königin auf einen Schemel zu setzen. «Es gibt kaum ein Beispiel dafür, daß die Gunst der Königin einer Familie in so kurzer Zeit so nützlich geworden ist», schimpfte Mercy. «Es bleibt zu wünschen, daß die Königin ihre Freundlichkeiten gegenüber der Herzogin von Polignac einschränkt oder wenigstens größere Zeitabschnitte zwischen sie legt und daß die Herzogin sie mit etwas mehr Augenmaß genießt.»[45] Diese verschwenderische Freigebigkeit erbitterte die Bevölkerung. In einer Zeit, in der wegen der Kriegslasten überall gespart wurde und in der die ungerechte Besteuerung die breiten Volksmassen niederdrückte, verteilte der König von Frankreich an wenige Höflinge gewaltige Summen, nur weil sie Freunde der Königin waren. Véri prophezeite, daß Marie Antoinettes Freundschaften den Staatssäckel so schwer belasten würden wie früher die Mätressen des Königs. «Dieser Kreis beschließt schon fast sämtliche militärischen Auszeichnungen für die Landtruppen», fügte er hinzu. «Wenn sich sein Einfluß auf die anderen Bereiche ausdehnt [...] dann bekommen wir wieder ein Regiment wie unter Madame de Pompadour oder Madame Dubarry.»[46] Man warf der Königin nicht nur Verschwendung von Staatsgeldern vor, man beschuldigte sie zudem, sie unterhalte zu ihrer Freundin eine lesbische Beziehung: «Die Verdächtigungen, nach denen sie einen Geliebten habe, haben sich in Luft aufgelöst», meint Véri weiter. «Aber die Bosheit weiß sich zu drehen und zu wenden: Man sagt ihr eine besondere Neigung für Personen ihres Geschlechtes nach. Die Geister, die gerne an derlei galante Abenteuer glauben, halten die Vermutungen für wahrscheinlich, andere, die über solche Verleumdungen treffender zu urteilen wissen, weisen sie plausiblerweise zurück.»[47]

Kapitel XIII

«Mutter eitler Launen...»

Marie Antoinette ging auf ihr fünfundzwanzigstes Lebensjahr zu und war jene voll entfaltete Schönheit, die Madame Vigée-Lebrun in einem berühmten Porträt verewigt hat: die Königin im Spitzenkleid mit breitem Ausschnitt, in der Hand eine Rose, Symbol ihrer Größe, ihrer voll erblühten Fraulichkeit und ihrer vergänglichen Jugend. Die junge graziöse Marie Antoinette wirkt auf diesem ebenso eleganten wie konventionellen Porträt inmitten eines ländlichen Idylls selbstsicher, verträumt und schicksalsergeben. Ihr einfacher Aufzug läßt eher an eine *grande dame* als an eine Königin denken. Madame Lebrun hat die Herrscherin genau so porträtiert, wie sie gesehen werden wollte.

Wenn die Malerin Marie Antoinette auch etwas geschmeichelt hat, so waren sich selbst kritischste Zeitgenossen darüber einig, daß die Königin äußerliche Vorzüge hatte. «Obwohl ihre Züge weder regelmäßig noch hübsch oder schön zu nennen waren und sie insgesamt nicht als besonders wohlgestaltet gelten konnte, wurde diese Fürstin dank ihres strahlenden Teints, ihrer ausgesprochen graziösen Kopfhaltung und der großen Eleganz ihrer ganzen Person in die Lage versetzt, es mit vielen Frauen aufzunehmen, welche die Natur mit größeren Vorzügen ausgestattet hatte, ja sie zu übertrumpfen», versichert Besenval,[1] ein Kenner der Frauen. «Ich habe viel von ihrer Schönheit gehört», erzählt Tilly, der Page Marie Antoinettes, «und gebe zu, daß ich diese Meinung niemals ganz geteilt habe. Aber sie hatte das, was auf dem Thron wichtiger ist als vollkommene Schönheit: die Haltung einer Königin von Frankreich, und dies selbst noch in jenen Augenblicken, in denen sie nur als hübsche Frau erscheinen wollte.» Aus ihrem Blick habe man sehr gut ihr Wohlwollen oder ihre Abneigung ablesen können, und wenn ihr Mund auch einen verächtlichen Ausdruck gehabt habe, so seien ihre Haut, ihr Hals und ihre Schultern doch «bewundernswert» gewesen. «Nie mehr sah ich solch schöne Arme und Hände», schwärmt Tilly. «Sie hatte zwei Arten zu gehen, zum einen mit einem sicheren, etwas hastigen, aber stets erhabenen Schritt, zum anderen mit einem sanften, geschmeidigen, fast möchte ich sagen: anschmiegsamen Gang, der aber noch immer Respekt einflößte. Sie versank mit vollendeter Anmut in den Knicks, grüßte zehn Personen gleichzeitig und ließ jedem mit einer Bewegung des Kopfes oder mit den Augen das zukommen, was ihm gebührte.»[2]

Nach der Thronbesteigung Ludwigs XVI. nahm Marie Antoinette, anders als frühere Königinnen, am Hof jene herausragende Stellung ein, die früher die Mätressen des Königs gehabt hatten. Da es dem König selbst an Gewandtheit und Brillanz fehlte, fielen repräsentative Aufgaben vornehmlich ihr zu, was dazu führte, daß die Öffentlichkeit ihren politischen Einfluß deutlich überschätzte. Auch wenn es im Zerrspiegel des höfischen Lebens so aussah, so strebte sie doch keineswegs nach der Herrschaft. Marie Antoinette hatte keinen anderen Wunsch, als ihre Bedürfnisse ohne Rücksicht auf eine Etikette auszuleben, was sich mit dem «Beruf Königin» leider nur sehr selten vereinbaren ließ. Schon 1776 hatte ihr Sekretär Baron Pichler festgestellt, daß bei ihr «der Drang oder vielmehr der bestimmende Wunsch» nach absoluter Unabhängigkeit vorherrsche: «Sie will weder beherrscht noch angeleitet oder geführt werden, von wem es auch sei. Auf diesen Punkt scheint sich bis jetzt ihr ganzes Denken zu konzentrieren. Bisher hatte sie kaum einen anderen Gedanken, was zur Genüge die Art beweist, wie sie ihre Unabhängigkeit bis jetzt genutzt hat. Denn es ging ihr nur um Vergnügungen und Leichtsinn.»[3]

Vier Jahre später traf diese Einschätzung noch immer zu. Die Königin hatte sich wenig geändert, ging meistens nur leichtsinnigen Beschäftigungen nach und hatte kaum Interessen. Wenn ihre Bibliothek immer weiter anwuchs, so war dies ihrem Bibliothekar, Monsieur de Campan, zu verdanken, der begeistert Bücher nach eigenem Geschmack anschaffte. Als später bekannt wurde, daß unter den Büchern der Königin auch der erotische Schriftsteller Crébillon vertreten war, waren zahlreiche Geister schockiert. Ob es diesen Sittenwächtern gefiel oder nicht: Wie viele Zeitgenossinnen las die Königin lieber leichte Romane als Geschichtswerke oder große französische Klassiker. Wenn man in den Regalen ihrer Bibliothek auf Werke Racines oder Bossuets stößt, kann man ruhig annehmen, daß sie sie nie zur Hand genommen oder sie allenfalls durchgeblättert hat. Vertreten waren selbst Aufklärer (Gesamtausgaben Voltaires und Rousseaus, Einzelausgaben Diderots), die bei ihr aber nicht das geringste Interesse fanden. Als Voltaire 1778 nach Frankreich zurückkehrte, wurde Marie Antoinette heftig bedrängt, den Philosophen in Versailles zu empfangen. «Ihre Majestät», erklärt uns Mercy,[4] «hat dies entschieden abgelehnt und erklärt, daß sie einen Menschen, dessen Moral Anlaß zu so viel Unruhe und Ärger gegeben habe, nicht bei sich dulden wolle.» Im Juni 1780 reiste sie nach Ermenonville, um die englischen Gärten zu bewundern. «Man erfuhr, daß sie sich lange auf der Insel der Pappeln aufhielt, auf dieser Insel der Seligen, wo Jean-Jacques Rousseaus sterbliche Überreste liegen, und gerne nähme man an, das hochverehrte Andenken des gefeierten Philosophen sei Hauptgrund für ihre erhabene Pilgerfahrt gewesen. Leider wurde diese große Ehre seinen friedlichen Manen nicht zuteil. Das Grab wurde begutachtet, die Architektur als schlicht und geschmackvoll befunden, die umliegende Landschaft als lieblich, verträumt und melancholisch beurteilt, und dann wandte man sich wieder anderen Dingen zu, ohne sich im geringsten für den Menschen zu interessieren, dem dieses Grabmal errichtet worden war», schreibt Baron Grimm enttäuscht.[5]

Wie hätte es anders sein sollen? Der König, dessen Bildung und Horizont denen eines *honnête homme,* des führenden Ideales der Zeit, entsprachen, hatte für die Aufklärung nur Verachtung übrig. Wie hätte Marie Antoinette etwas mit ihr anfangen sollen? Bei seinem Besuch in Versailles war Joseph II. erschreckt gewesen, wie wenig Anteil die königliche Familie am geistigen und kulturellen Geschehen ihrer Zeit nahm: «Warum veranstalten der König, seine Brüder und die Königin denn keine Gesprächskreise?» hatte er den Abbé Véri gefragt. «Nichts ist so aufschlußreich wie eine ungezwungene Diskussion.» Véri mußte einräumen, daß die Geister, die etwas zu sagen hätten, das Gespräch nicht bei Hof, sondern in Paris suchten, «unter der Menge neutraler Leute», die keine «eigennützige Sichtweise» hätten.[6] Ludwig XVI. wäre auch gar nicht souverän genug gewesen, um in privatem Rahmen mit aufgeklärten Geistern zu diskutieren, und Marie Antoinette, die jedem ernsthaften Gespräch aus dem Wege ging, hätte sich schrecklich gelangweilt. «Sie interessierte sich nicht einmal für die einfachen Begriffe, die man sich in der Gesellschaft aneignen kann», verriet Besenval. «Sobald ein Gespräch ernste Züge annahm, entstellte Langeweile ihr Gesicht, und die Unterhaltung kam zum Erliegen. Eine Konversation mit ihr war zusammenhanglos, voller Gedankensprünge und mit rasch wechselnden Themen.»[7] Immerhin gelang es Besenval, Cogny, Vaudreuil und Adhémar, selbst keine besonders tiefsinnigen und anspruchsvollen Geister, in Marie Antoinette ein gewisses Interesse am literarischen und künstlerischen Leben zu wecken. Vaudreuil, Beaumarchais' Förderer, war ein talentierter Verseschmied und umgab sich auf seinem Schloß Gennevilliers, Schauplatz rauschender Feste, gerne mit Malern und Literaten. Graf

Adhémar und Herzog Coigny waren sicher hochgebildete Männer, und Besenvals *Mémoires* können als Werk eines passablen Schriftstellers gelten. Aber dafür war Marie Antoinette nicht zu interessieren. Ihre Freunde zerstreuten sie mit einfachen Anekdoten oder begnügten sich mit Gesprächen über das Theater, über das sich auch einfache Gemüter unerschöpflich verbreiten konnten. Um sich in dem kleinen Kreis, der nur ihretwegen existierte, richtig in den Mittelpunkt zu stellen, verfiel die Königin auf einen seltsamen Gedanken: Sie beauftragte den Chevalier de Boufflers, einen Meister der literarischen Libertinage, sie in einem Gedicht zu porträtieren, in dem keiner ihrer angeblichen oder tatsächlichen Charakterfehler verschwiegen werden sollte. Im Gedicht des Chevaliers tritt Marie Antoinette als eine gewisse Thémire auf. Thémire! Wußten die Mitglieder dieses erlauchten Kreises, daß sich hinter dem Namen eine Art Fliege verbarg? Marie Antoinette sicher nicht. Sie war entzückt von diesem kleinen Gedicht und sang es persönlich zu einer bekannten Melodie:

Es heißt, daß kein Zuviel
an Verstand sie plage,
daß kein Quentchen Weihrauch
sie entzückt oder gar bezaubert…

Ohne Selbstsucht ist nichts gut,
das ist ihr höchster Glaube.
Auch liebt sie sich, so heißt's,
mit inniglicher Zärtlichkeit…
Laßt ihr diese Haltung;
kann man ihr verdenken,
daß sie zu lieben weiß,
was die Welt auch liebt?

Die Königin war eine Liebhaberin der Musik, für sie kaum mehr als ein netter Zeitvertreib. Sie veranstaltete Konzerte in ihren Privaträumen und verbrachte selbst Stunden bei Gesang und Harfespiel. Aber sie blieb eine Dilettantin. Ihr genügte es, wenn sie Musiker empfing, sie für sich und Freunde spielen zu lassen und sie gegebenenfalls mit Wohltaten zu überschütten. Gluck, dem sie zum Durchbruch verholfen hatte und den sie weiterhin protegierte, hatte im Krieg der «Gluckisten» gegen die «Piccinisten» nicht deshalb die Oberhand behalten, weil die Königin ihm wohlgesinnt war. Das Pariser Publikum kümmerten die Vorlieben des Hofs wenig. Gluck hatte die Herzen der aufgeklärten Pariser durch seine atemberaubende Neuheit erobert, und wenn ihn Marie Antoinette unterstützte, so nicht wegen seines Genies, sondern weil er ihr von ihrer Mutter empfohlen worden war. Ihre Protektion hatte sie denn auch nicht daran gehindert, Glucks erbitterten Rivalen Piccini, dessen Musik sie ebenfalls mochte, freundlichst bei sich zu empfangen. Als er ihr das erste Mal die Aufwartung machte, durfte er sie – eine besondere Auszeichnung – auf dem Cembalo begleiten. Gedankenlos wählte sie ausgerechnet eine Arie aus Glucks *Alkestis*. Der Komponist setzte sich ans Instrument und spielte... Weiterhin protegierte die Königin Grétry, Sacchini und Salieri, die letzten beiden auf Empfehlung des Kaisers. Wie aber konnte sie Mozart ignorieren?

Nach Madame Campan «übte die Malerei auf die Königin keinerlei Reiz aus».[8] Am Anfang ihrer Herrschaft vertraute sie sich mittelmäßigen Malern an, wenn sie ein Porträt von sich wollte. Die junge Madame Vigée-Lebrun förderte sie vor allem deshalb, weil sie sie für so empfindsam hielt wie sich selbst. «Bei einem Porträt war für sie Ähnlichkeit das einzige Qualitätsmerkmal. Wenn sie sich im Louvre Gemälde ansah, schritt sie rasch die kleinen Genreszenen ab und ging, wie sie zu sagen pflegte, ohne einen Blick auf die großen Kompositionen geworfen zu haben, wieder hinaus.»[9]

Die Königin bemühte sich zwar wenig um Literatur- und Kunstförderung, spielte aber leidenschaftlich gerne Theater. Bekanntlich hatte sie schon als Dauphine heimlich mit ihren Schwägern kleine Rollen einstudiert, ein Vergnügen, das durch Madame de Pompadour in Mode gekommen war. Unter der Herrschaft Ludwigs XVI. gab die Herzogin von Bourbon Aufführungen für ihre Freunde. Madame de Montesson, die eine morganatische Ehe mit dem Herzog von Orléans geschlossen hatte, verkörperte hervorragend klassische Rollen. Theater gespielt wurde auch bei der Herzogin von Villequier, und viele Frauen am Hof folgten den illustren Beispielen. Man schuldete es sich einfach, das eigene Theater zu unterhalten, und so huldigte dieser neuen Mode auch Marie Antoinette. Seit Juli 1779 war in Trianon ein Aufführungssaal mit einer prachtvollen Decke verfügbar, die Lagrénée mit einem Apoll in den Wolken, inmitten einer Schar von Musen, Grazien und Amoretten, bemalt hatte.[10] Dieses kleine, von Mique entworfene Theater, dessen Bau die Königin in allen Phasen mitverfolgt hatte, war mit den vergoldeten Stukkaturen, den überreichen Deckenfresken, den Wandbespannungen aus blauem Moiré und dem enzianblauen Theatervorhang gleichsam eine Miniaturausgabe der Versailler Oper.

Bis zum Frühjahr 1780 hatte es am Hof ausschließlich Aufführungen professioneller Schauspieler und Gesangskünstler gegeben. Im Frühsommer beschloß die Königin, sich mit Mitgliedern des Königshauses und

Günstlingen selbst auf die Bretter zu wagen. Schon Ende Juni ließ die Truppe ihr Repertoire Revue passieren. Allerdings hatte Marie Antoinette mit den Stücken, denen sie zum Durchbruch verhelfen wollte, wenig Erfolg. Guiberts *Le Connétable de Bourbon* (Der Konnetabel von Bourbon), das sie zu Madame Clotildes Hochzeit hatte spielen lassen, war als Beleidigung der herrschenden Dynastie aufgefaßt und zum Fiasko geworden. Dorat-Cubières *Le Dramomane* (Der manische Theatergänger), das nach einer Lesung des berühmten Molé auf Anraten der Königin in Fontainebleau inszeniert wurde, fiel ebenfalls durch. In dem Stück mit der belanglosen Intrige sterben die Hauptpersonen am Ende alle an einer vergifteten Pastete! «Die Königin, arg verlegen, daß sie das lächerliche Machwerk empfohlen hatte, erklärte, sie werde an keiner weiteren Lesung teilnehmen, und diesmal hielt sie Wort.»[11] Wahrscheinlich nach Absprache mit den Freunden ließ sie die Schauspieltruppe am 1. August in Trianon Sedaines *Le Roi et le Fermier* (Der König und der Bauer) und *La Gageure imprévue* (Die unerwartete Wette) aufführen. Im ersten Stück, einer Komödie mit Arietten, spielte Graf Adhémar einen König, der sich auf der Jagd verirrt. Er wird von einem Bauern aufgenommen, der über den Hof spottet! Marie Antoinette spielte die Schäferin, die den Bauern – Vaudreuil – liebt und sich den Nachstellungen eines liederlichen Adligen erwehren muß. In der Komödie *La Gageure imprévue* spielte die Königin Gotte, die Kammerzofe und Vertraute einer frivolen Marquise, die ihren Kavalier in den Wandschrank einschließt, als ihr Gatte unerwartet nach Hause kommt. «Wir Diener klagen eben», verkündete sie am Anfang des Stücks vor dem Publikum, bevor sie Manschetten für ihren Geliebten bestickte, dem Knecht Lafleur, dargestellt vom Grafen von Artois. Diane von Polignac spielte die flatterhafte Marquise, die junge Prinzessin Elisabeth Nebenrollen. Die Laienschauspieler hatten tagelang unter der Regie Dazincourts und der musikalischen Leitung Caillots geprobt. Daß Campan soufflierte, hatte der Königin den erbitterten Protest des Herzogs von Fronsac eingetragen, der die Aufgabe als erster Edelmann im Schlafzimmer des Königs für sich beanspruchte. «Ihr könnt nicht erster Edelmann sein, wenn wir Schauspieler sind», hatte ihm die Königin geantwortet. «Im übrigen habe ich Euch mitgeteilt, was ich für Trianon wünsche: Ich halte dort nicht Hof. Ich lebe als Privatperson, und Monsieur de Campan bekommt auch weiterhin die Anweisung, meine Feste zu organisieren.» Fronsac beschwerte sich beim König, worauf Ludwig XVI. alle Mühe hatte, seiner Gattin recht zu geben, ohne den empfindlichen Herzog, einen Sohn des Marschalls Richelieu, vor den Kopf zu stoßen. Der beleidigte Fronsac wohnte ostentativ den Anproben der Königin bei und zog bei jeder Gelegenheit lautstark über «seinen Kollegen Campan» her![12] Die *troupe des seigneurs,* wie sie in den Dokumenten des Hofstaates heißt, gönnte sich keinen Augenblick Ruhe. Am 10. August gab sie *On ne s'avise jamais de tout* (Man bemerkt nie alles) und *Les Fausses Infidélités* (Die falschen Treulosen); am 6. September *L'Anglais à Bordeaux* (Der Engländer in Bordeaux) und *Le Sorcier* (Der Hexenmeister); am 19. September *Rose et Colas* (Rose und Colas); am 12. Oktober Rousseaus *Le Devin du Village* (Der Wahrsager im Dorf) und wieder *Le Roi et le Fermier.* Fieberhaft studierte die Königin immer neue Rollen ein. Auf der Bühne legte sie die lästige Rolle der Herrscherin ab: Sie spielte vornehmlich einfache Bürgersfrauen oder Kammerzofen wie die Lise, der man im Stück *On ne s'avise jamais de tout* den Abfallkübel über den Kopf schüttet, oder die Agathe, die im *Sorcier* Berge von Wäsche bügelt und den Zudringlichkeiten eines Städters zu entgehen versucht.

Glaubt man Mercy, so waren zu diesen Aufführungen in Trianon nur der König und die königliche Familie zugelassen. Aber wieder einmal verschwieg der Botschafter der Kaiserin aus übertriebener Rücksicht einen Teil der Wahrheit. Obwohl das Theater nicht dem ganzen Hof offenstand, waren zahlreiche privilegierte Adlige zugelassen. Grimm war bei der ersten Aufführung dabei: «Nie wird man die Stücke *Le Roi et le Fermier* und *La Gageure imprévue* von erlauchteren Akteuren gespielt sehen, und auch vor keinem imposanteren und erleseneren Publikum», schrieb er und lobte das Talent der Königin, «der keine Grazie fremd» sei «und die sie alle annehmen» könne, «ohne ihre eigene aufzugeben».[13] Der König, der bei allen Aufführungen zugegen war, pfiff die Schauspieler gelegentlich aus. Seine ungenierte Art ermunterte andere Zuschauer, die erlauchte Truppe zu verspotten. So wurde mehreren Höflingen der Zutritt zum Theater verweigert, weil sie sich erlaubt hatten, «das Talent der Schauspieler heftig zu kritisieren, ohne die Hauptrollen zu schonen».[14] Man riß sich um die Ehre, den Stücken, an denen die Königin persönlich mitwirkte, beizuwohnen, ganz gleich, ob sie etwas taugten. Und wieder verletzte Marie Antoinette Eitelkeiten und lud lieber ihre Günstlinge ein als namhafte Höflinge, die sie nicht mochte. «Wenn eine Vergnügung auf einen so kleinen Personenkreis beschränkt bleibt, wird sie zum Zeichen der Gunst für diejenigen, die an ihr teilnehmen dürfen, gibt aber denjenigen, die ausgeschlossen bleiben, Anlaß zu Eifersucht und Beschwerde»,[15] beklagte sich Mercy bei der Kaiserin, welche die Theaterleidenschaft ihrer Tochter gar nicht gerne sah: Sie wußte aus Beispielen, «daß solche Aufführungen gewöhnlich mit Liebeshändeln oder einem Eklat enden».[16]

Zu einem Skandal kam es zwar nicht, aber die privilegierte Situation der wenigen Zuschauer der Aufführungen führte bei Hof zu einiger Unzufriedenheit. Da Marie Antoinette Unmut gerne aus dem Wege ging und sich von der strapaziösen Theatersaison erholen mußte, zog sie sich mit Gräfin Polignac, Gräfin Châlons und der kleinen Herzogin von Guiche, «Guichette» für Freunde, für einige Tage ganz nach Trianon zurück, wo sie die beiden Monate zuvor nur tagsüber gewesen war. Ludwig XVI. blieb in Versailles, besuchte seine Frau aber morgens und zum Souper. Nachmittags wurden Höflinge in die Gärten von Trianon eingelassen, die wie eine ländliche Landschaft voller Spaziergänger anmuteten. Um ein ungestörtes Privatleben zu genießen, hatte Marie Antoinette die Etikette aus dem Refugium verbannt. «Sie trat in ihren Salon, ohne daß die Damen das Klavierspiel oder die Stickereien unterbrachen, und die Herren spielten ungestört ihre Partie Billard oder Tricktrack weiter.»[17] Abends standen dann Spiele wie «Descampativos», «Guerre-panpan» oder Blindekuh auf dem Programm. Man dachte sich abenteuerliche Aufgaben aus, mit denen die Verlierer ihre Pfänder auslösten, und amüsierte sich köstlich.

Marie Antoinette trug in diesem Sommer schlichte weiße Gewänder, duftig umhüllt von einem Tuch aus Gaze. Nie hatte sie sich so ungezwungen gegeben, sich nie so frei gefühlt. Sie führte das lustige Leben einer königlichen Schloßherrin in netter und erlauchter Gesellschaft, und sie sah nicht ein, warum sie «ihre Stellung nicht so angenehm gestalten sollte wie die der bedeutendsten Untertanen, in deren Gesellschaft sie aufblühte. In diesem aufgeklärten Zeitalter, in dem mit allen Vorurteilen aufgeräumt wurde, mußten sich die Herrscher von den Fesseln alter Gewohnheiten befreien. Schließlich war es lächerlich zu glauben, daß der Gehorsam der Völker mehr oder weniger von den Stunden abhänge, welche die Königsfamilie im Kreis langweiliger und sich langweilender Höflinge verbrachte.»[18] Zu Marie Antoinettes Zeit war die kleinste Geste der Herrscher ein starres Ritual, das «sie bis in die intimste Privatsphäre, in den Stunden von Freud und Leid und noch bis in ihre abstoßendsten menschlichen Gebrechen verfolgte. [...] Das Ankleiden der Fürstin war ein Meisterwerk der Etikette, bei dem alles geregelt war», berichtet Madame de Campan, eine genaue Beobachterin höfischer Zeremonien. «Wenn die Ehrendame und die Ankleidedame zugegen waren, leisteten sie, unterstützt von der ersten Kammerzofe und zwei gewöhnlichen Damen, gemeinsam den hauptsächlichen Dienst. Allerdings gab es zwischen ihnen Unterschiede. Die Ankleidedame reichte den Unterrock und das Kleid. Die Ehrendame goß das Waschwasser für die Hände ein und reichte das Hemd. Wenn eine Prinzessin der königlichen Familie beim Ankleiden anwesend war, überließ die Ehrendame ihr die letzte Aufgabe, gab ihr das Hemd aber nicht direkt. Vielmehr reichte sie es der ersten Dame, und diese händigte es der Prinzessin von Geblüt aus. Jede dieser Damen achtete sorgfältig auf diese Gewohnheiten, die als Rechte betrachtet wurden. An einem Wintertag geschah es, daß die Königin, schon völlig entkleidet, gerade in das Hemd schlüpfen wollte, das ich ihr entfaltet hinhielt: Die Ehrendame tritt ein, beeilt sich, die Handschuhe auszuziehen, und nimmt das Hemd entgegen. Es klopft leise an der Tür, man öffnet: Es ist die Herzogin von Orléans. Sie hat sich die Handschuhe ausgezogen, nähert sich, um das Hemd an sich zu nehmen, aber die Ehrendame darf es nicht persönlich übergeben. Sie gibt es mir, und ich reiche es der Herzogin; es klopft erneut leise: Es ist Madame, Gräfin von Provence; die Herzogin von Orléans überreicht ihr das Hemd. Die Königin hält, offenkundig frierend, die Arme über der Brust verschränkt. Madame sieht, in welch mißlicher Lage sie ist, läßt nur ihr Taschentuch fallen und behält die Handschuhe an, streift der Königin das Hemd über und bringt ihr die Frisur durcheinander. Die Königin lacht, um ihren Unmut zu verbergen, hat zuvor aber mehrmals durch die Zähne gezischt: ‹Das ist entsetzlich! Wie lästig!›»[19] Beispiele dieser Art gibt es viele, und man kann leicht nachvollziehen, warum sich Marie Antoinette der lästigen Etikette so gerne entzogen hat. Sie gab sich auch gar keine Mühe, den Sinn des uralten Protokolls nachzuvollziehen, das unter Ludwig XIV. so beispiellos ausgebaut worden war und schon unter Ludwig XV. wieder an Bedeutung verloren hatte. Marie Antoinette konnte sich nicht vorstellen, daß die Königin von Frankreich nicht sich, sondern dem Staat gehörte, daß sie in einer Gesellschaft mit strengster Hierarchie so weit über den gewöhnlichen Sterblichen stand, daß ihre kleinste Geste zum Staatsakt wurde. Ihre herausragende Stellung brachte es mit sich, daß sie nicht von besonderen Domestiken, sondern von Repräsentanten der wichtigsten Familien des Königreiches bedient wurde, die diese Aufgaben natürlich nur ungeschickt erfüllten. Die Richelieus, Soubises, Duras und La Rochefoucaulds rissen sich mit vielen anderen um die Ehre, ihr ein Glas Wasser bringen, das Hemd reichen, ja ihre Waschschüssel aus dem Schlafzimmer tragen zu dürfen. Marie Antoinette versuchte diese Zwänge abzustreifen, ohne Rücksicht darauf, daß es sie den Rückhalt im Adel kostete, der auf seine heute so seltsam anmutenden Vorrechte pochte. Obwohl sie von den geistigen Strömungen des 18. Jahrhunderts, das den Individualismus entdeckte, keinerlei Notiz nahm, stand sie doch unter ihrem Einfluß, wenn sie ein Recht auf ihre Privatsphäre beanspruchte. Marie Antoinette versuchte zu leben wie eine Fürstin ohne Königreich, und sie versteckte sich vor ihrem Volk, das sie im Versailler Schloß bis in ihre Privatgemächer verfolgen konnte. Wenn sie sich nicht zeigte oder die gesellschaftlichen Verpflichtungen gelangweilt erfüllte, erhielten die Gerüchte neue Nahrung. Die Königin, so hieß es, verberge sich vor der Öffentlichkeit, um sich ungestört perversen Neigungen und lasterhaften Vergnügungen hingeben zu können. So entstand die Mär vom schmutzigen Treiben der Königin.

Marie Antoinette war nicht die einzige Herrscherin in Europa, die sich von den Fesseln des Protokolls befreien wollte. Damals strebten alle Fürsten danach, ihre repräsentativen Pflichten einzuschränken. Aber wenn Maria Theresia und Joseph II. «bürgerlicher» als die französischen Könige lebten, so verzichteten sie doch nie ganz auf repräsentative Aufgaben und begnügten sich mit einer einfacheren Lebensweise im Privaten. Der Kaiser, der gerne inkognito reiste, aber in wichtigen Dingen nie Zweifel an seinem Status aufkommen ließ, wurde wegen seiner schlichten, ja betont einfachen Art gelobt. Bei Marie Antoinette war es etwas ganz anderes. Wenn sie sich zurückzog, legte man es ihr als Pflichtvergessenheit, als Flucht in Vergnügung und Laster aus.

Sie stieß fast alle Höflinge vor den Kopf. Da sie ihnen die kalte Schulter zeigte, «fühlten sie sich ungerecht behandelt, denn sie waren von weit hergekommen und wurden schlecht empfangen. Schließlich stellten sie ihre Besuche ganz ein oder kamen nur noch sehr selten. Ehrgeiz und Habgier waren darum nicht minder tätig. Nur suchte man seine Gönner unter den Personen mit Einfluß und erhielt die Gnaden aus zweiter Hand.»[20] Die Marquise von Bombelles, die Ehrendame Madame Elisabeths, machte aus ihrer Verbitterung keinen Hehl: «Jedenfalls setzt sich diese bekannte Gesellschaft aus sehr boshaften Menschen zusammen, die einen hochmütigen Ton im Munde führen und eine unglaubliche Neigung zur Verleumdung haben. Sie halten sich für berufen, über den Rest der Welt zu richten. [...] Ihre Angst, jemand anders könne die Gunst der Köngin gewinnen, ist so groß, daß sie andere selten loben, sie aber sehr gerne in der Luft zerreißen.»[21]

Obwohl Mercy Marie Antoinette davor warnte, sich zu sehr zurückzuziehen, genoß sie ihr Glück in vollen Zügen. Nie war die Freundschaft zur Polignac enger gewesen. Die Königin widmete der Vertrauten fast ihre gesamte Zeit, und die frischgebackene Herzogin redete ihr zu, sich für die Ernennung ergebener Minister stark zu machen.

Maurepas wurde alt. Man machte sich Gedanken über einen möglichen Nachfolger, und nicht zuletzt Mercy lenkte die Aufmerksamkeit der Königin auf diese Frage. Ohne viel Hoffnung setzte er ihr wie eh und je zu: Sie müsse ihren Gatten beeinflussen, ihm ergeben sein und an den Belangen des Königreiches Anteil nehmen. «Einige treffende Bemerkungen, seien sie zu Individuen oder zu bestimmten Angelegenheiten, würden dem König zeigen, daß seine erlauchte Gattin sich um diese Dinge kümmert, daß sie sehr wohl über sie zu sprechen in der Lage ist und daß sie dem König in Zweifelsfällen helfen kann. Wenn es dahin käme, würde der König die Königin ganz sicher aus eigenem Antrieb konsultieren und sie soweit auf dem laufenden halten, daß sie selbst in den wichtigsten Unternehmungen Entscheidungen treffen könnte, ohne daß der König den geringsten Anlaß zum Verdacht hätte, daß ihn jemand in eine bestimmte Richtung lenken möchte.»[22] Maria Theresia wäre es offenbar am liebsten gewesen, wenn Ludwig XVI. ganz auf einen Premierminister verzichtet hätte. Marie Antoinette hätte dann unter Mercys Anleitung die habsburgischen Interessen direkt beim König vertreten können. Aber die Kaiserin hatte, was ihre Tochter anging, keine Illusionen mehr. Sie wünschte sich nur, daß sie sich in «keine Kabale verstricke» und bei der Besetzung des Ministerpostens auf keinen Kandidaten setzte, der, so die Kaiserin zu Mercy, «sowohl unseren als auch ihren Interessen abträglich wäre».[23] Die Frage um die Nachbesetzung des Ministeramts rief natürlich Choiseuls Anhänger auf den Plan. Der Krieg in Amerika mußte fortgeführt werden, und wer hätte diese verantwortungsvolle Aufgabe besser erfüllt als der große Meister? Zwischen Festen und Theaterproben bearbeiteten sie die Königin immer wieder, die sich für das Thema aber nicht interessierte.

Die Freunde der Königin wurden unruhig: Sie bereiteten Choiseuls Rückkehr am besten dadurch vor, daß sie seine Anhänger in die Ministerien hievten. Die Gelegenheit war günstig wie nie: Necker, damals Finanzminister, hatte entdeckt, daß Marineminister Sartine mit gewaltigen Ausgabenverbindlichkeiten seine Befugnisse überschritten hatte. Und Kriegsminister Fürst Montbarey, eine klägliche Figur, war seinen Aufgaben nicht gewachsen. Er vernachlässigte seine Pflichten, delegierte wichtige Aufgaben an Untergebene und führte ein lustiges Leben. Maurepas, sein bisheriger Förderer, sah schließlich ein, daß man sich von ihm trennen mußte. Und bei Marie Antoinette war Montbarey schon deshalb nicht wohlgelitten, weil er ihre Lieblinge überging und eigene Protegées beförderte. Der kleine Kreis um die Königin kritisierte ihn seit langem und hätte Graf Ségur gerne als Nachfolger gesehen. Die Polignac hatte den Auftrag, die Königin davon zu überzeugen, daß er der ideale Kandidat sei. Allerdings sollte sich Ségurs Kandidatur später als unvereinbar mit den Interessen aller ihrer Günstlinge herausstellen.

Als ein schwerer Gichtanfall Maurepas in Paris festhielt, nutzte Necker ein einsames Arbeitstreffen mit Ludwig XVI. und machte ihm klar, daß er sich von den Ministern Sartine und Montbarey trennen müsse. Der Finanzminister hatte damals das volle Vertrauen des Königs und wurde wegen seines Einflusses als Maurepas' Rivale und Nachfolger gehandelt. Necker schlug Marquis von Castries als Nachfolger Sartines im Marineministerium vor. Castries war Generalleutnant, Gouverneur von Flandern und Hainaut und ein großer Bewunderer Neckers. Obwohl er als Ehrenmann und loyaler Militär galt, mochte ihn Maurepas nicht. Castries gehörte zur Koterie Choiseuls. Necker scheute sich nicht, Herzogin Polignac zu kontaktieren, um sich die Unterstützung der Königin zu sichern. Marie Antoinette schien auf die Bitte der Freundin hin tatsächlich bereit, für Castries einzutreten, obwohl ihr Mercy von entsprechenden Schritten abriet. Sie empfing Necker trotzdem, und bei der Begegnung sprach er sich offenbar für seinen Kandidaten aus, denn «Maurepas sah von diesem Augenblick an ein heimliches Einvernehmen zwischen Necker und der Königin».[24]

Mit der Schützenhilfe Vaudreuils bedrängte die Polignac ihre Freundin, sich dafür einzusetzen, daß Marquis von Castries ins Marineministerium und Graf Ségur ins Kriegsministerium berufen würden. Ségur wurde besonders von seinem engen Vertrauten Besenval unterstützt, der «Madame de Polignac unablässig [...] anspornte, die Königin für ihn zu gewinnen».[25] Was Besenval nicht wußte: Graf Adhémar, der bei der Königin Liebkind gemacht hatte, war ebenfalls auf der Suche nach einem herausragenden Posten, und seine enge Freundin Polignac sah sich eher veranlaßt, seine Karriere als die des Grafen Ségur zu fördern.

Ludwig XVI. ersetzte Sartine bald durch Castries, und zwar ohne vorherige Konsultation mit Maurepas, den noch immer die Gicht in Paris zurückhielt. Bei der Wahl des Ministers war Ludwig dem Ratschlag Neckers gefolgt, dessen Absichten sich zufällig mit den Interessen der Koterie Choiseuls deckten. Für Maurepas bedeutete die Ernennung eine beispiellose Niederlage. Auch wenn sich die Königin für die Umbesetzung des Marineministeriums stark gemacht hatte, so hatte nicht sie bei der Entscheidung des Königs den Ausschlag gegeben. Ihre Freunde überzeugten sie freilich vom Gegenteil, und in der Öffentlichkeit schrieb man ihr erneut mehr Einfluß zu, als sie in Wahrheit hatte. «Nach der Ernennung von Monsieur de Castries», meinte Besenval, «nahm ich die Gelegenheit wahr, bei Madame de Polignac nachzufragen, ob die Königin [...], die doch einen Marineminister kreiert hatte, nicht auch einen Kriegsminister ernennen lassen könnte.»[26] Die Polignac antwortete, sie mache die Herrscherin ständig auf diese Möglichkeit aufmerksam. In Wahrheit unterstützte sie Ségur keineswegs so, wie sie Besenval glauben machen wollte. Sie überzeugte die Königin zwar davon, für Ségurs Ernennung zum Kriegsminister einzutreten, gleichzeitig aber auch dafür zu sorgen, daß Graf Adhémar zu seiner Unterstützung ebenfalls ins Ministerium berufen würde, um Ségur dort bald zu verdrängen. Daß es Adhémar an den Fähigkeiten für ein solches Amt fehlte und seine diplomatische Laufbahn keine glänzende Karriere in der Regierung erwarten ließ, interessierte Marie Antoinette, wie immer in solchen Fällen, herzlich wenig. Adhémar, den sie kannte und der ihr dankbar sein mußte, konnte ihr im Ministerium mehr nützen als Ségur.

Als Maurepas, der wohl einsah, daß Montbarey abgelöst werden mußte, nach seinem Gichtanfall wieder an den Hof zurückkehrte, widersetzte er sich vehement einer Berufung Ségurs und gar Adhémars, den er völlig zu Recht für einen unfähigen Stutzer hielt. Statt dessen schlug er dem König Puységur als Kriegsminister vor. Erbittert, daß man Castries' Berufung ins Ministerium nicht mit ihm abgesprochen hatte und daß sich die Favoritin auch bei der Ernennung des Kriegsministers einmischte, wandte er sich an die Königin und überzeugte sie davon, daß «Madame de Polignac ihren Einfluß auf sie mißbraucht habe».

«Die Fürstin», berichtet Besenval, «stellte Madame de Polignac in der ersten Aufwallung des Zornes zur Rede. Sie machte ihr heftigste und beleidigendste Vorwürfe und beschuldigte sie sogar, sie habe sie hintergangen und privaten Interessen geopfert. [...] Madame de Polignac hielt sich in ihrem Zorn über die heftigen Vorwürfe der Königin zurück, begegnete den aufgebrachten Vorhaltungen mit vernünftigen Worten, stand schließlich auf und sagte der Königin, wenn sie eine solche Meinung von ihr habe, gehöre es sich nicht, daß sie ihr nur einen Augenblick länger verbunden bleibe. Sie werde auf der Stelle gehen und keinen Fuß mehr an den Hof setzen. Sie könne natürlich auch die ihr erwiesenen Gnaden nicht behalten und werde sie alle, einschließlich des Amtes ihres Gatten, der sich gewiß nicht widersetze, auf der Stelle zurückerstatten.»

«Die Königin», berichtet Besenval weiter, «war über Madame de Polignacs Worte, über ihren gelassenen und besonnenen Tonfall überrascht. Sie wurde sich bewußt, welcher Verlust ihr drohte, spürte ein brennendes freundschaftliches Verlangen in sich zurückkehren, [...] besann sich anders und versuchte wiedergutzumachen, was sie angerichtet hatte. Es war vergebens. Madame de Polignac blieb standhaft, begegnete der Königin mit dem schuldigen Respekt, zeigte ihr aber unerbittlich die kalte Schulter und gebrauchte eine Sprache, die ganz dazu angetan war, die Fürstin zu verletzen. Die Königin wurde desto bestürzter, je mehr sich Madame de Polignac ihrer freundschaftlichen Werbung widersetzte.

In der dramatischen Situation rannen ihr Tränen über das Gesicht. Schließlich warf sie sich Madame de Polignac zu Füßen, beschwor sie, ihr zu verzeihen, und sagte ihr, was man nur sagen kann, wenn man eine Beleidigung bereut und innigste Freundschaft empfindet.»[27]

Gräfin Polignac triumphierte. Sie vergoß ebenfalls Tränen, umarmte die

Königin und schied, enger denn je mit der Freundin verbunden, wieder von ihr. Der Klüngel der Herzogin hatte es inzwischen aufgegeben, Adhémar zum Adjutanten des Kriegsministers zu machen, setzte sich aber nach wie vor für Ségurs Kandidatur ein, und Marie Antoinette hatte erneut Unterstützung zugesagt. Immerhin war der Kandidat der Clique diesmal klug gewählt. Ségur, Statthalter von Burgund und der Franche-Comté und Choiseuls Freund, war für seine kühle Tatkraft und Standhaftigkeit bekannt. Als der König Necker in der Frage konsultierte, sah er kein Hindernis für eine Zusammenarbeit. So kam ganz unwillkürlich eine seltsame Allianz zwischen dem sparsamen Finanzminister und der frivolsten Gruppe am Hof zustande. Der Genovese ließ sich auf das Spiel gerne ein: Er zeigte sich der Königin gefällig, die ihm gefährlich werden konnte, wenn Maurepas von der politischen Bühne verschwinden würde.

Montbareys Rücktritt beschleunigte die Ereignisse. Fast wäre es Maurepas gelungen, den Ministerposten mit Puységur zu besetzen, und Marie Antoinette glaubte schon an eine Niederlage. Wieder drängten sie die Freunde, sich für Ségur einzusetzen. «Die Königin wird durch ihren Leichtsinn und ihre Vergnügungen oft daran gehindert, sich mit den Angelegenheiten zu befassen, die sie beschäftigen müßten, aber wenn sie will, beherrscht sie das Mittel der Überredung und ihre Erfolgsrezepte vollkommen», konstatierte Besenval.[28] Ihm zufolge soll sich Marie Antoinette schon um sieben Uhr früh zu ihrem Gatten aufgemacht und ihn gebeten haben, Ségur zum Kriegsminister zu ernennen. «Sie ließ Monsieur de Maurepas holen», berichtet er. «Ohne den tyrannischen Ton anzuschlagen, der Frauen so oft zu einem Augenblickserfolg verhilft, der aber nicht ohne Folgen bleibt, berief sie sich darauf, daß sie doch nur das Gute wolle. Sie bestehe auf Monsieur de Ségur nur deshalb, weil er der einzige sei, der dies Gute schaffen könne, und sie versuche den König einzig und allein aus dieser Betrachtung heraus zu beeinflussen.» Maurepas, den die Diskussion ganz unvorbereitet getroffen hatte, ließ sich in die Enge treiben, «bis er schließlich nichts mehr sagen konnte».[29] Der Minister stand fest. Maurepas war betroffen, allerdings nicht deshalb, weil der König der Laune seiner Frau nachgegeben hatte, sondern weil sein Rivale Necker einen gewaltigen Sieg verbuchte. Die Clique um die Herzogin Polignac, übertriebenermaßen «Partei der Königin» genannt, frohlockte. Marie Antoinette war es dagegen gleichgültig, daß ihr zwei neue Minister Dank schuldeten. Sie dachte nicht daran, sie zu ihren Kreaturen zu machen.

Schon deshalb nicht, weil sie, als Graf Ségur ins Kriegsministerium einzog, in Trauer war. Am 29. November 1780 war ihre Mutter Maria Theresia nach kurzer Krankheit gestorben. Der König erhielt die Nachricht vor Marie

Antoinette und beauftragte Abbé Vermond, ihr die Sache schonend beizubringen. Ludwig XVI., der trotz seiner ungehobelten und groben Art taktvoll sein konnte, gelang es sogar, seine verzweifelte Gattin etwas zu trösten. Sie zog sich für mehrere Stunden in ihre Privaträume zurück und fand gerade noch die Kraft, um ihrem Bruder, der die Geschicke des Kaiserreiches von nun an alleine lenkte, einige Zeilen zu schreiben: «Bestürzt über das schlimmste Unglück kann ich Euch nur unter Tränen schreiben. O mein Bruder! O mein Freund! Jetzt bleibt nur noch Ihr mir in dem Land, das mir lieb ist und immer lieb sein wird! Schont Euch und erhaltet Euer Leben; das schuldet Ihr allen. Mir bleibt nur noch, Euch meine Schwestern anzuempfehlen. Sie haben noch mehr verloren als ich. Sie werden sehr unglücklich sein! Adieu! Ich sehe nicht mehr, was ich schreibe. Erinnert Euch, daß wir Eure Freunde, Eure Verbündeten sind; liebt mich. Ich umarme Euch.»[30]

Maria Theresia hatte ihrer Tochter in Frankreich vor ihrem Tod keine letzte Mitteilung zukommen lassen. Ihr letzter Brief vom 3. November war so herzlich und kurz wie gewöhnlich gewesen. Die Kaiserin fordert die Tochter darin auf, wieder richtig Hof zu halten, auch wenn es mit «Leere und Langeweile» verbunden sei. Sonst seien «die unliebsamen Folgen noch schlimmer als die kleinen Ärgernisse eines würdigen Auftretens, vor allem [...] unter einem so lebhaften Volk», fügte sie hinzu.[31] Wieder mahnte sie bei der kapriziösen jungen Dame die Erfüllung der ehelichen Pflichten an. «Schon seit langem schlafen wir getrennt», hatte ihr Marie Antoinette fast amüsiert am 11. Oktober 1780 anvertraut. «Ich war der Meinung, daß es meiner lieben Mama sehr wohl bekannt sei. Hier ist das eine weit verbreitete Sitte zwischen Mann und Frau, und ich glaubte nicht, daß ich den König deshalb hätte belästigen müssen, denn es hätte ihn in seiner Lebensart sehr beeinträchtigt und wäre seinem persönlichen Geschmack arg zuwidergelaufen. Ich täte um so mehr Unrecht daran, wenn ich mich ihm widersetzte, als wir als Ehepaar sehr eng miteinander leben.»[32] Freilich hatte Maria Theresia ihre Tochter im Verdacht, daß die getrennten Betten auf ihren Wunsch wiedereingeführt worden seien. «Ich kann nur zustimmen, was Ihr sagt», antwortete sie resigniert, «doch wünschte ich mir, daß Ihr auf deutsche Art nächtigt, da es eine gewisse Vertrautheit mit sich bringt, wenn man beisammen ist.»[33] Wie um der Kaiserin den letzten Wunsch zu erfüllen, intensivierte sie das Verhältnis zu ihrem Gatten, und schon Ende Februar 1781 glaubte sie an eine erneute Schwangerschaft, was sich bald bestätigen sollte. Marie Antoinette hoffte, dem Geschlecht der Bourbonen im folgenden Oktober einen Erben zu schenken.

Erschreckt über den Tod der Mutter, zeigte sie sich Mercy gegenüber wieder so gehorsam wie früher, und der Botschafter nutzte die neue Situation nach Kräften. Joseph II. und Kaunitz hatten hochfliegende Pläne, für die sie die Mitwirkung der Königin von Frankreich brauchten. Um die Tragfähigkeit der Allianz zu sichern, erinnerte sie der Botschafter daran, daß sie noch immer das kostbarste «Unterpfand» des Bündnisses sei. «Sagt mir, was ich tun soll, und ich verspreche Euch, daß ich es tue», erklärte sie ihm, als er sie bat, sich in der Frage der Nachfolge Maurepas' gegebenenfalls einzumengen. «Wie soll ich eine Möglichkeit finden, mich in der Sache nützlich zu machen? Sucht sie mir, ich muß mich ganz auf Euch verlassen», erklärte sie naiv. Mercy war skeptisch. Er kannte die launische und leichtsinnige Königin und fürchtete vor allem, seine Pläne könnten von «ihrer Umgebung durchkreuzt werden. [...] Auch wenn sie nur an ihre niederträchtige und intrigante Gesellschaft denkt [...], ist sie nicht weniger unternehmungslustig und aktiv», beklagte er sich bei Kaunitz.[34] Und der Staatskanzler bezeichnete sie wie in ihrer Zeit als Dauphine als «säumigen Zahler».[35]

Joseph II. wollte seine Herrschaft mit einem spektakulären Akt eröffnen, bei dem er eine Schiedsrichterrolle in Europa ausüben würde. Es ging um die Vermittlung im amerikanischen Krieg, der sich ohne Entscheidungsschlacht endlos dahinschleppte. Ein Friedenskongreß in Wien mit ihm als Vorsitzenden wäre die ideale Gelegenheit, sein Prestige nach dem demütigenden Frieden von Teschen wieder aufzumöbeln. Maria Theresia hatte von solchen Plänen schon 1779 gesprochen, und Marie Antoinette, der es völlig schleierhaft war, wie Ludwig XVI. Aufständische unterstützen konnte, hatte Unterstützung zugesagt: Wohl auch deshalb, weil sie, wenn der Konflikt auf diplomatischem Wege beigelegt worden wäre, ihren Fersen früher wiedergesehen hätte. Die Kaiserin hatte ihren Vorschlag damals «als gerechte Gegenleistung für Gefälligkeiten» dargestellt, die ihr Ludwig XVI. erwiesen habe.[36] Und Marie Antoinette hatte sich bei der «lieben Mama» herzlich bedankt.

Aber weder der König noch sein Kabinett waren an einem Frieden interessiert, bei dem es weder Sieger noch Verlierer gab. Ludwig XVI. und seine Minister wollten England militärisch in die Knie zwingen. Sie glaubten nicht an die Uneigennützigkeit einer österreichischen Vermittlung, und wenn sie schon gute Dienste eines Dritten gewollt hätten, hätten sie sich eher an Preußen gewandt,[37] was in Wien natürlich als Verrat an der Bündnistreue aufgefaßt worden wäre. Joseph und Kaunitz legten Mercy immer wieder ans Herz, die französischen Minister vor den Machenschaften Friedrichs II. zu warnen. Zugleich ließen sie durchblicken, daß sie die französische «Koketterie» mit den Preußen nicht so einfach hinnehmen würden wie Maria Theresia.[38] Dann schlug Zarin Katharina von Rußland dem Kaiser am 10. Januar 1781 überraschend vor, gemeinsam im Konflikt zwischen den Unterstützern der Aufständischen, Frankreich und Spanien, einerseits und England andererseits zu vermitteln. Preußen sollte aus den Verhandlungen ausgeschlossen bleiben. Als der Vorschlag nach Versailles übermittelt wurde, unterstützte ihn als einziger Minister Necker, der die verhängnisvollen Folgen des Kriegs für die Zukunft sah und ihn bald beendet sehen wollte. Mit seinem Entschluß sicherte er sich die Unterstützung der Königin, der Mercy die preußische Gefahr in den düstersten Farben schilderte. Als Mercy die Antwort der französischen Regierung auf den Vorschlag einer Vermittlung einholte, vertröstete ihn Vergennes: Man müsse sich erst mit Spanien absprechen, bevor man etwas entscheiden könne.

Mercy geriet über Vergennes' Antwort aus der Fassung und schrieb Kaunitz wütend: «Die erbärmliche, kleinliche französische Politik wird wohl von der Furcht bestimmt, man könne dem Berliner Hof mißfallen, und so wird man sich wohl noch auf einige Winkelzüge gefaßt machen müssen. Ich habe die Königin nachdrücklich auf diesen Punkt hingewiesen. [...] Man mußte sie ein wenig darauf stoßen, und ich glaube, sie ist bereit, sich bei dieser Gelegenheit von einer guten Seite zu zeigen. [...] Man ist beim Krieg mit seiner Weisheit sicher am Ende; kein entschlossenes Vorgehen, kein gemeinsames Handeln in der Regierung», fügte er angewidert hinzu.[39]

Über Mercys Besuche beunruhigt, war Marie Antoinette derweil bei Vergennes und dem König vorstellig geworden. Um ihren Gefühlsausbrüchen vorzubeugen, reagierte der Minister, der die Königin als Sachwalterin österreichischer Interessen betrachtete, besonders vorsichtig und verwies sie an Maurepas, der die wichtigen Entscheidungen treffe. «Der König hat einen Rat, dessen er sich selten bedient, und einen besonderen Rat, dem er die entscheidenden Anstöße verdankt und mit dem ich nichts zu tun habe», erklärte er der jungen Herrscherin.[40] Marie Antoinette bot ihren ganzen weiblichen Charme auf, um aus Ludwig XVI. herauszubekommen, was er hinsichtlich des amerikanischen Krieges vorhatte. Er verriet ihr, er wolle ihn möglichst bald beenden, mißtraue aber dem österreichischen Angebot einer Vermittlung und fürchte, sie könne für England vorteilhafter ausfallen als für Frankreich. Marie Antoinette informierte sofort Mercy über ihre geheime Unterredung. Naiv und leichtsinnig hatte sie sich erneut zum Werkzeug ihres Bruders gemacht.

Als der Kaiser, sein Kanzler und der Botschafter einen Monat später erfuhren, daß die Königin wieder schwanger war, frohlockten sie: «Jetzt braucht man ihn [den König] nur noch nach den Grundsätzen zu lenken, die Eure Majestät angibt, das heißt: den Kredit [der Königin] so einsetzen, daß er für die Gegenwart und Zukunft in gleicher Weise nützlich ist.»[41] In den folgenden Wochen schrieb Joseph II. seiner Schwester mehrmals und erörterte aller Wahrscheinlichkeit nach die wichtigen diplomatischen Fragen zum französisch-österreichischen Bündnis – die Briefe sind leider verloren.

Joseph sah es als nützlich an, alle seine Staaten bereist zu haben. Da er außerdem die französischen Absichten erkunden wollte, entschloß er sich zu einer Reise in die Niederlande und von dort aus zu einem Abstecher nach Versailles. Als die Königin von der geplanten Visite erfuhr, war sie aufrichtig erfreut. Das französische Kabinett brachte der Besuch allerdings arg in Verlegenheit. Mercy dagegen war erleichtert, daß Joseph II. mit der Königin selbst sprechen und ihm die Aufgabe bedeutend erleichtern würde. Nur der Kaiser konnte ihr «die wichtigen Hinweise geben, [...] sei es in privaten Dingen [...] oder in bedeutenden Staatsangelegenheiten, auf die man ihre Aufmerksamkeit lenken möchte».[42] Die sechsmonatige Trauerzeit war vorüber, und Marie Antoinette sah begeistert ihren Bruder wieder. Wie bei Josephs erstem Besuch unterhielten sie sich – bei herrlich mildem Sommerklima diesmal – stundenlang allein in den Gärten von Trianon. Die Königin, der man die Schwangerschaft schon ansah, schritt in ihrem schlichten weißen Kleid mit blauem Gürtel aus Mousselin ohne besonderen Aufputz am Arm ihres Bruders durch die Alleen des Gartens und vertraute sich ihm an. Der Kaiser gab freundliche Antworten und beste Ratschläge für das Privatleben und die repräsentativen Pflichten am Hof. Über den Inhalt dieser Gespräche ist wenig bekannt, aber Joseph kam einige Jahre später mit einer Anspielung auf den Klüngel um die Polignac auf sie zurück: «Erinnert Ihr Euch, meine Schwester», schrieb er am 5. November 1787, «was ich Euch damals, als ich Euch das letzte Mal sah und Ihr auf einem Stein in Trianon gesessen habt, über diese sogenannte Gesellschaft sagte? Ich kann nicht umhin, Euch darauf hinzuweisen, daß Ihr diesen Leuten, wenn Ihr sichergehen wollt, daß sie Euch tatsächlich zugetan sind und nicht nur sich selbst lieben, manchmal auch Wünsche abschlagen müßt. Ihr seht dann, was ihre Zuneigung wert ist, und könnt unterscheiden, wem an Eurer Ehre und an Eurem Ruf wirklich liegt oder wer nur auf seinen Vorteil aus ist.»[43]

Joseph II., der am 29. Juli in Versailles eingetroffen war, reiste schon am 5. August wieder ab. Zum Abschied gab Marie Antoinette ihrem Bruder in Trianon ein rauschendes nächtliches Fest. Nach einem Abendessen mit der königlichen Familie wohnte sie mit Joseph in ihrem kleinen Theater einer Aufführung von Glucks *Iphigenie auf Tauris* bei. Alle hundertdreiundzwanzig sorgfältig ausgewählten Gäste wurden von der Königin persönlich empfangen. Als Höhepunkt des Abends wurde der englische Garten nach der Vorstellung festlich illuminiert. «Tonschüsseln, verdeckt durch grün bemalte Bretter, erleuchteten die Wand aus Büschen oder Blumen und brachten die verschiedenen Farben auf die vielfältigste und hübscheste Weise zur Geltung. Hunderte brennender Reisigbündel sorgten in einem Graben hinter dem Temple d'Amour für große Helligkeit, so daß dieser Tempel zum Glanzpunkt des Gartens wurde.»[44] Natürlich waren zahlreiche Höflinge verärgert, daß sie nicht eingeladen worden waren. Was kümmerte das die Königin? Sie bot ihrem Bruder ein köstliches Schauspiel.

Zu schnell verflogen diese Stunden. Als Marie Antoinette unmittelbar vor seiner Abreise mit ihm zu Abend speiste, verbarg sie ihre Tränen unter dem Rand eines großen Hutes, und kaum hatte er Versailles verlassen, vergrub sie sich in ihrem Kabinett und weinte.

Joseph II. hatte seiner Schwester vor der Abreise einen Brief für Ludwig XVI. überreicht, mit dem er kaum hatte reden können. Geschickt ließ der König von Frankreich im Beisein der Gattin Schmeichelhaftes über seinen Schwager fallen, während sich die Minister Mercy gegenüber versöhnlich gaben. Ihre Sprache, schrieb er Joseph II. mit spürbarer Genugtuung, entspreche «der ihrer Herrscher». «Und letzten Dienstag hat mir Monsieur de Vergennes in einem vertraulichen Moment bekundet, daß er zugeben müsse, daß der Besuch Eurer Majestät und Eure realistischen und zufriedenstellenden Auffassungen genügt hätten, um allen preußischen Einflüsterungen zu begegnen, wenn diese je Eindruck gemacht hatten.»[45] Natürlich war das alles nur eine Taktik des Kabinetts, um die Österreicher zu beschwichtigen und eine Entfremdung mit ihnen zu verhindern. Einige Tage später lehnte Ludwig XVI. das Vermittlungsangebot des Kaisers und der Zarin ab.[46] Mercy, der die Hiobsbotschaft von Vergennes höflich mitgeteilt bekam, hatte alle Mühe, seine Wut zu verbergen. Erneut wandte er sich an die Königin mit der Bitte, sich bei ihrem Gatten dafür einzusetzen, daß er den Entschluß überdenke. Ludwig XVI. reagierte auf den Schritt seiner Frau mit artigen Worten und versicherte, er habe gegen einen Friedenskongreß nichts einzuwenden. In Wahrheit fürchtete er, daß die Engländer bei der Aussicht auf Verhandlungen wieder Mut schöpfen und die Zeit nutzen könnten, um sich Geld für den nächsten Feldzug zu beschaffen. Marie Antoinette war nach der Unterredung mit ihrem Gatten vollkommen beruhigt. Ihr ging es ausgezeichnet, und ihr einziger Gedanke galt dem Kind, das sie bald zur Welt bringen würde.[47]

Kapitel XIV

Ein Dauphin

Am 22. Oktober 1781 brachte die Königin nach einer Geburt von einer Stunde und fünfzehn Minuten schließlich den ersehnten Thronerben zur Welt. Von Prinzessin Lamballe verständigt, waren die Prinzen und Prinzessinnen bei den ersten Wehen sofort zur Königin geeilt. Nach altem Brauch kniete der Großsiegelbewahrer vor der Bettstatt der Königin. Der König hatte die Öffentlichkeit von der Entbindung ausgeschlossen, um ähnliche Komplikationen wie bei der Geburt seiner Tochter zu verhindern.

«Zwischen zwölf Uhr und zwölf Uhr fünfzehn verstärkten sich die Wehen [...], und nach meiner Uhr genau um Viertel zwei kam sie glücklich mit einem Knaben nieder», vermerkte der König in seinem Tagebuch. «Bei der Entbindung hielten sich im Zimmer nur Madame de Lamballe, Monsieur Graf von Artois, meine Tanten, Madame de Chimay, Madame de Mailly, Madame d'Ossun, Madame de Tavannes und Madame de Guémené auf, die abwechselnd in den Salon de la Paix hinübergingen, den man leergelassen hatte. Im Grand Cabinet hielten sich mein Hofstaat, der Hofstaat der Königin und die höheren Kronbeamten und Kammerfrauen auf, die im Augenblick der stärksten Wehen hereinkamen, sich am Ende des Raumes aufstellten und sich nicht mehr rührten.»[1] Als der Großsiegelbewahrer das Geschlecht des Kindes feststellte, wurde es so still im Raum, daß die Königin an ein weiteres Mädchen glaubte. Überwältigt verkündete ihr der König, daß es ein Junge war, und sprach einige feierliche Worte. Die Chronisten geben sie unterschiedlich wieder, stimmen aber insoweit überein, daß der von Natur aus eher verschlossene Ludwig überschwengliche Freude bekundet habe. Er weinte vor Glück, drückte allen im Raum die Hand und sagte immer wieder: «Monsieur le Dauphin.» Als eine Kammerfrau der Königin mit wehenden Haaren außer sich an der Tür der Grands Appartements erschien und murmelte: «Ein Dauphin! Aber noch nicht weitersagen!», verbreitete sich die Nachricht in Windeseile in ganz Versailles. Einige Augenblicke später erschien Madame de Guémené mit dem gewaschenen und frisch eingekleideten Säugling. Der König, außer sich vor Glück, folgte der Erzieherin mit dem ersehnten Dauphin auf dem Arm. Die Höflinge, die sich im Vorzimmer der Königin drängten, lachten, weinten und fielen sich in die Arme. Die strenge Etikette am Hof blieb unbeachtet, und die Höflinge ließen ihrer Freude freien Lauf, als Kardinal von Rohan das Kind auf den Namen Louis Joseph Xavier François taufte. Monsieur und Madame verbargen ihre Enttäuschung, als sie das Kind im Namen des Kaisers und der Prinzessin von Piemont aus der Taufe hoben. Die Mutter, erschöpft, aber glücklich, erholte sich einstweilen.

In Versailles und Paris herrschte so großer Jubel, daß man daran dachte, die Königin zum Dank für den ersehnten Thronerben zum zweiten Mal zu krönen.[2] Auf Anweisung des Königs wurde die Hauptstadt drei Tage lang festlich illuminiert, und hier und da loderten spontan Freudenfeuer auf. Ludwig nahm mit seinen Brüdern und den Prinzen von Geblüt in der Pariser Kathedrale Notre-Dame an einem Dankgottesdienst für die Geburt des Dauphins teil. Als ihre Karosse über den Quai des Théatins zur Kathedrale rollte, ertönten begeisterte Hochrufe, während Münzen in die Menge geworfen wurden. Das war der Auftakt zu größeren Feierlichkeiten. Einige Tage nach der Geburt hielten die Beamten des königlichen Hofstaates und die Würdenträger der Kirche von Paris eine Ansprache, auf die der König nach der üblichen Formel antwortete: «Ich freue mich sehr über die Glückwünsche meines Hofstaates. [...] Ihr könnt die Königin nicht besuchen, da sie im Bett liegt; geht zu meinem Sohn und nennt ihn Monseigneur.» Eher unprotokollarisch fiel der Besuch der Vertreter der Gilden aus: Ludwig XVI. hatte gegen Äußerungen der Volksfreude durchaus nichts einzuwenden und staunte nicht schlecht, als die Vertreter der Kaufleute und Handwerker in ihren Roben im Marmorhof unter dem Balkon an ihm vorbeidefilierten: Metzger und Zuckerbäcker überboten sich an Einfallsreichtum mit Arrangements aus Fleischwaren und Backwerk zur illustren Geburt. Schornsteinfeger schleppten einen hübschen Kamin herbei, aus dem ein Lehrbub stieg und ein passendes Gedicht aufsagte. Die Schlosser, denen die Vorliebe des Königs für ihr Handwerk bekannt war, überreichten ihm ein geheimnisvolles Schloß, aus dem, wenn man es aufbrachte, ein Delphin herausschnellte. Ludwig XVI. befaßte sich mit dem Mechanismus eingehend, zeigte sich erkenntlich und zahlte dreißig Louis. Am 5. November empfing der König hundertzwanzig Marktweiber aus den Pariser Halles. Sie beglückwünschten ihn in Form eines Gedichtes und wurden fürstlich bewirtet. Dichterlinge und Verseschmiede jeder Art überreichten

Madrigale und andere Beweise ihres Talents zum frohen Ereignis. «Der vaterländische Freudentaumel über die Geburt des Dauphins», stand am 6. November 1781 in der Gazette *Mémoires secrètes* zu lesen, «ebbt in der allgemeinen Aufruhrstimmung keineswegs ab, sondern wird durch sie sogar noch gesteigert. Die Frauen zeigen es selbst mit ihren frivolen Moden.» Überall sah man Delphine, in Silber und Gold. am Hals der Damen, an Schuhschnallen, Gürteln und als tausenderlei Firlefanz.

Man hatte den Dauphin, der bei der Geburt 13 Pfund wog und 22 Zoll groß war, einer kräftigen Amme mit dem vielversprechenden Namen Poitrine, «Brust», anvertraut. Eine sogenannte «gardienne du ventre», «Bauchhüterin», wich der wackeren Bauersfrau nicht von der Seite, auch dann nicht, wenn sie das Nachtgeschirr benutzte. Die Ärzte wurden über ihr Befinden täglich, wenn nicht stündlich, informiert, um sie bei der kleinsten Unpäßlichkeit ersetzen zu können. Diese Frau aus dem Volke, die ihren bäuerlichen Aufzug gegen eine offizielle Tracht hatte eintauschen müssen, wirkte etwas unsicher im weitläufigen Schloß Ludwigs XVI., und sie wunderte sich über das große Interesse an ihrer Person.

Die Königin erholte sich von der Entbindung bestens. Allerdings wurde das Mutterglück durch eine neue Kampagne von Pamphleten getrübt, in denen Zweifel an der Legitimität des kleinen Prinzen erhoben wurden:

> Eines Dauphins Geburt,
> setzt Paris in Entzücken;
> sein plötzliches Dasein
> stiftet Verwirrung im Paradies.
> «Wer zum Teufel hat den gemacht?»
> spricht das Wort erzürnt;
> ein Streich des Heiligen Geistes;
> denn keiner hat je gesagt,
> daß der König sein Vater sei.

Der Verfasser beantwortete die Frage bald darauf: «Coigny, neuerlich entflammt, entzündete der Liebe Fackel...» Die «abscheulichen» Spottverse, so die *Mémoires secrèts,* machten in ganz Paris die Runde und waren Gesprächsthema am Hof und in der Stadt, in der zugleich ein noch infameres Pamphlet mit dem Titel *Vie d'Antoinette* in Umlauf gewesen sein soll. Die Ordnungkräfte durchsuchten Druckereien und Buchläden und schickten Emissäre nach Deutschland und Holland, ohne den Übeltätern auf die Spur zu kommen.[3] Aber das alles konnte Marie Antoinettes Vorfreude auf die Feierlichkeiten, die von den Pariser Stadtvätern mit Billigung des Königs ausgerichtet wurden,[4] nicht trüben. Sie hatten auf Ende Januar verschoben werden müssen, weil die Stadt die Geburt des Thronfolgers besonders prachtvoll feiern wollte. Und mit ihr sollte auch der Erfolg der französischen Armee in Amerika begangen werden: Am 19. November war der Sieg von Yorktown bekannt geworden, mit dem der Krieg praktisch gewonnen und der Frieden in greifbare Nähe gerückt war.

Schon am 15. Januar wurde in allen Straßen der Hauptstadt Sand ausgestreut. Entlang des Weges, den der Festzug nehmen sollte, vermieteten Pariser Fensterplätze zu Wucherpreisen. Am 21. Januar, einem Tag mit fahler Sonne, war es dann soweit: Marie Antoinette fuhr strahlend in festlichem Gepränge neben Madame Elisabeth, Madame Adelaïde, der Herzogin von Bourbon, Mademoiselle de Condé und Prinzessin Conti in ihrer Karosse von Sainte-Geneviève zur Kathedrale Notre-Dame, wo sie von einer gewaltigen Menge von Adligen erwartet wurden. Nach der Zeremonie des ersten Kirchgangs der Wöchnerin rollte die Karosse der Königin weiter zum Hôtel de Ville, wo Marie Antoinette an der Feier des Magistrats von Paris teilnahm. Da man die gewaltige Menge der Gäste nicht im Pariser Rathaus unterbringen konnte, hatte man daneben einen Holzbau errichtet, dessen Größe und Pracht heute kaum noch vorstellbar sind.

Die Königin wurde bei der Ankunft im Hôtel de Ville begeistert empfangen und erwartete dort ihren Gatten. Als er wenig später eintraf, setzten sich die Gäste an eine festliche Tafel mit achtundsiebzig Gedecken in der Mitte des Holzbaus. Der König und seine Brüder waren die einzigen männlichen Teilnehmer des Banketts, und glaubt man den *Mémoires secrètes,* so hat Ludwig XVI. das Festessen rasch wieder verlassen, und seine Begleiter wurden nachlässig bedient, damit sie ebenfalls möglichst bald gingen. Nach dem Festmahl gab die Königin mit Gefolge einen Empfang im großen Thronsaal. Zu diesem Zweck wurden Spieltische als Barrieren für Besucher aufgestellt. Gleichzeitig spielten an allen Straßenecken von Paris Musikkapellen, man tanzte, der Wein floß kostenlos in Strömen, und Leckereien wurden ans Volk verteilt. Ein prächtiges Feuerwerk beschloß den Freudentag.

Am Abend des 23. Januar fuhren der König und die Königin erneut nach Paris, wo zu ihren Ehren ein Ball gegeben wurde. Nach einem Abendessen im Temple begaben sie sich erneut zum Pavillon am Hôtel de Ville, den man diesmal zum Tanzsaal hergerichtet hatte. Obwohl sich überall Menschen drängten, amüsierte sich das Königspaar köstlich. Noch besser gefiel ihm der Ball der Leibgarde, der einige Tage später im Versailler Opernhaus gegeben wurde. Marie Antoinette tanzte mit einem gewissen Mouret, einem sehr schüchternen Mann, und schenkte ihm eine goldene Schachtel, in der ein Brevet mit einer Beförderung zum Obersten lag.

Der Winter und das Frühjahr standen unter günstigen Zeichen. Durch den Sieg von Yorktown und die unerwartete Rückkehr La Fayettes an den Hof waren die Feiern für die Königin besonders fröhlich ausgefallen. Der junge General, der am Freiheitskampf in Amerika teilgenommen hatte, war in der Oper von einer jubelnden Menge mit Blumen gekrönt und zum Helden der denkwürdigen Tage geworden. Daß er die Königin mit seiner Popularität in den Schatten gestellt hatte, störte sie nicht. Mercy versuchte ihren Ehrgeiz anzustacheln und in ihrem sorglosen Gemüt Machtgelüste zu wecken. Die Geburt des Dauphins und Maurepas' Tod einige Tage später bedeutete für die Österreicher die beste Gelegenheit, um Versailles ihren Willen aufzuzwingen. Der Kaiser und Mercy hielten Marie Antoinettes Einfluß für so gefestigt, daß sie zur eigentlichen Herrscherin Frankreichs werden könne. Wieder bearbeiteten sie der Botschafter und Abbé Vermond, sie solle ihre Macht weiter ausbauen. Mercy war noch immer überzeugt, sie könne «mit etwas behutsamem Vorgehen mit ihrem Gatten machen, was sie wolle.»[5] Sie müsse vor allem seinen «Geist beherrschen, alle schmeichlerischen Einflüsse aus der Umgebung sorgfältig von ihm fernhalten und jeden Anschein vermeiden, daß sie ihn bedrängen oder irgendwie dominieren» wolle. Als erstes aber seien «ein Premier oder mehrere neue Minister in den Staatsrat» einzuschleusen, und es sei «dafür zu sorgen, daß die Entscheidungen von der Königin bestimmt» würden. Sollte der König einen Premierminister ernennen, «bliebe zu wünschen, daß die Königin sich sofort mit Untertanen bekannt mache und sie vorstelle, für den Fall, daß ihr erlauchter Gatte eine Entscheidung zu fällen» geruhe, sagte Mercy mit deutlicher Aufforderung an Joseph II., der Schwester entsprechende Anweisungen zu erteilen.[6] Der Kaiser hätte in Ludwigs Kabinett wohl am liebsten keinen Premierminister gesehen, wenn es aber schon sein mußte, so war sein Wunschkandidat Loménie de Brienne, der Erzbischof von Toulouse, ein aufgeklärter Prälat, den er 1777 im Languedoc kennengelernt hatte. Loménie war seit eh und je der Förderer des Abbé Vermond gewesen.

Wieder enttäuschte Marie Antoinette die Hoffnungen ihrer Familie. Mercy klagte erneut über ihr mangelndes Interesse, ihre Machtstellung auszubauen. «Sie benutzt ihren Kredit nur zur Verteilung ihrer Gnaden und läßt den König ansonsten in der Überzeugung, daß sie Staatsgeschäfte langweilen, daß sie sich nicht mit ihnen vertraut machen und ihrem Gatten auch nichts von ihrer Last abnehmen möchte. Die Vergnügungen halten die Königin davon ab, sich die nötigen ernsthaften Gedanken zu machen und ihnen Taten folgen zu lassen.»[7] Joseph II., der den französischen Leichtsinn für die Eskapaden seiner Schwester verantwortlich machte, ärgerte sich fürchterlich. Kaunitz zeigte sich ihr gegenüber nachsichtig, da er ihre Mitwirkung noch brauchte: «Man muß zugeben, daß sie es mit ihrer Haltung dem König gegenüber nicht leicht hat, denn nichts ist schwieriger, als Dummköpfe zu lenken, die stets mißtrauischer und unvernünftiger sind als andere Menschen.»[8] Dem König und seinen Ministern war Marie Antoinettes Abneigung gegen ernste Beschäftigungen willkommen, und solange sie sich nicht in Staatsangelegenheiten mischte, durfte sie ihre kindischen Launen ruhig ausleben. Und zum Glück stand der Karneval bevor.

Der Kaiser gab den Gedanken an einen Friedenskongreß mit ihm als Vorsitzenden trotzdem nicht auf. Dann aber schickten die Engländer Frankreich heimlich einen Emissär, der Friedensverhandlungen vorbereiten sollte. Zu ihrer Genugtuung erfuhren Ludwig XVI. und Vergennes, daß der englische König bei den Verhandlungen keinen Vermittler einschalten wollte. Der König teilte die frohe Botschaft sofort seiner Frau mit, die auf den englischen Vorstoß empört reagierte. Sie versuchte den König und später die Minister zu überzeugen, daß man den Krieg angesichts der komplexen Interessen nicht ohne Vermittlung des Kaisers beenden könne. Besonders plump stellte sie das österreichische Angebot als uneigennützigen Akt hin, mit dem der Kaiser weiteres Blutvergießen vermeiden und dem König von Frankreich seine Freundschaft beweisen wolle. In den folgenden Wochen bedrängte sie ihren Gatten weiterhin, vom österreichischen Vermittlungsangebot Gebrauch zu machen, und leitete alle verfügbaren Informationen über Mercy nach Wien weiter. Sie hielt Vergennes für unfähig, die Friedensverhandlungen zu führen, und glaubte, er wolle ihren Bruder Joseph nur deshalb als Vermittler ausschalten, weil er die Lorbeeren selbst ernten und sich an Maurepas' Stelle setzen wollte.

Dann bekam Marie Antoinette erneut Gelegenheit, die Politik ihres Bruders zu unterstützen. Der Zarewitsch Paul und seine Frau, die sich den Decknamen der Grafen du Nord gegeben hatten, reisten nach einem Aufenthalt in Wien nach Paris weiter. Der Erbe Katharinas der Großen kam als halboffizieller Abgesandter seiner Mutter nach Frankreich. Er sollte Ludwig XVI. darum bitten, bei der Teilung des Osmanischen Reichs, die Katharina II. und Joseph II. bei ihrem Treffen 1780 im Mohilew ins Auge gefaßt hatten, neutral zu bleiben. Da der Kaiser der Mission des Zarewitschs größte Bedeutung beimaß, ließ er Marie Antoinette genau anweisen, das Grafenpaar du Nord besonders respektvoll zu empfangen. Er informierte sie über ihre Vorlieben und Gewohnheiten und riet ihr sogar, in die Gemächer der Großfürstin, einer Musikliebhaberin, ein Pianoforte zu stellen. Er schlug seiner Schwester Gesprächsthemen vor und legte ihr nahe, die Gäste so zwanglos und freundlich zu empfangen wie langjährige Bekannte. «Ihr könnt über alles reden, was Euch gut dünkt, und da [Ihre Kaiserlichen Hoheiten] im übrigen sehr empfindsame und gewissenhafte Eltern sind, interessiert sie das Thema der Kindererziehung, das Euch doch so sehr beschäftigt [...].»[9]

Vergennes kam das Gesuch aus Petersburg, das von Wien unterstützt wurde, eher ungelegen. Seitdem er vom König mit den äußeren Angelegenheiten betraut worden war, betrieb er eine vorsichtige Politik. Er wollte Frankreich in keine exponierte Stellung bringen und sich nicht zu eng an die Russen binden. Trotzdem war ein prächtiger Empfang nötig. Ludwig XVI. betraute die Königin damit, die Visite der du Nords, wie sie in Versailles genannt wurden, zu organisieren, und Mercy war mit ihrem Eifer bei der Erfüllung der Aufgabe zufrieden.

Als das Großfürstenpaar am 18. Mai 1782 in Paris eintraf, erholte sich die Königin gerade von einer Wundrose. Die schwere Entzündung hatte ihrer Schönheit keinen Abbruch getan, denn der Zarewitsch, der sich in Versailles inkognito unter die Höflinge gemischt und sie ungestört beobachtet hatte, war offenbar beeindruckt. In die russische Botschaft zu seiner Frau zurückgekehrt, schwärmte er vom prachtvollen Versailler Schloß, von den Gewändern, dem eleganten Aufputz und vor allem von der schönen Königin, was «die Großfürstin etwas betroffen machte».[10] Die Frau des Zarewitschs, Katharina von Württemberg, war sehr groß, nicht gerade hübsch, aber intelligent und geistreich. Sie bildete ein seltsames Paar mit ihrem kleineren Gatten, der mit seinem Affengesicht lächerlich gewirkt hätte, wenn er nicht so lebhafte Augen und ein so reizendes Lächeln gehabt hätte. Die Großfürstin hatte gleich nach ihrer Ankunft in Paris Mademoiselle Bertin zu sich gerufen und bei der berühmten Damenschneiderin Toiletten bestellt, mit denen sie sich bei Marie Antoinette sehen lassen konnte. Sie wollte am elegantesten Hof Europas nicht als Provinzlerin erscheinen.

Am 20. Mai machten sich die du Nords nach Versailles auf. Die Großfürstin, deren Dekolleté kostbarste Juwelen schmückten, trug ein perlenbesticktes Brokatkleid mit einem Reifrockgestell von sechs Ellen. Etwas beklommen sah sie ihrem Auftritt bei der französischen Königin entgegen, die so alt war wie sie und als reizendste Herrscherin ihrer Zeit galt. «Bin ich so schön wie die Königin?» fragte sie den Gatten.[11] Marie Antoinette war in Wahrheit genauso unsicher. Bevor sie in den Raum trat, in dem das Diner serviert werden sollte, mußte sie erst einmal in ihrem Kabinett ein Glas Wasser trinken. Sie habe «soeben bemerkt», gestand sie, «daß die Rolle der

Königin in Gegenwart anderer Herrscher oder Fürsten [...] schwieriger zu erfüllen ist «als im Beisein von Höflingen».[12] Dann aber wurde sie ruhig und plauderte mit der Großfürstin, «als habe sie sie ihr ganzes Leben gekannt, erkundigte sich nach ihren Vorlieben [...] und bat sie um häufige Besuche».[13] Nach dem Diner ging die Gesellschaft in den Salon de la Paix zu einem Konzert hinüber, dem die königliche Familie, Vertreter des russischen Hofs und hohe Kronbeamte lauschten. Wie üblich bei einem solchen Anlaß war das Schloß festlich illuminiert. «Nichts kann eine Ahnung von diesem Glanz und Reichtum geben», schwärmte Baronin Oberkirch verzückt. «Die Toiletten waren wunderbar. Die Königin, schön wie der Tag, überstrahlte alles mit ihrem Glanz.»[14] Nach einem brillanten Souper verließen Ihre Kaiserlichen Hoheiten gegen drei Uhr morgens das Versailler Schloß.

Wie damals Joseph II. wollte auch das Großfürstenpaar inkognito Paris kennenlernen und seinen berühmten Persönlichkeiten Besuche abstatten, was dem Königspaar weitgehend Freiheit ließ. Allerdings kamen der Zarewitsch und seine Frau häufig nach Trianon oder Marly. Auf einem Spaziergang «herrschte schon so viel Vertrautheit, daß der Großfürst der Königin Bekenntnisse machte, die Ihre Majestät in Verlegenheit brachten».[15] So beklagte er sich über das Privatleben seiner Mutter, über die lästigen Günstlinge und erkundigte sich bei Marie Antoinette, wie sie sich zu Lebzeiten Ludwigs XV. Madame Dubarry gegenüber verhalten habe. Marie Antoinette war pikiert und vermied es von da an, sich mit dem Großfürstenpaar alleine zu treffen.

Am 22. Mai wurde ein Opernabend in Versailles geboten. Auf dem Programm stand *Aline ou la Reine de Golconde* nach dem Roman des Chevalier Boufflers und in der Vertonung Monsignys. Während der Vorstellung reichte die Königin der Großfürstin einen diamantenbesetzten Fächer mit Opernglas: «Ich weiß», flüsterte sie, «daß Ihr wie ich ein wenig kurzsichtig seid; erlaubt mir, dem abzuhelfen, und behaltet das einfache Schmuckstück als Andenken an mich. Wollt Ihr wohl, Madame?»[16] Die Großfürstin fühlte sich sehr geschmeichelt. Wenn Baronin Oberkirch, ihre enge Vertraute, die netten Komplimente auch für bare Münze nahm, so waren sie doch rein formell. Marie Antoinette war der Besuch inzwischen lästig, wie ein Billett an Mercy zeigt: «Ihr wißt doch, daß morgen der *Castor* gegeben wird und die du Nords darauf brennen, daß ich sie zur Vorstellung begleite», schrieb sie. «Ich stelle mich also darauf ein, morgen hinzugehen. Ich will mich gefällig zeigen und ihre Eitelkeit befriedigen, aber keine Unschicklichkeit begehen. Ich weiß nicht, was tun: Muß ich, da sie nie in unsere Loge kommen, in ihre gehen oder sie bitten, in unsere zu kommen? Ich weiß nicht, was besser ist.»[17]

Die Feierlichkeiten lösten einander ab. Marie Antoinette ließ für ihre Gäste im Theater des Hofs die *Iphigenie in Aulis* spielen. Und am 6. Juni sahen sie im kleinen Theater von Trianon Grétrys Oper *Zémir et Azor*, gefolgt von Gardels Ballett *La jeune Française au Sérail*. Gräfin du Nord erregte an diesem Tag mit einer Coiffure Aufsehen, auf der über einer Rose ein Vögelchen, auf einer Sprungfeder balancierend, bei jeder ihrer Bewegungen mit den Flügeln schlug. Bevor der Schloßpark festlich erleuchtet wurde, erwartete die dreihundert Gäste ein Souper. Am Ende des Abends fand zu Ehren des Großfürstenpaares ein prächtiger Hofball statt, auf dem die Königin mit dem Zarewitsch tanzte. «Ein herrlicher Anblick», schwärmte Baronin Oberkirch, die sich ins Wunderland versetzt glaubte, «ist der Eintritt der königlichen Familie in den Ballsaal, wenn der ganze Hofstaat versammelt ist. Die Kopfhaltung der Königin ist von ganz eigener graziöser Majestät. Der König ist ungemein freundlich und gütig. Madame Elisabeth, alle Prinzen und Prinzessinnen und die ganze Dienerschaft folgen ihnen; prächtig ist diese Menge, diese Juwelen, diese Stickereien aus Gold und Silber, diese kostbaren Stoffe. Man macht sich keine Vorstellung, wenn man es nicht selbst gesehen hat.» Den Gipfel des Glücks genoß die charmante, mit schriftstellerischem Talent versehene Provinzbaronin, als die Königin das Wort an sie richtete: «Sprecht ein wenig deutsch mit mir, damit ich sehe, ob ich mich noch daran erinnere. Ich beherrsche nur noch die Sprache meiner neuen Heimat», sagte sie. Die Baronin sagte etwas auf deutsch, und Marie Antoinette wurde für einige Augenblicke nachdenklich. «Oh!» meinte sie, «jedenfalls bin ich entzückt, wieder das alte Deutsch zu hören. Es ist doch eine hübsche Sprache. Aber das Französisch erst! Im Munde meiner Kinder klingt es wie das süßeste Idiom des Universums.»[18] Den letzten Abend verbrachten die du Nords mit der ganzen königlichen Familie bei Prinzessin Lamballe. Man soupierte, spielte Lotto, tanzte erneut und amüsierte sich köstlicher als auf dem Ball zuvor. Der König zog sich früh zurück, worauf «kein Respekt mehr das Vergnügen beeinträchtigte und man eine vertrauliche Atmosphäre genoß, die durch die Anwesenheit der Königin nicht gestört wurde».[19] Gegen vier Uhr früh ging das Fest zu Ende. Als das Großfürstenpaar Tage später wieder abreiste, wurde es auf dem Nachhauseweg noch von der königlichen Familie in Choisy, das an der Strecke lag, mit einem fürstlichen Imbiß verabschiedet. An der Tafel nahmen allerdings nur die Großfürsten und Vertrauten Platz, während der König, die Königin und die Prinzen ihnen Gesellschaft leisteten.

Die Königin, die nur den Wunsch hatte, sich nach Trianon zurückzuziehen, war über die Abreise der Gäste erleichtert. Während die Russen zufrieden über ihren Empfang wieder nach Hause fuhren, war Vergennes froh, daß ihnen nichts Greifbares versprochen worden war. Und Mercy lobte Marie Antoinette in den höchsten Tönen, weil sie heftig über den Preußenkönig hergezogen und bei jeder Gelegenheit ihren Bruder gelobt hatte. «Ich habe hier noch kein Beispiel für einen solch vornehmen Empfang gesehen», schrieb er Joseph II. «Und der äußere Rahmen ihres Besuchs trägt so deutlich den Stempel der Königin, daß es unübersehbar ist; meine Aufgabe war es, bei den russischen Fürsten keinen Zweifel darüber aufkommen zu lassen, daß sie alles, was sie an diesem Tage erlebten, dem Kaiser verdankten.»[20] Marie Antoinette hatte die von Joseph gestellte Aufgabe, die diesmal genau ihren Fähigkeiten und Neigungen entsprochen hatte, bestens erfüllt.

Sie erholte sich von den Mühen im Schlößchen Trianon, wo sie diesen Sommer zwei längere Aufenthalte verbrachte. Am Hof war es selten still geworden. Viele Adlige hielten sich, wie üblich um diese Jahreszeit, auf dem Land auf, und zahlreiche junge Edelleute waren noch immer in Amerika. Die beiden Stimmungsmacher im Kreis um die Königin, die Grafen Artois und Vaudreuil, waren wegen der Belagerung Gibraltars in Spanien. So konnte sich Marie Antoinette ganz ihren Mutterfreuden und Freundinnen widmen. Sie verbrachte Stunden im Grand Trianon bei ihren Kindern, die sie dort mit Prinzessin Guémené, Baronin von Mackau und deren ganzem Gefolge untergebracht hatte. Sie verzichtete auf das Theaterspiel und begnügte sich damit, Konzerte zu veranstalten. Ihre Freundin Polignac nutzte die intime Atmosphäre und schlug ihr eine Kabinettsumbildung vor. Graf Adhémar, der den begehrten Posten im Kriegsministerium nicht bekommen hatte, sollte statt dessen die Leitung des königlichen Hofstaates übernehmen, wozu er allerdings gar nicht geeignet war. Marie Antoinette hörte die Freundin an, versprach aber nichts und schien über ihr Drängen so verärgert, daß Mercy schon hoffte, sie werde erneut in Ungnade fallen. Der Botschafter sollte bald enttäuscht werden.

Einige Wochen später, am 9. September, siedelte der Hof nach La Muette über, wo Madame Royale, das Töchterchen der Königin, geimpft wurde. Während des Aufenthaltes kam es unerwartet zu einem Ereignis, das den Kreis um die Königin, den Adel und ganz Paris erschütterte. Prinz Guémené machte Bankrott und hinterließ die unermeßliche Summe von über dreißig Millionen Livres Schulden. Bei einem solchen Skandal konnte seine Frau ihr Amt als Erzieherin der Kinder von Frankreich unmöglich weiter ausüben. Da die Königin zu ihr schon lange kein freundschaftliches Verhältnis mehr hatte, nahm sie ihr Rücktrittsgesuch an. Besenval, um eine Intrige nie verlegen, versuchte sofort, die vakante Stelle der Herzogin Polignac zuzuschanzen. Als erstes teilte er seine Absichten der Favoritin mit.

Sie reagierte «erschreckt über den Gedanken, ein Amt mit so schweren Ketten zu bekleiden, die man nicht erleichtern» könne, war dann aber schockiert, daß «die Königin noch nicht darauf gekommen» sei. Erfreut, daß er den Ehrgeiz der Favoritin angestachelt hatte, ging Besenval zur Königin. «Ich nutzte eine Gelegenheit», verrät er uns, «als sie allein von einem Raum in einen anderen schritt, trat auf sie zu und fragte sie, was ich von den Gerüchten aus Paris zu halten hätte; es heiße, Madame de Guéméné sei zurückgetreten und werde durch Madame de Polignac ersetzt. Die Königin blieb stehen, blickte mich an wie jemand, den man auf einen völlig neuen Gedanken gebracht hat, und schwieg einen Augenblick: ‹Wie! Madame de Polignac!› antwortete sie schließlich. [...] ‹Sie würde dieses Amt nicht wollen. Hat sie nicht alle Ämter ausgeschlagen, die ich ihr angetragen habe?› ‹Dieses aber ist ein Vertrauensbeweis›, fuhr ich fort, ‹und etwas ganz anderes als die Ämter bei Hofe. Abgesehen davon, daß man Madame de Polignac den Vorzug geben sollte, weil sie die notwendigen Fähigkeiten hat, glaube ich, daß Eure Majestät, wenn Ihr Eurer Freundin diesen Vertrauensbeweis nicht erbrächtet, sie in den Augen der Öffentlichkeit beleidigen würdet›», fügte der Baron hinzu.[21] Einige Tage später versuchte Marie Antoinette die Herzogin mit allen Mitteln davon zu überzeugen, das Amt zu übernehmen. Als die Tochter der Polignac, die gerade erst vierzehnjährige Herzogin von Guiche, in den Wehen lag, stand ihr die Königin in dieser schweren Stunde bis tief in die Nacht bei.

Obwohl die Ernennung der Favoritin weder für den Hof noch für die Öffentlichkeit überraschend kam, löste sie Empörung aus. Diese Gunst schien ein weiterer Beweis für die Macht und den Einfluß der Herzogin auf die Königin. Die neue Aufgabe machte ihre ständige Anwesenheit am Hof notwendig und die Beziehung zu ihrer Freundin noch enger. Während die kleinen Königskinder bisher abseits vom Hof in einem Stadthaus in der Rue du Grand-Montreuil untergebracht gewesen waren, quartierte sie Marie Antoinette mit der Erzieherin nun direkt im Schloß ein und ließ für sie weitere Wohnräume in Trianon herrichten.

Daß sich Marie Antoinette sehr gerne mit ihren Kindern befaßte, ist kein Mythos, und anders als ihre Vorgängerinnen, die an den ersten Lebensjahren ihrer Sprößlinge nur aus der Ferne Anteil nahmen, griff sie persönlich in die Erziehung ein. Marie Thérèse, noch keine vier Jahre alt, hielt sich meistens in den Gemächern der Mutter auf. «Man hat kaum noch die Möglichkeit», schimpfte Mercy, «mit der Königin einen wichtigen oder ernsten Gegenstand zu erörtern, ohne jeden Augenblick von kleinen Zwischenfällen im Spiel des Königskindes unterbrochen zu werden, und diese Widrigkeiten fördern ihre natürliche Neigung zur Zerstreutheit und Unaufmerksamkeit, so daß sie kaum noch zuhört [...] und noch weniger versteht.»[22] Der Botschafter hatte damals wirklich alle Mühe, an die Königin die Wünsche Wiens heranzutragen.

Der übertriebene Ehrgeiz Josephs II. brachte zu dieser Zeit die Allianz in Gefahr. Er warf noch immer einen begehrlichen Blick auf Bayern und träumte davon, sich die Republik Venedig einzuverleiben. Sein Bruder Leopold regierte in Florenz, sein Bruder Ferdinand sollte die Nachfolge in Modena antreten, seine Schwester Maria Amalia hatte den schwachen Herzog von Parma geheiratet, und seine Schwester Maria Karoline beherrschte ihren Gatten, den König von Neapel und Sizilien. Joseph II. hoffte, fast die ganze italienische Halbinsel unter die Herrschaft der Habsburger zu bringen. Logische Folge seiner expansiven Politik war der Griff nach dem Balkan. Allerdings konnte er nichts in Europa unternehmen, ohne daß ihm die Preußen in den Rücken fielen. Der Kaiser brauchte deshalb die Neutralität und aktive Unterstützung Rußlands, eine Notwendigkeit, die nicht zuletzt auch zum Treffen von Mohilew im Sommer 1780 geführt hatte. Mit auf der Tagesordnung hatte damals die Teilung des Osmanischen Reichs gestanden, die allerdings nur dann durchzuführen war, wenn Frankreich, das die Türken traditionell unterstützte, diese Pläne nicht durchkreuzen würde. Die Reise des Zarewitschs nach Versailles hatte Katharinas und Josephs Hoffnungen nicht erfüllt, wodurch sich beide Herrscher aber nicht beirren ließen. Am 10. September 1782 legte Katharina Joseph einen Plan zur Teilung des Osmanischen Reichs vor, nach dem Rußland die Krim, Kuban und den Küstenstrich zwischen den Flüssen Dnjestr und Bug bekommen und Österreich sich Serbien, Bosnien, Herzegowina und Dalmatien einverleiben sollte. Katharinas Ehrgeiz ging sogar dahin, die Türken aus Konstantinopel zu verjagen und ein neues byzantinisches Reich zu errichten. Aber während die Zarin den Einmarsch auf die Krim und in Kuban vorbereitete, zögerte der Kaiser. Preußen war noch immer eine bedrohliche Macht, und Joseph fragte sich ängstlich nach den Reaktionen Ludwigs XVI. Er versuchte dem König und seinem Kabinett weiszumachen, er wollte mit seiner geplanten Militäroperation nur die Zarin daran hindern, das ganze Osmanische Reich an sich zu reißen. Über Mercy ließ er dem König einen Vorschlag überbringen: Im Falle seiner Neutralität könne Frankreich Ägypten bekommen, wenn man es den Türken abgenommen habe. Joseph II. setzte damit auf einen alten französischen Traum und wahrte die Interessen des Kaiserreiches: Wenn Frankreich sein Augenmerk stärker auf den Orient richten würde, wäre es an der Rheingrenze verwundbarer.

Jetzt konnte Vergennes mit Mercy aus einer Position der Stärke heraus verhandeln. Ludwig XVI. hatte durch den eben geschlossenen Frieden mit England in Europa freie Hand und brauchte auf den Kaiser, dessen Spiel er durchschaute, keine Rücksicht zu nehmen. So lehnte er Josephs Angebot mit der Begründung ab, Preußen könne nach einer Teilung des Osmanischen Reichs einen Ausgleich verlangen und den Frieden bedrohen. In einem langen Brief an seinen Schwager prangerte er «das unsägliche System des Ausgleichs» an und drohte mit einer Verständigung mit Friedrich II., um einen Krieg in Europa zu verhindern. Zum dritten Mal brachte Ludwig XVI., den Joseph II. für einen nachgiebigen Trottel gehalten hatte, seine ehrgeizigen Pläne zum Scheitern.

Im Juni 1783, als Mercy und Vergennes nur noch dem Schein nach höflich miteinander umgingen, versuchte der österreichische Botschafter ohne große Hoffnung, Druck auf die Königin auszuüben. Er wollte ihre «große Besorgnis» nutzen, um «ihre Aufmerksamkeit besser zu fesseln».[23] Marie Antoinette machte sich die Ansichten ihres Bruders zu eigen, nach denen «die üble Vorgehensweise des Versailler Kabinetts» zur Abkühlung zwischen beiden Höfen geführt habe. Der Botschafter versicherte ihr, daß sie «in ihrem Leben keine bessere Gelegenheit finden werde, um mit Taten ihre innige Freundschaft zum Kaiser und ihre Aufopferung für die Interessen ihrer Familie zu beweisen».[24] Wie immer, wenn es um ihre Familie ging, reagierte sie heftig und wollte Vergennes sofort schonungslos «ihre Empörung mitteilen».[25] Mercy konnte sie mit viel diplomatischem Geschick gerade noch zurückhalten. Statt dessen sprach sie mit ihrem Gatten. Ludwig schloß sich scheinbar der Auffassung des Kaisers an, nach dem die russische Zarin den bevorstehenden Krieg zu verantworten habe, meinte aber, man müsse sie durch eine Übereinkunft zwischen Österreich, Preußen und Frankreich bremsen. Marie Antoinette war nach der Unterredung beruhigt. Mercy mußte Kaunitz gegenüber einräumen, daß «der Einfluß der Königin, so weitreichend und wirksam er auf anderen Gebieten» sei, im politischen Bereich eher schwach ausfalle, denn sie habe «ihrem erlauchten Gatten schon zuviel Anlaß zur Annahme gegeben, daß sie von Staatsangelegenheiten wenig verstehe und nicht in der Lage sei, ihre Bedeutung richtig einzuschätzen».[26] Konnte man es treffender ausdrücken als Mercy in seinem Brief vom 17. Juni 1783 an Fürst Kaunitz?

In diesem Sommer spitzten sich die Beziehungen zwischen Versailles und Wien gefährlich zu. Im August drohte dem Bündnis der Bruch. Es gelang dem verzweifelten Mercy, die Königin davon zu überzeugen, daß Vergennes die Dinge «gegen den gesunden Menschenverstand» betrachte und an den Spannungen zwischen Frankreich und Österreich schuld sei. Für Marie Antoinette, die nicht ahnte, daß der Minister sich eng mit ihrem

Gatten abstimmte, wurde Vergennes immer mehr zum Sündenbock. Sie glaubte, Ludwig XVI. sei «über die Angelegenheiten nur unzureichend informiert».[27]

Daß es dennoch nicht zum Bruch kam, lag nicht am Einsatz der Königin. Joseph, der nur Frankreich als zuverlässigen Bundesgenossen hatte und sich vor den Preußen in acht nehmen mußte, verzichtete schließlich auf ein Abenteuer im Balkan und verlegte sich aufs Verhandeln. Saint-Priest, der Botschafter Frankreichs in Konstantinopel, bot seine guten Dienste an. Im Januar 1784 wurde eine Übereinkunft unterzeichnet, bei der die Russen Sieger waren: Sie behielten die Krim, Kuban und die Halbinsel Taman. Österreich und Preußen gingen leer aus. Das europäische Kräftegleichgewicht blieb erhalten.

In einem Brief an seine Schwester gibt sich der verbitterte Kaiser besonnen, macht seinem Ärger aber Luft. Nach den üblichen Höflichkeiten beschwert er sich über den Allerchristlichsten König. «Wegen der Veränderungen in der Regierung» seit Choiseuls Abschied bestehe das Bündnis von Frankreich nur noch aus «Worten und Artigkeiten». Der Bundesgenosse sei «preußischen Verleumdungen» aufgesessen und habe «schon immer den Widerpart des Kaiserreichs unterstützt». Er habe «sich nicht an die Verpflichtungen, die er im Krieg von 1778 eingegangen war, gehalten und sich sogar alle Mühe gegeben, den Gewinn zu verringern, den das Haus Habsburg für die Gegenwart und Zukunft aus dem Friedensschluß von Teschen» hätte ziehen können. In seinem Brief wirft Joseph II. Frankreich noch mehr vor: «Es schont die Zarin von Rußland [...] und schlägt mir gegenüber einen hochmütigen Ton an, weil es fürchtet, daß ich mir womöglich auch einige Vorteile verschaffen könne [...]; und all dies, obwohl ich die überzeugendsten, die stärksten Beweise für die Vorteile erbracht habe, die Frankreich aus der Freundschaft und dem Bündnis mit mir ziehen kann.»[28] In einer anschließenden Betrachtung zu den Beziehungen zwischen Österreich und Frankreich versucht der Kaiser zu zeigen, daß er sich stets loyal verhalten habe.

Marie Antoinette las dem König den Brief vor. Ludwig antwortete, er und der Kaiser könnten bei aller Freundschaft die Dinge wegen der «unterschiedlichen Interessen» ihrer Staaten bisweilen verschieden beurteilen. Dagegen legte die Königin Wert darauf, daß Joseph «seine Schwester, seine Freundin nicht in die politischen Intrigen und Zwistigkeiten» hineinziehen solle. Sie hoffe vor allem, er werde «den unredlichen Stil» vergessen, dem er hier begegnet sei.[29]

Kapitel XV

Aufregendes Wiedersehen

Während Marie Antoinette im Juni 1783 um die Allianz bangte und vergeblich versuchte, die französische Außenpolitik in eine andere Richtung zu zwingen, tauchte am Hof Graf Fersen wieder auf. In der diplomatischen Korrespondenz, in der die Schritte der Königin für ihren Bruder ausführlich erörtert werden, wird die Rückkehr des Helden aus Amerika allerdings diskreter behandelt. Und Marie Antoinettes Leidenschaft hatte nicht nachgelassen in den drei Jahren, in denen der schöne Schwede in der Armee des Königs für die Aufständischen gekämpft hatte.

Obwohl Fersen durch das Klima und das harte Soldatenleben um zehn Jahre gealtert war, hatte er nichts von seinem Charme eingebüßt. Im Gegenteil. Er hatte jene männliche Reife und Sicherheit erlangt, der Frauen nur selten widerstehen können. Und wie zuvor in Europa hatte es dieser Mann, der «gerne zuhörte und selbst lieber schwieg»,[1] meist mit Frauen zu tun, die seinem zurückhaltenden melancholischen Wesen erlagen. Der Herzensbrecher war zugleich ein tapferer Soldat, den Vorgesetzte lobten. General Rochambeau protegierte ihn, begegnete ihm mit «Güte und Vertrauen» und nannte ihn «seinen ersten Adjutanten».[2] Zu Beginn der Kampagne hatte Fersen Freundschaft mit Lauzun geschlossen, der ihm eine Stelle als kommandierender Oberst in seiner Legion vorschlug, die er ihm ein Jahr später bei seinem Ausscheiden aus dem Dienst überlassen wollte. «Der Herzog von Lauzun schrieb deshalb an die Königin, bei der er hoch in Gunst steht; ich übrigens auch ein wenig», teilte er seinem Vater mit. «Ich schrieb ihr auch und hoffe, daß ich mit der Fregatte, die mir die Antwort bringt, auch mein Brevet bekomme. Lauzun versichert mir, daß es keine Schwierigkeiten geben wird.»[3] Bald erhielt er einen Brief von Ségur mit dem Versprechen, er werde zum Obersten à la suite ernannt. Nachdem Fersen sich bei der Belagerung von Yorktown brillant gehalten hatte, wiederholte Lauzun sein Angebot. In einem Brief bat Fersen daraufhin seinen Freund Staël, Creutz' Nachfolger in Paris, er möge «mit der Königin darüber sprechen».[4] Dann zerschlugen sich diese Pläne allerdings, die Fersen «unaussprechliche Freude» bereitet hatten. Es war nicht zu seinem Nachteil. «Die Königin, die mir noch immer wohlgesinnt ist und sich für mich interessiert, hat sich anderweitig für mich eingesetzt», berichtete er seinem Vater am 22. Mai 1782. «Staël teilt mir mit, daß sie für mich um die Stelle eines Obersten à la suite im Regiment Royal Deux Ponts nachgesucht hat und daß ich sie bekommen werde.»[5] Im folgenden Oktober war der Adjutant tatsächlich Oberst à la suite geworden. Der junge Ehrgeizling erklärte seinem Vater befriedigt, er werde bis Kriegsende in Übersee bleiben, «damit niemand auf den Gedanken» komme, er «sei nur nach Amerika gegangen, um dort aufzusteigen».[6] Gleichzeitig versicherte er, er «wolle nicht immer in Frankreichs Diensten bleiben», sondern bald Hauptmann der Leibgarde Gustavs III. werden.

Nach Kriegsende teilte Fersen seinem Vater mit, er wolle einige Monate in Frankreich verbringen und dort an ein Regiment kommen. «Diese Stellung erfordert meine Anwesenheit nicht, sie ist nur eine Auszeichnung und lukrativ», erklärte er ihm.[7] Er sei sich ganz sicher, daß er zum Ziel kommen werde, wenn er nur den Winter über in Paris bleiben dürfe. Um den Vater zu beruhigen, der nach seiner langen Abwesenheit ungeduldig auf seine Rückkehr nach Schweden wartete, deutete er Heiratsabsichten an: «Ich bin in einem Alter, in dem die Ehe, so wenig ich mich zu diesem Sakrament berufen fühle, zur Notwendigkeit wird.»[8] Er hatte deshalb schon Miß Leyel geschrieben, von der er vor Jahren bereits einen Korb erhalten hatte. Er dachte auch an Germaine Necker, die einen Antrag seines Freundes Staël ausgeschlagen hatte. So segelte Fersen, der Anfälle von Tertianafieber hatte, mit dem ernsthaften Gedanken an eine Heirat nach Frankreich zurück.

Am 17. Juni 1783 landete er in Brest. Am 23. Juni, als er bereits wieder in Paris war und sich bei Staël einrichtete, erfuhr er, daß Lauzun seine Legion behielt. Die Nachricht erschütterte ihn keineswegs, denn es taten sich andere Möglichkeiten auf: Sein Leben nahm eine Wende, wie die drei Briefe zeigen, die er am 27. Juni an Gustav III., an seinen Vater und an seine Schwester Sophie schrieb. Fersen bat seinen König um Unterstützung, damit er das Regiment Royal Suédois bekomme. Er möge «einem Arrangement zustimmen, von dem seine Existenz, seine Zukunft und sein Lebensglück» abhänge. Den Vater bat er deshalb um hunderttausend Livres Vorauszahlung auf sein Erbe. «Wenn Ihr dieses Geld nicht zur Verfügung habt, mein lieber Vater, so versuche ich es hier aufzutreiben, macht Euch deshalb also keine Sorgen», beeilte er sich hinzuzufügen. Trotzdem versicherte er Senator Fersen, seine Antwort entscheide über «das Glück und Unglück [seines] Lebens.»[9] Schließlich bedrängte er seine Schwester, auf den Vater einzuwirken, wenn er sich seinen Plänen widersetzen sollte, und versicherte auch ihr, daß sein «Lebensglück»[10] auf dem Spiel stehe.

Fersen war selten so beredt gewesen. War die Hoffnung auf ein Regiment der einzige Grund für diese Leidenschaft? Dank der Protektion der Königin bot sich dem schwedischen Offizier in Frankreich sicher eine glanzvolle Karriere. Gleichzeitig eröffnete sich ihm auch in der Heimat eine brillante Zukunft, da Gustav III. ihn besonders schätzte und mochte. Aber bei allem Nationalgefühl schien ihm ein weiterer Aufenthalt in Frankreich verlockender als die Heimat. Und wenn ihn das «starke Motiv des Ehrgeizes» allein nicht zurückhalten könne, so kämen «tausend andere Gründe» hinzu, «die er dem Papier lieber nicht» anvertraue.[11]

In Paris suchte Fersen erneut Baron Breteuil auf, der in der Wiener Botschaft durch Graf Noailles abgelöst worden war. Breteuil, der auf einen Ministerposten spekulierte, machte der Königin tüchtig den Hof. Er begegnete Fersen so freundlich wie vor seiner Abreise, und wie wir von Bombelles erfahren, versuchte er «dem Sohn [...] die Freundschaftsbeweise und Dienste zurückzuerstatten, die er in Schweden vom Vater erhalten hatte».[12] Er setzte sich beharrlich bei Ségur dafür ein, daß sein Schützling ein Regiment erhalte. Aber der Kriegsminister, obwohl ein ergebener Anhänger Marie Antoinettes, unterstützte seine Bitte nicht. Breteuil bot Fersen trotzdem an, ihm die hunderttausend Livres für ein Regiment zu leihen, und Fersen nahm das Angebot an.

Der junge Offizier erfuhr durch einen Brief von Creutz, der inzwischen Außenminister in Stockholm geworden war, daß sein Vater und der König seiner Bitte stattgegeben hätten. Drei Tage später jubelte Fersen: «Ich kann es kaum glauben, so glücklich bin ich. Und ich habe mehrere Gründe, die ich Euch mitteile, sobald wir uns sehen», dankte er seiner Schwester Sophie am 31. Juli. Er plane nämlich für Herbst eine Reise nach Schweden. «Trotz der Freude, Euch wiederzusehen, reise ich aus Paris nicht ohne Wehmut ab. Ihr werdet das ganz natürlich finden, wenn Ihr den Grund dafür erfahrt; ich werde ihn Euch nennen, denn vor Euch möchte ich keine Geheimnisse haben. [...] Ich bin sehr froh, daß Miß Leyel verheiratet ist, so spricht mir keiner mehr von ihr, und ich hoffe, daß man für mich nicht eine andere findet. Ich habe meine Entscheidung getroffen, ich will niemals eheliche Bande eingehen, denn es ist gegen meine Natur. [...] Ich darf der einzigen Person, der ich gehören möchte, nicht gehören, der einzigen, die mich wirklich liebt, also will ich niemandem gehören.»[13]

Diese «einzige Person», die ihn wirklich liebte, war keine andere als Marie

Antoinette. Leider findet sich weder von den offiziellen Schreiben (die er seinem Vater gegenüber erwähnt) noch von den Privatbriefen an diese Geliebte eine Spur. Und sein Tagebuch von der Zeit zwischen 1783 und 1790 hat Fersen vernichtet. Aber man kann seine spontanen Entscheidungen nach der Rückkehr nach Frankreich und seine geheimnisvollen Andeutungen im Brief an die Schwester nicht verstehen, wenn man nicht davon ausgeht, daß er mit der Königin in ständigem Briefkontakt gestanden hat.

Nach seiner Rückkehr nach Versailles hatte Marie Antoinette alle Hebel in Bewegung gesetzt, um seine Wünsche zu erfüllen. Gustav III. hatte keinen Grund, Fersen eine Bitte abzuschlagen, denn er hatte die Mission für ihn in Amerika bestens erfüllt und den Grundstein zum Aufbau von Handelsbeziehungen mit den Kolonien gelegt. Ihm war es zu verdanken, daß am 13. April 1783 ein entsprechender Vertrag abgeschlossen wurde. Und daß der «große Axel» die Gunst der Königin hatte, bedeutete einen Trumpf in der Hand des Schwedenkönigs: Er brauchte die Unterstützung der Franzosen gegen Rußland, konnte aber nicht mit der Sympathie Ludwigs XVI. rechnen. Da man Marie Antoinette großen Einfluß auf die Staatsgeschäfte nachsagte, warb er um ihre Freundschaft, und dazu hätte er wohl keinen besseren Mittelsmann finden können als Fersen. Gustav III., der seinen eigenen Hof gerne mit diesem schönen jungen Mann geschmückt hätte, unterstützte also lieber dessen persönlichen Ehrgeiz und überzeugte seinen Vater davon, seinen Wunsch zu erfüllen. Zudem empfahl er Fersen in einem Brief persönlich Ludwig XVI. und bat ihn um ein Regiment für seinen Schützling. Die Antwort kam prompt. Am 12. September dankte Fersen Gustav III.: «Der König war sofort einverstanden und hat größtes Vergnügen bekundet, Eurer Majestät einen Gefallen zu tun», schrieb er. «Auch die Königin schaltete sich gerne ein, als sie erfahren hat, daß Ihr es wünscht. Alles geht gut, und ich glaube, Eurer Majestät versichern zu können, daß ich das Regiment Royal Suédois erhalte.»[14] Einige Tage später versicherte Marie Antoinette dem Schwedenkönig, daß sie «durchaus nicht vergesse, [seine] Ansichten zu unterstützen und [ihm] bei dieser Gelegenheit zu beweisen, daß [sie ihm] aufrichtig verbunden» sei.[15] Die Neigung der Königin zum Grafen Fersen blieb dem Hof natürlich nicht verborgen. «Man hat sich darin gefallen, eine Verleumdung in Umlauf zu setzen, nach der die Königin in diesen jungen Mann unsterblich verliebt sei und versucht habe, ihn fester im Dienst beim König zu halten», vermerkte Marquis Bombelles. «Ich konnte mich davon überzeugen, daß ihr Interesse an seiner Person ebenso gewöhnlich wie ehrenhaft ist. Graf von Fersen ist nur dann in Versailles vorstellig geworden, wenn ihn Baron von Breteuil dazu gedrängt hat. Wenn die Königin für ihn eine persönliche Vorliebe gehabt hätte, so wäre nichts einfacher gewesen, als ihn den Winter über hier zu behalten; statt dessen ist er vor acht Tagen nach Stockholm abgereist. Das, so heißt es, sei ein Meisterwerk der Verstellungskünste Ihrer Majestät, so wie sie Monsieur de Fersen auch in der Öffentlichkeit gewöhnlich behandelt habe. Mir scheint, daß eine Königin, deren Einfluß und Autorität so bekannt sind, solche Vorsichtsmaßnahmen nicht nötig hat. Sie hätte Graf von Fersen in Frankreich behalten können, und keiner hätte je gewagt, den König auf das zu stoßen, was ihm hätte verborgen bleiben sollen.»[16] Man wird sehen ...

Fersen, der seine Familie wiedersehen wollte und mit seinem Vater finanzielle Fragen besprechen mußte, hatte Versailles Ende September verlassen. In Wismar erreichte ihn ein Schreiben seines Königs, in dem er aufgefordert wurde, ihn nach Italien zu begleiten. Fersen verzichtete auf den Besuch bei der Familie und schloß sich Gustav III. an, der ihn in Erlangen «wie einen innig geliebten Bruder» empfing.

Während der langen Reise mit dem extravaganten Monarchen, der mit Gefolge unter dem Decknamen Graf von Haga die italienische Halbinsel durchquerte, brach Fersen die Herzen mehrerer junger Frauen. So tröstete er vor allem die beiden todunglücklichen Engländerinnen Emily und Elizabeth. Jener Emily, der Schwägerin Lord Coopers, die eine im Januar 1784 in Florenz begonnene Romanze fortsetzen wollte, erklärte er, daß dies «nicht sein dürfe». Er bat Lord Cooper, «mit ihr zu sprechen und sie zu trösten». Die Unglückliche weinte sich die Augen aus und schenkte ihm zum Abschied ihr Porträt. Wenig später begegnete Fersen in Neapel im Kreis um den «Thronprätendenten» Karl Eduard Stuart der liebreizenden Elizabeth Foster. Nach eigenem Bekunden empfand er «viel Freundschaft» für die Frau und verliebte sich ernsthaft in sie. Dann aber beendete er auch diese nette Liaison. «Alles erklärt», schrieb er lakonisch in sein Notizbuch, in dem er kurz den Inhalt seiner gesamten Korrespondenz eintrug. Wenn die Bekenntnisse gegenüber Lady Elizabeth auch nicht genau bekannt sind, so hatte Fersen für sie doch offenbar so viel Wertschätzung und Vertrauen übrig, daß er ihr den Grund für den Bruch gestand. Er blieb mit ihr brieflich in Kontakt und sollte ihr 1793, als er von der Hinrichtung der Königin erfuhr, einen herzzerreißenden Brief schreiben. Aber 1784 lächelte Fersen noch das Glück. Niemand auf seiner Reise ahnte, daß dieser Adlige Briefe an die Königin von Frankreich schrieb und daß sie sie beantwortete.

In Fersens vielzitiertem Notizbuch taucht neben anderen Frauennamen oft eine geheimnisvolle Joséphine auf, deren Briefe numeriert sind. Fersen versah nur wichtige Briefe mit Nummern. Die schwedische Archivarin Alma Söderhjelm hat das Material zu Fersen genau durchforstet und dabei

Dinge zutage gefördert, die noch heute von Bedeutung sind. Hinter dem Namen Joséphine, so ihre Entdeckung, verbirgt sich keine andere als Marie Antoinette. «Die Korrespondenz mit Joséphine ist in Serien unterteilt», schreibt sie. «Dank des Notizbuchs zu Fersens Briefen konnten wir feststellen, daß jede neue Serie mit seiner Abreise aus Versailles oder Paris beginnt. Die Briefe an Joséphine sind von sehr unterschiedlichem Inhalt, in einigen geht es um praktische Angelegenheiten, in anderen um Politik, um sein Regiment oder um private Dinge.»[17] Leider sind die Briefe selbst nicht aufgetaucht. Françoise Kermina,[18] die ihretwegen die schwedischen Archive durchstöbert hat und dabei auf unveröffentlichtes Material gestoßen ist, hat von ihnen keine Spur entdeckt. «Die Vermerke in Fersens Notizbuch lassen aber darauf schließen», schreibt Alma Söderhjelm, «daß die Briefe über Mittelsmänner zugestellt wurden und oft von einem anderen als Fersen geschrieben oder abgeschrieben wurden.» Trotzdem besteht kein Zweifel an Joséphines Identität, denn so nennt Fersen die Königin eindeutig in seinem Tagebuch.[19]

Marie Antoinette hatte trotz der politischen Querelen, an denen sie auf Druck Mercys und ihres Bruders teilnehmen mußte, wohl noch nie einen so angenehmen Sommer verbracht wie den des Jahres 1783. Sie lebte endlich ganz ihren Traum von der ungestörten Privatsphäre aus, bekam fast täglich Besuch von dem Mann, den sie liebte, und zerbrach sich den Kopf darüber, wie sie sich und ihm eine ideale Existenz verschaffen konnte. In diesem Sommer machte sie sich mehr denn je von den Zwängen der Etikette frei. Man sah sie fast nur noch in schlichten weißen Kleidern aus Mousseline oder feinem Leinen, sogenannten «robes à enfant» oder «gaulles». Eines dieser Kleider und einen Strohhut trägt sie auf jenem Porträt, das die Malerin Vigée-Lebrun damals im Pariser Salon ausstellte. Das Gemälde löste Empörung aus. Die Königin als Stubenmädchen! Hatte man ihr früher ihre verschwenderische Garderobe vorgeworfen, hielt man ihr jetzt übertriebene Schlichtheit vor. «Ihre Majestät», konnte man in einem Bericht über den Salon lesen, «fühlt sich sehr wohl; sie gibt sich ungezwungen und freizügig, zeigt sich in der bequemen Stellung, die sie der erzwungenen repräsentativen Pose vorzieht und die bei ihr der erhabenen Rolle keinen Abbruch tut. Manche Kritiker halten ihren Hals für zu lang: ein kleiner Fehler des Entwurfs, sonst aber wirkt das Porträt durch eine sehr frische Gesichtsfarbe, eine elegante Haltung und ein natürliches Erscheinungsbild liebenswert.» Die Mehrzahl der Kritiker war boshafter. Angeblich wollten die «Königin und der Kaiser die Lyoner Seidenindustrie zugunsten der Brüßler Tuchmacher ruinieren». Unbekannte hängten eine Inschrift unter das Gemälde: «Frankreich in Gestalt Österreichs, das sich mit einem Lappen behängt.» Vorsorglich wurde das Gemälde aus der Ausstellung entfernt.

Auch wenn Marie Antoinette dem Vorfall keine große Bedeutung beimaß, zeigte er doch ihre wachsende Unpopularität. Wahrscheinlich führte sie ihn auf den berüchtigten französischen Leichtsinn zurück, vor dem sie Mutter und Bruder so oft gewarnt hatten. Auf der Flucht vor der Wirklichkeit beauftragte sie ihren Hofarchitekten mit einer Traumkulisse für das unbeschwerte einfache Leben, dem *hameau*, ein ländliches Dörfchen in den Gärten von Trianon. Hatte ihr geliebtes Lustschlößchen, in dem sie ihren Verpflichtungen als Königin entgehen wollte, bereits Anlaß zu Gerede gegeben, so wurde das Projekt, das Marie Antoinette in diesem Jahr in Angriff nahm, zum Symbol für die unüberbrückbare Kluft zwischen Traum und Wirklichkeit und der – weitaus gravierenderen – zwischen Königin und Königreich.

Die vielbeschworene Rückkehr zur Natur, zu der sich die feinsinnigen Geister des ausgehenden 18. Jahrhunderts bekannten, hatte auch Marie Antoinette erfaßt. «Man könnte», schrieb Abbé Delille 1782 treffend im Vorwort zu seinen *Jardins*, «die Kunst des Gartenbaus den Höhepunkt der Agrikultur nennen. Sie scheint mir der geeignetste, wenn nicht tugendhafteste Zeitvertreib reicher Leute. Als kulturelle Betätigung führt sie aufs unschuldige Landleben zurück, als dekorative Kunst kommt sie, ohne Gefahren zu bergen, jener Lust am Geldausgeben entgegen, die mit dem großen Vermögen auftaucht. [...] Das Geld, das den Erzeugern von Luxusgütern zugeflossen wäre, ernährt so die Bauern und kehrt zu seinem wahren Ursprung zurück.» Der Weiler, den Gärtner und Architekten in einer der Natur nachempfundenen Landschaft errichteten, war als künstliches Paradies gedacht, in dem sich raffiniertester Luxus und reinste Ursprünglichkeit paarten; er sollte Schloß und Landschaftsidyll, Widerspiegelung mondänen Glücks und pastoraler Einfachheit und eine Aussöhnung des realen Lebens mit der idealen Natur sein. Dieses Operettendorf war gleichsam eine Verkörperung des Traums vom schlichten Leben, der Reiche glücklich macht. Phantasielosen Gemütern konnte es eine vage Vorstellung von der Vielfalt bäuerlichen Lebens vermitteln. Und kam das unberührte Paradies nicht der Sehnsucht einer Verliebten entgegen, die gerne alleine ist?

Der Prinz von Condé hatte sich in Chantilly als erster ein solches Dörfchen bauen lassen: Sieben strohgedeckte Häuser, ein Stall, eine Molkerei, eine Mühle, eine Scheune, eine Schenke und zwei Bauernhäuser zogen sich am Ende seines Parks an einem Fluß entlang. Wenn eine Müllerin auch sein Korn mahlte und ein Hirte die Kühe molk, so verbargen die groben, zerfallen wirkenden Außenmauern der beiden Bauernhäuser doch prunkvoll ausgestattete Salons. Die Illusion war perfekt. Das Dörfchen, das Marie Antoinette bei Mique in Auftrag gab, sollte nach dem Vorbild von Chantilly in der Verlängerung des Parks von Trianon entstehen. 1783 wurde ein Teich ausgehoben, um den herum das Dörfchen errichtet werden sollte. Die Bauarbeiten begannen im Frühjahr. Bald ragte ein Turm auf, als Tribut an die damalige Anglomanie *Tour de Marlborough* genannt, dann entstanden die beiden Molkereien, eine Scheune mit Platz für das Boulespiel im Inneren, ein Taubenschlag, ein Hühnerhof, eine Mühle, ein Gärtnerhäuschen und eine Wäscherei. Hinter dem Weiher wurden zwei Pavillons gebaut, verbunden durch eine lange, terrassenförmige Galerie, von der zwei harmonisch geschwungene Freitreppen abgingen. Als Vorbild für diese bescheiden anmutenden Fachwerkbauten, auf deren Mauern Risse gemalt wurden, hatten normannische Bauernhäuser gedient. Erst 1787 war der Weiler endgültig fertig. Manche Zeitgenossen bei Hof fanden die neue Laune der Königin geschmacklos. «Mit einer geringen Mehrausgabe», meinte Marquis Bombelles, «hätte Ihre Majestät vielleicht in einem Umkreis von zwanzig bis dreißig Meilen das elende Erscheinungsbild, das unsere wirklichen Dörfer tragen, [...] tilgen können, statt ihre schreckliche Verwahrlosung darzustellen. [...] Wenn man an Orten, die dem Vergnügen bestimmt sind, nachahmen will, was nur auf tote Art an das Unglück der Untertanen und Bürger erinnert, dann sieht es so aus, als spotte man über sie und wolle ihre Lage verschlimmern.»[20]

Auch im Hinblick auf das Versailler Schloß hatte die Königin die Lust auf Veränderung ergriffen. 1782, nach dem Tod von Madame Sophie, der Tochter Ludwigs XV., hatte Marie Antoinette beschlossen, im Erdgeschoß unter ihren jetzigen Gemächern eine Zimmerflucht mit Blick auf den Marmorhof zu beziehen, um dort größtmögliche Ruhe zu genießen. «Le nouveau logement de la reine», wie diese neue Zimmerflucht genannt wurde, war mit den alten Gemächern durch Innentreppen verbunden. Marie Antoinette ließ das große Bett, in dem sie ihre Kinder zur Welt gebracht hatte, hinunterschaffen und orderte für die mittlere Fenstertür Portieren aus grünem Tuch und einen Klappladen. Jacob beauftragte sie mit Sesseln, Reisner mit anderen Möbeln aus gesprenkeltem Mahagoni mit schlichten Bronzebeschlägen. [21]

Als Fersen im Spätsommer aus Versailles abgereist war, sorgte Beaumarchais' Stück *Le mariage de Figaro* (Die Hochzeit des Figaro), das 1778 fertiggestellt, aber noch immer durch Zensur verboten war, für viel Aufregung. Im Vorjahr hatte der berühmte Dramatiker die Ehre gehabt, sein Stück dem Zarewitsch und seiner Frau vorlesen zu dürfen. Der Klüngel um Herzogin Polignac, Vaudreuil vor allem, hielt große Stücke auf Beaumarchais und wollte das Werk unbedingt auf einer der großen Pariser Bühnen gespielt sehen. Dagegen versuchten Graf von Provence und Großsiegelbewahrer Miromesnil, Angehörige der gegnerischen Koterie, eine Aufführung des skandalträchtigen Stücks mit allen Mitteln zu verhindern. Schließlich brachten seine Befürworter die Königin dazu, daß sie sich bei ihrem Gatten für die Komödie einsetzte. Von Marie Antoinette gedrängt, ließ sie sich der König von Madame de Campan vorlesen. Mehrfach unterbrach er sie durch wütende Zwischenrufe. Auf die berühmte Schimpfkanonade gegen die Staatsgefängnisse hin soll er gezischt haben: «Das ist abscheulich! Das wird nie gespielt werden: Man müßte die Bastille schleifen, wenn eine Aufführung des Stücks keine gefährlichen Folgen haben sollte. Dieser Mann spottet über alles, was man an der Regierung achten muß.» Die Königin war enttäuscht. «Also wird es nicht gespielt?» fragte sie erstaunt. «Ganz bestimmt nicht», antwortete Ludwig, «da könnt Ihr sicher sein.»[22] Marie Antoinette hatte die politische Dimension des Stücks nicht begriffen. Wo sie amüsante Verwicklungen sah, erblickte der König einen Angriff auf die Monarchie.

Obwohl Beaumarchais, über die Reaktion des Königs informiert, sein Werk an manchen Stellen abmilderte, gab es die Zensur nicht frei. Das verhinderte nicht, daß Schauspieler des Théâtre-Français es im Frühjahr 1783 probten. Wahrscheinlich hatte Graf Artois der Truppe versprochen, daß der König für eine Inszenierung eintreten würde. Als Ludwig XVI. erfuhr, daß trotz Zensur geprobt wurde, ließ er die Aufführung verbieten. Sein Befehl erreichte das Theater wenige Stunden vor der Uraufführung und entfachte einen Sturm der Entrüstung. Ein Akt der Tyrannei! Der König verbietet ein politisches Stück! Er bevormundet das Volk moralisch! «Die Exposition, die Intrige, die Auflösung, die Dialoge, das Ganze, das Einzelne und kurzum alles von der ersten bis zur letzten Szene sind doch bloß Ulk und nichts als Ulk», soll Graf von Artois es gerechtfertigt haben.[23] Mit der Königin und der Clique um die Polignac führte er eine regelrechte Kampagne, damit der König das Stück freigab. Ludwig XVI. gab schließlich nach und erlaubte eine Aufführung unter der Bedingung, daß sie auf einer Privatbühne stattfinde. So wurde die Komödie im September 1783 bei Vaudreuil in Gennevilliers vor dem blaublütigsten Publikum, das der Dichter sich erträumen konnte, uraufgeführt. Herzogin Polignac hatte von der Königin die Erlaubnis erhalten, die Königskinder im Stich zu lassen, um an diesem herausragenden Theaterereignis teilzunehmen.

Bald bedrängten die Befürworter des Stücks Marie Antoinette erneut. Es liege in überarbeiteter Form vor und stelle keine Gefahr mehr dar. Die

Königin setzte sich bei ihrem Gatten für die völlige Freigabe ein. Weder sie noch Ludwig XVI. kümmerten sich darum, wie der Verfasser sein Stück überarbeitet hatte. So triumphierte die Komödie *Le mariage de Figaro* mit verschwindend geringen Nachbesserungen über die letzten Kritiker und wurde am 27. April 1784 vom Théâtre-Français gespielt. Die Aufführung wurde zum Skandal. Marie Antoinette war überrascht und verärgert. «Die Königin», berichtet Madame de Campan, «glaubte, Paris werde enttäuscht sein, weil es ein schlecht gefügtes und langweiliges Stück, in dem alles Satirische gestrichen worden sei, zu sehen bekomme. Monsieur wohnte in der Überzeugung, daß es keine boshafte oder gefährliche Stelle mehr enthalte, der Premiere in der großen Loge bei. Jeder weiß, wie rasend sich das Publikum dafür begeisterte und welchen gerechten Groll Monsieur empfand. Der Verfasser wurde bald verhaftet, während man sein Werk in den Himmel hob und der Hof es nicht wagte, die Aufführungen abzusagen. Die Königin tadelte alle Personen, die dem Verfasser der *Mariage du Figaro* geholfen hatten, für die Aufführung das Einverständnis des Königs zu erwirken. Ihre Angriffe richteten sich besonders gegen Monsieur de Vaudreuil, der es bei sich hatte spielen lassen. [Sein] leidenschaftlicher und herrschsüchtiger Charakter [...] hatte schließlich ihr Mißfallen erregt.»[24]

Sicher hatte sich Marie Antoinettes Freundschaft zur Herzogin Polignac schon damals abgekühlt, als Fersen mit König Gustav III. durch Italien reiste und die umstrittene Komödie offiziell noch nicht gespielt werden durfte. Hatte diese Freundschaft zur Herzogin im Verbund mit oberflächlichen Romanzen bei der Königin eine innere Leere ausgefüllt, so übernahm dies jetzt die Liebe zu Fersen, die bis ans Ende ihrer Tage halten sollte. Auf der Überfahrt nach Fontainebleau war sie zu Madame d'Ossun, der für die Garderobe verantwortlichen Hofdame, so reizend und aufmerksam, daß sich die Herzogin zurückgesetzt fühlte. «Madame d'Ossun ist meine Nachfolgerin in der Gunst der Königin», seufzte sie pikiert. «Ich habe getan, was ich konnte, um mir ihre Zuneigung zu erhalten; ich habe ihr alle meine Vorlieben und außer dem Anstand meines Hauses alles, was sie wollte, geopfert.»[25] Daß die geistlose Frau auf die Königin überhaupt Anziehungskraft ausgeübt hatte, führten Kritiker auf die lockeren Sitten und «Vergnügungen aller Art» zurück, der man sich bei ihr hingeben könne.[26] Obwohl das Verhältnis zur Herzogin Polignac nach wie vor herzlich blieb, zog sich Marie Antoinette doch langsam von ihr zurück. Daß ihr Stern im Sinken begriffen war, zeigte erstmals deutlich die Intrige um die Ernennung des Ministers Calonne.

Nach Neckers Abgang, den Marie Antoinette aufrichtig bedauerte, waren seine Nachfolger Joly de Fleury und Lefèvre d'Ormesson auf ernsthafte

Schwierigkeiten gestoßen. Joly de Fleury schätzte das Defizit, das größtenteils durch den Krieg in Amerika entstanden war, auf achtzig Millionen Livres. Die Maßnahmen seines Nachfolgers Lefèvre d'Ormesson wurden zum Fiasko. Das Vertrauen in die Staatsfinanzen war erschüttert. Frankreich stand vor dem Staatsbankrott. Die Bankiers wurden nervös. Als der Minister im Oktober 1783 die Aufhebung von Pachtverträgen beschloß und sie durch ein staatliches Einzugssystem mit Gewinnbeteiligung ersetzte, liefen die Steuerpächter und die gesamte Finanzwelt Sturm. Am 31. Oktober 1783 reichte Lefèvre d'Ormesson seinen Abschied ein. Ludwig XVI. war erleichtert, brauchte aber so schnell wie möglich Ersatz. Es gab nicht viele Kandidaten, die für das schwierige Amt des Generalkontrolleurs in Frage kamen. Generalpächter und Bankiers machten sich für Calonne stark, der ihnen nahestand und sich 1781 durch seine Kritik an Necker hervorgetan hatte. Er wäre vielleicht schon damals Neckers Nachfolger geworden, hätte Maurepas sich nicht dagegen gesträubt. Nach Lefèvre d'Ormessons Rücktritt setzte sich der königliche Schatzmeister Harvelay im Namen der Finanzpächter bei Vergennes für die Ernennung Calonnes zum Generalkontrolleur ein. Vergennes versprach, sich der Kandidatur nicht zu widersetzen, wenn sie auch von anderen gebilligt würde.

«Monsieur d'Harvelay», berichtet Marie Antoinettes Geheimsekretär Augeard, «eilte zu Madame de Polignac, die Calonne protegierte, und sagte ihr, sie solle sich ja nicht auf Monsieur de Vergennes verlassen und anderswo Unterstützung suchen. Sie wandte sich an Baron von Breteuil, der mit ihr noch am gleichen Freitag zur Königin hinaufging und sich für Calonne einsetzte. Die Königin zeigte sich zunächst sehr widerstrebend. Sie vertröstete die beiden auf den nächsten Tag, auf Samstag um die gleiche Zeit. Dann wolle sie mit dem König über die Sache sprechen. Und an jenem Tag setzten die beiden nach langer Debatte bei Ihren Majestäten tatsächlich Calonnes Ernennung durch.»[27] Der Geheimsekretär Augeard, der Maurepas sehr nahegestanden hatte, zu Vergennes beste Beziehungen unterhielt und zu Calonne und der Hochfinanz gute Kontakte hatte, ging davon aus, daß die Favoritin die Königin zur Protektion des neuen Ministers gedrängt hatte und daß diese ihren Schritt bald bereute. Die Polignacs hatten natürlich Interesse, ihrem Freund Calonne zu einem Ministerposten zu verhelfen, und hatten sich deshalb an die Königin gewandt, die augenblicklich stärker mit der Außenpolitik beschäftigt war. Aber Ludwig XVI. hätte sich sicher auch ohne seine Frau für Calonne als Generalkontrolleur entschieden. Angesichts der Krise Ende Oktober schien er der einzige Mann, der das Vertrauen in die Staatsfinanzen wiederherstellen konnte. Größeren Druck als der Klüngel der Polignac hatte sicher die Hochfinanz ausgeübt. Trotzdem hielt Marie Antoinette ihren Einfluß für entscheidend und verübelte es der Favoritin, zu einer Fürsprache gedrängt worden zu sein, die sie später bereute. «Sie hat sich das fatale Zugeständnis niemals verziehen», versichert Augeard,[28] und Marie Antoinette selbst schrieb später ihrem Bruder: «Was Ihr mir über Madame de Polignac und ihre Freunde gesagt habt, ist vollkommen richtig, dagegen glaube ich bei weitem nicht, daß sie sich in Monsieur de Calonne getäuscht haben. Im Gegenteil, sie haben ihn genau richtig beurteilt, denn sie entlockten ihm unter dem Anschein, ihn zu unterstützen, zahlreiche Zugeständnisse und persönliche Vorteile.»[29] Am 1. November in Fontainebleau, wo sich der Hof gerade aufhielt, empfing die Königin, von der zweiten Schwangerschaft schon etwas erschöpft, prächtig herausgeputzt ihre Favoriten in ihren Privaträumen und gab abends im großen Kreis ein festliches Souper. In der Nacht bekam sie Schmerzen und hatte eine Fehlgeburt. In der allgemeinen Aufregung wurde Calonnes offizielle Ernennung auf den 3. November verlegt. Am 13. November erschien die Königin wieder in der Öffentlichkeit, rief Breteuil zu sich und sagte ihm: «Baron, sprechen wir von Euren Angelegenheiten, denn sie sind auch meine.»[30] Während einer langen Unterhaltung schlug sie ihm vor, als Nachfolger Amelots, der nächstens in den Ruhestand treten werde, Minister des Königlichen Hofstaates zu werden. Aber auch hier gaben ihre Schritte bei der Besetzung des Postens nicht den Ausschlag: Breteuil war längst von Ludwig XVI. und Vergennes für das schwierige Amt ausersehen worden. Aber Marie Antoinette glaubte, sie habe einen Minister kreiert, der ihr ergeben sei.

Schon wenige Tage nach der Fehlgeburt kehrte die gewohnte Lebenslust zurück. Obwohl sie «große Sehnsucht nach einem zweiten Sohn»[31] hatte, hielt sie es für klug, das Bett ihres Gatten für mehrere Monate nicht mehr zu teilen.

Mercy, der ihr noch immer wegen der Teilung des Osmanischen Reichs zusetzte, behelligte sie gleichzeitig mit einer Staatsaffäre um Holland, die Joseph II. mehr und mehr zu schaffen machte. Nach dem Scheitern der Pläne im Balkan wandte sich der Kaiser nämlich den Österreichischen Niederlanden zu. Er wollte Antwerpen zu einem Neuaufschwung verhelfen und die Mündung der Schelde, die seit dem Westfälischen Frieden von 1648 für die Schiffahrt gesperrt war, wieder für den Handel öffnen. Die Maßnahme, ein klarer Verstoß gegen ein Abkommen, bedrohte den Handel in Holland, das seit dem amerikanischen Krieg mit Frankreich verbündet war. Ohne ein Stillhalten Ludwigs XVI. konnte Joseph II. die Holländer also nicht überzeugen, die Schelde für die Schiffahrt wieder freizugeben. Er setzte erneut auf die Königin, mußte diesmal aber besonders vorsichtig vorgehen. Die geplante Teilung des Osmanischen Reichs hatte gezeigt, daß die Allianz mit Frankreich, die Kaunitz als sein politisches Meisterwerk betrachtete, nicht jede Zerreißprobe überstehen würde. Joseph stand noch immer unter dem Schock der schweren Enttäuschung, die ihm Ludwig XVI., dieser Dummkopf, bereitet hatte.

Anfang 1784 versuchte Mercy erneut die Königin um jeden Preis davon zu überzeugen, daß sie jetzt ihren Einfluß geltend machen müsse. Er wetterte schonungslos gegen Vergennes, dem er politische Unredlichkeit vorwarf. Der Minister zittere vor ihr und bekomme bald Gelegenheit, «die schlimmen Fehler gegenüber dem Bündnis wiedergutmachen, die er in der Streitfrage zwischen Rußland und der Pforte begangen habe».[32] Er verschweige ihr die Wahrheit und versuche sie aus den Staatsgeschäften herauszuhalten.

Im März 1784 wartete Joseph gespannt auf das Ergebnis der Verhandlungen mit den Generalstaaten der Vereinigten Niederlande. Da Frankreich als Vermittler offenbar unbedingt gebraucht wurde, bedrängte Mercy die Königin, den Minister «in geeignetem Sinne»[33] zu beeinflussen. Gehorsam rügte Marie Antoinette den Minister: Der Kaiser habe allen Grund «zur Unzufriedenheit mit dem Benehmen des Hofs von Frankreich». Die Regierung müsse «möglichst versuchen, den schlechten Eindruck auszulöschen, den der Kaiser von der Vergangenheit zurückbehalten habe». Jovialer, aber ebenso herablassend «forderte sie ihn auf, nichts zu unterlassen, um das politische System zu festigen, das beide Höfe» aneinanderbinde.[34] Mercy konnte der Königin noch so sehr einschärfen, sie müsse in den Staatsangelegenheiten am Ball bleiben und sich so viel Ansehen verschaffen, daß die Minister mit ihr die politische Situation besprachen; sie brachte nicht mehr zustande als die heftigen Szenen und Auftritte, von denen Vergennes soeben eine zu spüren bekommen hatte. Kaum war das Gewitter vorüber, wandte sie sich wieder oberflächlichem Zeitvertreib zu. «Diese Fürstin», schrieb Mercy seinem Dienstherrn verzweifelt, «benutzt ihre Macht nur für Gnadenakte und setzt sich nicht in gewünschtem Maße für die so viel wichtigeren Dinge ein. Sie hat Mühe, sich an die Staatsgeschäfte zu gewöhnen, findet sie trocken, und wenn sie ihren Widerwillen gegen alles, was mit Politik zu tun hat, manchmal überwindet, so nur um Eurer Majestät die Zuneigung zu beweisen.»[35] Joseph hatte bei einer Frau mit so wenig diplomatischem Geschick denn auch keine Illusionen mehr. «Ich wünschte, die Königin würde sich aufmerksamer und beharrlicher mit ernsthaften Angelegenheiten abgeben», antwortete er Mercy. «Doch gibt es in ihrer Umgebung zu viele verschiedene Interessen, als daß man dies je erhoffen dürfte. Ich wäre einstweilen schon froh, wenn sie für ihr persönliches

Glück wenigstens alles unternehmen würde, um die Nachfolge zu sichern und einen weiteren Sohn zu bekommen. Allein der Gedanke, sie abermals ohne Thronfolger zu sehen, läßt mich erschaudern.»[36]

Marie Antoinettes Eheleben lag wieder auf Eis, und der Gesundheitszustand des kleinen Dauphins war sehr bedenklich. Er wuchs seit vier Monaten nicht mehr und lag sterbenskrank in seinem Bettchen. Im Mai konnte er kein Wasser mehr lassen, und sein kleiner Körper schwoll an. Ein Tertianafieber stellte sich ein. Die Ärzte standen vor einem Rätsel. In ihrer Ratlosigkeit hielten sie die Krankheit für «ein besonders starkes Mittel, die Verfassung des kleinen Prinzen zu festigen, dessen Leben um so wertvoller» sei, «als die enthaltsame Lebensweise und die Gewohnheiten des Königs keine zahlreiche Nachkommenschaft erwarten ließen».[37] Ludwig XVI. stand auch dann noch mit Tränen in den Augen am Bettchen des Dauphins, als sich sein Zustand schon etwas gebessert hatte. Die Königin «war sich gar nicht bewußt, in welcher Gefahr dieses Kind schwebte», versichert Marquis Bombelles. «Sie hat ein gutes Herz und liebt ihren Sohn und ihre Tochter sehr, aber bei großen Ausschweifungen leidet zwangsweise die Empfindsamkeit, und oft stumpfen wir ab gegenüber dem, um das wir besonders bangen müßten.»[38] So ließ sie sich von den Ärzten beschwichtigen und fieberte einem Wiedersehen mit Fersen entgegen, der nach der langen Italienreise mit König Gustav, der ihn mit seinen Launen oft aus der Fassung brachte, nach Versailles zurückkehren sollte. Marie Antoinette hatte mit Freuden erfahren, daß der Schwedenkönig über Frankreich in die Heimat zurückkehren und länger Zwischenstation in Paris machen wollte. Sie erwartete dieses Wiedersehen so ungeduldig, daß sie Fersen bat, seinem Dienstherrn nach Versailles vorauszueilen. Nach dem lakonischen Vermerk zum Brief Nr. 27 an Joséphine in seinem Notizbuch antwortete er ihr am 18. und 20. Mai, «daß [er] nicht vor dem König kommen» könne.[39]

Am 7. Juni traf Gustav III. mit Gefolge völlig überraschend am Hof ein. Ludwig XVI., der in der Umgebung von Rambouillet auf Jagd war, erfuhr durch den Eilboten der Königin von seiner Ankunft. Er ließ Monsieur mit den Jägern alleine soupieren und sprengte in vollem Galopp nach Versailles zurück. Er fand dort nicht einmal einen Kammerdiener, der ihm beim Umziehen half, und zu allem Unglück war auch noch der Schlüssel zum Kleiderschrank verschwunden. Einige Höflinge halfen ihm notdürftig beim Ankleiden. In der Hektik ging «alles daneben, ohne daß man es bemerkte».[40] Kurz darauf erfuhr Gustav III., der im Hôtel des Ambassadeurs untergekommen war, daß der König ihn erwarte. Wie Joseph II. hatte auch er auf «die prachtvollen, mit neuen Möbeln und allerhand Raffinessen ausgestatteten» Gemächer verzichtet, die im Schloß für ihn hergerichtet worden waren. Böse Zungen behaupteten, Gustav habe die 50000 Livres für Gastgeschenke sparen wollen, die bei einer solchen Unterkunft und Bewirtung angemessen gewesen wären. Bald darauf traf Graf Haga in einer blauen Sänfte mit Fersen und Baron Stettin im Schloß ein. «Beide Könige begegneten sich sechs oder sieben Minuten», berichtet Bombelles. «Im Gemach des Königs waren außer Monsieur de Montmorin, dem Gouverneur von Fontainebleau, der nach dem König von Schweden eingetroffen war, Monsieur de Vioménil und mir keine weiteren Höflinge.»[41] Ludwig XVI. und Marie Antoinette luden Gustav III. für den gleichen Abend zum Diner «in die Privatgemächer». Der Schwedenkönig ließ Fersen, der im Vorzimmer der Königin wartete, ausrichten, «er dürfe zu Abend essen und sich schlafen legen». Der Marquis von Bombelles begleitete den Grafen zum Hôtel des Ambassadeurs zurück.

Am nächsten Morgen, noch vor dem Lever des Königs, spazierte Gustav III. im Schoßrock durch den Versailler Schloßpark und besuchte den Dauphin. Er traf die Königin bei «Madame de Polignac noch völlig ohne Aufmachung an; Ihre Majestät hielt Madame, Tochter des Königs, an der Hand. Der Graf von Haga schien sie in dem Augenblick nicht zu sehen und trat wie bei einer offiziellen Ehrerweisung an die Wiege von Monsieur le Dauphin. Ob er ihm das Gesicht oder das Händchen geküßt hat, konnte ich nicht in Erfahrung bringen; jedenfalls sah man, wie er sich zu ihm hinabbeugte. Erst dann ging er zur Königin, worauf diese ihm Madame ihre Tochter vorstellte», berichtet Bombelles.[42] Marie Antoinette und Gustav III. wurden nicht so recht warm miteinander. Nicht einmal ihre gemeinsame Theaterleidenschaft, ihr Leichtsinn und ihre Vergnügungssucht brachten sie einander näher. Während Gustav, ein Barockherrscher, der seine Existenz auf pompöse Art immer neu in Szene setzte, die Fäden nicht aus der Hand gab, war Marie Antoinette nicht mehr als die charmanteste Marionette in dem schlichten Schäferspiel, das sie aus ihrem Leben gerne machte. Vielleicht nahm es ihr der Frauenfeind Gustav übel, daß sie ein Auge auf den schönsten Mann seines Hofs geworfen hatte. Jedenfalls reagierte er auf ihre betont weibliche, sehr kokette und irrationale Art gereizt. Nachdem der Kaiser ihn in Italien kennengelernt hatte, hatte er seine Schwester vor ihm gewarnt, und Marie Antoinette hatte ihn nach einer Visite in Versailles 1771 in unguter Erinnerung, da er der allmächtigen Madame Dubarry ostentativ den Hof gemacht hatte. Sein Benehmen war ebenso gekünstelt wie unverschämt. Beim Souper mit der königlichen Familie erzählte er, er habe dem König von Neapel Ratschläge gegeben, «wie er sich vor jenem Mann in acht nehmen könne, den man nicht nennen dürfe und der möglichst alles an sich reißen» wolle. Die Tischgenossen verstanden die Anspielung auf den Kaiser, und Marie Antoinette dürfte für diese «peinliche Indiskretion»[43] kaum Verständnis gehabt haben. Bei anderer Gelegenheit lud er sich ungeniert bei der Königin ein, und als er Madame Elisabeth die Aufwartung machte, scheute er sich nicht, in ihrer Gegenwart die Depeschen zu lesen, die ihm gerade überbracht worden waren. Trotzdem begegnete ihm Marie Antoinette besonders charmant, auch wenn ihre Aufmerksamkeiten in Wahrheit Fersen galten.

Wie Joseph II. und das russische Großfürstenpaar wollte auch Gustav Paris mit allen Sehenswürdigkeiten und berühmten Persönlichkeiten kennenlernen, Theater-, Konzert- und Opernaufführungen besuchen und an möglichst vielen Empfängen und offiziellen Veranstaltungen teilnehmen. In Saint-Cloud war er beim Start eines Ballons dabei, der sich mit dem Herzog von Chartres in die Lüfte hob. Er nahm an einem Empfang der Lazaristen teil, besuchte eine Sitzung der Académie française und wohnte unter anderem zwei Aufführungen der Komödie *Le Mariage de Figaro* bei. Bei einem Empfang von Prinzen in Paris zeigte er sich redselig und bekannte, daß er in Stockholm in verschiedenen Verkleidungen oft zu einer Hellseherin gehe, die ihm einen gewaltsamen Tod in jungen Jahren vorausgesagt habe. Man sah ihn oft bei geistreichen Frauen wie Gräfin La Marck, Prinzessin Croý, Herzogin La Vallière und Madame de Boufflers. Entzückt nahm er an dem rauschenden Fest teil, das Baron Breteuil zu seinen Ehren gab. Sehr begehrt waren die Soupers des Barons. «Man traf dort auf eine erlesene und amüsante Gesellschaft, in der man sich allerlei Anekdoten und Geschichten erzählte. Der Baron empfing gerne Dichter, Gelehrte und Künstler.»[44] Am 19. Juni empfing er Gustav III., Graf Artois und rund hundert weitere Gäste im Pavillon du Mail. Nach zwei Proverbes, die von Schauspielern des Théâtre-Français aufgeführt wurden, und einem Ballett setzte man sich zu Tisch. «Diese Fürsten und alle, die mit ihnen speisten, bestaunten das herrliche vielteilige Porzellanservice des Barons von Breteuil.»[45] Nach dem Souper führte er den schwedischen König zu den Klängen eines Orchesters im illuminierten Park und im Hof spazieren. Gustav zog sich erst gegen drei Uhr morgens zurück.

Der König, der rastlos seine Neugierde befriedigte, gönnte auch dem Gefolge keinen Augenblick Ruhe. Vom überladenen Programm erschöpft, meldete sich Fersen kurzerhand krank und schrieb dem Vater: «Wir sind am 7. abends eingetroffen, und seit diesem Augenblick schwimmen wir in Festen, Vergnügungen und Zeitvertreiben jeder Art. Wir sind ständig beschäftigt und immer in Eile. Nie finden wir Zeit zu tun, was wir uns vorgenommen haben. Dieser Taumel ist ganz nach dem Geschmack des Grafen von Haga. Ich komme bei weitem nicht so gut damit zurecht und habe es inzwischen satt. Wir hatten bereits einen großen Opernabend in Versailles und einen prächtigen Ball, die vielen Diners und Soupers nicht mitgerechnet. Für morgen steht uns ein Fest im großen Garten der Königin in Trianon bevor. Es ist das letzte, aber dafür erwarten uns noch etliche Soupers und Veranstaltungen in Paris. Wir lassen keine aus, und lieber verzichteten wir auf Essen, Trinken und Schlafen, als uns eine Aufführung nicht von Anfang bis zum Ende anzusehen. Es ist eine Manie.»[16]

Das nächtliche Fest in Trianon, das Fersen in seinem Brief erwähnt, ging als herausragendes gesellschaftliches Ereignis unter Ludwig XVI. in die Annalen ein, wenngleich es auch nicht viel prächtiger gewesen sein dürfte als seinerzeit die Festlichkeiten für den Kaiser oder das russische Großfürstenpaar. Die Gäste erwartete eine Aufführung von Marmontels *Le dormeur éveillé* (Der aufgeweckte Schläfer) nach der Musik Piccinis. Im Anschluß wurden sie von der Königin in einem Pavillon des Gartens zum Souper gebeten. Marie Antoinette, berichtet Gustav seinem Bruder,[17] habe sich selbst nicht zu Tisch gesetzt und «die Honneurs gemacht wie die ehrenwerteste Hausherrin. Sie plauderte mit sämtlichen Schweden und umsorgte sie zuvorkommend und besonders aufmerksam.»[18] Nach dem Souper lustwandelten die Gäste durch den festlich erleuchteten Garten von Trianon. Die Königin hatte für das Fest weiße Kleidung verordnet. «Ehrenwerte Leute, die nicht zum Souper geladen waren», durften sich unter die Gäste mischen. Gustav war hingerissen. «Ein Anblick wie in elysischen Gefilden.»[19]

Der König von Schweden vergnügte sich mit seinem Gefolge noch einen Monat in Paris und reiste am 20. Juli ab, nachdem er allen Mitgliedern des Königshauses noch einen ausgiebigen Besuch abgestattet hatte. Gustav konnte zufrieden die Heimreise antreten: Er hatte ein Versprechen, daß Frankreich ihm mit Landtruppen oder Schiffen zu Hilfe kommen würde, falls er von Rußland oder Dänemark und Norwegen angegriffen werden sollte. Außerdem hatte man ihm zusätzlich zu den jährlichen Subsidien, die Necker 1778 erneuert hatte, eine außergewöhnliche Unterstützung von 1,2 Millionen Livres über sechs Jahre zugebilligt. Und Fersen kehrte mit einer französischen Leibrente von zwanzigtausend Livres jährlich, die ihm ein aufwendiges Leben am Hof ermöglichte, in die Heimat zurück.

Und Fersen war natürlich auch der eigentliche Held der Feiern in Versailles gewesen. Über Begegnungen mit der Königin, die es sicher gab, gehen alle Chronisten diskret hinweg. Aber er schrieb ihr regelmäßig gleich nach der Abreise, erst aus Chantilly, am 23. Juli dann aus Düsseldorf, am 25. aus Osnabrück, am 27. aus Lüneburg und am 29. aus Vernamynde ... Sofort nach der Ankunft in Stockholm sah er sich nach einem prachtvollen

Hund um, den er Marie Antoinette schenken wollte. In einem Brief fragte er sie, wie er ihn nennen und «ob er die Sache geheimhalten solle».[50] Am 9. November bat er einen gewissen Boye in einem Schreiben, «ihm einen nicht allzu kleinen Hund zu schicken. [...] Gesagt, daß er für die Königin von Frankreich sei», vermerkt er lakonisch im Notizbuch.[51] Er erhielt von ihr offenbar die Antwort, Geheimniskrämerei sei überflüssig, jedenfalls, was den Hund betraf ... Axel sah seine Familie wieder und verbrachte acht Monate in der schwedischen Heimat.

Schon einen Tag nach seiner Abreise siedelte Marie Antoinette nach Trianon über, wo sie mit ihren Kindern bis zum 6. August blieb. Vermutlich während dieses Aufenthaltes entstand das Porträt der Königin mit Madame Royale und dem Dauphin, das der schwedische Maler Wertmüller für Gustav III. anfertigte. Marie Thérèse, die für ihr Alter sehr klein war, «hatte bereits die würdevolle und majestätische Haltung ihrer Mutter. Der österreichische Stolz war bei ihr seit frühester Kindheit so ausgeprägt, daß man sich gezwungen sah, korrigierend einzugreifen.»[52] Als Spielkameradin erhielt sie ein gleichaltriges Mädchen, das trotz dubioser Herkunft wie sie behandelt wurde. Sie schloß mit ihm rasch Freundschaft. Marie Antoinette, eine moderne Mutter, stellte ihr ein Blumenbeet zur Verfügung, das sie mit Hilfe von Schaufel, Rechen, Gießkanne und anderen Utensilien (die während der Revolution unter der Inventarnummer 11833 verkauft wurden) beliebig bepflanzen durfte. Zudem erhielt die Kleine eine Herde Schafe und Ziegen, die von einem Hirten, den man in einer Hütte neben der Orangerie einquartierte, gehütet wurde. Der Dauphin, den man meistens in einen Matrosenanzug mit schmalem Gürtel steckte, war zu klein und zu schwächlich, um mit dem Schwesterchen zu spielen. Aber immerhin lernte er mühelos sprechen, «hatte eine reizende Gestalt und viel Witz, wirkte drollig, wenn er etwas sagte, und folgte der Königin aufs Wort. Wenn er ‹ich will› sagte, wurde er getadelt. Der König sage ‹Wir wollen›, korrigierte die Amme. ‹Ach was!› erwiderte er, ‹der König und ich wollen alle beide; Ihr seht also, daß ich recht habe. Mein Papa würde nicht ‹Wir› für sich allein sagen.›»[53] In Trianon führte die Königin nach Belieben ein Leben als einfache Schloßherrin. Abends kam der König zum Souper, anschließend wurde Lotto gespielt, oder das Herrscherpaar wohnte einer Aufführung im kleinen Theater von Trianon bei.

Der Besuch von Prinz Heinrich von Preußen störte die Königin kaum. Sie empfing in Trianon nicht. Und da sie seit Anfang Juli offenbar wieder schwanger war, erbat sie sich Schonung.

Kapitel XVI

«Was habe ich ihnen nur getan?»

Das Glück der Königin wurde getrübt durch die Auswirkungen des Konflikts um Holland. Mercy hielt sie darüber in allen Einzelheiten auf dem laufenden. Nie zuvor war das Bündnis so bedroht gewesen wie im Sommer 1784.

Der Kaiser hatte einen komplizierten Plan ersonnen. Er verlangte freien Handelsverkehr auf der Schelde und erhob zugleich Ansprüche auf das holländische Flandern, für das er mit territorialen Zugeständnissen zu bezahlen gedachte.[1] Obgleich Flandern sich verpflichtet hatte, nichts zu unternehmen, was Holland als feindseligen Akt hätte auffassen können, hatte Flandern Truppen an die Grenzen der österreichischen Niederlande entsandt und damit bei den Untertanen Seiner Kaiserlichen Majestät eine regelrechte Panik ausgelöst.

Joseph II. und Kaunitz erwarteten mit großer Sorge die Reaktion Ludwigs XVI. Sie waren immer noch sehr erbost darüber, daß Frankreich seit der Thronbesteigung des jungen Königs nicht mehr der zuverlässige und willige Verbündete war, der einst so viel zum Ruhme Maria Theresias beigetragen hatte. In fast jedem Brief an Mercy drängte ihn Kaunitz, er müsse seinen französischen Gesprächspartnern eine heilige Furcht vor dem Bruch des Bündnisses mit den Habsburgern einflößen: «Es wäre wünschenswert, wenn Ihr ihnen begreiflich machen könntet, daß es ihr wichtigstes Interesse ist, die Allianz mit dem Hause Österreich nicht zu gefährden, indem Ihr sie dazu bringt, daß sie nüchtern über die unvermeidlichen und nicht wiedergutzumachenden Folgen nachdenken, die ein solches Ereignis für sie hätte. [...] Unbedingt muß sich [Frankreich] ein heiliges und unwiderrufliches Gesetz daraus machen und darf sich keine Verfehlungen gegen uns und keine Geschäfte auf unsere Kosten erlauben.»[2] Kaunitz und Mercy empörten sich in erster Linie über Vergennes, «diesen argwöhnischen und so wenig aufrichtigen Minister [...] mit seinen phantastischen Vorstellungen über die angeblichen Pläne des Kaisers, sein Territorium zu vergrößern».[3] Tatsächlich jedoch war Österreich auf Frankreich angewiesen.

Am 29. Juni empfing Vergennes Mercy freundlich. Dem freien Handelsverkehr auf der Schelde, der für Frankreich keine Nachteile bringen würde, schien er sich ebensowenig zu widersetzen wie dem geplanten Austausch von Gebieten, denn die holländische Republik würde dadurch nicht geschädigt werden, und Joseph II. hatte zudem versprochen, die Festungen im holländischen Flandern schleifen zu lassen. Vergennes versicherte, Frankreich werde diese Pläne unterstützen, aber, so fügte er hinzu, man müsse äußerst vorsichtig zu Werke gehen, da die französischen Diplomaten auf eine Loslösung Hollands von England hinwirkten mit dem Ziel einer französisch-holländischen Allianz. Die Stimmung in Holland war gespalten in eine pro-englische Fraktion mit dem Statthalter an der Spitze und eine pro-französische Fraktion, zu der hauptsächlich das Bürgertum gehörte und die in den Generalstaaten in der Mehrheit war. Angesichts dieser Situation gestalteten sich die Verhandlungen höchst schwierig.

Ende Juli übermittelte Mercy Vergennes ein «Ultimatum» des Kaisers an Holland. Es enthielt die Bedingungen des Kaisers, die Mercy dem französischen Minister einige Wochen zuvor mitgeteilt hatte, darüber hinaus verlangte der Kaiser, daß Frankreich dieses «Ultimatum» den Holländern vorlegen sollte, als wäre es ein Werk des französischen Kabinetts. Dieser Vorstoß hatte Turbulenzen zur Folge. Auf keinen Fall konnte Frankreich «den Generalstaaten Vorschriften machen».[4] Vergennes hatte kurz zuvor dem französischen Botschafter in Wien, Marquis Noailles, mitgeteilt, der König sei «fest entschlossen, auf keinen Fall den Holländern das Opfer zu nennen, welches sie bringen sollen».[5] Vergennes leistete Mercy höflich, aber bestimmt Widerstand. Mercy war verärgert. Er hatte Marie Antoinette die ganze Zeit über auf dem laufenden gehalten und drängte sie nun einzugreifen. Notgedrungen riß sie sich aus ihrer beschaulichen Ruhe heraus, sprach mit dem König und führte ihm vor Augen, welche Gefahren ein solches Vorgehen für Frankreich barg. Erleichtert, daß sie ihre Aufgabe erfüllt hatte, berichtete sie Mercy von ihrem Mißerfolg. Mercy beschwor sie, noch einmal eindringlich mit ihrem Ehemann und mit Vergennes zu sprechen. Gehorsam wandte sie sich an den Minister. «In höchst ernsthaftem Ton erklärte sie ihm, daß sie jedes Mal, wenn die Interessen Frankreichs in Widerspruch zu jenen des Kaisers stünden, nicht schwanken werde, die Partei Frankreichs zu ergreifen, da ihre Ehe von Gott gesegnet worden sei und sie das Glück gehabt habe, dem König Kinder zu schenken. Doch da im vorliegenden Fall der Hof von Versailles ohne den geringsten Nachteil für sich selbst dem Kaiser ein Zeichen seines guten Willens geben könne, habe sie ohne zu zögern dem König gesagt, daß es gegen alle Regeln der Schicklichkeit verstoße, wenn man dem Kaiser in dieser Angelegenheit nicht entgegenkomme.» Vergennes setzte ihr auseinander, warum der König Holland nur «freundschaftlich raten» könne. Sie erwiderte, daß Frankreich seine Versprechen gegenüber Österreich halten und sich «tatkräftig bemühen» müsse, «ein deutliches Zeichen für das Festhalten an der Allianz» zu geben.[6] Beeinflußt von Mercy und aus eigenem Antrieb, ging es doch um ihren Bruder, sprach Marie Antoinette noch einmal mit ihrem Ehemann. Sie kritisierte zunächst die allgemeine politische Linie seines Ministers, dann kam sie auf das Ultimatum zurück. Ludwig XVI. wiederholte, was Vergennes ihr bereits gesagt hatte, und, einer Empfehlung seines Staatsrates folgend, führte ihr eindringlich vor Augen, daß es «viel zu gefährlich gewesen wäre, der Republik, auf welche man Rücksicht nehmen müsse, dieses Ultimatum als den unmittelbaren Ausdruck der Vorstellungen des französischen Hofes vorzulegen». Die Königin wurde ärgerlich. Sie erwiderte, «daß alles, was er ihr gerade gesagt habe, nur ein schlecht gewählter Vorwand sei. Sie könne nicht verstehen, warum er, der König, sich nach der Meinung seines Rates richte, dessen Zusammensetzung leider nur allzu bekannt sei.»[7] Sie tobte eine ganze Weile, beschimpfte Vergennes, er sei ein Schurke, ein Betrüger, die anderen Minister seien unzuverlässig, drohte mit einem Bruch des Bündnisses. Ludwig XVI. wartete in aller Ruhe ab, bis das Gewitter vorüber war.

Zwei Tage später setzte Marie Antoinette ihm wieder in dieser Angelegenheit zu. Erst empörte sie sich darüber, wie «unpassend» das Verhalten Frankreichs sei, dann packte sie den König bei seinem Stolz: Bei all dem «liege ihr am meisten am Herzen, welche Vorstellung man sich vom Charakter des Königs mache. In der Öffentlichkeit glaube man mehr und mehr, daß er, der König, weder einen eigenen Willen noch eine eigene Meinung habe, daß er es nicht wage, einen Gedanken abzuweisen, der ihm von einem Minister eingeflüstert worden sei», und daß er nicht in der Lage sei, seine Versprechen gegenüber einer befreundeten Macht zu halten. «Wenn dieser Ruf sich erst einmal im Ausland verfestigt habe, könne der König damit rechnen, daß er während seiner ganzen Regierungszeit nie mehr einen zuverlässigen Verbündeten finden werde.»[8] Ludwig XVI. antwortete mit ein paar beschwichtigenden Sätzen. Marie Antoinette begriff, daß er nicht daran dachte, von seiner Haltung abzurücken. Ihr ganzer Zorn richtete sich daraufhin gegen Vergennes. Sie war so aufgebracht, daß Mercy einen Eklat befürchtete und sie beruhigte.

In Wien bezähmten Joseph II. und Kaunitz mühsam ihren Ärger. In vordergründig freundlichem Tonfall schrieb Joseph seiner Schwester, Vergennes' Verhalten sei «wenig dazu angetan und fast dem entgegengesetzt, die politischen Bande [zwischen Österreich und Frankreich] zu erhalten».[9] Der Kaiser erboste sich über den Minister, «der seine Existenz dem Wohlergehen seines Königs vorzieht [...] und sich zu jedem Manöver hergibt». Marie Antoinette werde von ihm «an der Nase herumgeführt». Und er fuhr fort: «Im Unglück und bei kleinen Vergünstigungen machen sie Euch weis, daß Ihr Einfluß habt, und die großen Dinge geschehen, ohne daß Ihr davon erfahrt und ohne daß man sich die Mühe macht, vorab Eure Meinung einzuholen.» Marie Antoinette war sehr betroffen über die Vorwürfe des Kaisers und fand es nötig, sich zu rechtfertigen. Der Brief vom 22. September 1784 ist einer der wichtigsten ihrer gesamten Korrespondenz. Ihre politischen Vorurteile treten darin klar zutage, sie beschreibt sehr hellsichtig ihr Verhältnis zum König, ihre Situation und ihr Verhalten. In kaum einem anderen Brief zeigt sie sich so unverhüllt, darum soll er hier in voller Länge zitiert werden.

«Ich werde Euch, mein lieber Bruder, hinsichtlich der fehlerhaften Sichtweise unseres Ministeriums nicht widersprechen. Bereits vor einiger Zeit habe ich eben die Überlegungen angestellt, welche Ihr in Eurem letzten Brief unterbreitet. Mehr als einmal habe ich darüber mit dem König gesprochen, aber man muß ihn gut kennen, um beurteilen zu können, wie wenig Rückhalt und Mittel ich durch seinen Charakter und seine Vorurteile habe. Er ist von seinem Wesen her wenig gesprächig, und es geschieht oft, daß er mir von großen Staatsangelegenheiten nichts erzählt, obgleich er mir sie nicht verheimlichen will. Er antwortet, wenn ich davon spreche, aber er setzt mich nicht im voraus in Kenntnis, und wenn ich ein Viertel von einer Angelegenheit erfahre, muß ich geschickt zu Werke gehen, damit die Minister mir den Rest berichten, indem ich sie glauben mache, der König habe mir alles erzählt. Wenn ich dem König Vorwürfe mache, daß er mir von bestimmten Angelegenheiten nichts gesagt hat, ist er nicht verärgert; er scheint ein wenig verlegen, und manchmal erwidert er ganz selbstverständlich, daß er nicht daran gedacht habe.

Ich gestehe Euch gern, daß ich von allen Angelegenheiten auf die Staatsgeschäfte am wenigsten Einfluß habe. Das natürliche Mißtrauen des Königs ist zunächst noch durch seinen Erzieher verstärkt worden. Bereits vor unserer Heirat hat Monsieur de La Vauguyon ihn erschreckt mit dem Einfluß, welchen seine Frau auf ihn nehmen könnte, und seiner schwarzen Seele hat es gefallen, seinem Schüler in den schlimmsten Farben alle Hirngespinste auszumalen, welche gegen das Haus Österreich ersonnen wurden. Monsieur de Maurepas hat es, wenngleich mit weniger Festigkeit und

Boshaftigkeit, für seinen Einfluß nützlich befunden, den König in solchen Ideen zu bestärken. Monsieur de Vergennes verfolgt denselben Plan, und vielleicht bedient er sich seiner außenpolitischen Korrespondenz, um Falschheiten und Lügen zu verbreiten. Ich habe offen darüber mit dem König gesprochen, und dies mehr als ein Mal. Er hat mir einige Male unwillig geantwortet, doch da er zur Erörterung unfähig ist, konnte ich ihn nicht überzeugen, daß sein Minister betrogen wird oder ihn betrügt.

Ich täusche mich nicht über meinen Einfluß, ich weiß, daß ich vor allem in der Politik keinen großen Einfluß auf die Entscheide des Königs habe. Wäre es klug von mir, wenn ich mit seinem Minister über Dinge stritte, bei welchen es so gut wie sicher ist, daß der König mich nicht unterstützen wird? Ohne damit großzutun oder zu lügen, bemühe ich mich, nach außen den Anschein zu erwecken, daß ich größeren Einfluß habe, als ich tatsächlich besitze. Denn wenn man dies nicht glauben würde, wäre mein Einfluß noch geringer.

Die Geständnisse, die ich Euch, mein lieber Bruder, gemacht habe, sind wenig schmeichelhaft für meine Eitelkeit. Doch ich will Euch nichts verbergen, damit Ihr über mich urteilen könnt, soweit dies möglich ist über diese schreckliche Entfernung, welche das Schicksal zwischen uns gelegt hat.»

Marie Antoinette zeigte ihren Brief Mercy, und er war sehr betrübt darüber. Dem Kaiser versicherte er weiterhin beharrlich, der Einfluß der Königin sei sehr viel größer, als sie selbst glauben wolle. Doch diesmal hatte Marie Antoinette recht.

Da der König von Frankreich es ablehnte, den Holländern das «Ultimatum» zu präsentieren, beschloß Joseph II., Fakten zu schaffen und Schiffe die Schelde hinab zu schicken. Am 8. Oktober wurde ein österreichisches Schiff von einem holländischen angegriffen und zur Rückkehr nach Ostende gezwungen, von wo es gekommen war. Der Zwischenfall war schwerwiegend, der drohende Krieg zwischen Österreich und Holland gefährdete das Bündnis zwischen Österreich und Frankreich. Am 11. Oktober, kurz nachdem Mercy die alarmierenden Nachrichten gehört hatte, unterrichtete er die Königin. Auf sein heftiges Drängen hin schrieb sie dem König nach Fontainebleau, wo er sich zur Jagd aufhielt. «Sie versicherte ihm, wie sehr sie berührt sei von der Kränkung, welche die Holländer ihrem Bruder zugefügt hätten, und wie sehr es ihr am Herzen liege, daß der Kaiser angemessene Genugtuung für die Beleidigung erhalte.»[10] Ludwig XVI. antwortete umgehend, daß er sehr betrübt sei über diese Situation und daß er sein möglichstes tun werde, um eine Lösung zu finden, die den Interessen beider Parteien gerecht werde. Zu ihrer Beruhigung fügte er noch hinzu, daß der bayerische Konflikt genauso schwerwiegend gewesen sei und man ihn schließlich doch noch beigelegt habe.

Noch bevor die Antwort ihres Ehemannes eingetroffen war, ließ Marie Antoinette Vergennes kommen und malte ihm aus, in welche Gefahr Frankreich geraten würde, wenn das Bündnis mit Österreich als Folge seiner Politik zerbrechen sollte. Mit äußerster Vorsicht pries der Minister einerseits die Vorzüge der französisch-österreichischen Freundschaft und stellte ihr andererseits eindringlich vor Augen, daß der Kaiser durch sein Vorgehen eine höchst schwierige Situation geschaffen hatte. Über die Zukunft könne er nichts sagen, da die Entwicklung hauptsächlich von den wahren Absichten Josephs II. abhänge. Nach seiner Rückkehr nach Versailles sprach Ludwig XVI. mit seiner Frau über die Angelegenheit und setzte ihr auseinander, daß es nur die eine Hoffnung gebe, daß der Konflikt durch Verhandlungen gelöst werde. In diesem Sinne wollte er selbst seinem Schwager schreiben. Als er Marie Antoinette seinen Brief zeigte, empörte sie sich laut darüber, daß er viel zu nachsichtig über die Holländer spreche. Sie argwöhnte, Vergennes habe bei der Abfassung des Briefes mitgewirkt, und verlangte, der König solle den Brief noch einmal schreiben. Mit der zweiten Fassung war sie einverstanden, «obgleich viel über diesen zweiten Brief zu sagen gewesen wäre, der immer noch zu sehr dem ersten ähnelte».[11] Nichtsdestotrotz war Marie Antoinette überzeugt, daß sie sich beim König gegen seinen Minister durchgesetzt hatte. Ihren Erfolg berichtete sie dem Kaiser: «Dieser Minister hat keinerlei Anteil an seinem Brief. Er hat dem König eine Art Entwurf gegeben, welchen der König mir gezeigt hat. Ich hatte keine Mühe, ihm deutlich zu machen, daß dieser Brief lang war und schlecht geschrieben und daß er unangebrachte Gedanken enthielt. Ich glaube sicher sein zu können, daß jener Brief, den er Euch geschrieben hat, abgegangen ist, ohne daß Monsieur de Vergennes ihn gesehen hat.»[12] Da irrte Marie Antoinette. Ludwig XVI. tat nichts hinter dem Rücken von Vergennes, er hatte Vergennes den endgültigen Brief gezeigt.

Joseph war entschlossen, von den Holländern Genugtuung zu fordern. «Ich will weder die Zerstörung der Republik, noch will ich Gebiete», schrieb er seiner Schwester, «aber ich gestehe Euch zugleich, daß ich, sofern sie sich weiterhin so arrogant zeigt und mir nicht Genugtuung leistet in der Weise, wie ich es Euch beschrieben habe, die gewaltsamen Mittel anwenden werde, welche mir am besten geeignet scheinen, sie dafür büßen zu lassen.»[13] Deutlicher konnte man es nicht ausdrücken. Der Kaiser hatte bereits seinen Botschafter angewiesen, Den Haag zu verlassen, nun entsandte er 80 000 Mann in die Niederlande.

Am 1. November drängten bei der Sitzung des Staatsrates etliche Minister, die französischen Grenzen zu schützen. Sie besänftigten sich erst wieder, als Ludwig XVI. erklärte, die Entscheidung des Kaisers sei nicht ungewöhnlich und für den Augenblick bestehe keinerlei Gefahr. Diese Worte beruhigten auch die Königin, der gegenüber Ludwig kein Hehl aus seiner Sorge gemacht hatte, ein Krieg Österreichs gegen Holland könne sich ausweiten und in diesem Fall müsse man Vorkehrungen zum Schutz des Königreiches treffen. Vergennes sprach weiterhin freundlich mit Mercy, der um eine diplomatische Intervention des Königs bei der Republik bat. Vergennes beschied ihn, daß unter den gegebenen Umständen «alle Anstrengungen, die Frankreich unternehmen könnte, vergebens wären».[14] Die Spannung in Europa stieg. Preußen und England stellten sich auf die Seite Hollands. Mit jedem Tag trat die Kriegsgefahr deutlicher hervor. Da die Antwort des Kaisers auf das Vermittlungsangebot des französischen Königs auf sich warten ließ, bat Ludwig XVI. seine Minister, jeder möge eine schriftliche Einschätzung der Lage geben. An die Lektüre der Berichte schlossen sich lange Erörterungen. Zusammenfassend zog der König den Schluß, daß ein Konflikt zwischen Holland und Österreich zum Bruch zwischen Frankreich und Holland und der unverzüglichen Annäherung Hollands an England führen würde. Sollte es jemals wieder zu einem Krieg zwischen Frankreich und England kommen, wäre diese Konstellation für Frankreich von großem Nachteil. Im eigenen Interesse mußte man den Kaiser dringlich auffordern, die Kriegspläne gegen Holland fallenzulassen und auf die Öffnung der Schelde zu verzichten. Die Aussicht, daß das Bündnis zwischen Frankreich und Österreich zerbrechen könnte, erschreckte Ludwig XVI. nicht; im Staatsrat hatte man ausführlich darüber gesprochen. «Man erkannte an, daß es sehr nützlich gewesen war, solange es der Erhaltung der allgemeinen Ruhe diente, aber zugleich sah man, daß es unter einem so rührigen Monarchen wie dem Kaiser den Hof von Versailles häufig in Verlegenheit brachte, weil er in heikle Angelegenheiten mit hineingezogen wurde.»[15] Dies erfuhr Mercy von Calonne, der um ein vertrauliches Gespräch mit dem österreichischen Botschafter gebeten hatte.

Nach den Beratungen im Staatsrat verfaßte Vergennes für den König ein Memorandum, das an den Kaiser gehen sollte. Darin bot Ludwig XVI. seine «guten Dienste» an, ohne für eine Seite Partei zu ergreifen; immerhin erinnerte er den Kaiser daran, daß die Holländer «lediglich an einem Recht festhielten, welches sie unumstritten seit fast anderthalb Jahrhunderten ausübten [...] und als Grundlage ihres Wohlstandes betrachteten». Er fürchte, daß die feindseligen Gesten Josephs II. die anderen Mächte – Frankreich eingeschlossen – dazu bringen könnten, Truppen zusammenzuziehen. «Im übrigen könne Seine Majestät unter keinen Umständen dem Schicksal der

Vereinigten Provinzen gleichgültig gegenüberstehen und zusehen, wie ihre Rechte und ihre Besitzungen gewaltsam angegriffen würden», hieß es nach Darstellung von Mercy darin weiter. «Seine Majestät könne dies gegenwärtig um so weniger, als Sie gerade dabei sei, ein Bündnis mit der Republik zu vollziehen, dessen Grundlagen noch vor den jüngsten Meinungsverschiedenheiten gelegt worden seien.» Ludwig XVI. hoffe, daß sein Schwager «auf alle feindseligen Gesten verzichten» und «einen gerechten und angemessenen Ausgleich» suchen werde, «um den Funken eines Krieges zu ersticken, der unberechenbare Folgen hätte».[16] Der französische König erklärte sich bereit, zwischen Österreich und Holland zu vermitteln.

Ludwig wollte dieses Memorandum nicht absenden, ohne mit Marie Antoinette darüber gesprochen zu haben. Sobald er ihr den Inhalt erläutert hatte, ging der erwartete Zornesausbruch über ihn nieder. Sie entrüstete sich über «diesen unbesonnenen und schändlichen Vorstoß». Am meisten empörte sie, daß man bei ihrem Bruder erst die Hoffnung genährt habe, man werde zu einer Einigung über die Öffnung der Schelde finden, und nun eine offensichtlich entgegengesetzte Haltung einnehme. Es folgte eine lautstarke Szene. Marie Antoinette erreichte immerhin, daß die Botschaft nicht sofort abgeschickt wurde, sondern erst ein paar Tage später. So blieb Joseph II. eine letzte Frist, möglicherweise doch noch auf das erste Vermittlungsangebot zu reagieren. Als nächstes ließ sie Vergennes kommen und kanzelte ihn ab. Sie ging sogar so weit, ihm vorzuwerfen, er verübe einen Anschlag auf die wahren Interessen Frankreichs, da er das Bündnis mit Österreich in Gefahr bringe. Zutiefst verärgert, daß er sich Vorhaltungen und Beschuldigungen von einer Frau anhören mußte, die von den Staatsgeschäften nicht das geringste verstand und die nur die Interessen des Hauses Österreich sah, weil sie von Joseph II. und seinem Botschafter entsprechend manipuliert wurde, ließ sich Vergennes in bitteren Worten über den Wiener Hof aus. Anscheinend habe sie «die Aufgabe übernommen, alles zu tun, was den Hof von Versailles in Schwierigkeiten bringen» könne. Der Minister wagte der Königin sogar zu sagen, sie könne sich überhaupt nicht vorstellen, mit welch einer «großartigen Verachtung Fürst Kaunitz über Frankreich zu sprechen pflege».[17] Marie Antoinette beharrte indes darauf, eine solche Note sei «vollkommen unangebracht», solange man von ihrem Bruder noch keine Antwort auf den Brief des Königs erhalten habe. Vergennes erwiderte, gerade das lange Schweigen des Kaisers beweise, wie wenig der französische König bei ihm gelte. Hochmütig entließ Marie Antoinette den Minister und folgerte bei sich, daß es ihrem Gemahl an Entschlossenheit und Kraft fehlte, um sich bei seinem Minister durchzusetzen.

Am 20. November sandte Ludwig XVI. die Note nach Wien. Zu Marie Antoinettes Verzweiflung war von Joseph II. noch immer keine Antwort auf das Vermittlungsangebot eingetroffen. Voller Groll auf Vergennes schrieb sie «traurig und aufgewühlt» über die Ereignisse an ihren Bruder: «Ihr seid gewiß erstaunt und befremdet gewesen über jene schändliche Depesche, die [...] keinerlei Sinn ergibt.» Sie machte Vergennes für alles verantwortlich, sein Verhalten sei «ein Netz aus Falschheit, Schwäche und Furcht vor diesem Land. Wenn ich getäuscht wurde über das, was im Gange war, so rührte das daher, daß die Minister selbst vor einem Monat noch nicht ahnten, wo sie heute stehen würden. Mir scheint, daß ich an der Entschließung des Staatsrates nichts hätte ändern können, selbst wenn ich rechtzeitig davon unterrichtet worden wäre.»[18] Die Antwort des Kaisers auf den ersten Brief des Königs und das Memorandum kreuzten sich. Hätte der französische Geheimdienst nicht die Post des österreichischen Kanzlers abgefangen und dem französischen Kabinett den Tenor des Briefes mitgeteilt, noch bevor der Empfänger seine Diplomatenpost öffnen konnte, hätte die Antwort des Kaisers die Minister wahrscheinlich überrascht. Der Kaiser beharrte zwar auf einer Entschuldigung der Generalstaaten, aber er war bereit, auf den freien Handelsverkehr auf der Schelde zu verzichten, wenn die Holländer ihm dafür die Festung Maastricht überließen. Mehr Entgegenkommen konnte man nicht erwarten. Dann breitete der Kaiser einen Plan aus, den er seit Monaten hegte und den man ernsthaft erörtern konnte: Er dachte darüber nach, dem bayerischen Thronerben die österreichischen Niederlande abzutreten im Austausch gegen Bayern. Die Niederlande lagen weit entfernt vom Zentrum des Reiches und waren seit jeher schwer zu verteidigen gewesen, nun widersetzten sich die Menschen dort auch noch beharrlich der Reformpolitik des Kaisers. Die Habsburger waren in den Niederlanden nie beliebt gewesen, diese Provinz hatte immer wieder Konfliktstoff geboten. Die unbestreitbaren Vorteile, die der Besitz Bayerns für Österreich bedeutet hätte, brauchen nicht noch einmal aufgezählt zu werden. Die Herrschaft über Bayern erschien Joseph II. um so wichtiger, als sich seit 1778 der preußische Machtbereich gefestigt hatte und der bayerische Thronerbe, der Herzog von Zweibrücken, offensichtlich bereit war, eine Art Vasallenverhältnis zu Preußen einzugehen. Darum hatte Joseph II. das Einverständnis des Kurfürsten von der Pfalz eingeholt, der noch in Bayern regierte, und sich des Beistandes Katharinas II. versichert. Nun mußte er nur noch wissen, wie Preußen und Frankreich reagieren würden.

Da Joseph am französischen Hof keine Unterstützung fand, suchte er Hilfe bei seiner Schwester. Er schrieb ihr zwei drängende Briefe in dieser

Angelegenheit. In dem ersten Brief, den sie dem König zeigen sollte, erwähnte er fast beiläufig den Austausch der beiden Länder als eine «billige Übereinkunft». Bisher habe nur das ärgerliche Verhalten der Holländer verhindert, daß man darüber verhandelte. Im übrigen könne man Näheres von Mercy erfahren, der bestens mit der Angelegenheit vertraut sei.[19] In einem zweiten, geheimen Brief beschwor Joseph seine Schwester geradezu, in dieser Sache blindlings Mercy zu folgen. «Dieser Plan ist von allerhöchster Wichtigkeit für das Vaterland und für Eure Familie, zugleich birgt er für das Königreich greifbare Vorteile und sorgt dafür, daß die Bande der Allianz zwischen unseren beiden Höfen für immer unauflöslich sind, indem er mir ein für allemal den Weg der Annäherung an England verschließt und die Holländer ganz und gar dem Willen des Königs ausliefert. Schließlich ist dies, wenn es denn gelingt, ein großer Wurf, und der Erfolg hängt einzig von diesem Zeitpunkt ab und davon, daß man die Sache unvoreingenommen und unparteiisch betrachtet. Wenn Ihr, meine liebe Schwester, zum Gelingen beitragen wolltet, wäre ich Euch unendlich verpflichtet.»[20] Solche Sätze appellierten natürlich an die Gefühle Marie Antoinettes für «das Vaterland», wie Joseph II. schrieb. Der König «schien an dem Plan keinen Gefallen zu finden», als sie ihm davon erzählte.[21] Wie immer in solchen Situationen gab Ludwig XVI. seiner Frau eine ausweichende Antwort, die sie fürs erste zufriedenstellen sollte. Sogleich nach der Unterredung mit dem König ließ sie Vergennes rufen, und sie «hörte von ihm einen deutlich veränderten Tonfall und andere, sehr viel bessere Worte, als sie seit langem gebraucht worden waren».[22] Marie Antoinette war beruhigt.

Der Plan des österreichischen Kaisers war mit Sicherheit eines der schwerwiegendsten Probleme, die der Staatsrat um diese Zeit zu erörtern hatte. Wenn der französische König dem Gebietstausch zustimmte, der das Gleichgewicht in Europa erschüttern würde, konnte er eine territoriale Entschädigung fordern, und man konnte mit gutem Grund annehmen, daß Joseph II. nichts anderes übrigbleiben würde, als den französischen Wünschen zu entsprechen. Wieder erging an jeden Minister der Auftrag, eine Stellungnahme auszuarbeiten.[23] Am entschiedensten gegen den Gebietstausch sprach sich Baron Breteuil aus.[24] Er kannte den Wiener Hof aus eigener Anschauung und hatte sich ein Bild von Joseph II. und seinem Kanzler gemacht. Er war fest überzeugt, daß es gegen die Interessen Frankreichs wäre, wenn man das Machtstreben des Kaisers unterstützte, und erinnerte daran, daß der österreichische Hof ähnliche Wünsche bereits 1715 und 1778 geäußert hatte. Damit der Kaiser bereit war, ein so überaus fruchtbares Land wie die österreichischen Niederlande aufzugeben, mußte «ihm bewußt sein, welche überragenden Vorteile ihm der Besitz Bayerns bringen würde. Monsieur de Breteuil wendet sich sodann den Gefahren zu, welche die Einverleibung Bayerns durch Österreich für die Schweizer und die italienischen Fürsten mit sich bringen würde. Unwidersprochen führt er aus, daß der Einfluß des Königs in Deutschland an dem Tag enden werde, an dem Bayern kein eigenständiger Staat mehr sei. Nachdrücklich weist er die unsinnige Überlegung zurück, daß der König weniger Truppen brauche, wenn sich die Niederlande in den Händen eines schwachen Fürsten befänden; eindringlich hebt er den unschätzbaren Vorteil hervor, welchen es bedeute, wenn der Kaiser durch die Furcht vor Aufruhr in Flandern in Schach gehalten werde. Er schließt damit, daß wir Schweigen bewahren müßten, bis der König von Preußen sich geäußert habe, daß es unseren Interessen nicht dienlich sei, wenn wir seiner Äußerung vorgriffen, und noch weniger, wenn wir ihn dadurch verärgerten, daß wir dem Kaiser die Mittel lieferten, mit welchen er Seine Preußische Majestät davon überzeugen könnte, daß wir den Wünschen des Wiener Hofes entsprechen wollten.» So faßte der Marquis Bombelles, ein Vertrauter des Ministers, dessen Stellungnahme zusammen.[25] Aus der Sitzung des Staatsrates drang nichts nach außen. Ludwig XVI. teilte seinem Schwager mit, daß er sich dem Gebietstausch nicht widersetze, aber wünsche, daß zuvor die Zustimmung des Königs von Preußen und der deutschen Fürsten eingeholt werde. Unterdessen arbeitete die französische Diplomatie im verborgenen darauf hin, den Plan des Kaisers zu Fall zu bringen. Joseph II. wußte zumindest ungefähr, was im Gange war, denn auch er hatte einen gut organisierten Geheimdienst.

Getreu den Anweisungen ihres Bruders, der in seinen Briefen stets einen vertraulichen und herzlichen Tonfall anschlug, bemühte sich Marie Antoinette, die Zusicherung zu erhalten, daß Frankreich den Kaiser unterstützen werde. Nach wie vor mißtraute sie den «Betrügereien» des Ministers. Sie kritisierte Vergennes' vermeintlich großen Einfluß auf den König und beklagte die Schwäche des Königs. In der Innenpolitik fiel es Ludwig XVI. unbestreitbar schwer, auch nur unbedeutende Entscheidungen zu treffen, in der Außenpolitik hingegen hatte er klare Vorstellungen, und meistens stimmten sie präzise mit Vergennes' Ansichten überein. Doch wie schon so oft zog er es aus übertriebener Nachsicht gegenüber seiner Frau, die er ebensosehr liebte wie fürchtete, vor, sie in dem Glauben zu lassen, Vergennes und der Staatsrat diktierten ihm die Entscheidungen. Sie faßte daraufhin den Entschluß, daß sie ihren Gemahl und seinen Minister bei einer Besprechung im Arbeitszimmer des Königs überraschen und ihn zu einer verbindlichen und unwiderruflichen Verpflichtung zugunsten des Kaisers zwingen würde.

Der König und Vergennes hatten kaum zehn Minuten miteinander gesprochen, da stürmte Marie Antoinette in das Arbeitszimmer. Ohne daß man sie dazu aufgefordert hatte, mischte sie sich in die Diskussion und versuchte, «dem König ein entscheidendes Wort zu entlocken». Als der König beharrlich schwieg, wandte sie sich an Vergennes. Er gab respektvoll zu bedenken, «daß man dem Kaiser einen sehr schlechten Dienst erweisen würde, wenn man genau in dem Augenblick, wo man nach Mitteln suche, ihn daran zu hindern, daß er einen Krieg mit Holland beginne, ihn in einen noch schlimmeren Handel mit seinem gefährlichen Nachbarn verstrickte». In den Augen der Königin fand eine solche Ausflucht selbstverständlich keine Gnade. Vergennes mußte ihr schließlich erklären, welche Gefahren der Gebietstausch für Frankreich mit sich bringen könnte. Marie Antoinette verstand jedoch nur, daß Vergennes sich der Auffassung des Kaisers widersetzte, «und konnte sich nicht länger beherrschen. Sie ließ sich zu einem heftigen Zornesausbruch hinreißen.» Verletzende Worte fielen, Marie Antoinette warf Vergennes vor, er manipuliere seine Kollegen, damit im Staatsrat Beschlüsse gefaßt würden, «ohne daß er als ihr Urheber in Erscheinung trete». Der König schwieg zu allem. Die Angriffe der Königin waren so scharf, daß Vergennes anbot zu demissionieren. Nichts konnte Marie Antoinettes Zorn besänftigen; wenn es um Österreich ging, brannte sie vor Leidenschaft und vergaß die Interessen Frankreichs. Sie stellte lange Betrachtungen an über die «unschätzbaren Vorteile» des Bündnisses, listete ausführlich alle Unbilden auf, die der Kaiser wegen Frankreich seit der Thronbesteigung Ludwigs XVI. hatte erdulden müssen, und pries die unwandelbare Treue ihres Bruders, der – wie sie fest glaubte – ein verständnisvoller und zuverlässiger Verbündeter war.

Der König hatte bei diesem Wortwechsel «reglos daneben gestanden». Als er mit seiner Frau allein war, bemühte er sich, die Haltung seines Ministers zu rechtfertigen. Er versicherte ihr, daß Vergennes an dem Bündnis festhalte und ganz und gar nicht die Absicht habe, einen Bruch zwischen den beiden Höfen herbeizuführen. «Das schlechte Bild, das die Königin sich gemacht habe, ruhe allein auf einem unberechtigten Argwohn, [...], welchen man ihrem Geist eingeflößt habe.» Marie Antoinette unternahm einen weiteren Anlauf, den König für den Gebietstausch zu gewinnen, doch er machte ihr nicht das geringste Zugeständnis.[26] Ungeachtet der Szene im Arbeitszimmer blieb er bei der Linie, die er zusammen mit seinen Ministern festgelegt hatte. Marie Antoinette schrieb ihrem Bruder, daß «die Verzögerungen und Schwierigkeiten von Monsieur de Vergennes [...] beträchtlicher gewesen wären, wenn ich nicht in einer Weise mit ihm gesprochen hätte, die auf ihn Eindruck machte».[27] Sie hoffte immer noch, daß der Plan ihres Bruders Wirklichkeit werden würde. Ludwig XVI. schrieb ebenfalls an Joseph II. und erneuerte sein Vermittlungsangebot für den holländischen Konflikt. Hinsichtlich des Austausches von Bayern bat er den Kaiser, sich der Zustimmung des Königs von Preußen und der deutschen Fürsten zu versichern. Doch da teilte der Herzog von Zweibrücken, Erbe des Kurfürsten von Bayern, mit, daß er sich dem Tausch der beiden Länder widersetzen werde. Seine Entscheidung fand «die Billigung aller großen Höfe und der Fürsten des Reiches».[28]

Joseph II. schnaubte vor Wut, Verhandlungen waren nun unumgänglich. In seinen Briefen an Mercy ließ er seinem Ärger freien Lauf, schimpfte auf das «wahrhaft schändliche Verhalten» des Herzogs von Zweibrücken und warf Frankreich Unterwürfigkeit gegenüber Preußen vor. Marie Antoinette verteidigte sich und schob wieder einmal alles auf das «falsche Spiel» von Vergennes.[29] Mit fast kindlicher Naivität stellte sie ihren Ehemann weiterhin als wehrlosen Spielball des Ministers dar. «Die Gefühle des Königs [...] sind in seinem Herzen besser als in seinen Briefen. Ich bin glücklich gewesen, und Ihr wäret es auch, wenn Ihr gehört hättet, was er zu mir sagte, als er Euren Brief las. [...] Aber ich erröte bei dem Geständnis, daß sein Tonfall nicht mehr derselbe ist, seit er seinen Minister gesehen hat. Er ist verlegen, vermeidet es, mit mir über Staatsangelegenheiten zu sprechen, und wenn ich ihn in die Situation bringe, daß er mir eine Antwort geben muß, findet er immer eine Ausflucht, welche das Gute, das er mir gesagt hat, abschwächt.»[30] Joseph II. ließ sich durch solche Geständnisse nicht täuschen. In einem seiner nächsten Briefe schüttete er ihr scheinbar sein Herz aus und geißelte «die Doppelzüngigkeit, um nicht zu sagen Falschheit», mit welcher man ihm gegenüber gehandelt habe.[31] Die Königin weinte und grämte sich, daß ihr «echtes Bemühen nicht mehr Früchte getragen hat».[32] Wie Mercy lastete sie den Mißerfolg «der Unbeständigkeit der Gedanken des Königs» an, die ihn daran hindere, seine Minister «vollkommen zu beherrschen». Inständiger denn je wünschte sich Mercy, daß der Einfluß der Königin größer wäre als der des Staatsrates.

Joseph II. war mit seinem Plan endgültig gescheitert. Unter der Ägide des Königs von Preußen formierte sich der Widerstand der deutschen Fürsten, und im Kaiserreich erhoben sich immer mehr Stimmen gegen einen Krieg. Ungarn verweigerte die Aushebung von Truppen, in Kroatien waren Aufstände zu befürchten. Der Kaiser lenkte ein. Der Gebietstausch war nicht mehr durchführbar, die Forderung nach freiem Handelsverkehr auf der Schelde gab er auf, und er erklärte sich sogar bereit, gegen eine Entschädigung von zehn Millionen Gulden auf Maastricht zu verzichten. Die französischen Diplomaten verhandelten monatelang mit den Holländern, die Kaunitz abfällig als «Käsehändler» bezeichnete. Schließlich schlug Vergennes dem Kaiser vor, sich bei acht Millionen Gulden zu einigen; die Differenz wollte der König von Frankreich um des Friedens willen tragen. Am 8. November 1785 unterzeichneten die Vertreter Hollands und Mercy-Argenteau den Friedensvertrag zwischen Österreich und der Republik unter der Schirmherrschaft von Frankreich und Preußen. Einige Tage später schloß Frankreich das seit Monaten angestrebte Bündnis mit Holland. Marie Antoinette war erleichtert. Sie begriff nicht, daß Frankreich die Bande zum Kaiser gelockert hatte, sondern stellte sich ganz naiv vor, nun könne kein Schatten mehr auf das Bündnis fallen. Und sie gestand ihrem Bruder: «Wenn man so weit gegangen wäre, es zu brechen, hätte ich kein Glück und keine Ruhe mehr gekannt.»[33]

Marie Antoinette sah nicht, daß Ludwig XVI., nachdem er dem Expansionsstreben des Kaisers Einhalt geboten, sich Holland und Schweden als Verbündete erhalten, sich an Rußland und sogar England angenähert hatte, zum Schiedsrichter der europäischen Politik aufgestiegen war. Lange hatte Frankreich kein so hohes Ansehen genossen. «Welch ein Unterschied zwischen dem unheilvollen Ende der letzten Herrschaft und der heutigen Zeit!» jubelte ein Zeitgenosse.[34] Alle Gazetten priesen die umsichtige Politik des französischen Königs, die den Frieden in Europa garantiere. Marie Antoinette, die sich dem König überlegen fühlte, war in ihrem Stolz verletzt. Mercy stachelte sie noch weiter an, und bald sann sie darüber nach, auf welchem Wege sie Vergennes' Entlassung erreichen könnte. «Es sei an der Zeit», berichtete Mercy über ihre Absichten an Joseph II., «daß sie endlich den Entschluß fasse, sich für all das Genugtuung zu verschaffen, was seit einigen Jahren wider die Rücksicht und den Respekt geschehe, welche man ihren Wünschen schulde [...], die man bei so vielen Gelegenheiten zu durchkreuzen gewußt und gewagt habe.»[35]

Im Land hatte man die Eskapaden des Kaisers sehr schlecht aufgenommen, die gegen Österreich gerichteten Vorurteile hatten reichlich Nahrung bekommen. Einigermaßen beunruhigt fragte man sich, was für Pläne Joseph II. wohl in Zukunft ausbrüten würde. Preußen hingegen weckte Sympathien, aufgeklärte Geister malten sich ein Bündnis mit Preußen in rosigen Farben aus. Als Prinz Heinrich von Preußen im September 1784 Frankreich besuchte, wurde er vom französischen Adel sehr freundlich empfangen.

Innerhalb der königlichen Familie sprach der Graf von Artois wohlwollend über eine Annäherung zwischen Frankreich und Preußen. Die Polignacs hatten die Vorstöße des Kaisers scharf verurteilt, seither war die Freundschaft Marie Antoinettes für die Herzogin merklich abgekühlt. Die Herzogin hatte bei Marquis Bombelles darüber geklagt, daß aus «ihrer Position immer neue Unannehmlichkeiten» erwüchsen und daß es soviel Tapferkeit koste, «immer ein heiteres Gesicht zu zeigen, auch wenn nur zu wahre und tiefe Kümmernisse all das Glück aufwögen, gar vergifteten, welches das Schicksal auf sie gehäuft habe».[36] Die Königin duldete nicht die Spur einer Kritik an ihrer Familie, nicht einmal von ihrer besten Freundin.

Bei Hofe hatte niemand für den Kaiser Partei ergriffen. Daß die Königin ihren Bruder unterstützte, so gut sie nur konnte, war allgemein bekannt, und man fand die bedingungslose Treue der Mutter des französischen Thronerben zum Hause Habsburg schockierend. Da die Menschen in Marie Antoinettes unmittelbarer Umgebung es vermieden, das heikle Thema anzuschneiden, fühlte sie sich im Stich gelassen. Die fortschreitende Schwangerschaft hatte sie daran gehindert, sich mit ihren üblichen Zerstreuungen abzulenken. Ende März, als sie kurz vor der Entbindung stand, sah es so aus, als hätten all die Widrigkeiten ihre Kräfte aufgezehrt.

Am 27. März verspürte die Königin seit dem Morgen leichte Wehen, aber sie ging noch zur Messe. Wie ein Lauffeuer verbreitete sich in Versailles die Nachricht von der bevorstehenden Niederkunft, und als sie von der Messe zurückkam, drängten sich in ihrem Vorzimmer die Menschen. Verärgert über soviel unerträgliche Neugier ließ sie ausstreuen, es sei wahrscheinlich nur blinder Alarm und sie werde bei der Prinzessin Lamballe soupieren. Die Neugierigen zogen sich zurück, die Prinzessin unterrichtete unverzüglich Madame de Polignac, wie es tatsächlich um die Königin stand, und bat sie, niemandem etwas zu sagen. Um sieben Uhr abends, noch bevor die Prinzen von Geblüt vollzählig an ihrem Bett versammelt waren, brachte Marie Antoinette einen zweiten Sohn zur Welt. Er erhielt den Titel eines Herzogs der Normandie. Die Sitte verlangte, daß die Erzieherin der Kinder der königlichen Familie das Neugeborene aus der Hand des Geburtshelfers entgegennahm. Da die Herzogin Polignac fürchtete, «durch ihre Gefühle für die Königin aufgewühlt zu sein», bat sie Madame de Mackau um Hilfe. Der kleine Herzog war ein wunderschönes Kind. Wie sein Bruder wurde er eine Stunde nach der Geburt getauft, seine Taufpaten waren Monsieur und Madame Elisabeth in Vertretung der Königin von Neapel.

Der König wirkte sehr glücklich. Die Glückwünsche des Hofes nahm er nicht «in förmlicher Zeremonie» entgegen; die Höflinge säumten den gesamten Weg zur Kapelle, die von Gratulanten überquoll. Am 1. April begab sich der König zu einem *Te Deum* nach Notre-Dame.

Wie nach der Geburt des Dauphins erholte sich die Königin rasch. Die traditionelle Segnung nach dem Wochenbett, die in Paris stattfand, schob sie jedoch immer wieder hinaus. In der Hauptstadt waren wieder niederträchtige Spottlieder über die Geburt des Prinzen in Umlauf. Eine gewisse Dame de Saint-Elen hatte man in die Bastille gebracht, weil sie angeblich solche schändlichen Machwerke verfaßt hatte. Der Inhalt war seit Beginn der Herrschaft Ludwigs XVI. immer der gleiche: Die Königin vergnüge sich mit ihren Geliebten und schiebe dem König einen Bastard nach dem anderen unter. Nicht allein der Lebenswandel der Königin erregte Anstoß, man wußte auch, ohne daß Details bekannt waren, wie sehr sie für die Interessen ihres Bruders eingetreten war, und das machte sie noch unbeliebter, als sie bereits war. Die Königin war sich dessen wohl bewußt und fürchtete den prunkvollen Auftritt in Paris. Doch es mußte ein Tag festgelegt werden.

So fuhr sie denn am 24. Mai in einem silberdurchwirkten Kleid in die Hauptstadt. Ein riesiges Ohrgehänge aus Diamanten erregte allgemeines Aufsehen. Der neue Hofjuwelier Böhmer hatte es für den stolzen Preis von 80000 Livres geliefert.

Ohne mit der Wimper zu zucken, ließ die Königin die langatmigen Ansprachen über sich ergehen. Sehr viel unterhaltsamer fand sie die – glücklicherweise kurze – Rede des Abbés von Sainte-Geneviève, der entsetzlich stotterte. Als er das Weihrauchfaß schwenkte, wurde es noch schlimmer. «Behindert durch das Gefolge und einen Sessel, den man dorthin gestellt hatte, kopflos vor Aufregung, mußte der Abbé die Königin bitten, einige Schritte zurückzutreten, um sie nicht zu verletzen. Fast wie in dem Stück *Der Bürger als Edelmann* sagte er: ‹Tretet noch ein wenig zurück, Madame, damit ich Euch beweihräuchern kann.›»[37] Nach den frommen Pflichten dieses Tages besuchte die Königin am Abend die Oper. Niemand klatschte, niemand jubelte ihr zu, die Kälte der Menge betrübte sie zutiefst. Sie verstand nicht, warum man sie so behandelte. Als sie in ihre Gemächer in den Tuilerien zurückkehrte, wo sie gewöhnlich eine Rast machte, wenn sie nach Paris fuhr, murmelte sie schmerzerfüllt: «Was habe ich ihnen nur getan?»

Kapitel XVII

Die Halsbandaffäre

Einige Tage vor der Zeremonie in Paris war Fersen nach Frankreich zurückgekommen, um sein Regiment zu übernehmen. Noch aus Stockholm hatte er an «Joséphine» geschrieben, daß er «glücklich» sei. Seit er wieder in Frankreich war, verbrachte er die meiste Zeit am Hofe, man sah ihn am Spieltisch der Königin, auf den Bällen der Königin und bei den kleinen Soupers von Madame d'Ossun, die Marie Antoinette mit ihrer Anwesenheit beehrte. Um dieselbe Zeit machte er in Briefen an seine Schwester Sophie geheimnisvolle Andeutungen über seine Beziehung zur Königin: «Ich bin seit gestern in Versailles. Sagt niemandem, daß ich Euch von hier schreibe, denn auf meinen anderen Briefen gebe ich an, sie seien in Paris verfaßt. Adieu.»[1] In der offiziellen Rolle des verschwiegenen und aufmerksamen Höflings beobachtete er, wie unfreundlich die Menschen in Paris Marie Antoinette nach der Geburt des Herzogs der Normandie begegneten. «Die Königin ist sehr kalt empfangen worden», schrieb er an Gustav III. «Es hat keinen einzigen Beifall gegeben, nur tiefes Schweigen.»[2] Aber, so fügte er erleichtert hinzu, am Abend in der Oper hätten der Beifall und die Hochrufe fast eine Viertelstunde gedauert. Er hatte besonders eifrig geklatscht. In Stockholm klagte sein alter Vater darüber, daß er «mit seinen militärischen oder seinen amourösen Angelegenheiten so sehr beschäftigt» sei.[3] Bei Marie Antoinette drängte die Freude über das Wiedersehen den Kummer über den eisigen Empfang in Paris in den Hintergrund. Sie zog sich immer öfter für ganze Tage nach Trianon zurück, vom 19. Juni bis zum 2. Juli lebte sie ganz dort. Der Sommer begann vielversprechend, obgleich Fersens Abreise Anfang August düstere Schatten warf. Er sollte in Landrecies bei Valenciennes zu seinem Regiment stoßen, aber gelegentliche Ausflüge waren nicht verboten.

Marie Antoinette genoß weiterhin das Leben als Schloßherrin auf ihrem

Besitz und verwirklichte ihre Träume. Im Schloß verwandelte sie das Eßzimmer in ein Billardzimmer, persönlich überwachte sie all die vielen kleinen Veränderungen, zum Beispiel den Einbau der großen Uhr mit den beiden Zifferblättern aus Blech, die Robin für die stolze Summe von 18000 Livres angefertigt hatte. Inzwischen beanspruchten die Arbeiten im Hameau ihre ganze Aufmerksamkeit. Die Häuser waren fertiggestellt, im Frühjahr hatte man die Bodenplatten gelegt, die Holzdecken eingezogen und die Kamine gesetzt. Die Illusion des Dorfes auf dem Lande war perfekt, rings um den Hameau wurden Felder angelegt und bestellt. Am 15. Juni wurden die Tiere gebracht, ein Ziegenbock, Ziegen, Schafe und eine Herde Schweizer Kühe. Bald kamen noch drei Hähne hinzu, achtundsechzig Hühner, acht Tauben und etliche Hasen. Um die Felder und die Tiere kümmerten sich die Bauersleute Valy, die in dem Bauernhaus wohnten, ihnen halfen ein Gärtner mit Gartengehilfen, ein Rinderhirte, ein Kuhhirte, ein Knecht, ein Rattenfänger, ein Frettchen- und ein Maulwurfsjäger und eine Dienstmagd. Anders als unzählige Legenden berichten, spielte Marie Antoinette eine halbe Meile vom Prunk von Versailles entfernt keineswegs Bäuerin; sie ging in ihrem Dorf spazieren, sah zu, wie die Bäuerin Valy die Kühe melkte, Käse herstellte und wie die Felder bestellt wurden. Als der Bauer ihr im nächsten Jahr vorschlug, einen anderen Bock zu kaufen, weil die Ziegen nicht trächtig wurden, antwortete sie ganz ernsthaft, «daß sie damit einverstanden sei, aber der neue Bock müsse ein ganz weißes Fell haben und dürfe nicht bösartig sein».[4] In ihrem Hameau glaubte sie das wahre Landleben zu finden. Die Schaukel vor ihrem Haus am Teich symbolisiert sehr schön die künstliche Bewegung hin zu einer unbekannten Welt, die sie sich mit allen Verfeinerungen der höfischen Welt ausmalte.

Seit dem Herbst des Vorjahres war Trianon nicht mehr der einzige Besitz der Königin. Auf ihre Bitte erwarb Ludwig XVI. als Geschenk für sie das Schloß Saint-Cloud, das dem Herzog von Orléans gehörte. Madame Campan schreibt, bei einem Spaziergang mit Madame de Polignac und Gräfin Diane habe die Königin den Wunsch geäußert, dieses Schloß unweit der Hauptstadt zu besitzen. Die wundervolle Anordnung der von Mansart umgebauten Fassaden und die berühmten Gärten, die sich zur Seine hinab zogen, hatten die Königin begeistert. Für ihren Wunsch hatte sie einen hervorragenden Vorwand gefunden: In Versailles standen um diese Zeit umfangreiche Renovierungsarbeiten und Umbaumaßnahmen an, Mique arbeitete bereits daran. Der Hof konnte nicht auf einer Baustelle leben, und so bot sich Saint-Cloud als eine angenehme Zwischenlösung an. Das Schloß war sehr viel kleiner als Versailles und konnte nicht den gesamten Hof aufnehmen, geschweige alle Bedienten. Es war gerade groß genug für die königliche Familie und einige Höflinge. Das alltägliche Leben konnte man dort sehr viel leichter von dem Ballast der Etikette befreien, der Marie Antoinette so zuwider war.

Ohne sich mit Calonne zu beraten, der reichlich Gründe anzuführen wußte, die gegen eine so leichtsinnige Ausgabe sprachen, verhandelte Baron Breteuil mit dem Herzog von Orléans über den Kauf des Schlosses. Um zu sparen, schlug der König zuerst vor, Saint-Cloud gegen zwei andere königliche Residenzen zu tauschen, aber der Herzog wollte lieber Geld haben. Da Marie Antoinette Calonne mißtraute und fürchtete, daß ihr Ehemann den Bedenken seines Ministers nachgeben könnte, verlangte sie, daß sie an den Kaufverhandlungen teilnehmen dürfe. Ungeachtet der respektvollen Warnungen seines Generalkontrolleurs erwarb Ludwig XVI. Saint-Cloud am 24. Oktober 1784 für sechs Millionen Livres. Der Kauf wurde im Namen der Königin getätigt, so etwas hatte es in der Geschichte der französischen Monarchie noch nie gegeben. Marie Antoinette erhielt Saint-Cloud als eigenen Besitz unter der Bedingung, daß sie davon nur zum Nutzen ihrer Kinder Gebrauch mache. Mit dem Kaiser kam es darüber zum Konflikt. Mercy war überzeugt, daß der König und die Minister diese kostspielige Laune der Königin nur befriedigt hatten, um sie von den Staatsgeschäften abzulenken. Wie man weiß, hatten sie damit keinen Erfolg. Die Königin büßte den kümmerlichen Rest von Beliebtheit ein, der ihr geblieben war, seit sie sich bedingungslos für die Interessen ihres Bruders eingesetzt hatte. In der Öffentlichkeit nahm man ihr diese Erwerbung sehr übel.

Unverzüglich machte sich Marie Antoinette daran, den neuen Besitz nach ihren Wünschen umzugestalten. Sie begann damit, daß «sie die Schweizer am Schloßtor und die Pagen ihre Livreen ablegen ließ [...] wie in Trianon, wo der Kastellan Anordnungen hatte anschlagen müssen mit dem Zusatz *erlassen von der Königin*. Diese Gepflogenheit führte man auch in Saint-Cloud ein. Die Livree der Königin am Tor eines Palastes, wo man nur diejenige des Königs zu finden erwartete, und die Worte *erlassen von der Königin* auf den gedruckten Anschlägen an den Toren erregten großes Aufsehen und machten einen sehr schlechten Eindruck nicht nur im Volk, sondern auch bei den höheren Schichten: Man sah darin einen Angriff auf die Traditionen der Monarchie. [...] Die Königin wurde davon unterrichtet und befand, es wäre gegen ihre Würde, wenn sie die Form jener Anschläge ändern ließe.» Sie meinte dazu: «Mein Name ist durchaus angebracht in Gärten, welche mir gehören. Ich kann dort Anordnungen erlassen, ohne die Rechte des Staates zu schmälern.»[5] Doch das allgemeine Murren wurde so laut, daß der Parlamentsrat Duval d'Eprémesnil bald sagte, es sei «unklug und unmoralisch, daß einer Königin von Frankreich Paläste gehören».[6]

Marie Antoinette kümmerte sich nicht um die Kritik und kündigte an, sie wolle in Saint-Cloud englische Gärten anlegen lassen. Um Platz zu gewinnen, wollte man die Kapelle als Theatersaal nutzen und das Krankenhaus abreißen; die Geistlichen und Nonnen wurden weggeschickt. «Man behält nur die Chorherren», stand in der *Correspondance secrète* vom 16. Juni 1785 zu lesen, «die das Volk unterdrücken und durch Erlasse des Parlamentes und des Rates verurteilt wurden, welche man jedoch nicht fortjagen konnte, da sie vom Erzbischof unterstützt werden.» Die Königin gab bei Mique außerdem Pläne für einen teilweisen Umbau des Schlosses in Auftrag.

Es war vorgesehen, daß der Hof im September nach Saint-Cloud umziehen sollte, alle bereiteten sich fieberhaft vor. Unterdessen wurden mehr Konzerte als je zuvor veranstaltet. Im Garten von Trianon fand unter einem riesigen, mit Girlanden aus künstlichen Blumen geschmückten Leinwandzelt ein Ball nach dem anderen statt. Marie Antoinettes Leidenschaft für das Theater war neu entflammt. Sie wollte mit ihrer adligen Schauspieltruppe den *Barbier von Sevilla* aufführen und selbst die Rolle der Rosine spielen.

Am 12. Juli nach der Messe überbrachte der Hofjuwelier Böhmer der Königin einen Schulterschmuck und ein Paar Diamantohrringe, die der König zur Geburt des Herzogs der Normandie für sie bestellt hatte. Böhmer nutzte die Gelegenheit und überreichte ihr ein Billett, in dem er seine große Freude darüber ausdrückte, daß sie «den schönsten Diamantschmuck der Welt» tragen wolle. Bei Madame Campan heißt es, Marie Antoinette habe den Sinn dieses Briefes nicht verstanden und ihn verbrannt mit den Worten, der Juwelier habe offenbar den Verstand verloren.[7] Weiter berichtet Madame Campan, am 3. August habe Böhmer sie in ihrem Landhaus aufgesucht, er sei sehr aufgeregt gewesen. Er habe sie gefragt, ob die Königin durch sie, Madame Campan, nicht einen Auftrag an ihn ausrichten lassen wolle. Als er hörte, daß sie seinen Brief verbrannt hatte, enthüllte er nach und nach die mysteriöse Angelegenheit. Zuletzt sagte er, die Königin schulde ihm mehr als eineinhalb Millionen Livres für ein Halsband, das Kardinal Rohan in ihrem Namen erworben habe. Er, Böhmer, sei im Besitz von Schriftstücken mit der Unterschrift der Königin, zudem habe der Kardinal ihm erst vor wenigen Tagen 30 000 Livres als Anzahlung der Königin ausgehändigt. Die Kammerfrau erwiderte, man habe ihn plump betrogen, die Königin wisse von all dem nichts und habe das Halsband nie gesehen. Sie riet ihm, eilends zu Baron Breteuil zu gehen, dem

Minister des Königlichen Hofstaates, und ihm die Angelegenheit zu schildern. Doch Böhmer suchte lieber unverzüglich den Kardinal auf. Danach wollte er mit der Königin sprechen, aber sie weigerte sich, ihn zu empfangen.

Zwei Tage später fragte Marie Antoinette ihre Kammerfrau nebenbei, was der Juwelier gewollt habe. Madame Campan berichtete von der Unterredung, die sie mit Böhmer gehabt hatte. «Sie [die Königin] beklagte sich bitter, welch unendlichen Kummer ihr die gefälschten Billetts bereiteten, die mit ihrer Unterschrift in Umlauf seien, aber sie begriff nicht, wie der Kardinal in diese Sache verstrickt war. Es war ein Labyrinth für sie, ihre Gedanken verirrten sich darin.»[8] Sofort ließ sie Abbé Vermond und Baron Breteuil rufen und versuchte, mit deren Hilfe Licht in das Dunkel zu bringen. So weit stimmt Madame Campans Bericht mit den Aussagen überein, die Böhmer und sein Kompagnon Bassenge später machten.[9] Es ist noch hervorzuheben, daß die beiden Juweliere aussagten, Kardinal Rohan habe ihnen nachdrücklich abgeraten, zu Breteuil zu gehen.

In ihren 1823 erschienenen Memoiren versucht Madame Campan den Eindruck zu erwecken, sie habe das besondere Vertrauen der Königin besessen. Tatsächlich berichtet sie viele Details aus dem Privatleben des französischen Herrscherpaares, aber in Anbetracht ihres geradezu zwanghaften Bestrebens, sich selbst in den Vordergrund zu stellen und die Großen am Hof als unschuldige Opfer zu schildern, muß der Historiker ihre Erinnerungen mit Vorsicht studieren, zumal sie in beträchtlichem zeitlichem Abstand zu den Ereignissen aufgezeichnet wurden. Oft findet man bei dieser feinsinnigen und kultivierten Dame eklatante Irrtümer. Bei der berühmten Halsbandaffäre kann der Historiker indes auf das Zeugnis von Madame Campan nicht verzichten, denn von allen Zeitgenossen, die Memoiren verfaßt haben, stand sie der Königin am nächsten.

Beachtung verdient darüber hinaus die Aussage von Abbé Georgel, dem Großvikar und Vertrauten des Kardinals. Er war seinem Herrn eng verbunden und spielte eine wichtige Rolle in der ganzen Angelegenheit. Er «führte die Korrespondenz mit den Ministern, den Richtern, den Anwälten, dem Kardinal und seinen Verwandten [und] lenkte die Untersuchungen, welche die Hauptbeteiligten dieser teuflischen Intrige entlarvten».[10] Georgel ist natürlich auch voreingenommen. Er verteidigt den Kardinal, aber er entlastet die Königin von den schweren Vorwürfen, die ihre Feinde gegen sie erhoben haben. Die Passagen seiner Memoiren, in denen es um die Halsbandaffäre geht, halten freilich einer strengen kritischen Betrachtung oftmals nicht stand. Über weite Strecken decken sie sich mit den Gerichtsakten und Zeugenaussagen, sie sind sehr viel ergiebiger und genauer als andere *Erinnerungen* aus jener Zeit. Georgel zufolge haben die beiden Juweliere nicht die ganze Wahrheit gesagt. Im Jahr 1797 habe er in Basel Bassenge wiedergetroffen. «Er hat mir gestanden», schreibt Georgel, «daß seine Aussagen und die seines Kompagnons in dem Prozeß von Baron Breteuil diktiert wurden; daß sie nicht blindlings alles gesagt hätten, was er gewünscht habe, aber daß sie gezwungen worden seien, über alles zu schweigen, was er nicht habe öffentlich werden lassen wollen.»[11] Georgel äußert die Vermutung, daß die Königin vor dem August 1785 (ein genaues Datum kann er nicht nennen) von Rohans Verhandlungen über den Erwerb des Colliers erfuhr. Die Juweliere hätten einen so bedeutenden Handel mit weit hinausgeschobenen Ratenzahlungen nicht abgeschlossen, ohne sich zuvor bei der Königin zu versichern, daß das Collier tatsächlich für sie bestimmt sei. Und Marie Antoinette habe sie mit Rohan verhandeln lassen, ohne sie darüber aufzuklären, daß man ihren Namen mißbrauche und sie täusche. «Warum hat sie in jenem Augenblick ihrer Entrüstung nicht Ausdruck verliehen?» wundert sich Georgel. «Selbst wenn man annimmt, daß Ihre Majestät sich an dem Kardinal rächen und ihn verderben wollte, war das, was bis dahin geschehen war und wovon sie erfahren hatte, mehr als ausreichend, um ihn zu zwingen, seine Stellung aufzugeben und den Hof zu verlassen. [...] Es hätte keinen großen Skandal gegeben, keine Verhaftungen, keinen Prozeß.»

Die eigentliche Halsbandaffäre begann an dem Tag (irgendwann zwischen dem 16. und dem 30. Juli, ein genaues Datum läßt sich nicht nennen), an dem die beiden Juweliere der Königin in Gegenwart von Abbé Vermond bewegt dankten für «den Kauf des Diamanthalsbandes, welchen Kardinal Rohan in ihrem Auftrag getätigt habe»,[12] und die leidige Frage der Bezahlung ins Spiel brachten. Marie Antoinette war sprachlos vor Verärgerung. Nach der Aussage von Böhmer und Bassenge verlangte Vermond, sie sollten den Kaufvertrag vorlegen, den sie angeblich mit dem Kardinal geschlossen hatten. «Sobald die Königin im Besitz einer Abschrift des Vertrages war, rief sie Baron Breteuil in ihren geheimen Rat [...] und beriet gemeinsam mit ihm und dem Abbé Vermond, wie sie sich in Anbetracht der Umstände verhalten solle. [...] Der Abbé sprach sich dafür aus, [...] unverzüglich den König über das Verhalten des Großalmoseniers ins Bild zu setzen: Er nannte es [das Verhalten] ein Verbrechen der Majestätsbeleidigung, welches man hart bestrafen müsse. Baron Breteuil [...] gab zu bedenken, daß man nicht zu früh solch großes Aufsehen erregen solle; daß man dem Kardinal den Erwerb nicht vorwerfen könne, da der Kaufvertrag doch von ihm allein unterzeichnet sei; daß der Käufer alles abstreiten könne, da die Juweliere nur ihnen von dem Kauf erzählt hätten, und es der Königin notwendigerweise schaden werde, wenn sie die Bestrafung eines Verbrechens forderte, das auf sie zurückfallen würde; daß man dieser Intrige ihren Lauf lassen müsse; daß mit der Fälligkeit der Zahlungen höchstwahrscheinlich die Drahtzieher offenbar würden; daß man bis dahin schweigen müsse; daß er mit Unterstützung der Polizei von Paris versuchen wolle, den Ablauf, die Beweggründe und das Ziel dieser Machenschaft aufzuklären.»[13]

Breteuil begann seine Nachforschungen damit, daß er sich von den beiden Juwelieren genau Bericht erstatten ließ. Böhmer und Bassenge hatten über Jahre hinweg Diamanten von außergewöhnlicher Größe und Reinheit gesammelt und damit ein Halsband mit einem Wert von 1,8 Millionen Livres geschaffen. Für dieses Halsband hatten sie bislang vergebens einen Käufer gesucht. Eine Zeitlang hatten sie gehofft, daß Ludwig XV. es Madame Dubarry schenken würde, doch der Tod des Königs hatte diese Hoffnung zerstört. Inzwischen war das ungewöhnliche Schmuckstück an allen Höfen Europas bekannt, und überall schreckte man vor dem Preis zurück. 1782, nach der Geburt des Dauphins, hatten die Juweliere das Collier Ludwig XVI. als Geschenk für Marie Antoinette angeboten, da sie wußten, daß sie Diamanten liebte. «Der König hatte das seltene Stück zur Ansicht in seinem Arbeitszimmer und war drauf und dran, es zu kaufen, da machte die unglückliche Affäre um Monsieur de Grasse seine Absichten zunichte. Man brachte Böhmer den Schmuck zurück. Da das riesige Kapital, welches in dem Halsband steckte, nunmehr seit fast zwei Jahren keinen Gewinn abwarf, stand er vor dem Ruin», schrieb Marquis Bombelles am 7. Februar 1783 in sein Tagebuch.[14] Er fügte noch hinzu, Böhmer habe gesagt, die «Wiederherstellung des Friedens» werde es ihm ermöglichen, sein Angebot zu wiederholen, und Madame de Polignac habe «ihm versprochen, sich für ihn zu verwenden».

Ende des Jahres 1784, nach etlichen ergebnislosen Vorstößen, machten sich Böhmer und Bassenge auf die Suche nach einem Vermittler oder einer Vermittlerin, der oder die so großen Einfluß auf den König und die Königin haben sollte, daß es gelingen würde, sie für den Kauf zu gewinnen. Ein gewisser Sieur Achet sagte ihnen, sein Schwiegersohn, der Advokat Laporte, wisse von einer Gräfin La Motte, die «seit einiger Zeit als Nachfahrin des ehemaligen Hauses Valois anerkannt» sei und die sich rühme, mit Marie Antoinette auf vertrautem Fuß zu stehen. Die Juweliere statteten der Dame einen Besuch ab, und sie «versprach, mit der Königin über die Angelegenheit zu reden». Drei Wochen später, am 21. Januar 1785, versicherte die Gräfin den Juwelieren, «die Königin wolle das Halsband besitzen und werde es mit Bestimmtheit erwerben, indes gebe es besondere Umstände [...],

Marie Antoinette als österreichische Erzherzogin am Spinett
Gemälde, vor 1770, Franz Xaver Wagenschön zugeschrieben

Marie Antoinette mit ihren Brüdern Ferdinand und Maximilian
im Kinderballett «Il Trionfo d'Amore» am 23. Januar 1763
zur Hochzeit von Joseph II. in Wien
Zeitgenössischer Kupferstich von Nouguez

Maria Theresia, römisch-deutsche Kaiserin,
Königin von Ungarn und Böhmen, 1717–1780
Familienbild, in der Mitte: Marie Antoinette, rechts: Joseph II.
Temperagemälde von Heinrich Füger, 1776

Ludwig XVI., König von Frankreich, 1754–1793
Gemälde von Nicolas Monsiau, Ausschnitt

Marie Antoinette als Königin von Frankreich
Gemälde von Elisabeth-Louise Vigée-Lebrun, 1778

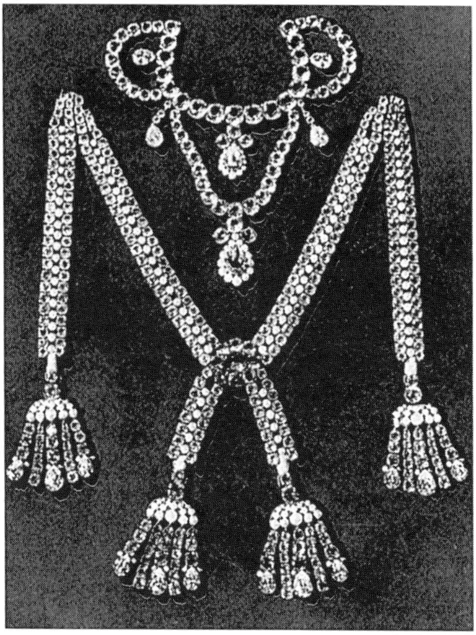

Das Halsband der Marie Antoinette: Der Auslöser der Halsbandaffäre in Frankreich 1785/86

Karikatur auf die Gefangennahme der königlichen Familie
im Temple am 20. August 1792
Zeitgenössische Radierung

Marie Antoinette auf dem
Weg zum Schafott
Zeichnung von Jacques-Louis David

Marie Antoinette als Witwe Capet vor dem Revolutionstribunal 1793
Zeitgenössische Radierung

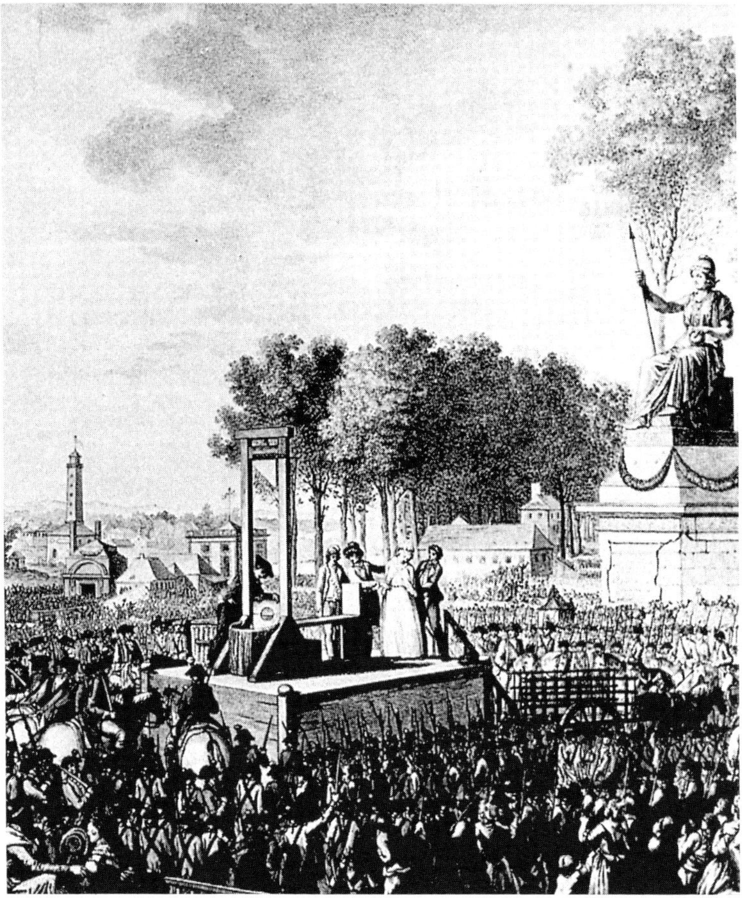

Hinrichtung Marie Antoinettes am 16. Oktober 1793
auf dem Revolutionsplatz in Paris
Zeitgenössischer Kupferstich, Ausschnitt

Nachweis für alle Abbildungen
Archiv für Kunst und Geschichte, Berlin

welche die Königin hinderten, selbst über die Erwerbung mit dem Zeugen [Bassenge] zu verhandeln; aber sie werde einen sehr hohen Herrn damit beauftragen, dieser werde mit den Anweisungen der Königin zu ihm kommen. Überdies habe sie dem Juwelier empfohlen, bei den Verhandlungen mit dem hohen Herrn Vorkehrungen zu treffen, daß er Sicherheiten erhalte, daß die Zahlungen tatsächlich zu den Terminen erfolgen würden, welche der Herr ihm vorschlage.»[15] Am 24. Januar begab sich Madame de La Motte in Begleitung ihres Ehemannes zu den Juwelieren und kündigte ihnen den baldigen Besuch des «hohen Herrn» an, von dem sie gesprochen hatte. Wenige Augenblicke später traf Kardinal Rohan ein. Er sah das Halsband, verhandelte über den Preis, erreichte, daß der Preis auf 1,6 Millionen Livres herabgesetzt wurde, und versicherte, daß er das Schmuckstück nicht für sich erwerbe. Dann legte er seinen Verhandlungspartnern noch «allergrößtes Stillschweigen» ans Herz.

Am 29. Januar rief der Kardinal Böhmer und Bassenge zu sich, weil er «neue Anweisungen erhalten» habe. Er sagte, er sei «ermächtigt, mit ihnen einen Vertrag zu schließen, und zeigte und las ihnen ein Papier vor, welches alle Bedingungen des Kaufes enthielt». Der Kaufpreis von 1,6 Millionen Livres sollte innerhalb von zwei Jahren in vier Raten von 400000 Livres alle sechs Monate beglichen werden, die erste Rate war am 1. August fällig. Die Bedingungen entsprachen dem, was man bei der ersten Begegnung vereinbart hatte, und die beiden Juweliere unterzeichneten den Vertrag.

Am 1. Februar ließ der Kardinal sie erneut rufen und bat sie, das Halsband mitzubringen. Er zeigte ihnen das Schriftstück, das sie unterzeichnet hatten. Ganz unten trug es die Unterschrift «Marie Antoinette von Frankreich», darüber das Wort «gebilligt». Rohan schärfte ihnen ein, dies müsse geheim bleiben. Und als weiteren Beweis des Vertrauens zog er aus einer Schublade seines Sekretärs einen kleinen Brief und faltete ihn auseinander. Die Juweliere lasen die Worte: «Es ist nicht meine Gewohnheit, in dieser Weise mit meinem Juwelier zu verhandeln. Darum werdet Ihr dieses Schriftstück bei Euch behalten und Euch um alles kümmern, wie Ihr es für angemessen haltet.» Rohan versicherte den Juwelieren, dieses Schreiben stamme von der Hand der Königin. Nachdem die Angelegenheit nun so glücklich abgeschlossen sei, könne er ihnen ganz offen gestehen, daß er gezwungen gewesen sei, der Königin von dem Erwerb des Halsbandes abzuraten: «Er habe befunden, es sei eine Verrücktheit, eine so ungeheure Summe für ein einziges Schmuckstück auszugeben [...], aber der Wunsch der Königin, das Halsband zu besitzen, sei stärker gewesen als alle Einwände.» Zuletzt versprach er den Juwelieren noch, «für die Zahlungen zu den vereinbarten Terminen Sorge zu tragen», denn «sie» habe «von solchen

Dingen keine Ahnung». Er fügte hinzu, daß sie für den vereinbarten Kredit Zinsen erhalten würden.[16] Böhmer und Bassenge verabschiedeten sich, das Halsband blieb beim Kardinal.

Am 3. Februar teilten die Juweliere Rohan mit, sie fragten sich beunruhigt, warum die Königin das Schmuckstück nicht trage. Rohan antwortete, daß es noch einige Zeit dauern werde, bis der König eingeweiht sei. Die Juweliere gaben sich damit zufrieden und faßten sich in Geduld. Sie luden Madame La Motte zu einem Diner ein, um sich zu bedanken; ein Geschenk, das sie ihr außerdem zugedacht hatten, lehnte sie ab.

Am 10. Juli, drei Wochen bevor die erste Rate in Höhe von 400 000 Livres fällig war, wendete sich das Blatt dramatisch. Der Kardinal ließ Böhmer und Bassenge kommen und eröffnete ihnen, die Königin verlange einen Preisnachlaß von 200 000 Livres, im übrigen würden sie nicht am 1. August 400 000 Livres erhalten, sondern einige Tage später 700 000. Die Juweliere waren in Bedrängnis, weil sie einen Kredit aufgenommen hatten, um die Zeit bis zur Zahlung der ersten Rate zu überbrücken, und so blieb ihnen nichts anderes übrig, als die neuen Bedingungen zu akzeptieren. Der Kardinal bat sie dann noch, einen Dankesbrief an die Königin zu schreiben. Er diktierte den Brief höchstpersönlich.

Am 12. Juli überreichte Böhmer der Königin den Brief. Dieses Schriftstück war es offenbar, das die Königin verbrannt hatte. Nach der Zeugenaussage von Bassenge, die mit dem Bericht von Madame Campan in ihren Memoiren übereinstimmt, traf Böhmer die Kammerfrau einige Tage später. Sie fragte ihn, was es mit diesem Brief auf sich habe, die Königin habe nichts damit anzufangen gewußt. Böhmer wurde krank vor Sorge. Bassenge eilte sofort zum Kardinal, und auf dessen Rat bat er um eine Audienz bei der Königin – vergebens. Rohan riet den Juwelieren dringlich, unbedingt mit Marie Antoinette zu sprechen. Als die Juweliere später aussagen mußten, vermieden sie sorgfältig jeden Hinweis auf das Gespräch mit der Königin und Vermond, in dessen Verlauf sie mehr oder weniger alles gesagt hatten, was sie wußten. Sie behaupteten statt dessen, Baron Breteuil habe sie rufen lassen und sie hätten ihm lediglich mitgeteilt, daß sie beabsichtigten, der Königin das Halsband anzubieten.

Wie Georgel schreibt, ist es offensichtlich, daß die Juweliere beim Prozeß zumindest in diesem Punkt gelogen haben. Sie hatten sehr wohl die Königin aufgesucht und ihr alles erzählt, was sie über die Angelegenheit von den Anfängen an wußten. Ihren Bericht wiederholten sie dann noch einmal gegenüber Baron Breteuil, und Breteuil ließ den Kardinal, dessen Verwandte sowie Madame de La Motte, die allem Anschein nach nur eine gänzlich unbedeutende Nebenrolle spielte, diskret überwachen. Georgel zufolge wartete Breteuil ungeduldig auf den 1. August, an dem die erste Rate fällig wurde. Bis dahin, so verlangte er, sollten die Juweliere ihre Geschäfte wie üblich weiterführen, und wahrscheinlich mußten sie ihm Bericht erstatten. Schon bald überstürzten sich indes die Ereignisse.

Am 31. Juli ließ der Kardinal die Juweliere abermals rufen und teilte ihnen ein wenig verlegen mit, «die Königin könne nicht die ganzen 700000 Livres aufbringen, aber Anfang Oktober würden sie die volle Summe gewiß bekommen». Dann gab er ihnen 30000 Livres aus seiner eigenen Tasche «für die Verzögerung, welche sie verursache».

Einige Stunden nach dieser Unterredung suchte der Bankier Saint-James um ein Gespräch mit Abbé Vermond nach. Saint-James teilte ihm mit, daß der Kardinal die Absicht habe, im Namen der Königin einen Kredit in Höhe von 700000 Livres aufzunehmen. In Anbetracht der Höhe der Summe, die er im übrigen vorzustrecken bereit sei, bitte er um genaue und direkte Anweisungen. Marie Antoinette wurde von panischer Angst erfaßt, als sie sah, wie die Affäre sich immer mehr ausweitete. «Mit größerer Empörung als je zuvor erkannte sie einen Plan, welcher auf sehr schändliche Weise zu ihrem Schaden ersonnen war. Sie wollte einen Damm errichten gegen diesen Sturzbach aus Gemeinheit und Niedertracht und warf sich bereits vor, sie habe zu lange gezögert: Ihre ehrliche Natur fand in ihrem Schweigen, nachdem sie von den Verhandlungen über das Halsband erfahren hatte, eine Art heimliches Einvernehmen, welches das Übel vergrößert habe und weder ihren Prinzipien noch ihrem Charakter, noch ihrem Rang entspreche.»[17] Sie ließ unverzüglich Breteuil kommen, und er beruhigte sie einigermaßen. «Das Verbrechen», sagte er angeblich, «ist von so großer Wichtigkeit, daß man nicht überstürzt handeln darf. Man könnte der Amtsgewalt einen Vorwurf daraus machen, wenn sie nicht strikt so handelte, wie es von den Gesetzen vorgeschrieben ist. Der Schuldige kann nicht mehr entwischen.» Breteuil beschloß, sich mit Saint-James in Verbindung zu setzen und von ihm eine schriftliche, unterschriebene Erklärung zu verlangen. Auf diese Weise erfuhr er, daß der Kardinal tatsächlich für die Königin um einen Kredit von 700000 Livres gebeten hatte. Wie der Bankier schrieb, hatte der Kardinal zu ihm gesagt: «Ich bin bei der Königin gewesen, und sie hat mich ermächtigt ...»[18]

Am 3. August bat Madame de La Motte, von der Bassenge seit Monaten nichts mehr gehört hatte, er solle zu ihr kommen. Zu seiner großen Verwunderung war sie offensichtlich in einem Umzug begriffen, ihre Wohnung war fast leer. Sie sagte ihm, der Kardinal «sei vollkommen ratlos, man wolle ihn verderben, und das Schriftstück, welches er in der Hand habe und welches die Billigung und Unterschrift der Königin trage, sei falsch». Rohan hatte inzwischen dieses Schriftstück mit einem anderen, echten Schreiben der Königin verglichen und gesehen, daß man ihn betrogen hatte. Madame de La Motte riet Bassenge dringend, unverzüglich eine Vereinbarung mit dem Kardinal wegen der Bezahlung des Halsbandes zu treffen. Die Juweliere befanden, daß ihnen nichts anderes mehr übrigblieb als «Hilfe bei der Güte Seiner Majestät zu suchen und ihm den ganzen Handel zu entdecken».[19] In ihrer Aussage gaben die Juweliere an, daß sie am 9. August der Königin alles erzählt hätten und daß die Königin einen schriftlichen Bericht verlangt habe. Diesen Bericht hatten sie angeblich am 12. August abgeliefert. Ohne Zweifel ist dies eine von den Lügen, die Breteuil verlangt hatte, wie Georgel schreibt. Während des Prozesses konnten Böhmer und Bassenge in der Tat nicht aussagen, daß die Königin und der Minister seit mindestens einem Monat auf dem laufenden waren und daß Breteuil in der Hoffnung, den oder die Schuldigen in die Enge zu treiben, sie gebeten hatte, die Verhandlungen scheinbar nichtsahnend weiterzuführen. Wenn sie die Wahrheit ausgesagt hätten, hätten sie die Königin belastet, dem König eine sehr wichtige Angelegenheit über Wochen verschwiegen zu haben, und sie hätten den Minister belastet, ohne Wissen des Königs eine Untersuchung gegen eine höchst angesehene Persönlichkeit des Königreiches eingeleitet zu haben, von der er den König unverzüglich hätte unterrichten müssen.

Die Königin verabscheute Rohan bekanntlich seit der Zeit, als er Botschafter in Wien gewesen war und sich wenig respektvoll über ihre Mutter ausgelassen hatte. Auch sie selbst, damals noch Dauphine, hatte er nicht verschont und angedeutet, sie tröste sich mit dem Grafen von Artois darüber hinweg, daß ihr Ehemann sie vernachlässige. Es sei nur an die erbitterten Briefe Maria Theresias über den lasterhaften Prälaten erinnert, der allen Wienerinnen den Kopf verdrehte. Zu der Zeit hatte Rohan zum Kreis um d'Aiguillon gehört, den Marie Antoinette haßte. Dem Bündnis zwischen Frankreich und Österreich stand er nicht offen feindselig gegenüber, aber er betrachtete es doch mit einem gewissen Mißtrauen. Deshalb hatte man 1771 ihn als Botschafter nach Wien geschickt und nicht Baron Breteuil, den Choiseul für diesen Posten vorgeschlagen hatte, bevor er selbst in Ungnade fiel. Ludwig XVI. hatte kurz nach der Thronbesteigung die inständigen Bitten seiner Schwiegermutter erhört und Rohan abberufen, an seine Stelle war Breteuil getreten. Marie Antoinette hatte dem temperamentvollen Geistlichen nicht vergeben. Sie hatte sich seiner Ernennung zum Großalmosenier widersetzt, aber der König war durch frühere Versprechen gebunden gewesen und hatte Rohan ernennen müssen, obgleich er ihn ganz und gar nicht schätzte. Rohans Aufstieg in ein so hohes Hofamt hatte die Abneigung der Königin gegen ihn noch verstärkt; seit er wieder in Paris war, hatte sie nicht ein einziges Mal das Wort an ihn gerichtet. Breteuil sah in Rohan einen Rivalen, der ihn einmal übertrumpft hatte und den er im übrigen für eine höchst mittelmäßige politische Begabung hielt. Er wußte, daß Rohan tief in Schulden verstrickt war und daß er in zweifelhaften, ja sogar gefährlichen Kreisen verkehrte. Lebte nicht jener Scharlatan, der sich Cagliostro nannte und über den soviel gesprochen wurde, praktisch mit dem Kardinal unter einem Dach? Anfang August war Breteuil sicher, daß der Kardinal den Handel mit dem Halsband ersonnen hatte, um sich aus den Fängen seiner Gläubiger zu befreien. Er überzeugte die Königin von seiner Sicht, und gemeinsam befanden sie, daß ihr Feind seinen Untergang besiegelt hatte, indem er den Namen der Königin für einen so gigantischen Betrug mißbraucht hatte.

Marie Antoinette war außer sich vor Empörung und drängte Vermond und Breteuil, die Machenschaften ans Licht zu bringen. Nach langen Beratungen wurde beschlossen, daß der Minister am 14. August mit dem König sprechen sollte. Der 14. August war der Tag vor Mariä Himmelfahrt, dem traditionellen Festtag der Königin. «Man mußte dem König den tiefen Groll einflößen, welcher das gekränkte Herz der Königin quälte; man mußte schildern, wie das Verhalten des Kardinals die Ehre und das Zartgefühl der Gemahlin des Königs beleidigt hatte; man mußte zeigen, wie schamlos ein solcher Handel war, welcher die Majestät des Thrones derart beleidigte; vor allem mußte man die Angelegenheit als ein Verbrechen der Majestätsbeleidigung darstellen, welches eine harte Bestrafung verlangte.»[20] Zusammen mit dem Bericht der beiden Juweliere unterbreitete Breteuil dem König das Dossier.

Am 15. August wartete der gesamte Hof im Spiegelsaal, daß der König zu der feierlichen Messe erschien, die Kardinal Rohan zelebrieren sollte. Die Höflinge wußten nicht, daß zur selben Zeit der König und die Königin, der Großsiegelbewahrer Miromesnil, Baron Breteuil und Vergennes im Arbeitszimmer des Königs in der Halsbandaffäre zu Gericht saßen. Alle hatten inzwischen die Berichte der Juweliere und des Bankiers gelesen. In höchster Erregung forderte die Königin eine exemplarische Bestrafung des Mannes, der es gewagt hatte, sie derart zu beleidigen. Miromesnil und Vergennes, wie betäubt von der Ungeheuerlichkeit der Angelegenheit, schlugen vor, man solle vor einer Entscheidung zuerst Rohan anhören. Breteuil riet Ludwig XVI., daß er einen harten Schlag führen müsse, aber die beiden anderen Minister sprachen sich dafür aus, Vorsicht walten zu lassen. Ludwig XVI. schloß sich ihrer Meinung an. Gegen Mittag, zur Stunde des Hochamtes, rief der König zur allgemeinen Verwunderung des Hofes den Kardinal zu sich.

Prinz Rohan trat vor das überraschende Gericht. Man gab ihm die Berichte der Juweliere und des Bankiers zu lesen. Ohne Umschweife bestätigte er, daß er das Halsband für die Königin gekauft hatte. Die Königin unterbrach ihn und fragte ihn, wer ihm den Auftrag erteilt habe. Darauf entspann sich folgender Wortwechsel: «Ihr, Madame.» – «Ich! Nachdem ich seit Eurer Rückkehr aus Wien kein einziges Mal das Wort an Euch gerichtet habe! Nachdem ich Euch bei jeder Gelegenheit eisigste Kälte und entschiedene Distanz bezeigt habe! Nachdem ich Euch noch nie eine Audienz gewährt habe, obgleich Ihr hartnäckig immer wieder darum gebeten habt!» – «Eure Majestät hat mich mit einem Schriftstück, welches Eure Unterschrift trug, dazu ermächtigt.» – «Wo befindet sich dieses Schriftstück?» fragte der König. – «Sire, ich habe es in Paris in meiner Brieftasche.» – «Dieses Schriftstück», rief die Königin in höchster Erregung, «ist eine Fälschung!» Daraufhin «warf der Kardinal, der seiner Sache immer noch sicher war, einen vielleicht zu wenig respektvollen Blick auf die Königin», und sie errötete. Ludwig XVI. entließ ihn.[21]

Die Königin war in Tränen aufgelöst. Später berichtete sie Madame Campan, daß ihr in jenem Augenblick ein schrecklicher Gedanke gekommen sei. «Mit jener Geschwindigkeit, welche aus dem persönlichen Interesse und höchster Erregung entsteht, überlegte sie, daß es womöglich das Ziel dieser Intrige sei, sie in den Augen des Königs und der Franzosen zu vernichten, und daß der Kardinal darum behaupten könne, sie sei im Besitz des Halsbandes.»[22] Sehr verwirrt schwiegen der König und die Minister, nachdem sie ihnen dies gesagt hatte. Baron Breteuil schlug vor, den Kardinal zu verhaften. Der König stimmte zu, und der Hauptmann der Leibgarde, Herzog Villeroi, erhielt den Befehl, den Kardinal Louis Edouard de Rohan, Fürstbischof von Straßburg, Großalmosenier von Frankreich, zu ergreifen. Die Tür zum Arbeitszimmer des Königs wurde geöffnet, Baron Breteuil erschien und rief laut: «Man verhafte den Kardinal!» Einen so schwierigen Auftrag hatte Villeroi noch nie bekommen. Breteuil strahlte. Die Königin zitterte immer noch vor Aufregung; daß Rohan mit soviel Aufsehen festgenommen wurde, empfand sie als angemessene Rache. «Wenn sich hinter dem römischen Purpur und dem Prinzentitel nur ein Bettler und Betrüger verbirgt, müssen ganz Frankreich und Europa es erfahren», sagte sie angeblich zu Madame Campan. Die Höflinge im Spiegelsaal waren sprachlos vor Erstaunen. Die Halsbandaffäre war vorüber, aber der öffentliche Skandal hatte gerade erst begonnen. Weder dem König noch der Königin, noch Baron Breteuil wurde das in diesem Augenblick bewußt.

Rohan faßte sich sofort wieder, drehte sich zur Wand um und tat so, als wolle er die Schnalle an seinem Strumpfband richten. Statt dessen schrieb er unbemerkt, die Hand verborgen durch seinen Hut, ein paar Zeilen auf ein Stück Papier und drückte es einem vertrauenswürdigen Diener in die Hand. Der Diener ritt im Galopp zum Palais des Kardinals und übergab die Nachricht Georgel, der daraufhin sofort den Inhalt einer bestimmten roten Brieftasche verbrannte. Eskortiert vom Adjutanten des Kommandanten der Leibgarde, Graf d'Agout, traf der Kardinal gegen drei Uhr am Nachmittag in seinem Palais ein. Entgegen den Anweisungen ließ d'Agout seinen Gefangenen einen Moment allein, dies nutzte Georgel und raunte ihm zu, daß die belastenden Papiere vernichtet seien. Eine Stunde später erschienen Baron Breteuil und der Polizeileutnant Thiroux de Crosne in Begleitung eines Sekretärs. Der Minister ließ sich die Niederschrift der Konditionen des Kaufes aushändigen, die mit «Marie Antoinette von Frankreich» unterzeichnet war, und man versiegelte die Papiere von Rohan und Georgel. Am Abend durfte der Kardinal Verwandte empfangen. Prinz Soubise, sein Cousin, hatte noch am selben Tag den König aufgesucht; der König hatte ihm, offenbar zutiefst bekümmert, alles erzählt, was er über die Angelegenheit wußte. Die Familien Soubise und Rohan und alle, die zu ihrem Kreis gehörten, waren fassungslos. Und sie waren fest entschlossen, die Ehre ihres Namens zu retten. Um halb zwölf am Abend teilte Graf d'Agout dem Kardinal mit, daß er ihn am nächsten Morgen in die Bastille bringen werde. Diese Eröffnung erschütterte den Kardinal mehr als alles andere, was ihm an jenem Tag widerfahren war.

Die amtliche Untersuchung begann. Ein königlicher Haftbefehl ordnete die Festsetzung der Gräfin La Motte an, die den Kauf des Halsbandes vermittelt hatte und allem Anschein nach zur engeren Umgebung des Kardinals gehörte. Am 18. August wurde sie in ihrem Haus in Bar-sur-Aube festgenommen, am 20. in die Bastille überstellt. Ihr Ehemann machte sich in aller Eile auf den Weg nach England. Auch Cagliostro und seine Frau wurden hinter Schloß und Riegel gebracht.

Breteuil war von der Schuld Rohans überzeugt und wollte, daß man so schnell wie möglich seine Papiere durchsuchte und mit den Verhören begann. Ludwig XVI. übertrug ihm zusammen mit dem Polizeileutnant diese Aufgabe. Rohan erhob Einspruch gegen Breteuil, weil er infolge persönlicher Feindschaft voreingenommen sei, und gegen Thiroux, weil er im Rang zu tief unter ihm stehe. Der König akzeptierte diese Einwände und beauftragte Vergennes und seinen Marineminister Marschall Castries anstelle von Breteuil und Thiroux mit der Untersuchung. Anhand des unveröffentlichten Tagebuchs von Castries läßt sich der Anfang der Untersuchung gut nachvollziehen. Am 17. und 18. August gingen die beiden Minister in Gegenwart des Angeklagten dessen Papiere durch. Am 19. August fragte Rohan die beiden Minister, ob er sie als seine Freunde betrachten könne oder sie als Rächer betrachten müsse. Sie antworteten, er solle in ihnen «Minister des Königs» sehen und die ganze Wahrheit sagen. Als Rohan Besorgnis äußerte über die Folgen, die es haben könnte, wenn er mit seiner Aussage eine andere Person belastete, beschied ihn Castries: «Wir werden Eure Aussage schriftlich festhalten; sie wird als Grundlage für die Untersuchung dieser Angelegenheit dienen; sie wird Euch rechtfertigen und Euch belasten. Darum könnt und dürft Ihr die Wahrheit nicht verschleiern, wenn es um Eure Ehre geht.»[23] Was Rohan den beiden Ministern gegenüber aussagte, stimmt in etwa mit allen anderen Aussagen überein, die später im Verlauf des Prozesses gemacht wurden.[24]

Im September 1781 hatte die Marquise Boulainvilliers, die sich damals in Saverne aufhielt, Rohan ein mittelloses junges Mädchen vorgestellt, das behauptete, es stamme von einem illegitimen Sohn Heinrichs II. ab, und das als Abkömmling des Hauses Valois anerkannt werden wollte. Madame de Boulainvilliers legte Rohan das Schicksal dieses Mädchens ans Herz. Nach dem Tod ihrer Wohltäterin half Rohan der jungen Frau ein paarmal, die inzwischen einen angeblichen Grafen von La Motte geheiratet hatte und mit ihm ein ärmliches Leben führte. Im März 1784 – inzwischen lebte sie in Paris – besuchte sie den Kardinal und dankte ihm für die Güte, die er ihr so reichlich erwiesen habe. Sie wußte, wie tief es ihn betrübte, daß die Königin ihn seit seiner Rückkehr aus Wien keines Blickes gewürdigt hatte, und bot an, sie wolle die Vorbehalte der Königin gegen ihn zerstreuen. Sie zeigte ihm etliche Briefe, die, so versicherte sie, von Marie Antoinette geschrieben seien. Der Kardinal fing Feuer, Madame de La Motte besuchte ihn immer häufiger und hielt ihn über ihre angeblichen Fortschritte bei der Königin auf dem laufenden. Irgendwann verlangte er Beweise, daß sich die Einstellung der Königin tatsächlich geändert hatte.

«Ich forderte sie auf, mir eine Audienz bei der Königin zu verschaffen, bei der ich mit ihr sprechen könne. Nachdem sie mir zuerst Hoffnungen gemacht hatte, sagte sie mir, die Königin sei zu der Ansicht gelangt, daß eine solche Unterredung Gerüchte aufrühren könne, weil man vermuten werde, es verberge sich eine Intrige dahinter, daß sie aber eingewilligt habe, mich auf der Terrasse von Versailles zu sehen, abends nach dem Souper. Einige Zeit nachdem sie mir diese Hoffnung gemacht hatte, kam Madame de La Motte zu mir und sagte mir, daß die Königin mich an jenem Tag um Mitternacht auf der Terrasse sehen wolle. Zur angegebenen Stunde erschien eine Frau mit einer schwarzen Haube, in der Hand hielt sie einen Fächer, mit welchem sie die Haube hochschob, welche weit ins Gesicht gezogen war. Im Licht der Sterne glaubte ich die Königin genau zu erkennen. Ich sagte ihr, daß ich glücklich sei, in dieser Gunst einen Beweis dafür zu finden, daß sie die Vorurteile aufgegeben habe, welche sie gegen mich gehegt habe. Sie erwiderte einige Worte, und als ich mich erklären wollte, sagte man ihr, Madame und der Graf von Artois seien ganz in der Nähe. Sie verschwand, und ich sah sie nicht mehr.

Da ich mit einer so kurzen Unterredung nicht recht zufrieden war und mir überdies in der Öffentlichkeit kein Zeichen ihres Wohlwollens zuteil wurde, beklagte ich mich bei Madame de La Motte. [...] Sie antwortete: ‹Macht ihr den Hof, und Ihr werdet sehen.› Als ich an jenem Tag, an welchem sie dies zu mir gesagt hatte, den Spiegelsaal durchquerte, ging die Königin an mir vorüber und war so huldvoll zu mir, daß Monsieur de Belzunce, mit dem ich dort war, zu mir sagte: ‹Ich weiß nicht, warum man behauptet, die Königin sei Euch nicht wohlgesonnen. Es hat den Anschein, als bringe sie Euch großes Wohlwollen entgegen.› Tatsächlich hatte ich, sei es durch Zufall oder infolge der Intrigen jener Frau, Grund zu der Hoffnung, daß sie mir wieder ihre Gunst schenken würde.»[25]

Der Kardinal war somit sicher, daß er in jener Nacht im Juli 1784 um Mitternacht im Park von Versailles dank der Vermittlung von Madame de La Motte ein heimliches Stelldichein mit der Königin gehabt hatte. Von diesem Augenblick an konnte er Madame de La Motte nichts mehr abschlagen. Kurz nach der nächtlichen Szene im Park bat sie ihn um 50000 Livres, weil die Königin bedürftige Personen unterstützen wolle. Umgehend händigte er ihr die Summe aus. Im November kam sie mit der nächsten Bitte, diesmal waren es 100000 Livres angeblich für denselben Zweck. Überglücklich, daß er der Königin zu Diensten sein durfte, gab der Kardinal ihr das Geld. Im Januar 1785 teilte Madame de La Motte ihm mit, er solle alsbald im Namen der Königin mit den Juwelieren Böhmer und Bassenge über ein Diamanthalsband verhandeln. Sie fügte noch hinzu, eine solche Transaktion wolle die Königin niemand anderem anvertrauen als ihm. Er sprach mit den Juwelieren und übergab sodann Madame de La Motte die Bedingungen des Kaufvertrags. Sie behielt die Papiere zwei Tage, um sie, wie sie sagte, der Königin vorzulegen, und brachte sie dann mit der Unterschrift «Marie Antoinette von Frankreich» zurück.

Daraufhin ließ der Kardinal die Juweliere rufen. Er zeigte ihnen das Dokument, und sie gaben ihm das Halsband. Am 1. Februar händigte er das Schmuckstück Madame de La Motte in deren Wohnung aus, ein schwarzgekleideter Mann wollte es zur Königin bringen. Die erste Rate des Kaufpreises war am 1. August fällig. Da die beiden Juweliere gezwungen gewesen waren, das Halsband bei dem Bankier Saint-James zu verpfänden, baten sie den Kardinal um eine Bestätigung, daß tatsächlich die

Königin den Schmuck erwerben wollte. Rohan ging zu Saint-James und zeigte ihm die Unterschrift der Königin. Anfang Juni eröffnete Madame de La Motte dem Kardinal, daß Marie Antoinette das Halsband zu teuer finde und einen Preisnachlaß in Höhe von 200000 Livres wünsche. Nach einigem Hin und Her stimmten die Juweliere zu. Wenige Tage darauf förderte die angebliche Nachfahrin des Hauses Valois einen Brief zutage, in dem es hieß, die Königin werde das Halsband behalten, aber statt 400000 Livres am 1. August etwas später 700000 Livres bezahlen.

Anfang Juli erkundigte sich der Kardinal bei den Juwelieren, ob sie der Königin bereits für die jüngsten Vereinbarungen bezüglich des Kaufes gedankt hätten. Da sie dies noch nicht getan hatten, diktierte er ihnen höchstpersönlich einen Brief an Marie Antoinette. Diesen Brief übergab Böhmer der Königin am 12. Juli. Kurz darauf stattete Madame de La Motte Rohan einen weiteren Besuch ab, diesmal um ihm anzukündigen, daß die Königin sich außerstande sehe, die für August versprochenen 700000 Livres vor dem 1. Oktober zu bezahlen. Bassenge wurde allmählich unruhig. Er fragte den Kardinal, ob seine Mittelsperson wirklich zuverlässig sei. Rohan protestierte zunächst gegen soviel Mißtrauen, aber dann begann der Zweifel auch in ihm zu nagen, und er ließ sich eine Unterschrift der Königin zeigen. In dem Moment war klar, daß man ihn getäuscht hatte. Doch dann brachte Madame de La Motte ihm 30000 Livres als Zinsen für die Juweliere und versicherte ihm, ihre erlauchte Freundin sei inzwischen im Besitz des Halsbandes. Damit war sein Mißtrauen sofort wieder verflogen.

Anfang August spielte Madame de La Motte gegenüber Rohan die Verzweifelte: Die Gunst der Königin habe ihr so viele Feinde eingebracht, daß sie sich eine Zeitlang auf das Land zurückziehen müsse. Ob er sie bis dahin bei sich aufnehmen könne? Er willigte ein. Nach einem kurzen Aufenthalt bei ihrem vornehmen Beschützer reiste sie nach Bar-sur-Aube. Während sie dort weilte, wurde der Kardinal festgenommen.

Als Prinz Rohan seinen Bericht beendet hatte, fragte Marschall Castries als erstes, ob er kein Schriftstück besitze, das seine Aussage stützen könne. «Nein», antwortete der Kardinal, «ich habe alles verbrannt.» Er meinte die Papiere aus der roten Brieftasche, die Georgel auf seine Anweisung hin verbrannt hatte. Rohan hatte geglaubt, Briefe der Königin in der Hand zu haben; doch nun sagte er nichts Näheres dazu, was für Schriftstücke es gewesen waren, die er hatte vernichten lassen. «Was ist», fragte der Marschall, «wenn sie [Madame de La Motte] alles abstreitet, was Ihr vorgebracht habt?»[26] Der Kardinal konnte sich nicht vorstellen, daß Madame de La Motte die Kühnheit besitzen könnte, seiner Aussage zu widersprechen. Da täuschte er sich allerdings gewaltig. Nach ihrer Festnahme machte sie eine

Aussage, die seiner Darstellung in allen Punkten widersprach: Sie habe niemals mit der Königin gesprochen, Rohan habe ihr niemals das Halsband ausgehändigt, er habe sie lediglich beauftragt, ein paar Diamanten an Juden zu verkaufen.

Der Kardinal schien verloren. Vergennes und Castries waren vollkommen ratlos; in ihren Augen war der Kardinal ein Geistlicher mit einem ausschweifenden, zügellosen Lebenswandel, doch als Kopf eines so plumpen Betrugsmanövers konnten sie ihn sich beim besten Willen nicht vorstellen. Madame de La Motte wirkte alles andere als vertrauenswürdig, aber sie hatten nicht den geringsten Beweis gegen sie. Mit Gewißheit wußte man nur, daß der Kardinal für die Königin über den Erwerb eines Halsbandes von unglaublichem Wert verhandelt hatte, daß der Kaufvertrag im Namen des Kardinals abgefaßt worden war und daß der Kardinal davon überzeugt war, er habe eine nächtliche Begegnung mit Marie Antoinette im Park von Versailles gehabt. Schließlich hatte man noch Grund zu vermuten, daß Briefe zwischen ihm und der Königin hin und her gegangen waren. Ohne daß der Kardinal es offenbart hatte, hatten die beiden Minister verstanden, daß die verbrannten Briefe von der Königin geschrieben worden waren. Was würde bei einer offiziellen Untersuchung und einem anschließenden Prozeß alles zutage kommen?

Am 25. August rief der König Vergennes, Castries, Breteuil und Miromesnil zu sich, um eine Entscheidung zu fällen. Auch die Königin war anwesend, in höchstem Maße angespannt. Marschall Castries berichtet in seinem Tagebuch über die Beratung: «‹Ich bin angeklagt›, sagte sie. ‹In der Öffentlichkeit heißt es, ich hätte ein Halsband erhalten und nicht bezahlt. Ich will die Wahrheit wissen über eine Angelegenheit, bei der man es gewagt hat, meinen Namen zu verwenden. Die Verwandten des Kardinals verlangen, daß er der öffentlichen Gerichtsbarkeit zugeführt werde. Es scheint, daß er dies auch wünscht; ich will, daß die Angelegenheit dorthin gebracht werde.› Daraufhin fielen alle in tiefes Schweigen.»[27] Da Marschall Castries den Skandal fürchtete, den ein öffentlicher Prozeß zweifellos auslösen würde, schlug er vor, «da die Angelegenheit auf außerordentlichem Weg untersucht worden war», solle man bei der Aburteilung in derselben Form verfahren. Er plädierte für eine Gegenüberstellung. Dagegen machte der Großsiegelbewahrer juristische Einwände geltend, er sprach sich für die öffentliche Gerichtsbarkeit aus. «Von dem Augenblick an, wo die Angelegenheit bei der öffentlichen Gerichtsbarkeit liegt, haben wir nichts mehr damit zu tun», sagte Castries. «Das ist das Beste, was uns geschehen kann, aber ich glaube, man sollte den unauffälligsten Weg vorziehen.» Vergennes äußerte sich vage in derselben Richtung, Breteuil sagte nichts. Da ergriff die

Königin das Wort: «Ich meine, der Kardinal sollte die Wahl haben. Er möge seine ganze Familie versammeln, darüber nachdenken und eine Entscheidung treffen, ob die Sache von der Regierung oder von der öffentlichen Gerichtsbarkeit verfolgt werden soll; seine Bitte möge er schriftlich mit seiner Unterschrift und den Unterschriften aller seiner Verwandten dem König vorlegen. Sodann möge die Angelegenheit auf die eine oder auf die andere Weise rasch erledigt werden, denn man greift mich an.»[28] Ludwig XVI. befahl seinen Ministern, dem Kardinal diesen Beschluß zu überbringen und eine Antwort innerhalb von drei Tagen zu verlangen. Der Kardinal beauftragte den Advokaten Turget mit seiner Verteidigung. Er war bestürzt, daß man ihm die Gegenüberstellung verweigerte, und schrieb nach Ablauf der drei Tage an den König, er bitte um ein Verfahren auf dem Wege der öffentlichen Gerichtsbarkeit. Er wollte vom Parlament abgeurteilt werden, doch am Schluß seines Briefes setzte er einige bedeutungsschwere Sätze hinzu, die es vielleicht doch noch möglich machen würden, einen großen Skandal zu vermeiden. «Wenn ich hoffen könnte», schrieb er, «daß die Aufschlüsse, die man bis jetzt gewonnen hat und über die ich nichts weiß, Eure Majestät zu der Überzeugung gebracht haben könnten, daß ich nicht schuldig bin und getäuscht wurde, dann würde ich es wagen, Eure Majestät zu bitten, daß Ihr das Urteil sprecht, wie es Euch in Eurer Güte gerecht dünkt.»[29] Der Brief trug die Unterschrift von Rohan selbst sowie seiner nahen Verwandten: der Prinzen Montbazon und Soubise sowie des Erzbischofs von Cambrai, eines weiteren Mitglieds der Familie Rohan.

Der Kardinal unterwarf sich somit der königlichen Gerichtsbarkeit. Nach der Rechtsauffassung jener Zeit war dies möglich: Oberster Gerichtsherr des Königreiches war der König, er konnte dieses Hoheitsrecht auf die Parlamente übertragen. In einem Fall, der die Ehre der Königin betraf, wäre es durchaus nicht ungewöhnlich gewesen, wenn der König unmittelbar von seinem Recht der Rechtsprechung Gebrauch gemacht hätte. Glaubten Marie Antoinette und Ludwig XVI., wenn der König Recht sprechen würde, würde dies den Anschein erwecken, er wolle schwerwiegende Fehler der Königin vertuschen, um ihren angeschlagenen Ruf nicht noch weiter zu beschädigen? Jedenfalls war Ludwig XVI. einverstanden, daß der Fall vor das Parlament von Paris gebracht wurde, das freilich seit seiner Wiedereinberufung im Jahr 1774 keine Gelegenheit ausgelassen hatte, die Macht des Königs anzugreifen. Ludwig XVI. unterschätzte den Oppositionsgeist des Parlaments gewaltig, und nachdem in diesem Fall die Leidenschaften eine große Rolle spielten, war damit zu rechnen, daß die königliche Autorität Schaden nehmen könnte.

In Versailles und in Paris sprach man von nichts anderem mehr als von der Verhaftung des Kardinals, tausend Vermutungen über die Gründe wurden angestellt. Zunächst hieß es, man habe von einem geplanten Anschlag auf die Sicherheit des Staates gehört, und da die Ausführung des Anschlags unmittelbar bevorgestanden habe, sei unverzügliches Handeln geboten gewesen. Manche munkelten sogar von einer Verschwörung. «Ein dichter Schleier liegt noch über dieser abenteuerlichen Geschichte», ist in der *Correspondance secrète* unter dem Datum des 17. August zu lesen. Da keine amtlichen Informationen nach draußen drangen, blühten die Gerüchte. «Es steht fest», schreibt derselbe Verfasser eine Woche später, «daß die Dame La Motte im Namen der Königin das Halsband gekauft hat, das der Sieur Böhmer der Gräfin Dubarry zugedacht hatte, als jene noch regierte. Tatsache ist, daß der Kardinal für die Dame La Motte gebürgt hat. Aber es scheint wahrscheinlicher, daß Seine Eminenz selbst getäuscht wurde, als daß man kriminelle Niedertracht vermuten muß.» Diese beruhigende und zugleich romanhafte Version der Ereignisse verbreitete sich bald im ganzen Land, obgleich manche beharrlich an dem Verdacht festhielten, der Kardinal habe sich des Hochverrats schuldig gemacht. Wieder andere Stimmen meinten, daß er unzweifelhaft in eine Falle gegangen sei, die Feinde ihm gestellt hätten, die seinen Untergang herbeiwünschten.

Und so schilderte Marie Antoinette am 22. August dem Kaiser die Affäre: «Ihr habt gewiß, mein lieber Bruder, von dem großen Unglück des Kardinals Rohan gehört. Ich ergreife die Gelegenheit und schicke Euch mit der Post von Monsieur de Vergennes eine kurze Zusammenfassung. Der Kardinal ist überzeugt, daß er in meinem Namen und mittels einer Unterschrift, welche er für die meine hielt, ein Diamanthalsband im Wert von sechzehnhunderttausend Francs gekauft hat. Er behauptet, er sei von einer gewissen Madame de Valois de La Motte getäuscht worden. Diese Intrigantin von niederster Stufe hat hier keinen Platz und ist niemals zu mir vorgelassen worden. Seit zwei Tagen befindet sie sich in der Bastille, und obgleich sie bei ihrem ersten Verhör gestanden hat, daß sie reichlich Umgang mit dem Kardinal hatte, streitet sie beharrlich ab, irgend etwas mit dem Erwerb des Halsbandes zu tun gehabt zu haben. Es ist zu beachten, daß die Absätze des Kaufvertrages von der Hand des Kardinals geschrieben sind; neben jedem steht das Wort ‹gebilligt› in derselben Handschrift, welche unten mit ‹Marie Antoinette von Frankreich› unterzeichnet hat. Man vermutet, daß die Unterschrift von der besagten Valois de La Motte stammt. Man hat sie mit Briefen verglichen, welche sie gewiß geschrieben hat; man hat sich keine Mühe gegeben, meine Unterschrift nachzuahmen, denn es besteht keinerlei Ähnlichkeit, und ich habe niemals mit dem Zusatz ‹von Frankreich› unterschrieben. In den Augen dieses Landes hier ist dies ein seltsamer

Roman, daß man mir unterstellt, ich hätte den Kardinal mit einer geheimen Besorgung beauftragen wollen.

Alles ist zwischen dem König und mir geregelt worden; die Minister haben erst in dem Moment davon erfahren, als der König den Kardinal kommen ließ und ihn in Gegenwart des Großsiegelbewahrers und des Barons Breteuil befragte. Ich war ebenfalls zugegen, und ich war tief bewegt von der Umsicht und der Festigkeit, welche der König in jener strengen Sitzung walten ließ. Als der Kardinal darum bat, nicht verhaftet zu werden, antwortete der König, weder als König noch als Gatte könne er anders handeln. Ich hoffe, daß diese Angelegenheit bald erledigt ist. [...] Auf jeden Fall wünsche ich, daß die ganze Abscheulichkeit und alle Einzelheiten in den Augen der Welt gänzlich aufgeklärt werden.»[30]

Kapitel XVIII

Der Skandal

Trotz der Aufregungen durch die Affäre um den Kardinal hatte Marie Antoinette die Proben für den *Barbier von Sevilla* fortgesetzt. Ende August spielte sie in ihrem kleinen Theater in Trianon die Rolle der Rosine mit «einer Anmut und einer Wahrheit, die unfehlbar noch bei der unbedeutendsten Schauspielerin lebhaftesten Beifall gefunden hätten». So schreibt zumindest Grimm, der sich auf den Bericht eines «strengen Richters» stützt.[1] Partner der Königin waren der Graf von Artois in der Rolle des Figaro und Graf Vaudreuil als Almaviva. Die Königin hatte Beaumarchais als ganz besondere Gunst zu dieser Vorstellung eingeladen, zu der nur wenige ausgewählte Zuschauer zugelassen waren. Nach der Premiere in Trianon wurde *Figaros Hochzeit* in Paris ein unglaublicher Erfolg. Wieder einmal huldigte Marie Antoinette der Mode ihrer Zeit, indem sie einen Dichter berühmt machte, der ihr gefiel.

Am 29. August 1785 zog der Hof nach Saint-Cloud um. Für Marie Antoinette war es die beste Ablenkung, in einem neuen Schloß zu wohnen, das ihr überdies gehörte. Die meisten Höflinge teilten ihre Begeisterung nicht. Das Schloß war zu klein, um sie alle aufzunehmen, einige mußten in Privatquartiere ziehen. Kurzerhand wurden die schönsten Privatquartiere in der Umgebung des Schlosses beschlagnahmt. Ein altes Fräulein, das von Vermietungen lebte, sah sich um sein Geschäft betrogen und erhob erbost Klage wegen Hausfriedensbruch. Die Sache kam dem König zu Ohren, und er machte eine scherzhafte Bemerkung darüber zu seiner Frau. «Ich hoffe», sagte Marie Antoinette lachend, «ich werde nicht vor Gericht erscheinen müssen.» – «Nein, wohl kaum», erwiderte der König. «Aber ich rate Euch, bringt diesen Fall in Ordnung, denn Ihr könntet ihn verlieren.»[2] Dem König gefiel dieses kostspielige und für seine Untertanen bedrückende Vorgehen ganz und gar nicht.

In Saint-Cloud war die Königin guter Stimmung. Abends fuhr sie oft zu Theateraufführungen in die Hauptstadt, tagsüber unternahm sie mit dem Grafen von Artois Spazierfahrten in einer offenen Kutsche. Wie zu Anfang der Herrschaft sah man sie häufig ohne Gefolge und ohne Leibgarde im Bois de Boulogne. Einmal wollte sie in einen Pavillon gehen, wo der Graf d'Estaing ein kleines Fest feierte. Allein, ohne Eskorte, steuerte sie auf eine Seitentür zu, doch der Türsteher wußte nicht, wer sie war, und verwehrte ihr den Eintritt. «Ihre Majestät rief daraufhin den Grafen von Artois, der sich bereits im Inneren befand, und er befahl dem Schweizer, die Dame eintreten zu lassen. Die Königin und die ganze Gesellschaft lachten herzlich über diese Mißachtung.»[3] Sonntags quoll Saint-Cloud geradezu über von Menschen. In improvisierten Ausflugslokalen rund um das Schloß konnte man essen und trinken. Die einfachen Leute spazierten in den Gärten herum, wo auch der König, die Königin und die anderen Mitglieder der königlichen Familie promenierten. Marie Antoinette war überzeugt, daß die Menschen sie wieder so liebten wie einst. Sie hob den Dauphin hoch und zeigte ihm, wie die Menge sie beklatschte. Tatsächlich suchten die Besucher lediglich eine billige Unterhaltung; sie kamen nach Saint-Cloud, um «die Fontäne und die Autrichienne» zu sehen. Marie Antoinette wußte von solchen abfälligen Sätzen nichts, und auch die Kritik daran, daß sie Gelder, die für den Louvre bestimmt waren, zum Ausbau von Saint-Cloud verwendet hatte, drang wohl kaum zu ihr. Sie lebte in stolzer Ahnungslosigkeit.

Das Verfahren gegen den Kardinal verlief zu ihrer vollsten Zufriedenheit. Am 5. September verwies der König die Angelegenheit offiziell an das Parlament. In seinem Patentbrief war bereits der Ton des Prozesses angeschlagen: «Wir sahen nicht ohne gerechte Empörung, daß man es gewagt hatte, den erhabenen Namen zu mißbrauchen, welcher Uns in vielerlei Hinsicht teuer ist, und mit einer unerhörten Tollkühnheit den Respekt zu verletzen, welcher der königlichen Majestät gebührt; wir befanden, es falle in Unsere Rechtsprechung, den besagten Kardinal vor Uns erscheinen zu lassen, und auf seine Erklärung hin, daß er getäuscht worden sei von einer Frau namens La Motte Valois, haben Wir entschieden, daß es unerläßlich war, Uns der Person der besagten Dame La Motte de Valois zu versichern, und Wir haben die Maßnahmen ergriffen, welche Unsere Weisheit Uns anempfohlen hat, um all die zu entdecken, welche Urheber oder Mitwisser eines solchen Anschlags sein konnten, und Wir haben entschieden, Euch dies zur Kenntnis zu bringen.» Der König legte das Urteil über den «Anschlag» und damit über seine Ehre in die Hände des Parlaments.

Ob am Hof oder in den finstersten Spelunken von Paris, überall sprach man nur über ein Thema: Was hatte der Kardinal getan? Viele machten sich ein Vergnügen daraus, das ausschweifende Leben dieses Kirchenmannes mit dem zweifelhaften Ruf auszumalen. «Sein liebstes Vergnügen war es, von Aretino beschriebene Posen durch Schauspieler nachstellen zu lassen, welche von solchem Rang waren, daß ein Geheimnis teuer erkauft werden mußte.»[4] Man klatschte darüber, wie er bei lasterhaften Vergnügungen in gewissen Häusern Unsummen verpraßt hatte. Bald hieß es, er habe für die Königin «eine kühne und verbotene Leidenschaft gefaßt. Mit Leichtigkeit wurde er überzeugt, daß ihr das Halsband als Geschenk willkommen wäre. Cagliostro hat ihm durch seine dunklen Machenschaften gezeigt, daß die Königin für seine Leidenschaft empfänglich wäre.» Man sprach auch über die Königin, und dies keineswegs schmeichelhaft. Frankreich und ganz Europa nahmen lebhaft Anteil an dieser einzigartigen Affäre, in die Marie Antoinette auf so seltsame Weise verwickelt war. Das Gerede drang auch nach Landrecies, wo Fersen in Garnison lag. Am 9. September schrieb er an Gustav III.: «All die Geschichten, die man über [Rohan] verbreitet, besonders hier in der Provinz, klingen unglaublich. Man behauptet, in Wahrheit sei er nicht wegen des Halsbandes und der gefälschten Unterschrift der Königin festgesetzt worden, man vermutet vielmehr einen politischen Grund, und einen solchen gibt es ganz gewiß nicht. In Paris hat man sogar gesagt, all dies sei nur ein Spiel zwischen der Königin und dem Kardinal, er verstehe sich sehr gut mit ihr, sie habe ihn tatsächlich beauftragt, das Halsband für sie zu erwerben, und sie bediene sich seiner, um dem Kaiser alles mitzuteilen, was im Staatsrat geschehe, [...] die Königin tue nur so, als könne sie dies alles nicht ertragen, um das Spiel besser zu verbergen, und als der König darüber informiert worden sei und ihr Vorwürfe gemacht habe, sei sie plötzlich unwohl geworden, als wäre sie schwanger.»[5]

Fersen zählt in seinem Brief all die Anklagen auf, die seit etlichen Jahren gegen die Königin erhoben wurden. In den Augen des Volkes stempelte die Halsbandaffäre Marie Antoinette endgültig als hinterhältige und lasterhafte Frau ab, die mit vollen Händen das Geld des Königreiches für ihre Vergnügungen ausgab und die Gutmütigkeit des Königs ausnutzte, indem sie ihn als Ehemann betrog, um ihrer Lüsternheit zu frönen, und als Herrscher, um die Interessen des Kaisers zu befördern. In diesem Zusammenhang empörte man sich darüber, daß Frankreich sich verpflichtet hatte, zur Beilegung des Konflikts zwischen Holland und dem Kaiser zwei Millionen Gulden an die Holländer zu bezahlen, und schon bald ging das Gerücht um, die Königin schicke ihrem Bruder Schatullen randvoll mit Gold.

Marie Antoinette registrierte nur die Gerüchte, in denen vom skandalösen Privatleben des Kardinals die Rede war. Für sie war es von der Ausschweifung zur Unehrlichkeit nur ein kleiner Schritt, den dieser vornehme

Herr, zu allem Überfluß ein Kirchenmann, allzu unbedacht getan hatte. «Der Kardinal hat sich meines Namens bedient wie ein übler und ungeschickter Falschmünzer», schrieb sie am 19. September an ihren Bruder. «Wahrscheinlich hat er in Geldnot gehandelt und geglaubt, er könnte die Juweliere zu dem vereinbarten Zeitpunkt bezahlen, ohne daß irgend etwas entdeckt würde. [...] Was mich betrifft, so bin ich von dem Gedanken entzückt, daß wir von dieser abscheulichen Geschichte nichts mehr hören werden, die freilich nicht vor Dezember abgeurteilt werden kann. Ich werde niemals die Haltung des Königs in der gesamten Affäre vergessen; in meinen Augen war sie vollkommen, und seine Minister [...] konnten ihn nicht im geringsten davon abbringen, obgleich sie in engen Beziehungen zum Kardinal oder dessen Verwandten standen.»[6] Obwohl sich die Königin der Schuld des Kardinals so sicher war und obwohl ihm alle erdenklichen Schandtaten nachgesagt wurden, wuchs die Sympathie der Öffentlichkeit für ihn. Er erschien immer mehr als Opfer und wurde bedauert, immer lauter kritisierte man indes Baron Breteuil, der als der Königin besonders ergeben galt. Man warf ihm vor, er habe mit der Festnahme des Kardinals überstürzt gehandelt. «In der Untersuchung weist nichts auf einen Anschlag hin, obschon dieses Wort in den Patentbriefen[7] gebraucht wird», heißt es in der *Correspondance secrète,* «und diese Briefe, welche eigentlich das Werk des Großsiegelbewahrers sein müßten, sind dasjenige des Barons. In der Öffentlichkeit gelangte man zu der Ansicht, jemand wolle dem Kardinal schaden, und dieser Jemand sei Breteuil. Mit unvorstellbarer Geschwindigkeit verbreitete sich diese Auffassung und brachte dem Kardinal, der nunmehr als Opfer der feindseligen Nachstellungen eines Ministers erschien, immer mehr Anhänger.»[8] Ähnliche Gedankengänge liest man bei Abbé Véri, der zu der Zeit in Paris war. Darüber hinaus wunderte sich Véri über einige Versäumnisse Breteuils: Warum hatte er Rohan mit solchem Aufsehen verhaften, aber drei Tage verstreichen lassen, bis auch Madame de La Motte festgenommen wurde? Warum hatte man nicht auch deren Ehemann und dessen Leute verhaftet? Warum hatte man mögliche Komplizen entkommen lassen? Warum hatte man nicht die Papiere und Diamanten jener Dame beschlagnahmt? Das Schicksal des Kardinals beschäftigt «die Neutralen», schrieb Véri am 10. Oktober. «Ich habe Veranlassung zu glauben, daß das Blatt sich zu seinen Gunsten wendet.»[9]

Ludwig XVI. gefiel es in Saint-Cloud immer weniger. Er beklagte sich, daß er dort nur «Bauerntölpel» und «Metzen» sehe. Tatsächlich kamen wegen der Nähe zu Paris und zum Bois de Boulogne Menschen nach Saint-Cloud, die sich sehr deutlich von den Schaulustigen unterschieden, die man üblicherweise in Versailles antraf. Der König drängte zum Aufbruch nach Fontainebleau, und die Königin ließ sich nicht lange bitten, weil sie die umfangreichen Veränderungen bewundern wollte, die sie an dem Schloß in Auftrag gegeben hatte. Ihre Gemächer waren vollständig umgebaut worden. Neben anderen Neuerungen hatte sie ein Zimmer einrichten lassen, das rundum mit Spiegeln ausgestattet war, ein anderes war «möbliert im orientalischen Stil und [wurde] abends von Lampen erleuchtet, die hinter einem von Taft umhüllten großen Spiegel aufgestellt waren. Die Farbe des Taftes wurde nach Belieben gewechselt.»[10] Für die Reise nach Fontainebleau hatte sich Marie Antoinette eine außergewöhnliche Gondel bauen lassen, eine *Yacht,* wie manche – dem Hang der Zeit für alles Englische folgend – sagten. Alles auf diesem Schiff war erlesen: Die Baumeister hatten reichlich Marmor und Mahagoniholz verwendet, die Möbel waren üppig mit Schnitzereien verziert und vergoldet. An Bord gab es mehrere Boudoirs, ein Gesellschaftszimmer, ein Vorzimmer und sogar eine Küche. Das Schiff hatte 100000 Livres gekostet. Unter den Augen einer so zahlreichen Schar von Schaulustigen, daß man hatte Zäune aufstellen müssen, ging Marie Antoinette am 10. Oktober an Bord. «Die Königin war sehr vergnügt», berichtete der Bürgermeister dem Abbé Véri. «Wie ein vierjähriges Kind, das neue Schuhe bekommen hat», seufzte der Abbé, dem soviel Oberflächlichkeit ein Dorn im Auge war.[11] «Mit dreißig Jahren sollten die Neigungen ernsthafter sein. Einem achtzehnjährigen Mädchen vom Theater, das von einem reichen Mann unterhalten wird, sehen wir es nach [...], wenn es sich gerne in einer glänzenden Kutsche zeigt; aber wenn das Mädchen dreißig ist, wünscht man, daß es sich für ernsthaftere Dinge interessiert.»[12] Was für ein seltsamer Vergleich aus der Feder eines Abbés, der sich mit dem Hofleben und mit Kabinettsintrigen bestens auskannte. In Véris Augen war Marie Antoinette eine Favoritin, die es geschafft hatte, den König zu heiraten, aber immer noch dachte und handelte wie eine Favoritin. Im weiteren zieht er einen Vergleich zwischen der Königin und Madame Dubarry und kommt zu dem Schluß, die Launen einer Königin seien «viel hochfliegender als die der Mätresse». Ihre «Prunksucht» sei «viel teurer», da der Glanz der Königin größer sei als der einer Mätresse.[13]

Der Aufenthalt in Fontainebleau schien unter keinem guten Stern zu stehen. Kurz zuvor war die Königin von Piemont-Sardinien gestorben, die Schwiegermutter der Brüder des Königs, und so konnten die beiden nicht an den zahlreichen Vergnügungen teilnehmen. Zur Zerstreuung des Hofes hatte die Königin etliche Bälle, Konzerte und Opernaufführungen geplant, ganz zu schweigen von den Jagdpartien. Die Musiker, so hatte sie verfügt, mußten zu allen Aufführungen goldbetreßte rote Uniformen tragen. Da es am Hof keine geeigneten Gewänder gab, wurden in aller Eile etliche geschneidert. Doch trotz soviel Aufwandes langweilte man sich. Nur abends gab es ein wenig Amüsement, in den Gemächern der Gräfin Diane de Polignac im Entresol des Schlosses. Dort spielten die Höflinge Billard oder Lotto, während sie auf die Königin warteten, die ungeachtet der stickigen Luft in den kleinen Zimmern mit den niedrigen Decken jeden Abend kam. Die Theateraufführungen waren allesamt so mittelmäßig wie das Stück *L'Amitié au village* (Die Freundschaft auf dem Dorf), eine klägliche Komödie von Desforges mit Musik von Philidor «mit einer lächerlichen Intrige in einem endlosen Kauderwelsch».[14]

Den Dauphin, der kurz zuvor geimpft worden war, hatte die Königin in Saint-Cloud zurückgelassen und den kleinen Herzog der Normandie, einen pausbäckigen Säugling von sieben Monaten, in Versailles. In beiden Schlössern waren darum einige Höflinge zurückgeblieben. In Versailles ging es sehr viel fröhlicher zu als in Saint-Cloud. Jeden Abend empfing die Gräfin Soucy, welche die Obhut über das königliche Kind hatte, die Offiziere der französischen Garde, der Schweizergarde und die vornehme Gesellschaft von Versailles. Man spielte Scharaden, man tanzte und amüsierte sich ohne jeden Zwang. Der Herzog der Normandie war bei allen Vergnügungen dabei. «Ich bin für die Musik zuständig und spiele zur Unterhaltung des kleinen Prinzen auf einem Pianoforte», schrieb der Marquis Bombelles.[15]

Am 15. November kehrte der Hof nach Versailles zurück. Es hieß, die Königin sei wieder schwanger, doch sie wollte ihren Zustand nicht wahrhaben. Viele am Hof freuten sich sehr über die Nachricht, über die man freilich nur flüsterte, denn eine Schwangerschaft verhieß eine glanzvolle Saison in Versailles: Die Königin würde im Schloß bleiben und ihre Vergnügungen nicht in Paris suchen. Vor einiger Zeit hatte Fersen sein Regiment verlassen, den Winter würde er in der Hauptstadt verbringen.

Die Königin verfolgte aufmerksam «die Affäre». Seit der Kardinal in Haft saß, bemühten sich seine Verwandten, ihn herauszuholen. Sie kämpften ebenso für seine Freilassung wie seine Anwälte. Mit bemerkenswerter Geschwindigkeit hatten sie dank Georgels Hilfe ihre eigene Untersuchung der Angelegenheit durchgeführt. Die Ergebnisse ihrer Nachforschungen wollten sie den Ratsherren des Parlaments mitteilen, doch der Generalprokurator Joly de Fleury wies zuerst den Prinzen Soubise, dann den Abbé Georgel ab. Von diesem Mißerfolg ließen sie sich indes nicht entmutigen. Sie wandten sich an Ludwig XVI. mit ihren «Erkenntnissen», die, so glaubten sie, «die Rechtsprechung des Königs erhellen» würden. Der König befahl Miromesnil, den Bericht Joly de Fleury auszuhändigen, Joly de Fleury gab ihn an seinen Stellvertreter Pierre de Laurencel weiter.[16] Laurencel stellte während der

Nachforschungen und während des Prozesses alle Dossiers für seinen Vorgesetzten zusammen. Seine Unterlagen sind wie die des Generalprokurators erhalten geblieben, die Historiker haben ihnen bislang allerdings kaum Beachtung geschenkt.[17] Aus dem ersten Memorandum wie aus allen weiteren wird deutlich, daß die Nachforschungen von Anfang an einseitig betrieben wurden. Noch bevor die ersten Zeugen gehört wurden, hatte man beschlossen, daß Rohan schuldig war, und man hatte nicht einmal versucht, alle Fäden dieses schwierigen Falles zu entwirren. Man wollte den Kardinal verurteilen, darin waren sich Joly de Fleury und der Parlamentspräsident d'Aligre einig. Sie gingen vor «nach den ersten Grundsätzen, welche sie vor der Abreise [des Präsidenten] vereinbart hatten».[18] Beide erhielten ihre Befehle von Breteuil, Breteuil wiederum sprach – ohne daß dies offen erklärt wurde – im Namen der Königin. Breteuil mischte sich ohne Absprache mit Miromesnil, dem Großsiegelbewahrer, in den Fall ein. Miromesnil achtete sehr genau darauf, daß das Verfahren korrekt ablief.

An dieser Stelle muß zur Entlastung der Parlamentarier gesagt werden, daß sie eine geradezu unmögliche Aufgabe zu erfüllen hatten. Wie Beugnot treffend bemerkt, schilderten die Patentbriefe vom 6. September «alle Einzelheiten, die mit dem Erwerb des Halsbandes durch den Kardinal im Namen der Königin und dem Betrug der Madame de La Motte zu tun hatten, als gesicherte Tatsachen. Darüber war demnach nichts mehr nachzuforschen; denn sobald der König diese Tatsachen vorgebracht und das Parlament die Briefe zur Kenntnis genommen hatte, ohne Einspruch zu erheben, enthielten sie in den Augen aller zweifelsfrei die Wahrheit. [...] Da die Tatsachen in den Briefen als gesichert galten, mußte man sorgfältig Nachforschungen anstellen, in welchem Ausmaß die königliche Majestät dadurch beleidigt worden war.»[19]

Die Angehörigen des Kardinals konnten weder den Inhalt der Patentbriefe anerkennen noch die zu erwartende Parodie eines Prozesses billigen. Ihre Nachforschungen erbrachten, daß Madame de La Motte wahrscheinlich mehrere Komplizen hatte, die unbedingt festgenommen und verhört werden mußten. Die Aussagen von zwei Personen, einem gewissen Villette und der Demoiselle d'Oliva, konnten dem Prozeß womöglich eine völlig neue Wendung geben. Villette war ein «besonderer Freund» von Madame de La Motte, er hatte bei ihr unter anderem die Stellung eines Sekretärs inne. Es hieß, er sei bereits «wegen der Fälschung von Unterschriften von der Justiz ernsthaft getadelt und zurechtgewiesen» worden. Rohans Verwandte hatten herausgefunden, daß Villette wenige Tage nach der Verhaftung seiner Geliebten geflohen war und seither ein Leben auf großem Fuß führte. «Die Ergreifung dieses Mannes würde die Angelegenheit sehr erhellen», betonten die Verwandten. Neben die Abschnitte über Villette hat Laurencel an den Rand geschrieben: «Er ist flüchtig und wird allem Anschein nach nicht zurückkehren.»[20] Die Demoiselle d'Oliva hatte angeblich «in den Gärten von Versailles eine Rolle gespielt» und dafür 1000 Écus von Madame de La Motte bekommen. Auch sie war geflohen, nachdem sie von der Verhaftung des Kardinals gehört hatte. «Zu dieser jungen Person hat Laurencel angemerkt: ‹Über das Mädchen, das d'Issigny genannt wird und sich selbst d'Oliva nennen läßt, ist nichts bekannt. Man kann darüber nur die Dame de La Motte befragen.›»[21]

Unter anderem ist in dem Dossier der Verwandten auch davon die Rede, daß Madame de La Motte auf den Namen des Kardinals 200000 Livres geborgt hatte. Laurencel wandte ein, diese Tatsache spreche gegen den Kardinal: «Nachdem er davon erfahren hatte, daß die Dame de La Motte unter seinem Namen Verhandlungen zu führen suchte, [...] hätte er unverzüglich den Kontakt zu ihr abbrechen müssen.»

Am 23. Oktober 1785 befand Laurencel abschließend: «Man muß beachten, daß das Wichtigste im Prozeß die Fälschung der Schrift ist, der Unterschrift der Königin auf dem Kaufvertrag für das Halsband. Dem Kardinal ist vorzuwerfen, daß er das Halsband mit der angeblichen Unterschrift der Königin gekauft hat, daß er das Halsband zerbrochen und das ganze oder Teile davon dem Herrn und der Dame La Motte übergeben hat. Wenn der Herr und die Dame La Motte ihm durch Betrug alle Diamanten oder einen Teil davon abgenommen haben, ist das seine Verfehlung. Die Dame La Motte ist nur dann wegen der Fälschung der Unterschrift der Königin schuldig, wenn man beweisen kann, daß sie die Unterschrift der Königin nachgemacht hat, um das Halsband in ihren Besitz zu bringen.» Dann kommt Laurencel auf die Versicherungen zu sprechen, die Madame de La Motte den Juwelieren gegeben hatte. «Wenn die Dame La Motte die Unterschrift der Königin nachgemacht hat oder wußte, daß sie gefälscht war, war sie an der Machenschaft nur insoweit beteiligt, als der Kardinal sie dazu gedrängt hat.»[22] Joly de Fleury erklärte sich mit der Arbeit seines Stellvertreters einverstanden und leitete das Dossier am 31. Oktober an den Präsidenten weiter.[23] Die Parlamentarier hatten sich offensichtlich entschlossen, in dem Kardinal einen Betrüger und Fälscher zu sehen und ihm die Schuld für das gesamte Täuschungsmanöver zu geben. Madame de La Motte war demnach lediglich seine Komplizin gewesen.

Die Untersuchung ging weiter. Madame de La Motte behauptete, einer persönlichen Bekanntschaft mit der Königin habe sie sich niemals gerühmt und ihr Vermögen verdanke sie der Großzügigkeit des Kardinals. Sie stritt ab, daß sie irgend etwas mit der Szene auf der Terrasse von Versailles zu tun hatte, Rohans vermeintlichem Zusammentreffen mit der Königin. Sie sagte, der Zauberer Cagliostro sei der böse Geist des Kardinals und sein Komplize. Im übrigen müßten die Herren sich fragen, warum sie, wenn sie schuldig sei, nach der Verhaftung Rohans weiter in Bar-sur-Aube geblieben sei.

Da Madame de La Motte so hartnäckig leugnete, kamen den Ratsherren, allen voran Laurencel, Zweifel, ob ihre Sicht des Falles tatsächlich die richtige war. Sie verglichen alle Aussagen sorgfältig und entwirrten Faden um Faden die Halsbandaffäre. Dabei kam folgendes heraus: Madame de La Motte war die Geliebte des Kardinals gewesen. Seine Leichtgläubigkeit machte ihn zum idealen Werkzeug für ihr gigantisches Betrugsmanöver. Arglos hatte er ihr die Geschichte abgenommen, daß sie die Freundschaft der Königin gewonnen habe und in der Lage sei, ihm wieder zu deren Gunst zu verhelfen. Diesem Zweck diente die nächtliche Szene in Versailles. Madame de La Motte hatte eine Frau gefunden, welche die Rolle der Königin spielte, und der Kardinal war prompt auf den Betrug hereingefallen. Von diesem Augenblick an konnte er Madame de La Motte nichts mehr abschlagen, überdies erfüllte er nichtsahnend alle Wünsche, die sie angeblich im Namen der Königin vorbrachte. Um diese Zeit war Madame de La Motte die Idee zu dem großen Betrug gekommen. Sie überzeugte den Kardinal davon, daß die Königin das Halsband hinter dem Rücken des Königs erwerben wollte. Die Verhandlungen liefen in der beschriebenen Weise ab. Sobald Madame de La Motte im Besitz des Halsbandes war, behauptete sie, sie habe es der Königin ausgehändigt. Statt dessen brach sie mit Hilfe ihres Ehemannes die Diamanten heraus, der Ehemann reiste sodann nach London und verkaufte die Steine. Von einem Tag auf den anderen änderte sich der Lebenswandel des Paares, dessen Unterhalt bislang die erfindungsreiche junge Frau mit ihren Reizen bestritten hatte. Der weitere Verlauf der Ereignisse ist bekannt.

Viele Einzelheiten der Geschichte blieben weiterhin im dunkeln, eines immerhin wurde unzweifelhaft deutlich: Der Kardinal war einer ausgekochten Betrügerin auf den Leim gegangen. Doch Beweise fehlten, und der Anschein sprach gegen Rohan. Unabhängig von seiner persönlichen Überzeugung mußte der Generalprokurator den Kardinal nach wie vor als den Hauptverantwortlichen der Affäre ansehen. So fiel die Entscheidung, ihn festzunehmen. Allerdings mußte zuvor sichergestellt sein, daß die Mehrzahl der Ratsherren diesem Verfahren zustimmen würden, das nach einer Verfügung aus dem Jahr 1670 nur bei Verbrechern angewendet werden durfte. In dieser schwierigen Frage beriet der Generalprokurator sich mit Pierre du Laurencel. Am 11. November legte Laurencel ihm einen sehr ausführlichen und in der Argumentation genau durchdachten Bericht vor. Den Bericht solle er geheimhalten, bat Laurencel seinen Vorgesetzten, «da er nicht daran interessiert sei, daß er auf alle Schreibtische flattere».[24] In diesem Memorandum ist die Linie, die in dem Prozeß verfolgt werden sollte, genau beschrieben: «Wenn man der Großen Kammer alle Erkenntnisse vorlegte, welche gegen Monsieur le Cardinal gesammelt wurden, könnten große Unklarheiten entstehen über die Art des Beschlusses, welcher über ihn zu verhängen sei», heißt es im Vorwort. «Alle würden darin übereinstimmen, daß dem Namen der Königin Schaden zugefügt worden sei, daß es einen *Anschlag* auf die königliche Majestät gegeben habe und daß das Delikt sehr schwerwiegend sei. [...] Aber aus den Ermittlungen geht nicht hervor, daß der Kardinal die Unterschrift der Königin gefälscht oder den Auftrag zu der Fälschung gegeben hat. Man muß noch hinzufügen, daß der Kardinal verführt wurde, daß er sich in einem Zustand des Wahns befand, hervorgerufen durch eine Leidenschaft, welche ihm die Sinne verwirrt hatte, [...] und daß ein großer Unterschied zu machen ist zwischen einem Menschen, welcher von Sinnen ist, und einem Fälscher. [...] Man wird zu dem Schluß gelangen, daß der Kardinal lediglich Mitwisser und Opfer einer Verführung ist, daß die Hauptangeklagten, die wahren Schuldigen die Dame La Motte und ihr Ehemann sind», die das Halsband gestohlen und in Einzelteile zerlegt verkauft hätten. «Bevor man den Kardinal in Haft nehmen läßt, muß man gegen das Ehepaar La Motte ermitteln.»

Wie konnte man trotzdem beweisen, daß der Kardinal schuldig war? Laurencel hat auch dafür eine Lösung parat: «Aber der Sieur de La Motte kann es [das Halsband] nur darum verkauft haben, weil Monsieur le Cardinal es ihm gegeben hat, da die Juweliere es direkt dem Kardinal Rohan ausgehändigt haben. Fest steht, daß das Halsband keinesfalls für die Königin gekauft wurde; daß man den erhabenen Namen der Königin beleidigt hat; daß der Kardinal der Unterschiebung des Namens schuldig ist und der Tatsache, daß er eine gefälschte Unterschrift als echte vorgelegt hat; daß die wahre Absicht keineswegs war, das Halsband der Königin zu übergeben, wie es den Juwelieren gesagt wurde, sondern es im Ausland zu verkaufen. Der Kardinal ist demnach kein Beteiligter im Hintergrund, der verführt wurde und aus Schwäche in die Angelegenheit hineingeriet. Er hat mit der Dame de La Motte gemeinsame Sache gemacht, und man wird erst aufgrund dessen, wie sich die Angeklagten im Prozeß untereinander äußern werden, sagen können, inwieweit der Kardinal schuldig ist.»

Am 15. November überreichte derselbe Pierre de Laurencel dem Generalprokurator ein neues Dossier. Es enthielt neben den Zeugenaussagen und den Beweisstücken (dabei war auch der berühmte Kaufvertrag mit der Unterschrift «Marie Antoinette von Frankreich») «die Fakten, nach welchen der Kardinal, Madame de La Motte, Cagliostro» und dessen Frau befragt werden sollten.[25] «Man wird erkennen, daß Monsieur le Cardinal de Rohan [...] ebenso schuldig ist wie die Dame de la Motte», hieß es in dem Begleitbrief zu dem Dossier. Im Verhör sollte versucht werden, den Kardinal dazu zu bringen, daß er sich in Widersprüche verwickelte. Um endgültig den Stab über ihn brechen zu können, wollte man ihm das Geständnis entlocken, daß er Zauberei angewendet hatte.

Am 15. Dezember wurde verfügt, daß Rohan, Madame de La Motte und Cagliostro in Haft genommen werden sollten. Dieser unerwartete Beschluß erschütterte die Angehörigen und Freunde des Kardinals. Sie beklagten sich lautstark über die Ungerechtigkeit und erzählten in ganz Paris, das Parlament sei vom Hof gekauft. «Der Stellvertreter des Generalprokurators sagte den Verwandten des angeklagten Prinzen offen, der Prinz sei verloren, damit müßten sie sich abfinden», schreibt Georgel. Was hätten sie gesagt, wenn sie gewußt hätten, was in den Akten eben jenes Stellvertreters stand? Die Informationen, die Georgel sammelte, wo er nur konnte, klangen höchst besorgniserregend. Er hörte, daß viele Ratsherren «der Meinung waren, die Ehre und die Würde der Königin verlangten es, daß der Kardinal bestraft werde, wenn nicht als Anstifter und Komplize der schweren Kränkung, welche man zur Anklage gebracht hatte, dann doch zumindest dafür, daß er daran erheblich mitgewirkt hatte, indem er für einen Mann seines Ranges, seines Namens und seines Standes unwürdige Beziehungen eingegangen war. [...] Die Sorgen wurden noch dadurch vergrößert, daß Baron Breteuil und der Abbé Vermond im Namen der Königin laut gegen den Kardinal sprachen.»[26] Marie Antoinette traf in den Tuilerien mit dem ersten Präsidenten d'Aligre, dem Generalprokurator und dem Rat d'Amécourt zusammen. «Verbittert, weil die Angelegenheit die Blicke ganz Europas auf sie zog, sprach sie offen über den Gang des Prozesses», schreibt wiederum Georgel. «Ich habe niemals an der Ehrlichkeit der Richter gezweifelt, die an jenen Unterredungen teilnahmen; aber es ist schwierig, nicht zu glauben, daß so mächtige Vorhaltungen sie beeinflußt haben.»[27] Die Königin weigerte sich, den Anteil von Madame de La Motte an der Affäre zur Kenntnis zu nehmen. In ihren Augen war allein der Kardinal schuldig.

Trotz aller Bemühungen von Georgel hatten bis dahin nur die Belastungszeugen gegen Rohan ausgesagt. Georgel bemühte sich, Mademoiselle d'Oliva, Réteaux de Villette und Monsieur de La Motte ausfindig zu machen. Alle drei waren unabhängig voneinander und zu unterschiedlichen Zeitpunkten ins Ausland geflohen. Dank einer Intervention von Vergennes gelang es, der jungen Komplizin von Madame de La Motte bei der nächtlichen Szene in Versailles habhaft zu werden, der Demoiselle d'Oliva, die sich mit ihrem letzten Liebhaber nach Brüssel abgesetzt hatte. Sie kam zu den anderen Angeschuldigten in die Bastille. Villette und La Motte wurden weiterhin gesucht. Von La Motte wußte man, daß er sich in England aufhielt, aber dort konnte man ihn nicht ergreifen. Georgel gelang es immerhin zu beweisen, daß er die größten Diamanten aus dem Halsband verkauft hatte; ihm lagen entsprechende Zeugenaussagen englischer Juweliere vor. Diese Beweisstücke wollte Georgel dem Generalprokurator übergeben, doch der wollte sie nicht anerkennen. Georgel mußte sich erst an den Großsiegelbewahrer wenden, um zu erreichen, daß die Aussagen zu den Akten genommen wurden.

Mercy schürte mit Bedacht den Groll der Königin gegen Vergennes. Er ließ keine Gelegenheit aus, Vergennes' Vorstöße zugunsten des Kardinals anzuprangern, in der Hoffnung, die Königin werde Vergennes' Entlassung verlangen. Er warf Vergennes vor, er «lege Parteilichkeit zugunsten des Kardinals an den Tag, welche den Kardinal retten werde auf Kosten der gerechten Genugtuung, welche der Königin zustehe, da man es gewagt habe, ihren erhabenen Namen in den Schmutz zu ziehen».[28] Vergennes wollte Rohan keineswegs schützen, er wollte lediglich den wahren Sachverhalt aufklären. Am 27. Dezember berichtete Marie Antoinette ihrem Bruder von den jüngsten Maßnahmen gegen den Kardinal: «Seit dem Augenblick, da der Kardinal verhaftet wurde, nahm ich an, daß er nicht mehr am Hof erscheinen könne, doch das Verfahren, welches mehrere Monate dauern wird, könnte durchaus andere Folgen zeitigen. Es hat begonnen mit einem Beschluß, ihn zu verhaften, welcher ihn zugleich all seiner Rechte und Ämter enthebt bis zum Tag des Urteils. Der Scharlatan Cagliostro, La Motte, dessen Frau und eine gewisse Oliva, eine Taschendiebin, sind mit ihm angeklagt; er wird ihnen gegenübergestellt und muß auf die Vorwürfe antworten, welche sie gegen ihn erheben. Was für eine Gesellschaft für einen Großalmosenier, einen Rohan, einen Kardinal!»[29] Das ist nicht mehr der unbeschwerte Tonfall früherer Briefe. Aus den Worten dieser sonst so leichtsinnigen und selbstbewußten Frau spricht Sorge, Überdruß, fast Niedergeschlagenheit. Eine große Zahl der Briefe, die ihr Bruder ihr schrieb, ist leider verlorengegangen, somit wissen wir nicht, wie er reagierte. Die Nachricht von der Verhaftung des Kardinals hatte er jedenfalls mit großem Erstaunen aufgenommen, und er hatte sogleich vorausgesehen, daß für seine Schwester Schwierigkeiten daraus erwachsen würden. «Ich bin sehr verärgert über die Sache, welche dem Prinzen Louis de Rohan zugestoßen ist», hatte Joseph II. am 2. September an Mercy geschrieben, «und dies um so mehr, als die Königin auf so unangenehme Weise davon betroffen ist. Ich habe den Großalmosenier immer für einen sehr leichtfertigen und verschwenderischen Mann gehalten, aber ich gestehe, daß ich nie geglaubt hätte, er sei einer Betrügerei fähig und einer so dunklen Machenschaft, wie man sie ihm nun vorwirft.»[30]

Der Winter in Versailles war freudlos. Marie Antoinette litt unter allen möglichen Unpäßlichkeiten und Zuständen, aber sie wollte sich nach wie vor nicht eingestehen, daß sie schwanger war, obschon sie seit mehr als drei Monaten ihre Regel nicht mehr bekommen hatte. Da die Ärzte ihre Ausbrüche fürchteten, wagten sie nicht, ihr die Wahrheit zu sagen. Mitte Februar konnte sie vor der Erkenntnis nicht länger die Augen verschließen. In einem Brief an Joseph II. zeigte sie ihre Verärgerung deutlich, und er tadelte sie scharf. «Als sie mir von ihrer Schwangerschaft berichtete, gab sie mir zu erkennen, daß sie darüber ärgerlich ist», schrieb Joseph an Mercy. «Ich führte ihr die unerfreulichen Folgen vor Augen, welche es haben könnte, wenn sie sich aus Bequemlichkeit oder Schonung vom König zurückzöge, um keine weiteren Kinder zu bekommen. Die Folgen würden das Glück der Königin in einem Maße beeinflussen, daß man nicht darüber hinwegsehen kann, die Regentschaft Ludwigs XV. hat dafür reichlich Beispiele erbracht. Dieser Gedanke beunruhigt mich um so mehr, als es gegenwärtig bei den jungen Frauen, die glauben, sie wüßten, was sich gehört, Mode ist, daß sie sich von ihren Ehegatten zurückziehen und meinen, sie hätten ihre Pflicht erfüllt, wenn sie ein oder zwei Kinder geboren haben.»[31] Wieder einmal belehrte Mercy Marie Antoinette im Namen des Kaisers über ihre Pflichten als Ehefrau. Umgehend berichtete er seinem Herrn nach Wien, «daß sie die Vorzüge einer innigen Gemeinschaft mit dem König zu schätzen weiß und sich über die verhängnisvollen Folgen einer gegenteiligen Einrichtung im klaren ist».[32] Die Verärgerung über die neuerliche Schwangerschaft sei nur «einer augenblicklichen Regung der Ungeduld» entsprungen. Mag sein.

Marie Antoinette war zutiefst beunruhigt, weil der Prozeß gegen Rohan die Aufmerksamkeit von ganz Europa auf sie ziehen und sie zu einer willkommenen Zielscheibe für Verfasser von Schmähschriften aller Art machen würde, dazu kam noch der Ärger über die unerwünschte Schwangerschaft. Nicht einmal die üblichen Vergnügungen und Lustbarkeiten lenkten sie von ihrem Kummer ab. Viele Abende verbrachte sie bei Madame de Polignac und spielte mit dem Grafen von Artois Tricktrack oder Billard. Der Kreis, der stets begierig auf Gunstbezeigungen der Königin wartete, nutzte ihren *Spleen* für die Herzogin weidlich aus. Der Ehemann der Herzogin erhielt zusätzlich zur Leitung des Marstalles, die ihm oblag, das Amt eines

Direktors des Postwagenverkehrs. Das neue Amt war ein reiner Ehrentitel, erhöhte das jährliche Einkommen des Herzogs aber immerhin um 50 000 Livres. In der Öffentlichkeit empörte man sich über soviel Verschwendung. «Man könnte zahlreiche ähnliche Beispiele aufzählen, aber die Einzelheiten wären zu schmerzlich», schrieb Mercy.[33] Die Feste und Theateraufführungen am Hof glänzten hauptsächlich durch Mittelmäßigkeit. Am besten amüsierte man sich in jenem Winter auf Kosten der Gattin des neuen Botschafters von Schweden, Germaine Necker, inzwischen Baronin de Staël. Am 31. Januar 1786, nach der Hochzeit, empfing die Königin sie zur Audienz und behandelte sie sehr freundlich. «Sie sieht so aus, wie Monsieur Necker aussehen würde, wenn er als Frau frisiert wäre. Ein mit Pickeln übersätes Gesicht vollendet die Häßlichkeit Ihrer Exzellenz», schrieb der sonst eher liebenswürdige Marquis de Bombelles.[34] Nach der Einführung bei der Königin fand zu Ehren von Monsieur und Madame de Staël im Ballsaal ein Diner bei Kerzenlicht statt, alle Minister, die Träger der Hofämter und die Mitglieder des diplomatischen Korps waren geladen. Neckers Tochter galt als sehr geistreich, doch den höfischen Ton traf sie nicht. Man lauerte förmlich auf jeden Verstoß gegen eine jener vielen kleinen ungeschriebenen Regeln, die man beherrschen mußte, wenn man in den höfischen Kreisen dazugehören wollte. Germaine de Staël wollte anerkannt werden als das, was sie war: eine intelligente und ungekünstelte Frau. Und sie wollte sich amüsieren wie andere auch. Doch statt dessen amüsierte sich die Gesellschaft über ihre Verstöße gegen die höfische Etikette. Ihr Auftreten als gebildete und selbstbewußte Genfer Bürgerin entsetzte die Höflinge sehr viel mehr als das Königspaar. Bei einem Ball «hatte die Königin die Güte, dem Botschafter von Schweden vorzuschlagen, sein Geld im Spiel einzusetzen. Daraufhin trat die Botschafterin, die nie lange fackelt, vor und bat die Königin, auch ihr Geld einsetzen zu dürfen. Mit ihrer üblichen Liebenswürdigkeit hat Ihre Majestät diese Freiheit übersehen, aber sie ist nicht einmal [in einem Hofknicks] zu Boden gesunken», schreibt Marquis Bombelles schockiert.[35] Einige Wochen später geschah bei einem Ball der Königin noch Schlimmeres. Madame de Staël erschien mit einem schwindelerregenden Kopfputz und «tanzte, als wäre sie von Sinnen, wobei sie hüpfte wie eine Elster». Immer mehr Höflinge scharten sich um sie, um nur ja nicht die Katastrophe zu verpassen, die sich dann auch tatsächlich ereignete: Die Gattin des Botschafters stürzte zu Boden, der Contredanse nahm ein jähes Ende. Die Herzogin von Guiche erbarmte sich der unglücklichen Tänzerin und half ihr, den voluminösen «Pouf» notdürftig zu reparieren. «Ihr häßliches Gesicht wirkte nicht eine Minute verstört. Ein solches Selbstvertrauen und solche Kühnheit hat man noch nicht gesehen.»[36] Sehr viel lieber ließ Marquis de Bombelles seine Gedanken zu der reizenden Madame de Villefort schweifen, einer Cousine des Barons Breteuil, die an diesem Abend zum ersten Mal in Versailles erschienen war und bei dem Minister offensichtlich zärtliche Gefühle geweckt hatte.

Während man sich in Versailles vornehm langweilte, nahm der Prozeß seinen Lauf. Nach seiner Verhaftung wurde Rohan nicht in das Gefängnis des Parlaments gebracht, wie es üblich gewesen wäre, sondern auf Anweisung Ludwigs XVI. in die Bastille. Man vermutete daher, daß der König «ihn nicht allein vor dem Gesetz als schuldig ansah, sondern daß er auch schuldig war als sein Untertan und Tischgenosse, und daß er [der König] über ihn richten wollte, nachdem das Parlament sein Urteil gesprochen hatte. In Anbetracht dessen wollte er [der König] ihn in seinem Gewahrsam behalten.»[37] Der Klerus wurde beim König vorstellig und bat, er möge das Urteil über den Kardinal sprechen, sogar der Papst intervenierte. Alle diese Vorstöße waren vergeblich. Der Kardinal erfuhr nichts davon und blieb Gefangener des Parlaments.

Der Parlamentspräsident d'Aligre ernannte als Berichterstatter für den Fall zwei der Königin vollkommen ergebene Kommissare, Maximilien-Pierre Titon de Villotran und Jean-Pierre Dupuis de Marcé, Ratsherren der Großen Kammer. Im Januar führten sie die Verhöre durch, unermüdlich befragten sie die Beschuldigten. Geschickt stellten sie immer wieder dieselben Fragen, doch Rohan blieb bei seinen früheren Aussagen, ohne sich in Widersprüche zu verwickeln.

Man fragte ihn, warum er auf den Gedanken gekommen sei, die Königin habe ihn für den Erwerb des Halsbandes ausgewählt, nachdem er nie auch nur das geringste Zeichen ihrer Gunst erhalten habe. Man wollte wissen, warum er auf die falsche Unterschrift hereingefallen sei und warum er die schriftlichen Anweisungen nicht aufbewahrt habe, vor allem nicht den Brief, den er den Juwelieren bei Abschluß des Handels vorgelegt habe. «Aus der ganzen Angelegenheit scheint hervorzugehen», heißt es im Abschlußbericht, «daß er die Juweliere Böhmer und Bassenge täuschen wollte und sich dazu des erhabenen Namens der Königin bediente.»[38]

Auf alle diese präzisen und vollkommen berechtigten Fragen gab Rohan vage Antworten, die der Phantasie freien Lauf ließen. «Wie schrecklich auch das Bild sei, welches man ihm vor Augen führe, er hoffe, daß die Erkenntnisse und Beweise, welche das Verfahren ans Licht bringen müsse, alle Zweifel zerstreuen würden, wenn es denn tatsächlich Zweifel gegeben habe, und er antwortete, daß das Zeichen der Gunst, welches er von der Königin erhalten zu haben glaubte, als er so unwürdig betrogen wurde, während er überzeugt war, sie selbst zu hören, bei ihm die Hoffnung genährt habe, daß er nicht mehr in Ungnade sei; daß sein lebhafter Wunsch ihn dies habe allzu leicht glauben lassen; daß er, in seiner Täuschung als Folge seiner Verblendung befangen, geglaubt habe [...], er müsse unverzüglich nach dieser Gunst Ihrer Majestät greifen, und jeder Auftrag Ihrer Majestät sei eine Gunst; daß er gewiß ohne die Täuschung und Verblendung nicht so gehandelt hätte, wie er gehandelt habe.» Seine Antwort auf die Frage, ob er die Schrift der Königin nicht erkannt habe, fiel genauso unklar aus: Er behauptete, er habe die Handschrift der Königin niemals gesehen und die Unterschrift «Marie Antoinette von Frankreich» sei ihm nicht seltsam vorgekommen. «Es gibt Irrtümer, die unverständlich sind oder zumindest so scheinen und die dennoch die natürliche Wirkung des Ansehens sind, durch welches sie entstanden sind», war seine einzige, wenig erhellende Erklärung. Schließlich stritt er ab, jemals in einem Briefwechsel mit der Königin gestanden zu haben, seine Anweisungen habe er durch eine dritte Person – Madame de La Motte – erhalten.[39] Er stellte sich als Opfer von Madame de La Motte dar. Auf die Frage, ob er es nicht eigenartig gefunden habe, daß jene Dame auf die Nachricht von seiner Verhaftung hin nicht sofort geflohen sei, antwortete er, «dieses Verhalten der Dame La Motte sei keineswegs so inkonsequent; die Besagte habe wohl geglaubt, sie hätte den Befragten [Rohan] solchermaßen mit ihren Vorspiegelungen eingewickelt, daß er nichts zu sagen wagen werde; und tatsächlich seien die Machenschaften so vielfältig gewesen, daß der Befragte es gewiß vorgezogen hätte zu bezahlen, nichts zu sagen und die Dame de La Motte den Erfolg ihrer Intrige genießen zu lassen».[40] Madame de La Motte bewies in den pausenlosen Verhören eine geradezu unglaubliche Kraft, die nur noch von ihrem Einfallsreichtum übertroffen wurde. Klug ging sie allen Fallen aus dem Weg, sie legte falsche Fährten und verwischte die Spuren mit ebensoviel Geschicklichkeit wie Vergnügen. Mit außerordentlicher Unverfrorenheit lastete sie das Betrugsmanöver dem Kardinal an und beschuldigte ihn, er habe allein die Verhandlungen geführt und die Unterschrift der Königin gefälscht. Niemals habe sie sich damit gebrüstet, die Königin persönlich zu kennen, die nächtliche Szene auf der Terrasse von Versailles leugnete sie rundweg. Im übrigen sprach sie stets nur mit dem allergrößten Respekt von der Königin.

Weiter behauptete sie, der Kardinal habe ihr befohlen, Diamanten zu verkaufen. Ihren Wohlstand verdanke sie seiner Großzügigkeit. Sie legte sogar Quittungen vor über die Summen, die sie von Rohan erhalten hatte; offensichtlich war er ihr Liebhaber gewesen. Um ihn endgültig ins Verderben zu stürzen, erzählte sie bereitwillig von Experimenten in Hellseherei, die jener Kirchenfürst mit seinem Freund Cagliostro durchgeführt habe.

Cagliostro hatte sie von Beginn der Untersuchung an als Komplizen Rohans geschildert. Besonders ausführlich berichtete sie eine Begebenheit, bei der Cagliostro in einer Karaffe Wasser die schwangere Königin gesehen habe, die bereit gewesen sei, Rohan die Verfehlungen der Vergangenheit zu verzeihen. Cagliostro habe Rohan daraufhin prophezeit, dank der Gunst der Königin stehe ihm eine glänzende Zukunft bevor.

Die Magistrate hatten größte Zweifel am Wahrheitsgehalt der Aussagen von Madame de La Motte, aber die Untersuchung hatte bis dahin noch keine Erkenntnisse erbracht, die den Kardinal entlasteten. Statt dessen gab es als erdrückende Beweise gegen ihn die beiden Zeugenaussagen von Bassenge und dem Bankier Saint-James. Die Seriosität dieser Zeugen stand außer Zweifel. Beide hatten in dem Handel ihr Vermögen aufs Spiel gesetzt und darum gewiß sehr genau auf jedes einzelne Wort geachtet, das gefallen war. Der Juwelier sagte aus, er habe, weil er unruhig geworden sei, am 3. August den Kardinal aufgesucht und ihn gefragt, ob «seine Mittelsperson sie nicht beide täusche». Darauf habe der Kardinal ihm versichert, er «habe direkt mit der Königin verhandelt». Saint-James gab zu Protokoll, Rohan habe ihm gesagt, er habe «die Summe von 700 000 Livres in der Hand der Königin gesehen», das Geld sei als Anzahlung für das Halsband bestimmt gewesen. Auf der Grundlage dieser Aussagen konnten die Ankläger natürlich behaupten, Rohan habe gelogen, um die Juweliere und den Bankier hinters Licht zu führen. Im Verlauf der folgenden Gegenüberstellungen fand es Saint-James offensichtlich angebracht, seine Aussage dahingehend zu korrigieren, daß der Kardinal ihm gesagt habe, er habe «ein Schriftstück von der Hand der Königin gesehen, daß sie 700 000 Livres habe». In den Aussagen dieser beiden Männer, deren Ruf makellos war, wurde die Königin mit der Angelegenheit in Verbindung gebracht, und genau dies hatte man bisher im Verlauf der Untersuchung peinlich zu vermeiden gesucht.

Die Aussage der Demoiselle d'Oliva bestätigte die Äußerungen des Kardinals über die geheimnisvolle Begegnung in Versailles. Diese Frau, die sich selbst als «Bürgerin von Paris» bezeichnete und ein Straßenmädchen war, sprach ohne Umschweife über ihre Rolle in jener Nacht im Juli 1784. Im Park des Palais-Royal, dem Zentrum der Prostitution in Paris, hatte sie die Bekanntschaft von Monsieur de La Motte gemacht. Monsieur de La Motte nahm sie nach Hause mit und stellte sie seiner Frau vor. Madame de La Motte behauptete, sie genieße das besondere Vertrauen der Königin, und machte der Demoiselle weis, die Königin brauche ihre Hilfe. Es werde ihr Schaden nicht sein, wenn sie bereit sei, bei einer kleinen Komödie mitzuspielen, 15 000 Livres werde sie dafür bekommen. Mademoiselle d'Oliva willigte ein, für die Königin hätte sie selbstverständlich alles getan.

Das Ehepaar La Motte brachte sie daraufhin nach Versailles, dort wurde sie vornehm eingekleidet. Um Mitternacht fuhren die beiden mit ihr in den Schloßpark und gaben ihr eine Rose, einen Brief und folgende Anweisung: «Dies händigt Ihr einer Person aus, welche erscheinen wird, und Ihr werdet sagen: ‹Ihr wißt, was dies zu bedeuten hat.›»[41] Mademoiselle d'Oliva brauchte nicht lange zu warten. Zitternd tat sie, wie man sie geheißen hatte, aber vor lauter Aufregung vergaß sie, den Brief zu überreichen. Unterdessen tauchte Madame de La Motte auf und führte sie mit den Worten «Kommt schnell, kommt schnell» zu einer Kutsche. «Eine Kutsche vom Hof» sei es gewesen, betonte Mademoiselle d'Oliva. Madame de La Motte sagte ihr, die Königin sei sehr zufrieden mit ihr, und gab ihr 4000 Livres statt der ursprünglich versprochenen 15000. Seit September 1784 habe sie Madame de La Motte nicht mehr gesehen, versicherte Mademoiselle d'Oliva.[42] Ihre Worte bewiesen, daß Madame de La Motte den Kardinal getäuscht hatte. Die Vermutung, daß Madame de La Motte eine gigantische Betrügerei eingefädelt hatte, verhärtete sich. Doch die Ratsherren hielten an ihrem Verdacht gegen Rohan fest.

Die Öffentlichkeit nahm an dieser haarsträubenden Affäre leidenschaftlich Anteil. Es war offensichtlich, daß niemand uneingeschränkt die Wahrheit sagte und daß der Hof sich vor allem bemühte, die Königin herauszuhalten. Die Berichte, welche die Anwälte der Beschuldigten veröffentlichten – es war üblich, daß solche Schriften gedruckt wurden –, riß man sich förmlich aus den Händen, und begierig wurde jede Einzelheit dieses Rechtsfalles aufgesogen, der spannender war als jeder Roman. Die Verfasser von Spott- und Schmähschriften griffen begeistert nach dem Stoff und brachten mit Titeln wie *Brief anläßlich der Verhaftung des Kardinals, Cagliostros wahre Erinnerungen, Das letzte Stück des Halsbandes* ... die neuesten Sensationen unter das Volk. Die nächtliche Szene in Versailles regte die Phantasie dieser Schreiberlinge aus der Gosse ganz besonders an. Die einen hatten angeblich erfahren, daß der Kardinal, als er sich mit der Königin allein glaubte, ihren Hals gestreichelt habe, die anderen wußten, daß die Königin ihm die höchste Gunst geschenkt hatte. Jeder dichtete nach Belieben Details hinzu.

Die Gegenüberstellungen im Laufe des Monats März brachten den Fall in den entscheidenden Punkten nicht voran. Man verlor sich in Erörterungen von Nebensächlichkeiten, die ohnehin komplizierte Angelegenheit wurde von Tag zu Tag verwickelter. Die Verteidigung des Kardinals war nach wie vor schwierig. Madame de La Motte verlangte zu ihrer Entlastung, daß dem Gericht ihre Briefe an den Kardinal vorgelegt würden, in denen sie ihm angeblich die Anweisungen der Königin mitgeteilt hatte. Die Angehörigen und Freunde Rohans vertrauten auf die Sorgfalt von Vergennes und Miromesnil. Mercy fürchtete, der Großsiegelbewahrer könnte bei d'Aligre zugunsten des Kardinals intervenieren. Da Mercy den Präsidenten seit vielen Jahren kannte, versuchte er, wie er dem Kaiser berichtete, ihn «auf dem rechten Weg zu halten. Da es im Interesse der Königin wichtig ist, daß nicht das geringste in dieser seltsamen Affäre dunkel bleibt, habe ich dem ersten Präsidenten vor Augen geführt, daß man versuchte, die Fäden zu verwirren, indem man sich immer weiter von der Frage im Mittelpunkt entfernte. Auf seine Bitte hin habe ich meine Gedanken schriftlich niedergelegt, wobei ich mich auf einige sehr einfache Beobachtungen beschränkt habe, und nachdem ich der Königin davon berichtet hatte, habe ich ihm meinen Bericht ausgehändigt, damit der Gegenstand unter diesem Gesichtspunkt betrachtet und verfolgt werde.»[43] Es war offensichtlich, daß die Königin auf die Magistrate Druck ausübte. Um diese Zeit konnte sie noch damit rechnen, daß gegen den Kardinal eine entwürdigende Freiheitsstrafe oder gar die Todesstrafe verhängt würde.

Das Verfahren schien fast abgeschlossen, als wie ein *deus ex machina* der Mann auftauchte, dessen Aussagen alles in einem neuen Licht erscheinen ließen. Rétaux de Villette trat im letzten Akt des Dramas auf die Bühne, entwirrte alle Fäden, entlastete den Kardinal und verhalf der Wahrheit zum Sieg. Die Verwandten des Kardinals hatten seit Monaten nach ihm gesucht, dank der Hilfe Vergennes' wurde er schließlich in Genf aufgegriffen und Anfang April in die Bastille gebracht. Rétaux de Villette, ein stämmiger Gendarm von zweiunddreißig Jahren, sagte über sich selbst, er sei «der Stier von Madame de La Motte» gewesen. So stellte er sich zumindest dem Polizeiinspektor Quidor vor, der ihn festnahm. In einem strengen Verhör stritt er zunächst ab, irgend etwas mit dem Fall zu tun zu haben. Er gab nur zu, daß er Sekretär bei Madame de La Motte gewesen war und ein Verhältnis mit ihr gehabt hatte. Von seiner Geliebten habe er erfahren, daß der Kardinal das Halsband für die Königin gekauft habe. Aber seine Zunge löste sich schon bald. «Kaum war ich in dem Verlies angekommen, welches man für mich vorbereitet hatte», schreibt er in seinen Erinnerungen, «da erklärten mir die Herren Dupuis de Marcé und Frémin, welche mit den Verhören beauftragt waren, nachdrücklich, der einzige Weg, welcher mich vor dem Galgen bewahren könne, sei, die Wahrheit zu sagen und folglich nicht im mindesten den Kardinal Rohan zu belasten, welcher von der Betrügerin La Motte getäuscht worden sei. Der Concierge, die Kerkermeister und jeder, den ich sah, sagten mir das gleiche. [...] Schließlich war ich durch die Versprechungen überzeugt und durch die Furcht vor der Bestrafung, welche man mir unablässig schilderte, so eingeschüchtert, daß ich schwach wurde und gegen Madame de La Motte aussagte.»[44] Unabhängig davon, inwieweit man seinen Worten Glauben schenken kann, ist seine Aussage höchst interessant. Als man ihm eine Probe seiner Handschrift und die Unterschrift «Marie Antoinette von Frankreich» sowie die Zusätze «gebilligt» auf dem berühmten Kaufvertrag zum Vergleich vorlegte, gab er unumwunden zu, daß die Fälschung von ihm stamme. Freilich habe er nicht die Absicht gehabt, die Unterschrift der Königin nachzumachen. Da er nicht wußte, wieviel und was genau die Zeugen bereits enthüllt hatten, gestand er überdies, daß er über hundert «vertrauliche und zärtliche» Briefe geschrieben habe, die Briefe der Königin an den Kardinal sein sollten. Das Vorhandensein eines solchen Briefwechsels hatten Rohan und Madame de La Motte bis dahin verschwiegen, erst durch Villette erfuhr man davon. Die anschließende Gegenüberstellung von Madame de La Motte, Mademoiselle d'Oliva und Villette war schrecklich. Madame de La Motte weigerte sich, über die Maskerade in Versailles hinaus irgend etwas zuzugeben, und fiel in Ohnmacht. Zwei Schriftsachverständige bestätigten Villettes Aussage.

Die Untersuchung näherte sich dem Ende. Dupuis de Marcé und Titon de Villotran verfaßten ihre Schlußberichte für den Generalprokurator Joly de Fleury, und Joly de Fleury reichte das Dossier weiter an seinen Stellvertreter Pierre du Laurencel. Aus Laurencels Papieren geht hervor, daß er weiterhin bestrebt war, eine Verurteilung Rohans wegen Betruges und Beleidigung der Königin zu erwirken. Dennoch fand der Bericht von Laurencel, der heimlich in Verbindung mit Marie Antoinette und Mercy stand,[45] nicht die Billigung des Generalprokurators. «Wir haben über den vorgeschlagenen Plan noch einmal neu nachgedacht», schrieb Joly de Fleury am 21. Mai an den Präsidenten d'Aligre. «Er ist nicht in Einklang zu bringen mit unserer Absicht und würde unzweifelhaft zunichte gemacht werden und fruchtlos bleiben. Ohne sich gänzlich davon zu entfernen, vor allem nicht im ersten Teil, ist es doch angebracht, ihn im übrigen abzumildern. Es ist von allergrößter Wichtigkeit, daß der erste Teil ohne Schwierigkeiten durchgeht.»

Joly de Fleury hatte drei Anklagepunkte vorgesehen: die Beleidigung der Königin, die Fälschung und den Betrug. Der «erste Teil», von dem in seinem Brief die Rede ist, betraf die Beleidigung der Königin. Die beiden anderen Anklagepunkte konnte er vernünftigerweise nicht aufrechterhalten, obgleich ihm Laurencel Argumente dafür lieferte, allerdings sehr schwache. In einem Entwurf für seinen Schlußbericht schrieb Joly de Fleury dazu: «Aufgrund der Zusammenfassung all dessen, was über die Fälschung und den Betrug bekannt und bewiesen ist, ist es nicht möglich, ihn als Komplizen anzuklagen oder ihm vorzuwerfen, er habe gewußt, daß die

Dinge, zu welchen er sich bereit gefunden hat, zu einer solchen Ungeheuerlichkeit führen könnten. Für eine solche Beteiligung und Mitwisserschaft gibt es keinen Beweis. [...] Es ist vernünftiger, sich von nun an mit der Widerlegung dieser Anklagen zu befassen.»[46] Mit anderen Worten: Des Betrugs und des Diebstahls konnte man Rohan nicht überführen, aber die Beleidigung der Königin mußte bestraft werden. In der Tat war das Verbrechen des Kardinals Majestätsbeleidigung: Er hatte die Kühnheit gehabt zu glauben, die Königin habe ihm im Park von Versailles ein Rendezvous gewährt, und sich vorzustellen, sie habe ihn gebeten, in ihrem Namen ein Schmuckstück zu kaufen.

Nach einer geheimen Beratung bei d'Aligre am 22. Mai teilte Laurencel in einem langen Schreiben Mercy mit, zu welcher Schlußfolgerung der Generalprokurator gelangen werde. Er hob hervor, daß man seit Villettes Geständnis dem Kardinal nicht mehr Betrug vorwerfen könne, sondern «Beleidigung, Mangel an Respekt gegenüber den unantastbaren Personen des Königs und der Königin, unerhörten Mißbrauch des Namens der Königin und Verwendung einer gefälschten Unterschrift, welche er als echt ausgegeben hat».

Für das Strafmaß hieß das: «Aufgrund dieser Überlegungen ist es unmöglich, einen Verweis oder gar die Verbannung auf Lebenszeit zu verhängen, welche den Verlust aller Ehrenrechte und Würden, zu denen ihn zu ernennen dem König gefallen hat, mit sich bringen würde. Man hat befunden, daß es in einer ganz neuartigen Angelegenheit, für die es bislang kein Beispiel gibt und auch in Zukunft niemals geben wird, erforderlich sei, einen Beschluß zu fassen, für den es kein Beispiel in den Aufzeichnungen gibt, und eine Strafe auszusprechen, welche dem Vergehen angemessen ist.»[47] Rohan sollte den König und die Königin feierlich um Vergebung bitten, daß er «die Kühnheit besaß, es an dem ihnen geschuldeten Respekt fehlen zu lassen». Er sollte vom Hof verbannt werden und das Amt des Großalmoseniers niederlegen.

Am 29. Mai wurde die Beweisaufnahme abgeschlossen. Am 30. Mai trat das Parlament zusammen, die Große Kammer und das Kriminalgericht tagten in gemeinsamer Sitzung. Der Saal bebte förmlich vor Anspannung. Joly de Fleury erhob sich und verlas die Anklage. Für Madame de La Motte forderte er, sie solle ausgepeitscht, mit einem V für «voleuse», Diebin, auf der Schulter gebrandmarkt und auf Lebenszeit in der Salpêtrière eingesperrt werden. La Motte und Villette sollten zu einer lebenslangen Galeerenstrafe verurteilt werden, das Urteil gegen La Motte mußte in Abwesenheit ergehen. Joly de Fleurys Ausführungen zu Rohan kreisten um die «Beleidigung». Er schilderte den Handel mit den Juwelieren und die mitternächtliche Begegnung in Versailles, warf Rohan dessen «Kühnheit» vor und sprach von einem «Verbrechen, welches aufrichtige und feierliche Sühne verlangt [...], wie es der königlichen Majestät angemessen ist».

Nach dem Plädoyer des Generalprokurators ergriff der Generalanwalt Séguier das Wort und warf Joly de Fleury vor, er wolle die Gesamtheit der Ratsherren mit Schmach bedecken. Deutlich gab er zu verstehen, daß Joly de Fleury vom Hof bestochen sei. Die Anhörung der Angeklagten erbrachte nichts wirklich Neues. Madame de La Motte bestritt weiterhin alle Vorwürfe. Rohan trat krank vor seine Richter und erklärte lediglich, er sei «vollkommen verblendet gewesen durch den übergroßen Wunsch, die Gnade der Königin wiederzuerlangen».

Am 31. Mai, um sechs Uhr morgens, begann die Sitzung, in der die Urteile verkündet werden sollten. Seit dem Morgengrauen drängten sich die Zuschauer auf den Rängen, Wetten wurden abgeschlossen. Die Familien Rohan und Soubise waren vollzählig versammelt, in Trauerkleider gehüllt. Die Prinzen von Geblüt hatten es vorgezogen, nicht zu erscheinen. Als erste war Madame de La Motte an der Reihe. Über ihren Fall war man sich einig, sie wurde für schuldig befunden und wie ihr Ehemann zu der Strafe verurteilt, die der Generalprokurator gefordert hatte. Cagliostro und seine Frau wurden von der Anklage freigesprochen, die kleine d'Oliva wurde «vom Hof geschickt», und gegen Villette wurde lediglich Verbannung verhängt. Als man zu Rohan kam, wurden die Beratungen turbulent. Boula de Montgofroy, der Rangälteste der Versammlung, meldete sich als erster zu Wort und verlangte Freispruch für Rohan, viele Redner schlossen sich ihm an. Besondere Beachtung fanden die Reden von Barillon und Robert de Saint-Vincent. Saint-Vincent, ein Freund von Target, hob die Stimme und verkündete, die Ratsherren seien niemals gehalten gewesen, sich an Beschlüsse der Minister zu halten. Präsident d'Aligre versuchte, sowohl die Anhänger des Kardinals wie die Anhänger der Königin zu besänftigen. Er merkte, daß Joly de Fleury in seinem Plädoyer zu weit gegangen war, und bemühte sich nach Kräften, dessen Worte abzuschwächen. Danach trat das Parlament in die Beratung ein. Gegen Mitternacht, nach mehr als siebzehn Stunden, wurde der Kardinal mit sechsundzwanzig gegen zweiundzwanzig Stimmen von der Verbannung vom Hof freigesprochen.

Sobald die Nachricht nach draußen gedrungen war, erschallten Rufe: «Hoch lebe das Parlament! Hoch lebe der unschuldige Kardinal!» Etliche tausend Menschen geleiteten Rohan zur Bastille, wo er eine letzte Nacht verbringen mußte. Die Parlamentsräte wurden mit Blumen bekränzt. Die Pariser wollten die Stadt illuminieren, aber die Polizei untersagte es.

Kapitel XIX

Die Macht der Dinge

Der Königin mußte man das Urteil sehr vorsichtig beibringen. Nicht einen Augenblick hatte sie daran gezweifelt, daß die Ratsherren dem Parlamentspräsidenten folgen würden, der den Befehlen seiner Herrscherin gehorchte. In ihren Augen hatten die Parlamentarier die Wünsche der Monarchen auszuführen und sonst nichts. Daß sie statt dessen gewagt hatten, ein Urteil zu fällen, das dem Willen der Königin zuwiderlief, erschien ihr wie ein zweites Verbrechen der Majestätsbeleidigung. Marie Antoinette hatte keine Ahnung von den Grundsätzen und Gepflogenheiten des Königreiches, sie kannte nur eine Gewalt, die des Königs, und konnte sie sich nicht anders vorstellen als despotisch. Sie dachte nicht im entferntesten so wie ihr Bruder Joseph, der sich, nachdem er von Mercy den noch unveröffentlichten Schlußbericht des Generalprokurators erhalten hatte, darüber empört hatte, daß man «zehn oder zwölf Tage vor dem Urteilsspruch bereits übereingekommen ist, was für eine Strafe verhängt wird».[1] Während der Kaiser nicht dulden wollte, daß die «Gerechtigkeit eine politische Angelegenheit ist», fand sein Botschafter das durchaus nicht ungewöhnlich. Mercy bestärkte die Königin in ihrer Fehleinschätzung. «Ich hätte niemals vermutet, daß noch so beträchtliche Veränderungen erfolgen könnten wie bei dem endgültigen Urteilsspruch in dieser schändlichen Intrige», schrieb er an den Kaiser. Und in seinem offiziellen Bericht heißt es: «Das Urteil [...] wurde gesprochen mit der Absicht, Ihrer Majestät und dem König Schaden zuzufügen, denn sie werden dadurch beleidigt.»[2] Doch ungeachtet dessen mußte auch Mercy zugeben, daß er den Kardinal für unschuldig hielt, was die Fälschung und den Betrug anging. Daß Marie Antoinette durch das Urteil so tief getroffen war, überraschte ihn. Ihr Schmerz erschien ihm übertrieben, und er überzeugte sie schließlich davon, daß es allein den heimlichen Machenschaften der Verwandten des Kardinals zuzuschreiben sei, daß man in dieser Weise ihre herrscherliche Ehre in den Schmutz gezogen habe.

Madame Campan fand Marie Antoinette weinend in ihrem Arbeitszimmer vor: «‹Kommt›, sagte Ihre Majestät zu mir, ‹kommt und beklagt mit mir Eure beleidigte Königin, die ein Opfer von Intrigen und Ungerechtigkeit geworden ist. Ich wiederum werde Euch beklagen, daß Ihr Französin seid. Wenn ich nicht gerechte Richter gefunden habe in einer Angelegenheit, durch welche ich persönlich angegriffen wurde, was könnt dann Ihr erhoffen, wenn es einmal in einem Prozeß um Euer Vermögen und Eure Ehre gehen sollte? [...] Ein Volk ist sehr unglücklich, wenn es als höchstes Gericht eine hergelaufene Schar von Leuten hat, die nur auf ihre Leidenschaften hören und von denen die einen für Bestechung empfänglich sind und die anderen für eine Vermessenheit, welche sie stets gegenüber der Obrigkeit an den Tag gelegt und welche sie gerade wieder gezeigt haben.› In diesem Augenblick trat der König ein und sagte zu mir: ‹Ihr seht die Königin sehr betrübt; sie hat allen Grund, es zu sein, weiß Gott! Sie wollten in dieser Angelegenheit nur den Kirchenfürsten und den Prinzen Rohan sehen, dabei ist er nur jemand, der Geld braucht.› (Genau so drückte Seine Majestät sich aus.) ‹Und all dies war nur ein Mittel, aus der Erde einen Graben zu machen *[sic]*, und der Kardinal wurde selbst betrogen. [...] Er hat geglaubt, er könnte Böhmer genug Geld geben und im Laufe der Zeit den Preis des Halsbandes begleichen, [...] nichts ist leichter zu erkennen, man muß nicht Alexander sein, um diesen gordischen Knoten zu durchschlagen.›»[3] Ludwig XVI. war wirklich «indigniert» über das Verhalten des Parlaments.[4] Sobald er den Urteilsspruch erfahren hatte, hatte er Baron Breteuil Anweisungen gegeben, wie mit dem Kardinal zu verfahren sei. Rohan sollte das Amt des Großalmoseniers niederlegen und sich in die Abtei La Chaise-Dieu in der Auvergne zurückziehen, die ihm unterstand. Viele Adlige hörten diesen Beschluß fassungslos. Madame de Marsan, die den König großgezogen hatte, warf sich ihm zu Füßen, doch vergebens. Man empörte sich, daß der König eine Strafe verhängte, nachdem Rohans Unschuld erwiesen war. Es hatte den Anschein, als werde der Kardinal dafür bestraft, daß das Parlament ihn freigesprochen hatte, und viele sahen darin einen Akt der Tyrannei.

Mit dem Urteilsspruch waren die Spekulationen über die Halsbandaffäre keineswegs beendet, vieles blieb nach wie vor im dunkeln. Man fragte sich, wieviel Schuld die einzelnen Beteiligten tatsächlich trugen. Die Art, wie der Prozeß geführt worden war, und das Urteil erstaunten die aufgeklärten Denker, die Einmischung des Königs in den Gang der Rechtsprechung war sehr genau registriert worden. Ein gemäßigter Minister wie der

Marschall Castries hatte das Plädoyer des Generalprokurators «so einzigartig vorgefertigt, so offensichtlich vom und für den Hof abgefaßt» gefunden, «daß das Pendel im Parlament zu weit in die andere Richtung ausschlug und man dem Kardinal mit keinem Wort sein törichtes Verhalten vorwarf, seine sträfliche Leichtgläubigkeit und schließlich die Schamlosigkeit all dessen, was er im Hinblick auf die Königin vermutet und als möglich angenommen hatte».[5] Durch die jüngsten Maßnahmen hatte der König den endgültigen Bruch mit dem Parlament herbeigeführt, das sich seit seiner Wiedereinberufung im Jahr 1774 fast systematisch allen Reformversuchen widersetzte. Die Ungeschicklichkeiten des Königs und seiner Minister im Laufe der letzten Monate hatten viele Parlamentsmitglieder (vor allem die Räte, die in der Halsbandaffäre zu Gericht gesessen hatten), zu der Überzeugung gebracht, daß sie das Joch der Monarchie abschütteln mußten. Die scheinbare Hinterlist des Königs, die von Baron Breteuil gestützt wurde, gab der Kritik am königlichen Absolutismus neuen Auftrieb. Der aufsehenerregende Prozeß war für das Parlament eine Gelegenheit, seine Kräfte mit dem König zu messen. Mit seinem Urteilsspruch hatte das Parlament deutlich gemacht, daß die Königin wie jeder andere Mensch den Gesetzen unterworfen war, und dies nährte die Ahnung, daß eines Tages mit dem König genauso verfahren werden könnte.

In der Öffentlichkeit genoß die Königin nun endgültig keinerlei Sympathie mehr. Man kritisierte, daß sie sich in das Verfahren eingemischt hatte, obgleich keine förmlichen Beweise dafür vorlagen. Es wurde offen spekuliert, daß sie womöglich selbst diese obskure Geschichte angezettelt hatte, um einen Mann zu verderben, den sie seit zehn Jahren mit ihrem Haß verfolgte. Niemandem war entgangen, daß die Ratsherren bei der Befragung der Zeugen und Beschuldigten peinlich genau darauf geachtet hatten, daß die Königin möglichst wenig erwähnt wurde. Der ganze Prozeß drehte sich um sie, aber ihr Name fiel so gut wie nicht. Es war keine Rede davon gewesen, sie als Zeugin zu befragen. Der Großsiegelbewahrer hatte dem Parlament einige Seiten übergeben, die möglicherweise von ihr geschrieben waren. Im «Protokoll der Beweisstücke» wird dieses Schriftstück mit dem Titel *Auskünfte, welche man glaubt dem Großsiegelbewahrer vorlegen zu müssen, um in der Affäre des Kardinals Rohan die Rechtsprechung des Königs und seines Parlamentes zu erleuchten*[6] erwähnt, aber es existiert nicht mehr. Auch der vielzitierte Kaufvertrag über das Halsband mit der gefälschten Unterschrift der Königin ist verschwunden.

Wenn man sich heute mit dem Dossier befaßt, fällt sofort auf, daß alle Aussagen lückenhaft und teilweise unrichtig sind aus dem einzigen Grund, die Königin nicht zu kompromittieren. Madame de La Motte, die gewiß mehr gelogen hat als alle anderen, schreibt in ihren Memoiren dazu durchaus Bemerkenswertes: «Wir haben beide, der Kardinal und ich, nicht ein wahres Wort gesagt aus dem einfachen Grund, daß es uns bei Androhung der Todesstrafe verboten war, die Königin zu erwähnen.»[7] Weiter behauptet Madame de La Motte, ihr Anwalt, Maître Doillot, habe ihr nahegelegt, «hinsichtlich der Königin die größte Vorsicht walten zu lassen».[8] Darauf kommt sie immer wieder zurück. Auch wenn man nicht so weit geht und annimmt, daß ihr Leben auf dem Spiel stand, so ist doch offensichtlich, daß der Kardinal und Madame de La Motte über viele Dinge schweigen mußten. Aber über welche Dinge im einzelnen? Vieles reimt sich nicht zusammen. Warum ließ man Rohan genügend Zeit, seine Papiere zu verbrennen? Warum dauerte es drei Tage, bis Madame de La Motte verhaftet wurde? In dieser Zeit konnte sie fliehen, wohin sie wollte, und vernichten, was sie wollte. Warum fiel die gegen Rétaux de Villette verhängte Strafe im Verhältnis zu seinem schwerwiegenden Geständnis, das dem Prozeß die entscheidende Wendung gab, so gering aus? Warum sagten die Juweliere aus, Rohan habe ihnen versichert, er habe direkt mit der Königin verhandelt? Warum stritt Rohan ab, dem Bankier Saint-James gesagt zu haben, er habe 700 000 Livres in der Hand der Königin gesehen? Was hatten folgende Zeilen zu bedeuten, die Marie Antoinette am 19. Mai an ihren Bruder schrieb: «Ich sage Euch nichts über die große Affäre; der Baron wird Euch von meinen Gedanken berichten, vor allem darüber, daß nicht über das Rendezvous und die Terrasse gesprochen wird. Er wird Euch meine Gründe auseinandersetzen.» Auf alle Fragen lassen sich mehr oder weniger bruchstückhafte Antworten geben, aber ein Punkt bleibt unerklärlich: Ist es denkbar, daß Kardinal Rohan, ein trotz seines leichtsinnigen Lebenswandels einigermaßen erfahrener Diplomat, sich derart zum Narren halten ließ und daß allein die Hoffnung, die Gunst der Königin wiederzuerlangen, ihn zu einem solch törichten Verhalten trieb? «Es ist unvorstellbar», schrieb selbst Vergennes an Noailles, den französischen Botschafter in Wien, «daß der Kardinal so leicht betrogen wurde, wie er behauptet.»[9] Daß Rohan so naiv gewesen sein soll, erscheint mehr als unwahrscheinlich. Doch obgleich diese Hypothese unbefriedigend ist, können wir keine andere vorschlagen.

Bei Hofe war die Königin keineswegs über jeden Verdacht erhaben, ihr leichtsinniges Verhalten über Jahre hinweg sprach gegen sie. Man hatte nicht vergessen, was für Freiheiten sie sich seit ihrer Ankunft in Versailles herausgenommen hatte. Hatte sie nicht mehrmals über Mittelsmänner hinter dem Rücken des Königs Juwelen gekauft? Hatte Ludwig XVI. nicht aus seiner Privatschatulle für die kostspieligen Launen seiner Frau bezahlen müssen? Und das viele Aufheben um die nächtliche Begegnung in Versailles – warum war es so ungewöhnlich, daß die Königin unerkannt spät abends durch den Park promenierte? In vielen Salons sprach man die Königin, ohne zu zögern, schuldig.

In mehr als zweihundert Jahren ist viel Tinte über diese Affäre geflossen, hat sie die Phantasie von Romanschriftstellern, Theaterautoren und Drehbuchschreibern angeregt. Die Historiker sind in zwei Lager gespalten. Die einen verteidigen glühend die Königin und empören sich gegen den Verdacht, sie könnte in irgendeiner Weise an dem Skandal beteiligt gewesen sein, während die anderen die Frage ihrer Verwicklung in die Affäre offenlassen. Nachdrücklich bejaht wird die Schuld der Königin von L. Lacour in seinem Vorwort zu den Memoiren von Monsieur de La Motte, die 1858 erschienen. Nach gründlicher Beschäftigung mit allen Äußerungen des Ehepaares La Motte gelangt Lacour zu folgendem Schluß: «Kapriziös und kokett, wie sie war, wollte Marie Antoinette das Halsband zuerst haben, dann wieder nicht, weil ihr das Geld fehlte, und schließlich bereute sie den Verzicht. Kardinal Rohan überzeugte sie davon, daß sie es dank seiner Vermittlung zu sehr viel günstigeren Bedingungen erwerben könne, als man sie ihr selbst einräumen würde. Sein Ziel war es, Marie Antoinettes Aufmerksamkeit auf sich zu ziehen und sie dazu zu bringen, daß sie den lebhaften Groll ablegte, den sie seit langem ihm gegenüber zeigte. Indem die Königin zustimmte, bekam sie ein Mittel in die Hand, den verhaßten Mann zu treffen durch die Hoffnung auf das Glück, die sie in ihm nährte. Ihre Undankbarkeit für den ihr geleisteten Dienst war eine neue Rache.»

Aus diesem Blickwinkel erhalten auch die übrigen Einzelheiten der Affäre eine andere Deutung: «Eine weitere Rache war es für sie, wie sie den Kardinal mit einer Abenteurerin kompromittierte, die der Zufall ihr als Vermittlerin zugeführt hatte. Die Erbärmlichkeit des Kardinals amüsierte die Königin. Durch die Zusicherung eines Gunstbeweises brachte sie ihn so weit, daß er in einer komödiantischen Szene den Fuß eines leichten Mädchens küßte, das sie für ihn ausgewählt hatte. Doch bald wurde der Königin klar, daß sie den Preis für das Halsband nicht am vereinbarten Tag würde zahlen können, und um nicht den Anschein zu erwecken, als trete sie von dem Handel zurück, verlangte sie eine Verminderung des Preises um 200000 Livres. Doch welche Qual! Der Preisnachlaß wurde gewährt, und Marie Antoinette mußte eine neue Ausflucht suchen. Die Juweliere wurden ärgerlich, und als Breteuil, ein Feind des Kardinals, ein Mensch von niedriger und nachtragender Gesinnung, von ihrem Kummer hörte, eilte er zu ihr und stellte sie vor diese Alternative: ‹Das habt Ihr ohne Wissen des Königs getan, Ihr seid verloren, wenn Ihr nicht einwilligt, den

Kardinal zu verderben.› Ohne Zögern wurde Louis de Rohan geopfert.»[10] Lacour stützt sich bei seiner Deutung auf die Verleumdungen, die von dem Ehepaar La Motte und Rétaux de Villette, der ebenfalls Memoiren schrieb, verbreitet wurden. Aber auch seine Sicht der Ereignisse enthält einige Ungereimtheiten. Mit unserem heutigen Kenntnisstand ist es unmöglich zu sagen, was für Hintergründe die Affäre tatsächlich hatte.[11]

Niemals zuvor hatte am Hof Ludwigs XVI. ein Sommer so traurig begonnen. Einige Wochen vor der Verkündung des Urteils war Fersen abgereist. Als Marie Antoinette das Urteil erfuhr, hielt sich gerade Erzherzog Ferdinand von Habsburg mit seiner Frau Beatrice d'Este zu einem privaten Besuch in Versailles auf. Die Königin nahm sich zusammen und versuchte, ganz die aufmerksame Gastgeberin zu sein, doch in Wahrheit wartete sie ungeduldig darauf, daß ihr Bruder und ihre Schwägerin, denen sie nicht sehr zugetan war, wieder abreisten. Zur Vorbereitung des Besuches hatte man ein Appartement für den Erzherzog hergerichtet. Da er jede Nacht bei seiner Frau verbrachte, mußte man im Möbellager nach einem Doppelbett suchen. «Die Neuigkeit verbreitete sich bald in ganz Versailles, und jeder kommentierte sie nach seiner Sichtweise.»[12] Wie sich dann herausstellte, waren die Vorbereitungen unnötig, denn das Paar wohnte nicht im Schloß. Als der Prinz erfuhr, daß die Übernachtung in Versailles ihn 50000 Livres kosten würde, zog er es vor, sich in der Stadt einzurichten.

Marie Antoinette verzichtete darauf, zu Ehren ihres Bruders einen nächtlichen Ball in Trianon zu geben, und führte als Entschuldigung ihre fortgeschrittene Schwangerschaft an. Man ließ es mit den üblichen Unterhaltungen und endlosen Soupers bewenden, die in einer bedrückenden Atmosphäre stattfanden, da niemand wagte, in Gegenwart der Königin ungezwungen und heiter zu sein. Den prunkvollsten Empfang für den Erzherzog gab Baron Breteuil. Das fürstliche Paar bewunderte lange seine Sammlung von kostbaren Gegenständen und ganz besonders den herrlichen Tisch, den Maria Theresia dem Unterhändler des Friedens von Teschen geschenkt hatte, eine Einlegearbeit mit lauter Edelsteinen aus den Bergen von Sachsen und der Lausitz. Der Minister «entfaltete bei dieser Gelegenheit jene gediegene Pracht, welche man nur bei ihm und in keinem anderen Haus in Paris findet».[13] Am 20. Juni, kurz nach der Abreise des Erzherzogs, brach Ludwig XVI. zu einer Repräsentationsreise nach Cherbourg auf, wo nach 1784 umfangreiche Arbeiten an den Befestigungsanlagen unternommen worden waren. Die Königin hatte ihren Gemahl gebeten, die Reise um einige Monate zu verschieben, denn sie hätte ihn gerne begleitet. Sie hoffte, in der Provinz wieder einmal den Jubel zu spüren, der ihr in der Hauptstadt so schmerzlich fehlte. Aber der König gab ihrer Bitte nicht nach.

Während Ludwig XVI. die Normandie besuchte, lebte Marie Antoinette zurückgezogen in Versailles. In jenen ruhigen Tagen fand sie offensichtlich wieder einigermaßen zu seelischer Ausgeglichenheit zurück. Nach dem 21. Juni sprach der ganze Hof über die Vollstreckung der Strafe an Madame de La Motte, nur die Königin erwähnte sie mit keinem Wort. Vielen erschien die Strafe zu hart. Man hatte gedacht, die Königin werde die Vollstreckung bis zu ihrer Niederkunft aussetzen lassen und dann anläßlich der Geburt die verhängte Strafe in eine mildere umwandeln. Doch nichts dergleichen geschah.

Am 29. Juni kehrte der König glücklich über den Erfolg seiner Reise in die Normandie, trunken vom Jubel der Bevölkerung nach Versailles zurück. Die Königin erwartete ihn mit ihrer Tochter und ihren beiden Söhnen auf dem Balkon über dem Marmorhof. «Sobald die Kinder den König sahen, riefen sie: ‹Papa! Papa!› mit einer anrührenden Freude. Der König sprang aus seiner Kutsche. Im Hof drängten sich die Menschen, Genugtuung stand auf alle Gesichter geschrieben.»[14]

Der Termin der Niederkunft rückte heran. Wie bei der Geburt des Herzogs der Normandie ließ sich Marie Antoinette möglichst lange nichts davon anmerken, daß die Wehen eingesetzt hatten, um dem Ansturm der Höflinge zu entgehen. Am 9. Juli abends brachte sie eine sehr kräftige Tochter zur Welt, die gleich nach der Geburt in der Schloßkapelle auf die Namen Sophie Hélène Béatrice getauft wurde. Bereits am nächsten Morgen fühlte sich die Königin so weit ausgeruht, daß sie ihre engsten Vertrauten empfing. Auch diesmal erholte sie sich rasch von der Geburt. Wenig später kam ihre Schwester Maria Christine, die Statthalterin der Niederlande, mit ihrem Mann Albrecht von Sachsen-Teschen zu einem Besuch nach Versailles. Das Verhältnis der beiden Schwestern war alles andere als herzlich. Maria Christine beneidete Marie Antoinette, und Marie Antoinette glaubte, da sie von dem geheimen Briefwechsel zwischen Mercy und der Kaiserin nichts wußte, Maria Christine habe allen Klatsch über sie, den sie in den Gazetten von Brüssel gelesen hatte, aus Bosheit nach Wien berichtet. Es war für Marie Antoinette eine schwere Prüfung, daß sie so kurz nach der Halsbandaffäre die Anwesenheit dieser ernsthaften und ihr gegenüber vermeintlich feindseligen Frau ertragen mußte.

Die beiden Schwestern begegneten einander kühl. Mercy mußte sein gesamtes diplomatisches Fingerspitzengefühl aufbieten, um zu vermeiden, daß der Ton ins Gehässige umschlug. Ludwig XVI. hingegen verstand sich sehr gut mit Prinz Albrecht und nahm ihn zu langen Jagdausflügen mit. Unterdessen bemühte sich Marie Antoinette, ihre Schwester auf Distanz zu halten. «Gebt deutlich zu verstehen», wies sie Mercy an, «daß ich diese Tage für meine Angelegenheiten reserviert habe und allein sein möchte, damit sie nicht den Wunsch äußert zu kommen, denn das würde mich sehr stören.»[15] Maria Christine besaß genug Feingefühl, daß sie den Unwillen ihrer Schwester deutlich spürte. Wie es Joseph II. einige Jahre zuvor getan hatte, besuchte sie mit ihrem Gemahl Paris. Für sie fand kein Ball und kein Souper in Trianon statt, sie mußten sich mit den üblichen Vergnügungen am Hof und mit Einladungen der Minister zufriedengeben.

Am 28. August reisten die Erzherzogin und ihr Gemahl wieder ab. Erleichtert zog Marie Antoinette für vier Wochen nach Trianon. Kein Abend verging ohne einen Ball in dem großen Zelt im französischen Garten und in der Scheune des Hameau. Zu Mercys Kummer war Marie Antoinette schon bald wieder so sorglos wie eh und je.

Im Oktober hielt sich der Hof in Fontainebleau auf. Der Monat verstrich «mit soviel Zerstreuungen und Gedränge, daß es betrüblich war», wie Mercy schrieb.[16] Neben den Jagdausflügen, Festen, Theateraufführungen und stundenlangen Plaudereien blieb für den Wiener Botschafter nicht viel Zeit. Mercy beobachtete mit einer gewissen Verwunderung, daß die Sucht nach Zerstreuung und Vergnügen nach wie vor eine «verhängnisvolle Herrschaft»[17] über die Königin ausübte. Joseph II. stimmte in seine Klage mit ein. «Für dieses Übel», schrieb er an seinen Botschafter, «sehe ich kein Heilmittel. Da meine Schwester nicht in der Lage ist, in sich selbst Mittel und Quellen der Unterhaltung zu finden, muß sie alles daransetzen, Langeweile zu vermeiden, und dies ist nur möglich in dem Maße, wie die Menschen ihrer Umgebung ihr Zerstreuung bieten. Dadurch erlangen sie Einfluß auf die Königin und erreichen, daß sie ihre Begehrlichkeit befriedigt.»[18]

Am französischen Hof gab es indessen reichlich Anlaß zur Sorge. Der Gesundheitszustand des Dauphins verschlechterte sich zusehends, er war schwach und kränkelte andauernd. Im April hatte die Herzogin Polignac dem König und der Königin berichtet, daß er jede Nacht fiebere. Der Arzt Brunier drängte auf eine Luftveränderung. Man erinnerte daran, daß der König einst in Meudon gesund geworden war, nachdem Madame de Marsan diesen Ortswechsel durchgesetzt hatte. «Man findet immer wieder Gründe, um Monseigneur le Dauphin weder nach Meudon noch nach Saint-Cloud zu schicken», schrieb Bombelles. Ihn empörte, wie wenig man sich um den Gesundheitszustand des Kindes kümmerte. Bevor der Hof nach Fontainebleau aufgebrochen war, hatte der König den Herzog d'Harcourt als Erzieher für den Dauphin ausgewählt, und es war wieder einmal die Rede davon gewesen, ihn nach Meudon in die Obhut der Tanten zu geben. Madame Adelaïde und Madame Victoire – Madame Sophie war 1782 gestorben – kamen nicht mehr nach Versailles. Sie folgten allenfalls der königlichen Familie in andere Schlösser, ansonsten hielten sie in Meudon auf altjüngferliche Weise Hof und verbrachten ihre Zeit damit, über andere Menschen zu lästern.

Ludwig XVI. war sehr besorgt über die inneren Verhältnisse in seinem Königreich. Seit 1776 lebte der Staat von Anleihen, das Defizit betrug inzwischen über 100 Millionen Livres. Im August hatte Calonne dem König einen «Plan zur Verbesserung der Finanzen» vorgelegt, der eine grundlegende Neuordnung des Steuerwesens vorsah. Demnach sollten künftig alle Franzosen ohne Ausnahme besteuert werden. Ein solcher Beschluß mußte über kurz oder lang das Ende der Ständegesellschaft herbeiführen. Diese Aussicht beunruhigte den König sehr viel mehr als das Prinzip der gleichen Besteuerung und die drastischen Sparvorschläge, die Calonne außerdem unterbreitet hatte. Da Calonne mit erheblichen Widerständen im Parlament rechnete, schlug er dem König vor, eine Notabelnversammlung herausragender Persönlichkeiten des Königreiches einzuberufen, die nach ihrer Treue zur Monarchie ausgewählt werden sollten. Ihnen sollte Ludwig XVI. die zu beschließenden Maßnahmen unterbreiten, sie sollten sodann ihre Zustimmung geben. Wenn die Notabeln zugestimmt hatten, mußte der Widerstand des Parlamentes zusammenbrechen, die beiden Kammern wären gezwungen, die neuen Gesetze zu billigen. Nicht zum ersten Mal würde ein französischer König sein Heil in diesem Verfahren suchen. Im 16. Jahrhundert hatte man es oft angewendet, die letzte Versammlung dieser Art hatte Richelieu im Jahr 1626 einberufen.

Ludwig XVI. grübelte mit wachsender Sorge und Angst darüber nach, was er tun sollte. Er sprach mit Vergennes und wenig später mit Miromesnil, beide rieten ihm zu, die Notabelnversammlung einzuberufen. Doch er zögerte. Die Königin stand dieser schwerwiegenden Frage vollkommen gleichgültig gegenüber. Sie kannte sich in solchen Angelegenheiten nicht im mindesten aus, und sie langweilte sich dabei zu Tode. Mercy legte ihr allergrößte Vorsicht ans Herz, aber sein Rat war überflüssig, denn sie versuchte gar nicht, ihren Ehemann in irgendeiner Weise zu beeinflussen. Am 29. Dezember beschloß der König, die Notabeln zusammenzurufen. Freilich war er, was ihre Fügsamkeit betraf, sehr viel weniger optimistisch als Calonne.

Unterdessen blieb Mercy nicht tatenlos. Mit einer gewissen Befriedigung beobachtete er, daß Vergennes' Stern im Sinken begriffen war und er sich gewiß nicht mehr lange an der Macht halten würde. Daher drängte Mercy Marie Antoinette, sehr vorsichtig den Weg für einen Nachfolger vorzubereiten, der im Sinne der österreichischen Interessen handeln würde. Am besten geeignet für dieses Amt schien ihm Graf Saint-Priest, als Botschafter in Konstantinopel hatte er die Interessen des Kaisers gut vertreten. Doch Marie Antoinette mochte Saint-Priest nicht. Obgleich Mercy immer wieder darauf zurückkam, schien sie sich für die Ernennung des neuen Ministers nicht zu interessieren. «Die Königin hegt hinsichtlich ihres Einflusses in politischen Dingen Zweifel, die sie nicht eingestehen will und die gleichwohl nur zu begründet sind», seufzte Mercy, «denn sie hat ihren Einfluß beim König selbst untergraben, indem sie ihm nur allzu oft gezeigt hat, wie sehr sie dieser Teil der Regierungsgeschäfte langweilt.»[19] Am 13. Februar 1787 starb Vergennes. Der König war zutiefst betrübt. Er hatte den einzigen Minister verloren, mit dem er stets vollkommen übereingestimmt hatte, nach dem Tode von Maurepas war Vergennes für ihn so etwas wie ein zweiter Mentor geworden. Er mußte unverzüglich einen Nachfolger bestimmen. Ohne großen Nachdruck schlug Marie Antoinette Saint-Priest vor. Doch der König hatte anders entschieden, er wollte das Amt dem Grafen Montmorin übertragen, den er seit der Zeit gut kannte, als er noch Dauphin gewesen war. Montmorin hatte Frankreich in Trier und später in Madrid vertreten, 1784 hatte der König ihn zum Oberbefehlshaber der Bretagne ernannt. Über das Bündnis mit Österreich dachte Montmorin genauso wie Vergennes. Marie Antoinette setzte Mercy von der Entscheidung des Königs in Kenntnis, bevor sie offiziell bekanntgegeben wurde. Sie sagte, gegen den Willen des Königs habe sie nichts ausrichten können.[20] Mercy schilderte dem Kaiser Montmorin als einen mittelmäßigen Mann und verbarg seine Enttäuschung über diese Wahl nicht. Noch offener äußerte er sich gegenüber Kaunitz, in einem Brief an ihn zeichnete Mercy ein schonungsloses Bild der Königin. Er warf ihr vor, sie habe ihren Einfluß nicht geltend gemacht und auf diese Weise verschuldet, daß Saint-Priest übergangen wurde. «Obgleich die Güte Ihrer Majestät mir gegenüber niemals auch nur für einen Augenblick nachgelassen hat, obgleich sie mir großes Vertrauen schenkt, woraus sie freilich weder für sich noch für ihren erhabenen Bruder irgendeinen Nutzen zieht, obgleich schließlich sie mich persönlich stets gut behandelt hat, lehrt mich die Erfahrung, von Tag zu Tag das Wesen dieser Fürstin besser zu verstehen, und was ich sehe, betrübt mich über alle Maßen. *Mit zunehmendem Alter scheint die Königin an Verstand und Urteilskraft zu verlieren. Ihre Gedanken sind so unbeständig wie bei einem Kind.* Nach wie vor liebt sie ihr Vaterland, ist sie ihrem Blut verbunden, ihrem Bruder zugetan, aber sie ist unfähig, konsequent nach einem dieser Gefühle zu handeln. Voller Unwissenheit und Abneigung allen ernsthaften Angelegenheiten gegenüber erkennt sie weder deren Bedeutung, noch kann sie deren Folgen ermessen. Sie betrachtet sie mit Langeweile, aus verschiedenen, oft widersprüchlichen Blickwinkeln, und der

Zufall bestimmt ihre Entscheidungen, bisweilen nach höchst absonderlichen Gedankengängen.»[21] (Die hier hervorgehobenen Sätze wurden von den Herausgebern des Briefwechsels unterdrückt.) Im weiteren berichtet Mercy mit deutlichem Befremden, Marie Antoinette habe ihm gesagt, «es ist nicht richtig, daß der Hof von Wien die Minister desjenigen von Versailles ernennt».[22] Ganz so oberflächlich, wie der Botschafter es darstellte, urteilte sie anscheinend doch nicht.

Aufgebracht über die Unfähigkeit seiner Schwester, antwortete Joseph II. Mercy, er habe «schon vor längerer Zeit bemerkt, daß sie ihren Einfluß geltend macht bei unwichtigen Kleinigkeiten und bei rein persönlichen Angelegenheiten und daß die große Zerstreuung, in welcher sie lebt, bewirkt hat, daß ihr der König nicht mehr die Beachtung schenkt, welche ihr Einfluß in Staatsangelegenheiten verleihen könnte».[23] Kaunitz ging noch sehr viel weiter als der Kaiser. In seiner geringen Meinung von der Königin sammelte sich seine ganze Verachtung gegenüber Frankreich und der französischen Regierung «Wenn sie anderswo Königin wäre als in Frankreich, würde man ihr wahrscheinlich, wie man es an jedem anderen Ort und in jeder anderen Art von Regierung tut, keinerlei Einmischung weder in innere noch in äußere Angelegenheiten gestatten, und sie wäre wertlos im wahrsten Sinn des Wortes.»[24] Krasser konnte man es nicht ausdrücken. Kaunitz war dennoch fest entschlossen, von der Königin all das zu bekommen, was man ihr trotz ihrer «Wertlosigkeit» entreißen konnte.

Genau um diese Zeit herum begann die Königin tatsächlich Einfluß auf die Politik zu nehmen. Durch die Macht der Verhältnisse wurde sie gezwungen, sich in die inneren Angelegenheiten des Königreichs einzumischen. Wie Calonne vorausgesehen hatte, leisteten die Notabeln dem König Widerstand. Das Eingeständnis eines Defizits von 112 Millionen und der taktisch ungeschickte Vorwurf an Necker, er sei dafür verantwortlich, hatten die Notabeln von vornherein gegen Calonne aufgebracht. Diese Männer, die deshalb ausgewählt worden waren, weil man Mäßigung und Fügsamkeit von ihnen erwartete, wollten von einer gleichen Besteuerung nichts hören. Die Prinzen von Geblüt unterstützten sie bei der Verteidigung von Privilegien gegen die königlichen Minister. Von Wien aus beobachtete Joseph II. die Kraftprobe: «Wenn der König zurückweicht und den Generalkontrolleur im Stich läßt, hat er seine Macht ein für allemal verloren, und der Klerus, der Adel und die Parlamente werden eine Art von Koalition bilden mit der Folge, daß er überall nur noch auf Widerstand stößt und schließlich gezwungen sein wird, wie in England die Minister zu dulden, welche sie ihm geben wollen, und diejenigen zu entlassen, welche ihnen mißfallen.»[25] Am 4. April – die Beratungen der Notabelnversammlung waren für eine Woche ausgesetzt – überreichten der Erzbischof von Aix, Boisgelin, und der Erzbischof von Toulouse, Loménie de Brienne, Marie Antoinette zwei Denkschriften mit den Forderungen der Notabeln. Sie waren bereit, einen Teil der Reformen zu unterstützen, wenn unverzüglich ein neuer, vertrauenswürdiger Generalkontrolleur ernannt würde. Ganz offensichtlich strebte Loménie de Brienne, die Seele der Opposition in der Versammlung, diese schwere Bürde an und sogar noch mehr: das Amt des Premierministers. Er wußte, daß sein Günstling und Freund Vermond bei der Königin für ihn sprach. Der Abbé hatte der Königin Loménie de Brienne stets als einen Mann vom Schlage Choiseuls geschildert, und seit Choiseuls Tod im Mai 1785 war ganz allmählich Loménie de Brienne in ihren Augen der Hoffnungsträger geworden. Der Kaiser hatte den Prälaten bei seiner großen Reise durch Frankreich kennengelernt und in höchsten Tönen gepriesen. Dennoch ist nicht sicher, ob Marie Antoinette nun darauf drängte, Loménie de Brienne zu berufen. Sie ließ sich leicht von der herrschenden Meinung beeinflussen, und in den aufgeklärten Kreisen schwor man auf Necker. Er schien als einziger fähig zu sein, das Königreich aus der sich mit jedem Tag verschlimmernden Finanzkrise zu befreien. Die Wertpapiere verfielen, man sprach offen über einen Staatsbankrott. Necker hatte auf Calonnes Vorwürfe mit einem aufsehenerregenden Memorandum geantwortet, in dem er sein Vorgehen rechtfertigte; Marie Antoinette überreichte es selbst dem König. Ludwig XVI. war verärgert und wollte Necker ins Exil schicken. Marie Antoinette setzte sich für ihn ein und erreichte, daß ihm lediglich auferlegt wurde, sich Paris nicht mehr als zwanzig Meilen zu nähern. Marie Antoinette riet dem König zwar, Calonne zu entlassen, aber sie plädierte nicht für Loménie de Brienne als Nachfolger.

Trotz des wachsenden Drucks wollte Ludwig XVI. sich nicht von seinem Generalkontrolleur trennen, dessen Pläne er bislang entschieden unterstützt hatte. Am 8. April, einen Tag nach Ostern, konnte er schließlich nicht mehr anders, als Calonne zu bitten, er möge seine Demission einreichen. Der König hatte noch keine Vorstellung, wer Calonnes Nachfolge antreten sollte. Montmorin schlug vorsichtig vor, Necker zurückzurufen. «Kein anderer kann das Finanzministerium übernehmen», meinte er, «denn die Öffentlichkeit würde es mit Kummer und Verärgerung sehen, wenn dieses Amt von einem anderen als ihm besetzt würde.»[26] Der König gestand Necker fachliche Qualitäten zu, insistierte jedoch auf seinen charakterlichen Fehlern und weigerte sich rundweg, ihm das Ministerium zu übertragen. Ludwig XVI. war so sehr von Ängsten gequält und verzweifelt, daß er immer wieder in Tränen ausbrach. In seiner Verwirrung besprach er mit Marie Antoinette die Nachfolge Calonnes. Das wäre die ideale Gelegenheit gewesen, Loménie de Brienne vorzuschlagen, doch trotz ihrer politischen Unerfahrenheit riet auch sie ihm, Necker zurückzuholen. Der König gab seiner Frau ebensowenig nach wie seinem Minister.

Ludwig XVI. hoffte immer noch, daß der Widerstand der Notabeln der Person Calonnes galt und nicht dem Geist seiner Reformen. Zu Calonnes Nachfolger ernannte er Bouvard de Fourqueux, einen alten Staatsrat, der als durch und durch ehrlicher Mann galt. Bouvard de Fourqueux wollte den Weg weiterverfolgen, den Calonne eingeschlagen hatte, und stieß von Anfang an auf den gleichen Widerstand wie sein Vorgänger. Die Finanzkrise spitzte sich immer mehr zu. In der Notabelnversammlung sprach man zum ersten Mal davon, die Generalstände einzuberufen. Montmorin und dem neuen Großsiegelbewahrer Lamoignon schien nun endgültig die Rückkehr Neckers als einzige Möglichkeit, die Gefahr doch noch abzuwenden. Sie wußten, daß der König sich sträuben würde, um so mehr als Baron Breteuil Necker ablehnte. «Wir berieten mit ihm», berichtet Montmorin, «und versuchten, ihn umzustimmen, doch vergebens.»[27] Auf jeden Fall drängten alle drei Minister den König zur Entscheidung für einen neuen Generalkontrolleur.

Montmorin hielt vor dem König eine lange Lobrede auf Necker. Es sah bereits so aus, als wäre der Widerstand des Königs gebrochen, da «sprach Breteuil mit großer Inbrunst gegen den halb errungenen Beschluß» und unterzog den Charakter und das Verhalten Neckers einer harten Kritik. Der König fürchtete, daß Necker auf seine Kosten zuviel Macht gewinnen könnte, und schloß sich Breteuil an. Daraufhin schlugen die Minister (wahrscheinlich auf Initiative Breteuils) Loménie de Brienne für dieses Amt vor. Ludwig XVI. stimmte ohne Umstände zu, obgleich er von diesem sittenlosen Kirchenmann nie sehr viel gehalten hatte. Jedesmal, wenn die Königin Loménie de Brienne erwähnt hatte, hatte der König unwillig reagiert. Doch inzwischen hatte er, ohne daß seine Gesprächspartner davon wußten, seine Meinung geändert. Man vermutete, der Gesinnungswandel sei das Werk der Königin. Tatsächlich hatte sie nach entsprechenden Instruktionen von Vermond den Erzbischof bei ihrem Gemahl immer wieder gepriesen, aber das allein reicht nicht, die Kehrtwendung des Königs zu erklären. Vielmehr hatte sich der König im Verlaufe einiger Wochen ein Bild von den Plänen Loménie de Briennes gemacht, er hatte sehr aufmerksam das Memorandum studiert, das Marie Antoinette ihm überreicht hatte, und danach weitere. Alle Schriften zusammen ergaben ein regelrechtes Regierungsprogramm, dem der König zustimmen konnte.[28] Da die Lage sich so bedrohlich zugespitzt hatte und außer Necker keine ernstzunehmenden Kandidaten für das Amt in Frage kamen, war der König bereit, es mit Loménie de Brienne zu versuchen. Am 1. Mai ernannte er ihn zum Vorsitzenden des königlichen Finanzrates. Bouvard de Fourqueux reichte daraufhin seine Demission ein, sein Nachfolger als Generalkontrolleur wurde der zweithöchste Mann im Staatsrat, Laurent de Villedeuil.

In den Augen der meisten Zeitgenossen war diese Ernennung ganz und gar das Werk von Marie Antoinette. Die Königin besaß zwar tatsächlich einen gewissen Einfluß, aber so weit, daß ihr die alleinige Verantwortung für eine solche Entscheidung zugekommen wäre, reichte er wohl nicht. Ludwig XVI. waren die Hände gebunden. Seine Wahl fiel auf Loménie de Brienne, weil er der Kopf der Opposition gegen Calonne war, weil sein Programm zur Bewältigung der Finanzkrise vernünftig schien und schließlich weil die drei wichtigsten Minister mit ihm einverstanden waren. Marie Antoinette hatte lediglich die Minister unterstützt, auch wenn Mercy behauptete, «Brienne ist Minister dank der Königin». Ihr Einfluß war begrenzt, das hatte sie selbst in ihrem Brief vom 22. September 1784 an Joseph II. ausgedrückt: «Ohne damit großzutun oder zu lügen, bemühe ich mich, nach außen den Anschein zu erwecken, daß ich größeren Einfluß habe, als ich tatsächlich besitze. Denn wenn man dies nicht glauben würde, wäre mein Einfluß noch geringer.»[29] Marie Antoinette war der Macht lediglich einen Schritt näher gekommen. Loménie de Brienne spürte genau, daß der König sein Mißtrauen ihm gegenüber nicht aufgegeben hatte, und hegte geschickt das Vertrauen der Königin. Er träumte davon, sie im Rahmen ihrer Mittel an den Regierungsgeschäften zu beteiligen, um auf diese Weise seine Stellung abzusichern. Die Königin war geschmeichelt von der Ehrerbietung des Prälaten und unterstützte seine Reformen mit der Beharrlichkeit, die sie in Dingen aufbringen konnte, die ihr am Herzen lagen.

Loménie de Brienne sah sich wie seine Vorgänger einem riesigen Defizit und der Feindseligkeit der Notabeln gegenüber. Die Notabeln schlugen die Einrichtung eines Komitees vor, das die Handlungen des Generalkontrolleurs überwachen sollte. In den Augen Ludwigs XVI. war dies ein Versuch, die Macht zu kontrollieren, und darum mit der absoluten Monarchie nicht vereinbar. In einer hitzigen Sitzung schlug der junge Marquis de La Fayette, der bis dahin noch nichts gesagt hatte, vor, eine «wahrhaft nationale Versammlung» einzuberufen. Der Vorschlag überraschte die Notabeln. Sie erklärten, in Steuerfragen seien sie nicht kompetent, der König müsse die Generalstände einberufen, denn diese allein seien berechtigt, sich zu diesem schwerwiegenden Thema zu äußern. Die Debatten in der Notabelnversammlung und das Echo, das sie in der Öffentlichkeit fanden, bedrohten die Macht, und so beschlossen der König und seine Minister, die

Versammlung aufzulösen. Am 25. Mai gingen die Notabeln enttäuscht und unzufrieden auseinander.

Zum ersten Mal wurde Marie Antoinette klar, daß in Frankreich keineswegs alles zum besten stand. Unbestimmt ahnte sie, daß neue Zeiten angebrochen waren. Bei ihrem nächsten Besuch in Paris empfing sie eisiges Schweigen. Niemand rief mehr «Es lebe die Königin!», und auch der Beifall für den König wurde immer seltener. Der Sommer begann schlimm. Am 19. Juni starb Sophie, die zweite Tochter des Königspaares, im Alter von knapp einem Jahr. Der Gesundheitszustand des Dauphins besserte sich nicht; man brauchte viel Optimismus, um sich vorzustellen, daß dieser leidgeprüfte Junge am Leben bleiben würde. Aber noch wollte die Königin dem Unvermeidlichen nicht ins Auge sehen. Ludwig XVI. versank immer tiefer in eine düstere Melancholie. Er vergaß seine Ängste nur auf endlosen Jagdausflügen oder kompensierte sie dadurch, daß er unvorstellbare Mengen aß. Nichts konnte ihn aus seinem brütenden Schweigen wecken.

In der Öffentlichkeit gab man der Königin die Schuld für den schlimmen Zustand, in dem sich das Königreich befand. Die Flucht von Madame de La Motte lieferte den Pamphletisten neuen Stoff. Vermutlich mit der Unterstützung unerkannt gebliebener Helfer war «der Gräfin» die Flucht aus der Salpêtrière nach England gelungen. In der *Correspondance secrète* stand zu lesen, die Regierung habe dabei die Hände im Spiel gehabt. Es ging das Gerücht, die Königin habe heimlich angeordnet, Madame de La Motte freizulassen. Als Gegenleistung hatte sie angeblich von Monsieur de La Motte erwirkt, daß er die kompromittierenden Briefe nicht veröffentlichte, die seine Frau einst von der ersten Dame des Königreiches erhalten hatte. Um dieselbe Zeit unternahmen Madame de Polignac und Vaudreuil ganz plötzlich eine Reise nach England. Man munkelte, sie sollten mit dem Ehepaar La Motte über eine Rückgabe der vielzitierten Briefe verhandeln. Bei ihrer Rückkehr nach Versailles fand die Herzogin ihre Gemächer auf Anordnung der Königin frisch gestrichen und neu eingerichtet vor. «Dieser Umstand stützt den Verdacht einer finsteren Intrige, den manche Personen hegen. Dies würde manche Unklarheiten der Halsbandaffäre erklären, das Verhalten von Baron Breteuil, der das Geheimnis bewahrte, und es würde erklären, warum die Öffentlichkeit in dieser wie in vielen anderen Angelegenheiten die Wahrheit nicht erfahren durfte.»[30] Im Juli reiste Madame de Lamballe nach London. Es hieß, sie habe den Auftrag, mit Calonne zu verhandeln, der es vorgezogen hatte, sich ins Ausland abzusetzen, nachdem er in Ungnade gefallen war. Angeblich half er Madame de La Motte bei der Abfassung ihrer Memoiren. Schließlich fuhr auch noch Abbé Vermond in die britische Hauptstadt. Soviel Reiselust bei Menschen aus der nächsten Umgebung der Königin stachelte die Neugier an, die Spekulationen blühten. Es war sogar die Rede davon, daß in einem zweiten Prozeß gegen Jeanne de La Motte das demütigende Urteil des ersten Verfahrens aufgehoben werden sollte.

Während die öffentliche Empörung gegen die Königin wuchs, machte sie sich mit dem Eifer aller Neubekehrten daran, ihren Hofstaat umzugestalten. Sie folgte dem Sparkurs, den Loménie de Brienne eingeschlagen hatte, und kürzte ihre Ausgaben um 900000 Livres. Die Höflinge, die sich der besonderen Gunst der Königin erfreut hatten, waren entsetzt, mußten sie doch um ihre Privilegien fürchten. Obgleich in Trianon die üblichen Theateraufführungen, Feste und Bälle stattfanden, überschattete die neue Politik doch alle Vergnügungen. Das erste Opfer wurde Herzog von Coigny, seit vielen Jahren ein enger Vertrauter der Königin. Er sollte sein Amt als Oberstallmeister aufgeben, da Ludwig XVI. den kleinen und den großen Marstall zusammenlegen wollte. Coignys Sohn sollte auf seinen Anspruch verzichten, das Amt später von seinem Vater zu übernehmen. Obgleich die Bitte sehr vorsichtig vorgetragen wurde, machte Coigny dem König einen heftigen Auftritt. Die Höflinge waren schockiert – doch nicht etwa über Coigny, sondern über das Ansinnen des Königs. Marie Antoinette beklagte sich bitter bei Besenval über Coignys Benehmen, doch Besenval hatte die Unverfrorenheit zu erwidern: «Madame, er verliert zuviel, als daß er sich mit freundlichen Worten zufriedengeben könnte. Überdies ist es schrecklich, in einem Land zu leben, wo man nicht sicher sein kann, daß man morgen noch besitzt, was einem gestern gehörte. Das hat es bisher nur in der Türkei gegeben.»[31] Herzog Polignac ließ sich lange bitten, bis er sich von seinem Amt als Direktor der berittenen Post des Königreiches trennte; die Königin mußte ihn erst in Gegenwart von Loménie de Brienne dazu drängen. Vaudreuil verlor das Amt des Oberfalkners, einer nach dem anderen mußten die Günstlinge auf einträgliche Würden verzichten. In ihrem Ärger schreckten sie bisweilen nicht einmal vor Frechheiten zurück, aber Marie Antoinette war von dem neuen Kurs nicht abzubringen. «Was für eine Erschütterung! Worauf kann man in dieser Welt noch zählen?» murmelte die Marquise Sabran. Marie Antoinette ließ sich nicht beirren, in der Öffentlichkeit war sie indes trotz der neuen Sparsamkeit nicht weniger unbeliebt.

Der König wurde krank. Loménie de Brienne spürte, daß die Macht bei diesem nervösen, unentschlossenen, manchmal groben Monarchen nicht in guten Händen war, und suchte immer mehr die Unterstützung der Königin. Marie Antoinette hörte auf ihn, wie sie nie zuvor auf irgendeinen

Ratgeber gehört hatte. Da Brienne sie in den Staatsrat einbeziehen wollte, nahm sie immer öfter an Sitzungen mit einzelnen Ministern teil.

Nach der Auflösung der Notabelnversammlung hatte sich die Situation noch weiter zugespitzt. Loménie de Brienne versuchte, mit Hilfe des Parlaments die Steuerreformen durchzusetzen, denen die Notabeln die Zustimmung verweigert hatten, aber die Parlamentsmitglieder waren erbost, daß man sie zunächst zugunsten der Notabeln übergangen hatte, und ergriffen nun die Gelegenheit, sich zu rächen. Sie stimmten keinen neuen Steuern zu, sondern verlangten, der König solle ihnen eine genaue Aufstellung aller Ausgaben und Einkünfte des Staates vorlegen. Außerdem forderten sie lautstark die Einberufung der Generalstände. Sie träumten davon, daß die Adligen in einer Revolution ihre Macht als Gegengewicht zur Macht des Königs durchsetzen würden. Zu diesem Zeitpunkt ahnten sie wohl kaum, daß dadurch die Generalstände ihrerseits in die Lage versetzt würden, den Adligen die Macht zu entreißen. Ludwig XVI. wich jedenfalls keinen Schritt zurück, und die Magistrate mußten sich fügen.

Loménie de Brienne hielt die Königin über den Streit mit dem Parlament genau auf dem laufenden. Besenval zufolge ließ er sie in dem Glauben, der König könne mit dem Widerstand ohne weiteres fertig werden. «Die Fürstin sprach das laut aus und geriet damit in eine ihrer wenig würdigen Rolle, denn man sah, daß von Sitzung zu Sitzung die Beschlüsse härter wurden, bis die Härte ihren Höhepunkt erreicht hatte», schreibt er. «Damit entfernte sie sich immer mehr vom Volk, und es regte sich sogar Haß gegen sie.» Besenval berichtet weiter, daß die Königin eines Tages im Park von Trianon seinen Arm ergriffen und mit ihm ein Gespräch über das Parlament begonnen habe. «Ich sagte ihr, sie rühme sich vergebens, daß man das Parlament ohne weiteres in die Schranken weisen werde; daß es immer kühner werde, je länger man abwarte; daß es allerhöchste Zeit sei, daß der König sich als Herr zeige und durchgreife, andernfalls er seine Krone niederlegen müsse und sie womöglich nie wieder werde aufsetzen können.» Die Königin schob alle Schuld auf Calonne, doch Besenval verteidigte ihn. Das Gespräch wurde schon bald hitzig. «‹Wenn man den ersten aufsässigen Adligen streng bestraft hätte, wenn man nicht den großen Fehler begangen hätte, Monsieur de Calonne mitten in seiner Arbeit zu entlassen, wo er doch bereit war, nach getaner Arbeit sein Amt niederzulegen, wenn man Gründe dafür hätte, dann wäre man gewiß nicht in der Verlegenheit, in welcher man sich nun befindet. Im übrigen unterstützte Eure Majestät diese Notabeln, was ihre Widerspenstigkeit noch gefördert hat.› – ‹Keineswegs!› sagte sie. ‹Ich war vollkommen neutral!› – ‹Es war bereits zuviel›, erwiderte ich, ‹unter solchen Umständen neutral zu sein, und es ist ein großer Fehler, wenn ich mir dies zu sagen erlauben darf, daß die Haltung Eurer Majestät zu Zweifeln Anlaß gegeben hat und man glauben konnte, Eure Majestät stünde auf der Seite der Notabeln.»[32] Freilich ist nicht bekannt, ob diese Unterredung unter vier Augen irgendeine Wirkung hatte.

Am 6. August rief Ludwig XVI. die Parlamentarier zu einem Gerichtstag in Versailles zusammen und zwang sie, die neue Steuer zu registrieren. Der Großsiegelbewahrer sprach im Namen des Königs. Er erinnerte daran, daß der Herrscher der alleinige «Verwalter des Königreiches» war; das hieß, daß er die Einberufung der Generalstände ablehnte. Die Parlamentsmitglieder berieten über die Art und Weise, wie man sie gezwungen hatte, die Steuer zu registrieren. Sie verabschiedeten einen Beschluß, in dem dieses Verfahren verurteilt wurde, und verlangten, die Amtsführung von Calonne zu untersuchen – was einer Anklage des Königs gleichkam. Da Loménie de Brienne voraussah, daß sich die Front im Parlament immer mehr verhärten würde, schlug er dem König vor, das Parlament zu entlassen. In der Nacht vom 14. auf den 15. August erhielten die Parlamentarier die Anweisung, sich nach Troyes zurückzuziehen. Diese Kraftprobe setzte die lange Reihe der Auseinandersetzungen zwischen Parlament und König fort. Ludwig XVI. glaubte fest, daß es sein gutes Recht war, so zu handeln, wie er es tat, doch in Wahrheit war er noch nie so machtlos gewesen. Widerwillig folgte der König den Ratschlägen Loménie de Briennes. Zum ersten Mal seit er den Thron bestiegen hatte, wurde auch er angegriffen. Sein Verhalten während des Gerichtstages hatte die öffentliche Meinung gegen ihn aufgebracht: Er war mitten in der Sitzung eingeschlafen und hatte laut geschnarcht. Daß der König schlief, während es um das Schicksal des Landes ging, hatte allgemeine Empörung ausgelöst. Manche Stimmen forderten laut, ihn unter Vormundschaft zu stellen.

Am 26. August wurde Loménie de Brienne zum leitenden Minister ernannt, ein Titel, den Ludwig XVI. bis dahin noch niemandem verliehen hatte, nicht einmal seinem Mentor Maurepas. Da die Ernennung unmittelbar nach der Entlassung des Parlaments erfolgte, wirkte sie wie eine Bestätigung von Briennes Verhalten, wie der Triumph des Absolutismus. Zweifellos hatte Marie Antoinette dem König zugeredet, seine Macht an den Minister abzutreten. Loménie de Briennes kämpferische Haltung gab ihr ein Gefühl der Sicherheit, vor allem aber wollte sie den König von einer Verantwortung entlasten, der er offenbar nicht gewachsen war. Der König traf diese Entscheidung ohne eine Spur von Begeisterung, sogar fast ohne rechte Überzeugung, was die Königin sehr beunruhigte.

Die Ernennung Briennes zum leitenden Minister zog eine Kabinettsumbildung nach sich. Ségur und Castries, die mit der Außenpolitik Loménie de Briennes nicht einverstanden waren, nutzten die Gelegenheit und reichten ihren Rücktritt ein. Die beiden waren Männer des Militärs und wollten nicht «die Adjutanten eines Erzbischofs» werden. Das Kriegsministerium übernahm Graf Brienne, ein Bruder von Loménie de Brienne, Marineminister wurde Graf La Luzerne, ein Neffe von Malesherbes und Verwandter des Großsiegelbewahrers Lamoignon. An die Stelle von Villedeuil trat der Staatsrat Lambert, nur Breteuil und Montmorin behielten ihre Ämter. Die Königin hatte bei diesen Ernennungen nicht mitgewirkt. Sie vertraute ganz und gar dem Erzbischof von Toulouse, und Vermond bestärkte sie in dieser Haltung. Trotzdem machte man in der Öffentlichkeit sie für die Veränderungen verantwortlich. Die Unbeliebtheit Loménie de Briennes, der als Geschöpf der Königin und unerbittlicher Feind der Parlamente galt, strahlte auf sie aus.

Überall in Paris schimpften die Menschen lautstark über den König und die Königin, die Prinzen und die Minister. Sie empörten sich über die schwindelerregenden Ausgaben des Hofes und gaben dem Hof allein die Schuld für das Defizit. Mercy war sichtlich alarmiert. «Es ist nicht möglich, diese ungezügelte Sprache durch Bestrafung im Zaum zu halten», berichtete er nach Wien. «Das Fieber ist so allgemein geworden, daß man des Übels selbst dann nicht Herr werden könnte, wenn man die Menschen zu Tausenden ins Gefängnis steckte. Vielmehr würde sich der Zorn des Volkes dann bis zum Höhepunkt steigern und ein Aufruhr ausbrechen, das sagt die Polizei. Gewiß ist zumindest, daß das Ansehen des Königs zutiefst erschüttert ist und daß es nur mit viel Mühe und Zeit wiederhergestellt werden kann.»[33] Immer lauter verlangte man die Einberufung der Generalstände, als hätte Frankreich auf einmal keine Regierung mehr.

Eine Flut von Flugblättern und Karikaturen ergoß sich über das Land, bevorzugte Zielscheibe des Spottes war die Königin. Viel war die Rede von einem Buch mit dem Titel *Histoire du collier* (Die Geschichte des Halsbandes). In englischen Zeitungen hatte man davon gelesen, aber gesehen hatte es noch niemand. Ein Kupferstich zirkulierte, der Marie Antoinette auf dem Trojanischen Pferd zeigte, im Bauch des Pferdes waren Baron Breteuil, der Erzbischof von Toulouse und die Parlamentsräte verborgen. «Fürchtet nichts», stand unter dem Bild zu lesen, «es sind keine Griechen.» Unter der Hand wurde eine Karikatur verkauft, die den Titel trug «Das kranke Frankreich». Darauf sah man neben einer sterbenden Frau acht Schalen mit Blut, das Calonne ihr soeben abgenommen hatte; daneben wartete die Königin mit einem Tablett, um die nächste Schale entgegenzunehmen, doch Monsieur eilte mit einer Kompresse herbei, um die Wunde zu verbinden. Auf einem anderen Flugblatt war unter einem Bild der königlichen Familie zu lesen: «Der König trinkt, die Königin ißt, und das Volk schreit.» In London hatte man vier Doppelporträts gestochen: Chilperich und seine Frau Fredegunde, Karl VII. und Isabella von Bayern, Heinrich II. und Katharina von Medici, schließlich Ludwig XVI. neben einem leeren Blatt. Tosender Beifall erhob sich in einem Pariser Theater, als in einer Aufführung der *Athalie* die Verse gesprochen wurden:

Verwirr die Königin in ihrem Rate
Und gieße, o mein Gott, auf sie und Mathan
Den Geist des Irrtums und der Blindheit aus,
Der vor dem Fall der Kön'ge pflegt zu gehn.

Von nun an war der Name Marie Antoinette mit allen verhaßten Königinnen verbunden.

In einer Ausstellung wurde aus Angst «vor Anspielungen und böswilligen Auslegungen» ein Bild entfernt, auf dem zu sehen war, wie die Franzosen die Engländer in die Flucht schlugen, nachdem Isabella von Bayern die Krone statt ihrem Sohn ihrem Schwiegersohn gegeben hatte. In derselben Ausstellung hatte Madame Vigée-Lebrun ein Bild der Königin mit ihren drei Kindern zeigen wollen, doch da sie nicht rechtzeitig fertig geworden war, hing einige Tage ein leerer Rahmen an der Wand. In den Rahmen schrieb ein Witzbold: «Das ist das Defizit!» Nun hieß die Königin überall *Madame Defizit*.

Kapitel XX

Ungewißheiten

Innerhalb weniger Monate mußte die Königin erkennen, daß die Menschen sie haßten und daß ihr Gemahl zu schwach war, um der so heftig hervorgebrochenen Opposition gegen die königliche Macht entgegenzutreten. Sie setzte all ihre Hoffnung auf Loménie de Brienne. Mercy war ganz mit der Entwicklung im Osten beschäftigt und übte in innenpolitischen Fragen so gut wie keinen Einfluß mehr auf sie aus. Er sprach mit ihr nur noch über die Türkei, und dieses Thema interessierte sie nicht. Mercy versuchte durch Schmeichelei seinen Einfluß zu festigen, damit er bei der Verteidigung der österreichischen Interessen auf sie zählen konnte. «Die erhabene Fürstin findet beim obersten Minister all die Ergebenheit, welche es ihr leichter als jemals zuvor machen würde, über die Monarchie zu verfügen und zum allgemeinen Wohl wie zu ihrem persönlichen Vorteil und Ruhm Einfluß geltend zu machen», schrieb er an Joseph II.[1]

Marie Antoinette besaß keinerlei politische Kenntnisse und wußte so gut wie nichts über die Staatsgeschäfte, sie nahm die Ereignisse hin wie ein Schicksal. Von den Aufgaben der Regierung hatte sie nur eine vage Vorstellung, ihr Urteil entsprang ihrem Gefühl. Jede Veränderung an der hergebrachten Ordnung, die sie für unverrückbar hielt, flößte ihr eine dumpfe Angst ein. Reformen waren für sie aus der Not geborene Schachzüge, eine Umgestaltung der Strukturen war undenkbar. Voller Abscheu sträubte sie sich gegen jeden Schritt, der die Macht des Königs, die in ihren Augen absolut war, schmälern würde. Die philosophischen Abhandlungen ihrer Epoche über die Monarchie kannte sie nicht. Diese leichtsinnige und von ihren Gefühlen bestimmte Frau wäre gewiß sehr überrascht gewesen, wenn man ihr gesagt hätte, daß ihr Bild von der absoluten Monarchie eher der Despotie oder Tyrannei entsprach. Sie hatte die Notabelnversammlung abgelehnt und sich über die immer größeren Ansprüche des Parlaments empört. Nun brachte sie allein der Gedanke, daß die Generalstände einberufen werden könnten, aus der Fassung, und dabei wußte sie nicht einmal, was diese alte Einrichtung genau war.

Seit Ende August 1787 arbeitete Loménie de Brienne unermüdlich. Durch seine neue Stellung war seine Macht beträchtlich gewachsen. Er bereitete einen Plan für die Neuordnung der Finanzen vor, dachte gleichzeitig darüber nach, mit dem Parlament zu verhandeln, und wollte Ludwig XVI. dazu bewegen, daß er der Einberufung der Generalstände zustimmte. Auf diese Weise, so hoffte er, würde man den Wünschen der Nation entgegenkommen und die fordernden Stimmen zum Schweigen bringen, die von allen Seiten erschallten. Es begannen Verhandlungen mit den nach Troyes verbannten Parlamentariern. Loménie de Brienne verzichtete auf einen Teil der Steuerreform, legte jedoch eine neue Anleihe auf. Zusammen mit der bestehenden Steuer von zwei Zwanzigsteln auf Realeinkünfte aus Grundbesitz, die bis 1792 erhoben wurde, sollte die neue Anleihe die Sanierung der Finanzen ermöglichen. 1792 sollte die Finanzkrise bewältigt sein, und der König versprach, in diesem Jahr die Generalstände einzuberufen, damit sie die bis dahin erfolgte Neuordnung billigten.

Das Parlament stimmte den Bedingungen zu. Ludwig XVI. war zwar mit Briennes Plan zur Sanierung der Finanzen einverstanden, doch vor der Einberufung der Generalstände schreckte er noch zurück. Loménie de Brienne überwand den Widerstand des Königs, indem er ihm zu verstehen gab, er habe von einer solchen Versammlung nichts zu befürchten, da Frankreich aus fünf schweren und entbehrungsreichen Jahren erneuert hervorgehen werde. Der König und sein leitender Minister berieten stundenlang unter vier Augen und trafen alle wichtigen Entscheidungen, ohne daß das Kabinett beteiligt war. Die anderen Minister erfuhren erst sehr viel später, was beschlossen worden war, und dann konnten sie nichts mehr dazu sagen. Loménie de Brienne lenkte den König. «Wir haben dem König einen guten Minister gegeben», sagte die Königin, «nun müssen wir ihn nur gewähren lassen.»[2] Und sie ließ ihn gewähren.

Am 19. November begab sich der König zu einer feierlichen Sitzung ins Parlament. Die Anwesenheit des Königs und der Minister verlieh der Sitzung eine besondere Bedeutung. Die Magistrate waren erst am Tag zuvor nach Paris geladen worden. Sie sollten ein Dekret über eine neuerliche Anleihe registrieren, im Gegenzug würde der König, wie vereinbart, die Einberufung der Generalstände für 1792 versprechen. Als erstes sprachen der König und der Großsiegelbewahrer, nach ihnen sollten sich die Mitglieder des Parlaments äußern. Mehrere Parlamentarier forderten nachdrücklich die Einberufung der Generalstände bereits 1788 oder 1789. Einige sprachen so gewandt und so mitreißend, daß Ludwig XVI. sie unterbrechen und ihnen zugestehen mußte, was sie begehrten. Der Beschluß wurde begeistert aufgenommen. Doch Ludwig XVI. war gelähmt von der Angst, einen falschen Schritt zu tun, und unfähig, die Ketten abzuwerfen, die ihn an seine Grundsätze fesselten; er rührte sich nicht und schwieg. Nachdem alle Redner gesprochen hatten, wartete der König die Abstimmung nicht ab, sondern verkündete mit seiner tonlosen, näselnden Stimme: «Nach Anhörung aller Meinungen befinde ich, daß es notwendig ist, die Anleihen zu beschließen, welche in meiner Verordnung enthalten sind. Ich habe die Einberufung der Generalstände vor 1792 versprochen, mein Wort muß Euch genügen. Ich ordne an, daß das Edikt in die Register eingetragen wird.»[3] Da erhob sich der Herzog von Orléans und sagte stotternd, ein solches Verfahren sei ungesetzlich. Der König war fassungslos über soviel Unverfrorenheit und erwiderte: «Es ist gesetzlich, weil ich es will.» Viele Jahre später schrieb Talleyrand: «Man hatte erlebt, daß Prinzen von Geblüt mit der Waffe in der Hand der Gewalt des Königs Widerstand leisteten; aber man hatte noch nicht erlebt, daß versucht wurde, konstitutionelle Schranken zu errichten.»[1] Ludwig XVI. war so erzürnt über seinen Cousin, daß er ihn auf sein Schloß Villers-Cotterêts verbannte. Die beiden kühnsten Parlamentarier, Fréteau und Sabatier, wurden ebenfalls durch königlichen Befehl verbannt.

Leidenschaftslos berichtete die Königin ihrem Bruder von der Angelegenheit. Sie verteidigte den königlichen Absolutismus: «Der König leitet das Parlament, wie er seinen Rat leitet, ohne daß er zur [Berücksichtigung der] Vielfalt gezwungen wäre.» Dem Herzog von Orléans warf sie bereits zu dieser Zeit vor, er sei das Haupt der Opposition gegen Ludwig XVI. «Der Herzog von Orléans ist im Parlament geblieben, und seine schlechten Absichten sind daran zu erkennen, daß er einen vorgefertigten Protest aus der Tasche gezogen hat. […] Er hat es erreicht, daß ein Beschluß gefaßt wurde, in welchem die Registrierung hinsichtlich der Form für ungesetzlich erklärt wurde.» Das Verhalten des Herzogs war in ihren Augen ein regelrechtes Verbrechen der Majestätsbeleidigung, das hart bestraft werden mußte, und wahrscheinlich drängte sie den König zu den Maßnahmen, die er gegen den Herzog verhängte. «Ich bedaure es», fuhr sie in ihrem Brief fort, «daß man streng vorgehen muß, aber es ist nun einmal nötig geworden, und ich hoffe, daß es auch geschieht.» Offensichtlich zweifelte Marie Antoinette nicht daran, daß das Parlament sich endlich doch dem Willen des Königs beugen würde. Sehr viel mehr beunruhigte sie die Ankündigung, daß im Jahr 1792 die Generalstände einberufen werden sollten.

Dies bereite ihr großen Kummer, gestand sie Joseph II. in ihrem Brief. «Über diesen Punkt gibt es eine allgemeine Gärung, so daß man glaubte, der König müsse einer direkten Forderung zuvorkommen, und indem er selbst Schritte unternehme und die Zeit bestimme, könne er die Nachteile solcher Versammlungen abwenden.»[5]

Der Herbst in Versailles war freudlos. Aus Gründen der Sparsamkeit hatte man auf den Umzug nach Fontainebleau verzichtet. Überall wurden die Ausgaben gekürzt, das machte sich im Hofleben bemerkbar. Die Höflinge bliesen Trübsal, die Günstlinge jammerten. Marie Antoinette zog sich auf ihren engsten Kreis zurück, aber sie fragte sich, ob diese Menschen, die sie mit Wohltaten überhäuft hatte, echte Freunde waren. Joseph II. erinnerte sie daran, wie er einst über Madame de Polignac und die Menschen in deren Umkreis geurteilt hatte. «Diesbezüglich ist die Illusion fast vollständig zerstoben», berichtete Mercy. «Es gibt nur leichte augenblickliche Rückfälle, welche kaum Auswirkungen haben; im übrigen hat die Notwendigkeit das Tor zur Verschwendung verschlossen, und die Königin läßt sich auf keine ungerechtfertigte Forderung mehr ein. Es liegt ihr sehr am Herzen, die Zuneigung der Öffentlichkeit zurückzugewinnen, welche wegen der Ungerechtigkeit und der Absonderlichkeit ihres Urteils und der Ungehörigkeit ihrer Worte mit äußerster Strenge behandelt werden müßte. Statt dessen erlaubt es der Mangel an Ordnung und Kraft in der Regierung, daß mit jedem Tag eine beispiellose Zügellosigkeit weiter zunimmt, deren Folgen über lange Zeit zu spüren sein werden.»[6] So direkt hatte man die Königin bisher noch nicht angegriffen. Sie war die Zielscheibe unzähliger unsichtbarer Feinde geworden und hatte ihre Fröhlichkeit ganz und gar verloren. Mit ungewohnter Leidenschaft kümmerte sie sich um die Veränderungen am Hof. «All diese Dinge werden ohne rechte Methode und ohne vorgefaßten Plan behandelt», schrieb Mercy. «Neben jeder Regel gibt es eine unendliche Zahl von seltsamen oder ungerechten Ausnahmen, je nachdem ob Hofintrigen oder der Drang einer Gruppe sie erwirkt haben. Die Folge davon ist eine Konfusion, welche das Übel noch verschlimmert, anstatt es zu vermindern; Protestgeschrei erhebt sich; der Ärger trifft zu einem Teil die Königin, die darüber so sehr bekümmert ist, daß sie viel von ihrem natürlichen Wesen verloren hat.»[7] Die Sorgen beeinträchtigten den Gesundheitszustand des Königs und der Königin. Ludwig XVI. erkrankte an einer schweren Wundrose, Marie Antoinette litt unter unbestimmten Beschwerden und nahm stark an Gewicht zu. Das Gerücht ging um, sie sei wieder schwanger, es drang sogar bis nach Wien. «Wenn ich so oft schwanger gewesen wäre, wie man es in dem Land hier behauptet hat», schrieb sie an ihren Bruder, «wäre ich überhaupt nicht zur Ruhe gekommen, und ich hätte fast genauso viele Kinder wie die Großherzogin.[8] Diesmal ist es wie bei den anderen Malen eine reine Erfindung; ich habe nicht einmal eine derartige Vermutung gehabt.»[9] Die Beschwerden des Königspaares gaben keinen Anlaß zur Sorge, aber der Zustand des Dauphins verschlechterte sich zusehends. Traurig klagte Marie Antoinette in einem Brief an Joseph II.: «Obgleich er immer schwach und zart gewesen ist, war ich nicht auf die Krise gefaßt, welche er nun durchmacht. Seine Gestalt ist nicht gerade, eine Hüfte steht höher als die andere, und am Rücken sind die Wirbel ein wenig verschoben und treten hervor. Seit einiger Zeit hat er alle Tage Fieber, er ist sehr abgemagert und geschwächt.»[10] Der Junge hatte einen Buckel bekommen. «Wenn ich es gewagt hätte, hätte ich Tränen vergossen über den bemitleidenswerten Zustand, in welchem ich ihn vorgefunden habe», berichtet Marquis Bombelles, «gekrümmt wie ein Greis, die Augen eines Sterbenden in einem fahlen Gesicht. Er fürchtet die Menschen, er schämt sich seines Aussehens.»[11] Die Ärzte wagten nicht, den Eltern die grausame Wahrheit zu sagen, und behaupteten, die schlechte Verfassung des Dauphins rühre daher, daß der Zahnwechsel besonders schwierig verlaufe. Der Anatom Petit wurde zu Rate gezogen. Er versicherte den Eltern, daß es gelingen werde, den Rücken des Kindes wieder aufzurichten, und so mußte der Dauphin ein schreckliches Eisenkorsett tragen, das ihm noch mehr Schmerzen bereitete und mit dem er sich noch mehr schämte. Das Gesicht der Madame Royale verlor allmählich den kindlichen Liebreiz, sie sah mürrisch aus, und in ihrem Hochmut wirkte sie schroff und abweisend. Nur der Herzog der Normandie machte der Königin Freude. «Er besitzt an Kraft und Gesundheit all das, was seinem Bruder fehlt; er ist ein richtiger Bauernjunge, groß, frisch und stämmig», schrieb sie ihrem Bruder.[12] Das Urteil der Ärzte war weniger optimistisch, denn er litt unter «besorgniserregenden Krampfanfällen».[13]

In jenem Winter fand Marie Antoinette nur bei Fersen Trost. Er war im April 1787 nach Frankreich zurückgekehrt und teilte seine Zeit zwischen seinem Regiment und Versailles auf. Den ganzen Winter verbrachte er praktisch bei der Königin, die Bande zwischen ihnen wurden fester. Dem Grafen Saint-Priest zufolge hatte Marie Antoinette «ein Mittel gefunden, daß [der König] ihre Verbindung zu dem Grafen Fersen billigte. Sie wiederholte ihrem Gemahl alles, was man in der Öffentlichkeit darüber sagte, und bot an, ihn nicht mehr zu sehen, was der König zurückwies. Wahrscheinlich setzte sie ihm auseinander, daß inmitten der allgemeinen Bosheit jener Ausländer der einzige sei, auf den man zählen könne. [...] Unterdessen begab sich Fersen dreimal oder viermal in der Woche zu Pferde in den Park in der Nähe von Trianon; die Königin tat ihrerseits das gleiche, und die Begegnungen erregten öffentliche Empörung trotz der Bescheidenheit und Zurückhaltung des Favoriten, der sich nach außen hin niemals etwas anmerken ließ.»[14] Allem Anschein nach wurde eine Wohnung für ihn direkt über den Gemächern von Marie Antoinette eingerichtet. In Fersens Korrespondenzheft ist unter dem Datum 3. März 1787 nachzulesen, worüber er an «Joséphine» geschrieben hatte: «Plan, oben zu wohnen, daß sie mir ans Regiment schreiben soll, daß ich am 15. Mai dort sein werde.» Und am 20. April heißt es: «Was sie vorbereiten muß, damit ich oben wohnen kann.» Am 8. Oktober: «Daß sie eine Nische für den Ofen machen läßt; daß ich am 18. abreisen werde, um am 19. in Paris und am Abend bei ihr zu sein; daß sie um drei oder vier Uhr einen Brief zu mir nach Hause schickt und mir sagt, was ich tun soll.» Auf den ersten Blick erscheint es recht seltsam, daß ein schwedischer Offizier mit der Königin von Frankreich über das Setzen eines Ofens korrespondiert. Mit noch mehr Verwunderung liest man die Anweisung an den königlichen Baumeister vom 10. Oktober: «Die Königin hat den schwedischen Ofenbauer holen lassen, der die Öfen im Appartement von Madame gebaut hat, und Ihre Majestät hat ihn angewiesen, einen Ofen in ihren inneren Räumen zu machen mit Rohren, um ein kleines angrenzendes Zimmer zu beheizen; die Königin hat mir darüber hinaus befohlen, die Vorbereitungen für den Einbau des besagten Ofens zu treffen, welche im Ausbau von zwei Teilen der Wandverkleidung bestehen, im Entfernen eines Stückes der Täfelung, welches durch Ziegelsteine ersetzt wird, ferner im Ausbau eines Teils des Parketts, damit an dieser Stelle ein Kamin aus Ziegeln errichtet wird.»[15] Marie Antoinette wollte offensichtlich ein warmes Zimmer haben, in dem sie mit dem geliebten Mann zusammensein konnte.

Die Freiheiten, die Marie Antoinette sich nahm, hatten schon viele am Hofe erstaunt. Besenval erzählt, daß die Königin ihn kurz nach der Thronbesteigung ihres Gemahls einmal heimlich empfangen habe, um die heikle Angelegenheit des Duells zwischen dem Grafen von Artois und dem Herzog von Bourbon mit ihm zu besprechen. Madame Campan habe ihn durch ein Labyrinth von Fluren und Treppen in ein kleines Appartement geführt, von dessen Existenz er bisher nichts gewußt habe. Und Besenval gehörte zum engsten Kreis der Königin. «Ich war nicht so sehr darüber erstaunt, daß die Königin solche Annehmlichkeiten gewünscht hatte, sondern daß sie gewagt hatte, sie sich zu verschaffen», schreibt er. Nachdem der Hof Versailles im Oktober 1789 verlassen hatte, entdeckte der Page Félix d'Hézecques verblüfft «eine Vielzahl kleiner Appartements, welche von demjenigen der Königin abgingen» und ihm bis dahin verborgen geblieben waren. «Die meisten waren dunkel», berichtet er, «denn sie hatten nur Fenster auf kleine Höfe hinaus. Sie waren einfach möbliert, fast alle mit Spiegeln und Täfelungen.»[16] Die Königin schützte ihr Privatleben viel besser, als man am Hofe ahnte.

Fersen war sehr diskret, selbst dem König von Schweden gegenüber, dem er regelmäßig Berichte schickte. Leidenschaftslos schilderte er, was um ihn herum geschah: «Madame de Polignac hält sich noch immer. Sie gilt noch soviel wie früher, doch seit dem Rücktritt von Monsieur Calonne gelten die Menschen aus ihrem Kreis nicht mehr viel und besitzen keinen Einfluß mehr. Die Königin ist weithin verhaßt, man gibt ihr die Schuld an allen Übeln, und das Gute dankt man ihr nicht. [...] Die Entscheidung für Monsieur Necker wäre sehr gut, der Erzbischof hätte sich große Ehre erworben, wenn er ihn zurückgerufen hätte, als er zum leitenden Minister ernannt wurde. Man hat eine hohe Meinung, und dies zu Recht, von der Aufrichtigkeit und den Fähigkeiten dieses Mannes. [...] Der König ist nach wie vor schwach und mißtrauisch, er vertraut nur der Königin, und darum scheint es, als entscheide sie alles. Die Minister gehen oft zu ihr und informieren sie über alle Angelegenheiten. In der Öffentlichkeit wird viel darüber gesprochen, der König habe zu trinken begonnen, die Königin fördere diese Neigung und nutze seine Verfassung, um ihn alles unterschreiben zu lassen, was sie wolle. Das ist ganz und gar falsch.»[17] Fersen nahm an allen Soupers und allen Abendunterhaltungen im engsten Kreis in Versailles teil. Er begleitete die Königin zu den Bällen in der Oper, wo sie sich eines Abends angeblich als Äsop verkleidete, und am Faschingsdienstag zum Festessen bei der Herzogin Fitz-James. Dennoch amüsierte man sich in diesem Jahr nicht so gut wie sonst. Eine dumpfe Drohung lag über der Hauptstadt, und bei den Maskenbällen gab es Zwischenfälle: Ein Harlekin ohrfeigte Gabrielle d'Estrées, Sully wurde verprügelt, und dem guten König Heinrich riß man die Perücke vom Kopf. In diesem Jahr blieb den Höflingen das Lachen über die Fasnachtsscherze im Halse stecken. Die Königin fürchtete, Madame de La Motte werde aus Rachsucht ein Pamphlet veröffentlichen. Man rechnete täglich damit, obgleich Vorkehrungen ergriffen worden waren, einen solchen Skandal zu verhindern. Niemals zuvor war soviel von niederträchtigen Königinnen die Rede gewesen. Der Parlamentsrat Éprémesnil verglich sogar die Situation Ludwigs XVI. mit der von Karl VI. und traf die Königin mit einer Anspielung auf dessen Gemahlin Isabelle von Bayern, die Heinrich V. von England anstelle ihres eigenen Sohnes als Erben des französischen Throns anerkannt hatte.

Zwischen Bällen und Soupers verfolgte Marie Antoinette angstvoll die politische Entwicklung. Loménie de Brienne war ihr nach wie vor vollkommen ergeben und berichtete ihr ausführlich vom beharrlichen Widerstand des Parlaments. Offensichtlich wollten die Parlamentsmitglieder erreichen, daß die Generalstände schon früher einberufen würden. Sie griffen den König und die Regierung mit neuen Vorwürfen an, vor allem kritisierten sie die Institution der Lettres de cachets, der königlichen Geheimbefehle über Verhaftung und Verbannung, als Symbol der königlichen Willkür. Die Öffentlichkeit unterstützte den Widerstand des Parlaments immer lauter, die Situation steuerte unweigerlich auf eine Kraftprobe zu. Darum bereiteten der leitende Minister und der Großsiegelbewahrer in aller Heimlichkeit einen wahrhaft königlichen Staatsstreich vor. Im Geist der Reformen, die Maupeou im Jahr 1771 durchgeführt hatte, planten sie, ein sogenanntes Obergericht zu schaffen, das künftig allein für die Registrierung aller Gesetze des Königreiches zuständig sein sollte, die Parlamente sollten als reine Justizhöfe nur ihre Befugnisse in der Rechtsprechung behalten. «Es ist wenig wahrscheinlich», schrieb Mercy skeptisch, «daß ein Vorstoß von einer solchen Bedeutung, der die Verfassung des Königreiches vollkommen verändern würde, glücken kann.»[18] In Marie Antoinettes Augen schien das Vorhaben Rettung zu versprechen, und sie unterstützte es nach Kräften. «Wir sind dabei, große Veränderungen bei den Parlamenten zu treffen», schrieb sie an Joseph II. «Seit einigen Monaten lassen die Befehle und Antworten des Königs große Entschlossenheit und Festigkeit in den Grundsätzen erkennen. Die Parlamente sind erstaunt und beunruhigt, aber sie bringen weiterhin ihre aufrührerischen Beschlüsse und Klagen vor. Man denkt daran, sie auf ihre Funktion als Richter zu beschränken und eine andere Versammlung zu schaffen, welche das Recht haben wird, die Steuern und die allgemeinen Gesetze des Königreiches zu registrieren. Mir scheint, daß man alle Schritte und Vorsichtsmaßnahmen in größter Heimlichkeit ergriffen hat, welche nötig war. Aber die Heimlichkeit hat dazu geführt, daß man im ungewissen ist über die Haltung einer großen Zahl von Leuten, die dem Vorhaben schaden oder zu seinem Gelingen beitragen können. Es ist sehr ärgerlich, daß man zu derartigen Veränderungen gezwungen ist, aber beim Stand der Dinge ist es offensichtlich, daß man, wenn man dies nicht tun würde, noch weniger Mittel hätte, die Autorität des Königs zu bewahren und zu erhalten.»[19]

Die königliche Revolution begann unter denkbar ungünstigen Vorzeichen. Da die Parlamentarier ahnten, daß ein Schlag zu erwarten war, waren sie zusammengekommen und hatten Forderungen und Erklärungen abgefaßt mit dem Ziel, den Minister am Handeln zu hindern. Die ganze Hauptstadt war aufgewühlt. Die Menschen drängten sich in den Fluren des Palastes und warteten, daß etwas Spektakuläres geschah. Sie brauchten nicht lange zu warten. Um zehn Uhr abends am 5. Mai marschierten Gardisten auf. Um ein Uhr am Morgen drang der Marquis d'Agout in die Große Kammer ein und wollte Duval d'Éprémesnil und Goislard de Montsabert festnehmen. Die beiden Räte hatten die Parlamentarier schwören lassen, «in keiner Versammlung einen Platz einzunehmen, die nicht das Parlament selbst wäre mit denselben Personen und denselben Rechten». D'Agout forderte den Präsidenten auf, er solle ihm die beiden Aufrührer zeigen. Daraufhin erhoben sich alle Parlamentsmitglieder und riefen mit einer Stimme: «Wir alle sind Duval d'Éprémesnil und Goislard de Montsabert!» Doch um elf Uhr am Vormittag traten die beiden Männer vor und verließen den Saal, zwei unschuldige Opfer des Despotismus. Die Kammern verfaßten sofort eine Protestresolution.

Der Minister war entschlossen, nicht nachzugeben. Am 8. Mai wurden die Magistrate zu einem Lit de justice nach Versailles berufen, und man las ihnen die Edikte vor, mit denen ihre Befugnisse beschnitten wurden. Eingedenk des Eides, den Duval d'Éprémesnil sie hatte schwören lassen, weigerten sich die meisten, einen Platz in einer großen Versammlung einzunehmen. Viele Pairs warteten erst einmal vorsichtig ab, die Herzöge Uzès, Fitz-James, Montmorency-Luxembourg, Aumont, Praslin und La Rochefoucauld stellten sich von Anfang an auf die Seite des Parlaments. Die Parlamente in der Provinz erklärten ihre Solidarität mit dem Parlament von Paris. Da das Edikt die grundherrlichen Rechtsprechungsbefugnisse des Adels aufhob, unterstützten die Adligen leidenschaftlich die Revolte der Magistrate. Die meisten Familien des Schwertadels waren in irgendeiner Weise mit Familien des Amtsadels verbunden, aus der Solidarität der Familien wurde rasch die Solidarität einer Klasse gegen eine königliche Macht, die man als despotisch ansah. Bald schloß sich auch der Klerus der Bewegung an. Die Bretagne, die Franche-Comté und das Béarn erhoben sich mit dem Adel und den Parlamentariern. Die schwersten Unruhen gab es in Grenoble. Nach dem berühmten «Tag der Ziegel», die bei dem Aufruhr zu Bruch gingen, konnte der Militärkommandant nicht mehr verhindern, daß sich die drei Stände des Dauphiné im Schloß von Vizille versammelten.

Zwei politische Emporkömmlinge, der königliche Richter Mounier und der Advokat Barnave, beherrschten die Versammlung. Nachdem man beschlossen hatte, die Ständeversammlung des Dauphiné wiederherzustellen, wurde entschieden, daß der Dritte Stand ebenso viele Deputierte haben sollte wie die Geistlichkeit und der Adel zusammen und daß nach Köpfen abgestimmt würde und nicht wie üblich nach Ständen. Weiterhin verlangte die Versammlung die Einberufung der Generalstände, die Verdopplung der Vertreter des Dritten Standes und die Abschaffung aller Privilegien. Damit war die Versammlung von Vizille weit über die Forderungen der Parlamentarier und des Adels hinausgegangen, sie hatte den Grundstein für die Demokratie gelegt. Das Echo war dementsprechend ungeheuer. Eine neue «patriotische Partei» wurde gegründet, auch «nationale Partei» genannt. Ihr gehörten nicht nur die Anhänger der Parlamente an, sondern alle diejenigen, die für die Verabschiedung einer echten Verfassung eintraten; nur die Generalstände konnten dem Königreich eine solche Verfassung geben. Liberale Adlige, Bürger und «Philosophen» saßen Seite an Seite.

Ludwig XVI. konnte die Entwicklung nicht fassen. Loménie de Brienne war nicht mehr Herr der Lage und riß den König und die Königin anscheinend mit ins Verderben. Marquis Bombelles berichtet: «Man hat dem König gesagt: ‹Euer Königreich brennt an vier Ecken.› Alles spricht dafür, daß dieser Satz richtig ist, und Monsieur de Brienne muß Seiner Majestät langwierig auseinandersetzen, daß Böswilligkeit die Furcht vor den Erschütterungen, welche sie allein verursacht, noch weiter schürt.»[20] Der leitende Minister wußte nicht mehr weiter. Am 5. Juli kündigte er die Einberufung der Stände an, jedoch ohne ein genaues Datum zu nennen. «Die inneren Unruhen werden immer bedrohlicher», schrieb Mercy an den Kaiser. «Die Königin ist um so mehr beunruhigt, als die Öffentlichkeit ihr grundlos einen bedeutenden Einfluß auf alle Maßnahmen der Regierung unterstellt. Die Fürstin wird dadurch noch ängstlicher und unsicherer, und ich habe die größte Mühe, wenigstens einen bescheidenen Vorteil aus ihrem Einfluß zu ziehen.»[21]

Marie Antoinette faßte neue Hoffnung. Da sie nicht genau informiert war, glaubte sie – vielmehr nährte man bei ihr den Glauben –, daß die Regierung den Sieg davontragen werde. Dabei verkannte sie vollkommen die wahre Bedeutung der Unruhen und die Macht der öffentlichen Meinung. «Die Parlamente widersetzen sich mit aller Macht den neuen Edikten», schrieb sie ihrem Bruder. «Ein Teil des Adels hauptsächlich in der Bretagne hat sich ihnen angeschlossen und bringt jeden Tag aufrührerische und umstürzlerische Beschlüsse und Entscheidungen vor. Es ist traurig, daß man gezwungen ist, mit einer Härte durchzugreifen, von der man nicht ermessen kann, wie weit sie wird gehen müssen. Aber sie ist notwendig, und der König ist entschlossen, seine Gesetze und seine Macht zu behaupten. Es gibt einige Gärung im Dauphiné, wenngleich weniger als in der Bretagne, und im allgemeinen scheinen die Provinzen mit Ausnahme der Städte der Parlamente [sic] mit den neuen Edikten zufrieden.»[22]

Trotz der Angst und Ungewißheit begab sich Marie Antoinette am 15. Juli nach Trianon, wo sie in ihrer üblichen Gesellschaft einen Monat bleiben wollte. Allerdings plante sie in diesem Sommer keine Feste und keine großen Bälle. Ein paarmal wurde in der Scheune getanzt, und man weihte eine Bahn zum Boulespielen ein. Der König fuhr zur Jagd nach Rambouillet. Er schlief dort ungefähr drei Nächte in der Woche, aber er kam fast täglich zum Diner mit seiner Familie nach Trianon. Am 24. Juli lud die Königin die Tanten zu einem feierlichen Abendessen ein. Ihnen zu Ehren vergaß man alle Sparmaßnahmen und verdoppelte die Zahl der Gänge. Vier Suppen wurden aufgetragen, zwei große warme Vorspeisen, sechzehn kleine warme Vorspeisen, vier kalte Vorspeisen, sechs Braten, zwei mittlere und sechzehn kleine Zwischengerichte![23] Bei der Lektüre des Speisezettels dürfte den cholesterin- und kalorienbewußten Diätexperten des ausgehenden 20. Jahrhunderts das Herz stehenbleiben: Innereien vom Schaf, gebratener Truthahn in Ravigotesauce, gebackenes Kalbsbries, Spanferkel am Spieß, Ente à l'orange, Blanquette von Poularde in Gurkensauce, Kalbshaxe, Kapaun in Rahm, junge Hasen, Wachteln, Kaninchen, geräucherter Schinken, Rühreier, pochierte Eier, Windbeutel mit Sahne, gefüllte Waffeln, Spritzgebäck, Teekuchen und vieles mehr. Am 27. Juli und am 8. August lud die Königin die gesamte königliche Familie zum Abendessen in bescheidenerem Umfang in den Hameau ein.

Die Gesandtschaft von Tippoo Sahib, dem König des indischen Königreiches Maisur, war die einzige unterhaltsame Abwechslung im Sommer 1788. Die Gesandten trafen am 16. Juli in Paris ein; sie wollten Frankreich um Schutz bitten, um nicht allein den Engländern ausgeliefert zu sein. Ganz Paris interessierte sich für die exotischen Fremden. Wenn man lange genug über die künftige Verfassung des Königsreiches und die Finanzmisere gesprochen hatte, debattierte man stundenlang über die Sitten und Gebräuche der Gesandten und ihre ungewöhnlichen Gewänder. Kein Höfling wollte den Empfang der Inder versäumen, aber niemand nahm ihre Mission wirklich ernst. «Man behandelte sie sehr ungezwungen», berichtet Félix d'Hézecques. «Am 12. August traf die Gesandtschaft abends im Grand Trianon ein, das man für ihren Empfang vorbereitet hatte. Entlang der Auffahrt drängte sich eine unüberschaubare Schar von Neugierigen. Die drei Gesandten und ihre Dolmetscher fuhren in drei Kutschen mit dem Wappen des Königs vor. Man führte sie in den rechten Flügel. [...] Die Schönheit des Gartens und des Schlosses schien ihnen sehr zu gefallen. Der Derwisch sprach dann Gebete und bat, daß man einen Teppich entfernte, auf welchem einige menschliche Gestalten zu sehen waren. Der General erzählte uns von der Tigerjagd, rühmte seine Tapferkeit und sein Geschick darin, die wütenden Angriffe dieses furchterregenden Tieres zu parieren.»[24] Am nächsten Morgen nach der Messe fand im Herkulessaal die feierliche Audienz statt. Für den König hatte man einen Thron aufgestellt, daneben Sessel für die Königin und die königliche Familie. In allen Sälen, welche die Gesandten durchschritten, standen für die Schaulustigen Bänke in ansteigenden Reihen. Angeführt von den Zeremonienmeistern und den Dolmetschern, schritt der Zug an Scharen von eleganten Damen vorbei, deren gewagte Dekolletés die Besucher aus dem Morgenland anscheinend sehr verwirrten. Die Inder trugen zu diesem feierlichen Anlaß nicht ihre landesüblichen Gewänder, sondern nur ihre traditionelle Kopfbedeckung. Ansonsten hatten sie sich «eine Art europäische Uniform schneidern lassen aus rotem und grünem Saffian».[25]

Nach der Audienz fuhren die Gesandten in einer offenen Kutsche durch den Park und bewunderten die Wasserspiele zu ihren Ehren. Sie blieben einige Tage in Trianon und brachten ihre eigenen Sklaven und Köche mit. «Die Neugierigen ließen es sich nicht nehmen, in den unterirdischen Räumen des Trianon bei der Zubereitung ihrer Speisen zuzusehen. Die Unmenge von Gewürzen, von Pfeffer, Curry und vor allem Knoblauch machte ihre Gerichte [...] ungenießbar für einen europäischen Gaumen.» Wie die Höflinge wollte auch Marie Antoinette diese Küche einmal probieren, aber sie brachte keinen Bissen herunter. Madame Tussaud bekam von der Königin den Auftrag, Wachsfiguren von den fremdländischen Gästen anzufertigen und so ihren Besuch unvergeßlich zu machen. Die Pariser strömten in Scharen in ihr Kabinett und bewunderten die Berühmtheiten ihrer Zeit, lebensgroß in Wachs modelliert. Den Auftrag der Königin führte Madame Tussaud perfekt aus. In einer Strohhütte des Trianon wurden die indischen Gesandten ausgestellt, wie sie an ihren langen Wasserpfeifen zogen, neben ihnen der Dolmetscher.

Während man den staunenden Indern das Schauspiel der Prachtentfaltung von Versailles vorführte, verschlimmerte sich die Finanzmisere immer weiter. Anfang August war die Staatskasse leer. An der Börse fielen die Kurse von Tag zu Tag. Um den letzten Rest Vertrauen zu retten, kündigte Loménie de Brienne die Einberufung der Generalstände für den 1. Mai 1789 an, aber auch das konnte den Kurssturz nicht aufhalten, und die Kassen blieben leer. Am 16. August faßte der leitende Minister in höchster Bedrängnis den Plan zu einer Zwangsanleihe. Die Präambel des Ediktes mußte selbst die größten Optimisten erschüttern. «Seine Majestät hat die Hoffnung auf das öffentliche Vermögen nicht aufgegeben», hieß es. «Seine Majestät hat befunden, daß zwar die Verzweiflung groß sein mag, daß die Hilfe aber noch größer ist; daß die einzigen Gefahren die öffentliche Meinung und die Angst sind und daß die Krise um so weniger erschreckend sein dürfte, als die Epoche der Generalstände bevorsteht.» Die Bekanntmachung des Edikts löste eine Panik aus, die Menschen stürmten die Wechselkasse und wollten auf der Stelle das Geld für ihre Schuldscheine ausbezahlt haben. Spekulanten streuten das Gerücht, das Geld sei knapp. Das Ansehen Loménie de Briennes war ruiniert, der Königin warf man sein Scheitern vor, als wäre es ihre Schuld. Ludwig XVI. schien unfähig, irgendeine Entscheidung zu treffen. Und dabei drängte die Zeit.

Madame de Polignac hatte ihre Hand über Calonne gehalten und sparte nun nicht mit Kritik an Loménie de Brienne. Anfang August setzte sie der Königin in einem langen Gespräch auseinander, daß Brienne entlassen werden müsse. Marie Antoinette nahm ihr die scharfen Worte nicht übel; sie hatte selbst eingesehen, daß das Land dringend einen neuen Minister brauchte. In ihrer Verwirrung war ihr nur Necker eingefallen, Necker war der einzige, dem das Volk zutraute, daß er das Land würde retten können. Loménie de Brienne ließ sich rasch überzeugen, gab aber zu bedenken, daß Necker nur als Finanzminister zurückkehren werde. Nun galt es sowohl den König wie Necker zu gewinnen. Der Königin wurde zum ersten Mal klar, daß sie nur auf wenige Getreue zählen konnte. Da Breteuil im Juli demissioniert hatte, schien ihr nur Mercy geeignet, die Verhandlungen mit Necker zu führen, obgleich er Botschafter war und es um eine innere Angelegenheit ging. Zumindest war sie sich bei Mercy sicher, daß er über ein so heikles Manöver absolutes Stillschweigen bewahren würde. Am 19. August rief sie ihn zu sich. «Ich fand sie fassungslos», berichtete Mercy über die Unterredung. «Sie bat mich, ihr zu helfen. Sie sagte mir, daß sie, nachdem sie das Unvermögen des leitenden Ministers gesehen habe, ihn von der Notwendigkeit überzeugt habe, die Finanzen wieder in die Hände von Monsieur Necker zu legen, und daß nun Monsieur Necker dafür gewonnen werden müsse, diese schwere Aufgabe zu übernehmen.»[26] Mercy war sehr verwundert über diesen Auftrag und ging sofort zu Loménie de Brienne. Brienne erklärte sich einverstanden und schloß sich mit Ludwig XVI. in dessen Arbeitszimmer ein, um ihm auseinanderzusetzen, daß um des öffentlichen Wohles willen dieser Schritt unausweichlich war. Am selben Abend teilte die Königin Mercy noch in einem Brief ihre verzweifelten Gedanken mit: «Ich fürchte sehr, daß Monsieur Necker nicht annehmen wird, wenn der Erzbischof [im Amt] bleibt. Der Unmut der Öffentlichkeit hat ein solches Ausmaß erreicht, daß er fürchten wird, daß man ihn angreift, und das könnte möglicherweise tatsächlich seinem Einfluß schaden. Aber was sonst ist zu tun? Wir können einen Mann nicht opfern, von dessen Ruf, von dessen Stellung und vielleicht sogar von dessen Leben wir alle abhängen, und ich fürchte sehr, daß dies alles ihn töten könnte. [...] Ich fürchte sehr, daß der Erzbischof gezwungen sein könnte zu gehen, und welchen Mann soll man dann nehmen und an die Spitze von allem stellen? Denn besonders mit Monsieur Necker braucht man einen solchen, man muß ihm eine Bremse geben. Die Person über mir ist dazu nicht in der Lage, und ich bin, gleichgültig was man darüber sagt, immer nur an zweiter Stelle, und obgleich ich das Vertrauen desjenigen an der ersten Stelle genieße, läßt er es mich doch oft spüren.»[27] Ungewohnt offene Worte.

Loménie de Brienne war erleichtert, daß Mercy die Vermittlerrolle übernommen hatte, und bat ihn, «Monsieur Necker über seine Absichten [zu] befragen».[28] Es war ihm noch nicht gelungen, das nach wie vor heftige Widerstreben des Königs zu überwinden. Am nächsten Tag, dem 20. August, sprach Mercy drei Stunden lang mit Necker. Auf Bitten der Königin stellte es Mercy so dar, als wäre er ganz allein aus eigener Initiative gekommen. Wie er bereits befürchtet hatte, stieß er bei Necker auf erheblichen Widerstand. Necker lehnte es ab, «unter der Obhut des Erzbischofs» Minister zu werden. «Er stellte fest, daß der Widerwille der Nation, den er [Loménie de Brienne] auf sich gezogen habe, alle zermalmen werde, die mit ihm arbeiteten; daß er, Necker, Kraft und Unterstützung nur bei der öffentlichen Meinung finden könne, jedoch sicher sei, daß er sie verlieren werde, wenn er sich an die Seite des leitenden Ministers stellte, und zu einem solchen Opfer könne er nicht bereit sein, da es zugleich bedeuten würde, daß er seine Ehre opferte, ohne daraus den geringsten Vorteil für die allgemeine Sache ziehen zu können.»[29] Für die endgültige Entscheidung bat sich Necker einige Tage Bedenkzeit aus.

Am 22. August berichtete Mercy der Königin von Neckers ablehnender Reaktion. Er malte ihr eindringlich aus, welche Gefahren es mit sich bringen würde, wenn Loménie de Brienne im Amt bliebe. Er zeigte Verständnis für ihre Gründe, warum sie sich nicht von Brienne trennen wollte, riet ihr aber zugleich, «ihn dazu zu bringen, daß er selbst um seine Entlassung bittet».[30] Vor diesem äußersten Schritt schreckte die Königin zurück. Am nächsten Tag suchte Mercy wie vereinbart Necker ein zweites Mal auf, doch Necker hatte noch keine Entscheidung getroffen. Wie beim ersten Mal betonte er, daß er auf keinen Fall von Loménie de Brienne abhängig sein wolle, sonst würden «alle Mittel nutzlos für den Staat und besonders für die Königin».[31] Unterdessen bemühten sich die Königin und Loménie de Brienne gemeinsam, den König dazu zu bewegen, daß er Necker zurückrief. Der Königin gelang es, Ludwig XVI. zu überzeugen, Mercy konnte Necker melden, daß der König über ihre Verhandlungen informiert und damit einverstanden war. Ludwig XVI. sicherte zu, daß Necker in der Finanzpolitik vollkommen freie Hand haben würde. Er hoffte vor allem, daß Necker das erschütterte Vertrauen der Öffentlichkeit wiederherstellen könnte. In dem entscheidenden Gespräch mit Mercy erklärte Necker, «daß er um eine Audienz bei der Königin bitten werde, daß er sein Schicksal ganz und gar Ihrer Majestät zu Füßen legen werde und sie nach Belieben darüber verfügen solle, er ihr jedoch vor Augen führen werde, daß an der Seite des Erzbischofs in der öffentlichen Meinung alles scheitern und er, Necker, vollkommen unfruchtbar seinen Ruf und seine Existenz opfern werde und daß er sich unter diesen Umständen für verloren halte».[32] Am 25. August, dem Namenstag des Königs, teilte Mercy Marie Antoinette mit, daß seine Verhandlungen mit Necker zu einem glücklichen Ausgang geführt hatten. Marie Antoinette begriff, daß Loménie de Brienne gehen mußte, aber sie wagte nicht, ihn zu bitten, er möge zurücktreten. Mercy mußte auch diese Aufgabe übernehmen. «Nachdem ich ihm erklärt hatte, wie sehr die Königin es bedauerte, und ihm die Gründe auseinandergesetzt hatte, welche ihre Ehrlichkeit zeigten, wobei ich meinem eigenen Bedauern Ausdruck verlieh, zögerte ich nicht mehr, offen mit ihm zu sein», berichtete Mercy. «Ich schob alles auf die Ungerechtigkeit der öffentlichen Meinung, die unmöglich zu überwinden sei, und ich hatte keine Mühe, die unvermeidlichen Folgen darzulegen sowohl hinsichtlich der Person des Erzbischofs wie hinsichtlich seiner Amtsführung. Er gestand mir, daß er seit zwei Tagen von den gleichen Gedanken gequält werde und daß meine offenen Worte ein neues Licht darauf geworfen hätten. [...] Nun zögerte er nicht mehr, seine Demission einzureichen, und er begab sich auf der Stelle zum König.»[33] Zwei Stunden später teilte Brienne Mercy mit, daß Necker am nächsten Morgen die Königin aufsuchen werde.

Marie Antoinette war aufgewühlt. Ihr Plan war geglückt, zum ersten Mal hatte sie eine wichtige politische Entscheidung getroffen und anstelle des Königs gehandelt. In diesen unruhigen Zeiten hatte Ludwig XVI. anscheinend aufgehört zu regieren. Ohne es bewußt zu wollen, hatte er seine Macht an die Königin abgetreten, die in keiner Weise darauf vorbereitet war, sie auszuüben. Ihr schien es, als hätte sie durch die Demission von Brienne den einzigen Ratgeber verloren, dem sie jemals gefolgt war. Sie fühlte sich einsam und allein, und ihre Unwissenheit in allen Staatsangelegenheiten verstärkte dieses Gefühl noch. Düstere Ahnungen quälten sie, wie sie Mercy am Abend des 25. August schrieb: «Der Erzbischof ist gegangen. Ich kann Euch nicht sagen, wie sehr mich der heutige Tag betrübt hat. Ich glaube, daß dieser Abschied nötig war, doch zugleich fürchte ich, daß er in weitere Unglücke mit den Parlamenten hineinführt. Soeben habe ich ein paar Zeilen an Monsieur Necker geschrieben, daß er morgen um zehn Uhr zu mir kommen möge. Es darf nicht mehr Zeit verstreichen; es wäre am besten, wenn er morgen an die Arbeit gehen könnte. Sie ist sehr dringlich. Ich zittere bei dem Gedanken, verzeiht mir diese Schwäche, daß ich es bin, die ihn zurückgeholt hat. Mein Los ist es, daß ich Unglück bringe; wenn teuflische Machenschaften ihn scheitern lassen oder das Ansehen des Königs durch ihn weiter sinkt, wird man mich noch mehr hassen.»[34] Am selben Abend verhielt sich die Königin sehr ungeschickt und zeigte den Menschen, die gekommen waren, ihr den Hof zu machen, allzu deutlich, daß sie den in Ungnade gefallenen Minister seinem Nachfolger vorzog. Madame de Canisy, einer Nichte des Erzbischofs, schenkte sie besondere Aufmerksamkeit, sichtlich kühl behandelte sie hingegen Neckers Tochter Germaine de Staël. Den Erzbischof überschüttete die Königin förmlich mit Wohltaten: Sie schenkte ihm eine mit Diamanten verzierte Schatulle, in die ihr Bildnis eingelassen war; Madame de Canisy versprach sie das Amt einer Palastdame mit einem Einkommen von 2000 Écus; Madame de Loménie, die Mutter des Erzbischofs, erhielt ein Einkommen von 1000 Écus und die Zusicherung einer Rente von 12000 Livres für den Fall, daß ihr Sohn vor ihr sterben sollte.

In Versailles beglückwünschte man sich zur Demission des Erzbischofs, die Pariser feierten das Ereignis. In aller Eile wurden Scheiterhaufen errichtet und Puppen verbrannt, die den gehaßten Minister darstellten. Am 26. August empfing Ludwig XVI. Necker im Beisein der Königin. Dies war das erste Mal, daß er seine Frau gebeten hatte, bei einer solchen offiziellen Gelegenheit anwesend zu sein. Necker wurde zum Generaldirektor der Finanzen ernannt und zwei Tage später zum Staatsminister, was bedeutete, daß er an allen Beratungen teilnehmen konnte. Nach Neckers Ernennung unterhielt Marie Antoinette, wahrscheinlich auf Drängen von Abbé Vermond, eine geheime Korrespondenz mit Loménie de Brienne. Vermond konnte sich kaum fassen vor Ärger über den Sturz seines Gönners. Er erging sich in boshaften Bemerkungen über die Gesellschaft der Königin, insbesondere über Madame de Polignac, von der er zu Unrecht glaubte, sie sei die treibende Kraft bei Briennes Sturz gewesen. Tatsächlich hatte sie davon nichts gewußt, denn zu der Zeit, als über die Rückrufung Neckers verhandelt wurde, war sie nicht am Hofe. Die Königin dachte daran, Herzog Châtelet als leitenden Minister zu berufen. Die Herzogin Gramont, Choiseuls Schwester, die sich seit Jahren im Hintergrund gehalten hatte, setzte sich nachdrücklich bei Marie Antoinette für den Herzog ein. Necker durchkreuzte den Plan, indem er laut verkündete, in diesem Falle werde er zurücktreten. Die Königin wagte den Plan nicht weiterzuverfolgen. Sie war «äußerst verstimmt», und «bei einer Beratung, in welcher darüber verhandelt wurde, wie man das Parlament wieder zu seinen Aufgaben zurückführen konnte, erzürnte sie sich über alle Minister».[35]

Die Macht des Königs schmolz von Tag zu Tag weiter zusammen, die

Stimmung in der Hauptstadt und in der Provinz brodelte nach wie vor. Anders als manche angenommen hatten, reichte Neckers Rückkehr allein nicht aus, die Ruhe wiederherzustellen. Der Brotpreis stieg beängstigend. Am 29. August wurde die Brückenwache am Pont-Neuf von Protestierenden geplündert und angezündet. Unter dem Kommando von Marschall Biron schossen Schweizergarden und französische Gardisten in die Menge, es gab ein Dutzend Tote. Einige Tage später, am 14. September, brachen nach dem Rücktritt von Lamoignon, der zusammen mit Brienne für die Edikte vom Mai verantwortlich gemacht wurde, Unruhen aus. Eine Puppe, die den Großsiegelbewahrer darstellen sollte, ging in Flammen auf, die Menge wollte seinen Amtssitz anzünden. Wieder wurde geschossen, wieder gab es etliche Tote. Die Gerichtsbarkeit ruhte nun schon seit Monaten, es mußte etwas geschehen, doch die von Loménie de Brienne geplanten Reformen konnten unmöglich durchgeführt werden. Necker schlug vor, die Parlamente als Gerichtshöfe wiederherzustellen. Am 23. September kündigte Ludwig XVI. die Wiedereinsetzung der alten Institutionen an, zugleich bestätigte er, daß die Generalstände einberufen würden. Die Königin hatte sich damit abgefunden, wie der König beugte sie sich dem Unausweichlichen. Necker erkannte klar, daß das Volk eine neue Form der Gesetzgebung wünschte. Bevor Malesherbes zurückgetreten war, hatte er dem König noch nahelegt, dem Land eine Verfassung zu geben: «Ersinnt die Verfassung für Euer Jahrhundert. Nehmt Euren Platz darin ein und schreckt nicht davor zurück, sie auf die Rechte des Volkes zu gründen. Wenn Eure Nation sieht, daß Ihr an der Spitze Ihrer Wünsche steht, muß sie Euer Werk nur noch vollenden, bevor sie es billigt. Auf diese Weise werdet Ihr ein großes Ereignis meistern, indem Ihr es selbst vollbringt.»[36] Die Worte von Malesherbes klangen in den Ohren des Königs unerträglich revolutionär. Er wollte vom Erbe seiner Väter nicht das Geringste abtreten und es so an seinen Erben weitergeben, wie er es aus den Händen Gottes empfangen hatte. In einem Zustand besorgniserregender Niedergeschlagenheit brütete er vor sich hin.

Ludwig XVI. ernannte keinen leitenden Minister, praktisch übernahm Necker diese Funktion. Seine Aufgabe war schwerer, als er erwartet hatte. Er hatte nicht nur mit der Finanzkrise zu kämpfen, sondern mußte auch die Versammlung der Generalstände vorbereiten. «Indem man zu spät den einzigen Mann zurückgerufen hat, von dessen Fähigkeit nunmehr das Schicksal des Staates abhängt», schrieb Mercy, «hat man ihm eine derart schwere Aufgabe aufgeladen, daß er darob erschrocken ist.»[37] Bombelles, der Necker nicht mochte, registrierte seit dem 29. September, daß Necker an Ansehen und Beliebtheit verlor. Seine Situation wurde noch schwieriger dadurch, daß weder der König noch die Königin ihn wirklich unterstützten. Obgleich er sich sehr bemühte, der Königin zu gefallen, und sie dafür gesorgt hatte, daß er zurückgerufen wurde, «betrachtete sie es immer so, als sei er von der öffentlichen Meinung und den Fürsten ernannt worden, denn Willkürregierungen pflegen leider die öffentliche Meinung als ihren Feind anzusehen», schrieb Madame de Staël viele Jahre später.[38] Die Königin hörte weiterhin auf Vermond, und Vermond machte Necker bei jeder Gelegenheit schlecht. Die Königin war betrübt, beunruhigt, beruhigte sich wieder, doch was wirklich auf dem Spiel stand, begriff sie nicht.

Die Krise nahm ein Ausmaß an, das die Herrscher nicht vorausgesehen hatten. Das Defizit rückte schon bald in den Hintergrund, überall debattierte man darüber, wie das Land künftig regiert werden sollte. In den Salons, Cafés und Clubs, die seit November förmlich aus dem Boden schossen, sprach man nur noch über die neue Verfassung des Königreiches, die den Despotismus brechen und die Privilegien beseitigen sollte. Während bis dahin «Patrioten» und Parlamentsmitglieder einhellig die Generalstände gefordert hatten, entzweiten sie sich nun darüber, welche Bedeutung und welche Aufgabe diese Versammlung haben sollte. Das Parlament von Paris und die meisten Inhaber von Privilegien wünschten, daß die Generalstände in der gleichen Form und Zusammensetzung einberufen würden wie bei ihrem letzten Zusammentreten im Jahr 1614. Das hätte bedeutet, daß der Dritte Stand nur wenige Vertreter entsenden würde, die zudem einer elitären sozialen Schicht angehören würden; außerdem würden die Stände getrennt abstimmen. Die Patrioten, größtenteils liberale Adlige und aufgeklärte Bürger, träumten davon, daß die Versammlung die Reformen beschließen würde, die Frankreich zu dem Vernunftstaat machen würden, über den die Philosophen seit fast einem Jahrhundert nachdachten. Necker wollte weder die Traditionalisten noch die Patrioten vor den Kopf stoßen und schlug dem König vor, eine neue Notabelnversammlung einzuberufen, um über dieses schwerwiegende Problem zu beraten.

Die Notabeln waren zutiefst konservativ – mit Ausnahme des Grafen von Provence – und lehnten die Verdopplung der Abgeordneten des Dritten Standes sowie gemeinsame Beratungen der drei Stände ab, da dies unweigerlich zur Abstimmung nach Köpfen führen würde und einer Revolution gleichkam. Am 13. Dezember, kurz bevor die Versammlung auseinander ging, überreichten die Prinzen von Geblüt dem König eine Denkschrift, in der sie ihn baten, «den tapferen, althergebrachten und achtenswerten Adel nicht zu opfern und zu demütigen». Sie beschworen den König, an der üblichen Verfahrensweise festzuhalten. Der gesamte Adel zollte den Beschlüssen der Notabeln Beifall, die Parlamente unterstützten ihre Forderungen, wie die Adligen einige Monate zuvor den Widerstand der Parlamente unterstützt hatten. Es war in beiden Fällen das gleiche Bündnis der Privilegierten: Gemeinsam hatten sie sich gegen die Macht des Königs gewandt, die ihnen als despotisch erschienen war, gemeinsam kämpften sie nun gegen das Erstarken des Dritten Standes.

Der König mußte entscheiden. Gegen den Klerus und den Adel empfand er eine lebhafte Abneigung, weil sie die monarchische Gewalt einschränken wollten, aber für den Dritten Stand, der sein «gutes Volk» repräsentierte, fühlte er ebensowenig Sympathie. Wie üblich zögerte er die Entscheidung erst einmal hinaus. Auf Necker machten die Forderungen des Dritten Standes großen Eindruck, und er riet dem König, sich nicht nach den Notabeln zu richten, da sie nicht den Willen der Nation ausdrückten. Aus Opportunismus spielte Ludwig XVI. mit dem Gedanken, sich auf die Seite der Nation zu stellen gegen die Koalition der beiden ersten Stände. Auf diese Weise hoffte er seine verlorene Popularität wiederzugewinnen. In seinen Augen mußte es genügen, die Zahl der Abgeordneten zu verdoppeln. Von der Abstimmung nach Köpfen war keine Rede.

Vor einer so schwerwiegenden Entscheidung versammelte er seine Minister zu einer außerordentlichen Beratung, zum ersten Mal zog er seine Frau und seine Brüder hinzu. Bis dahin hatte Marie Antoinette lediglich Beratungen mit einzelnen Ministern beigewohnt, ohne eine aktive Rolle zu spielen. «Unter so schwierigen Umständen hat die Königin den klugen, sogar unumgänglichen Ausweg gewählt, ihre Ansichten für sich zu behalten und jeden Anschein einer Vorliebe für die eine oder die andere Partei zu vermeiden», schrieb Mercy an den Kaiser.[39] Bei der Beratung am 27. Dezember 1788 ergriff sie nicht das Wort, der Verdopplung der Abgeordneten des Dritten Standes stimmte sie zu, obgleich es ihr zutiefst widerstrebte. Wie ihr Gemahl fügte sie sich dem Minister, von dem das Schicksal der Monarchie abzuhängen schien.

Kapitel XXI

1789

Noch nie hatte sich Marie Antoinette so allein gefühlt wie Anfang des Jahres 1789. Die meisten zeitgenössischen Beobachter, so auch Mercy, sahen in den Ereignissen des zurückliegenden Jahres die Vorboten einer Revolution, auf welche die Königin durch ihr müßiges und leichtsinniges Leben nicht im geringsten vorbereitet war. Nach dem Rücktritt von Loménie de Brienne war ihr bewußt geworden, daß sie sich auf niemanden unter ihren vermeintlichen Freunden verlassen konnte. In der Krise gaben ihr die Menschen ihrer Umgebung keinen Rückhalt. Abbé Vermond drängte sie, sich von Madame de Polignac zu trennen. Die beiden Freundinnen hatten mehrmals Streit gehabt. Madame de Polignac, die bestens Bescheid wußte, daß der Abbé gegen sie intrigierte, hatte einmal die Königin gefragt, was sie davon halten solle. Marquis Bombelles schildert die Szene: «‹Fragt Ihr›, erwiderte Ihre Majestät schroff, ‹um genug Zeit zu haben, daß Ihr packen könnt?› Nichts ist weniger liebenswürdig als diese Art der Unterhaltung; für jemanden, welcher sich nicht in derselben Stellung befindet wie Madame de Polignac, wäre dies ein sicheres Zeichen, daß er bald in Ungnade fallen wird. [...] Die Königin wird gezwungen sein, wieder zu Madame de Polignac zurückzukehren, denn das Unwetter, welches jeden Moment über ihren Kopf hereinbrechen kann, wird sie zwingen, in der Freundschaft Zuflucht zu suchen.»[1]

Die Atmosphäre innerhalb der königlichen Familie verschlechterte sich. Monsieur gefiel sich in der Rolle eines Patrioten, der Graf von Artois verteidigte die Privilegien. In Gegenwart des Königs hielten die beiden mit ihren Ansichten nicht hinter dem Berg und stritten sich heftig. Marie Antoinette beobachtete traurig, daß Ludwig XVI. weder wagte, seinen Brüdern solche Auseinandersetzungen zu verbieten, noch seine Position als Herrscher durchsetzte. Monsieur sagte man nach, er hege große Pläne. Er war im allgemeinen vorsichtig und zurückhaltend und galt – zu Unrecht – als sehr viel klüger als sein älterer Bruder. Die Königin mißtraute ihm nach wie vor. Er gab sich ihr gegenüber ganz als aufmerksamer Höfling, und zugleich registrierte er unnachsichtig jeden ihrer Schritte. Seit einigen Monaten war ein seltsames Gerücht im Umlauf: Es hieß, Monsieur habe bei der ersten Kammer der Notabeln ein Dossier eingereicht, aus dem hervorgehen solle, daß die Kinder des Königs illegitim seien. Niemand hatte Beweise, daß ein solches Dossier tatsächlich existierte, aber es wurde darüber gemunkelt. Man munkelte auch, die Königin werde sich möglicherweise in das Kloster Val de Grâce zurückziehen; angeblich hatten die Tanten ihrem Neffen sogar vorgeschlagen, Marie Antoinette nach Wien zurückzuschicken. In den Augen mancher Anhänger des altes Hofes war die Entfernung Marie Antoinettes «das einzige und letzte Heilmittel gegen all jene Übel, welche der Haß der Nation dem Staat bereitet».[2] Man versuchte Ludwig XVI. davon zu überzeugen, daß Marie Antoinette «alle Verwünschungen der Öffentlichkeit mit sich nehmen» würde und die Autorität des Königs «allein dadurch ganz und gar und auf der Stelle entlastet und wiederhergestellt» wäre.[3] Die Jagdgefährten des Königs fanden ihn einmal auf einer Böschung sitzend, wie er unter Tränen verleumderische Briefe gegen die Königin las. Die vielfältigen Prüfungen brachten Marie Antoinette ihrem Gemahl wieder näher, Ludwig XVI. war ihr weiterhin vertrauensvoll zugetan.

«Kennt Ihr eine Frau, die bedauernswerter ist als ich?» fragte Marie Antoinette Graf Esterházy, den sie zu ihren engsten Freunden zählte. Und Bombelles bemerkte: «Man kann sich leicht vorstellen, wie leidvoll so viele Kümmernisse für diese zutiefst gütige und liebenswürdige Fürstin sind. Nicht leicht hingegen ist es, ihr zu beweisen, daß die meisten Kümmernisse sie nicht niederdrücken würden, wenn sie sich damit zufriedengeben würde, Königin von Frankreich zu sein, statt König sein zu wollen. Die Eitelkeit hat sie verblendet, und da sie sich dem Herrscher, ihrem Gemahl, überlegen fühlt, hat sie geglaubt, daß diese Überlegenheit sich auch auf die Ereignisse erstrecke und auf die Lenkung einer Maschine, welche zu stark für sie ist. Ihre Begeisterung für ihren Bruder hat ihr geschadet in den Augen einer Nation, deren Abgott sie hätte sein können, hätte sein müssen. Es scheint, daß die Kaiserin vom Gedanken einer allumfassenden Herrschaft des Hauses Österreich durchdrungen war und allen ihren Töchtern Neigungen einflößte, welche […] zur Folge haben können, daß sie sich in die Macht ihrer Gatten einmischen. Doch um mit diesem großen Plan Erfolg zu haben, hätte sie ihren Kindern vor allem etwas von ihrer Standhaftigkeit im Unglück mitgeben müssen, von ihrem Mut in Gefahren, von ihrem klugen Urteilsvermögen, von ihrem Scharfsinn in Staatsangelegenheiten, von ihrer Beharrlichkeit und ihrem Geschick bei Unternehmungen, von ihrer Güte gegenüber ihren Untertanen, ihrem Wohlwollen gegenüber Fremden. Wenn eine Frau nicht wenigstens einen Teil ihrer großen Vorzüge besitzt, kann sie nichts Besseres tun, als sich Zuneigung und Achtung durch den Einsatz der sanften und ruhigen Tugenden zu verschaffen, mit welchen der Himmel sie in erster Linie begabt hat.»[4] Seit Beginn des neuen Jahres hielt sich Marie Antoinette bei den Staatsgeschäften mehr am Rande. Anscheinend führte sie ihr gewohntes Leben weiter, viele Abende verbrachte sie bei Madame de Polignac, Madame d'Ossun oder bei der Gräfin von Artois. Zu Klavierbegleitung sang sie mit ihrer unsicheren Stimme Opernarien. Bereitwillig wiederholte sie einzelne Passagen, und ihr kleiner Hof klatschte begeistert Beifall. Gelegentlich tanzte sie auch einen Walzer oder eine Ecossaise. Man spielte Lotterie, sagte Sprichworte auf, sah Schauspiele an. Marie Antoinette fuhr sogar nach Meudon und besuchte die Tanten, die sie verabscheuten. Einmal spielte sie in Meudon lange mit der kleinen Adèle d'Osmond, der späteren Gräfin von Boigne, die von Madame Adelaïde eine wunderschöne Puppe bekommen hatte. Im Karneval organisierte sie Kostümfeste für ihre Kinder. Der kleine Herzog der Normandie ging einmal als Klosterschwester zu einem Fest.

Im November 1788 war Fersen nach Frankreich zurückgekehrt, nachdem er mehrere Monate an der Seite Gustavs III. in Finnland gekämpft hatte. Während seiner Abwesenheit schrieb er viele Briefe an «Joséphine», wie aus seinem Korrespondenzheft hervorgeht, und er wartete stets ungeduldig auf Post aus Versailles, die ihm anscheinend von Staël oder Esterházy überbracht wurde. Im Winter 1788/1789 teilte er seine Zeit wieder zwischen dem Hof und seinem Regiment auf. Im Frühjahr erfuhr er in Valenciennes, wo seine Truppen im Quartier lagen, daß Gustav III. seinen Vater, den alten Senator Fersen, hatte verhaften lassen. Der schwedische König wollte den Forderungen seines Adels Einhalt gebieten, der nach der Niederlage, welche die königlichen Truppen durch die Truppen Katharinas II. in Finnland erlitten hatten, davon träumte, die Macht des Königs zu beschneiden. «Axel war in Valenciennes», schrieb Hedda Fersen am 13. April 1789 an ihren Bruder Fabian, «als ihm ein Kurier aus Paris die Briefe aushändigte mit dem Befehl, nach Paris zurückzukehren, wo man ihn wohl ablenken oder trösten wollte.»[5] «Man» kümmerte sich demnach aufmerksam um Axel von Fersen, und «man» sorgte sich um das Los des Senators Fersen. Tatsächlich schrieb die Königin eigenhändig einen Brief des Senators ab, in dem er höchst vornehme Gefühle ausdrückte.[6]

Mit jedem Tag, den die Eröffnung der Generalstände näher heranrückte, wuchs die Angst der Königin. Sie versuchte, sich nichts anmerken zu lassen und dem König, der nach wie vor verzagt vor sich hin dämmerte, Entschlossenheit und Festigkeit einzuimpfen. Was Mercy ihr zu sagen hatte, war freilich ganz und gar nicht zu ihrer Beruhigung angetan. In Versailles befinde man sich «in einem Abgrund» und erwarte «mit Schrecken das Zusammentreten der Generalstände; sie kündigen verhängnisvolle Schläge für das Königtum an». Mercy zögerte nicht auszusprechen, daß «eine Revolution in diesem Königreich heraufzieht».[7] Ganz Frankreich hatte sich fieberhaft an den Vorbereitungen zu dieser außerordentlichen Versammlung beteiligt. Jeder Stand wählte am Hauptort eines jeden Gerichts- oder Pfarrbezirks seine Abgeordneten und faßte seine *Cahiers de doléances* ab, seine Beschwerdehefte. Da das Ministerium es abgelehnt hatte, die Wahlen «vorzubereiten», hatte man sich frei ausdrücken können. Ganz offensichtlich wollte die Nation eine Veränderung. Bereits bei einem flüchtigen Blick in die Beschwerdehefte wurde deutlich, daß die Mehrheit der Untertanen Ludwigs XVI. – die im übrigen größte Achtung für ihren Herrscher bezeigten – die Abschaffung der Privilegien wünschte und eine Verfassung, die sich von der bisherigen Ordnung des Königreiches deutlich unterschied. Der König und die Königin glaubten hingegen immer noch, die Stände hätten keine andere Aufgabe als die Lösung der Finanzkrise und die Reform des Steuersystems. Der Tonfall der Beschwerdehefte klang in ihren Ohren gefährlich revolutionär; was die Nation tatsächlich wünschte, die doch aufgerufen war, offiziell ihre Wünsche zu äußern, erkannten sie beide nicht.

Unabhängig von der Finanzkrise wurde das Königreich von einer schweren Wirtschaftskrise erschüttert. Im ganzen Land gab es Hungeraufstände, was die politische Krise noch verschärfte und den König, die Königin und den Hof noch mehr ängstigte. Bis Ende des Jahres 1788 hatten der Adel, der Klerus und die höheren Schichten des Dritten Standes sich aus unterschiedlichen Gründen gegen den königlichen Absolutismus empört. Als Folge der Wirtschaftskrise beteiligten sich auch die einfachen Leute an den Erhebungen, für die der König und die Königin noch immer nicht das Wort Revolution zu verwenden wagten.

Angesichts der wachsenden Gefahr sammelte sich am Hof eine aristokratische Partei der Gegner Neckers, der zum idealen Sündenbock geworden war. Im Januar 1789 waren zwei Schriften erschienen, in denen die Rolle des Ministers scharf angegriffen wurde; eine Schrift stammte von Calonne, der in England Zuflucht gefunden hatte. Necker, so stand zu lesen, «schwankt zwischen zwei gegensätzlichen Parteien, versucht durch

Hinterlist und Tücke sich der öffentlichen Meinung zu bemächtigen, stachelt den Dritten Stand, den stärksten, kräftigsten und wildesten der drei Stände, gegen die beiden ersten auf und gibt sich gleichzeitig den Anschein, als stehe er auf der Seite der Privilegierten, indem er sich so gekünstelt und dunkel und so zweideutig ausdrückt, daß es ihm die Schande erspart, sich zu widersprechen, und die Gefahr, ein klares Wort zu sagen.»[8] Alle Angehörigen des Hofes, die Memoiren geschrieben haben, ergehen sich über Necker in Beschimpfungen und Verwünschungen und unterstellen ihm die finstersten Absichten. Allein bei dem Gedanken, daß es eine Verfassung geben könnte, erzitterte der alte Adel, der an seinen Privilegien hing. Bombelles wetterte über die «fanatischen Bewunderer eines heuchlerischen Neuerers, der, wenn er sich schon wie Mahomet ein eigenes Reich schaffen will, zumindest auch dessen Fähigkeiten besitzen müßte, um uns in seinen Bann zu schlagen».[9] Augeard, seit sechzehn Jahren in den Diensten der Königin, fand, daß «alles an Necker die schlimmsten Absichten ahnen läßt. [...] Das Defizit der Staatsfinanzen war für ihn nur ein Vorwand für eine Veränderung im Königreich.»[10] Saint-Priest, der kurz zuvor ins Kabinett eingetreten war, schrieb: «Necker verbarg seine heimlichen Gedanken, welche er inzwischen in seinen Werken enthüllt hat, daß nämlich die Generalstände nach dem Modell des englischen Parlaments aus zwei Kammern bestehen sollten, einer Kammer, welcher der Adel und der Klerus angehören würden, und einer zweiten Kammer für den Dritten Stand. Obgleich er sich sorgfältig Verbündete im Adel und im Klerus gesucht hatte, zählte er viel mehr auf den Dritten Stand und rechnete damit, daß dank seiner Vormachtstellung ihm die Ausführung aller Dekrete des Staates anvertraut würde, was ihn davor beschützen würde, ein zweites Mal in Ungnade zu fallen, denn das erste Mal bekümmerte ihn noch immer. [...] In der Umgebung der Königin bemerkte man die Falle, welche da für die Macht des Königs und die Zukunft der Höflinge aufgestellt war.»[11] Seit der zweiten Notabelnversammlung sammelte der Graf von Artois Neckers Gegner um sich. Er hatte keinerlei ernstzunehmende politische und juristische Kenntnisse, befürchtete jedoch Schlimmes für seine Zukunft und wollte darum beim König gegen Necker auftreten, die vermeintliche Verkörperung allen Übels. Doch zuvor mußte er den Grafen von Provence und die Königin überzeugen. Bei Monsieur gelang ihm dies ohne weiteres. Gemeinsam mit dem Großsiegelbewahrer Barentin, der Necker ablehnte, und dem Historiographen Moreau, dem Kanzler von Monsieur, verfaßten sie einen Brief an Ludwig XVI. und schilderten in düstersten Farben, welche Gefahren Necker für die Monarchie heraufbeschwor. Bevor sie den Brief dem König übergaben, zeigten sie ihn der Königin, und sie stimmte zu. Ludwig XVI. erfuhr bald, was sie insgeheim planten: Vor allen Dingen wollten sie den Generalständen alle eigenen Befugnisse absprechen und sie auf die Rolle einer rein beratenden Versammlung beschränken. Die Macht des Königs wollten sie der Obhut souveräner Gerichtshöfe unterstellen, die ihnen als Bollwerk gegen die drohende Revolution erschienen. Der Prinz von Condé und der Prinz von Conti schlossen sich den Brüdern des Königs an und intrigierten mit ihnen gegen Necker. Um den 13. April glaubten sie den Sieg bereits in greifbarer Nähe. Es sah so aus, als hätte der König beschlossen, Necker zu entlassen und ein neues Ministerium um den absolut zuverlässigen Baron Breteuil zu berufen. Am 20. April empfing Marie Antoinette Breteuil zu einer langen Audienz; am Hof galt er als der einzige, der in der Lage sein könnte, die Vorrechte der Krone zu schützen. Ganz Paris sprach bereits über diese Veränderung, da besann sich Ludwig XVI. anders. Saint-Priest zufolge hatte die Königin den Gesinnungswandel herbeigeführt. Ludwig XVI. hielt Necker wohl nicht deshalb im Amt, weil er dessen Politik unterstützte, sondern weil die Auswechslung des Ministers wenige Tage vor dem Zusammentritt der Generalstände möglicherweise wie ein Gewaltstreich ausgesehen hätte, und dazu fühlte er sich nicht stark genug. Im übrigen bestand die Gefahr, daß er sich von seinen Brüdern abhängig machen würde, wenn er ihren Wünschen nachgab, und das wollte er auf keinen Fall riskieren. Deshalb wies er sie barsch ab, als sie ihn noch einmal beschworen, er solle sich mit Ministern umgeben, die «fähig sind, sich gegenüber allen übel Gesinnten durchzusetzen». Die Königin fürchtete die Ansprüche der Prinzen, vertraute Necker nur unwillig und war zutiefst ratlos und beunruhigt, als die ersten Abgeordneten in Versailles eintrafen.

Die Feierlichkeiten begannen am 4. Mai mit einer großen Prozession. Die eintausendzweihundert Abgeordneten der Generalstände schritten von der Kirche Notre-Dame zur Kathedrale Saint-Louis, an der Spitze der König und die königliche Familie im vollen Glanz ihres Ranges. Die Hoffnungen des ganzen Landes ruhten auf den Deputierten. Paris leuchtete in der Frühlingssonne. Die Fenster entlang der Strecke waren zu Höchstpreisen vermietet worden.

Um sieben Uhr waren die Deputierten so weit gewesen, den Monarchen und die Seinen zu empfingen, doch dann mußten sie noch drei Stunden warten. Um zehn Uhr tauchte endlich die Karosse auf mit dem König, seinen Brüdern und seinen beiden Neffen, dem Herzog von Angoulême und dem Herzog von Berry. In einer zweiten Karosse folgte Marie Antoinette mit den Prinzessinnen. Der König wurde ohne besondere Bekundung der Freude begrüßt. Da und dort erklangen ein paar Hochrufe, doch sie verstummten sofort, als die Königin erschien, sehr elegant gekleidet in eine malvenfarbene Robe, pastellfarbene Blüten ins Haar geflochten. Ein Schaulustiger am Straßenrand hatte gefragt, warum sie zur Prozession keine Kerze trage, und ein anderer hatte darauf spöttisch geantwortet: «Was sollte sie mit einer Kerze, außer öffentlich Buße tun?»[12] Dem Grafen von Artois, den Prinzen von Condé und Conti und dem Herzog von Bourbon erging es nicht anders, lediglich der Herzog von Orléans wurde mit Beifall bedacht – freilich war dies keineswegs der triumphale Einzug, den manche Historiker daraus machen wollten.

Die Prozession bewegte sich langsam an den Marställen vorbei, durch die Rue de Satory und die Rue de la Paroisse zur Kirche Saint-Louis. Die Messe begann gleich nachdem der König das Kirchenschiff betreten hatte, ohne daß man zuvor eine erste Ungehörigkeit hatte ausräumen können: Die Abgeordneten des Dritten Standes hatten sich nicht darum gekümmert, welche Plätze für sie bestimmt waren, sondern sich in die Bänke gesetzt, die für den Adel und den Klerus reserviert waren. Monsignore de La Fare, der Bischof von Nancy, hielt die Predigt. Sehr lebhaft – manche sagten emphatisch – schilderte er das Elend der Landbevölkerung und im Kontrast dazu den schrankenlosen Luxus des Hofes. Seine Worte richteten sich direkt gegen Marie Antoinette. «Er entwarf ein sehr treffendes Bild der Königin», berichtete der Abgeordnete Duquesnoy, «bis zu dem Punkt, daß er sagte, nachdem man der Pracht und des Prunks überdrüssig sei, müsse man Vergnügen in einer kindlichen Nachahmung der Natur suchen, womit das Petit Trianon gemeint war.» Ungeachtet der Heiligkeit des Ortes wurde die Strafpredigt des Bischofs mit stürmischem Beifall bedacht, er war sichtlich befriedigt über seinen Erfolg. Nur ein leichtes Zittern der Lippen verriet die Erregung der Königin. Duquesnoy bemerkte verwundert ihre «Selbstbeherrschung» und ihre «unerschrockene Kaltblütigkeit».[13] Während der Messe nickte der König ein. Was für ein enttäuschendes Bild bot die Monarchie den Abgeordneten, die aus allen Teilen des Landes nach Paris gekommen waren und nun zum ersten Mal ihren König sahen! Nach dem Gottesdienst kehrten Marie Antoinette und Ludwig XVI. in getrennten Karossen ins Schloß zurück. Vereinzelt erschallten Rufe «Es lebe der König!». Die Königin wartete einige Minuten, bis sie ihrem Kutscher das Zeichen zur Abfahrt gab, in der Hoffnung, man werde auch sie hochleben lassen. Doch sie wartete vergebens, niemand rief, niemand klatschte.

Am nächsten Tag begleitete sie den König zur Eröffnung der Generalstände in die Salle des Menus-Plaisirs, wo sich auch die Notabeln versammelt hatten. Die Deputierten waren um neun Uhr eingetroffen, gegen Mittag kam der König und nahm auf seinem Thronsessel unter einem violetten, mit goldenen Lilien übersäten Thronhimmel Platz. Daneben stand ein Sessel für die Königin. Der König sagte nicht viel, aber er sprach mit Nachdruck. Zur großen Enttäuschung des Dritten Standes war in seiner kurzen Ansprache von nichts anderem die Rede als von der Staatsschuld. Zum Schluß warnte er die Abgeordneten noch vor dem «übertriebenen Wunsch nach Neuerungen». Nach dem König ergriff der Großsiegelbewahrer das Wort. Er pries den Herrscher, erinnerte daran, wie nötig eine Finanzreform sei, und versprach den Ständen, daß sie über die Pressefreiheit beraten könnten, über die öffentliche Sicherheit und die Strafgesetzgebung. Wie der König beendete er seine Rede mit einer Warnung vor «gefährlichen Neuerungen». Voller Ungeduld erwartete man Neckers Rede, doch für seine Anhänger wurde sie eine große Enttäuschung. Necker ließ sich in allen Einzelheiten über die Behandlung des Staatshaushaltes aus und schlug eine Steuerreform vor. In der zweistündigen Rede fiel nicht ein einziges Mal das Wort «Verfassung», und am Schluß wußte man immer noch nicht, ob nach Köpfen oder nach Ständen abgestimmt werden würde. Die Abgeordneten wußten lediglich, daß sie für den nächsten Tag wieder eingeladen waren. Als die Versammlung auseinanderging, wurde der König mit Beifall bedacht, und die Verehrung, die er öffentlich für die Königin zeigte, hatte zur Folge, daß auch für sie vereinzelt geklatscht wurde. Sie dankte mit einer überaus anmutigen Verbeugung.

Obgleich Necker äußerst vorsichtig gesprochen hatte, zogen sich seine Gegner nicht zurück. In der Umgebung der Königin war Augeard sicher Neckers erbittertster Widersacher, er lehnte Neckers politische Vorstellungen ab und kritisierte heftig seinen Umgang mit den Staatsfinanzen. Nach der Sitzung am 5. Mai verfaßte Augeard zwei Berichte und legte sie dem Grafen von Artois und dem alten Machault d'Arnouville vor. Beide empfahlen ihm, die Berichte der Königin zu zeigen. Bis dahin hatte er noch nicht gewagt, politische Angelegenheiten mit ihr zu besprechen.

Marie Antoinette las die beiden Schriftstücke in Gegenwart des Verfassers, es handelte sich um zwei Entwürfe für Reden des Königs vor den Generalständen. In dem ersten Entwurf ging es um Einzelheiten des Staatshaushaltes, der König sollte sich von Neckers Plänen distanzieren. «Die Mittel, welche mein Minister vorschlägt, um das jährliche Defizit zu decken, können eines Tages gut sein, aber sie bewirken nichts für dieses Jahr und sehr wenig für die folgenden», wollte ihm Augeard in den Mund legen. Ferner sollte der König die Schaffung eines Papiergeldes vorschlagen, um damit «die Schulden zu begleichen, für welche die höchsten Zinsen aufgebracht werden müssen». In dem zweiten Entwurf sollte der König die

Schaffung von Provinzialständen ankündigen nach dem Vorbild der Stände der Bretagne für den Zuständigkeitsbereich eines jeden Parlaments. Dadurch sollten die Parlamente endgültig auf die Rolle von Gerichtshöfen beschränkt werden, und die Provinzialstände sollten für die Zukunft die Einberufung der Generalstände überflüssig machen. Der letzte Punkt erschien Augeard entscheidend, denn er sah mit großer Sorge die Bestrebungen der Stände, «ihren Teil an der Macht zu beanspruchen, wenn sie versammelt sind».[14] Wie Augeard berichtet, entspann sich folgender Dialog mit der Königin: «‹Glaubt Ihr, daß Monsieur Necker uns täuschen will?› – ‹Ich weiß nicht, Madame, ob Monsieur Necker den Wunsch und die Absicht hat, Eure Majestäten zu täuschen, aber ich bin sicher, daß er sich täuscht. Für den Staat kommt das auf dasselbe heraus.› – ‹Wie? Monsieur Necker sollte unser Königreich als Einsatz in einem Spiel riskieren?› – ‹Madame, in diesem Fall würde ich Euch sehr glücklich schätzen, denn dann hätten Eure Majestäten wenigstens eine Chance, und ich vermag keine mehr zu sehen.› – ‹Welch Unglück! Was sagt Ihr mir da?› – ‹Eine große Wahrheit.› – ‹Ich bin verärgert, daß Ihr diese Denkschrift meinem Bruder Artois gezeigt habt.› – ‹Und warum, Madame? In den Familien von einfachen Leuten rückt man zusammen, wenn ein großes Unglück eintritt, auch wenn es kleine Unstimmigkeiten zwischen den Eltern gibt.› – ‹Es ist nicht so, daß mein Bruder Artois uns nicht liebt, aber er wird von einer teuflischen Fraktion verleitet, welche uns alle ins Verderben stürzen wird.›»[15] Bei den letzten Worten brach die Königin in Tränen aus.

Solche Gespräche waren alles andere als beruhigend. Marie Antoinette unterrichtete den König von Augeards Plänen, aber er nahm kaum Notiz davon. Unterdessen traf Augeard mit Target zusammen, einem Abgeordneten des Dritten Standes. Dünkelhaft erklärte Augeard ihm, er besitze Mittel, das Defizit auszugleichen, «ohne Anleihe, ohne Steuer, ohne Bankrott, ohne Verzicht auf Domänen und ohne Hand an das Eigentum der Bürger zu legen». Auf diese schönen Worte antwortete Target, die Finanzkrise sei letztlich ein Glücksfall, denn «wir haben heute den König in unserer Gewalt, und er wird uns ganz und gar ausgeliefert sein».[16] Augeard war empört und überzeugt, daß eine «Verschwörung» gegen die Macht des Königs im Gange sei. Er bat die Königin um eine weitere Unterredung, schilderte ihr eindringlich das «Ungeheuer», das man um jeden Preis bekämpfen müsse, bevor es zu spät sei, und schlug ihr folgendes vor: Der König solle mit seiner Familie nach Compiègne gehen, die Generalstände nach Soissons verlegen lassen und das Parlament nach Noyon. In Compiègne solle Ludwig XVI. zu seinem Schutz 30 000 Mann zusammenziehen. Beim geringsten Zeichen von Ungehorsam seitens der Generalstände solle er, ohne zu zögern, die Verantwortlichen der Justiz zuführen und sie wegen Majestätsbeleidigung anklagen lassen.

Die kurze, flammend vorgetragene Rede wühlte die Königin noch mehr auf. Die Generalstände hatten noch nicht mit ihren Beratungen begonnen, weil ein Konflikt zwischen dem Dritten Stand und den beiden anderen schwelte. Da der Dritte Stand mit dem Klerus und dem Adel zusammen eine echte Nationalversammlung bilden wollte, hatten seine Vertreter dafür plädiert, die Vollmachten der Abgeordneten gemeinsam zu prüfen, die beiden ersten Stände hatten dies abgelehnt. Seither verstrich die Zeit mit fruchtlosen Debatten, und die Regierung war offensichtlich nicht in der Lage, sie durch eine Entscheidung zu beenden. Der König und die Königin wußten nicht, wie sie dem Dritten Stand, der für sich beanspruchte, die gesamte Nation zu repräsentieren, Einhalt gebieten konnten, ohne die ersten beiden Stände übermäßig zu begünstigen. Ihre Sorge und Verzweiflung wuchsen noch, als sie sahen, daß Necker vorsichtig den Tiers, den Dritten Stand, unterstützte.

Marie Antoinette wußte nichts von den philosophischen Strömungen des Jahrhunderts, sie kannte die Wünsche der Nation angesichts der wirtschaftlichen und politischen Krise nicht und verstand daher auch die Forderungen des Tiers nicht. Sie beschäftigte der Gedanke, den Augeard ausgesprochen hatte, daß im geheimen eine «Verschwörung» gegen die Monarchie im Gange sei. Diese allzu simple Erklärung war ebenso einleuchtend wie erschreckend, je länger die Königin darüber nachdachte, um so glaubhafter erschien sie ihr. In dem Moment, da man sie auf die landesweite Verschwörung hingewiesen hatte, bemerkte sie noch eine weitere Verschwörung in ihrer unmittelbaren Nähe, die aristokratische Verschwörung, die der Graf von Artois anführte und bei der die Prinzen von Geblüt eine wichtige Rolle spielten. Marie Antoinette teilte deren Feindseligkeit gegenüber dem Dritten Stand, aber ihre Auffassung von der königlichen Gewalt lehnte sie ab. Sie wußte, daß der hohe Adel von einer Art gemäßigter Monarchie träumte, in welcher die Macht des Königs durch den Rat der Großen seines Reiches eingeschränkt wäre. Die Schilderung, die sie Augeard von den Umtrieben des Grafen von Artois gab, ist bezeichnend für ihre Haltung. Einerseits war sie strikt dagegen, daß Ludwig XVI. der Nation in wesentlichen Fragen entgegenkam, andererseits lehnte sie die Vorstellung ab, daß er auch nur den geringsten Teil seiner Macht dem Bündnis der Prinzen und der Aristokratie verdanken würde. Die Königin wußte genausowenig wie der König, welche Position sie einnehmen sollte.

Unterdessen starb der Dauphin. Die Ärzte hatten bereits seit einigen Monaten keine Hoffnung mehr gehabt, das bedauernswerte Kind zu retten.

Seine Gelenke waren unförmig angeschwollen, sein Gesicht war aufgedunsen. Er wußte, daß er sterben würde, und sah stoisch gefaßt seinem Ende entgegen. «Die Königin hatte sich zwar damit abgefunden, daß dieses Ereignis eintreten würde», schreibt Madame Campan, «doch ihr Schmerz wurde durch die lange Qual inmitten all jener bedrohlichen Umstände vergrößert.»[17] Der Dauphin war der Obhut des Herzogs und der Herzogin d'Harcourt anvertraut worden. Madame Campan berichtet, daß er eine Abneigung gegen Madame de Polignac gefaßt habe, die dann auf die Königin übergegangen sei. «Ihr Sohn sprach nicht mehr in ihrer [Madame de Polignacs] Gegenwart.» Auf Anweisung der Ärzte hatte man Marie Antoinette gesagt, sie dürfe dem Dauphin keine Süßigkeiten mitbringen. «Ich schildere nicht den Schmerz, den ein solches Verbot ihr bereitete, um so mehr als die Königin genau wußte, daß man so ungerecht war zu glauben, sie bevorzuge den Herzog der Normandie, dessen strahlende Gesundheit und Liebenswürdigkeit sich in der Tat sehr von dem gequälten Aussehen und dem melancholischen Wesen seines älteren Bruders unterschieden.»[18] Andere Memoirenschreiber schildern, der kleine Prinz sei sehr liebevoll zu seiner Mutter gewesen. Kurz vor seinem Tod habe er einmal den Wunsch geäußert, man solle ihm in Anwesenheit seiner Mutter all ihre Lieblingsgerichte servieren. Der König und die Königin fuhren jeden Tag nach Meudon, die Königin war bei ihm, als er starb. Am 4. Juni, eine Dreiviertelstunde nach Mitternacht, tat er den letzten Atemzug. In Versailles verbargen seine Eltern den ganzen nächsten Tag über ihren Kummer. Monsieur de Villedeuil, der Minister des königlichen Hofstaates, teilte dem Herzog der Normandie mit, daß nunmehr er Dauphin war. Wie seine Schwester weinte der kleine Herzog bitterlich. Am Hof munkelte man, die Gesundheit dieses zweiten Sohnes sei genauso zerbrechlich wie die seines älteren Bruders. Es hieß, sein Rücken beginne sich zu verdrehen, und er werde bucklig werden, überdies leide er an Nervenanfällen, die an Epilepsie erinnerten.

Die unerbittliche Etikette hielt die Eltern von ihrem toten Kind fern. Der Herzog und die Herzogin d'Harcourt hatten die schwere Aufgabe, eine Woche «im Schrecken der Leichenkammer»[19] bei dem aufgebahrten Toten zu bleiben, nachdem man in Anwesenheit des Erziehers des Dauphins den Körper geöffnet und einbalsamiert hatte. Nach altem Brauch umstanden Feuillanten das Prunkbett, auf dem der Leichnam lag, eingehüllt in ein silberdurchwirktes Laken, das nur das Gesicht frei ließ. Die Tradition verlangte, daß die Prinzen von Geblüt, die Vertreter der Generalstände und der souveränen Gerichtshöfe den Leichnam mit Weihwasser besprengten. Der König verzichtete auf das große Zeremoniell in Saint-Denis, weil er keine zusätzlichen Ausgaben verursachen und Rangstreitigkeiten zwischen den Generalständen und den souveränen Höfen vermeiden wollte. Er ordnete an, daß tausend Messen für die Seelenruhe seines Sohnes gelesen werden sollten. Da selbst dafür das Geld fehlte, beschloß er, es bei den Ausgaben für das Silberzeug einzusparen.

Am 7. Juni kamen alle bei Hofe eingeführten Personen und kondolierten der Königin. Eingehüllt in weite Umhänge, «die ihre Schultern bedeckten, bis zum Kinn herauf reichten und in einer Schleppe von fünf oder sechs Ellen endeten»,[20] defilierten die Frauen schweigend an der Königin vorüber. «Es war ein unendlich trauriger und anrührender Anblick, wie Ihre Majestät gegen die Balustrade in ihrem Zimmer gelehnt stand, umgeben von ihren Bedienten, die alle in Schwarz gekleidet waren, und sich bemühte, nicht aufzuschluchzen, während ihr Hof in kleinen Schritten wie in einer Prozession an ihr vorbeiging und sich der Reihe nach vor ihr verneigte.»[21]

Am 12. Juni wurde das Herz des Dauphins feierlich ins Kloster Val-de-Grâce gebracht, Abbé Osmond, der Almosenier des Königs, hielt es auf den Knien. Um acht Uhr am Abend des nächsten Tages geleitete dem Brauch entsprechend der Prinz von Condé den Leichnam nach Saint-Denis. Die Mönche nahmen den Leichnam entgegen, und nach einem kurzen Gebet legten sie ihn in die Krypta. Der König und die Königin waren in Versailles geblieben. Die Königin war sehr deprimiert und fand keinen Schlaf mehr, jeden Abend legte sie sich später zu Bett. «Eines Abends saß sie mitten in ihrem Schlafzimmer», schreibt Madame Campan, «und erzählte mehrere bemerkenswerte Dinge, die sich im Laufe des Tages ereignet hatten. Auf dem Toilettentisch brannten vier Kerzen. Die erste erlosch von allein, ich zündete sie wieder an; bald ging die zweite aus, dann die dritte. Da drückte mir die Königin die Hand und sagte erschaudernd: ‹Unglück kann abergläubisch machen. Wenn diese vierte Kerze wie die anderen verlischt, kann mich nichts daran hindern, daß ich darin ein schlimmes Vorzeichen sehe.› Die vierte Kerze erlosch.»[22] Nach der Beisetzung des Dauphins reiste der Hof von Versailles nach Marly. Die politischen Ereignisse ließen dem Königspaar keine Zeit, sich dem Schmerz hinzugeben. Der Dritte Stand meldete sich drängend mit seinen Wünschen zu Wort. Am 13. Juni hatte der Tiers die beiden ersten Stände zum letztenmal aufgefordert, sich ihm anzuschließen. Drei Geistliche waren der Aufforderung gefolgt, und es ging das Gerücht, viele andere würden es ihnen gleichtun. Auf der Fahrt nach Marly studierte Necker eine Erklärung, die er für den König entworfen hatte und die genau von der Frage der gemeinsamen oder getrennten Beratung der Stände handelte.

Der König informierte die Königin darüber, und gleich nach der Ankunft in Marly ließ sie Necker zu sich rufen. Er fand sie «äußerst aufgebracht gegen den Plan einer Erklärung».[23] Necker war indes entschlossen, dabei zu bleiben, daß die drei Stände in Fragen von nationalem Interesse gemeinsam beraten sollten. Da der Tiers an seiner Position festhielt, mußte die Regierung eine Entscheidung fällen. Erschüttert erfuhren der König und die Königin am 17. Juni, daß sich der Dritte Stand, dem sich ungefähr zwanzig Vertreter des Klerus angeschlossen hatten, zur «Nationalversammlung» erklärt hatte. Damit war der große Akt vollzogen und das bedeutungsschwere Wort gefallen. In Marly war man fassungslos, doch – Etikette verpflichtet – im Hofleben blieb zunächst alles beim alten.

Am 18. Juni sprach sich der Klerus mit knapper Mehrheit für die Vereinigung mit dem Dritten Stand aus. In Marly fand unterdessen eine außerordentliche Beratung statt, an der nur die Minister teilnahmen. Necker erläuterte seinen Kollegen im Beisein des Königs die Pläne, die den Zorn der Königin erregt hatten. Er empfahl Ludwig XVI., die Abgeordneten des Dritten Standes zusammenzurufen, den Akt des Ungehorsams zu übersehen, den der Tiers begangen hatte, den Abgeordneten die gemeinsame Beratung in allen Fragen von nationalem Interesse und die Abstimmung nach Köpfen förmlich zu gestatten. Außerdem solle die Bildung eines Oberhauses erwogen werden. Der König solle Gleichheit der Besteuerung versprechen und allen Bürgern Zugang zu öffentlichen Ämtern gewähren. Dieses Programm war eine regelrechte königliche Revolution. Der Geist der Reformen schockierte Barentin, den Großsiegelbewahrer, und er griff Necker heftig an. Nur Montmorin, Saint-Priest und La Luzerne unterstützten Necker. Barentin warf Necker vor, er sei viel zu nachsichtig mit dem Tiers, und beschwor den König, die Männer zum Gehorsam zu zwingen, die gewagt hatten, an seiner Macht zu rütteln. Die Diskussion dauerte bis zehn Uhr abends und endete ohne Ergebnis.

Am 19. Juni rief Ludwig XVI. seine Minister erneut zu sich. Necker war diesmal nicht dabei, er mußte in Paris bleiben, weil seine Schwägerin im Sterben lag. Der König schien geneigt, Neckers Vorschläge anzunehmen. Da «wurde dem König gemeldet, daß die Königin ihn zu sich bitte. Daß eine Beratung auf diese Weise unterbrochen wurde, hatte es noch nie gegeben, die Minister waren höchst verwundert», berichtet Saint-Priest. «Der König blieb ungefähr eine Stunde fort, und nach seiner Rückkehr wirkte er verändert. Inzwischen hat man erfahren, daß die Königin und der Graf von Artois, ein wenig unterstützt von Monsieur, ihm heftige Vorhaltungen machten dergestalt, daß er den fraglichen Plan zurückweisen müsse, und erreichten, daß für den Augenblick nichts entschieden wurde.»[24] Die Mitglieder des Rates trennten sich ohne einen klaren Beschluß. Der König wollte am nächsten Tag nach Versailles zurückkehren und beraumte dort eine weitere Sitzung an für den 21. Juni, einen Sonntag.

Während die Abgeordneten warteten, daß der König vor den versammelten Ständen sprach, hatte man die Türen zu der Salle des Menus-Plaisirs verschließen lassen, in dem der Dritte Stand tagte. Aufgebracht über diese Vergeltungsmaßnahme, kamen die Abgeordneten am 20. Juni im Saal des königlichen Ballspielhauses zusammen. Dort leisteten sie den berühmten Schwur, nicht auseinanderzugehen, bis sie Frankreich eine Verfassung gegeben hätten.

In einer sehr bedrückenden Atmosphäre begann am 21. Juni eine Sitzung des Rates, an der auch die Königin und die beiden Brüder des Königs teilnahmen. Die königliche Familie und die wichtigsten Minister bildeten eine Front gegen Necker und warfen ihm vor, er habe durch seine Nachsicht gegenüber dem Dritten Stand den Weg für dessen umstürzlerische Umtriebe bereitet. Man beschloß, daß der König eine «königliche Sitzung» vor den drei Ständen abhalten und ihnen dabei seine Wünsche mitteilen sollte. Für diese Gelegenheit ließ Ludwig XVI. Neckers Erklärungen durch den Staatsrat Vidaud de La Tour überarbeiten. Necker erfuhr, daß La Tour den Inhalt stark abgemildert hatte, und verzichtete daraufhin auf die Teilnahme an der Sitzung. Aus Neckers Abwesenheit schlossen die Deputierten, daß der König ungeachtet kleiner Zugeständnisse das Zeichen zum Gegenschlag gegeben hatte.

Im strengen Rahmen eines Lit de justice wandte sich Ludwig XVI. mit fester Stimme an die Generalstände. Er begann damit, daß er den Dritten Stand dafür geißelte, daß er sich zur Nationalversammlung erklärt hatte. Die Beratungen des Dritten Standes seien «nichtig, ungesetzlich und wider die Grundsätze des Königreiches». Der König war indes bereit, die individuelle Freiheit und die Pressefreiheit anzuerkennen. Er hoffte insgeheim, daß die beiden ersten Stände der Gleichheit der Besteuerung zustimmen würden, sagte aber noch nichts davon, daß dies eingeführt werden sollte. Ludwig XVI. gedachte, die Strukturen der alten monarchischen Gesellschaft zu erhalten, das heißt die ständische Gliederung, und es war keine Rede davon, allen Bürgern freien Zugang zu öffentlichen Ämtern zu gewähren. Allerdings gab der König sein Einverständnis, daß die Ständeversammlung in bestimmten Fragen nach Köpfen abstimmen sollte. Zum ersten und einzigen Mal steckte Ludwig XVI. den Rahmen seiner Zugeständnisse an «die Revolution» ab. Meinte er es ehrlich? Hatte er überhaupt noch eine Wahl, oder waren die vermeintlichen Zugeständnisse nicht vielmehr durch den Lauf der Ereignisse unumgänglich geworden? Plante er, die Zugeständnisse bei der ersten Gelegenheit wieder zurückzunehmen? Diese Frage drängt sich auf, wenn man bedenkt, daß er am 27. Juni den Befehl gab, Truppen am Rande der Hauptstadt zusammenzuziehen.

Bei der Rückkehr ins Schloß wurde der König von einer brodelnden Menge empfangen. Die Nachricht, daß Necker zu der Sitzung des Rates nicht erschienen war, hatte sich wie ein Lauffeuer verbreitet, und das Gerücht, er sei nicht mehr im Amt, hatte die Menschen in Versailles aufgebracht. Tatsächlich fand der König Neckers Rücktrittserklärung vor. Er war nicht überrascht, und Neckers Rücktritt wäre womöglich sogar eine Erleichterung gewesen, wenn das Volk nicht so heftig reagiert hätte. Der König und die Königin warteten lange mit dem nächsten Schritt, wohl in der Hoffnung, daß der Auflauf sich zerstreuen würde. Doch statt dessen strömten immer mehr Menschen zum Schloß, am Nachmittag quollen Höfe und Säle förmlich über. In der Salle des Menus-Plaisirs mußte sich Marquis Dreux-Brézé von den bedeutendsten Vertretern des Dritten Standes anhören, daß sie nicht daran dachten, den Saal zu räumen, wie man es ihnen befohlen hatte. Sie berieten und bestätigten alle früheren Handlungen durch einen förmlichen Beschluß. In der Versammlung wuchs die Sorge, denn «man wußte, daß Machenschaften künstlich geschürt wurden und daß es eine Intrige gab, an deren Spitze der Graf von Artois, die Prinzen von Condé und Conti, Monsieur de Luxembourg und Monsieur de Coigny standen, alle erbitterte Feinde der öffentlichen Freiheit», schrieb Duquesnoy.[25] Der Konflikt zwischen der Macht und der Nationalversammlung war offen ausgebrochen.

In höchster Sorge rief Marie Antoinette gegen sechs Uhr abends Necker zu sich und geleitete ihn sehr freundlich zum König. «Der König», berichtete Necker, «bezeigte mir keinerlei Unzufriedenheit, sondern bat mich zusammen mit der Königin inständig, daß ich meine Entscheidung, aus dem Ministerium auszuscheiden, rückgängig machte, und er tat dies so eindringlich, daß ich mich seinen Wünschen fügte. Die starke Erregung, welche in Versailles herrschte, gestattete es mir nicht, daß ich zögerte.»[26] Der Tag endete mit einem Triumph für den Minister. Am 24. Juni schloß sich die Mehrheit des Klerus dem Tiers an, am 25. Juni folgten siebenundvierzig adlige Deputierte dem Beispiel der Kleriker. Am 27. Juni ersuchte der König «seinen Klerus und seinen treuen Adel», sich dem Dritten Stand anzuschließen. Der König und die Königin beugten sich dem öffentlichen Druck. Wollten sie sich an die Spitze einer königlichen Revolution setzen oder die Gegenrevolution einläuten?

In einer solchen Bedrängnis hatte sich das Königspaar noch nie befunden. «Vom 23. Juni bis zum 27. waren alle hier kopflos», schrieb Mercy an Kaunitz, «und dies keineswegs ohne gute Gründe, denn vier Tage lang drohte die unmittelbare Gefahr einer Hungersnot, eines Bankrotts und eines Bürgerkriegs. Der Hof dachte bereits daran, sich an einen sicheren Ort zu begeben, was in Anbetracht der Tatsache, daß immer mehr Truppen abfielen, nicht leicht gewesen wäre. Wenn Monsieur Necker zurückgetreten wäre, wie es seine Absicht war, oder wenn der König und die Königin nicht entschieden den unsinnigen Plan des Grafen von Artois verworfen hätten, welcher von anderen Mitgliedern der königlichen Familie unterstützt wurde und vorsah, den Minister verhaften zu lassen, dann hätte gewiß das Volk sich erhoben, und die Folgen wären schrecklich gewesen. [...] Nachdem nunmehr die Vereinigung der drei Stände vollzogen ist, herrscht einen Augenblick Ruhe, freilich mehr scheinbare als wahre Ruhe. Das Mißtrauen und die Verbitterung zwischen dem Adel und dem Tiers bestehen unvermindert fort und werden unvermeidlich bei jeder Frage Anlaß zu Streit geben.»[27] Da ihr zweifelnder und zaudernder Herrscher in undurchdringliches Brüten versunken war, wandten sich die Minister, die Prinzen und die Höflinge an die Königin. Sowohl die Anhänger einer königlichen Revolution wie die Befürworter der Konterrevolution setzten all ihre Hoffnungen auf sie. «In ihrer Verzweiflung» baten Necker, Montmorin und Saint-Priest Mercy, um dessen großen Einfluß sie wußten, die Rolle des «Vermittlers zwischen dem König und seinen Ministern» zu spielen. Mercy hegte für die Zukunft der Monarchie kaum noch Hoffnung. «Angesichts von Umständen, wo nichts getan wurde, um das Übel zu verhindern, und wo die Unbeständigkeit der Maßnahmen, welche man ergreift, sie nichtig oder schädlich werden läßt, ist es unmöglich, Ratschläge für ein bestimmtes Vorgehen zu geben», schrieb er an Kaunitz. Er beschränkte sich darauf, «der Königin das Intrigenspiel darzulegen und ihre Aufmerksamkeit darauf zu lenken, welche Persönlichkeiten in der gegenwärtigen Situation mächtigen Einfluß nehmen».[28] Das Wichtigste war es, so schärfte er ihr ein, Zeit zu gewinnen.

Doch die Königin hatte ihre Wahl bereits getroffen. Insgeheim hatte sie sich für die Konterrevolution entschieden. Dies entsprach ihren tiefsten Überzeugungen, und sie hoffte, die Rachegelüste des Grafen von Artois könnten dadurch besänftigt werden. Mercy schrieb, sie habe in jenen stürmischen Tagen zwar eine vorsichtig abwartende Haltung eingenommen, sich aber dennoch «ein wenig zu sehr von der teuflischen Intrige gegen den Finanzminister aufrühren» lassen.[29] Saint-Priest zufolge hatte sie am 23. Juni beschlossen, «das Ministerium umzugestalten».[30] Bis dahin unterstützte sie weiterhin Necker. Da Necker wußte, daß die Prinzen ihn verabscheuten, und mit Schmerz die Vorbehalte des Königspaares registrierte, bot er Ludwig XVI. erneut seine Demission an, wieder lehnte Ludwig ab.

Die meisten Höflinge klagten lautstark darüber, was für ein Fehler es gewesen sei, die Generalstände einzuberufen. Nach den Worten von Bombelles war das Königspaar «vor Angst zu Eis erstarrt».[31] Durch die lebhaften Vorstellungen seiner Frau und seiner Brüder war der König mittlerweile zu der Überzeugung gelangt, daß er einen königlichen Staatsstreich führen mußte, bevor die Revolution sich noch weiter ausbreitete. «Obgleich es ihn von seinem Charakter her kaum nach der absoluten Macht verlangte», schrieb Madame de Staël später, «verzichtete er niemals darauf, sie zu beanspruchen, bei einem Nachfahren Ludwigs XIV. ein verständliches Vorurteil».[32] Dies bedeutete, daß er Necker und die Minister, die auf dessen Seite standen, entlassen und ein neues Kabinett berufen mußte, das eine den Prinzipien der absoluten Monarchie entsprechende politische Linie vertreten würde. Die logische Konsequenz würde sein, die Deputierten nach Hause zu schicken. Doch ohne die Unterstützung der Armee ließ sich ein solches Manöver nicht durchführen. Ohne daß Necker davon erfuhr, rief Ludwig XVI. am 27. Juni den alten Marschall de Broglie zu sich. Am 30. Juni ernannte er de Broglie zum Generalmarschall der Truppen, ein Rang, der üblicherweise nur für besondere Verdienste verliehen wurde; außer dem Marschall von Sachsen war noch niemand damit bekleidet worden. Rings um Paris sammelten sich die Regimenter.

Seit kurzer Zeit unterhielt der König überdies einen regen Briefwechsel mit Baron Breteuil. Nach außen hin erweckte Breteuil den Anschein, als führe er ein zurückgezogenes Leben ohne politischen Ehrgeiz auf seinem Schloß Dangu in der Normandie, tatsächlich wartete er darauf, daß der König ihn rufen würde. Am 1. Juli kam er nach Paris, bereits am nächsten Tag brach er wieder auf, «um nicht durch einen längeren Aufenthalt Schwierigkeiten zu verursachen».[33] An diesem einen Tag traf er mit vielen Leuten zusammen: mit Herzog Montmorency, Herzog La Vauguyon, Marquis Bombelles, dem Rat Vidaud de La Tour, mit Montyon, Chaumont de La Galaisière, Foulon, Bertier, dem Grafen d'Angivillier, der als Mittelsmann zum König fungierte, und einigen anderen. Da Breteuil auf keinen Fall Aufsehen erregen durfte, fuhr er nicht nach Versailles. «Seine Majestät dankt ihm für sein eifriges Bemühen», schreibt Bombelles, dem Breteuil von seiner Unterredung mit dem König berichtete, «bittet ihn, darin fortzufahren, lädt ihn ein, zu korrespondieren und die sichersten Mittel zu suchen, um durch vertrauenswürdige Pläne zu erreichen, daß die beträchtliche Summe Geldes, welche noch unter Verschluß ist, in einer Anleihe in Umlauf gebracht werde. Der König fügt hinzu, Baron Breteuil möge sich bereit halten für den Fall eines Rücktritts oder einer anderen Veränderung, und dieser Satz Seiner Majestät zeigt hinlänglich, daß er den freiwilligen oder erzwungenen Rückzug von Monsieur Necker meinte.»[34] Die Minister registrierten genau, daß der König irgend etwas vorbereitete, seine wiederholten Beratungen mit Marschall de Broglie entgingen ihnen genausowenig wie der geheimnisvolle Gesichtsausdruck der Königin. Necker durchschaute die Pläne des Königs. Er war dagegen, daß Truppen zusammengezogen wurden, konnte sich mit seinen Bedenken jedoch nicht Gehör verschaffen. «Etliche Minister, zu denen auch ich gehörte, erfuhren von diesen Befehlen erst, als sie sich ganz und gar nicht mehr verheimlichen ließen», berichtet er. «Der Kriegsminister schilderte es so, als wäre es eine Vorsichtsmaßnahme angesichts der aufrührerischen Umtriebe in Paris und Versailles.»[35] Die täglich wachsende Zahl von Soldaten vor den Toren der Hauptstadt löste eine wahre Panik bei den Deputierten und bei den Parisern aus. Unverhohlene Freude herrschte hingegen bei der Partei der Aristokraten. Sie befanden, daß das Geschrei aus dem Palais Royal schon nicht mehr so laut ertönte und daß «die Ordnung» bald wieder erreicht wäre. «Wenn die Gerissenheit der Feinde des Staates nicht mehr die Oberhand besitzt», meinte Bombelles, «können wir hoffen, daß die Macht des Königs wiederhergestellt wird zum Besten dieses Landes, für welches jede andere Regierung als die reine Monarchie nicht passend wäre.»[36] Diese Vorstellung von der «reinen Monarchie» teilte auch die Königin.

Marie Antoinette bereitete fieberhaft die große Veränderung vor. Saint-Priest berichtet, daß sie ihn rufen ließ, «um sich selbst ein Bild von meinen Absichten zu machen. Ich bemühte mich, ihr vor Augen zu führen, daß nach den jüngsten Vorfällen im Ballhaussaal, nach der königlichen Beratung, der Vereinigung des Klerus und des Adels mit dem Tiers zur Nationalversammlung, schließlich in Anbetracht der allgemeinen Erregung jedes gewaltsame Vorgehen gefährlich wäre. Ich bemerkte sehr wohl, daß mein Rat nicht gefiel, und darum wurde meine Entlassung und die meiner beiden Amtskollegen beschlossen.»[37] Der König wollte Breteuil in ein Ministerium berufen, das den Kampf gegen die Aufrührer führen sollte, mußte damit aber noch bis zum 10. Juli warten, denn de Broglie rechnete damit, daß er erst zu diesem Zeitpunkt 30 000 Mann vor den Toren von Paris stehen haben würde. Breteuil hatte den König beschworen, «nicht auf jene gefährlichen Einflüsterungen zu hören, welche zum Ziel haben, ihm die Kräfte zu entziehen, welche er unbedingt um sich braucht».[38] Während man abwartete, schloß sich der Graf von Artois, den der König damit beauftragt hatte, große Geldsummen aufzubringen, einem adligen Deputierten des Adels aus dem Béarn an, einem gewissen Baron Batz, der später in der Konterrevolution eine Rolle spielte. Der Plan des Barons sah vor, daß der König unverzüglich beträchtliche Summen bei den wichtigsten Bankiers der Hauptstadt aufnehmen sollte. Auf Bitten des Grafen von Artois begab sich Batz mehrmals nach Dangu und sprach ausführlich mit Breteuil über seinen Plan. Er ließ erkennen, daß er davon träumte, Generalkontrolleur zu werden. Breteuil zögerte, ihn für dieses Amt in Erwägung zu ziehen, denn er wollte erst sicher sein, daß die Bankiers, allen voran der berühmte Hamelin, ihn unterstützten. Nachdem Hamelin und seine Kollegen ihre Zusicherungen gegeben hatten, schickte der Graf von Artois mitten in der Nacht Batz zusammen mit Bombelles nach Dangu. Breteuil machte sich sofort auf den Weg nach Paris und suchte mit Batz und Bombelles den Bankier auf. Nach der entscheidenden Unterredung schrieb Bombelles: «Der König soll, wenn er den Bedingungen zustimmt, auf der Stelle Wechsel der ersten Bankhäuser von Paris über 33 Millionen erhalten, nach und nach will man ihm 100 Millionen zur Verfügung stellen und ihn für 50 Millionen bei der ersten Anleihe in Soumission nehmen. Alles in allem wird es ihn 11 Millionen kosten, um gewiß 150 Millionen zu erhalten. Dies ist eine kostspielige Art, sich Unterstützung zu verschaffen, aber da es absolut notwendig ist, auf der Stelle Geld zu bekommen, scheint es, daß es anders und zu günstigeren Bedingungen nicht möglich ist.»

Und Bombelles fährt fort: «Monsieur de La Vauguyon, der bei der Beratung ebenfalls anwesend sein sollte, konnte erst kurz vor Mitternacht kommen. Er sagte, daß Monsieur und der Graf von Artois alles tun müßten, was ihre Zuneigung zum König ihnen gebiete, um Seine Majestät zu einer Unterredung mit Baron Breteuil zu bewegen und dazu, daß er eine Festigkeit zeige, welche die Vermessenheit der vorgeblichen Nationalversammlung ermüden und erschüttern werde.»[39] Bis heute ist im dunkeln, was genau Baron Breteuil und seine Freunde planten.[40] Necker schreibt darüber: «Ich habe nie genau erfahren, welches ihr Ziel war. Es wurden viele Geheimnisse darum gemacht, und nicht einmal der König kannte alle. Möglicherweise wollte man je nach den Umständen den König zu Maßnahmen veranlassen, über die man nicht mit ihm zu sprechen gewagt hatte.»[41] Bailly zufolge wollte Ludwig XVI. der Nationalversammlung die königlichen Beschlüsse vom 23. Juni vorlegen und die Versammlung auflösen, falls die Deputierten ihre Zustimmung verweigern würden. Das Unternehmen erschien höchst riskant. «Es war die blanke Unvernunft», schrieb Necker später, «sich mit der kleinen Zahl von Soldaten, welche man zusammengezogen hatte, gegen Paris zu stellen. Falls man in einer heimlichen Beratung den Plan gefaßt hatte, mit militärischen Mitteln gegen die Nationalversammlung vorzugehen, hätte man als erstes den König aus Versailles fortbringen müssen. [...] Die in der Hauptstadt immer wieder aufflammenden Unruhen hätten als Vorwand für einen solchen Beschluß des Hofes und gegebenenfalls der Deputierten, sofern sie gehorcht hätten, dienen können. Wenn der Hof sämtliche Garnisonen im Norden hinter sich gewußt hätte, hätte er aus einer weniger gefährlichen Position den Kampf aufnehmen können. Aber jene Minister, welche angetreten waren, den Staat zu lenken und klug alle Schwierigkeiten zu meistern, hatten nichts dergleichen bedacht und erwogen.»[42] Unterdessen setzten die Deputierten ihre Beratungen fort. Sie waren auf der Hut und beobachteten sehr aufmerksam die Truppenbewegungen rund um die Hauptstadt. Am 8. Juli ersuchte die Nationalversammlung auf einen Vorschlag von Mirabeau hin, dessen Reden große Beachtung fanden, den König, er möge die ausländischen Truppen wegschicken. Am nächsten Tag erklärte die Versammlung sich zur Konstituante, zur verfassunggebenden Nationalversammlung. Die drohende Gefahr spornte die Deputierten an, die Zeit drängte. Nach fieberhaften Beratungen am 8. Juli in Versailles fiel die heimliche Entscheidung, Necker zu entlassen. Obgleich die Truppenkonzentration rund um die Hauptstadt noch nicht abgeschlossen war, glaubte der König, er könne nun handeln. Am 10. Juli erwiderte er auf das Ersuchen der Versammlung, die Truppen seien da, um ihn zu schützen. Am 11. Juli entließ er Necker und bat ihn, das Land so unauffällig wie möglich zu verlassen, damit es zu keinem Aufruhr komme. Montmorin und Saint-Priest wurden ebenfalls entlassen, La Luzerne trat zurück. Der König berief Breteuil. Am 13. Juli stellte er sein neues Kabinett zusammen mit La Vauguyon als Außenminister und Marschall de Broglie als Kriegsminister. Marschall Castries sollte Marineminister werden, lehnte jedoch ab.

Die Nationalversammlung nahm am 12. Juli fassungslos die Beschlüsse zur Kenntnis, etliche Deputierte gaben ihrer Empörung lautstark Ausdruck. Die Hauptstadt erhob sich, am Hof kostete man, allen voran die Königin, den vermeintlichen Triumph aus. Genau an diesem Tag kam der junge Chevalier de Chateaubriand nach Versailles, um einen bretonischen Sänger am Hof vorzustellen. «Es gibt Menschen, die Gärten und Fontänen besichtigen, während Reiche einstürzen», schreibt er in seinen *Mémoires d'outre-tombe* (Erinnerungen von jenseits des Grabes). Und er fährt fort: «Zur Stunde der Messe führte ich meinen Pindar in den Saal von Versailles. Im Œil de Bœuf strahlte man: Die Entlassung von Monsieur Necker hatte die Gemüter aufgeheitert; man glaubte sich des Sieges sicher.» Die Königin ging mit ihren beiden Kindern vorüber. Sie «warf mir einen Blick zu und schenkte mir dasselbe anmutige Lächeln, das mir bereits am Tag meiner Einführung [bei Hof] zuteil geworden war.»[43] Damals, ein Jahr zuvor, hatte Chateaubriand die Königin zum ersten Mal gesehen und sie «voller Lebensfreude» gefunden.[44] Am Nachmittag des 13. Juli inspizierten der König und die Königin ausländische Regimenter, die kurz zuvor eingetroffen waren und die man in der Orangerie untergebracht hatte. «Alle Offiziere bis zum letzten Fahnenträger wurden vorgestellt», berichtet der sächsische Diplomat Salmour. Abends veranstaltete man ihnen zu Ehren ein Fest,[45] die Königin, der Graf von Artois und Madame de Polignac nahmen daran teil. Der amerikanische Gouverneur Morris schrieb ganz offen, den Tag «verbrachten sie damit, zwei Regimenter zu bestechen und vollkommen betrunken zu machen».[46] Die königliche Familie und der Hof gaben sich den Anschein, als kümmerten sie die Unruhen in Paris und die Empörung der Nationalversammlung nicht.

Die aristokratische Partei triumphierte indes nicht lange. Höchst alarmierende Gerüchte kursierten in der Hauptstadt und in der Nationalversammlung. «Die Ankunft der Truppen», schrieb Salmour, «hat nicht allein Angst eingeflößt, sondern ein Gefühl von Haß und Rachsucht geweckt, welches seit zwei oder drei Tagen erstaunlich anschwillt.»[47] Der Diplomat behauptete, daß d'Éprémesnil einer der Anstifter der konterrevolutionären Verschwörung sei. «Seinem Plan zufolge müsse man die Generalstände zerschlagen, einige Mitglieder festsetzen, welche besonders hitzig gesprochen hätten, und sie dem Parlament ausliefern, darunter Monsieur Necker. Man müsse ihnen förmlich den Prozeß machen und sie dann wegen Majestätsbeleidigung und Hochverrats auf das Schafott bringen. [...] Besonders ungewöhnlich muß es erscheinen, daß die Urheber solcher Pläne sie öffentlich machen und sich damit der Gefahr aussetzen, daß man sie verhaftet.»[48] Kluge Beobachter befanden, daß die Konterrevolution, sollte sie Erfolg haben, in den Bürgerkrieg führen würde. Inzwischen verließen immer mehr Menschen die Hauptstadt und flohen vor den Unruhen in die Provinz oder ins Ausland.

Die weiteren Ereignisse sind bekannt: Paris erhob sich, die Bastille wurde gestürmt. Am Hof erfuhr man davon erst am Abend des 14. Juli. Der König und die Königin unterschätzten anscheinend zunächst die Tragweite des Geschehens, doch nach und nach begriff Ludwig XVI., daß es sich diesmal nicht um eine begrenzte Revolte von der Art handelte, wie sie seine Vorfahren niedergeworfen hatten. In der Hoffnung, die Ruhe wiederherzustellen, ging er in die Nationalversammlung und kündigte an, daß er seine Truppen zurückziehen werde. Viele Abgeordnete waren von den Gewaltakten in der Hauptstadt verstört, im Triumphzug geleiteten sie ihren Monarchen zum Schloß. «Die Königin sorgte sich um den Erfolg eines solchen Schrittes, zu welchem sie allein ihre Zustimmung gegeben hatte, weil die Umstände es unumgänglich gemacht hatten. Erst der tausendfach wiederholte Ruf ‹Es lebe der König!› zerstreute ihre Angst, und sie trat auf den

Balkon mit dem Dauphin auf dem Arm und der kleinen Madame an der Hand. Gerührt blickte sie abwechselnd auf ihren Sohn und auf die Menge, welche sich entlang der Auffahrt und im Schloßhof verteilt hatte.»[49] Die Königin weinte. Man jubelte ihr zu.

Marie Antoinette war freilich ganz und gar nicht beruhigt. Sie dachte unablässig darüber nach, wie sie ihren Gemahl davon überzeugen konnte, daß sie Versailles verlassen und sich an einen sicheren Ort nahe der Grenze begeben mußten, um fern der Hauptstadt mit Hilfe zuverlässiger Truppen den konterrevolutionären Kampf zu beginnen. Die unerbittlichsten Verteidiger der Ordnung sahen darin die letzte Überlebenschance für die traditionelle Monarchie. Am 16. Juli wurde in einer bewegten Sitzung des Staatsrates über diesen Plan debattiert. Der Graf von Provence plädierte für Zurückhaltung und riet seinem Bruder, in Versailles zu bleiben, der Graf von Artois beschwor ihn abzureisen. Die Königin unterstützte entschieden ihren jüngeren Schwager, sie hatte bereits ihren Schmuck zusammengepackt und ihre Papiere verbrannt. Marschall de Broglie war von der revolutionären Gewalt vollkommen überrascht worden und hatte allen Kampfesmut verloren. Der König entschied zu bleiben. Mit Tränen in den Augen stürzte Marie Antoinette aus dem Zimmer.

Später bereute Ludwig XVI. diesen Entschluß bitter. «Ich weiß, daß ich den richtigen Augenblick versäumt habe. Ich habe ihn versäumt, es war der 14. Juli», sagte er 1792 zu Fersen.[50]

Der König und die Königin waren sich ihres Lebens nicht mehr sicher. Seit dem 14. Juli war eine Liste mit den Namen geächteter Personen im Umlauf, darauf standen der Graf von Artois, Breteuil, de Broglie, Besenval… Auf den Kopf der Königin hatte man eine Belohnung ausgesetzt![51] In Versailles regierte die Angst. Der König forderte seinen jüngeren Bruder auf, das Land zu verlassen, die Königin sprach im selben Sinn mit den Polignacs, mit der Herzogin Guiche, der Gräfin Polastron, mit Vaudreuil, dem Abbé Vermond … Sie alle machten sich heimlich am Abend des 16. Juli oder in der Morgendämmerung des nächsten Tages auf den Weg. «Besonders anrührend war der Abschied der Königin von ihrer Freundin. […] Die Königin hatte mehrere Male den Wunsch, zu ihr zu gehen und sie in die Arme zu schließen, doch ihre Schritte wurden so genau überwacht, daß sie sich diesen Trost versagen mußte. Sie bat Monsieur Campan, bei der Abreise zugegen zu sein, und gab ihm eine Börse mit fünfhundert Louis mit.»[52] Als Vaudreuil sie aufsuchte, um sich von ihr zu verabschieden, fand er sie «blaß, traurig und abgemagert». Unter Tränen habe sie zu ihm gesagt: «Vaudreuil, Ihr hattet recht, Necker ist ein Verräter, wir sind verloren.»[53]

Ludwig XVI. entließ Breteuil und alle Minister, sie gingen ebenfalls ins

Exil. Dann rief er Necker zurück. Die königliche Revolution war kläglich gescheitert. Als Zeichen seines guten Willens versprach Ludwig XVI., er werde am 17. Juli in die Hauptstadt kommen und den Neuerungen seine Zustimmung geben. Die Königin war sicher, daß er nicht lebendig zurückkehren würde, und stellte sich ihm in den Weg. Da er sich von seinem Vorhaben nicht abbringen ließ, flehte sie ihn an, sie mitzunehmen. Er lehnte ab. Sie sah ihm nach in der festen Überzeugung, daß er dem Tod entgegenfuhr. Nachdem er fort war, schloß sie sich mit ihren Kindern in ihren Gemächern ein und verfaßte eine Ansprache, die sie vor der Nationalversammlung halten wollte, wenn der König in Paris gefangengesetzt würde. «Ich trat mehrere Male vor ihre Tür», berichtet Herzog d'Escars, «andere taten dies ebenfalls, weil wir Neuigkeiten erfahren wollten. Sobald man uns ihr meldete, kam sie und fragte, ob wir etwas vom König wüßten. Von ihrer Tür gingen wir an den Anfang der Straße nach Paris, aber wir hörten nichts Beruhigendes. Das Entsetzen der Königin und unsere Angst wuchsen in jener Nacht von Stunde zu Stunde. Schließlich meldete jemand, der König sei auf dem Rückweg.» Die Königin lief ihm mit ihren Kindern entgegen und schloß ihn in die Arme.

Kapitel XXII

Oktobertage

Panik erfaßte Versailles. Jeden Tag verließen Höflinge das Schloß und flohen in die Provinz oder ins Ausland, teilweise in höchst abenteuerlichen Verkleidungen, weil sie um ihr Leben fürchteten, wenn sie als Adlige erkannt würden. Das Schloß leerte sich. Der Prinzenflügel wurde geschlossen, weil niemand mehr dort wohnte. In dem Palast, der stets von Stimmengewirr erfüllt gewesen war, hallten nun die Schritte der letzten Bewohner in den Fluren und Sälen. «Die Gesellschaft der Königin ist auf der Flucht zerstreut», schrieb Salmour. «Etliche ihrer Damen haben sie auf sehr schändliche Weise im Stich gelassen. Alle, die sich vorwerfen müssen, daß sie die Gunst Ihrer Majestäten oder der Prinzen mißbraucht haben, oder die fürchten, daß dieser Vorwurf gegen sie erhoben werden könnte, sind geflohen. Madame de Balbi vom Hof von Monsieur, Madame de Lage vom Hof von Madame de Lambelle, Madame de Châlons von der Gräfin von Artois, Madame de Bombelles von Madame Elisabeth, Madame de Polastron vom Hof der Königin und all ihre Freunde sind im Ausland, ebenso alle Prinzen von Geblüt mit ihren Hofleuten, ausgenommen der Herzog von Orléans. [...] Madame de Brionne und alle Lothringer, die Fürstin von Monaco, Madame de Marsan und alle Mitglieder der Familie Rohan, die gesamte Familie de Broglie mit allen Töchtern, sieben an der Zahl, und deren Ehegatten, alle hohen Offiziere aus de Broglies Armee, Marschall Castries, Monsieur de Sartine, vollzählig die Familien Polignac, Ossun, Gramont und Guiche.»[1] Dieser bereits langen Liste könnte man noch viele andere Namen hinzufügen, genannt seien nur der Prinz von Condé, der Herzog von Luxembourg, Herzog La Vauguyon, Villedeuil, Barentin, Cossé-Brissac, Le Noir, Lefèvre d'Amécourt, Angiviller. Mercy, der in jenen angsterfüllten Tagen an den Hof zurückkehrte, «sah überall nur Konfusion. Niemand weiß, was zu tun ist, man überläßt alles dem Zufall», schrieb er an den Kaiser.[2] «Das Schloß ist ohne Wache, es steht offen für jedermann», berichtet Salmour. «In Versailles ist alles ratlos.»[3]

Nach den aufwühlenden Ereignissen der zurückliegenden Tage zog sich die Königin in ihre Gemächer zurück. Sie beschäftigte sich mit ihren Kindern und unterhielt sich mit dem König. Seit eine Belohnung auf ihren Kopf ausgesetzt war, fürchtete man um ihr Leben. Sie wagte kaum noch, sich auf der Terrasse zu zeigen. Abends soupierte die königliche Familie bei Madame, Marie Antoinette blieb nie lange. Es ging das Gerücht, sie habe in Saint-Cyr Zuflucht gesucht. «Sie trägt ihre Lage mit viel Geduld und Mut», schrieb Mercy. Er war sehr besorgt über «die Raserei gegen die Königin, welche [...] sich der Gemüter bemächtigt hat». Marie Antoinette gab sich den Anschein, als kümmerte sie sich überhaupt nicht mehr um Politik. Mercy schilderte ihr in langen Gesprächen die Situation und «bekämpfte dabei einige tiefe Vorurteile, welche die Hofintrige ihr eingegeben hatte». Er versuchte, ihre Unterstützung für Necker – auf den man noch wartete – zu gewinnen und ebenso für Saint-Priest und Montmorin, die der König gleichfalls zurückgerufen hatte. Doch die Königin blieb unschlüssig, welche Haltung sie einnehmen sollte.[4] Necker erfuhr in Basel, daß der König ihn zurückgerufen hatte, und traf am 29. Juli nach einer triumphalen Reise in Versailles ein; überall in den aufständischen Provinzen jubelte man ihm begeistert zu. Die Königin empfing ihn persönlich, wie sie es bereits bei Saint-Priest und Montmorin getan hatte. «Sie war freundlich zu uns und legte uns Eifer im Dienst für den König ans Herz», berichtet Saint-Priest, «eine Verpflichtung, welche unsere Rückberufung verstärkt habe. Wir beide hörten die Ermahnung respektvoll an, doch als sie das gleiche auch zu Monsieur Necker sagte, antwortete er ihr, Eifer im Dienst für den König sei eine Pflicht seiner Stellung, aber Dankbarkeit schulde er nicht. Man kann sich leicht vorstellen, daß eine so hochmütige Sprache nicht dazu angetan war, die Abneigung der Königin gegen Necker zu zerstreuen.»[5] Am Ende der Unterredung ergriff Necker die Hand der Königin und küßte sie, ohne daß er zuvor ihre Erlaubnis erbeten hatte. In den Augen der Königin war das in höchstem Maße unschicklich. Diese Geste «zeigte ihr deutlicher als die Angriffe gegen die Rechte des Königs, daß der Thron wankte».[6]

Frankreich durchlebte die Erschütterungen jener «Großen Furcht», der die Nationalversammlung dadurch Einhalt zu gebieten suchte, daß sie in einer denkwürdigen Sitzung in der Nacht zum 4. August die Abschaffung der Privilegien beschloß. Damit war die Ständegesellschaft, die Ludwig XVI. so zäh verteidigt hatte, endgültig tot. Dennoch rechnete man damit, daß er den Beschluß in Kraft setzen würde. Die Deputierten kamen bei den Beratungen über die Verfassung zunächst zügig voran, doch dann gerieten sie in der Frage des Vetos in Streit. Mounier, Mirabeau und all diejenigen, die man bald die Monarchisten nannte, wollten dem König eine starke exekutive Gewalt geben und befürworteten ein absolutes Vetorecht. Die Patrioten, an deren Spitze das «Triumvirat» Barnave, Duport und Lameth stand, sprachen sich lediglich für ein aufschiebendes Veto aus. Necker unterstützte sie, und sie trugen den Sieg davon. Die Versammlung ging sogar noch weiter: Der König sollte keine Gesetzesinitiative haben, dieses Recht sollte vielmehr einer gewählten Kammer zukommen, in deren Händen allein die legislative Gewalt liegen würde. Die Erklärung der Menschenrechte verkündete die Gleichheit aller Bürger und die unumschränkte Souveränität der Nation. Die Gedanken der Philosophen der Aufklärung, die Ludwig XVI. stets so vehement abgelehnt hatte, wurden darin zu Gesetzen erhoben, das war gewissermaßen der symbolische Todesstoß für die überkommene Monarchie. Jeder führte die Worte Freiheit und Gleichheit im Munde. In Mercys Augen war die künftige Verfassung «das Grab für die Autorität des Königs».[7]

Während das Ancien régime unter den entsetzten Blicken des Königspaares zusammenstürzte, flackerte in Versailles wieder ein Funken höfischen Lebens. Der König ritt mit seinem Gefolge wie gewohnt zur Jagd, dienstags empfing er die Botschafter mit ihren Gemahlinnen. Stolzer denn je führte Marie Antoinette in ihren Gemächern den Vorsitz bei den Spielen. Ein einfacher Augenzeuge beobachtete sie am 16. August, sie trug ein weißes, über und über mit Blumen besticktes Leinenkleid. «Sie hat eine herrliche, aber sehr hochmütige Gestalt und göttliche Hände», berichtete er.[8] Die Ehefrauen der Minister gaben große Diners, man rühmte besonders diejenigen von Madame Necker und Madame de La Tour du Pin. Am Tag von Mariä Himmelfahrt, dem Festtag der Königin, nahm das Herrscherpaar mit allem Glanz an der Prozession teil, die auf ein Gelübde von Ludwig XIII. zurückging.

Die Etikette forderte wieder ihren Tribut, aber die Regeln waren hohl, nur äußerer Schein. Dies wurde deutlich am Tag des heiligen Ludwig, dem 25. August. Traditionell kamen am Festtag des Königs die Schöffen und Offiziere der Stadt sowie die Marktweiber nach Versailles und überbrachten dem König ihre Glückwünsche. Diesmal schlossen sich die Nationalgarde unter ihrem Oberbefehlshaber La Fayette und der Magistrat der Stadt dem Zug an. Im grünen Salon neben ihrem Schlafzimmer thronte die Königin im Glanz ihrer Diamanten auf einem Sessel mit hoher Lehne, umgeben von einigen Herzoginnen und Frauen ihres Hofstaates, und empfing die Delegationen. Als Bailly an der Reihe war, verbeugte er sich tief, berührte jedoch nicht mit einem Knie den Boden, wie es die Sitte verlangte. Die Königin war über diesen absichtlichen Verstoß gegen das Protokoll so verwirrt, daß sie «mit einer leichten Bewegung des Kopfes antwortete, welche nicht sehr freundlich war», berichtet die Marquise La Tour du Pin. «Er hielt eine kurze, sehr gut verfaßte Rede und sprach von Ergebenheit, Zuneigung und auch ein wenig von den Ängsten des Volkes angesichts des Mangels, welchem es jeden Tag ausgesetzt sei.»

In der Schilderung der Marquise heißt es weiter: «Anschließend trat Monsieur de La Fayette vor und stellte den Stab seiner Nationalgarde vor. Die Königin errötete, ich sah, daß sie aufs äußerste erregt war. Mit zitternder Stimme stammelte sie einige Worte und entließ sie dann mit einem Kopfnicken. Sie gingen davon, voller Unmut über die Königin, wie ich inzwischen erfahren habe. Diese unglückliche Fürstin hat nie die Bedeutung der Umstände ermessen, in welchen sie sich befand; sie handelte immer so, wie es ihr gerade einfiel, ohne die Folgen zu bedenken. Ein Wort hätte genügt, die Offiziere der Nationalgarde zu gewinnen, statt dessen zogen sie sich übel gelaunt zurück und verbreiteten ihre Unzufriedenheit in Paris, was den Groll, welchen man gegen die Königin hegte, weiter nährte.»[9] Man warf ihr immer noch vor, sie sei das Haupt der «aristokratischen Verschwörung», deren Ziel es sei, Paris auszuhungern und jeglichen Widerstand mit Gewalt zu brechen. In der Hauptstadt waren neue Schmähschriften im Umlauf.[10] Die Menschen lebten in der Furcht, sie würden bald nichts mehr zu essen haben.

Den Sommer 1789 verbrachte Marie Antoinette nicht in Trianon. Sie unternahm dort lediglich lange Spaziergänge, oft zusammen mit ihren Kindern. Mit den Kindern befaßte sie sich sehr viel mehr als in der Vergangenheit. Zur Nachfolgerin von Madame de Polignac als Gouvernante hatte sie die ruhige und besonnene Madame de Tourzel bestimmt. Am 24. Juli verfaßte die Königin für sie die folgende lange, immer wieder zitierte Anleitung für die Erziehung des Prinzen.

«Mein Sohn ist vier Jahre und vier Monate weniger zwei Tage alt. Ich spreche nicht von seinem Wuchs und seinem Äußeren: man braucht ihn nur anzusehen. Seine Gesundheit ist immer gut gewesen, aber schon in der Wiege konnte man bemerken, daß seine Nerven sehr empfindlich waren, bereits das geringste Geräusch hatte eine Wirkung auf ihn [...]. Die Empfindlichkeit seiner Nerven hat zur Folge, daß jedes Geräusch, woran er nicht gewöhnt ist, ihn erschreckt. Er fürchtet sich zum Beispiel vor Hunden, weil er einmal ihr Bellen in seiner Nähe gehört hat. Ich habe ihn niemals gezwungen, Hunde anzuschauen, weil ich glaube, daß seine Furcht weichen wird in dem Maße, wie er vernünftiger wird. Er ist wie alle kräftigen und gesunden Kinder sehr ausgelassen und leichtsinnig und sehr heftig in seinen Zornesausbrüchen, aber er ist ein gutes Kind, zärtlich und sogar liebevoll, wenn ihn seine Heftigkeit nicht mitreißt. Er besitzt ein sehr großes Selbstbewußtsein, was ihm eines Tages zum Vorteil gereichen kann, wenn man es richtig lenkt. Bis er sich mit jemandem gut versteht, vermag er sich zu beherrschen und schluckt selbst Ungeduld und Zorn hinunter, um sanft und liebenswürdig zu erscheinen. Er hält, was er versprochen hat, aber er ist sehr indiskret und plaudert ohne weiteres alles aus, was er gehört hat. Oft fügt er, ohne daß er lügen will, etwas hinzu, was seine Einbildungskraft ihm eingegeben hat. Dies ist sein größter Fehler, und er muß korrigiert werden. Im übrigen ist er, ich wiederhole es, ein gutes Kind. Mit Einfühlung und zugleich Festigkeit ohne allzu große Strenge wird man ihn stets leiten können. Aber gegen Strenge würde er aufbegehren, denn er ist sehr willensstark für ein Kind seines Alters. Um ein Beispiel dafür zu geben: Das Wort ‹Verzeihung› hat ihn entsetzt, seit er ganz klein war. Wenn er unrecht hat, wird er alles tun und alles sagen, was man von ihm will, aber das Wort ‹Verzeihung› bringt er nur unter Tränen und unendlichen Qualen hervor.

Meine Kinder wurden dazu erzogen, stets Vertrauen zu mir zu haben und es mir selbst zu sagen, wenn sie ein Unrecht begangen haben. Dies bewirkt, daß ich eher gekränkt und traurig erscheine über das, was sie angestellt haben, als erzürnt. Ich habe sie alle daran gewöhnt, daß ein Ja oder Nein aus meinem Mund unwiderruflich ist, aber ich gebe ihnen stets eine Begründung, welche ihrem Alter angemessen ist, damit sie es nicht für eine Laune von mir halten. Mein Sohn kann nicht lesen und lernt schlecht; er ist zu zerstreut, um sich mit einer Sache zu beschäftigen. Er hat keine Ahnung von seiner hohen Stellung, und ich wünsche dringend, daß dies so bleibt. Unsere Kinder werden noch früh genug erfahren, wer sie sind. Er liebt seine Schwester sehr und hat ein gutes Herz. Sooft ihm etwas Vergnügen bereitet, sei es, irgendwohin zu gehen, sei es, daß man ihm etwas schenkt, ist sein erster Gedanke, daß er das gleiche für seine Schwester erbittet. Er ist von Natur aus fröhlich, für seine Gesundheit braucht er viel frische Luft, und ich glaube, es ist besser, wenn man ihn draußen auf der Terrasse spielen und lernen läßt, als lange Spaziergänge mit ihm zu unternehmen. Die Bewegung, welche sich kleine Kinder verschaffen, wenn sie in der frischen Luft rennen und spielen, ist gesünder, als wenn man sie zum Laufen zwingt, was sie oft sehr ermüdet.»[11]

Im Juni war Fersen nach Valenciennes zurückgekehrt, «Joséphine» vergaß er nicht. Er schrieb ihr und kam für kurze Besuche nach Versailles, dabei «hatte er weiterhin jederzeit freien Zutritt zu ihr und traf sie oft im Petit

Trianon».[12] Weil er sich große Sorgen um die Königin machte, beschloß er, sich ab September eine Wohnung in Versailles zu nehmen. Er befürchtete, daß seine Korrespondenz abgefangen wurde, und bat darum seine Schwester Sophie, «die Angelegenheiten dieses Landes und *sie* mit Vorsicht zu erwähnen». In seiner Korrespondenz und sogar in seinem Tagebuch war die Königin künftig «sie».[13]

Ohne daß man sich am Hof dessen bewußt geworden war, hatte sich die Lage im Königreich insgesamt und in Paris im besonderen dramatisch zugespitzt. Die Unruhen, die seit Juli das Land erschütterten, hatten das Defizit noch schlimmer gemacht, und Necker sah sich gezwungen, von der Nationalversammlung eine Anleihe zu verlangen. Der Erfolg war so gering, daß er die Deputierten bat, ein Sonderopfer aller Franzosen zu beschließen. Die Steuer sollte ein Viertel des Einkommens betragen, dazu eine Abgabe in Edelmetall. Viele Frauen gaben ihre Juwelen her, manche trennten sich sogar von einfachen Kreuzen aus Gold oder Silber. Der König und die Königin fanden es angebracht, ihr Geschirr dem Vaterland zu opfern. Der September war traditionell der Monat, in dem man die Zeit zwischen zwei Ernten überbrücken mußte; die Vorräte der letzten Ernte waren aufgebraucht, die neue Ernte war noch nicht eingefahren. In diesem Jahr war diese Periode ganz besonders kritisch. Möglicherweise würde das Brot knapp werden. Die Menschen lebten in beständiger Angst vor einer Hungersnot und Hamsterkäufen.

Die Versammlung im Palais Royal, das Herz der Revolution, genoß nicht mehr dasselbe Ansehen wie vor dem 14. Juli. Einzelne Redner griffen erbittert den Hof an, die Deputierten, weil sie angeblich von den Aristokraten gekauft waren, und den König, weil er sich immer noch weigerte, die Dekrete über die Abschaffung der Privilegien und die Menschenrechte zu unterzeichnen. Allein der Gedanke, daß der Absolutismus im königlichen Vetorecht weiterleben könnte, löste einen Sturm der Entrüstung aus. Die Versammlung debattierte endlos über dieses Thema. «Man hat gewagt [...], einen Vorschlag abzufassen, welcher zum Ziel hat, die Versammlung daran zu hindern, daß sie dem König das Vetorecht zubilligt. Ferner soll der König aufgefordert werden, mit Monsieur le Dauphin den Louvre in Paris zu bewohnen, während die Königin sich nach Saint-Cyr zurückziehen soll», heißt es in der *Correspondance secrète* unter dem Datum des 3. September.[14]

Für die Menschen in der Provinz verkörperte die Königin alle Schrecken einer blutigen Gegenrevolution. In Colmar erzählte man sich, sie plane, «die Versammlung mit einer Sprengladung in die Luft zu jagen» und «die Armee nach Paris zu schicken, damit sie dort alles niedermetzelt». In Dijon glaubte man fest, sie wolle die Hauptstadt in Brand stecken und Monsieur und den König vergiften, nachdem sie dem Grafen von Artois die Herrschaft übertragen habe.[15] Alle Franzosen waren anscheinend überzeugt, daß die Königin auf den Untergang des Landes sann.

Am 30. August wollte der Marquis Saint-Huruge, dessen Herz für die Sache des Volkes schlug, einen kleinen Trupp von fünfzehnhundert Mann nach Versailles führen und die aristokratische Verschwörung zerschlagen, über welche die Gazetten täglich Schlimmeres zu berichten wußten. La Fayette, der Generalissimus der Nationalgarde, stellte sich dem Marquis mit seinen Truppen auf der Rue Saint-Honoré in den Weg.

Es kehrte keine Ruhe ein. Ein neues Gerücht besagte, der König wolle nach Metz fliehen und sich dort an die Spitze der Konterrevolution stellen. Es sah so aus, als stünde eine neuerliche Erhebung des Volkes bevor. Die Gerüchte enthielten einen wahren Kern. Der Adel in der Provinz bewaffnete sich. Im Ministerrat sprach Montmorin davon, daß es eine Verschwörung gebe, deren Ziel es sei, den König zu entführen und mit einer Eskorte nach Chambord zu bringen. Dann solle die Nationalversammlung aufgelöst und Paris zurückerobert werden. «Der König tat die Angelegenheit als unsinniges Gerede ab, um das man sich nicht kümmern müsse», schrieb Nuñez an Florida Blanca. «Soviel scheint bisher gewiß, daß die Beteiligten nichts unternommen haben, um ihren Plan zu entdecken. Wenn der Plan zu unserem Unglück zur Ausführung gelangte, könnte man nicht anders darauf reagieren, als zur Erhebung der Hauptstadt anzustacheln, was in Anbetracht der Getreideknappheit, welche sich weiter verschlimmert hat, nicht schwer wäre. Dann würde man die Erhebung zum Anlaß nehmen, nach Versailles zu eilen und den König zu bedrohen, ihm vor Augen zu führen, daß seine Person sich in schlimmster Gefahr befinde, wenn er nicht unverzüglich und vollkommen von der Gegenrevolution ablasse.»[16] Alarmiert von den Gerüchten, sprach Montmorin lange mit der Königin und warnte sie eindringlich vor den Gefahren einer Konterrevolution.

Immer wieder war zu hören, daß in den Gemächern des Herzogs von Orléans die finstersten Intrigen ersonnen wurden, daß der Herzog nach der Krone strebe. Am Hof machte man ihn für die umstürzlerischen Umtriebe in der Hauptstadt verantwortlich. Obgleich über das angebliche Komplott des Herzogs von Orléans viel Tinte geflossen ist, läßt sich bis heute nicht eindeutig beweisen, daß es ein solches Komplott tatsächlich gegeben hat. Es ist immer nur von Gerüchten die Rede, hieb- und stichfeste Beweise fehlen.

La Fayette fürchtete, daß sich die Lage so zuspitzen könnte, daß man der Ausschreitungen nicht mehr Herr würde, und setzte einzelne Trupps der Nationgarde nach Versailles in Marsch. Gegenüber Saint-Priest machte er kein Hehl daraus, wie beunruhigt er war, am 17. September schickte er ihm einen alarmierenden Brief. Dieser Brief kam Saint-Priest, dem Minister des königlichen Hofstaates, sehr gelegen. Drei Tage zuvor hatte er das Regiment Flandern zum Schutz der königlichen Familie von Douai nach Versailles beordert, aber dieser Befehl verstieß gegen ein jüngst erlassenes Dekret, das für eine solche Maßnahme die Zustimmung des Magistrats der Stadt verlangte. La Fayettes Brief unterstützte die schwerwiegende Entscheidung, die Saint-Priest allein mit Billigung des Königs getroffen hatte und die darum als weiterer Versuch eines königlichen Staatsstreichs hätte aufgefaßt werden können. Auf diesem Hintergrund wird auch der folgende sibyllinische Satz aus den Memoiren von Saint-Priest verständlich: «Ich hatte unter Vorwänden das flandrische Infanterieregiment nach Versailles geholt.»[17] Der Schein blieb gewahrt.

Über die wahren Absichten des Königs und der Königin um diese Zeit ist wenig bekannt. Es gibt keine Anhaltspunkte dafür, daß sie planten, nach Metz zu fahren und die Nationalversammlung gewaltsam aufzulösen. Allem Anschein nach war der einzige Grund für die Truppenverlegung tatsächlich die Sicherheit der königlichen Familie. Doch aus Versailles drangen unablässig alle möglichen Gerüchte, die bestens dazu angetan waren, die öffentliche Erregung zu schüren.

Die zwiespältige Haltung des Königs – er lehnte die Revolution ab und duldete sie zugleich – entmutigte seine Anhänger und beunruhigte seine Gegner. Seine Anhänger nahmen die Nachricht von der Ankunft der Truppen gleichgültig zur Kenntnis, seine Gegner hingegen voller Empörung. Am 21. September bat Mirabeau im Namen der Nationalversammlung den König, er möge erklären, warum er die Truppen gerufen habe. Barnave, Lameth, Duport und Le Chapelier forderten ohne Umschweife den Abzug der flandrischen Infanteristen, doch Saint-Priest lehnte dies kategorisch ab. In den Augen der Deputierten und der Pariser Bevölkerung war es kein Zufall, daß Ludwig XVI. gerade zu dem Zeitpunkt militärische Verstärkung holte, da er sich weigerte, die Dekrete vom 4. August zu unterzeichnen.

Noch bevor das Regiment Flandern in Versailles eingetroffen war, brach in Paris der Aufstand los. Man schrie Verrat, in Kaffeehäusern, Clubs und auf der Straße forderte man lauthals, der König müsse nach Paris gebracht werden. Einzelne Zeitungen verlangten sogar eine blutige Säuberung. «Ihr seid von Aristokraten umstellt», warnte der *Fouet national,* «sie wollen euch in Eisen legen, und ihr schlaft! Wenn ihr sie nicht unverzüglich auslöscht, wird Sklaverei, Elend, Verzweiflung euer Los sein.»[18]

Mit Trommlern an der Spitze zog das flandrische Regiment am 23. September in Versailles ein, es wurde vom Kommandanten der Nationalgarde der Stadt, Graf d'Estaing, empfangen. Es gab keine Zwischenfälle, Ludwig XVI. und Marie Antoinette atmeten auf. Zu ihrem Schutz standen neben den 1100 flandrischen Infanteristen 600 Mann der Leibgarde in Versailles, ferner einige Trupps Jäger, eine Kompanie Invalide, eine Kompanie Feldjäger und die Nationalgarde. Der König und die Königin wollten für gutes Einvernehmen unter den Soldaten sorgen. Die Königin schenkte der noch nicht gut ausgerüsteten Nationalgarde Fahnen. Am 30. September wurden in der Kathedrale Notre-Dame in Anwesenheit des Befehlshabers von Versailles, des Magistrats von Paris, zahlreicher Deputierter und vieler Schaulustiger die Fahnen gesegnet, anschließend fand ein Festessen statt, bei dem die Soldaten auf die Gesundheit des Königs, der königlichen Familie und das Wohlergehen der Nation tranken. Die Offiziere des neuen Regiments wurden bei Hofe empfangen. Die Königin bot ihnen einen Platz an ihrem Spieltisch an, und es wurden ihnen all jene kleinen Privilegien zuteil, die der Eitelkeit so sehr schmeicheln.

Wenn ein Regiment in eine Stadt kam, war es Brauch, daß die Offiziere der Garnison für ihre neuen Kameraden ein Bankett veranstalteten. Die Leibgarde wollte sich an den Brauch halten und wandte sich an den König. Der König stellte ihnen für das Bankett zu Ehren der Offiziere des Regiments Flandern den Opernsaal des Schlosses zur Verfügung. Am 1. Oktober wurde eine verschwenderische Tafel mit 210 Gedecken aufgebaut, das Festmahl begann um halb vier am Nachmittag, und nach dem zweiten Gang war die Stimmung bereits mehr als ausgelassen. Unter Fanfarenklängen trank man auf den König, die Königin, den Dauphin und sämtliche Mitglieder der königlichen Familie. Etliche Höflinge, Deputierte und einige Privatleute hatten die Erlaubnis erhalten, in den Logen dem Fest beizuwohnen. Viele stimmten in die Hochrufe der Offiziere mit ein. Jemand schlug vor, auf das Wohl der Nation zu trinken, doch niemand reagierte. Ganz benommen von den Jubelrufen, eilte die junge Madame de Tessé zur Königin und beschwor sie, mit dem Dauphin in die Oper zu kommen. Marie Antoinette hatte es für besser gehalten, nicht zu dem Bankett zu erscheinen, doch schließlich gab sie dem freundlichen Drängen nach und beschloß hinzugehen, sobald der König von der Jagd zurückkehren würde. Gegen Ende des Diners, als gerade neue Toasts ausgebracht wurden, betrat die königliche Familie die große Loge. Das Orchester spielte *Oh Richard, oh mein König!*, und alle Anwesenden sangen trunken vor Begeisterung mit. Alle klatschten, und ein ums andere Mal ließen sie den König, die Königin und den Dauphin hochleben. Ein Offizier der Schweizergarde trat auf die Königin zu und bat sie, ihm zu gestatten, daß er den Dauphin durch den Saal führte. «Sie willigte ein, und der arme kleine Junge zeigte keine Spur von Furcht. Der Offizier stellte das Kind auf den Tisch, und er lief unerschrocken rundherum, lächelte und nicht im mindesten beunruhigt von den Schreien um ihn her. Die Königin war nicht so ruhig, als man ihn wieder zu ihr brachte, schloß sie ihn zärtlich in die Arme.»[19] Später geleiteten die Offiziere Ludwig XVI. und Marie Antoinette unter Hochrufen zu ihren Gemächern. Den ganzen Abend war der Wein in Strömen geflossen, alle waren reichlich betrunken. Zwei Offiziere erklommen den Balkon über dem Marmorhof, ein dritter war zu beschwipst für dieses Manöver und setzte sich schluchzend unter den Balkon. Andere tanzten unter den Fenstern der Königin und grölten: «Es lebe der König! Nieder mit der Nationalversammlung!»

Doch nicht alle Zuschauer überließen sich der euphorischen Stimmung. Viele Deputierte waren empört darüber, daß die Offiziere solche Verachtung für die Nation und die Nationalversammlung, die Vertretung der Nation, gezeigt hatten. Ein Deputierter hatte zwei junge Mädchen angesprochen, die in Begleitung von Madame Campan erschienen waren und sich mit Hochrufen auf den König die Lunge aus dem Leib schrien. Er entrüstete sich über solchen «Fanatismus» bei jungen, hübschen Französinnen und begann einen fruchtlosen Disput mit ihnen, den Madame Campan schließlich mit der Selbstgewißheit einer Frau beendete, die weiß, auf wessen Seite Recht und Wahrheit stehen. Selbst Monsieur de La Tour du Pin gab zu, daß im Verlauf des Banketts «unüberlegte Worte fielen».[20] Es hieß, man habe dreifarbige Kokarden in den Staub getreten und weiße Kokarden angesteckt. Der spanische Botschafter schrieb über die Ereignisse, er empfinde «ebensoviel Erstaunen wie Abscheu, wenn Personen von allerhöchster Stellung über diesen unpassenden Tumult so begeistert sprechen, als handelte es sich darum, daß eine Armee innerhalb einer Stunde im Sturm Gibraltar erobert hätte».[21] Über den Vorfall mit den Kokarden ist viel geschrieben worden. Madame de La Tour du Pin zufolge verteilten Madame de Maillé und einige andere Damen weiße Bänder von ihren Hüten an die Offiziere. Madame Campan behauptet, einige junge Soldaten von der Nationalgarde hätten ihre Kokarden verkehrt herum angesteckt, mit der weißen Seite nach außen. Ob die Kokarden wirklich mit Füßen getreten wurden oder nicht, ändert letztlich nicht viel am Charakter der Veranstaltung. Es war offensichtlich, daß es sich um eine Demonstration konterrevolutionärer Gesinnung gehandelt hatte.

Angesichts der Treuebekundungen schöpften der König und die Königin wieder Mut. Am nächsten Tag kam eine Abordnung der Nationalgarde zu Marie Antoinette und dankte ihr für die Fahnen, die sie ihnen geschenkt hatte. «Der Donnerstag», ließ sie die Gardisten wissen, «hat mich sehr erfreut. Die Nation und die Armee müssen treu dem König verbunden bleiben, wie wir es sind.»[22] Am Samstag, dem 3. Oktober, brachten die Truppen bei einem weiteren gemeinsamen Mahl wieder Hochrufe auf den König und die königliche Familie aus. Am Sonntag, dem 4. Oktober, richtete der Magistrat ein opulentes Bankett für das Regiment Flandern aus, während das Volk nach Brot schrie.

Die Berichte über die Gelage wurden in Paris mit Empörung aufgenommen. Alle Zeitungen schrieben erbost über die Orgien, die wenig vertrauenerweckende Truppen angeblich mit der königlichen Familie gefeiert hatten. Es erschien wie eine Provokation, daß die Soldaten in köstlichen Speisen schwelgten, während die Pariser vor den Bäckereien Schlange standen. Die Provokation war um so ungeheuerlicher, als die Truppen offensichtlich in die Stadt geholt worden waren, um die Revolution zu zerschlagen. An diesem Sonntag, dem 4. Oktober, riefen die bekanntesten Journalisten und am meisten beachteten Redner die Pariser zu den Waffen: Marat in seinem *Ami du peuple,* Danton im Club der Cordeliers, Camille Desmoulins im Palais Royal ... Das Volk sollte nach Versailles marschieren und den König in die Hauptstadt bringen.

«Der Hof war von einer einzigartigen Verblendung erfaßt», schreibt Madame de La Tour du Pin, «und sah keines der verhängnisvollen Ereignisse voraus. [...] Man glaubte, diese Revolte sei genauso wie alle früheren und die Nationalgarde, deren man sich sicher fühlte, werde genügen, um das Volk in Schranken zu halten.» Alles schien ruhig, als der König am Montag, dem 5. Oktober, gegen halb elf zur Jagd in den Wäldern von Meudon aufbrach. Marie Antoinette wollte unterdessen in Trianon spazierengehen. Die Kinder des Königspaares unternahmen eine Ausfahrt, Madame Elisabeth war zu Pferd nach Montreuil unterwegs, wo sie dinieren wollte. Kurz vor elf Uhr stürzte ein Diener zu Monsieur de Saint-Priest und meldete, daß «die Garde von Paris [...] mit einer Menge Volkes, Männer und Weiber, nach Versailles marschiere».[23] Hastig kritzelte Saint-Priest eine Nachricht für den König auf ein Stück Papier und schickte einen Offizier damit los. Saint-Priest schreibt, er habe auch die Königin benachrichtigen lassen, doch bevor sie seine Nachricht erhielt, trafen bereits der Graf von Provence und Madame Elisabeth bei ihr ein, als sie gerade ihr Mittagessen beendet hatte. Madame Elisabeth hatte in Montreuil gehört, daß die Pariser nach Versailles zogen, und war auf der Stelle umgekehrt. Im Schloß eilte sie zum Grafen von Provence, er brachte sie zur Königin. «Meine Mutter war überrascht», berichtet Madame Royale, die Tochter der Königin, «weil es nicht die Stunde war, zu welcher sie üblicherweise kamen. Sie ging in ein anderes Zimmer und sprach dort mit ihnen. Fast sofort kam sie wieder zurück. Sie war sehr aufgeregt über das, was sie soeben gehört hatte, aber noch mehr beunruhigt über das Schicksal meines Vaters.»[24]

Während man den König suchte, verbreitete sich die Nachricht in Versailles. Die Bedienten in ihrer Livree strömten in die Säle und harrten skeptisch, spöttisch oder sorgenvoll der Dinge, die da kommen würden, die Hofdamen drängten sich an den Fenstern, die Herren flüsterten. Man wartete. Die Gittertore waren verschlossen und alle Ausgänge notdürftig verbarrikadiert worden. Die Königin hatte sich in ihre Gemächer zurückgezogen. Sie hätte ohne weiteres mit ihren Kindern und einer kleinen Eskorte das Schloß verlassen können, die Kutsche des Dauphins war noch angespannt von der Spazierfahrt. Statt dessen wurde befohlen, die Kutsche auszuspannen. «Jeden Augenblick schickte man jemanden zur Straße», schildert Madame de La Tour du Pin die Ereignisse, «der berichten sollte, was zu sehen war. Schließlich wurde gemeldet, eine unüberschaubare Horde von Männern und vielen Frauen marschiere nach Versailles; nach dieser Art von Vorhut komme die Nationalgarde von Paris mit ihren Kanonen und danach eine weitere große Schar von Menschen ohne jegliche Ordnung.» In einem anderen Bericht heißt es: «Angesichts einer Gefahr, deren Ausmaß man noch nicht recht ermessen konnte, versammelte sich der Magistrat von Versailles. Graf d'Estaing erhielt den Auftrag, Gewalt mit Gewalt zurückzuschlagen, wenn alle anderen Mittel, den Frieden zu erhalten, erschöpft seien.»[25]

Doch solange der König nicht da war, «konnte niemand den ersten Schritt zu einer feindseligen Maßnahme tun».[26] Gegen drei Uhr am Nachmittag kehrte Ludwig XVI. endlich ins Schloß zurück. Der Bote von Saint-Priest war in der Nähe der Porte de Châtillon auf den König und dessen Gefolge gestoßen. Ludwig ritt im gestreckten Galopp nach Versailles zurück; nicht einmal vor dem Regiment Flandern, das ihm zujubelte, hielt er an. Er kündigte an, daß in einer halben Stunde der Staatsrat tagen werde, und schloß sich dann in seinen Gemächern ein.

In aller Eile versammelte sich die Nationalgarde, aber es hieß, die Männer würden sich weigern, auf die Menge zu schießen. Als der erste Trupp von drei- oder vierhundert Frauen Versailles erreichte, wurde Generalalarm gegeben, man läutete die Sturmglocke. Erschöpft von dem langen Marsch – sie waren seit dem Morgen unterwegs –, suchten die meisten bei der Nationalversammlung Zuflucht.

Im Schloß herrschte ein heilloses Durcheinander, der König beriet unterdessen mit seinen Ministern. Saint-Priest hatte noch kurz vor der Sitzung über die «Fehler des Hofes und die Schwäche des Königs»[27] gewettert, er plädierte für radikale Lösungen. «Ich führte aus», schreibt er, «wie gefährlich es wäre, diese Volksmenge in Versailles zu erwarten, und schlug Maßnahmen vor, welche man in dieser Situation ergreifen sollte. Sie bestanden darin, ein Bataillon des Regiments Flandern zur Sicherung der Seinebrücken nach Sèvres zu senden, ein weiteres nach Saint-Cloud und Schweizergarden nach Neuilly. Der König sollte die Königin und die königliche Familie nach Rambouillet schicken, wo die Jäger des Regiments Lothringen standen, und selbst in Begleitung von zweihundert Jägern der Bistümer und achthundert Leibgardisten vor die Pariser treten.» Sollten die Aufständischen nicht weichen, konnte der König immer noch nach Versailles zurückkehren und sich von dort gleichfalls nach Rambouillet begeben. La Luzerne, La Tour du Pin und Marschall Beauvau stimmten dem Plan von Saint-Priest zu, Necker, Montmorin und die Erzbischöfe von Vienne und Bordeaux sprachen sich dagegen aus. Necker fand das Unternehmen zu riskant, er fürchtete, es könne in einen Bürgerkrieg führen, der das Land zerreißen würde. Verwirrt angesichts der widersprüchlichen Meinungen, beschloß der König, erst einmal abzuwarten. Die Nacht brach an, und der Regen prasselte auf das Pflaster.

Inzwischen trafen zu Tausenden mit Kot bespritzte, bis auf die Haut durchnäßte Frauen in Versailles ein, daneben auch etliche Männer, die mit Spießen und Stöcken bewaffnet waren. Überall ertönte der Ruf nach Brot. Die Frauen, die bei der Versammlung Zuflucht gesucht hatten, hatten bereits den Abzug des Regiments Flandern gefordert und von der Leibgarde Genugtuung für die Beleidigung der dreifarbigen Kokarde verlangt. Ludwig XVI. empfing eine Delegation der Frauen, die nach Brot schrien. Eine der Frauen wurde ohnmächtig. Der König schickte die Frauen in die Küche, damit sie sich stärkten, gab ihnen sieben Louis und versprach, daß es an Brot nicht fehlen werde. Die Frauen waren tatsächlich beruhigt und gingen wieder. Die wartende Menge vor dem Schloß begrüßte sie mit Hohngeschrei.

Anschließend sprach der König mit Mounier. Mounier ließ die berühmten Dekrete bringen, die immer noch nicht unterzeichnet waren. Den übrigen Ministern hatte er eindringlich geschildert, welche Gefahren der König für sich und seine Familie heraufbeschwören würde, wenn er die Unterschrift weiterhin verweigerte. In Anbetracht der Schwere des Aufruhrs empfahl er dem König überdies, er solle mit seiner Familie nach Rambouillet reiten, von dort weiter Richtung Normandie und die Nationalversammlung in Rouen zusammenrufen. Viele Deputierte, glaubte Mounier, würden der Aufforderung Folge leisten und den König unterstützen.

Der König versprach nichts und beriet ein weiteres Mal mit dem Staatsrat.

Saint-Priest schloß sich Mouniers Ansicht an, Necker wies sie zurück. «Sire, wenn man Euch morgen nach Paris führt, ist Eure Krone verloren!» rief Saint-Priest aus.[28] Ludwig XVI. war zutiefst erschüttert von Saint-Priests Worten, aber unentschlossener denn je. Er wiederholte nur immer wieder, daß er niemanden verärgern wolle. Die Flucht erschien ihm eines Monarchen unwürdig. Marie Antoinette war entschlossen, Versailles zu verlassen, aber sie wollte sich auf keinen Fall vom König und ihren Kindern trennen. Schließlich befahl Ludwig XVI., die Kutschen anzuspannen. Doch er hatte die Rechnung ohne die Menge gemacht, die sich inzwischen so dicht und so drohend im Schloßhof drängte, daß kein Fahrzeug mehr hindurchkam. Plötzlich ertönte ein Schrei: «Der König flieht!» Madame de La Tour du Pin berichtet: «Im selben Augenblick stürzt man sich auf die Wagen, zerschneidet das Geschirr und führt die Pferde weg. Man mußte im Schloß melden, daß die Abreise nicht mehr möglich war.»[29] Wenig später erging an die Truppen der Befehl, sie sollten in ihre Quartiere zurückkehren.

Die Königin war vollkommen ruhig. Zusammen mit der Gräfin von Provence und Madame Elisabeth zog sie sich in ihre Gemächer zurück. «Obgleich sie sich keiner Täuschung hingeben konnte darüber, was sie zu befürchten hatte, bemerkte niemand auch nur die geringste Spur von Beunruhigung; sie beruhigte einen jeden, dachte an alles und kümmerte sich sehr viel mehr um das, was ihr lieb und teuer war, als um ihre eigene Person.»[30] Sie hatte angeordnet, daß Madame de Tourzel die Kinder beim ersten Anzeichen von Gefahr zum König bringen sollte.

Der König sprach ein weiteres Mal mit Mounier und willigte schließlich ein, die berühmten Dekrete zu unterzeichnen. Wenige Tage zuvor hätte das Volk diese Entscheidung freudig aufgenommen, doch jetzt traf sie ein in Tränen aufgelöster König unter dem Druck der Aufständischen, und sie änderte nichts mehr an der Situation. Die Salle des Menus-Plaisirs, wo die Nationalversammlung tagte, hatte sich unterdessen in eine Art riesige Spelunke verwandelt. Betrunkene Frauen schwadronierten, grölten und spazierten zwischen den Reihen der Deputierten herum. Mounier wurde mit Beifall bedacht, als er die Neuigkeit verkündete, aber rasch übertönte das Schreien des Volkes den Beifall der Deputierten: «Brot, keine Reden!»[31] Überall im Spiegelsaal und in den spärlich erleuchteten Spielzimmern standen Gruppen zusammen und flüsterten angstvoll, in den Gängen war ein hektisches, zielloses Kommen und Gehen. Die Verzweiflung wurde von Stunde zu Stunde größer. «Wir waren in unvorstellbarer Sorge, die vollkommene Ungewißheit machte es unmöglich, einen Entschluß zu fassen. [...] Die Angst infolge der Ungewißheit war endlich um neun Uhr abends mit dem Eintreffen eines Adjutanten von Monsieur de La Fayette vorüber, der dessen Ankunft ankündigte.»[32] Erschöpft und schlammbedeckt betrat der Held des Krieges in Amerika gegen Mitternacht die königlichen Gemächer. Er versicherte dem König, daß er ihm treu ergeben sei und bereit, «zu Füßen Seiner Majestät zu sterben», wenn es nötig würde. Unter dem Druck des Pariser Aufstandes war er gezwungen gewesen, die Führung der Nationalgarde zu übernehmen und denjenigen zu folgen, die bereits nach Versailles marschiert waren.

Zu dieser Zeit hatte sich die Volksmenge auf die Herbergen verteilt, die offen geblieben waren. Viele hatten sich rings um das Schloß niedergelassen, und dort begann man mit der Verteilung von Brot. Alles schien friedlich. La Fayette unternahm einen Inspektionsgang und war zufrieden. Beruhigt legte sich der König zu Bett, die Höflinge zogen sich ebenfalls zurück. Der König schickte seinen Kammerdiener Hue zur Königin. Er sollte ihr sagen, sie solle sich nicht beunruhigen und schlafen gehen, auch der König habe sich hingelegt.[33] Man riet Marie Antoinette, die Nacht beim König zu verbringen, doch sie lehnte ab. «Mir ist es lieber, daß ich mich der Gefahr aussetze, wenn Gefahr besteht, und sie damit von der Person des Königs und meinen Kindern ablenke», sagte sie zu Madame de Tourzel.[34] Mehrere Edelleute boten an, vor der Tür zu ihren Gemächern Wache zu halten, aber sie schickte sie freundlich fort. Als La Fayette von seinem Inspektionsrundgang zurückkam, schlief der König bereits, und man verweigerte La Fayette den Zutritt. Er legte sich gleichfalls nieder. Um zwei Uhr morgens schlief das ganze Schloß.

Bei Tagesanbruch erwachten diejenigen, die auf der Place d'Armes übernachtet hatten, alle im selben Moment, die Menschen aus den Herbergen waren bereits im Anmarsch auf das Schloß. Bald schon bildeten sich zwei Kolonnen, die eine bewegte sich auf das Gittertor an der Prinzentreppe zu, das merkwürdigerweise nicht verschlossen war, die andere auf das Gittertor zur Kapelle, das gleichfalls offenstand. Die Hofdamen der Königin hatten die ganze Nacht in ihrem Vorzimmer gewacht. Marie Antoinette wurde durch ein unbestimmtes Geräusch geweckt und ließ Madame Thibault rufen. Madame Thibault warf einen Blick aus dem Fenster und sagte, es seien gewiß die Frauen aus Paris, die keinen Schlafplatz gefunden hätten und unter den Fenstern auf und ab gingen. Diese Antwort hätte die Königin eigentlich alarmieren müssen, statt dessen war sie beruhigt und blieb im Bett. Einige Augenblicke später barst die Tür zum Vorzimmer, in dem die Wachen für ihre Gemächer untergebracht waren, unter den Hieben einer mit Spießen und Messern bewaffneten Horde in tausend Stücke. Die Menschen gebärdeten sich wie Wahnsinnige, stießen Verwünschungen aus und schrien in einem fort, sie wollten die Königin töten. Einer der Wachposten namens Miomandre de Sainte-Marie konnte gerade noch rufen: «Rettet die Königin!», dann wurde er niedergetrampelt. Monsieur de Virieu und Monsieur de La Roque stürzten in das große Vorzimmer und verriegelten die Tür, dann weiter in das zweite Vorzimmer. Madame Augié, eine weitere Kammerfrau, öffnete ihnen die Tür. Madame Thibault hatte den Schrei von Miomandre de Sainte-Marie gehört und die Königin aus dem Bett gezogen. Hastig streifte sie ihr einen Rock und Strümpfe über und legte ihr einen Umhang aus gelb gestreiftem Stoff über die Schultern. Dann stießen die Frauen die Tür am Fuß des Bettes auf und liefen durch einen schmalen Gang zum Œeil-de-Bœuf. Nach Luft ringend, hämmerte die Königin gegen die Tür zu dem einzigen Fluchtweg, der ihr noch geblieben war, aber niemand öffnete. Einige endlos lange Sekunden vergingen. Schließlich hörte ein Page die Schreie der beiden Frauen und entriegelte die Tür. Die Königin brach in Tränen aus. «Meine Freunde, meine lieben Freunde, rettet mich», flehte sie.[35] Man brachte sie in die Gemächer des Königs, aber der König war verschwunden.[36]

Ludwig XVI. war im selben Augenblick wie sein Kammerdiener Thierry de Ville d'Avray aus dem Schlaf hochgeschreckt und hatte sich im Dunkeln bis zum Cabinet de la Pendule vorgetastet. Dort standen sie «beide halbnackt und blickten auf das rasende Volk, als der Graf von Luxembourg» hereinkam. Der König begriff sofort, in welcher Gefahr die Königin schwebte. Er schlüpfte in das erstbeste Kleidungsstück und eilte zu ihr durch den geheimen Gang, der seine Gemächer mit denen der Königin verband. Doch Marie Antoinette hatte bereits einen anderen Fluchtweg genommen. Der König machte kehrt und hastete zum Zimmer des Dauphins. Eine Kammerfrau war mit dem Kind bereits auf dem Weg zum König, sie trug es in eine Decke gehüllt in ihren Armen. Der König nahm seinen Sohn, und da die Kerze inzwischen verlöscht war, befahl er der Frau, sie solle sich an seinem Morgenrock festhalten und ihm folgen. Marie Antoinette erwartete den König «unter Todesqualen», wie Madame Royale, die spätere Herzogin von Angoulême, erzählte. Nachdem Marie Antoinette ihren Gemahl und ihren Sohn wiedergefunden hatte, suchte sie nach ihrer Tochter, die sich noch bei Madame de Tourzel befand.

Alle, die nunmehr in den Gemächern des Königs versammelt waren, sorgten sich sehr um Monsieur, Madame und Madame Elisabeth. Doch dann wurde gemeldet, daß sie tief schliefen, da die Aufständischen nicht zur anderen Seite des Schlosses gezogen waren. «Weder sie noch ihre Diener wußten, was vor sich ging.»[37] Wenig später stießen sie und ebenso die Tanten zum König. «Alle schienen fassungslos, nur die Königin legte großen Mut und Beherrschung an den Tag. Nach und nach strömten immer mehr Menschen herbei, man schwieg bedrückt, die Minister kamen eine gute halbe Stunde später. Allein Monsieur Necker erschien in einem schönen, bestickten Gewand, die anderen trugen lediglich einen Gehrock.» Marie Antoinette saß zwischen ihrer Schwägerin Elisabeth und ihrer Tochter, der Dauphin kauerte auf einem Sessel vor ihr, spielte mit den Haaren seiner Schwester und wiederholte in einem fort: «Mama, ich habe Hunger!»

Der König sprach in seinem Arbeitszimmer mit seinen Ministern, da stürzte La Fayette herein. Er war endlich mit zwei Kompanien der Leibgarde eingetroffen, doch die Menge hatte bereits zwei Wachposten die Köpfe abgeschlagen. Der Generalalarm hatte weitere Bluttaten verhindert und die Menge auf dem Weg zum Œil-de-Bœuf aufgehalten. Unter Einsatz seines Lebens war La Fayette zu den Gemächern des Königs vorgedrungen. Marie Antoinette führte ihn zu ihrem Gemahl und den Ministern.

Draußen wurde weiter gebrüllt und geschrien. Die Menge rief nach dem König. La Fayette überredete ihn, daß er sich mit seiner Familie auf dem Balkon zeigte. Die Türen wurden geöffnet, der König, die Königin und ihre Kinder traten hinaus. La Fayette versuchte, das Geschrei zu übertönen, er sprach von der Liebe des Königs zu seinem Volk und gab im Namen des Königs beruhigende Zusicherungen. Die Ansprache aus dem Stegreif wurde schon bald durch Hochrufe «Es lebe der König!» unterbrochen. Die ganze Zeit über hatten Ludwig XVI. und Marie Antoinette wie betäubt dagestanden und kein Wort hervorgebracht. La Fayette versuchte weiterzusprechen. Wieder wurde er unterbrochen, diesmal ertönte es vom Marmorhof herauf: «Nach Paris! Nach Paris!» Die königliche Familie verließ den Balkon. La Fayette wollte die Menge dazu bewegen, daß sie sich zerstreute, aber die Schreie wurden immer lauter, und bald krachten vereinzelt Schüsse in die Luft. Die Menge verlangte, die Königin solle sich auf dem Balkon zeigen. «Die Königin kam in den Saal», berichtete Madame de Staël, «ihre Haare waren aufgelöst, ihr Antlitz bleich, aber würdevoll, und bei ihrem Anblick stiegen lebhafte Gedanken auf: Das Volk verlangte, daß sie auf dem Balkon erschien; und da in dem gesamten sogenannten Marmorhof dicht gedrängt Männer mit Feuerwaffen standen, konnte man am Gesicht der Königin ablesen, was sie befürchtete.»

Madame de Staël fährt fort: «Trotzdem trat sie ohne zu zögern vor, ihre beiden Kinder waren ihr Schutz. Die Menge schien gerührt, die Königin als Mutter zu sehen, und der politische Aufruhr legte sich bei diesem Anblick. Diejenigen, die sie in derselben Nacht noch hatten ermorden wollen, hoben nunmehr ihren Namen in den Himmel. [...] Die Königin kam wieder herein, sie ging auf meine Mutter zu und sagte mit unterdrücktem Schluchzen zu ihr: ‹Sie wollen uns zwingen, den König und mich, daß wir uns nach Paris begeben, und an der Spitze des Zuges wollen sie die Köpfe unserer Leibwachen auf ihren Spießen tragen.»[38] Wieder erschallten die Rufe «Nach Paris! Der König muß nach Paris!». Fassungslos und sprachlos vor Bestürzung schritt der König in seinem Arbeitszimmer auf und ab, ohne eine Entscheidung treffen zu können. Zutiefst verzweifelt, bedrängt von Saint-Priest, ließ er schließlich wissen, daß er der Bitte seines Volkes entsprechen werde. Das Königspaar trat erneut auf den Balkon, und La Fayette verkündete die Nachricht. Ludwig XVI. sagte ein paar Worte, doch sie gingen in den Hochrufen der Menge unter. «Ich werde niemals begreifen», murmelte die Königin Saint-Priest zu, «warum ich nicht gestern abend fortgegangen bin.»[39] Jeder kehrte in seine Gemächer zurück und bereitete sich für die Abreise vor. Der König und die Königin rafften in aller Eile ihre Papiere zusammen, im ganzen Schloß wurde geräumt und gepackt. Marie Antoinette nahm ihre Diamanten mit. Um ein Uhr sollte der Zug nach Paris aufbrechen.

Es war üblich, daß die Königin ankündigte, über welche Treppe sie das Schloß verlassen wollte. Auch diesmal erschien ein Diener und fragte nach ihren Wünschen. Erschöpft und resigniert erwiderte sie, sie habe nichts mehr zu befehlen. Der König entschied sich für die kleine Treppe – glücklicherweise, denn am Fuß der großen Treppe lag einer der beiden getöteten Wachposten in seinem Blut.

An einem strahlend sonnigen Oktobertag bahnten sich der König, die Königin, ihre Kinder, Monsieur und Madame und Madame Elisabeth einen Weg durch die dichtgedrängte Menge und zwängten sich in eine Kutsche. Die Königin nahm den Dauphin auf den Schoß. Der seltsame Zug setzte sich in Marsch, La Fayette und Graf d'Estaing ritten rechts und links neben der Kutsche her. «Man denke nur an diese Kutsche, der die Köpfe der beiden Leibwächter vorangetragen wurden, die von einem so großen Trupp Grenadiere eskortiert wurde, daß man sie kaum sehen konnte, die von gefangenen Leibwächtern begleitet wurde und der ein Zug Artillerie folgte!» rief Duquesnoy aus. «Man denke an dieses überaus sonderbare Schauspiel, und dann sage man, ob es in der Geschichte ein zweites Schauspiel dieser Art gegeben hat!»[40] Die Frauen auf ihren Karren kreischten unermüdlich «Wir bringen sie zurück, den Bäcker, die Bäckerin und den kleinen Bäckerjungen!», die Königin übergossen sie mit einem Schwall von Flüchen. Einzelne Frauen näherten sich der Tür der Kutsche, hielten einen Strick hoch und schrien, die Straßenlaternen der Hauptstadt warteten schon, daß man die Königin daran aufknüpfe. Der König bedeckte immer wieder seine Augen mit einem Taschentuch, um seine Tränen zu verbergen. Die Königin drückte ihren Sohn fest an sich und vergrub ihr Gesicht in seinen Haaren. Je näher man Paris kam, desto langsamer rollte die Kutsche. Die ganze Stadt war auf den Beinen.

An der Zollschranke von Chaillot erwartete der Bürgermeister von Paris, Bailly, zusammen mit einigen Magistraten den König. «Welch schöner Tag, Sire», begrüßte er den König ohne eine Spur von Ironie, «da die Pariser Eure Majestät und die königliche Familie in ihrer Stadt haben dürfen.» Der König seufzte und antwortete, er hoffe, daß seine Anwesenheit in der Stadt Frieden und Eintracht zurückbringen werde. Inzwischen dämmerte es bereits. Der König und die Königin waren erschöpft und wollten sofort in die Tuilerien fahren, doch Bailly sagte, daß man sie im Rathaus erwarte. Der König wollte wenigstens der Königin und seinen Kindern diese weitere Anstrengung ersparen. Man verhandelte, und man gab Marie Antoinette zu verstehen, daß es für sie zu gefährlich sei, allein in die Tuilerien zu gehen. La Fayette konnte nicht für ihr Leben bürgen. Die königliche Familie machte sich somit auf den Weg zum Rathaus.

Die Hauptstadt war illuminiert. Sobald die königliche Karosse die Stadt erreicht hatte, wurden überall Salutschüsse abgefeuert. Unzählige Neugierige strömten herbei, und aus der erregten, geradezu hysterischen Menge erschallten die Rufe «Es lebe der König und die Nation!», aber auch «An die Laterne!». Der Dauphin drückte sein Gesicht gegen ein Fenster und beoachtete das Geschehen, ohne es zu begreifen. Um halb neun Uhr abends erreichte die Karosse die Place de Grève. Die Menge war inzwischen so dicht geworden, daß der König es vorzog, sich zu Fuß einen Weg zu bahnen, um niemanden zu überfahren. Die königliche Familie betrat den Boden der Hauptstadt, nur der Dauphin wurde von Madame de Tourzel getragen; er war inzwischen in ihren Armen eingeschlafen. Im Rathaus hielt Ludwig XVI. unter einem improvisierten Baldachin eine kurze Ansprache und sagte, welches «Vergnügen» es ihm bereite, sich inmitten seiner geliebten Stadt Paris zu befinden. Die Menge draußen wurde allmählich ungeduldig. Die gesamte königliche Familie mußte sich im Schein von Fackeln auf dem Balkon zeigen. Die Menschen jubelten dem König, der Königin und dem Dauphin zu. Gegen zehn Uhr trafen Ludwig XVI. und die Seinen endlich in den Tuilerien ein, wo die Minister und einige Getreue, darunter Fersen, sie erwarteten. Kurz zuvor hatte Montmorin Saint-Priest gewarnt, «die Anwesenheit des Grafen von Fersen, dessen Verbindung mit der Königin bekannt sei, könne die Fürstin und den König in Gefahr bringen. Ich fand diese Warnung umsichtig», schreibt Saint-Priest, «und sagte Fersen, er solle sich zurückziehen, was er tat.»[41] Um zehn Uhr wurde in den Tuilerien ein Abendessen serviert. Das Schloß war zuletzt bewohnt worden, als Ludwig XV. ein Kind war, seither stand es leer. Der König erwachte nicht aus seiner üblichen Lethargie. In ihrer schwarzen Haube und ihrem schwarzen Mantel hatte die Königin nichts Stolzes mehr an sich. Und so speiste die königliche Familie in einem verwaisten Schloß unter den Augen einiger feierlich herausgeputzter Deputierter und etlicher verwirrter Edelleute, die keine Zeit zum Umkleiden mehr gehabt hatten. Anschließend suchte das Königspaar die Gemächer auf, welche die Königin bei ihren früheren Ausflügen nach Paris benutzt hatte; es waren die einzigen bewohnbaren Zimmer im ganzen Schloß. Der Graf und die Gräfin von Provence begaben sich in das Palais du Luxembourg, das ihnen gehörte und das der Graf überaus prunkvoll hatte ausstatten lassen. Madame Elisabeth richtete sich im Erdgeschoß der Tuilerien ein, der Dauphin und seine Schwester bekamen ein Nachtlager in einem Zimmer des Pavillon de Flore. Madame Tourzel hielt Wache und tat die ganze Nacht kein Auge zu. Die Begleiter der königlichen Familie verbrachten die Zeit bis zum Morgengrauen mehr schlecht als recht auf Bänken oder Sesseln.

Kapitel XXIII

Die Tuilerien

«Es geht mir gut, seid unbesorgt», schrieb die Königin Mercy am 7. Oktober. «Wenn wir vergessen, wo wir uns befinden und wie wir hierher gekommen sind, müssen wir froh sein über die Reaktionen im Volk, vor allem heute morgen. Wenn das Brot nicht fehlt, kommt, so hoffe ich, vieles wieder ins Lot. Ich spreche zum Volk. Milizionäre und Weiber, alle reichen mir die Hand; ich gebe ihnen meine. [...] Heute morgen hat uns das Volk gebeten zu bleiben. Ich habe ihnen im Namen des Königs, der neben mir stand, gesagt, daß es von ihnen abhängt, ob wir bleiben; daß wir ja gar nichts anderes wollten, daß aber der ganze Haß aufhören müsse und daß wir beim kleinsten vergossenen Tropfen Blut entsetzt davonlaufen würden. Die mir am nächsten standen, haben mir geschworen, daß alles vorbei sei. Ich habe den Weibern aufgetragen weiterzusagen, was sie gehört haben. [...] Man wird nie begreifen, was in den letzten vierundzwanzig Stunden geschehen ist. Was man auch sagt, nichts ist übertrieben, und im Gegenteil bleibt alles zurück hinter dem, was wir durchgemacht haben.»[1]

Sofort nach dem Erwachen war Marie Antoinette, die noch unter dem Schock der Ereignisse vom Vortag stand, mit neuen Schwierigkeiten konfrontiert worden. Eine gewaltige Menge Neugieriger hatte sich früh morgens in den Gärten der Tuilerien versammelt. Die Leute riefen nach dem König und der Königin. Madame Elisabeth, die im Erdgeschoß residierte, wurde beim Morgenkaffee von ungebetenen Gästen überrascht. Sie eilte sogleich zum Bruder und zu der Schwägerin. Das Königspaar kleidete sich hastig an, um die Eindringlinge, die sich wenigstens friedlich verhielten, angemessen zu empfangen. Die Pariser, mit denen sie in Kontakt kamen, freuten sich und waren zugleich besorgt. Immer wieder wechselte die Königin Worte mit Unbekannten, die sich erschreckend ungezwungen benahmen und undurchsichtige Absichten hatten. Um sich großzügig zu zeigen, versprach sie ihnen die nötigen Summen zur Auslösung aller Gegenstände, die sie für weniger als einen Louis, für die Pariser eine beachtliche Summe, ins Pfandhaus getragen hatten. Die frohe Kunde verbreitete sich in Windeseile in der ganzen Stadt, und bald herrschte an den Schaltern des Mont-de-Piété dichtes Gedränge.

Das Königspaar mußte am gleichen Tag in Gala die offiziellen Ehrungen der Abordnungen sämtlicher städtischen Körperschaften über sich ergehen lassen: Das Brauchtum der alten Monarchie verband sich seltsam mit revolutionären Neuerungen. Dem jungen Parlamentsrat Pasquier fiel der Gesichtsausdruck der Königin auf, die ihre Trauer und Empörung kaum verbergen konnte. Sie hielt den kleinen Dauphin auf den Knien. «Trotz des Mutes, den sie in den vergangenen achtundvierzig Stunden viele Male auf heldenhafte Weise unter Beweis gestellt hatte, konnte man sich des Eindrucks nicht erwehren, daß sie den Sohn als willkommenen Schutz betrachtete», schrieb er.[2]

Nach der Zeremonie mußten Ludwig XVI. und Marie Antoinette in den Park der Tuilerien zurückkehren. Mit einfachen Worten und Gesten versuchten sie ihre Angst zu verbergen und das Mißtrauen der Pariser zu zerstreuen, die sie unter so ungewöhnlichen Umständen kennenlernten. Die Diplomaten, die den Herrschern schon am 7. Oktober die Aufwartung machten, waren die ersten, denen ihre Bestürzung auffiel. Als der spanische Botschafter Fernan Nuñez Marie Antoinette fragte, wie es Ludwig XVI. gehe, erhielt er zur Antwort: «Wie einem gefangenen König.»[3] «Sie konnte kein Wort sprechen, ohne daß Schluchzer sie unterbrachen, und auch uns war es ganz unmöglich, ihr zu antworten», berichtet Madame de Staël. «Und welch einen Anblick bot der alte Palast der Tuilerien, den die erhabenen Bewohner vor über einem Jahrhundert verlassen hatten! Äußerlich wirkte der zerfallene Bau eindrucksvoll altertümlich. Da man durchaus nicht mit der Ankunft der königlichen Familie gerechnet hatte, waren nur wenig Räume bewohnbar, und die Königin mußte für ihre Kinder im gleichen Saal, in dem sie empfing, Feldbetten aufstellen lassen. Sie entschuldigte sich bei uns und meinte: ‹Ihr wißt, daß ich nicht erwartet habe, hierher zu kommen.›»[4]

Der ungewöhnliche Empfang wurde gestört, als sich auf den Treppen des Palastes eine aufgebrachte Menge versammelte und unerwartet Bailly auftauchte. Das Volk kam vom Pfandhaus zurück: Die Pfandleiher, über das Versprechen der Königin nicht informiert, hatten die Auslösung der verpfändeten Gegenstände verweigert. Daraufhin hatte die empörte Menge das Pfandhaus geplündert und war schimpfend zu den Tuilerien gezogen. Ludwig XVI. verschwand mit den Ministern in seinem Arbeitszimmer. Augenblicke später eilte La Fayette herbei, verschaffte sich Zugang zum König, diskutierte mit ihm und den Ministern und kam kurz darauf wieder heraus. Als Marie Antoinette das Geschrei der Menge hörte, geriet sie regelrecht in Panik. Würden sich die Szenen vom Vortag wiederholen? «Die Königin, die bei uns geblieben war, da man die Türen zum Kabinett von innen verschlossen hatte, stürzte, sobald Monsieur de La Fayette wieder herauskam, in diesen Raum, und wir alle retteten uns, wie wir konnten, und versuchten zu unserer Kutsche zu gelangen», berichtet der sächsische Diplomat Salmour.[5] La Fayette beruhigte die Menge mit der Ankündigung, es werde alles unternommen, um das Versprechen der Königin einzulösen. Ludwig XVI. versicherte hoch und heilig, alles zu tun, damit die «verpfändeten Gegenstände mit einem Wert von weniger als vierundzwanzig Livres sowie die aus Leibwäsche und Winterkleidung bestehenden»[6] ausgelöst würden. Das Versprechen der Königin zu halten hätte das Schatzamt über drei Millionen gekostet, eine nicht zu verantwortende Ausgabe. Die Menschen beruhigten sich, trugen der Königin, die es gut gemeint hatte, die Sache aber nach.

Für sie nahm das französische Volk, das sie bis ins Jahr 1789 schlicht ignoriert hatte, jetzt die Züge eines rasenden Mobs an, der ihr nicht schnell genug den Dolch in den Leib stoßen konnte. Was hätte sie erst bei einer Lektüre von Loustalots Artikel in den *Révolutions de Paris* vom 10. Oktober empfunden? Der Journalist bringt in seinem Artikel prägnant zum Ausdruck, wie der Konflikt zwischen französischem Volk und der Königin gesehen wurde. War die Aussöhnung, die der junge Revolutionär sich wünschte, zu diesem Zeitpunkt noch möglich? «Als Ihr unserem König in diese Stadt gefolgt seid, [...] Madame, habt Ihr begonnen, die Gerüchte auszuräumen, die alle aufrechten Franzosen betrübten und die durch ganz Europa gehallt waren. [...] Es wäre Verrat an Euch, Madame, zu verschweigen, daß diese Gerüchte auf das Volk einen schlechten Eindruck gemacht haben und daß es nur aus Angst, das Herz Eures Gatten zu bedrücken, bei Jubelrufen und und Ehrerbietungen Euren Namen mit dem seinen nennt.

Wir wissen, daß kein Rang und keine Tugend vor frecher Verleumdung sicher sind. Doch wissen wir auch, was bei einem König Schmeichelei und die Liebe zu unbegrenzter Macht vermögen. Wir wissen, was bei einer Gattin und Mutter der Wunsch bewirken kann, dem Gatten und dem Sohn die Macht zu erhalten, von denen sie glaubt, sie gehörten ihnen. [...] Aber es steht uns nicht zu, Madame, Eure Gefühle oder Taten zu beurteilen, Ihr habt in diesem Augenblick nur Gott und Euren Gatten zum Richter. Unsere Pflicht beschränkt sich darauf, Euch mitzuteilen, auf welches Glück wir hoffen, wenn Ihr in dieser Stadt weilt.

Unsere Geschichte bietet wenige Beispiele von Königinnen, die sich das Wohl ihres Volkes angelegen sein ließen. [...] Wenn wir beweisen wollen, daß eine Königin, die Ränke schmiedet und ihr Glück außerhalb der Tugend sucht, ein besonders schlimmes Weib und eine unglückselige Königin ist, müssen wir nicht erst ins Zeitalter von Fredegunde und Brunhilde zurückgehen, von denen jede Tat ein Verbrechen und jeder Gedanken ein Unrecht war.

Uns fehlt eine Königin, Madame, die ein Leben in völligem Gegensatz zu dem so vieler Scheusale führt; eine Königin, die sich darum sorgt, die Herzen ihrer Kinder zu formen und ihren Gatten glücklich zu machen, die es sich zur Pflicht macht, ihrem Volk die Lasten zu erleichtern, die entschlossen ist, die verfolgte Unschuld und die tugendhafte Armut zu beschützen, die ein wohltätiges Amt erfüllt und die mit ihrem Gatten um die Anerkennung der Franzosen und die Bewunderung aller Völker wetteifert.

Dies, Madame, erwarten wir von Euch. Ihr bringt für den Erfolg alles von Natur aus mit. Schwört, sofern in Eurem Herzen vorhanden, allen Vorbehalten und jedem Zorn gegenüber dem besten aller Völker ab, weiht Eure Taten seinen Belangen und seiner Liebe Euer Herz. Der Franzose [...] muß Euch lieben können, wie er seinen König liebt. Er hält diese Empfindung nur zurück, wenn er Angst hat, zurückgestoßen zu werden. Wenn Ihr mit Vertrauen, einem Vertrauen, das nicht enttäuscht werden wird, in unsere Mitte tretet, so habt Ihr unseren Herzen schon die Befangenheit genommen. Vollendet Euer Werk und verkündet Euren Patriotismus so laut, so öffentlich, daß die Aristokratie alle Hoffnung verliert, Euren Namen weiterhin zu mißbrauchen, um das Volk zu bedrücken und abscheuliche Pläne zu schmieden.»[7] Drangen die Ermahnungen bis zur Königin vor?

Die Freunde waren alle geflohen außer Fersen, der wieder nach Paris zurückgekehrt war, und Mercy, den das Amt in Frankreich zurückhielt. Marie Antoinette hatte dem Botschafter empfohlen, sich in sein Haus in Chennevières zurückzuziehen, bis wieder Ruhe in die Hauptstadt einkehren würde. Er galt immerhin als ihre Kreatur. Erschreckt über den Verlauf der Ereignisse, hatte sie ihren Vertrauten Augeard, der sich damals bei seiner Tochter auf dem Land aufhielt, durch einen Boten zurückbeordert. Er eilte sofort nach Paris, nahm an einer Messe teil und ging anschließend in die Tuilerien. Marie Antoinette sprach mit ihm nur unter größten Vorsichtsmaßnahmen. Sie horchte an der Tür und bat ihn in einen Nebenraum, wo sie nicht belauscht werden konnten. Dann berichtete sie «alle Schrecknisse» der letzten Stunden in Versailles. «Beehrt mich die Königin mit all diesen Abscheulichkeiten, um meinen Rat zu erbitten?» fragte er sie. – «Aber gewiß.» – «Eure Majestät ist Gefangene.» – «Mein Gott, was sagt Ihr da!»[8] Augeard klärte sie darüber auf, daß die neuen Wachen ihre Gefängniswärter seien. Die Lage der königlichen Familie sei kritisch.

«Aber», meinte die Königin, «es muß doch einen Ausweg geben.» Augeard riet ihr, sich an den Kaiser zu wenden. Man müsse ihn dazu bringen, «die Angelegenheit Frankreichs als seine eigene zu betrachten». Dazu müsse sich «eine zuverlässige und treue Person, zu der er größtes Vertrauen hat, nach Wien begeben». Marie Antoinette war verblüfft, als Augeard ihr vorschlug, sie selbst solle heimlich «als Privatperson» mit ihren Kindern nach Österreich reisen. Sie war über den Vorschlag ebenso verwirrt wie bestürzt und konnte sich nicht vorstellen, ihren Mann im Stich zu lassen, auch wenn Augeard ihr versicherte, nur so könne sie «das Leben des Königs, ihr Leben und das ihrer Kinder» retten. Augeard bat um vierundzwanzig Stunden zur Ausarbeitung eines Fluchtplanes. Am nächsten Tag sprach er mit ihr Details durch. Die Königin sollte abends um halb acht als einfache Dienstmagd verkleidet mit ihren Kindern – der Dauphin sollte als Mädchen verkleidet werden – über eine Treppe, die vom Dachgeschoß in die Cour de Princes führte, das Schloß verlassen. Unten sollte eine Kutsche warten, die sie zu Augeards Haus bringen würde, von wo aus es in einem anderen Wagen nach Reims weitergehen würde. Augeard versicherte, sie würden dort vor neun Uhr morgens ankommen und seien abends auf Schloß La Tour auf kaiserlichem Territorium, zehn Meilen von Luxemburg entfernt. Natürlich mußte Ludwig XVI. vorher ins Vertrauen gezogen werden. Um ihn nicht zu gefährden, sollte Marie Antoinette ihrer Zofe am Abend vor der Flucht einen Brief übergeben, den sie ihm am nächsten Morgen auszuhändigen hätte: Sie «erlege es sich auf, in der Abgeschiedenheit außerhalb seiner Staaten zu leben, bis [...] die Ruhe wiederhergestellt» sei. Die Königin hörte Augeard aufmerksam an, konnte sich zu einer Trennung von ihrem Gatten aber nicht entscheiden. «Zu sehr fürchte ich um sein Leben», wandte sie ein. Augeard bestand darauf: «Ihr werdet es retten, Madame. Denn wenn sie Mutter und Kinder nicht mehr in der Gewalt haben, behandeln sie den König wie ein rohes Ei und denken nicht daran, ihm das geringste Leid anzutun. Die Leute wissen schon, daß die Könige in Frankreich nie aussterben.»

Marie Antoinette bat um Bedenkzeit. Augeard rechnete mit einem positiven Bescheid. Er schickte ihr Landkarten, auf denen er den Fluchtweg markiert hatte. Aber Marie Antoinette lehnte das riskante Unternehmen mit ihren Kindern ohne den König ab. Am 19. Oktober stand unwiderruflich fest, daß sie in Paris blieb. Der König hatte den Herzog von Orléans nach England geschickt. Die Königin, die ihn für den Verantwortlichen der Unruhen vom 5. und 6. Oktober hielt und überzeugt war, daß er ihre Ermordung geplant habe, war über die Abreise sehr froh. «Wenn er dort ist, sind wir ruhiger und sicherer», bekannte sie gegenüber Augeard. «Vielleicht», berichtet dieser weiter, «hat sie ihre Meinung geändert, weil sie sich eher in Sicherheit fühlte. Da damals viel von Scheidung die Rede war, befürchtete sie möglicherweise auch, der König, dessen Schwäche sie kannte, würde gezwungen, sie zu opfern, wenn sie das Königreich verlassen würde.» Augeard beschwor sie lange zu fliehen, solang noch Zeit sei. Sie ließ sich nicht beirren: «Nach reiflicher Überlegung bin ich entschlossen, nicht zu fahren: Es ist meine Pflicht, zu Füßen des Königs zu sterben.» Allerdings lehnte sie eine Flucht nicht grundsätzlich ab: Aber ohne den Gatten werde sie nicht fahren.

Augeard, der wie sie von den Ereignissen völlig überrascht worden war und sich selbst kein rechtes Bild von der Lage machen konnte, riet ihr schießlich, sich als Gefangene zu betrachten und ein Doppelspiel zu spielen: Der Ratschlag sollte sich als verhängnisvoll erweisen. Augeard war übrigens der erste, der ihr einen Fluchtplan unterbreitete und einen Hilferuf an den Kaiser vorschlug, und seine Vorschläge, die auf einer sehr einfachen Einschätzung der Sachlage beruhten, wirkten auf die Königin, die von französischen Gegebenheiten keine Ahnung hatte, trotz allem überzeugend.

«Diese Fürstin erwartete offenbar, daß ausländische Mächte und die Einwohner der Provinzen des Königreichs sich bemühen würden, dem König aus der Bedrängnis zu helfen», vermutet Saint-Priest. «Die trügerische Hoffnung hielt sich einige Monate, während deren sie und der König sich standhaft weigerten, die Tuilerien zu verlassen. Das führte dazu, daß sich das Volk von Paris an ihre Gefangenschaft gewöhnte und ihr Untergang um so sicherer wurde.»[9] Marie Antoinette, die an fast allen Aufführungen in der Hauptstadt teilgenommen hatte, «hatte ihre Logen zurückgegeben; mit dieser ganz natürlichen, aber sehr ungeschickten Reaktion hatte sie die Pariser noch mehr gegen sich aufgebracht», berichtet Madame de La Tour du Pin. «Diese unglückliche Fürstin kannte keinen Takt oder wollte ihn nicht einsetzen. Sie zeigte jedem, von dessen Gegenwart sie sich gestört fühlte, offenen Widerwillen. Sie ließ sich zu Gesten mit unabschätzbaren Folgen hinreißen und schadete damit den Interessen des Königs. [...] Sie gab allen Einwohnern von Paris unterschiedslos ihre Abneigung zu spüren und mied öffentliche Auftritte.»[10] Vergeblich forderten Minister und aufgeklärte Geister das Königspaar auf, sich dem Volk zu zeigen: Sie schlossen sich in den Tuilerien ein.

Nach einigen Wochen hatte sich im finsteren Palast, den Ludwigs Vorfahren verlassen hatten, ein neuer Lebensrhythmus eingespielt. In zahlreichen Fuhren hatte man aus Versailles kostbare Möbel, Gemälde, Geschirr, Draperien, Kleider und eine Unzahl anderer Dinge herbeigeschafft. Hastig waren Räume für den König, die Königin, ihre Kinder und Madame Elisabeth renoviert worden. Ludwig XVI. nutzte drei Zimmer im Erdgeschoß mit Blick auf den Garten, ein Geographiezimmer im Zwischenstock und ein Privatgemach im ersten Stock. Die Königin richtete ihre Wohnräume im Erdgeschoß neben ihrem Mann und im Zwischenstock ein. Madame Royale und der Dauphin wohnten über der Mutter und in Nachbarschaft zu ihrem Vater. Ein Empfangsraum des Königs, ein Salon, ein Saal für das Billard, das man aus der Galerie de Diane geholt hatte, und mehrere Vorzimmer vervollständigten die Residenz, die der Bequemlichkeit halber mit zusätzlichen Innentreppen versehen wurde.

Die Tage der Herrscher verliefen eintönig. Nach dem Frühstück, das Marie Antoinette alleine einnahm, ging sie mit Mann und Kindern zur Messe. Dann zog sie sich wieder in ihre Gemächer zurück, aß gegen ein Uhr mit dem König, Madame Royale und Madame Elisabeth zu Mittag und spielte mit ihrem Gatten eine Partie Billard. Sie arbeitete an einer Stickarbeit und blieb bis zur Ankunft von Monsieur und Madame, die gegen acht Uhr dreißig zum Abendessen kamen, in ihren Räumlichkeiten. Gegen elf Uhr dreißig bereiteten sich alle auf die Nacht vor.

Bälle, Jagden, Theater und Konzerte waren passé. «Man würde nicht vermuten, daß es in Paris einen Hof gibt», schreibt der Verfasser der *Correspondance secrète*.[11] Trotzdem verzichtete das Königspaar nicht ganz auf eine Hofhaltung. Marie Antoinette empfing zwei Mal die Woche vor dem Gang zur Messe und speiste mit dem König sonntags festlich zu Abend. Wie Versailles stand auch die Königsresidenz in Paris dem Publikum offen. «Ich beschließe meinen Brief nicht, ohne ein Wort zum neuen Hof in den Tuilerien zu sagen», schreibt Graf Escherny einem Freund. «Dort drängte sich eine ungeheure Menge. In Versailles habe ich niemals so viele Leute gesehen, außer am Ludwigstag. Der Saal der Garden, der riesengroß ist, war voller Menschen. [...] Etwas verblüffte mich an diesen Hallen. Schlagende und Geschlagene fanden sich dort in buntem Gemisch wieder. Als ich um mich blickte, sah ich einen Herzog, einen Bischof, einen Abgeordneten der Nationalversammlung, einen Pflanzer aus Santo Domingo oder einen Kommandeur von Malta; Worte gingen hin und her, es herrschten gemischte Gefühle vor, und Meinungen trafen aufeinander. Und doch war die Auseinandersetzung nicht allzu heftig. Die Urbanität und Gegenwart des Hofes mäßigt, sorgt für Annäherung und anscheinend sogar für Eintracht. In Paris sieht alles anders aus.»[12]

In den Oktobertagen hatten die Kräfte des Volkes Auftrieb bekommen, und die Revolution hatte einen neuen Lauf genommen. Die Nationalversammlung war dem König nach Paris gefolgt und stand unter der Kontrolle der revolutionären Massen. Es gab noch einige rechte «Aristokraten», fanatische Feinde der Revolution wie Cazalès oder den Abbé Maury. Viele Monarchisten waren, von den Gewalttaten erschreckt, in ihre Provinzen zurückgereist. Die verbliebenen fragten sich, wie sie die Institutionen des Königreichs unter der ständigen Drohung von Aufständen erneuern sollten. Sie schlossen sich den liberalen Adligen um Clermont-Tonnerre, Lally-Tollendal und Virieu an. Die ehemaligen Patrioten, die in der Mehrheit gewesen waren, spalteten sich: Während die «Konstitutionalisten», die von La Fayette, Bailly, Sieyès, den Gebrüdern Lameth, Boisgelin und Champion de Cicé geführt wurden, der konstitutionellen Monarchie zuneigten, vertraten Demokraten wie Robespierre, Pétion und Buzot schon jetzt republikanische Ansichten.

Niedergeschlagen ließ das Königspaar die Dekrete der Nationalversammlung über sich ergehen und lebte in der ständigen Angst vor neuen revolutionären Ausschreitungen. Seit dem 10. Oktober war Ludwig XVI. zu seiner Verärgerung nicht mehr «König von Frankreich und Navarra», sondern «König der Franzosen». Als eingeschworenem Gegner der konstitutionellen Monarchie widerstrebte es ihm, die Macht mit Vertretern der Nation zu teilen und mit den Abgeordneten der Nationalversammlung zu paktieren. Sie wollten mehrheitlich nichts anderes, als die Revolution zu beenden, den König auf ihre Seite zu ziehen und die Arbeit an der Verfassung abzuschließen. Ludwig XVI. hatte sich eine Strategie zurechtgelegt: Er würde der Versammlung und dem Volk Zeichen des guten Willens senden und heimlich die Gegenrevolution unterstützen. Doch wie sah diese Konterrevolution aus? Hatte es der König zuvor versäumt, sich an die Spitze der Revolution der Notabeln zu setzen und die Situation zu seinen Gunsten zu nutzen, so hatte er auch jetzt nicht die Absicht, die Macht mit Gewalt zurückzuerobern. In den ersten Monaten in den Tuilerien hatte das Königspaar, wenn überhaupt, so vage Pläne.

Marie Antoinette schien «alles Private zu vergessen und sich nur noch für öffentliche Angelegenheiten zu interessieren, ohne jedoch etwas beeinflussen zu wollen».[13] Die beiden Herrscher nahmen die gleiche Haltung ein und begnügten sich damit, heimlich larmoyante, ja mitleidheischende Erklärungen abzufassen. Ein schlagendes Beispiel ist die Botschaft Ludwigs XVI. an den spanischen König. Karl IV. hatte schon am 12. Oktober heftig gegen die Zugeständnisse protestiert, die Ludwig seit dem 14. Juli abgerungen worden waren. Ludwig zog sich, da in seinen Handlungen nicht mehr frei, guten Gewissens auf eine passive Haltung zurück und appellierte an die traditionelle Solidarität der Herrscher gegen aufständische Untertanen. Er ließ seine Botschaft von dem Geheimagenten Fontbrune überbringen, den der spanische Botschafter Fernan Nuñez empfohlen hatte. Die Königin beauftragte Fontbrune persönlich, die Absichten Karls IV. gegenüber Ludwig XVI. zu ergründen. Offenbar hatte sie die vage Hoffnung, er werde ihrem Gatten helfen, «das französische Königtum mit den historischen Prärogativen wiederherzustellen».[14] Zugleich bat sie den spanischen König um Finanzmittel für die Agenten, die sie von jetzt an dringend benötigen würden.

Obwohl das Königspaar bei ausländischen Herrschern um Unterstützung nachsuchte, fürchtete es sich vor den Folgen einer Konterrevolution, die von den Prinzen, den Adligen im Exil und den Unzufriedenen im Land geschürt wurde. So waren sie denn auch bestürzt über die Machenschaften des Grafen Artois, der in Turin gegen seine «verblendeten Mitbürger» wetterte und Joseph II. «im Namen der zärtlichsten Gefühle» bat, «seinem Schwager zu helfen, seine Schwester zu befreien und dem treuesten Verbündeten Seiner Majestät den Staat und die Macht zurückzugeben, die für den Frieden in ganz Europa notwendig» seien. Er versicherte ihm, die Prinzen von Geblüt und er würden «den letzten Tropfen Bluts vergießen, um ihrem König und Vaterland zu dienen». Die Königin, schrieb Mercy, habe von diesem Schreiben mit «großer Verwunderung und Mißbilligung» erfahren.[15] Der Kaiser wies den großsprecherischen Prinzen vorsichtig zurecht. «Wenn Ihr Frankreich, den König, die Königin und alles, was von ihnen abhängt, liebt, [...] dann laßt kein Mittel aus, um für ihre Ruhe und ihr Glück zu sorgen. Schließt Euch alle zusammen und hört auf mit dieser Art Oppositionspartei, die man aus irgendeinem Grund die aristokratische nennt: Sie ist an sich schwach und nicht in der Lage, das Gute zu tun, das ihr vorschwebt und das sie wünscht, und hat bislang nur so viel Kraft, das Schlechte zu bewirken», warnte Joseph. «Man kann sich nicht darüber hinwegtäuschen, daß aus dem Parteiendenken heraus alle Widrigkeiten, alle Desaster entstanden sind, die das Königreich und seine Individuen bedrückt haben. Die Entlassung der Minister, die Sammlung von Truppen vor Paris haben dazu geführt, daß man dieser Partei abscheuliche Pläne unterstellte, die das Volk in Angst und Schrecken versetzten und dies noch immer tun. [...]

Wie stellt Ihr Euch vor, den Übeln in Eurem Vaterland abzuhelfen und die Situation des Königs zu erleichtern? Mit einem Bürgerkrieg von Provinzen gegen Provinzen oder der Provinzen gegen die Hauptstadt, von Truppen gegen Truppen oder Bürger gegen Bürger? [...] Glaubt mir, *Monsieur mon frère,* [...] daß es ein leichtes ist, diesen Übeln abzuhelfen, in die Heimat zurückzukehren und aus der öffentlichen Meinung jeden Gedanken an eine gegnerische oder sogenannte aristokratische Partei zu verbannen, wenn Ihr nur alle um das Heil des Staates wetteifert und Eure Meinung darüber der großen Zahl unterwerft, welche die Autorität besitzt. Formen sind so wenig, wenn es ums Gemeinwohl geht, und die Zeit, die alles klärt, die allein Leidenschaften glättet und Vorurteile ausräumt, wird allmählich alles wieder in die rechte Ordnung bringen, so fern Euch dieser Zustand jetzt auch scheinen mag.»[16]

Der Brief, der sicher breite Zustimmung gefunden hätte, gelangte nicht an die Öffentlichkeit. Freilich wurden Artois' Machenschaften bekannt, und man verdächtigte die Königin, mit ihm unter einer Decke zu stecken. In Wahrheit teilte sie die Auffassung ihres Bruders, wie wir von Mercy erfahren. Auch sie erhielt einen Brief von Joseph, der leider (wie viele seiner Schreiben an sie) verlorengegangen ist, in dem er sie aber ebenfalls vor unüberlegtem Handeln gewarnt haben dürfte. In der stürmischen Zeit, in der sich das Königspaar in den Tuilerien einschloß und so der These vom «österreichischen Komitee» um die Königin Auftrieb gab, wurden überall im stillen Komplotte geschmiedet. Immerhin erhielten der König und seine Frau unverhofft die Unterstützung des Grafen von Mirabeau.

Mirabeau hatte in der Nationalversammlung noch immer eine herausragende Stellung inne. Er wollte die bürgerliche Revolution, die er mit vorbereitet hatte, retten, zugleich aber auch die königliche Macht erhalten. Es ging ihm darum, sowohl die Gegenrevolution des Adels wie die Diktatur der Volksmassen zu verhindern. Sein Traum war die Aussöhnung der Revolution mit der Monarchie mit ihm als Premierminister. Von Ludwig XVI. nach Einberufung der Generalstände enttäuscht, hatte er zunächst auf den dynastischen Wechsel zugunsten des Herzogs von Orléans gesetzt. Da es dem Herzog an Format fehlte, hatte er seit den Oktobertagen wieder die Annäherung an Ludwig XVI. gesucht und sich nach einem vertrauenswürdigen und diskreten Unterhändler umgesehen. Er fand ihn in seinem Freund Graf La Marck, einem Grandseigneur aus den österreichischen Niederlanden, der zwar Untertan des Kaisers war, aber dennoch als Deputierter des Adels von Quesnoy an der Nationalversammlung teilnahm. Die Königin war durchaus bereit, diesen Gemäßigten zu empfangen, der sich schon als loyaler Untertan ihrer Mutter gezeigt hatte und den sie seit seiner Ankunft in Frankreich kannte. Verdächtig war er allerdings durch seine Beziehungen zu Mirabeau. La Marck kannte die Vorbehalte der Königin und ließ ihm Anfang Sommer ausrichten, er solle sich bereit halten, «sich beim König nützlich zu machen, wenn die Minister gezwungen» seien, «sich mit ihm zu verständigen». «Ich denke», hatte ihm die Königin erklärt, «wir werden nie so unglücklich sein, um auf diese letzte Peinlichkeit [auf Mirabeau] zurückgreifen zu müssen.»[17] Am 7. Oktober hatte sich Mirabeau an La Marck gewandt: «Wenn Ihr ein Mittel habt, Euch beim König und der Königin Gehör zu verschaffen, dann legt ihnen ans Herz, daß Frankreich und sie verloren sind, wenn die königliche Familie Paris nicht verläßt. Ich sorge für einen Plan, um sie herauszubringen: Wärt Ihr in der Lage, ihnen zu versichern, daß sie sich auf mich verlassen können?»[18] Die Abneigung der Herrscher gegen den gesellschaftlich abgestiegenen Adligen, für sie der Inbegriff des Aufrührers, war seit den dramatischen Ereignissen im Oktober noch größer geworden. Marie Antoinette hielt ihn für einen Komplizen des Herzogs von Orléans und hätte es ihm durchaus zugetraut, ebenfalls Mordpläne gegen sie zu schmieden. Hatte er der Nationalversammlung nicht am 4. Oktober vorgeschlagen, sie solle «allein die Person des Königs für unverletzlich» erklären, während «alle anderen Individuen des Staates [...] dem Gesetz verantwortlich und unterworfen» seien?[19] La Marck, der einen Mißerfolg seiner Mission vorhersah, wollte vorerst nur mit Monsieur verhandeln.

Mirabeau hatte einen recht abenteuerlichen Plan ersonnen. Der König und seine Familie sollten am hellichten Tage unter dem Schutz einer Truppe von zehntausend Mann die Tuilerien verlassen und nach Rouen übersiedeln. Bei der Abreise aus Paris sollte er eine Proklamation hinterlassen, in der er sich als Verteidiger einer sanften Revolution und als Führer des Kampfs gegen die Konterrevolution darstellte. Ziel der Proklamation war es, die französischen Provinzen auf seine Seite zu ziehen. Von Rouen, der Hauptstadt der Normandie, aus sollte Ludwig XVI. mit der Nationalversammlung, die ihm folgen würde, das Königreich weiterregieren. Mirabeau war sich bewußt, daß die Übersiedlung des Königs einen Bürgerkrieg heraufbeschwor, glaubte aber, der «Staat und die entstehende Verfassung» könnten nur dann gerettet werden, wenn der König in der Lage sei, «eine Koalition mit seinen Völkern» einzugehen. Der König mußte sich also zum Führer der bürgerlichen Revolution machen.

Monsieur empfing La Marck heimlich um Mitternacht in seiner Residenz, dem Palais du Luxembourg. Nach einer über zweistündigen Unterredung lehnte er es unter Berufung auf die krankhafte Unentschlossenheit seines Bruders ab, sich für Mirabeaus Vorschlag einzusetzen. La Marck ging «mit Trauer in der Seele» von ihm.

In Wahrheit war Monsieur beunruhigt, daß Mirabeau seine eigenen Pläne durchkreuzen könnte. Seit September plante er mit seinen Freunden, Herzog Lévis, Graf La Châtre und Graf Luxembourg, den König und seine Familie zu entführen und an einem sicheren Ort fern von Paris in Gewahrsam zu nehmen. (Dieser Plan stand im Zusammenhang mit den Informationen, die Montmorin, als der Hof noch in Versailles war, erhalten hatte.) Monsieur wollte sich die Unruhe nach der Abreise des Königs zunutze machen, um Regent von Frankreich zu werden und sich später zum König der Franzosen proklamieren zu lassen. Allerdings waren zur Durchführung des Plans gewaltige Summen notwendig, für die erst Anleihen aufgenommen werden mußten. Auf Anraten des Grafen von La Châtre vertraute Monsieur die Leitung des Unternehmens dem überspannten Thomas de Mahy Marquis von Favras an. Als La Marck im Palais du Luxembourg vorsprach, war Favras bereits dabei, Leute für die geplante Entführung zu rekrutieren und Geld von Bankiers zu beschaffen. Er wußte nicht, daß er von La Fayette, der von diesem Komplott Wind bekommen hatte, überwacht wurde. Auch wenn es nicht durch ein offizielles Dokument belegt ist, so scheint es Monsieur unter diesen Umständen doch für das Klügste gehalten zu haben, sich mit Mirabeau zu treffen. Hat er Mirabeau über sein Vorhaben informiert? Wenn er ihm auch nicht alles gesagt haben dürfte, so wurde Mirabeau dennoch um diese Zeit zu seiner grauen Eminenz. Vielleicht hat er ihm den Posten des Premiers versprochen, wenn er an die Macht kommen sollte. Monsieur und Mirabeau gehörte die Zukunft.

Am Heiligabend 1789 wich Fersen der Königin keinen Augenblick von der Seite. «Endlich am 24. habe ich einen ganzen Tag mit ihr verbracht. Es war der erste. Urteilt über meine Freude, nur Ihr könnt sie erahnen», schrieb er der Schwester Sophie.[20] Wenn Marie Antoinette auch glückliche Augenblicke mit diesem Mann genoß, der ihr offenbar sein Leben widmete, so kehrten schon am nächsten Morgen die Sorgen zurück. Zur allgemeinen Bestürzung war nach der Mitternachtsmesse in Paris ein Billett mit folgender Aufschrift im Umlauf: «Der Marquis de Favras ist mit seiner Frau in der Nacht des 24. verhaftet worden; er hat geplant, La Fayette und den Bürgermeister ermorden zu lassen und uns anschließend von der Lebensmittelzufuhr abzuschneiden. Monsieur, der Bruder des Königs, war der Kopf der Verschwörer.» Unterschrieben war der Zettel von einem gewissen Barraux, der nie identifiziert werden konnte.

Der Graf von Provence, der die Nachricht schon am frühen Morgen erhielt, rief Herzog Lévis und Graf La Châtre zu sich. Sie rieten ihm, allen zuvorzukommen, die Beschuldigungen gegen ihn erheben konnten. Er solle sofort vor den Pariser Magistrat treten und seine Unschuld beteuern. Besonders beunruhigend waren die letzten Informationen. Favras schien bereit, alles, was er wußte, zu verraten. Monsieur hatte keine Wahl. Er mußte den König um Erlaubnis bitten, sich vor der Commune zu rechtfertigen, und eine glaubwürdige Erklärung abgeben. So ließ er sich zu ungewohnter Stunde bei seinem Bruder anmelden. Der Inhalt des Gesprächs ist nicht bekannt, aber alles deutet darauf hin, daß er die geplante Entführung als Maßnahme hinstellte, Ludwig XVI. und die königliche Familie in Sicherheit zu bringen. Ein solcher Plan dürfte den König nicht überrascht haben. Monsieur erschien als der vom Pech verfolgte Retter seines Bruders.

Die Königin verfolgte ängstlich die Schritte des Grafen von Provence, der die ganze königliche Familie zu kompromittieren drohte. Aber der Graf zeigte sich sehr geschickt. Mit gespielter Empörung rechtfertigte er sich vor der Commune: Favras kenne er nur, weil er ihn um ein Darlehen für fällige Zahlungen gebeten habe. Mit einem Komplott habe er nichts zu schaffen. Zum Abschluß seiner Rede beteuerte er seine Liebe zum Vaterland. Stürmischer Beifall brach los. Niemand ahnte, daß der Text seiner Rede von Mirabeau ausgefeilt worden war. Bevor Monsieur die Commune verließ, kündete Bailly an, man werde nach den Schuldigen fahnden. Die Erklärungen des Grafen von Provence, die geschickte Art, mit der er sich souverän aus der Affäre gezogen hatte, beeindruckten Mirabeau. Noch am gleichen Abend schrieb er La Marck: Ludwig XVI. müsse versichern, daß er die Führung der Revolution übernehme. Er sollte Monsieur zum Premierminister designieren. Monsieur zögerte allerdings, um seinen Einzug ins Kabinett zu bitten, denn der bevorstehende Prozeß gegen Favras verhieß nichts Gutes. Als er sich auf Drängen Mirabeaus doch dazu entschloß, lehnte der König verlegen ab: Er hatte sich mit Marie Antoinette abgesprochen, die dem Grafen von Provence mißtraute. Und dabei kannte sie nicht einmal das ganze Ausmaß seiner Machenschaften.

Die Affäre Favras führte zu einer regelrechten Hysterie: Während die Voruntersuchungen gegen den Marquis eingeleitet wurden, witterte man überall eine aristokratische Verschwörung. Favras wurde angeklagt, einen konterrevolutionären Aufstand vorbereitet und die Ermordung Baillys, La Fayettes und Neckers geplant zu haben. Seine Fähigkeiten und seine Macht wurden dabei völlig überschätzt. Man hielt ihn für den Kopf einer gewaltigen Verschwörerbande, die unter den Patrioten ein Blutbad anrichten wollten, um die Revolution zu beenden. «Alles deutet darauf hin, daß es in Paris ein Nest schlimmster Intrigen gibt, deren Spuren sich nur schwerlich ausmachen lassen; aber viele glauben, daß Monsieur die wichtigsten Fäden in der Hand hält», schrieb der gemäßigte Duquesnoy.[21]

Obwohl die Königin mit dem Komplott nicht das Geringste zu tun hatte, wurde sie in die Affäre verstrickt. In den Augen der Pariser benutzte sie ihr zurückgezogenes Leben in den Tuilerien, um kriminelle Intrigen zu spinnen. Den Beweis glaubte man zu erblicken, als einige Tage nach Favras' Hinrichtung seine Witwe und sein Sohn in Trauerkleidern öffentlich zum Diner bei der Königin geführt wurden. Tatsächlich handelte es sich um ein Manöver der aristokratischen Partei, die Favras – der am 19. Februar aufgehängt worden war, ohne die Drahtzieher der Verschwörung zu verraten – zum Retter des Königs hochstilisierte und das Herrscherpaar vor der Nation kompromittierte. Nach dem Diner fand Madame Campan die Königin in Tränen aufgelöst vor: «Wir müssen zugrunde gehen», schluchzte Marie Antoinette, «wenn wir von Leuten angegriffen werden, die ihr ganzes Talent zu Verbrechen benutzen, und wenn uns ehrbare Menschen verteidigen, die von unserer Lage nicht die richtige Vorstellung haben. Als sie mir Favras' Witwe und seinen Sohn vorstellten, haben sie mich bei beiden Parteien bloßgestellt. [...] Die Royalisten werden mir vorwerfen, daß ich mich anscheinend nicht um das arme Kind gekümmert habe, und die Revolutionäre sind empört beim Gedanken, daß man glaubte, man habe mir einen Gefallen getan, als man es zu mir führte.»[22] Marie Antoinette hatte offenbar keine Ahnung, wer Favras' Auftraggeber waren und welche Ziele sie verfolgten.

Die Sache kam den Herrschern, die sich mangels eines besseren dazu durchgerungen hatten, die gemäßigte Revolution – wenigstens dem Anschein nach – zu unterstützen, äußerst ungelegen. Ludwig XVI. hatte am 4. Februar vor der Nationalversammlung feierlich verkündet, er und die Königin nähmen die Verfassung vollständig an. Er betrachte sich als Führer einer Revolution, die den Wünschen des Volkes entspreche. Dabei appellierte er an alle Konterrevolutionäre, mit ihm zum Wohl des Königreichs zusammenzuarbeiten. Diese Erklärungen waren in Wahrheit rein formell und durch äußere Umstände erzwungen. Der König hatte ganz andere Absichten, und die Königin schluchzte an diesem Morgen, weil ihr Gatte zu diesem äußersten Mittel greifen mußte. Sie hatte für die Deputierten, die den König in die Tuilerien zurückbegleiteten, eine kleine Ansprache verfaßt, die sie Saint-Priest zur Durchsicht vorlegte. «Die unglückliche Fürstin schwamm in Tränen und zeigte, wieviel Überwindung sie dieser Schritt kostete. Dennoch entledigte sie sich ihrer Aufgabe mit Grazie und erntete Applaus. Doch wurden alle ihre Erfolge bald durch die Bosheit und die Umtriebe der Führer der Opposition in der Nationalversammlung zunichte gemacht.»[23]

Marie Antoinette hatte begriffen, daß sie von ausländischen Herrschern nichts zu erwarten hatte. Der spanische König Karl IV. antwortete auf ihren Vorschlag, einen europäischen «Kongreß» einzuberufen, sehr ausweichend und lehnte die Zahlung der gewünschten Subsidien kategorisch ab. In Madrid hatte man für Ludwig XVI. allenfalls Verachtung übrig. «Der König von Frankreich muß zeigen, daß er Unterstützung verdient; es wäre unsinnig und unmöglich, ihn gegen seinen Willen zum Monarchen zu machen», schrieb Florida Blanca zynisch.[24]

Auch auf die Hilfe Englands hoffte sie nicht mehr, und Joseph II. war am 20. Februar gestorben. Der Großherzog von Toskana, der ihm als Leopold II. auf den Thron folgte, kannte Marie Antoinette kaum und hatte mit ihr nur sehr sporadisch korrespondiert. Wenigstens schrieb er ihr bei der Thronbesteigung einen freundlichen Brief, auf den sie seltsamerweise erst am 1. Mai antwortete.

Auf den Rat La Fayettes, der Minister und Mercys, der ebenfalls Geduld predigte, waren der König und die Königin schließlich aus der Isolation getreten. Ludwig XVI. nahm die Truppenparade ab, und Marie Antoinette zeigte sich in Paris. Gemeinsam besuchten sie das Findelhaus und die Spiegelmanufaktur im Vorort Saint-Antoine. Im Februar 1790 faßte das Königspaar die Annäherung mit Mirabeau ins Auge. Marie Antoinette bat Mercy, seine Absichten zu erkunden. Als Mittelsmann sollte La Marck fungieren, der diesen Dienst seit Monaten vergeblich angeboten hatte. «Der König und die Königin sind entschlossen, die Dienste des Grafen von Mirabeau in Anspruch zu nehmen, sollte dieser bereit sein, ihnen nützlich zu sein. [...] Sie lassen Euch die Bedingungen festlegen und wollen die Beziehungen zum Grafen nur über Eure Mittlerschaft», richtete Mercy La Marck bei einer ersten Unterredung am 18. März aus.[25] La Marck wollte die Verhandlungen nur in Mercys Gegenwart führen. So trafen die drei Männer Anfang April zusammen und «bekamen voneinander einen sehr guten Eindruck».[26] Nach den Vorgesprächen war Marie Antoinette an einer persönlichen Unterredung mit La Marck interessiert. Um keinen Verdacht aufkommen zu lassen, empfing sie ihn bei ihrer ersten Kammerfrau Madame Thibault.

«Die Königin sagte mir», erzählt La Marck, «daß sie seit zwei Monaten mit dem König den Entschluß gefaßt hat, sich dem Grafen von Mirabeau anzunähern. [...] Anschließend fragte sie mich mit einem gewissen neugierigen und verlegenen Unterton, ob ich glaube, daß Mirabeau an den Greueltaten des 5. und 6. Oktober beteiligt gewesen sei.» Nachdem La Marck ihn von jeder Mitverantwortung freigesprochen hatte, schien die Königin erleichtert. «In diesem Punkt mußte ich unbedingt Gewißheit haben», versicherte sie. «Ich gebe zu, daß ich nach den Gerüchten damals vom Grafen von Mirabeau ein Gefühl des Abscheus zurückbehalten habe. Es hat nicht wenig dazu beigetragen, unseren Entschluß hinauszuzögern, uns an ihn zu wenden, um die verhängnisvollen Folgen der Revolution möglichst abzuwenden.» Dann stieß der König zu ihnen und fragte La Marck, wie Mirabeau ihnen «wirkungsvoll dienen könne». Zu La Marcks großer Überraschung hatte Ludwig XVI. keineswegs die Absicht, ihn zum

Minister zu machen. Im Gegenteil, er wollte sich seiner ohne Wissen des Kabinetts bedienen. Man kam überein, daß Mirabeau den Herrschern seine Ideen in ausführlichen *notes* zukommen lassen würde. Die erste dieser politischen Betrachtungen erhielten sie am 10. Mai. Mirabeau versicherte darin, er sei ihnen vollkommen ergeben und vertrete weder die Konterrevolution noch die «Exzesse» der Revolution, die «in die Hände ungeschickter und verdorbener Menschen» gelangt sei.[27] Er versprach, sie umfassend zu beraten und die entstehende Verfassung zugunsten der königlichen Rechte zu beeinflussen.

Einige Tage später teilte Marie Antoinette La Marck im persönlichen Gespräch mit, Ludwig XVI. sei mit Mirabeaus Schreiben zufrieden gewesen. «Sie sagte mir erneut», berichtete er, «der König wünsche seine einstige Autorität nicht vollständig zurückzuerlangen und er sei weit davon entfernt zu glauben, daß dies für sein persönliches Glück oder für das seiner Völker notwendig sei.» Das Königspaar wollte den neugewonnenen Berater natürlich großzügig entlohnen. La Marck übernahm die Sache: Neben der Tilgung sämtlicher Schulden erhielt Mirabeau ein Gehalt von sechstausend Livres, eine weitere Million wurde ihm zugesagt, wenn der König nach Auflösung der Nationalversammlung mit seinen Diensten zufrieden wäre. Fersen, der durch die Königin von den Verhandlungen erfuhr, schrieb seinem Freund Taube: «Uaebarim [Mirabeau] hat den Hof ganz für sich eingenommen, und dies, ohne daß Al Etteyaf [La Fayette] es weiß oder zustimmt. Ich glaube, er kann ihnen sehr nützlich sein. Er hat ziemlich despotische Ansichten und ist ein großer Schurke. Man muß ihn im Auge behalten und sich vor ihm in acht nehmen. Er muß viel Geld unter die Leute bringen. Sie sind sehr unglücklich, denn sie wissen nicht, woher sie es nehmen sollen.»[28]

Ende Mai waren der König und die Königin mit Mirabeaus Diensten allerdings sehr zufrieden. Er hatte in der Nationalversammlung ein Dekret durchgesetzt, das die Rechte des Königs in der Außenpolitik festschrieb: Ein Krieg konnte nur auf seinen Vorschlag und mit seiner Billigung beschlossen werden, wenngleich die Nation allein über Krieg und Frieden entschied. Mirabeau hatte über seine Beziehungen zu den Herrschern weitgehend Stillschweigen bewahrt, aber der plötzliche Wandel in seiner Lebensführung führte doch zu Gerüchten. In Pamphleten wurde er als Verräter beschimpft. Trotz der heftigen Angriffe in der Nationalversammlung blieb er Ratgeber des Königspaares. In seinen langen, im allgemeinen sehr pessimistischen Mitteilungen schmeichelte er der Königin und ging in der *note* vom 20. Juni näher auf ihre Rolle ein. «Der König hat nur einen Mann, und das ist seine Frau», schrieb er. «Es gibt für sie keine Sicherheit als in der Wiederherstellung der königlichen Autorität. Ich möchte annehmen, daß sie ein Leben ohne Krone nicht will. Doch bin ich ganz sicher, daß sie ihr Leben ohne Krone nicht behält. Der Augenblick wird kommen, und dies bald, da sie versuchen muß, was eine Frau und ein Kind zu Pferde vermögen.»[29]

In Paris herrschte noch immer Hysterie. Man hatte panische Angst vor einem Komplott der aristokratischen Partei. Täglich schreckten neue Gerüchte die Patrioten auf. Die Veröffentlichung des *Véritable Livre rouge,* in dem die heimlichen Ausgaben Ludwigs XV. und Ludwigs XVI. enthüllt wurden, schürte den Haß auf die Königin, die Prinzen und den Hof. Gegen die Umgebung des Königs wurden schlimmste Verdächtigung vorgebracht. Revolutionäre störten die Zusammenkünfte der «Noirs», der Verteidiger der alten Monarchie, die von Mirabeaus Bruder Mirabeau-Tonnneau, dem Abbé Maury und dem Marquis von Agoult angeführt wurden. Die Nationalgarde war alarmbereit. «Es sieht so aus, als stünde uns eine schreckliche Krise bevor. Die Aristokratie bäumt sich ein letztes Mal auf», bemerkte der Verfasser der *Correspondance secrète* und fügte einige Tage später hinzu: «Man ist sehr böse auf Monsieur Saint-Priest, den man für eine tragende Säule des österreichischen Komitees hält, diese Kette wider das Volk, deren erstes Glied in den Tuilerien sitzt und die alle Höfe Europas durchzieht. In Piemont sind es der Graf von Artois, der Prinz von Condé und der Herzog von Bourbon; in Italien die Polignacs; in Deutschland der Marschall von Broglie; die Pfaffenknechte im Elsaß; in Wien Baron von Breteuil; [...] in Madrid die Herren von La Vauguyon und von Sartine; in der Schweiz Pierre Le Noir; in London der korrupte Calonne. [...] überall erblickt das Volk Verräter und Verschwörer.»[30]

Die Gerüchte waren nicht aus der Luft gegriffen. Die Konterrevolution formierte sich. Mit verschiedenen französischen Emissären versuchte das Turiner Komitee um Graf Artois im französischen Süden die alten Streitigkeiten zwischen Katholiken und Protestanten zu schüren, von denen letztere die Revolution begeistert unterstützten. In Montauban, Nîmes und Toulouse brachen blutige Unruhen aus. Bald folgten Lyon, Valence und mehrere Städte der Provence. Auch im Elsaß versuchten die Prinzen die religiösen Konflikte auszunutzen. Graf Artois glaubte, er könne die Provinzen zur Erhebung anstacheln und als Sieger nach Frankreich zurückkehren. Er bereitete eine Entführung des Königs vor, der unter dem Schutz schwer bewaffneter Truppen nach Lyon gebracht werden sollte. Ludwig XVI. und Marie Antoinette, die kein Interesse an einer vom Adel erzwungenen Restauration hatten, versuchten die Prinzen von ihren Machenschaften abzubringen. Auf Mercys und Mirabeaus Ratschlag hin schickte die Königin Fontbrune zu Artois, um ihn möglichst schonend von weiteren Unternehmungen abzuhalten. Immer wieder wurde sie von Mirabeau gewarnt, ihre Sache nicht in die Hand der Konterrevolutionäre zu legen. Trotzdem schloß sie sich nicht den gemäßigten Anhängern der Revolution an.

Wollten Ludwig XVI. und Marie Antoinette Mirabeau täuschen, oder hörten sie tatsächlich auf ihn? Es ist schwer einzuschätzen, was sie von diesem Grafen tatsächlich hielten. Besorgt, sie könnten unter den falschen Einfluß geraten, bat er sie um ein Treffen, durch das er sich mehr Vertrauen zu sichern hoffte.[31] Mercy brachte die Königin dazu, einer Unterredung zuzustimmen. Die äußeren Umstände waren günstig, denn trotz der Aufstände hatte die Nationalversammlung der königlichen Familie erlaubt, für einige Monate nach Saint-Cloud überzusiedeln.

Am 6. Juni verließen der König und seine Familie unter den schallenden Rufen: «Gute Reise dem lieben Papa!» Paris. Die Abfahrt sorgte für einige Unruhe, die jedoch rasch unterdrückt wurde. Ein großes Aufgebot der Nationalgarde bewachte die königliche Familie bis nach Saint-Cloud vor den Toren der Hauptstadt. Obwohl Marie Antoinette Paris, wo sie sich immer in Gefahr gefühlt hatte, mit sorgenbeschwertem Herzen verließ, war sie erleichtert. Nach der Ankunft mußte sie an die von Mirabeau gewünschte Unterredung und an das Föderationsfest denken, das sie besonders fürchtete. «Für diesen Augenblick braucht es einen mehr als übernatürlichen Mut», teilte sie Mercy am 12. Juni mit.

Das Treffen mit Mirabeau wurde in aller Stille vorbereitet. Es wurde auf den 3. Juli gelegt, und wenn man La Marck glaubt, so sollte es nach Einbruch der Dunkelheit in den Gemächern der Königin und wahrscheinlich im Beisein des Königs stattfinden – nicht etwa in einem Boskett im Park, wie zahlreiche Historiker unter Berufung auf Madame Campan und Graf Vieil-Castel behaupten, der im Zweiten Kaiserreich die Memoiren von Mirabeaus Neffen, dem Grafen von Saillant, verarbeitet hat. Dennoch weiß man über die Begegnung sehr wenig. Nach La Marck konnte die Königin, als sie Mirabeau gegenüberstand, eine «Regung des Schreckens und der Furcht» nicht unterdrücken. Gemäß Madame Campan soll der Tribun beim Gehen zur Königin gesagt haben: «Madame, die Monarchie ist gerettet!» Die Unterredung hatte fast eine dreiviertel Stunde gedauert. Mehr ist nicht bekannt und alles übrige frei erfunden. Mirabeau scheint die Sache der Monarchie dann aber so begeistert wie noch nie verfochten zu haben. Obwohl Marie Antoinette völliges Stillschweigen bewahrte, gingen überall in Paris Gerüchte über dieses Treffen um.

In Saint-Cloud nahmen der König und die Königin ihre früheren Lebensgewohnheiten wieder auf und führten einen Hof, der an Versailles erinnerte. Der König unternahm lange Jagdpartien. Komödien wurden gespielt, Konzerte gegeben, Spazierfahrten unternommen und Abendgesellschaften veranstaltet. Man hörte die Königin wieder lachen. Trotzdem war sie oft bedrückt. Die Zeremonie des 14. Juli, mit der die Aussöhnung von König und Nation besiegelt werden sollte, machte ihr große Angst. Tatsächlich gingen beunruhigendste Gerüchte um. Von geheimnisvollen Waffenkäufen war die Rede, und es wurde gemunkelt, die Royalisten konspirierten im Bois de Boulogne, im Lustschloß Bagatelle. Paris wimmle von Rittern des Militärordens Saint-Louis, und Ludwig XVI. wolle mit ausländischer Hilfe sein Königreich zurückerobern, an den Grenzen würden schon Truppen zusammengezogen. «Viele Leute schwatzen, die einen aus Angst, die anderen aus Freude, daß sich vor dem Föderationsfest seltsame Dinge ereigneten», schrieb der Verfasser der *Correspondance secrète*.[32] Obwohl sich das Leben für die Königin in Saint-Cloud völlig verändert hatte, machte sie keinen Hehl daraus, daß sie sich vor der patriotischen Zeremonie fürchtete. «Sie schilderte mir ihre traurige Lage und die des Königs und des Dauphins», berichtet der spanische Botschafter. «Sie erzählte mir dies alles anschaulich und wahrheitsgetreu, betroffen und unter ständigen Tränen. Sie zeigte mir ihr ungewisses Schicksal auf, das sich am 14., dem Tag der Föderation, entscheiden sollte.»[33] Oft hatte Marie Antoinette Weinkrämpfe, wie Gräfin Boigne, damals noch die kleine Adèle d'Osmond, bezeugt. Das Kind lebte am Hof von Mesdames in Meudon. Auf Besuch bei den Tanten ließ die Königin ihre geliebte Adèle rufen, die früher mit dem Dauphin gespielt hatte. «Ich war auf der Terrasse umringt von Nationalgardisten», berichtet Gräfin Boigne. «Bei diesem Anblick krampfte sich mir das Herz zusammen, und ich begann zu schluchzen. Die Königin kniete nieder, drückte ihr Gesicht an meines, verhüllte beide mit meinen langen blonden Haaren und forderte mich auf, meine Tränen zu verbergen. Ich spürte, wie ihre herabrannen. Noch immer höre ich: ‹Still, still, meine Adèle.› Lange harrte sie in dieser Haltung aus.

Ich habe von diesem Augenblick einen noch immer sehr lebendigen Eindruck zurückbehalten. [...] Sie trug einen weißen ‹Pierrot de linon›, am Saum verziert mit fliederfarbenen Zweigen, ein bauschiges Tuch und einen großen Strohhut, dessen breite fliederfarbene Bänder an der Stelle, wo das Tuch übereinander geschlagen war, in einem großen Knoten zusammenliefen.»[34]

Tief bedrückt fuhren der König, die Königin und die kläglichen Überreste der königlichen Familie am Morgen des 14. Juli bei strömendem Regen, der den ganzen Tag anhalten sollte, nach Paris zurück. Das Marsfeld war mit gewaltigem Aufwand in ein riesiges Amphitheater verwandelt worden, auf dessen Ränge Tausende Föderierter aus allen Teilen Frankreichs Platz genommen hatten, um mit dem König die patriotische Hochzeit, das Symbol eines neuen Zeitalters, zu begehen. Nur der kleine Dauphin lächelte in seiner Uniform der Nationalgarde. Der König nahm an der Zeremonie übellaunig und mit gelangweilter Miene teil. Er lehnte es ab, am Vaterlandsaltar, den man in der Mitte des Platzes errichtet hatte, den Eid abzulegen, und verfolgte das ganze Schauspiel in seinem Sessel «auf eine sehr zwanglose Art, die als anstößig empfunden wurde».[35] Die Königin «versuchte mit großer Mühe, ihre schlechte Laune zu verbergen, ohne daß ihr dies in ihrem und des Königs Interesse gelang».[36] Der Festtag, den Fersen als «lächerlich, peinlich und von daher auch nicht eindrucksvoll» bezeichnete, ging ohne nennenswerte Zwischenfälle für die königliche Familie zu Ende. Aber die Herrscher hatten das Volk tief enttäuscht. Wenn der König noch einigermaßen lebhaft Applaus erntete, so wurde die Königin fast nur mit Schweigen bedacht. Und immer, wenn doch jemand Beifall klatschte, übertönte ihn sofort der Ruf: «Vive la nation!» Marie Antoinette hatte keine Popularität gewonnen.

Kapitel XXIV

Hysterien

Nach den patriotischen Jubelfeiern war Marie Antoinette froh, in Saint-Cloud wieder ihren süßen Gewohnheiten frönen zu können. Sie empfing Fersen jeden Abend und pflegte mit ihm einen offeneren Umgang als in den Tuilerien. «‹Ich habe ihm diese Möglichkeit gegeben›, sagte La Fayette, ‹indem ich einen Ausgang der Wohnräume nicht überwachen ließ, so daß er unbemerkt eintreten konnte›, und davon machte er Gebrauch», erzählt Saint-Priest. «Aber wer weiß, ob es sich dabei nicht um eine weitere List handelte, damit sie sich kompromittierte? Im übrigen hatte sie den König zu größter Diskretion angehalten. Sobald er jemanden sah, zog er sich zurück, und sie brauchte nicht zu fürchten, von ihm überrascht zu werden.» Trotzdem wurde die Königin in Saint-Cloud so streng überwacht wie in den Tuilerien. Ein Adjutant La Fayettes schlief unter dem Vorwand, dem General gegebenenfalls ihre Befehle zu überbringen, in ihrem Vorzimmer. «‹Wenn ich in die Anlagen blicke›, sagte die Königin in Saint-Cloud, ‹sehe ich diesen Mann auf der Anhöhe stehen; wenn ich dorthin gehe, wo ich ihn gesehen habe, erblicke ich ihn auf der Anhöhe daneben.› […] Das verhinderte nicht, daß Fersens Besuche stets geduldet wurden. Er war im Dorf Auteuil bei einem Freund untergekommen und ging in der Abenddämmerung nach Saint-Cloud hinüber. Ich erfuhr», so Saint-Priest weiter, «daß ein Sergeant der französischen Garde, auch besoldete Garde genannt, Fersen eines Morgens gegen drei Uhr, als er aus dem Schloß kam, getroffen und beinahe verhaftet hatte. Ich glaubte, die Königin informieren zu müssen, und machte sie darauf aufmerksam, daß die Anwesenheit und die Besuche des Grafen von Fersen auf dem Schloß einige Gefahren mit sich bringen könnten. ‹Sagt es ihm›, antwortete sie, ‹wenn Ihr es für angebracht haltet. Was mich betrifft, so ist es mir gleich.›»[1]

Die Beziehung des schwedischen Grafen zur Königin von Frankreich war so eng wie noch nie. In den Briefen an seine Schwester Sophie, seine Vertraute in Herzensdingen, kommt er immer wieder auf die unglückliche Lage der geliebten Frau zu sprechen. «Sie ist das vollkommenste Geschöpf, das ich kenne. [...] Unablässig sprechen wir Wünsche für Euer Glück aus [...], und sie denkt oft an Euch. Sie war zu Tränen gerührt wegen allem, was ich ihr von Euch ausrichten sollte: Wenn man unglücklich ist, ist man besonders empfindsam, vor allem, wenn man eine so schöne Seele hat. Arme Frau, sie hätte anderes verdient. Vielleicht wird sie eines Tages entschädigt. [...] Sie ist äußerst unglücklich, aber sehr tapfer. Sie ist ein Engel. Ich habe ihr alles, was Ihr mir aufgetragen habt, gesagt, und es hat ihr viel Freude gemacht. Ich versuche sie zu trösten, so gut ich kann. Das schulde ich ihr, sie ist so unendlich gütig zu mir. [...] Es ist mein einziger Kummer, daß ich sie nicht vollkommen über ihr ganzes Unglück hinwegtrösten und so glücklich machen kann, wie sie es verdient.»[2] Anfang August verbrachte Fersen zwei Tage bei der Herzogin Fitz-James auf dem Land. Die lieblichen Augenblicke wurden getrübt durch die Abwesenheit der Königin. «Sie fehlte [...] zu meinem Glück, und ohne dies gibt es für mich keine Vollkommenheit», klagte er.[3]

Fersen, der liebevolle Trostspender Marie Antoinettes, war zugleich auch der heimliche Ratgeber des Königspaares geworden. Sie legten ihm vorbehaltlos ihre Pläne offen und verrieten ihm alles über die Verhandlungen mit dem Ausland und ihre Beziehungen zu Mirabeau. Dem Vater hatte er diese doch sehr außergewöhnliche Situation – freilich ohne die Hintergründe offenzulegen – im vorigen Februar in einem Brief erläutert: «Meine Stellung hier ist anders als die aller anderen. [...] Ich bin dem König und der Königin verbunden und muß dies auch sein wegen ihrer gütigen Art, mit der sie mich, so sie konnten, stets behandelt haben. Ich wäre feige und undankbar, wollte ich sie jetzt, da sie nichts mehr für mich tun können und da ich ihnen nützlich sein kann, im Stich lassen. Den gütigen Gesten, mit denen sie mich überhäuft haben, fügten sie eine schmeichelhafte Auszeichnung hinzu: die ihres Vertrauens. Sie ist es um so mehr, als es sehr beschränkt ist und sich nur auf drei oder vier Personen verteilt, von denen ich der Jüngste bin.»[4] Fersen beschwor Marie Antoinette seit Monaten, Paris zu verlassen. Unter vier Augen sprachen sie über den noch unausgereiften Plan zur Rettung von König und Königreich. «Nur ein äußerer oder innerer Krieg kann Frankreich retten und die königliche Autorität wiederherstellen, aber wie soll das gelingen, wenn der König Gefangener in Paris ist?» schrieb er Gustav III. «Es war falsch, sich dorthin bringen zu lassen, jetzt muß er versuchen herauszukommen.»[5]

Die Patrioten, die in diesem Sommer 1790 das Gespenst der Konterrevolution umgehen sahen, täuschten sich nicht. Unterstützt von Fersen und einigen Anhängern des Ancien régime, versuchte die Königin die royalistische Gegenoffensive zu organisieren. Bestärkt von der Lektüre der *Actes des apôtres,* einer besonders revolutionsfeindlichen Zeitung, knüpfte sie heimlich einen Briefwechsel mit dem Ausland an. Sie unternahm lange Ausritte, die für die Generalprobe einer plötzlichen Flucht angesehen wurden. Außerhalb des Königreiches schmiedeten die Prinzen und emigrierte Adlige, die Kontakte zu konterrevolutionären Gruppen im Inland unterhielten, ihre Komplotte. Und immer mehr Offziere liefen zur Armee der Emigranten über.

Mirabeau warnte die Königin davor, ihren spontanen Regungen freien Lauf zu lassen und die Konterrevolution zu fördern. Der Appell ans Ausland sei der schlimmste Fehler. Er redete den Herrschern weiterhin zu, auf die gemäßigte Revolution zu setzen, in der allein ihr Heil liege. Aber er wußte auch, daß dies täglich schwieriger wurde. Mit Bestürzung nahm das Königspaar sein Schreiben vom 13. August auf: «Vier Feinde eilen mit raschem Schritt herbei: Die Steuer, der Bankrott, die Armee und der Winter. Man muß eine Entscheidung fällen, ich meine, man muß sich auf die Ereignisse einstellen und sie lenken. Kurz: Der Bürgerkrieg ist sicher und vielleicht notwendig. Will man sich von ihm überraschen lassen oder ihn führen, kann und will man ihn verhindern?» Da nach Mirabeau der Bürgerkrieg unvermeidlich war, sollten der König und die Königin alles tun, um sich die Unterstützung loyaler Truppen zu sichern. Er unterbreitete ihnen grob einen Plan, nach dem sich der König aus Paris nach Fontainebleau zurückziehen würde. Es ging dabei nur um eine Verlegung der Exekutivgewalt. Man müsse «an besondere Praktiken denken», erklärte er.[6] Drei Tage später verstärkte er die Appelle: «Der Augenblick ist gekommen, sich für eine aktive oder passive Rolle zu entscheiden; denn so schlecht mir die aktive auch scheint, sie ist in meinen Augen noch immer besser als diese Halbdekadenz *[interdécadence]* aus Versuch und Resignation, aus Halbherzigkeit und Niedergeschlagenheit; sie weckt Mißtrauen, fördert Amtsanmaßung und führt von einer Inkonsequenz zur anderen.»[7]

Marie Antoinette war über die Vorschläge schockiert und leitete sie an Mercy weiter. «Wie kann Mirabeau oder ein denkendes Wesen annehmen, daß für uns je oder gerade jetzt der Augenblick gekommen sei, einen Bürgerkrieg zu provozieren?» beschwerte sie sich. Sie las zwar noch immer seine Schreiben, lehnte aber jedes weitere Gespräch ab, schmiedete eigene Pläne und machte sich mit dem Gedanken einer Flucht der königlichen Familie unter dem Schutz treuer Truppen aus Paris vertraut. Ihr Heil sah sie freilich allein in der Hilfe europäischer Monarchen. So schickte sie Circello, den

Botschafter von Neapel, in geheimer Mission nach Wien, wo er Leopold II. die «täglich schrecklichere» Lage der Schwester schildern solle: «Nur in den Ausländern finden wir Hilfsmittel und Mitgefühl», schrieb sie dem Bruder.[8]

Vielleicht sah die Königin Anfang September schon die royalistische Gegenrevolution im Anzug: Bouillé lieferte sich an der Spitze der Garnison von Metz ein Gefecht mit meuternden Soldaten des Schweizer Regimentes von Châteauvieux, die von der Nationalgarde unterstützt wurden. Nachdem der General die Stadt Nancy, die mitsamt den Truppen zum Aufstand übergegangen war, wieder unter seine Kontrolle gebracht hatte, glaubte das Königspaar, daß er die bedrohte Monarchie retten könne. Ludwig XVI. dankte ihm herzlich, und La Fayette bewog die Nationalversammlung sogar dazu, ihm Glückwünsche zu übermitteln, womit sich der «Held von Amerika» bei den Patrioten verdächtig machte. Die Monarchen schöpften wieder Hoffnung, und Fersen sah bessere Zeiten kommen. «Überall wird das Elend spürbar, das rasch Unzufriedenheit weckt, und ich sehe die Stellung des Königs nicht mehr als so schlecht an. Aber man muß Geduld haben und ihnen vielleicht noch einen Winter geben. Dann muß man handeln», schrieb er am 5. September 1790 und spielte dabei wohl auf Pläne zur Wiederherstellung der Macht Ludwigs XVI. an.

Da die Revolution gefährdet war, blieben die Patrioten wachsam. Der Jakobinerklub bereitete sich auf neue Aktionen der Massen vor. Man mußte das Palais Royal und den Vorort Saint-Antoine in Alarmbereitschaft versetzen und vom König die Entlassung der Minister verlangen. Für Paris sagte man bis spätestens zum 22. September einen Bürgerkrieg voraus. Der Haß gegen die Königin wuchs. Die Frau «mit dem boshaften und rachsüchtigen Herzen» hatte zur Feier von Bouillés Sieg angeblich ein Konzert veranstaltet. Sie stelle für den König eine noch größere Gefahr dar als «Barnave, Lameth und Duport, die wie die Guisen und Cromwell einen Anschlag auf seine Person» planten.[9] Und jeden Tag war erneut von der Entführung des Königs die Rede. Es hieß, Bouillé sei inkognito in Saint-Cloud eingetroffen, um seine Verschleppung und die Umzingelung der Hauptstadt vorzubereiten. «An diesem Hof gibt es teuflische Intrigen, wie man sie nie gesehen hat, ein Kommen und Gehen, geheimnisvolle Komitees und Schimpfreden gegen die Nationalversammlung, von der es unter anderem heißt, sie drehe sich den eigenen Strick. [...] Es gibt ein geheimes Getuschel zwischen den Ministern, Monsieur Du Châtelet und anderen Aristokraten», schrieb der Verfasser der *Correspondance secrète* und prophezeite eine weitere Tragödie: «Die Aristokraten wollen sie, die Demokraten wollen sie, und beide Parteien bereiten sie unverhohlen vor.»[10] Ludwig XVI. und Marie Antoinette waren über die Unruhen im Volk nicht allzu besorgt. Mirabeau hatte ihnen gesagt, sie «bräuchten sich nicht zu beunruhigen, der Unmut sei eher nützlich als hinderlich». Ludwig XVI. reagierte auf die sich zuspitzenden Ereignisse nur mit einem Wechsel der Minister. Necker, der die Finanzkrise nicht gemeistert und an Ansehen verloren hatte, mußte den Rücktritt einreichen. Seine Abreise in die Schweiz wurde mit Gleichgültigkeit aufgenommen. Der König stellte ein Kabinett aus Anhängern La Fayettes zusammen: La Fayettes Freund Duport du Tertre wurde Großsiegelbewahrer, der Literat Pastoret übernahm das Amt Saint-Priests, Lessart folgte auf Necker und Duportail auf La Tour du Pin. Montmorin behielt das Ministerium für Äußeres. Diese – für den König bedenkliche Wahl – erschien Patrioten wie Marat verdächtig. La Fayettes Anhänger galten als vom Hof gekauft. Die Kabinettsumbildung brachte keine Beruhigung der Lage. Die eine Seite dachte darüber nach, wie der Geburtstag am 6. Oktober mit «einem notwendigen Aderlaß zur Ausrottung der aristokratischen Pest» begangen werden könne, während die andere davon sprach, die Lokalitäten der Nationalversammlung in die Luft zu sprengen.

Trotzdem blieben nennenswerte Zwischenfälle an diesem schicksalshaften Tag aus, und dies, obwohl bei Bailly eine Anzeige einging, nach der ein neues Komplott mit einer Flucht des Königs nach Rouen geschmiedet werde. Obwohl das Königspaar aus Saint-Cloud gut entkommen konnte, kehrte es allabendlich aufs Schloß zurück. Nur einmal kamen die beiden Herrscher von einem Ausflug so spät zurück, daß ihre Anhänger sie schon über alle Berge glaubten. Die Königin vertraute ihre Enttäuschung, daß dem nicht so war, Madame Campan an. «Man kann sagen», heißt es in der *Correspondance secrète*, «daß man unter all den Verschwörerplänen, die täglich aufs neue ausgebrütet werden, nicht einen findet, der ausgegoren wäre, und auch keinen klugen Kopf, der ihn durchführen könnte.»[11] Der sonst so gut informierte Verfasser dieser Schrift wußte freilich nichts von den Geheimverhandlungen des Königs mit Baron Breteuil, die dann doch zu einem ausgereiften Fluchtplan führen sollten.

Breteuil, der sich nach seiner Abreise aus Frankreich nach dem 14. Juli in der Schweiz niedergelassen hatte, war sich über die Absichten Ludwigs XVI. nicht recht im klaren. Paktierten der König und die Königin mit den Aufrührern? Dies hätte der Monarchie schwer geschadet. Breteuil träumte wie Mirabeau von der Wiederherstellung der königlichen Autorität, hatte dabei aber andere Vorstellungen vom Königtum. Mirabeau schwebte für Frankreich eine Monarchie nach englischem Vorbild vor, während sich Breteuil eine Wiederherstellung des Ancien régime mit den Zugeständnissen des Königs vom 23. Juni 1789 wünschte. War das Reformprogramm, das der Nationalversammlung am Anfang der Revolution unzureichend erschienen war, im Jahre 1790 noch tragfähig? Zweifel sind angebracht, aber weder für den König noch für Breteuil kamen weitere Zugeständnisse in Frage.

Breteuil schaltete Monsignore d'Agoult, den Bischof von Pamiers, als Vermittler ein und schickte ihn mit einem Memorandum nach Frankreich zu Ludwig XVI. Er mahnt den König dazu, «irgendeinen Plan zu fassen», um das «allgemeine Mißtrauen» auszuräumen, «das seine ungewisse Haltung bei allen Parteien» auslöse. Der König müsse die Verstimmungen zwischen ihm und seinen Anhängern beseitigen. Zu diesem Zweck schlug er ihm vor, «Paris zu verlassen [...] und sich an einen sicheren Ort innerhalb des Königreiches zurückzuziehen». Der Rückzug solle unter dem Schutz von Bouillés Truppen durchgeführt werden, verstärkt durch ein Kontingent österreichischer Soldaten, die diesen, «falls sie wankend würden, als Beispiel dienen» sollten.[12] Weiterhin plante er, die Herrscher der an Frankreich angrenzenden Staaten zu bitten, den französischen Generälen Soldaten zu stellen. Obwohl Breteuil dem Augenblick entgegenfieberte, da die Ordnung wiederhergestellt würde, riet er zur Besonnenheit: Jedes übereilte Vorgehen könne zum Mißerfolg führen.

Die Königin sah die Schwierigkeiten des Vorhabens. Ein Scheitern bedeutete den Zusammenbruch der Monarchie. Außerdem war sie der Ansicht, daß «ein weiteres Jahr im Gefängnis besser» sei, «als sich der Gefahr auszusetzen, zurückgebracht zu werden».[13] Ludwig XVI. schob eine Antwort hinaus und begnügte sich damit, Breteuil fürs erste mit den notwendigen Vollmachten zu versehen, mit denen er in seinem Namen Verhandlungen mit ausländischen Höfen führen konnte. «Ihr kennt meine Absichten», schrieb er ihm weiter, «und ich überlasse es Eurer Klugheit, [von diesen Vollmachten] Gebrauch zu machen, wenn Ihr es für mein Wohl für notwendig erachtet. Ich stimme allem zu, mit dem Ihr mein Ziel, das ist die Wiederherstellung meiner legitimen Autorität und des Glücks meiner Völker, zu verwirklichen sucht.»[14] Bouillé teilte der König mit, er habe noch nicht «an Rückzug oder Flucht gedacht», billige aber entsprechende Pläne und zähle «auf die günstige Stimmung beim Kaiser und in Spanien».[15]

Ende Oktober waren der König und die Königin noch immer in Saint-Cloud. Marie Antoinette versuchte den Aufenthalt mit allen Mitteln zu verlängern. Ihre angeblichen heftigen Halsschmerzen brachten ein paar Tage Aufschub, aber dann mußte sich das Königspaar zur Rückkehr in die Tuilerien entschließen. Der Empfang in Paris wurde eisig. Der ganze Haß richtete sich gegen Marie Antoinette. Die Pamphletisten verschärften ihre Angriffe, und Madame La Motte machte wieder von sich Reden.

Der Abbé Vermond und die Polignac waren nach der Flucht der Abenteuerin bekanntlich mit undurchsichtigem Ziel nach London gereist. Obwohl das Schweigen der La Motte mit Geld erkauft worden war, hatte sie im Mai 1789 ihre *Mémoires* zusammen mit einem angeblichen Briefwechsel zwischen der Königin und dem Kardinal veröffentlicht. Marie Antoinette stand als ihre Busenfreundin da, die den Kardinal den perversesten Launen unterworfen hatte. Zugleich wurde sie beschuldigt, sie habe Frankreich an den Kaiser verraten, ein Komplott, bei dem der Kardinal angeblich als Mittelsmann gedient hatte. Obwohl die Ordnungskräfte Befehl erhalten hatten, die publizistischen Erzeugnisse zu vernichten, hatten einige Exemplare zu Wucherpreisen den Besitzer gewechselt. Die Feinde der Königin konnten sich an einem Machwerk berauschen, in dem die Königin so tief wie noch nie in den Schmutz getaucht wurde. Die Halsbandaffäre war nie ganz geklärt worden, und die *Mémoires* der La Motte waren Wasser auf die Mühlen der Patrioten.

Anfang September kam ein Gerücht in Umlauf: Die La Motte sei nach Frankreich zurückgekehrt und verlange eine Wiederaufnahme ihres Prozesses, bei dem auch die Königin gehört werden solle. In Wahrheit hatte die Betrügerin England nicht verlassen. Allerdings hielt sich ihr Mann in Paris auf und hatte bei der Nationalversammlung Eingaben zur Revision des Verfahrens gemacht. Die Königin war schon deshalb betroffen, weil sich mehrere Abgeordnete, die La Fayette nahestanden, für eine Scheidung des Königspaares stark machten: Die verhaßte Königin schadete dem Ansehen Ludwigs XVI., und sie brauchten für ihre konstitutionelle Monarchie einen gefügigen, populären und geachteten König.

Als Marie Antoinette in Paris ankam, wurde sie von La Fayette schonungslos auf die Möglichkeit einer Scheidung hingewiesen. «Er hat sich abscheulichster Mittel bedient, um ihr Gemüt zu verwirren, und er sagte ihr sogar, es werde untersucht, ob sie Ehebruch begangen habe», meldete La Marck dem Botschafter Mercy.[16] Trotz ihrer kühlen Antwort war die Königin erschüttert und betroffen. La Fayette konnte ihr aus der Romanze mit Fersen einen Strick drehen. Einige Minister äußerten die Hoffnung, daß gegen sie erfolgreich ein Prozeß wegen Ehebruchs geführt werden könne. Während sich der Großsiegelbewahrer Duport du Tertre entsprechend äußerte, beklagte Montmorin «die Haltung der Aufwiegler, welche die öffentliche Meinung unablässig gegen die Königin aufstachelten und es anscheinend darauf anlegten, ihre Ermordung zu provozieren». Der Großsiegelbewahrer antwortete ungerührt, für so etwas «gebe er sich nicht her. Doch sei es etwas anderes, wenn man ihr nur den Prozeß mache. ‹Wie!› rief Montmorin, ‹Ihr, ein Minister des Königs, würdet einer solchen Niedertracht zustimmen!› ‹Aber wenn es doch keine andere Möglichkeit gibt?› antwortete der Großsiegelbewahrer.»[17]

In Paris herrschten weiterhin Aufruhr und Angst. Beim kleinsten Anlaß setzten sich Truppen in Bewegung. Am 13. November plünderte der Pöbel das Haus des Marschalls Castries, weil er sich im Duell mit Lameth «mit der Nation geschlagen» haben soll. Anschließend zog der Mob, mit erhobenen Fäusten und die Königin beschimpfend, zu den Tuilerien. Ludwig XVI. flüchtete erschreckt ins Dachgeschoß, während Marie Antoinette gelassen blieb und die Nationalgarden anwies, die Gittertore zu schließen und sich in zweifacher Reihe vor ihnen zu postieren. Beeindruckt von der tapferen Haltung, drängte die Garde die aufgebrachte Menge bis in die Anlagen des Palais Royal zurück. Das Schlimmste war gerade noch einmal verhindert worden. «Wenn die Königin nicht gewußt haben sollte, wie ihr das Volk von Paris gesinnt war, so erfuhr sie es am 13. dieses Monats, als in den Tuilerien die gröbsten Beleidigungen, die abscheulichsten Beschuldigungen und die heftigsten Vorwürfe gegen sie geschrien wurden. In ihren Gemächern hat sie es sicher gehört», bemerkt der Verfasser der *Correspondance secrète*.[18] Die Neuigkeiten aus der Provinz stachelten den Volkszorn in Paris weiter an: In Jalès, im Süden des Vivarais, hatten sich mehrere tausend Adlige versammelt, um die Monarchie mit dem Schwert zu verteidigen. Sie warteten nur noch auf Truppen aus Piemont, mit denen sie nach Norden ziehen und sich der Armee des Prinzen von Condé, der in Lyon erwartet wurde, anschließen wollten. Der König von Sardinien und der Kaiser zogen an den Grenzen Truppen zusammen, und England und Spanien rüsteten für einen eventuellen Konflikt. Aber statt die Patrioten einzuschüchtern, verschlimmerten diese Demonstrationen der Stärke nur die Lage des französischen Königspaares.

Während sich die Konterrevolution formierte, plagten Ludwig XVI. religiöse Skrupel. Nach dem Verkauf kirchlicher Güter machte sich die verfassunggebende Versammlung daran, die Stellung der Kirche im Staat neu festzulegen und die weltliche Macht von jeder geistlichen Bevormundung zu befreien. Den Deputierten schwebte eine «bürgerliche Geistlichkeit» vor, die sich der Revolution so sehr verpflichtet fühlte wie die Priester des Ancien régime der Monarchie. Eine Zivilkonstitution des Klerus entstand, mit der die Priesterschaft in öffentliche Aufgaben eingebunden wurde. In Frankreich, wo der Katholizismus offiziell Staatsreligion war, sollten die Bischöfe und Priester als staatliche Angestellte von den Gläubigen gewählt und zu einem Treueeid verpflichtet werden. Die meisten Prälaten lehnten das Gesetz ab und verweigerten den Eid, während die niedrigen Geistlichen zu ihm bereit waren. Und der König, der auf der Seite der hohen Würdenträger stand, geriet in ein arges Dilemma: Entweder er verweigerte dem Gesetz die Zustimmung und zog sich den Volkszorn zu, oder er billigte es und vollzog den Bruch mit Rom. Er hatte Kardinal Bernis heimlich beauftragt, Papst Pius VI. darüber zu informieren, daß er nicht mehr Herr seiner Entscheidungen sei und den gottlosen Gesetzestext annehmen müsse, um sich bei der Nationalversammlung und den Revolutionären nicht verdächtig zu machen. Konnte der König noch lange Verrat an sich selbst begehen?

Die Königin war außer sich. Allen Gefahren zum Trotz war sie entschlossen, Breteuils Plan so schnell wie möglich in die Tat umzusetzen. Der König, der die Zivilkonstitution des Klerus nur sehr widerstrebend ratifiziert hatte, war nun ebenfalls zur Flucht aus Paris bereit. Im Dezember, als der Baron für ihn noch immer in aller Stille diplomatisch agierte, kam Bouillés Sohn nach Paris, um die Einzelheiten des Fluchtplanes durchzusprechen. Er wurde von Fersen empfangen und hatte beunruhigende Neuigkeiten: Die Leute, die für das Unternehmen zur Verfügung standen, waren nicht zuverlässig. Zudem brauchte Bouillé rund fünfzehn Millionen Livres. Man wollte es trotzdem wagen: Der König, die Königin und ihre Kinder sollten zur Festung Montmédy an der Grenze fliehen. Sie sollten das französische Territorium unterwegs auf keinen Fall verlassen, um sich nicht dem Verdacht auszusetzen, sie wollten ins Ausland fliehen: Die Verfassung sah für diesen Fall den Sturz des Königs vor. Die Königin bestand darauf, sich während der ganzen Überfahrt nicht von ihrem Mann und den Kindern zu trennen, während Bouillé, um kein Aufsehen zu erregen, an eine Fahrt in zwei leichten Wagen gedacht hatte. Marie Antoinette »kannte den Haß, den ihr das Volk entgegenbrachte, und fürchtete, ihm zum Opfer zu fallen, wenn sie ohne den König festgenommen werden sollte«.[19] Sie übergab Bouillé einen Brief mit einer Absichtserklärung des Herrscherpaares. Nach der Flucht sollte Ludwig XVI. ein Manifest veröffentlichen, in dem er sich als entschlossener König zeigen und seine Anhänger aus dem ganzen Königreich zu sich rufen würde. Wenn in Frankreich dann der Bürgerkrieg tobte, würde er sich – in sicherer Entfernung und mit dem Schutz seiner Anhänger und Truppen – zum Schiedsrichter zwischen den verfeindeten Parteien machen. Freilich hing das Gelingen des ganzen Unternehmens auch vom Kaiser, den deutschen Fürsten, der Schweiz, Sardinien und Spanien ab. Nach der Königin sollten an den Grenzen Truppen aufmarschieren, um die Anhänger des Königs zu ermutigen und den Feind einzuschüchtern. »Allein ihr Erscheinen wird die richtige Wirkung haben«, glaubte sie und dachte nicht an die Folgen dieser Drohung mit einem Einmarsch.[20] Ludwig XVI. und Marie Antoinette waren nach wie vor überzeugt, daß die Revolution das Machwerk einer Handvoll Aufrührer sei und daß die Ordnung, ihre Ordnung, nur durch das Charisma eines Königs wiederhergestellt werden könne.

Als die Herrscher mit Bouillés Sohn verhandelten, erhielten sie von Mirabeau ein ausführliches Memorandum, das ihren Plänen zuwiderlief: Das Königspaar müsse den Zusammenbruch des Ancien régime als endgültig betrachten. Die Errungenschaften der Revolution von 1789 seien irreversibel. Eine Ablehnung der konstitutionellen Monarchie bedeute für den König und seine Herrschaft das Ende. Mirabeau, der für einen Ausgleich der Gewalten eintrat, sprach sich für die Wiederherstellung der königlichen Autorität aus. Der König sollte größeren Einfluß haben als die Nationalversammlung, die nur noch auf Druck der Pariser Massen handelte. Um dieses Ziel zu verwirklichen, müßten er und die Königin sich aber von der Konterrevolution, die sie offensichtlich noch immer begünstigten, offiziell distanzieren. Abschließend sprach er sehr deutlich der Politik des größeren Übels das Wort: Man müsse abwarten, bis sich die Nationalversammlung bei der Mehrheit der Franzosen diskreditiert habe. Dann würden sich die Provinzen gegen die «rasende Demagogie von Paris» erheben. Unterstützt von der Mehrheit der Untertanen und fern von der Hauptstadt könne der König die Nationalversammlung auflösen und das Volk zu Wahlen aufrufen. Die neu gewählten Deputierten sollten die Verfassung überarbeiten und der Exekutive die beherrschende Position geben. Natürlich müßten die Wahlen präpariert (!) und die Anhänger einer revidierten Verfassung begünstigt werden.

Um dieses politische Programm zu realisieren, mußte das Königspaar an Popularität zurückgewinnen. «Die Vorurteile gegen die Königin», so Mirabeau, seien «weniger ein direktes Hindernis als eine Angriffswaffe, die man gegen den Hof, die Minister und die Regierung richte. [...] Die Königin muß das Volk im Hinblick auf ihre Absichten beruhigen, ihr Verhalten in der Öffentlichkeit ändern und sich durch Aufgeklärtheit und Wohltätigkeit bei der Masse so beliebt machen, wie sie früher ihre Umgebung durch Grazie für sich eingenommen hat. Die Minister müssen sie bei allem, was sie im Hinblick auf die Revolution unternehmen, mit einbeziehen und sie mit ihrer gesamten Popularität versehen.»[21] Das hätte allerdings vorausgesetzt, daß die Königin die Prinzipien von 1789 bejaht hätte, und davon war sie weit entfernt.

Freilich war auch der Kernpunkt von Mirabeaus Plan, die Wiederherstellung einer starken, durch den König verkörperten Exekutive, recht abenteuerlich. Dazu hätte der König die Vorstellung von der Monarchie, die rein auf Erbansprüchen basierte, aufgeben müssen. Zudem hätte die Durchsetzung dieses Programms einen gewaltigen propagandistischen Apparat, eine «Polizeiwerkstatt», wie Mirabeau sie nannte, notwendig gemacht, und die hätte riesige Summen verschlungen. Schließlich konnte man sich nicht darüber hinwegtäuschen, daß mit dem Plan ein Bürgerkrieg billigend in Kauf genommen wurde. Da man den König praktisch gezwungen hatte, der Zivilkonstitution des Klerus vom 26. Dezember zuzustimmen, konnte Mirabeau aber keine «günstigere Gelegenheit finden, eine große Zahl Unzufriedener zusammenzubringen [...] und die Popularität des Königs auf Kosten der Nationalversammlung zu steigern».[22] Ludwig XVI. könne jetzt an das Volk gegen die Nationalversammlung appellieren.

Der König stellte sich taub. Er lehnte es ab, einen Bürgerkrieg oder eine religiöse Auseinandersetzung in Kauf zu nehmen, und wollte sich statt dessen eher aus Paris zurückziehen und seine Macht mit königstreuen Truppen und ausländischer Hilfe zurückerobern. Er war überzeugt, daß er nach der Flucht sein «gutes Volk» schon wiederfinden werde und als Sieger nach Paris zurückkehren könne. «Lieber wäre ich König in Metz, als in einer solchen Position König von Frankreich zu bleiben», soll er zu Bouillé gesagt haben.[23] Ende Dezember hatte Marie Antoinette ihren Gatten so weit, daß er Breteuils und Bouillés Plan annahm.

Am 5. Januar 1791 informierte die Königin den spanischen Botschafter über das Vorhaben einer Flucht, deren Datum allerdings noch nicht feststand. Nach einer langen Unterredung fragte sie ihn «klar und deutlich, ob man auf Spanien zählen könne oder nicht; unter welcher Form und in welchem Maße». Fernan Nuñez hörte die «verzweifelte Frau, die am Ende ihrer Kräfte war, an». «Wie ich aus all dem ersehen habe», so der Botschafter, «gibt es noch keinen sicheren und ausgereiften Plan, es herrscht allgemeines Mißtrauen, ein oder mehrere kluge Köpfe fehlen zur Leitung des Unternehmens, [...] ganz zu schweigen von allen anderen Einwänden», schrieb er Florida Blanca.[24] In den folgenden Wochen unternahm Marie Antoinette ähnliche Vorstöße bei anderen befreundeten Höfen, zunächst in Wien. Sie bekam überall ausweichende Antworten. Kein Herrscher wollte sich ohne Unterstützung durch andere europäische Monarchen für den König von Frankreich einsetzen. Sie warteten auf die Entscheidung des Kaisers, und der machte keine Anstalten, zu den Waffen zu greifen. Nicht einmal mehr auf Mercys Ratschläge konnte Marie Antoinette in der heiklen Lage zurückgreifen: Der Botschafter hatte Paris im Oktober vorigen Jahres verlassen, nachdem ihn Leopold II., der ihn später zum Statthalter der österreichischen Niederlande ernennen sollte, in besonderer Mission nach Den Haag geschickt hatte. Trotzdem unterhielt sie mit ihm und ihrem Bruder einen regen Briefwechsel. Leopold begnügte sich damit, sie seines «innigsten, zärtlichsten und aufrichtigsten Mitgefühls zu versichern».[25] Die Königin, die über die Unverbindlichkeiten aus der Fassung geriet, flehte ihn an, sich mit den anderen Mächten zu verbünden: «Die Aufrührer machen derzeit so große Fortschritte und gewinnen so rasch an Auftrieb, daß wir es für höchst gefährlich halten, ihnen nichts entgegenzusetzen», schrieb sie am 27. Februar 1791. «Sie denken nur noch an den Umsturz des gesamten Königreiches. Zudem steht zu fürchten, daß Euch Brabant, solange es aus Frankreich keinen Befehl erhält, nicht völlig ergeben ist. Dann machen die von der Propaganda verbreiteten Prinzipien in allen Ländern Europas Schule. Spanien hat uns geantwortet, es werde uns mit seinen Streitkräften helfen, wenn Ihr, der König von Sardinien und die Kantone ein selbes tun und Euch einvernehmlich mit uns ins Benehmen setzt.»[26]

Leopold antwortete auch auf diese inständigen Bitten ausweichend. «Die allgemeinen Umstände sind so verworren [...], daß es mir im Augenblick unmöglich ist, Euch zu einer bestimmten Entscheidung zu raten», schrieb er der Schwester. «Am sichersten scheint mir noch immer, abzuwarten und Zeit zu gewinnen, bis sich günstigere Umstände einstellen. Denn bei allem guten Willen sehe ich mich nicht in der Lage, Euch ohne das Zusammenwirken und die Unterstützung mehrerer wichtiger Höfe Europas zu helfen und Euch so wirkungsvoll, wie ich wollte, aus der Bedrängnis zu helfen; dies um so mehr, als eine Abstimmung mit der Schweiz und Sardinien allein nicht genügt.»[27] Die Königin war am Rand der Verzweiflung: «Aus der Ferne», meinte sie bitter, «kann man leicht zu Besonnenheit und zum Abwarten raten; aber das ist unmöglich, wenn man das Messer an der Kehle hat.»[28] In panischer Angst ließ sie sich zu einer unklugen Bemerkung gegenüber dem spanischen Botschafter Fernan Nuñez hinreißen: Es sei zu befürchten, ja wünschenswert, daß die Höfe, «wenn sie einer königlichen Familie in ihrer Lage nicht helfen wollten, eines Tages selbst in sie» hineingerieten.[29] Ermutigende Antworten erhielt sie lediglich von den deutschen Fürsten, die gegen einen «territorialen Ausgleich» gerne zu helfen bereit seien. Für einige Tage hatte sie wieder Hoffnung. «Diese arme Dame», bemerkt Nuñez. «Es ist ein Jammer, wenn man sieht, wie sie sich an die dünnsten Zweige klammert, um nicht in die Tiefe zu stürzen.»[30] Im Februar verschlechterte sich die Stimmung in den Tuilerien. Unter dem Vorwand, Ostern in der Heiligen Stadt verbringen zu wollen, waren Mesdames nach Rom abgereist. Da sich keiner über die wahren Motive ihrer Abreise hinwegtäuschte, gingen wieder Gerüchte über eine bevorstehende Flucht des Königs um. Während der Flucht der Prinzessinnen kam es zu Zwischenfällen. Die Tanten Ludwigs XVI. wurden in Arnay-le-Duc festgehalten und konnten erst auf Intervention der Nationalversammlung und auf königlichen Befehl hin weiterfahren. Der Vorfall sorgte in den Faubourgs für Aufruhr. Am 22. Februar drang eine aufgebrachte Menge ins Palais du Luxembourg, die Residenz des Grafen von Provence, ein und holte sein Versprechen ein, daß er in Paris bleiben werde. Mit stoischer Gelassenheit beschwichtigte Monsieur die Männer und Frauen; sie eskortierten ihn zu den Tuilerien, wo sie von den Ordnungskräften mit Mühe auseinandergetrieben wurden. Die Ruhe kehrte nicht wieder ein. Überall witterte man konterrevolutionäre Umtriebe. Eine Woche später, am 28. Februar, zogen Adlige, mit Degen, Jagdmessern und Pistolen bewaffnet, zu den Tuilerien, um das Königspaar vor Übergriffen durch den Pöbel zu schützen: Am gleichen Tag waren Truppenkontingente auf Schloß Vincennes marschiert. Die Nationalversammlung und der König befürchteten schon, das alte, momentan in der Restauration befindliche Staatsgefängnis werde zur zweiten Bastille. Es hatte geheißen, die Aufrührer marschierten von Vincennes aus zu den Tuilerien weiter. La Fayette griff hart durch und entwaffnete die Adligen im Beisein des Königs. Doch statt sich bei den gemäßigten Kräften Sympathien zu verschaffen, hatte er sich bei den Patrioten wie bei den Monarchisten kompromittiert.

Das Volk mißtraute dem König und der Königin mehr denn je. Daß ihre Bewegungsfreiheit immer stärker eingeschränkt wurde, bestärkte die beiden im Entschluß zur Abreise. Die Vorbereitungen gingen im stillen weiter. In Montmédy herrschte weiterhin Ruhe. Bouillé hatte die Artillerie verstärkt und beschaffte Futter für Pferde. Fersen, der Auftrag hatte, den König und seine Familie aus den Tuilerien zu holen und zum Stadttor zu bringen, bereitete in Paris hektisch ihre Flucht vor. Am 12. März stand die Berline für die Überfahrt bereit. Die Königin kümmerte sich zwischen zwei kurzen Empfängen mit einem Botschafter und einem Geheimagenten um ihre Toilette. Zur großen Überraschung Madame de Campans, nach der «die Königin von Frankreich überall Hemden und Kleider» finden werde, ließ sie die Kammerfrau für sich und die Kinder Wäscheausstattungen beschaffen. «Ich bestellte», berichtet Madame de Campan, «sechs Hemden in einem Wäschegeschäft, in einem anderen sechs weitere, dazu Kleider, Morgenmäntel und so fort. Meine Schwester, Madame Auguié, ließ nach dem Maß von abgetragenen Kleidern ihrer Ältesten eine komplette Ausstattung für Madame anfertigen, und ich bestellte nach denen meines Sohnes Kleider für den Dauphin. Ich füllte mit diesen Sachen einen ganzen Koffer und schickte sie auf Anweisung der Königin an eine ihrer Frauen», die nach Brüssel fuhr.[31] Marie Antoinette beschaffte sich zugleich notwendige Utensilien für eine Reise, vom silbernen Bettwärmer über Bürsten und Schalen bis hin zu Trinkbechern. Da das Fehlen der Gegenstände auffallen mußte, bestellte sie ein zweites Set angeblich für ihre Schwester, die Erzherzogin Maria Christine. Ihre Garderobenfrau, Madame Rochereuil, schöpfte Verdacht und berichtete ihrem Geliebten Gouvin, dem Adjutanten La Fayettes, von den Anschaffungen der Königin. Wenig später informierte sie auch Bailly, aber er schenkte der Sache scheinbar keine Beachtung.

Eine viel wichtigere Entdeckung hätte die Deputierten und die Pariser Stadtväter aufmerken lassen müssen: Mercys Brief vom 7. März an die Königin war abgefangen und den Pariser Magistraten vorgelegt worden. Er belegte den Verdacht, daß Marie Antoinette mit ausländischen Höfen Geheimverhandlungen führte, und bestätigte offenkundig die bislang unbewiesene These der Patrioten vom «österreichischen Komitee». Jetzt hielten sie den Beweis in den Händen. Und welcher Beweis! Mercy wog in seinem Brief die Erfolgsaussichten der royalistischen Gegenoffensive ab, die vom König und der Königin vorbereitet wurde. «Man darf sich nicht darüber hinwegtäuschen», meinte er, «daß die Großmächte nichts umsonst unternehmen werden. [...] Man muß sich an diese Regel halten, wenn man in bedeutenden politischen Geschäften Erfolg haben will, und ihre Anwendung wird im gegenwärtigen Fall nicht schwierig sein. Der König von Sardinien hat schon immer Gelüste auf Genf gehabt; eine Ausdehnung seiner Grenzen auf den französischen Teil der Alpen und über den Var wäre für ihn sehr interessant. Frankreich verliert wenig, wenn es solchen Anliegen entgegenkommt. Ähnlich leicht ließe sich mit Spanien um die Grenzen zu Navarra verhandeln. Die wichtigsten Lehnsherren im Elsaß sind mit geringen Unkosten zu gewinnen. [...] Daraus geht die Notwendigkeit mehrerer Verhandlungen hervor, die von vertrauenswürdigen und geschickten Personen geführt werden müssen.»[32] Mercy versicherte sogar, daß es für eine Wiederherstellung der Macht des Königs unerläßlich sei, daß er noch vor einer Aktion der Großmächte aus Paris fliehen müsse. Diese würden sich erst dann zum Handeln entschließen, wenn er und seine Familie in Sicherheit seien. Merkwürdigerweise fand das für die Herrscher höchst kompromittierende Dokument keine Beachtung. Und die Königin konnte weiterhin mit dem ehemaligen Botschafter und ihrem Bruder korrespondieren.

Die Verhandlungen waren indes an einem toten Punkt angelangt, und Marie Antoinette verzweifelte schier daran, daß sie von ihrem Bruder keinerlei Zusagen erhielt. Sie befürchtete eine Invasion der Emigranten unter Führung des Fürsten von Condé. Damit wäre der König gezwungen gewesen, «sich stärker für die Revolution zu engagieren» und den Adel zu bekämpfen. Wie sie Fernan Nuñez anvertraute, vermutete sie hinter entsprechenden Gerüchten eine Taktik La Fayettes. Der Held von Amerika, dessen Popularität seit Ausbruch der Revolution fast auf Null gesunken war, hatte Angst vor einer Flucht des Königs und hoffte vor allem auf einen Krieg gegen die Emigranten, den er mühelos gewonnen hätte. Marie Antoinette fürchtete dagegen, daß er Konnetabel des Königreiches würde. Das hätte den König in die mißliche Lage gebracht, «ihn zu Handlungen gegen eigene

Interessen zu ermächtigen».[33] Angesichts der bedrohlichen Situation forcierte sie die Vorbereitungen zur Flucht. Dann verlor das Königspaar mit Mirabeaus unerwartetem Tod am 2. April den letzten Rückhalt.

Ostern nahte. Der Papst, der die Zivilkonstitution des Klerus verdammt hatte, wurde als Strohpuppe in den Gärten des Palais Royal verbrannt. Die religiöse Frage heizte die Konflikte weiter an. «Es muß befürchtet werden, daß sich der Fanatismus gerade zur Zeit der österlichen Kommunion Bahn bricht», vermerkte der Verfasser der *Correspondance secrète*.[34] Von Skrupeln geplagt, lehnte es Ludwig XVI. ab, konstitutionelle Priester für seine Privatkapelle zu ernennen und beim Geistlichen Saint-Médard, der den Bürgereid geleistet hatte, die Beichte abzulegen. Am Palmsonntag, dem 17. April, nahm die königliche Familie in der Kapelle der Tuilerien an der Messe teil und empfing die Kommunion aus den Händen des königlichen Almoseniers Monsignore Montmorency-Laval, eines erbitterten Revolutionsgegners, der den Eid verweigert hatte und seiner Ämter enthoben worden war. Damit setzte sich Ludwig XVI. erneut dem Verdacht aus, er vertrete nicht die Sache der Revolution.

Für Ostern hatte die königliche Familie die Erlaubnis erhalten, ein paar Tage in Saint-Cloud zu verbringen. Als sie schon in ihrer Karosse saßen, hinderte sie die Nationalgarde unter dem Gejohle einer dicht gedrängten Menge jenseits des Gitters an der Abfahrt. Die Garden und das Volk sahen in ihr die ersten Anzeichen zu einer Flucht oder Entführung, von denen gerüchteweise immer öfter die Rede war. Über zwei Stunden wurden Ludwig XVI. und Marie Antoinette mit aufgepflanzten Bajonetten am Losfahren gehindert und von einer wütenden Menge beschimpft. La Fayette verhandelte vergeblich mit den Truppen. Sie ließen die Karosse nicht fahren: Ludwig XVI. kehrte von sich aus ins Schloß zurück. «Jetzt gebt Ihr wohl zu», rief die Königin beim Aussteigen, «daß wir nicht mehr frei sind.»[35] Marie Antoinette nahm die weinende Madame de Chimay beim Arm: «Das ist nicht der geeignete Moment zu weinen», sagte sie ihr, «sondern Mut zu zeigen, und ich werde Euch ein Beispiel geben.» Stolz und hoheitsvoll stieg sie mit ihrem Sohn in den Armen die Treppen empor. «Nicht [...] die Furcht vor dem Tod, sondern die Kränkungen machen mir zu schaffen», soll sie gesagt haben.[36] Die königliche Familie kehrte in ihre Wohnräume zurück. Gegen sechs Uhr abends wurde Ludwig XVI. informiert, daß die Wache beschlossen habe, in der Nacht sämtliche Räume, auch sein Zimmer, nach abtrünnigen Priestern zu durchsuchen. Um zehn Uhr abends verlas ein Mann am Karussellplatz im Schein einer Fackel eine Aufforderung an das Volk, zum Schloß zu ziehen und «die Gelegenheit, die in Versailles am 6. Oktober versäumt worden war, nicht mehr zu verpassen».[37] Die Königin, die von der neuen Serie der Gewalt überrascht wurde, fühlte sich körperlich elend und blieb für mehrere Tage «indisponiert». Ihre Majestäten, schrieb Fersen, seien «in diesem Augenblick in großer Gefahr. Man sagt über sie abscheuliche Dinge, respektiert sie nicht mehr und spricht ungestraft öffentlich Drohungen gegen ihr Leben aus.»[38] Bis zum Abschluß der Vorbereitungen zur Flucht versuchten sie den Anschein zu erwecken, auf der Seite der Revolution zu stehen. Der König, so Fersen weiter, «muß in allem nachgeben, alles tun, was man von ihm verlangt, um [...] sie von seinen wirklichen Plänen abzulenken. Sie sind ihm wichtiger denn je, und um sie durchzuführen, muß er alles opfern, so schmerzlich es auch sein mag.»[39] So nahm die königliche Familie an der konstitutionellen Messe der Kirche Saint-Germain-l'Auxerrois teil und empfing die Kommunion aus den Händen eines Priesters, der den Bürgereid geleistet hatte. Ludwig XVI. erklärte feierlich, er handle in völliger Freiheit, während die Königin weiterhin bei ausländischen Höfen fieberhaft um Unterstützung nachsuchte.

Am 19. April richtete sie schriftlich eine nachdrückliche Bitte an den spanischen Botschafter: «Was gestern geschehen ist, läßt keinen Zweifel darüber aufkommen, was wir sind und was wir zu tun haben. Der König von Spanien kann und darf seinen Verwandten, seinen Verbündeten nicht in der Position lassen, in der er sich befindet. Jetzt ist nicht mehr sein Rat, sondern seine wirkliche Hilfe gefragt. Unser Weg liegt im Augenblick darin, im Strom zu schwimmen, um unser Leben zu retten (ich übertreibe nicht) und hier um jeden Preis herauszukommen. Doch dazu müssen uns die ausländischen Mächte Beistand leisten. Sie werden nicht um einen Einmarsch nach Frankreich gebeten, doch sollen sie an den Landesgrenzen jeweils eine starke Streitmacht aufmarschieren lassen, damit die loyalen und unzufriedenen Franzosen, die uns nicht in den sicheren Rückzugsort folgen können, eine sichere Unterstützung finden. [...] Wenn es dem König gelingt, hier herauszukommen und sich in eine Festung zurückzuziehen, kann er dann, wenn er um die Hilfe Spaniens bittet, auf sie zählen oder nicht? Die gleiche Frage ist schon dem Kaiser gestellt worden, und man wartet auf Antwort.» Im Anschluß bat die Königin um zwanzigtausend Mann (vornehmlich Berittene) an den Grenzen und einige «Millionen», die «sehr nützlich» seien.[40]

Fernan Nuñez ließ den Brief Florida Blanca überbringen. «Die Königin befindet sich heute in einer denkbar kritischen Lage», schrieb er: Sie und der König hätten weder vom Kaiser noch von anderen Monarchen Zusagen erhalten. «Eure Exzellenz wird unter anderem bemerken, daß die Königin zunächst nur um Truppen für die Grenzen bittet, vier Zeilen tiefer aber hinzufügt, daß es wegen des Geländes Kavallerie sein müsse. [...] Die Bitte beschränkt sich folglich nicht auf die Grenze», schloß er.[41]

Die Tage vergingen ohne die erhoffte Antwort des Kaisers. Leopold II. entschuldigte sich mit seiner «mißlichen Lage» und riet weiterhin zur Besonnenheit. Ähnlich äußerte sich Mercy. Der Gedanke an «eine Flucht mit diesen Schwierigkeiten und Gefahren», meinte er, mache ihn schaudern: «Dieser äußerste Schritt führt zum Erfolg oder ins Verderben. Ist es in der Sache so weit gekommen, daß dieses Risiko unerläßlich geworden ist?» fragte er. Maria Theresias früherer Botschafter riet bis auf weiteres zum Doppelspiel. Die Herrscher sollten doch versuchen, wieder an Popularität zu gewinnen.

Marie Antoinette hielt einen Verzicht auf den mühselig ausgearbeiteten Plan für glatten Selbstmord. Das riskante Abenteuer war ihr lieber als das beklemmende Leben in den Tuilerien. Sie dachte nicht daran, weiter abzuwarten, und schickte ihrem Bruder und Mercy weiter Bittbriefe. Neben der Zusage einer militärischen Unterstützung brauchte sie zudem dringend Geld für das Unternehmen. Buillé, der große Summen verlangte, wurde langsam ungeduldig. «Das Schwierigste ist, Geld aufzutreiben», seufzte Fersen. Am 15. Mai hatte die Königin vier Millionen «für erste Bedürfnisse» beschafft. Am 1. Juni erhielt Ludwig XVI. die zwei Millionen seiner Zivilliste, die er drei Mal im Jahr neben anderen Bezügen bekam. Sofort gingen Gerüchte um, der König und die Königin gäben riesige Summen für Spione aus.

Ludwig XVI. und Marie Antoinette fürchteten um ihr Leben und um das ihrer Kinder. Der König verließ seine Wohnräume nur noch selten, und seine Diener behaupteten, er habe Angst. Die Königin zeigte sich dagegen mit Madame Royale und dem Dauphin öfter als früher auf den Promenaden der Hauptstadt. Saint-Priest vertraute sie an, daß sie mit den öffentlichen Auftritten das Mißtrauen der Pariser zerstreuen wolle. Allerdings war bekannt, daß sie oft den jungen Rivarol, einen brillanten royalistischen Publizisten, bei sich empfing, womit sie sich in den Augen der Patrioten noch mehr kompromittierte. «Der Hof verharrt noch immer in Trauer und Bestürzung», heißt es in der *Correspondance secrète*.[12] Nach langem Hin und Her wurde die Flucht schließlich auf den 20. Juni festgesetzt.

Kaiser Leopold II. hatte sich endlich dazu durchgerungen, etwas zu unternehmen. Er bemühte sich um eine Koalition aller Mächte zugunsten des französischen Königs und hatte Mercy bereits angewiesen, Truppen und Geld bereitzuhalten. «Möge Euer Plan bald und erfolgreich ausgeführt werden!» schrieb er der Schwester am 12. Juni.[13] Allerdings mußte die königliche Familie aus Paris abreisen, ohne diese letzte Mitteilung erhalten zu haben.

Kapitel XXV

Varennes

Am Morgen des 20. Juni 1791 herrschte in den Tuilerien gespannte Ruhe. Nach der Messe zog sich Marie Antoinette in einer fast wehmütigen Stimmung, die sie sich jedoch nicht anmerken ließ, in ihre Gemächer zurück. Der König ging still in sein Arbeitszimmer. Madame Royale bekam wie gewöhnlich Unterricht, während der Dauphin draußen mit den Gouvernanten spielte. Madame Elisabeth war ausgegangen. Auch der aufmerksamste Beobachter hätte nichts Verdächtiges festgestellt. Und doch wurden letzte Vorbereitungen zur Flucht getroffen: Der König gab seinem Manifest an die Franzosen den letzten Schliff, während die Königin ihrem Friseur Léonard Instruktionen für eine vertrauliche Mission erteilte: Er sollte Herzog Choiseul das Zeremonialgewand des Königs, die Juwelen der Königin und einen Marschallstab für Bouillé überbringen.

Erst nach dem Essen, das wie gewöhnlich im Familienkreis eingenommen wurde, verrieten Ludwig XVI. und Marie Antoinette Madame Elisabeth ihre großen Pläne. Augenblicke später wurde Fersen gemeldet. Er gab letzte Anweisungen für die Abreise unter seinem Schutz. Ergriffen dankte ihm der König: «Was mir auch zustößt, ich werde nie vergessen, was Ihr für mich getan habt.»[1] Kurz darauf ließ er ihn mit der Königin allein. Sie weinte. Fersen schied gegen vier Uhr nachmittags von ihr. Wie vorgesehen, machte Marie Antoinette mit den Kindern einen Ausflug zum Folie-Boutin, einem bei Parisern sehr beliebten Lusthaus am Ende der Chaussée-d'Antin. Nach der Rückkehr übergab sie die Königskinder ihren Gouvernanten, die ihnen das Nachtessen gaben und sie zu Bett brachten.

Die Königin kehrte in ihre Wohnräume zurück. Heimlich empfing sie mit dem König die drei Adligen Moustiers, Malden und Valory, die der königlichen Familie als Leibwächter dienten, ihr bei der Flucht aus den Tuilerien helfen und sie nach Montmédy eskortieren sollten. Die Königin hatte Agoult um drei «treue und sehr robuste» Männer gebeten, die nur als Boten vorgesehen seien und «sich nicht durch Intelligenz auszuzeichnen» brauchten.[2] Der junge Herzog Choiseul, der Kommandant des ersten Regimentes von Commercy, der vom König und von Bouillé in die Fluchtpläne eingeweiht worden war, hatte bedauert, daß man nicht Domestiken mit der Mission betraut hatte. Domestiken kannten die Posthaltereien und verstanden sich auf den Umgang mit Postillons.

Höchst gespannt nahm die Königin mit Monsieur und Madame das Souper ein. Der König hatte seinen Bruder erst vor einer Woche über das Vorhaben informiert und ihm das Ziel ihrer Reise bisher noch nicht genannt. Er teilte ihm mit, daß die königliche Familie nach Montmédy reisen werde. Monsieur solle nach Longwy fahren. Der spätere Ludwig XVIII. hatte unabhängig von seinem Bruder einen Fluchtplan erstellen müssen und beschlossen, sich mit seinem Freund Graf Avaray in einem leichten schnellen Wagen über die Straße nach Valenciennes davonzumachen. Madame und ihre Vorleserin Madame de Gourbillon sollten sicherheitshalber einen anderen Fluchtweg nehmen.

Um zehn Uhr abends weckte die Königin die Kinder. Man zog Madame Royale und dem Dauphin, der als Mädchen verkleidet wurde, einfach Baumwollkleidchen an. Die Königin, die derweil in den Salon zurückgekehrt war, holte die beiden wenig später ab. Das Abenteuer begann. Über einen komplizierten Weg durch die Zimmerfluchten, in die seit Monaten neue Türen gehauen wurden, gelangte sie mit den Kindern und Madame de Tourzel in die Cour de Princes. In der Uniform eines Kutschers erwartete sie Fersen vor einer klapprigen Droschke. Marie Antoinette überstellte ihm die Kinder und die Gouvernante und eilte in den Salon zurück, wo ihre Abwesenheit noch nicht bemerkt worden war. Die königliche Familie ging wie gewohnt um dreiviertel elf Uhr abends ohne Eile auseinander. Monsieur und Madame fuhren in ihrer Karosse in Richtung Palais du Luxembourg davon.

Um elf Uhr dreißig legte sich die Königin im Nachtgewand schlafen und schickte ihre Kammerfrauen zu Bett. Kaum war sie allein, stand sie wieder auf, ging rasch in ihr Ankleidezimmer, legte eine schlichte «Morgentoilette» an und setzte einen großen schwarzen Hut mit langem schwarzem Schleier auf. Beim Hinausgehen erwartete sie eine böse Überraschung: Ein Soldat schob unerwartet Wache. Immerhin gelang es Marie Antoinette, sich in dem Augenblick, als er ihr den Rücken zuwandte, unbemerkt zur Treppe zu schleichen. Mehr tot als lebendig stieg sie über den gleichen Weg, den sie eine Stunde zuvor mit den Kindern genommen hatte, erneut in die Cour de Princes hinab. Am Ausgang des Hofs wurde sie von Malden erwartet, der sie zur Kutsche, die in einer Ecke der Rue de l'Échelle abgestellt worden war, führen sollte. Ein weiteres Hindernis tauchte auf: La Fayettes Karosse mit fackeltragenden Dienern rollte direkt auf sie zu. Doch rumpelte der General, ohne sie zu bemerken, zügig an ihr vorüber. Mit einem erleichterten Seufzer ging die Königin am Arm ihres Begleiters weiter. Zu allem Unglück verirrte sich Malden, der Paris nicht kannte, in den Gassen. Erst als er kehrtgemacht und einen berittenen Wachsoldaten nach dem Weg gefragt hatte, stieß Marie Antoinette wieder zu ihren Kindern. Ungeduldig wurde sie bereits von Madame Elisabeth und dem König erwartet. Ludwig XVI., der einen grünen Gehrock und einen runden Hut über der schweren Perücke trug, hatte mehr Glück gehabt als seine Frau und war ohne Zwischenfälle zum Treffpunkt gelangt. Er hatte schon nach der Königin suchen wollen. Das Königspaar umarmte sich erleichtert.

Um Mitternacht rollte der Wagen los. Fersen wollte sich vor der Ausreise aus Paris noch vergewissern, daß die Berline für die Weiterfahrt der königlichen Familie zur Posthalterei von Bondy unterwegs war. Ohne die Fahrgäste zu informieren, fuhr er über den Umweg durch die Rue de Clichy zur Zollsperre Saint-Martin. Der König, der Paris ausgezeichnet kannte, befürchtete schon, Fersen habe sich im Weg geirrt. Dann aber holperte die Kutsche auf das Tor zu. Die Zöllner feierten in dieser Nacht zum Glück eine Hochzeit. Unbehelligt passierte die königliche Familie das Stadttor und fand sich kurz darauf in schwärzester Nacht an der Kreuzung zur Straße nach Bondy wieder. Wo war die Berline? Fersen stieg vom Kutschbock und verschwand in der Dunkelheit. Als Ludwig XVI. nach endlosem Warten ausstieg und ihn suchen ging, kehrte der Schwede zurück. Die Berline wartete seit ungefähr zwei Stunden etwas abseits auf die Flüchtlinge. Sie nahmen rasch auf den mit grünem Taft bezogenen Polstern aus grünem Maroquin Platz, dann peitschte Fersen die Pferde in rasendem Tempo nach Bondy. Als die Berline dort gegen zwei Uhr eintraf, setzte die Morgendämmerung ein. Wie vereinbart, wurde die königliche Familie von Valory erwartet. Mit ihm waren die Leibwächter vollzählig. Beim Anspannen der Pferde bat Fersen den König inständig, die Familie auf der Flucht begleiten zu dürfen. Ludwig XVI. dankte ihm herzlich, lehnte die Bitte aber strikt ab. Nach dem Plan sollte er über Belgien nach Montmédy reisen und die königliche Familie dort wiedertreffen. Alles war für das Rennen bereit: «Adieu, Madame de Korff!» rief Fersen, als sich das Gespann im fahlen Licht der Morgendämmerung in Bewegung setzte.

Die Insassen der Berline erholten sich langsam von der Aufregung. Wie einst in Trianon wurden Rollen verteilt. Doch wurde jetzt keine Komödie gespielt, und der Ausgang des Dramas stand noch nicht fest. Das Publikum

Marie Antoinettes, die früher sicher auf Erfolg hatte zählen können und die selbst noch bei Fehlern Applaus geerntet hatte, war seit langem nicht mehr nachsichtig. Und diesmal mußte improvisiert werden. Welche Premiere! «Madame de Tourzel sollte sich als Baronin Korff ausgeben», berichtet uns Madame Royale, «meine Mutter als Madame Rochet, die Gouvernante der Kinder der Fremden, mein Vater als Kammerdiener Durand, meine Tante als die Gesellschafterin Rosalie und mein Bruder und ich als Amélie und Aglaé, die beiden Töchter jener Madame de Korff.»[3]

Um sechs Uhr rollte die Berline durch Meaux. Es war hellichter Tag. Der König beschloß, die reichhaltigen Vorräte anzugreifen, mit denen Fersen die Familie versorgt hatte. Um acht Uhr amüsierte sich das Königspaar über das verblüffte Gesicht La Fayettes. «Jetzt ist er persönlich in Bedrängnis», erklärte der König mit Genugtuung.[4] Fröhlich reichte die Königin Malden einen kalten Imbiß durch den Wagenschlag und meinte, der ruhmreiche General fühle sich in dem Augenblick «sicher nicht besonders wohl».[5] Der König geriet regelrecht in Verzückung. «Ihr könnt sicher sein, daß ich ein ganz anderer bin, wenn ich erst einmal ein Pferd unter dem Hintern habe», rief er aus.[6]

Ludwig XVI. war nicht der erste französische König, der die Hauptstadt verließ, um sie und sein Land zurückzuerobern. Heinrich III. war während der Hugenottenkriege vor der katholischen Liga nach Saint-Cloud geflohen. Während der Fronde hatte die Regentin Anna von Österreich den jungen Ludwig XIV. in einer Nacht-und-Nebel-Aktion nach Saint-Germain gebracht. Und Heinrich IV. hatte sein Königreich erst nach langem hartem Kampf und der Belagerung von Paris erobert. Sollte sich Ludwig XVI., als Kammerdiener verkleidet, als neuer Heinrich IV. erweisen? Der König dachte unwillkürlich an diese Vorgänger, während er sich mit seiner Familie Zug um Zug Montmédy näherte. Aber mehr noch beschäftigte ihn das Schicksal Karls I. von England, das ihn seit der Kindheit verfolgte. Vor fünfzehn Jahren hatte ihm Turgot geschrieben: «Vergeßt nicht, Sire, daß Karl I. seinen Kopf wegen seiner Schwäche auf den Richtblock legen mußte.» Ludwig XVI. hielt seine Abreise aus Paris für ein Zeichen der Stärke. Als gesalbter, durch altüberlieferte Grundsätze legitimierter König dachte er überhaupt nicht daran, die Macht mit Vertretern der Nation zu teilen. Er allein verkörperte den Staat, und wenn die Nationalversammlung seine Person vom Staat trennte, so kam dies einem Verbrechen gleich. Für Ludwig XVI. war die Ausschaltung der Konstituanten, der Kampf gegen ihr Machwerk und die Wiederherstellung seiner einstigen Rechte eine heilige Pflicht, die das augenscheinlich unrühmliche Possenspiel dieser Flucht durchaus rechtfertigte. Für die Königin, der die politische Dimension der

Abreise aus Paris eher gleichgültig war, sah in ihr nur die Rettung und das einzige Mittel zur Wiedererlangung der Freiheit. Angesichts der quälenden Ängste der letzten Monate war für sie das Ziel der Restauration ganz in den Hintergrund gerückt. Für sie war diese Abreise aus Paris keine Staatsaffäre, sondern eine Privatangelegenheit. Und doch war es dies gerade nicht.

Ludwig XVI., der sich dessen bewußt war, hatte bei der Abreise aus Paris ein Manifest zur Klärung seines Standpunktes hinterlassen. In der weitschweifigen, schlecht gegliederten Schrift, in der er Öffentliches mit Privatem vermischt, beklagt er sich über die augenblickliche «Anarchie» in Frankreich, die auf die Einberufung der Generalstände, sein persönliches Opfer zum Wohle der Franzosen, gefolgt sei. Nur unter Zwang und als Gefangener in den Tuilerien habe er die Dekrete der Nationalversammlung ratifiziert. Es folgt eine ausführliche Beschwerde gegen die Verfassung, die nur den «eitlen Schein des Königtums» übriglasse. Während des langen Wartens auf die Rückkehr zur Vernunft habe er mit ansehen müssen, wie die Monarchie, der er sich noch immer verpflichtet fühle, täglich stärker ausgehöhlt worden sei. So habe er sich dazu entschlossen, seine «Freiheit wiederzuerlangen und sich und seine Familie in Sicherheit zu bringen». Er wolle «alle Beleidigungen» vergessen, wenn er, der Vater der Völker, mit einer «freiwillig angenommenen Verfassung»[7] nach Paris zurückkehre.

Um sechs Uhr dreißig, als die Berline auf La Ferté-sous-Jouarre zurollte, wurde die Flucht des Königs und seiner Familie entdeckt. Wenngleich nicht unumstritten, so waren Bailly und La Fayette in der Haupstadt die einzigen Herren, und das Bürgertum, für das die Arbeit der Konstituanten das Ziel ihrer Wünsche bedeutete, sah in ihnen Garanten der Ordnung. Aber beim kleinen Volk der Faubourgs, das den König und seine Familie am 18. April an der Abreise gehindert hatte, galten sie als Gekaufte des Hofs. Hatten die beiden Männer genug Autorität, um den seit langem drohenden Schlag parieren zu können? La Fayette warf eine grundlegende Frage auf: Mußte man den König zum Wohl der Nation verhaften? Man konnte die alte Monarchie friedlich sterben lassen und eine neue nach englischem Vorbild errichten. Oder träumte La Fayette schon von einer jungen Republik Frankreich mit ihm an der Spitze? Das ist nicht ausgeschlossen. Denn schon bald nachdem das Verschwinden der königlichen Familie bekannt geworden war, hieß es in allen Kreisen, La Fayette habe dem Herrscher zur Flucht verholfen, eine Behauptung, die sich heute weder bestätigen noch entkräften läßt.[8]

Trotzdem mußten Bailly und Beauharnais, der Präsident der Versammlung, etwas unternehmen, damit der König und seine Familie zurückgebracht würden. La Fayette war der gleichen Meinung und überlegte, ob die Flucht vor den Abgeordneten nicht als eine Entführung der Konterrevolutionäre hingestellt werden könne, eine durchaus plausible Möglichkeit, von der ja schon so oft die Rede gewesen war. Mit einer Entführung des Königs hätten die Royalisten die wichtigste Person des Königreichs in ihre Gewalt gebracht und sie dem Einfluß der verhaßten Revolution entzogen. Diese heute so seltsam anmutende Darstellung wurde damals gerne geglaubt. Die Konstituante brauchte den König, weil ohne ihn der Abschluß der mühselig erarbeiteten Verfassung ernsthaft in Gefahr geriet. Und die Gemäßigten, die in der Versammlung die Mehrheit hatten, hätten damals jede Erklärung dankbar akzeptiert, wenn nur ihre Verfassung gerettet und Volksaufstände vermieden worden wären. Die Versammlung war schon bereit, die Fiktion von der Entführung anzunehmen, als ihr der Justizminister Duport du Tertre das Manifest Ludwigs XVI. vorlegte. Nach einem Augenblick betroffener Stille kam es zu einem unbeschreiblichen Tumult. Der König bekannte sich dazu, daß er mehrere Monate lang ein Doppelspiel getrieben hatte und geflohen war! Daß seine Flucht von langer Hand vorbereitet worden war, legte den Schluß nahe, daß er sich mit den Emigranten und ausländischen Mächten verbündet hatte. Womöglich wollte er an der Spitze einer Armee zurückkehren. Ein aus dem Ausland gesteuerter Bürgerkrieg drohte. Robespierre, einer der einflußreichsten Köpfe der Jakobiner, wetterte empört gegen den Verrat. Er schlug vor, die Pariser Massen zur Rettung der Revolution zu mobilisieren. Die Gemäßigten schreckten vor diesem Schritt zurück und setzten sich am Ende der Sitzung durch. In der vagen Hoffnung, die bürgerliche Revolution retten zu können, schlossen sich die Abgeordneten zum Schein der Version einer Entführung des Königs an. In aller Eile wurden Kuriere, die Ludwig XVI. und seine Familie aufspüren sollten, in die dreiundachtzig Departements entsandt. Der König wurde zum Opfer fanatischer Konterrevolutionäre gemacht.

Inzwischen rollte die Berline gemächlich weiter. Über den glücklichen Verlauf der Dinge beruhigt, legte das Königspaar kleine unvorhergesehene Rasten ein. Man hatte sie erkannt. Doch was machte das schon! Brave Bauern waren es gewesen, und sie hingen an ihrem König. Ludwig XVI. gab sich keine Mühe mehr, sich zu verbergen. Bald hatten auch die Postillons begriffen, welche illustren Fahrgäste sie durch die Landschaft kutschierten, und diese Neuigkeit eilte ihnen von Relais zu Relais voran. In Châlons-sur-Marne wurden der König und die Königin ebenfalls erkannt, ohne daß man ihnen feindselig begegnete. Sie machten sich keine Sorgen mehr. Mit einer Verspätung von drei Stunden näherten sie sich ihrem Ziel, und schon hinter Châlons, an der Posthalterei Pont de Somme-Vesle, sollten Bouillés bewaffnete Einheiten warten, um den Konvoi weiter zu eskortieren.

Erst gegen sechs Uhr nachmittags traf die königliche Familie am Treffpunkt ein. Choiseuls vierzig Husaren waren nicht an Ort und Stelle. Valory erklärte, daß sie schon wieder abgezogen seien. In der Annahme, die Flucht sei fehlgeschlagen, hatte Choiseul die Soldaten, die im Nachbardorf Courtisols für Aufregung sorgten, gegen fünf Uhr dreißig aufsitzen lassen. Zu allem Unglück hatte er den Friseur Léonard losgeschickt, um die anderen Detachements zu informieren, daß der Geldtransport, den sie angeblich sichern sollten, nicht mehr vorbeikomme. Ludwig XVI. glaubte an der Posthalterei Pont de Somme-Vesle, daß sich «die Erde unter ihm auftue».[9] Man wechselte trotzdem die Pferde und fuhr in bedrückter Stille weiter Richtung Sainte-Menehould. Die Bewohner des Städtchens warteten seit dem Morgen gespannt auf Neuigkeiten. Ohne Mitteilung an die Stadtväter und ohne offiziellen Befehl trieben sich bei ihnen Dragoner herum, von denen einige in die Wirtshäuser gezogen waren. Es gab verschiedene Gerüchte. Die Soldaten behaupteten, sie seien zum Schutz eines Geldtransportes bestellt, dann aber kam das Gespräch bald auf die Flucht des Königs. Um sieben Uhr abends traf Léonard in Saint-Menehoult ein und überbrachte Hauptmann Andoins die Botschaft Choiseuls. Der Hauptmann ließ daraufhin absatteln.

Vierzig Minuten später hielt die Berline vor der *Poste royale*, einige Schritte von einer Gruppe Dragoner entfernt. Die Vorhänge des Reisewagens waren zurückgezogen. Die drei Leibwächter Moustiers, Malden und Valory trugen Uniformen des Prinzen von Condé. Man konnte glauben, daß Angehörige seiner Familie auf dem Weg in die Emigration seien. Neugierige umringten die Kutsche. Andoins erfaßte die gefährliche Situation sofort, konnte aber nichts mehr unternehmen. Im Vorübergehen forderte er Moustiers, der die Stallknechte beim Anspannen überwachte, auf, so rasch wie möglich weiterzufahren. Alle Vorkehrungen für die Flucht des Herrscherpaares seien mißglückt.

Die Berline setzte sich langsam wieder in Bewegung. Kaum war sie aus der Stadt, wurde geschrien, man habe den König entkommen lassen. Andoins versuchte seine Männer zu sammeln. Sie weigerten sich aufzubrechen, weil sie nicht ausreichend gerastet hätten. Dann rückte die Nationalgarde aus. Andoins wurde verhaftet. Beim Verhör behauptete er standhaft, er sei in die Stadt gekommen, um einen Geldtransport zu sichern. Postmeister Drouet wurde geholt. Er sagte aus, er habe in der Kutsche einen dicken, kurzsichtigen Mann mit Pickeln im Gesicht sitzen sehen. War es der König? Habe der Postmeister die königliche Familie etwa weiterfahren lassen? Der Stadtrat trat zusammen und beschloß nach hitziger Debatte, die Berline zu verfolgen. Für die Mission wurden spontan Drouet und der Bezirksangestellte Guillaume ausersehen. Sie ritten in vollem Galopp davon.

Der Reisewagen mit der königlichen Familie rumpelte gemächlich weiter. Die erschöpften Reisenden schliefen, als sie gegen elf Uhr abends Varennes-en-Argonne erreichten. Die Postkutscher hatten Anweisung, nicht in den Ort hineinzufahren und die Pferde sofort wieder zurückzubringen, da sie vom Postmeister am nächsten Tag gebraucht wurden. Am ersten Haus von Varennes hielten sie an. In der Nacht suchten die Leibwächter vergeblich nach der Posthalterei. Kostbare Zeit ging verloren. Der König stieg aus dem Wagen und klopfte an eine Tür. Eine wütende Stimme antwortete, er solle verschwinden. Beunruhigt stieg die Königin aus und klopfte an andere Türen. Niemand öffnete. Als sie wieder in die Berline stiegen, galoppierten an ihnen zwei Reiter vorbei und verschwanden schimpfend in einer finsteren Straße. Später sollte Madame Royale die «Todesängste» schildern, die sie in diesem Augenblick ausgestanden hätten. Lichter wurden entzündet. Varennes erwachte. Nach gutem Zureden erklärten sich die Postillons schließlich doch dazu bereit, in das Städtchen hineinzufahren. Als die Berline am Torweg Saint-Gengoult vorfuhr, stellte sich ihr ein Dutzend gekreuzter Gewehre und Bajonette in den Weg. Die Pferde scheuten. Bedrohliche Gestalten tauchten aus dem Dunkel auf. Sturm wurde geläutet. Der Krämer Sauce, der Bürgermeister der Gemeinde, öffnete den Wagenschlag, fragte die Insassen aus und verlangte Pässe. Als der König ihm die Papiere reichte, fiel die Königin aus der Rolle und forderte ihn mit Bestimmtheit auf, er solle sie weiterfahren lassen, sie sei in Eile. Sauce ließ sich nicht stören, ging in die Herberge *Bras-d'Or* und studierte die Papiere des Unbekannten. Da sie in Ordnung schienen, sah er keinen Grund, die Reisenden aufzuhalten. Aber Drouet, der Postmeister von Sainte-Menehould, der vor einigen Minuten eingetroffen war und Alarm geschlagen hatte, wiedersetzte sich der Weiterfahrt entschieden. Er war überzeugt, daß der dicke Perückenträger in der Berline Ludwig XVI. sei. Sauce kehrte zum Reisewagen zurück und bat die Insassen, auszusteigen und sich bei ihm auszuruhen. Er teilte Ludwig XVI. mit, daß man ihn für den König von Frankreich und seine Begleiter für seine Familie halte. Als zwei bewaffnete Bürger von ihren Schußwaffen Gebrauch zu machen drohten, falls die Berline weiterfahren sollte, leistete der König der Aufforderung Folge.

Der König, die Königin, Madame Elisabeth, Madame de Tourzel und die drei Leibwächter gingen durch den Krämerladen über eine Treppe in ein

Zimmer hinauf, das Madame Sauce in aller Eile hergerichtet hatte. Herbeigerufen durch das Sturmgeläut in Varennes und den umliegenden Dörfern, wurde die Menge im Städtchen immer dichter. Neugierige drangen in das Geschäft ein und stiegen die Treppe herauf. «Mein Vater», schilderte Madame Royale später, «stand im hintersten Winkel des Raumes, wo zufällig sein Porträt hing, und so fixierte man abwechselnd ihn und dieses Bildnis. Meine Mutter und Madame de Tourzel beschwerten sich unterdessen über unsere widerrechtliche Verhaftung.»[10] Draußen ertönten Trommelwirbel, während weiterhin die Sturmglocke hallte. In Varennes wurde der Belagerungszustand ausgerufen. Im ohrenbetäubenden Lärm, dem Kommen und Gehen und dem Geschrei nahm der König Erfrischungen entgegen, während die Königin und Madame de Tourzel die erschöpften Kinder ins Bett der kleinen Sauces steckten. Fast eine Stunde redeten der Krämer und einige Bürger aus Varennes auf Ludwig XVI. ein, er solle sich als König von Frankreich zu erkennen geben. Ludwig XVI. leugnete so lange, bis ihm ein früherer Bewohner Versailles' vorgeführt wurde. Dieser Richter verbeugte sich. «Oh! Sire!» rief er. Ludwig gab den Widerstand auf. Er gab dem Richter, dem Krämer Sauce und anderen den zeremoniellen Bruderkuß und hielt eine Stegreifrede, mit der er die Familienväter auf seine Seite zu bringen hoffte: Er habe Paris verlassen, um die Seinen bei guten Franzosen in Sicherheit zu bringen. Die braven Bürger vergossen Tränen der Rührung, waren aber nicht bereit, den König weiterfahren zu lassen. Sie hatten Angst vor den Folgen. Eine höhere Instanz mußte über die Weiterfahrt entscheiden. Aber welche? Bis zur Klärung dieser Frage versuchten sie den Herrscher zu überzeugen, von sich aus nach Paris zurückzukehren. Die Königin, die «in einem schrecklichen Zustand» war, seit man den König erkannt hatte, bat Madame Sauce darum, ihren Gatten zu überreden, die Familie weiterziehen zu lassen. Die wackere Frau wiedersetzte sich der Bitte energisch. Es könne ihn den Kopf kosten. Sosehr sie den König auch liebe, ihr Krämer sei ihr wichtiger.

Gegen ein Uhr morgens verschafften sich Choiseul und Damas mit dem Degen in der Hand Zugang zum Zimmer der Sauces. Die Königin schöpfte Hoffnung. Sie schritt auf sie zu und schüttelte ihnen die Hand. Choiseul versuchte mehr recht als schlecht einen Lagebericht abzugeben. Keiner wußte, wo die Detachements zum Schutz des Königs geblieben waren. «Was tun?» fragte Ludwig XVI. «Euch retten, Sire», antwortete Damas. «Gebt Eure Befehle. Ich habe vierzig Husaren, die bis Dun reiten werden. Ihr müßt eine Entscheidung fällen. Ich werde sieben absitzen lassen. Ihr steigt mit dem Dauphin auf dem Arm auf ein Pferd, die Königin auf ein anderes, Madame Royale, Madame de Tourzel und Madame Elisabeth setzen sich jeweils auf ein weiteres. [...] Wir nehmen Euch mit den übrigen dreiunddreißig Husaren in die Mitte und verschaffen Euch mit dem Säbel freies Geleit. Wir versuchen, uns durchzuschlagen, dürfen aber keinen Augenblick verlieren. In einer Stunde hat man meine Husaren eingeholt.»[11] Der König fragte Choiseul sofort, ob man sich bei dieser Flucht nicht der Gefahr aussetze, daß ein Mitglied seiner Familie oder Madame Tourzel von einer Kugel getroffen werde. Auf Choiseuls Versprechen hin, er werde sich nach einem solchen Mißgeschick vor seinen Augen erschießen, antwortete der König, er alleine wäre zu einer Flucht zu Pferd bereit, lehne das Risiko für die anderen aber ab. Er war überzeugt, daß Bouillé, dem Choiseul einen Kundschafter geschickt hatte, im Laufe der Nacht eintreffen werde. Dann könnte die Berline unbehelligt nach Montmédy weiterfahren.

Die Königin ermunterte ihren Gatten während der gesamten Unterhaltung mit keinem Wort zur riskanten weiteren Flucht. Und doch hätte dieser Ritt sie retten können. Bouillés Adjutant Goguelat, der ebenfalls anwesend war, forderte sie dringend zur Weiterfahrt auf. «Ich kann nichts auf mich nehmen», antwortete sie, «der König hat sich zu diesem Schritt entschlossen. Seine Aufgabe ist das Befehlen, meine Pflicht der Gehorsam. Im übrigen müßte jeden Augenblick Monsieur Bouillé eintreffen.»[12] Dann fragte sie ihn noch, ob er glaube, daß Fersen in Sicherheit sei. Der König und die Königin hatten die letzte Chance ihrer Rettung vertan.

In den nächsten Stunden brachten mehrere Delegationen der Stadt dem König Ehrungen (!) dar und beschworen ihn, nach Paris zurückzukehren. Während draußen gegessen, getrunken und debattiert wurde, wartete die königliche Familie im Hause des Krämers. Varennes erlebte eine historische Nacht. Hauptmann Deslon, der den König in Stenay erwartet und einen ärgerlichen Zwischenfall vermutet hatte, traf mit sechzig Husaren in Varennes ein. Als er die von der Nationalgarde und den Bewohnern des friedlichen Städtchens errichteten Barrikaden erblickte, hieß er seine Männer vor den Toren absitzen und ließ sich allein zum König bringen, um Befehle entgegenzunehmen. «Meine Befehle!» antwortete der König, «Ihr seht, daß ich keine erteilen kann. Ich bin Gefangener.»[13] Enttäuscht trat der Hauptmann auf die Königin zu und fragte auf deutsch, was sie von der Situation halte. Sie beklagte sich über die Beleidigungen und fragte, wie lange Bouillé noch auf sich warten lassen wolle. Über die Heimlichtuerei empört, beschimpfte die Menge die beiden als Komplotteure. Ludwig XVI. sagte der Königin und Deslon, sie sollten schweigen. Der Hauptmann ging, zu Tode betrübt, zu seinen Husaren zurück, die auf Befehle warteten.

Um sechs Uhr morgens drängten sich dreitausend Menschen in den Straßen von Varennes. Der König und die Königin zählten die Minuten bis zu

Bouillés Ankunft. Um dem General die Befreiung der königlichen Familie zu erschweren, hatte die Menge inzwischen weiter notdürftig Straßensperren errichtet. Während Ludwig XVI. und Marie Antoinette schon ihren Retter kommen sahen und das Volk die Angst vor der Rache des «Mörders von Nancy» packte, verschafften sich zwei erschöpfte Männer Zugang zum König. Es waren Romeuf und Bayon, die Beauftragten der Nationalversammlung, die dem König das Dekret zu seiner Festnahme zu überbringen hatten. Sie schilderten dem König die kritische Lage in Paris und überreichten ihm das Papier. Ludwig XVI. murmelte erschüttert: «In Frankreich gibt es keinen König mehr.» Betroffen las es die Königin. Ludwig nahm es erneut an sich, las es noch ein Mal und legte es dann auf das Bett mit den schlafenden Kindern. Marie Antoinette riß es an sich und schleuderte es zu Boden: «Ich will nicht, daß so etwas meine Kinder beschmutzt», soll sie in Gegenwart der empörten Stadtväter ausgerufen haben.[14] Draußen wurde das Geschrei immer lauter: «Nach Paris!» tönte es von allen Seiten. Bouillé konnte nicht weit sein, er mußte den König jeden Augenblick retten. Das Volk bereitete Straßenkämpfe vor. Während der König und die Königin mit Ausflüchten Zeit zu gewinnen versuchten, wurde das Geschrei, sie sollten nach Paris zurückkehren, immer lauter. Um sieben Uhr dreißig gaben sie auf. Als erster kam der König aus dem Zimmer. Es folgten die Königin an Choiseuls Arm und Madame Elisabeth, die von Damas geführt wurde. Schließlich erschien Madame de Tourzel mit den Kindern.

Eine höllische Fahrt durch den Argonner Wald begann. Mit Gewehren, Sensen und Hippen bewaffnet, geleiteten Bauern, die sich vor den heranrückenden Truppen fürchteten, im Sturmschritt die Berline. Diese Männer und Frauen, die ihr Leben und ihre Habe retten wollten, liefen, was sie konnten und bis Bewohner der Nachbarorte sie ablösten. So ging es bis Sainte-Menehould, wo die königliche Familie ein Essen einnehmen und sich etwas ausruhen durfte. Der Bürgermeister des friedlichen Städtchens empfing sie freundlich und schlug vor, sie als Gäste für den Rest des Tages und die kommende Nacht bei sich zu behalten. Die Flüchtlinge konnten hoffen: Bouillé hätte Zeit, sie einzuholen. Als die Pferde ausgespannt wurden, beschimpfte die Menge den Bürgermeister als Verräter. Bei glühender Hitze mußte die königliche Familie über die staubigen Straßen weiterfahren. Kurz hinter Sainte-Menehould versuchte sich Graf Dampierre, der bei der Bevölkerung verhaßt war, den Weg zum König zu bahnen. Er wurde mit Sensen aus dem Sattel geworfen und vor den Augen der Herrscher niedergemacht. Am Ende des Tages traf der Konvoi in Châlons ein, wo sich die Behörden auf eine Übernachtung des Königs und seiner Familie eingerichtet hatten. In der Intendantur, wo die Königin als Dauphine beim

Einzug in Frankreich geschlafen hatte, wurde Ludwig XVI. geheimnisvoll bedeutet, man lasse ihn über eine Hintertreppe entkommen, wenn er alleine entfliehe. Der König lehnte eine Flucht ohne Familie ab. Am nächsten Morgen fuhren die Gefangenen überstürzt aus Châlons ab, nachdem die Fronleichnamsmesse von Demonstranten gestört worden war. Je weiter sich die Berline Paris näherte, desto feindseliger wurde sie von der Bevölkerung empfangen. Noch immer hatte die Menge panische Angst vor einer Flucht des Königs unter dem Schutz von Bouillés Truppen. In Chouilly wurde dem König ins Gesicht gespuckt, der Königin und Madame Elisabeth das Kleid zerrissen. Erschöpft und vor Angst zitternd, brachen die Fürstinnen in Tränen aus. Die Kinder klammerten sich ängstlich an ihren Röcken fest, und der König wischte sich wie in Trance das Gesicht ab. In Epernay, wo die Kutsche eine einstündige Rast einlegte, mußte die königliche Familie einen Hof voller «wütender bewaffneter Menschen» durchqueren. «Sie schrien, sie wollten uns töten», berichtete Madame Royale.[15] Nach einem Mahl in «gräßlicher und abscheulicher» Atmosphäre nähte eine Frau die Kleider der Fürstinnen mehr schlecht als recht zusammen. Dann kletterten alle unter den Drohungen des Pöbels wieder in die Berline. Ungeduldig erwartete das Königspaar die Ankunft der Abgesandten der Nationalversammlung. Die Vertreter der Nation würden sie wenigstens schützen.

Die Abgeordneten, die Ludwig XVI. zur Sicherheit entgegenfuhren, vertraten die drei großen Richtungen in der Nationalversammlung: La Tour-Maubourg die aristokratische Partei, Barnave die gemäßigte Mehrheit und Pétion die demokratische, das heißt republikanische Richtung. Zur Durchsetzung ihrer Befehle wurden sie vom stellvertretenden General Mathieu Dumas begleitet. Die Reisegruppe erblickte kurz nach Dormans die gewaltige Staubwolke, in der das Gespann mit der königlichen Familie und ihre Begleiter vorrückten. Sie näherten sich, stiegen ab, traten an den Wagenschlag und sahen die angstverzerrten Gesichter der Königin und ihrer Schwägerin. Die Frauen waren außer sich: «‹Messieurs›, sagten sie, ‹Messieurs! Ach! Monsieur Maubourg!› stammelten sie und ergriffen seine Hand. ‹Bitte, ach Monsieur!› Dann nahmen sie auch Barnave bei der Hand. ‹Ach! Monsieur!› sagten sie und schüttelten Pétions Hand nur kurz. ‹Laßt kein Unglück geschehen. Laßt die Menschen, die uns begleitet haben, nicht zu Opfern werden. Man soll ihnen das Leben nicht nehmen! Der König wollte nicht aus Frankreich ausreisen!›»[16] Dann ergriff Ludwig XVI. das Wort und versicherte nachdrücklich, er habe nie die Absicht gehabt, Frankreich zu verlassen.

Nach der ersten Aufregung bereitete man die Weiterfahrt vor. Die Abgeordneten schlugen vor, daß Madame Royale und Madame Elisabeth in ihrem Wagen mit La Tour-Maubourg weiterfahren sollten. Barnave und Pétion sollten statt dessen in der Berline reisen. Der König lehnte den Vorschlag ab. So setzte sich Barnave zwischen König und Königin und Pétion zwischen Madame Elisabeth und Madame de Tourzel. Die Kinder wurden auf den Schoß genommen. La Tour-Maubourg stieg in das Kabriolett der beiden Kammerfrauen, die das Königspaar seit dem Abend des 20. Juni begleiteten.

Dann fuhr der Konvoi weiter. Auf beiden Seiten herrschte Betretenheit. Die Königin, die das Gesicht unter dem Schleier verbarg, sprach kein Wort. Der König brach das eisige Schweigen und stellte Barnave Fragen zur Verfassung. Die Atmosphäre löste sich. Zu ihrer großen Überraschung entdeckten Pétion und Barnave, daß die königliche Familie völlig anders war, als sie erwartet hatten. «Ich bemerkte eine schlichte Haltung [...], die mir gefiel», erzählt Pétion. «Nichts war mehr spürbar von königlichen Allüren, es herrschten Bequemlichkeit und häuslicher Umgang. [...] Die Königin ließ den Prinzen auf ihren Knien tanzen. Madame Royale spielte, wenn auch etwas geniert, mit ihrem Bruder, und der König betrachtete all dies mit recht behaglicher Miene.» Bei Einbruch der Dunkelheit schlief die kleine Prinzessin halb im Liegen auf den Knien ihrer Tante und denen Pétions, der sich bei Madame Elisabeth untergehakt hatte. Um elf Uhr traf die Berline in Dormans ein, wo die Reisenden in einer Herberge mit dem großsprecherischen Namen *Hôtel du Louvre* übernachten sollten. «Unsere Fenster gingen auf eine Straße hinaus, auf der sich die ganze Nacht das Pöbelvolk drängte und schreiend unsere Weiterreise verlangte», erinnerte sich Madame Royale später. Pétion klagte, er habe kein Auge schließen können, «da alle Bewohner der Umgebung in der Nähe sangen, tranken und Reigen tanzten».[17] Der Dauphin hatte in der Nacht Alpträume. Gerädert fuhr die königliche Familie am Freitag, dem 24. Juni, im Morgengrauen von Dormans aus weiter.

Je mehr sich die Berline Paris näherte, desto größer wurde die Menge der Schaulustigen. In der Kutsche wurde wieder über die Verfassung gesprochen. Die Königin hatte für Barnave und Pétion freundliche Worte übrig. «Sie sagte nur sehr oberflächliche Dinge, und kein interessantes oder tiefsinniges Wort kam über ihre Lippen», erzählt Pétion. «Sie hatte für ihre Stellung in keiner Hinsicht das Auftreten oder die Haltung. Doch bemerkte ich bald, daß sie gerne als charakterstark gelten wollte. Sie betonte immer wieder, daß man dies sein müsse.» Pétion blieb «bei der Überzeugung, daß sie es nicht» sei.[18] Die Unterhaltung an diesem Tag war ernsthafter. Die Königin warnte vor den Gefahren der republikanischen Partei. Pétion, der gewappnet war, konterte: «Aber, Madame, kann man mit Recht behaupten, daß es augenblicklich eine republikanische Partei gibt, welche die gegenwärtige Verfassung zerschlagen und auf den Trümmern eine neue errichten will? Man verbreitet dies gerne, damit man einen Vorwand hat, eine andere Partei außerhalb der Verfassung ins Leben zu rufen; eine verfassungswidrige royalistische Partei, die innere Unruhen schüren soll. Diese List ist zu plump.» Als die Königin nichts zu erwidern hatte, kam Pétion auf ein heikleres Thema zurück, das schon mehrfach angeschnitten worden war: die Flucht des Königs. Seit der Begegnung vom Vortag hatten die Königin und ihre Schwägerin immer wieder beteuert, der König habe nicht die Absicht gehabt, Frankreich zu verlassen. Und innerhalb des Königreiches dürfe er sich schließlich frei bewegen. Pétion geriet wegen dieser Darstellung, für ihn kindisch und unverschämt, schier aus der Fassung. «Erlaubt mir», sagte er der Königin, «mich dieser Ansicht nicht anzuschließen. Ich nehme an, der König hätte zunächst an der Grenze halt gemacht und dann dafür gesorgt, daß er von einem auf den anderen Augenblick ins Ausland hätte fliehen können. Vielleicht wäre er sogar dazu gezwungen gewesen. Der König konnte sich im übrigen nicht darüber hinwegtäuschen, daß sein Verschwinden zu schlimmsten Unruhen hätte führen können. Das kleinste Übel, als er sich von der Nationalversammlung entfernt hat, bestand jedenfalls darin, daß er ihre Arbeit zum Erliegen gebracht hat. [...] Und ich erlaube mir nicht einmal, meine Meinung über die Art der Strafe zu sagen, die ich bei einem solchen Delikt für vertretbar hielte.» Der Abgeordnete teilte der Königin und ihrer Schwägerin mit, daß die Lage in Paris trotz der Nachricht von der Abreise des Königs ruhig geblieben sei. Sie schienen pikiert. Der König griff in die Unterhaltung nicht ein. Dann traf die Berline in der Stadt Meaux ein, wo der König und seine Begleiter die Nacht im bischöflichen Palais verbrachten.

Beunruhigt sahen die königliche Familie und die Abgeordneten dem 25. Juni entgegen. Am Abend würden sie in Paris ankommen. Obwohl für Ruhe gesorgt war, mußte mit Ausschreitungen gerechnet werden. Die Königin, die ihre Nervosität kaum verbergen konnte, fragte Mathieu Dumas nach den Sicherheitsvorkehrungen auf der Fahrt durch die Hauptstadt. Auf ihre spitze Bemerkung, es wundere sie, daß man die Kutsche über die Boulevards durch die Barrière de l'Étoile und über die Champs-Élysées zu den Tuilerien fahren lasse, antwortete er, dies geschehe rein aus Sicherheitsgründen. Man wolle «die Pläne der Boshaften vereiteln, indem man die kürzeste Route nehme, entlang deren es kaum Häuser gebe».[19] Dumas befürchtete, die Leibwächter könnten von der Menge gelyncht werden, und schlug vor, sie entfliehen zu lassen. Das Königspaar lehnte den Vorschlag mißtrauisch ab. Dumas versuchte sie zu überzeugen, sie wenigstens in Uniformen der Nationalgarde zu stecken. «Nein», widersprach die Königin, «der König muß mit seiner Familie und mit seinen Leuten so nach Paris zurückkehren, wie er es verlassen hat.»[20] Um eine Tragödie zu verhindern, ließ man die drei Unglücklichen schließlich von drei Berittenen der Nationalgarde bewachen. Die Berline, die ihre letzte Etappe vor sich hatte, setzte sich wieder in Bewegung. Zwölf Stunden lang rollte der Konvoi mit der königlichen Familie im Schrittempo unter den Beleidigungen und dem Geschrei der Menge dem Ziel entgegen. Im Wald von Bondy versuchte der aufgebrachte Pöbel die Kutsche zu stürmen. Barnave lehnte sich hastig aus dem Fenster und schrie Dumas zu, er solle sich daran erinnern, daß er mit dem Kopf für die königliche Familie hafte. Kurz darauf hielt eine Horde zeternder Weiber die Berline auf.

An der Barrière de Pantin wurde sie von La Fayette und seinem Generalstab erwartet. Nationalgardisten und Schweizer Gardisten säumten die Straßen, durch die sich der erbärmliche Zug bewegte. Mit bedeckten Häuptern erwarteten Tausende von Parisern die Rückkehr der geflohenen Herrscher. «Dies ist etwas vom Traurigsten, das mir in Erinnerung geblieben ist», schrieb General Thiébault dreißig Jahre später. «Noch immer sehe ich hinten im ersten der beiden Wagen auf der linken Seite Ludwig XVI. sitzen, das Haupt entblößt und neben sich Barnave; Marie Antoinette saß rechts, auf ihrem Schoß der Dauphin, als wolle sie ihn der Menge präsentieren. Sie schienen zur Richtstätte zu fahren.»[21] Langsam schob sich die Berline durch die Gardisten, die das Gewehr, um nicht zu salutieren, demonstrativ mit dem Lauf nach unten hielten. Wo der Konvoi vorüberrollte, verstummte die riesige Menge, und eine bedrohliche Stille folgte auf die Beschimpfungen. Fünf lange Minuten verharrte der Zug am Fuß des Standbildes Ludwigs XV. Dann zog er in den überfüllten Park der Tuilerien.

Um dreiviertel acht Uhr abends stand der Wagen mit der königlichen Familie wieder vor der Säulenhalle des Palastes. Einige Augenblicke rechneten La Fayette und die sechs Abgeordneten, die von der Nationalversammlung entsandt worden waren, mit dem Schlimmsten. Die Nationalgardisten konnten nicht verhindern, daß sich die Menge an den Leibwächtern vergriff. Erst im letzten Augenblick gelang es, sie in das Schloß zu ziehen. Das Geschrei verstummte. Ganz ruhig stieg der König aus der Berline und schritt langsam die Stufen der Freitreppe hinauf. Das Gejohle der Menge hob wieder an, als die Königin aus der Kutsche stieg und den Arm, den ihr Noailles anbot, ablehnte. Vom Herzog von Aiguillon und den Abgeordneten gestützt, schwebte Marie Antoinette gleichsam in den Palast zurück, während ihr der Deputierte Menou den verstörten Dauphin hinterhertrug. Für einige Sekunden hatte die Königin befürchtet, man wolle ihr den Sohn wegnehmen.

Mit Staub bedeckt, dicken Ringen unter den Augen und so erschöpft, daß sie sich auf Möbel stützen mußten, fanden sich Ludwig XVI., Marie Antoinette, Madame Elisabeth und die Kinder im Zimmer des Königs wieder. «Die Königin war erregter als der König, behielt aber ihre würdevolle Erscheinung, wenn sie sich auch merklich bemühte, den gerechten Zorn zu unterdrücken, der an ihrem Herzen nagte. Trotzdem beherrschte sie sich so gut, daß sie mit heiterem Ton zum Deputierten Barnave sagte: ‹Ich gestehe, ich hatte nicht damit gerechnet, daß wir dreizehn Stunden zusammen in einem Wagen zubringen würden.›»[22]

Sobald Ludwig XVI. wieder etwas sagen konnte, rechtfertigte er gegenüber den Deputierten, die ihn in seinen Räumen erwarteten, erneut seine Abreise nach Montmédy. «Habt Ihr Euch nicht auf ein nettes Abenteuer eingelassen? Das kommt von schlechter Umgebung!» höhnte der bretonische Abgeordnete Coroller du Moustoir.[23] Anschließend wurde der König von La Fayette respektvoll getadelt. Ludwig XVI. gab ihm recht und erklärte, seine Reise habe gezeigt, daß er die Haltung der Franzosen falsch eingeschätzt habe.

Adrett gekleidet, warteten die Kammerdiener auf die Anweisungen ihres Dienstherrn, als sei er eben von einer Jagdpartie zurückgekehrt. Ludwig XVI. gab sich in ihre Hände. Sofort begann das unerbittliche Zeremoniell der Toilette. «Wenn man den König sah, ihn betrachtete, hätte man nicht vermutet, was geschehen war. Er war ebenso phlegmatisch, ebenso ruhig, als sei nichts geschehen. Er nahm sofort wieder seine repräsentative Haltung ein. [...] Was ich sah, verwirrte mich», berichtet Pétion weiter.[24] Die Königin hatte sich inzwischen in ihre Gemächer zurückgezogen und nahm ein Bad.

Kapitel XXVI

Doppelspiel

«Ich kann Euch sagen, daß ich Euch liebe und daß ich nur noch dazu Zeit habe. Es geht mir gut. Macht Euch meinetwegen keine Sorgen. Gerne würde ich von Euch dasselbe hören. Schreibt mir an eine chiffrierte Adresse: An Monsieur de Browne, [...] einen zweiten Umschlag an Monsieur de Gougens. Laßt Euren Kammerdiener die Adressen schreiben. Teilt mir mit, an wen ich meine Briefe an Euch adressieren soll, denn sonst kann ich nicht mehr leben. Adieu, geliebtester und liebevollster aller Männer. Ich umarme Euch von ganzem Herzen.»[1] Die kurzen einfachen Sätze könnten nicht aufschlußreicher sein! Unwillkürlich fallen einem die *Lettres Portugaises* ein, jene von zehrender Leidenschaft durchtränkten Briefe, die der Nonne Mariana Alcoforado zugeschrieben werden und die empfindsame Gemüter noch am Ende des 18. Jahrhunderts zu Tränen rührten. Am 4. Juli 1791, etwas über eine Woche nach der Rückkehr aus Varennes, ließ Marie Antoinette ihren Gefühlen freien Lauf. Trotz der Gefangenschaft in den Tuilerien war es ihr gelungen, Fersen zwei liebevolle und eindringliche Briefe zu schicken: «Macht Euch unseretwegen keine Sorgen; wir sind am Leben. Die Führer der Nationalversammlung machen den Eindruck, als wollten sie Milde walten lassen. Sprecht mit meinen Verwandten über mögliche Schritte von außen. Wenn sie Angst haben, muß man sie ermuntern», schrieb sie am 28. Juli. «Ich bin am Leben [...], ich habe mir Sorgen um Euch gemacht und bedaure, daß Ihr darunter leidet, keine Nachrichten von uns zu haben! [...] Kommt unter keinen Unständen hierher zurück. Es ist bekannt, daß Ihr uns zur Flucht verholfen habt, alles wäre verloren, wenn Ihr hier erschient. Wir werden Tag und Nacht überwacht, aber das ist mir gleich.»[2] Marie Antoinette war nicht mehr die majestätische, bewunderte Königin, die es dem jungen schwedischen Offizier angetan hatte. Sie war eine verwundete, vorzeitig gealterte und in ihrem Stolz gekränkte Frau, die nur noch an das Schicksal ihrer Kinder und die unerfüllbare Liebe zum ritterlichen Fersen dachte.

Seit der Rückkehr nach Paris war die Lage der königlichen Familie sehr viel ernster geworden. Die Deputierten waren unsicher, wie sie mit dem König verfahren sollten, und beschlossen, ihn bis auf weiteres seiner Ämter zu entheben. Ohne daß eine Inhaftierung dekretiert worden wäre, wurden Ludwig XVI., Marie Antoinette und der Dauphin von diensteifrigen Offizieren, die La Fayette ausgesucht hatte, streng bewacht. Damit saß die königliche Familie (außer Madame Royale und der Schwester des Königs) praktisch in Gefangenschaft. Die Tuilerien waren zum befestigten Lager umfunktioniert. In den Parkanlagen hatten Gardisten Zelte errichtet, und auf den Dächern standen Wachen. Wer das Schloß betrat oder verließ, wurde sorgfältig durchsucht. Bei einer gründlichen Inspektion der Gemächer des Königs hatte man sich selbst in den Kaminen vergewissert, daß sie nicht als Fluchtweg dienen konnten. Sämtliche Türen wurden zwei Mal abgeschlossen, und den Wächtern, die mit ihrem Kopf für die königliche Familie hafteten, entging nicht die kleinste Bewegung. Wenn die Königin über die Innentreppe zum Dauphin hinaufstieg, begleiteten sie vier Offiziere. Einer klopfte an die Tür und rief: «Die Königin!» Der Gardeoffizier beim Dauphin öffnete, worauf Marie Antoinette mit den vier Wächtern eintrat. Wenn der kleine Prinz zu seiner Mutter wollte, spielte sich eine entsprechende Szene ab. Bei diesen Besuchen war es Marie Antoinette verboten, mit Madame de Tourzel zu sprechen: Sie stand unter Arrest, durfte sich aber weiterhin um das Kind kümmern. In den Tagen nach der Rückkehr aus Varennes wichen die Offiziere nicht von ihrer Seite und begleiteten sie bis vor die Schlafzimmertür, die sie auch dann nicht schließen durfte, wenn sie sich schlafen legte. La Fayette ließ die strenge Bewachung etwas lockern: Die Wachen ließen sie beim Auskleiden allein und stellten sich vor dem Zimmer auf, wenn sie ins Bett stieg. Trotzdem mußte die Tür noch so weit offenbleiben, daß man die Gefangene gerade noch sah. Als sie eines Nachts las, setzte sich einer der Offiziere zu ihr aufs Bett, um mit ihr zu plaudern. Um sich vor weiteren Zudringlichkeiten zu schützen, ließ sie neben ihrem Bett das ihrer Kammerzofe aufstellen.

Während sich die königliche Familie augenscheinlich mit der Gefangenschaft arrangierte, stellte sich das Problem der Herrschaftsform. Konnten die Väter der Verfassung weiterhin mit einem König zusammenarbeiten, der in einem Manifest seine grundsätzliche Ablehnung der konstitutionellen Monarchie erklärt hatte? Die Krise von Varennes und das entstandene Machtvakuum schienen eine günstige Gelegenheit zur Errichtung einer Republik. Die Linke trat für diese Staatsform ein. Aber die Gemäßigten, die das Verfassungswerk um jeden Preis vollenden wollten, brauchten einen schwachen König. Trotzdem mußte der Schein gewahrt werden. Nach langem Hin und Her beschloß die Nationalversammlung, die Aussage des Herrschers «anzuhören» und eine Untersuchungskommission zu seiner Entführung zu bilden, zu dieser Fiktion, an die sich die Gemäßigten als letzte Rettung klammerten.

Freilich war der Bildung des Ausschusses eine heftige Kontroverse vorangegangen. Während die «Konstitutionellen» der Ansicht waren, daß der König und die Königin wegen ihrer Reise lediglich eine Erklärung abzugeben hätten, bestanden die Abgeordneten der Linken darauf, daß Ludwig XVI. als einfacher Diener des Staates und Marie Antoinette als Bürgerin einem ordnungsgemäßen Verhör unterzogen würden. Die Gemäßigten, die in der Mehrheit waren, schlossen sich Duports Meinung an, wonach der König gemäß der Verfassung wegen der Abreise aus Paris nicht zur Verantwortung gezogen oder vor den Richterstuhl zitiert werden könne.

Am Abend des 25. Juni empfing Ludwig XVI. die drei Abgeordneten, die seine Erklärung «anhören» sollten. Ludwig begriff, daß man ihn retten wollte, und erklärte treuherzig, er schätze sich glücklich, wieder unter den Parisern zu weilen. Sehr vage äußerte er sich über die Gründe und Umstände seiner Abreise und versicherte seine Verbundenheit mit der Verfassung und seinen Respekt vor dem «Gemeinwillen» der Franzosen. Die Deputierten der Untersuchungskommission gaben sich mit seiner Darstellung, die in eklatantem Widerspruch zu seinem Manifest stand, offenkundig zufrieden. Nach der Anhörung des Königs gingen sie zu Marie Antoinette. Da sie gerade ein Bad nahm und nicht empfangen konnte, kamen sie zwei Tage später wieder, als die Königin in aller Ruhe ihre Antwort vorbereitet hatte. Die Sache war sehr einfach: Als pflichtbewußte Frau sei sie ihrem Gatten gefolgt. Sie seien mit den Kindern auf dem Weg zu einer Festung an der Grenze gewesen, hätten aber niemals die Absicht gehabt, das Land zu verlassen. Mit der Anhörung hatten die Abgeordneten eine Anklage gegen das Königspaar schon im Vorfeld abgebogen. Marie Antoinette hatte die günstige Lage durchaus erfaßt. «Die Nationalversammlung möchte uns schonend behandeln», schrieb sie Fersen.

Als die Erklärungen veröffentlicht wurden, liefen die Patrioten Sturm. Die Jakobiner und die Cordeliers hörten nicht auf, den Sturz des Königs zu verlangen. Die Jakobiner forderten, er solle abgeurteilt und durch einen Regenten ersetzt werden: Der Herzog von Orléans, der sich als Philippe-Égalité dem Club angeschlossen hatte, frohlockte. Die Cordeliers sprachen sich dagegen für die sofortige Einführung der Republik aus. Entsprechende Pläne wurden in den Salons der Condorcets und der jungen Madame Roland geschmiedet. Brissot, ein Verfechter der amerikanischen Demokratie, verkündete lauthals, Frankreich sei bereits Republik, eine seltsame Republik, der noch immer ein Ketzerkönig mit Exekutivgewalt vorstehe. Man müsse ihn ausschalten. Jakobiner und Cordeliers diskutierten hitzig über das Schicksal Ludwigs XVI. und verlangten seine Überstellung an die Nation.

Während um die Herrschaftsform gestritten wurde, führte Marie Antoinette ihre wachsamen Gefängniswärter hinters Licht. In der Hoffnung, die Monarchie und die königliche Familie zu retten, hatte sie sich zur gefährlichen Politik des Doppelspiels entschlossen. Seit der Rückkehr aus Varennes korrespondierte sie heimlich mit Barnave, ein Schriftwechsel, über den sie Fersen, Mercy und Leopold II. unterrichtet hatte. Ehrlich ist sie nur in ihren Briefen an die Vertrauten und den Kaiser. Sie verraten die wahren Absichten des Königspaares und rücken die Briefe an Barnave ins rechte Licht.

Marie Antoinette hatte auf der Rückreise aus Varennes zwischen Dormans und Paris, während sie sich Pétions «Unanständigkeiten» anhörte, zugleich eine Unterhaltung mit Barnave angeknüpft, einem Revolutionär der ersten Stunde, der seit Monaten Mäßigung predigte und sich für die konstitutionelle Monarchie einsetzte. Selbstgefällig hatte Pétion den Meinungsaustausch zwischen dem Abgeordneten und der Königin in seinem Bericht als Austausch von Belanglosigkeiten abgetan. Er täuschte sich. Wenn der genaue Inhalt ihres Gesprächs auch nicht bekannt ist, so begriffen die Königin und Barnave doch intuitiv, daß sie einander nützen konnten. Barnave hoffte auf die Vermittlung der Königin, um Ludwig XVI. für eine konstitutionelle Monarchie zu gewinnen, wie sie die Gemäßigten planten. Dagegen schrieb die Königin dem sympathischen jungen Mann, in dem sie einen Vertreter der verhaßten Revolution sah, zweifellos mehr Einfluß zu, als er in Wahrheit hatte. Sie wußte nicht, daß sein Ansehen nach 1789 zugunsten der Linken stark geschwunden war. Sie hoffte über ihn politische Freunde zu gewinnen, die der Monarchie aus der Sackgasse, in die sie durch die Flucht nach Varennes geraten war, heraushelfen konnten.

Offenbar ergriff die Königin die Initiative zu diesem Briefwechsel, nachdem Barnave in der Kutsche diskrete Andeutungen über eine Zusammenarbeit gemacht hatte. «Nachdem ich mir seit meiner Rückkehr ausreichend Gedanken über die Kraft, die Mittel und den Geist desjenigen gemacht habe, mit dem ich geplaudert habe, spürte ich sehr wohl, daß man nur gewinnen kann, wenn man in Korrespondenz mit ihm tritt. Allerdings behalte ich mir als Hauptbedingung vor, ihm stets offen meine Meinung zu sagen»,[3] schrieb sie Jarjayes. Madame de Jarjayes, Marie Antoinettes Kammerfrau, übergab die Briefe an Barnave ihrem Mann, der sie an den Empfänger weiterleitete. Die Königin wollte den jungen Advokaten unbedingt von ihrer Aufrichtigkeit und ihren besten Absichten überzeugen. «Mein Charakter [...] wird sich dem Gemeinwohl immer zu beugen wissen, wenn dies nötig ist. Man kann nicht bleiben, wie man ist. Man muß sicher an etwas glauben. Aber an was? Ich weiß es nicht. Ich wende mich an ihn, um es herauszufinden. Er muß schon bei unseren Diskussionen gespürt haben, wie aufrichtig ich bin; ich werde es immer sein. [...] Ich glaube, er will das Gute. Wir wollen es auch, und was man auch sagt, wir haben es stets gewollt. Möge er uns in die Lage versetzen, es gemeinsam durchzusetzen.»[4]

Barnave, der bei weitem nicht so einflußreich und opportunistisch war wie Mirabeau, stieß ins gleiche Horn wie der illustre Vorgänger. Er beschwor den König und die Königin, ihre Sache von der Konterrevolution zu trennen und dem französischen Volk und den ausländischen Herrschern zu versichern, daß sie die Verfassung freiwillig und gerne annähmen. Er legte Marie Antoinette dringend nahe, den Kaiser davon zu überzeugen, daß die Annahme des Vertragswerkes für die Erneuerung der Monarchie und für ihr Überleben unerläßlich sei. Zudem bat er die Königin, ihren Bruder dazu zu bewegen, das neue Regime offiziell anzuerkennen und «seine freundschaftlichen und friedfertigen Absichten gegenüber der französischen Nation deutlichst auszudrücken. Der letzte Punkt würde der Königin vor allem dann nützen, wenn sie zu seiner Verwirklichung beigetragen» habe, schrieb er ihr. Schließlich fügte er hinzu, das Königspaar müsse die Prinzen auffordern, die «neue Ordnung der Dinge» zu akzeptieren und ins Königreich zurückzukehren. Die Königin könne «weder anderen Gedanken folgen noch von dieser Route abweichen, ohne ins Verderben zu laufen». Sie müsse «jeden Gedanken, Frankreich zu verlassen, von sich fernhalten. Solange es möglich» sei, «daß man bei ihr ähnliche Pläne oder den Gedanken» vermute, werde «man hinter ihnen die niederträchtigsten Vorhaben erblicken». Dann kehre «das Vertrauen nie zurück», meinte Barnave.[5]

Marie Antoinette hörte scheinbar auf ihren Ratgeber. Im übrigen ließ sie ihn im Glauben, daß sie mit niemandem sonst in Kontakt treten könne. Die Wahrheit sah anders aus. Sie hatte bereits Fersens Brief vom 27. Juni erhalten. Er lebe nur, um ihr zu dienen, schrieb er, und wolle den Kaiser in Wien aufsuchen, damit gegen das revolutionäre Frankreich vorgegangen werde. Er erkundigte sich, ob Ludwig XVI. bereit sei, Graf Provence Verhandlungsvollmacht bei den ausländischen Herrschern zu erteilen. Monsieur, der das Königreich unbehelligt verlassen und sich nach Brüssel abgesetzt hatte, spielte sich als Exilkönig und Beschützer der Emigranten auf. Am 8. Juli gab die Königin Fersen die Absichten des Königs bekannt. «Er wünscht», schrieb sie, daß sich der gute Wille seiner Verwandten, Freunde, Verbündeten und der Herrscher, die an ihm mitwirken wollen, in einer Art Kongreß äußert, auf dem Verhandlungen geführt werden. Natürlich müssen diese durch eine eindrucksvolle Streitmacht unterstützt werden, die aber stets soweit im Hintergrund zu bleiben hat, daß sie keine Verbrechen oder Blutbäder auslöst.» Ludwig XVI. dachte gar nicht daran, dem Grafen von Provence Vollmachten einzuräumen. Baron Breteuil blieb an den Höfen einziger Vertreter des Königs.[6]

Um die gleiche Zeit richtete Ludwig XVI. an den Kaiser einen Appell, der den Inhalt von Marie Antoinettes Brief an Fersen bestätigt. «Der König hat beschlossen, Europa die Lage mitzuteilen, in der er sich befindet, und wenn er dem Kaiser, seinem Schwager, seine Leiden anvertraut, so zweifelt er nicht daran, daß diesem das großzügige Herz vorschreibt, dem König und dem Königreich Frankreich zu Hilfe zu kommen», schrieb er Leopold II.[7]

Während der König und die Königin aus der Gefangenschaft heraus wieder Kontakt zu den ausländischen Höfen knüpften, wurden Barnave und seine Freunde für die Rettung der Krone Ludwigs XVI. aktiv. Am 13. Juli verkündete die Kommission zur Aufklärung der Affäre um die «Entführung» der königlichen Familie ihre Ergebnisse: Dem König sei nichts vorzuwerfen; er habe sich rechtmäßig aus Paris entfernen dürfen und sei im Königreich geblieben. Allerdings räumte die Kommission ein, daß der König von Bouillé, der ihn zum Werkzeug seiner Ambitionen habe machen wollen, aus der Hauptstadt gelockt worden sei und daß der treubrüchige General und seine Komplizen verhaftet werden müßten. Das von Ludwig hinterlassene Manifest sei bedeutungslos, da es nicht die Unterschrift eines amtierenden Ministers trage und somit als bloßer Entwurf zu gelten habe! Die Beauftragten versicherten, daß die Franzosen an der Monarchie hingen. Im Namen des Volkes müsse der König als unantastbar erklärt werden. Ludwig XVI. war offiziell von jedem Verdacht freigesprochen.

Das Ergebnis wurde nicht widerspruchslos hingenommen. Robespierre bezeichnete es als Feigheit, wenn man die Untergebenen bestrafe und die Mächtigen laufenlasse. Es sei absurd, Komplizen eines Deliktes verfolgen zu wollen, das angeblich überhaupt nicht stattgefunden hatte. Danton wetterte gegen das Prinzip der Unantastbarkeit des Königs. Aber Barnave verteidigte den Standpunkt der Kommission: «Alle müssen spüren, daß es im gemeinsamen Interesse liegt, wenn die Revolution zum Stillstand kommt», schrie er und sprach den Gemäßigten aus der Seele. Das Ergebnis der Kommission wurde angenommen, der König für unantastbar erklärt.

In Paris brach ein Sturm der Entrüstung los. Das Volk war zum Aufstand bereit. Die Nationalgarde wurde in Alarmbereitschaft versetzt und wartete auf La Fayettes Befehle. Die Unruhen konnten jeden Augenblick ausbrechen. Nach turbulenter Sitzung beschlossen die Cordeliers, mit einer Petition, in der sie den Sturz des Königs verlangten, zum Marsfeld zu ziehen. Die mehrheitlich gemäßigte Nationalversammlung verlangte daraufhin vom Bürgermeister, jede Störung der öffentlichen Ordnung zu unterbinden. Es kam zur bekannten Tragödie: Am 14. Juli, nach Ausrufung des Kriegsrechtes, fielen Schüsse aus unbekannter Richtung. Entgegen den Befehlen La Fayettes feuerte die Nationalgarde in eine friedliche Menge unbewaffneter Bürger. Dutzende von Toten wurden vom Platz getragen. Bestürzt versuchten die Gemäßigten das Blutbad zu rechtfertigen, für das schließlich die «Aufrührer» verantwortlich gemacht wurden.

Um die Ordnung wieder herzustellen, wurden mehrere repressive Dekrete erlassen und die Redeführer der Republikaner festgenommen. Die Clubs stellten aus Angst vor Verhaftungen ihre Sitzungen ein. Die Jakobiner spalteten sich: Die gemäßigteren bildeten den Club der Feuillants. Die bürgerliche Revolution hatte einen Sieg errungen. Ihre Verfechter schätzten den Haß, den die Schüsse auf dem Marsfeld und die Repression hervorgerufen hatten, nicht in vollem Umfang ein. Sie dachten nur an die Verfassung, die sie in fieberhafter Arbeit ein letztes Mal abänderten.

Dem König und der Königin in den Tuilerien waren die Ereignisse, die Paris erschüttert hatten, nicht entgangen. Sie begrüßten die autoritäre Politik ausdrücklich. Am 20. Juli nutzte Marie Antoinette die Gelegenheit zu einer Antwort auf die Vorschläge, die Barnave ihr zehn Tage zuvor unterbreitet hatte. «Mit Freuden habe ich die Stärke und Tapferkeit zur Kenntnis genommen, mit denen die Personen, an die ich mich wende, die Monarchie gestützt haben. Diese Stärke kann mir in den anderen Fragen nur Vertrauen einflößen», schrieb sie Barnave.[8] Sie bat ihn, sie über die allgemeine Lage im Königreich und die Absichten seiner Freunde zu informieren. Sie versprach, ihren ganzen Einfluß geltend zu machen, um die Emigranten zur Rückkehr zu bewegen. Barnave antwortete gleich am nächsten Tag und äußerte erneut seinen Wunsch, die Revolution zu beenden. Er versprach, sich für die Wiederherstellung der königlichen Macht einzusetzen, wenn Ludwig XVI. die Prinzipien der Verfassung anerkenne. Wieder drängte er Marie Antoinette zu einer Initiative beim Kaiser und schickte ihr sogar den Entwurf zu einem entsprechenden Brief.

Sehr widerstrebend erfüllte ihm Marie Antoinette den Wunsch. Sie erklärte Leopold II. am 30. Juli ausführlich, daß ihr die Reise durch Frankreich die Augen über die tatsächlichen Wünsche der Franzosen geöffnet habe. Deshalb wolle sie sich der gemäßigten Mehrheit der Nationalversammlung anschließen. Diese habe sich standhaft gezeigt, die Ordnung aufrechterhalten und die Monarchie bewahrt. Angesichts der freundschaftlichen Atmosphäre, in der die konstituierende Versammlung bald auseinandergehen werde, wolle sie sich versichern, daß Österreich der engste Bündnispartner Frankreichs bleibe und die neue Verfassung als erstes Land billige. Der Brief sollte dazu dienen, die Verhandlungen Barnaves und seiner Freunde mit dem Wiener Hof zu unterstützen. Aber schon am nächsten Tag schrieb Marie Antoinette Mercy, er solle dem Kaiser ausrichten, sie habe Komödie gespielt. «Ich glaubte mich den Wünschen von Parteiführern beugen zu müssen», meinte sie.[9] «Für mich ist es von äußerster Wichtigkeit, daß sie wenigstens noch eine Zeitlang glauben, ich sei ganz ihrer Meinung», fügte sie am folgenden Tag hinzu.[10]

Die Deputierten hatten die Verfassung schließlich vollendet. Die Königin versuchte verzweifelt, ihr Inkrafttreten hinauszuzögern, indem sie ständig neue Änderungen verlangte. Da sie glaubte, Barnave und seine Freunde schuldeten ihr für die Schritte bei Leopold besonderen Dank, schlug sie einen neuen, unpassenden Ton an. «Der Augenblick ist gekommen, an dem ich völlig diejenigen beurteilen kann, die nicht mutig für die Monarchie eingetreten sind», drohte sie.[11]

Mißtrauisch vermutete Barnave hinter dem plötzlichen Gesinnungswandel ein Doppelspiel. So ließ er Marie Antoinette, als er das Verfassungswerk erneut rechtfertigte, zugleich eine Warnung zukommen: «Die Königin darf nicht vergessen, daß sie allein über ihr Schicksal gebietet, daß diese Augenblicke entscheidend sind und daß sie ihre Hoffnungen nicht in zwei verschiedene Systeme setzen kann. Alles an ihrem Verhalten muß eindeutig sein und darf keinen Anlaß zu verschiedenen Auslegungen geben.»[12] Mit der ihr eigenen leichtfertigen Arroganz beschwerte sie sich darüber, sie werde von Barnave und seinen Freunden schlecht informiert. (In Wahrheit nahmen die Männer für sie große Risiken in Kauf, und Barnave sollte seinen Kontakt zur Königin sogar mit dem Leben bezahlen.) «Die königliche Macht», versicherte ihr der junge Abgeordnete, «hat in dieser Verfassung eine starke Stellung inne. Die Aristokratie ist ausgemerzt, aber das monarchische Prinzip ist tief und fest in ihr verwurzelt.»[13] «Diese Herren», antwortete sie ihm, «behaupten, daß die Verfassung sehr monarchisch sei; ich gestehe, daß ich in diesem Punkt aufgeklärt werden und wissen muß, woran sie dies sehen.»[14] Barnave bat sie um Erlaubnis, ihr grob den Verfassungstext zu erklären und die Vorteile aufzuzeigen, die das neue System für den König und sie mit sich bringe. Sie sah darin nur ein «Gewebe aus unpraktikablem Unfug».[15] Wenn sie die Verkündigung der Verfassung auch trickreich zu verzögern versuchte, war ihr doch bewußt, daß der König sie annehmen mußte. «Wir haben weder eine Streitmacht noch Geldmittel, wir können nur Zeit gewinnen», verriet sie Mercy verzweifelt. Und wieder verlangte sie eine Intervention aus dem Ausland, die sie allerdings als reine Einschüchterungstaktik verstanden wissen wollte. «Ich beharre noch immer auf dem Wunsch, daß die Mächte mit einer Streitmacht im Rücken aktiv werden. Allerdings halte ich es für sehr gefährlich, wenn sie sich den Anschein geben, ins Land einfallen zu wollen», warnte sie den ehemaligen Botschafter.[16]

Als schließlich der Augenblick der Unterzeichnung der Verfassung nahte, wurde Marie Antoinette, die in ihrer ungewohnten Rolle überfordert, nervlich überanstrengt und zu einer richtigen Einschätzung der neuen Herrschaftsverhältnisse unfähig war, regelrecht hysterisch. «Am Ende der Woche legt man dem König die Charta vor», schrieb sie Mercy am 21. August. «Dieser Augenblick ist furchtbar. [...] Jetzt geht es darum, einen Schritt zu tun, mit dem wir das Mißtrauen uns gegenüber zerstreuen und gleichzeitig das monströse Machwerk, dem wir uns anschließen sollen, vereiteln und so schnell wie möglich zu Fall bringen können. Dazu ist von grundlegender Bedeutung, daß sich die Franzosen, vor allem die Brüder des Königs, im Hintergrund halten und die vereinigten Mächte allein agieren lassen. [...] Der Kaiser muß dies verlangen. Dies ist die einzige Art, wie er mir, vor allem mir, einen Dienst erweisen kann.» Fünf Tage später fügte sie hinzu: «So kann man nicht mehr leben. Für uns geht es nur noch darum, sie zu umgarnen und ihr Vertrauen zu gewinnen, um anschließend ihre Pläne um so besser durchkreuzen zu können. Der König kann seine Zustimmung angesichts seiner Lage hier unmöglich verweigern. Ihr könnt dessen sicher sein, wenn ich es Euch sage. Uns bleibt also nur noch der Appell an die ausländischen Mächte. Sie müssen uns unter allen Umständen zu Hilfe kommen, wobei sich allerdings der Kaiser an ihre Spitze stellen und alles regeln muß. [...] Ich versichere Euch, daß die Dinge heute an einem Punkt sind, an dem man besser König einer einzigen Provinz ist als der eines so zerrütteten und ungeordneten Königreichs.»[17] Das gleiche schrieb sie ihrem Bruder. Sie klagte über «die Rasse der Tiger, die in dieses Königreich eingefallen» seien, und erklärte pathetisch: «Ihr seid unsere einzige Rettung, wir vertrauen nur noch auf Euch.»[18]

Die europäischen Herrscher waren beunruhigt über den Erfolg der Revolution, die ihre eigene Herrschaft bedrohte. Kanzler Kaunitz suchte nach

Mitteln, eine Ausweitung der «französischen Anarchie» auf andere Staaten zu verhindern. Der Kaiser hatte die Absicht, dem Wunsch Ludwigs XVI. und Marie Antoinettes nachzukommen und einen Kongreß von Fürsten einzuberufen, welche die französischen Machthaber aufrufen sollten, die traditionelle Ordnung wiederherzustellen und ihrem König «Freiheit und Sicherheit» wiederzugeben. Sollten sie der Aufforderung nicht folgen, würden die europäischen Mächte alle Beziehungen zu Frankreich abbrechen und der Forderung mit einem beachtlichen Aufgebot an Truppen Nachdruck verleihen. Fersen hatte sich beim Kaiser in Wien lange für diese Anordnungen einsetzen müssen.

Das politische Klima in Europa schien für einen solchen Kongreß günstig. Der Preußenkönig Friedrich Wilhelm II. war vom Schicksal Ludwigs XVI. betroffen. Die Zarin wollte den wachsenden Kräften der Revolution Zügel anlegen. Und Gustav III. zog eine Invasion in Frankreich von Nordosten her in Erwägung. Bouillé, der nach dem Mißerfolg von Varennes sofort außer Landes geflohen war, hatte sich mit ihm in Aachen getroffen und ihm einen Plan mit den Standorten der Garnisonen und der Festungen ausgehändigt. Begeistert bat Gustav den englischen König in einem Schreiben, als Herrscher des Hauses Hannover den emigrierten französischen Prinzen Truppen zu stellen. Eine Koalition bahnte sich an. Aber Kaunitz riet Leopold II. zur Zurückhaltung. So reagierte der Kaiser auf die Forderungen der Emigranten nur mit der vagen Erklärung von Pillnitz vom 27. August, die vom Preußenkönig und vom Kurfürsten von Sachsen unterstützt wurde. Die Herrscher versicherten in ihr lediglich, sie «betrachteten die gegenwärtige Situation des Königs von Frankreich als einen Gegenstand des gemeinsamen Interesses aller europäischen Fürsten». Diesen Wortlaut konnte jeder auslegen, wie er wollte. Die französischen Demokraten prangerten das Einvernehmen zwischen Ludwig XVI., dem Ausland und den Emigranten an.

Die versteckten Drohungen erschwerten den Gemäßigten die Aufgabe. Um das Verfassungswerk zu Ende zu bringen, an dem er mit Leib und Seele hing, überarbeitete Barnave sogar die Rede des Königs vor der Nationalversammlung. Die Königin forderte er auf, ihrerseits eine Ansprache an die Nationalversammlung vorzubereiten, da sie in Zukunft eine bedeutende Rolle spielen werde, ein Vorschlag, den Marie Antoinette vorsichtig zurückwies. «Möge die Königin den Mut haben, ein Königreich zu erobern», feuerte er sie an. «Sie ist von Feinden, von erbitterten persönlichen Feinden umgeben, und es liegt in ihrer Macht, sie alle niederzuwerfen. Doch muß sie sich dazu mit der wahren Partei des Volkes verbünden, mit der gewaltigen Mehrheit der Nation, die sich dem König anschließt, wenn er sich nur für die Prinzipien erklären möge, welche die Nation angenommen hat.»[19] Für die Königin waren das leere Worte.

Als zwischen Barnave, der Königin und dem König alles besprochen war, brachte eine Delegation von sechzig Abgeordneten den Verfassungstext am 3. September gegen zehn Uhr abends in die Tuilerien. Ludwig XVI. behielt sich zum Schein vor, die Artikel, die er längst kannte, eingehend zu prüfen. Das Verfassungswerk sah eine tiefgreifende Veränderung des Aufbaus der Monarchie vor. Der Herrscher, jetzt König der Franzosen, der erbliche, unantastbare und keinem verantwortliche Vertreter der Nation, war direkt durch diese Nation legitimiert, die ihm die Exekutivgewalt verlieh. Der König hatte dafür zu sorgen, daß die Gesetze und die Entscheidungen der legislativen Körperschaft ausgeführt würden. Freie Hand behielt er weiterhin in der Außenpolitik, insofern Kriege nur auf seinen Vorschlag hin erklärt werden konnten. Weiterhin war er für Vertragsschlüsse und für die Leitung der Auslandsvertretungen zuständig. Einen kleinen Anteil an der Legislativen behielt er insofern, als die Gesetze seiner Zustimmung bedurften und er über ein Vetorecht verfügte. Er ernannte und berief die Minister ab, die ihn bei der Ausübung seines Amtes unterstützten, brauchte allerdings auch für jede Entscheidung ihre Unterschrift. Die Minister hatten das Recht, vor der Nationalversammlung zu sprechen, ohne ihr verantwortlich zu sein. Der König verfügte nicht mehr über die Staatseinkünfte und bezog statt dessen eine Zivilliste. Schließlich sah die Verfassung drei Fälle vor, bei denen der König abgesetzt werden konnte. Die Legislative, die von der gewählten Nationalversammlung ausgeübt wurde, hatte uneingeschränkte Verfügungsgewalt in den Finanzen. Die Deputierten, die durch Zensuswahlrecht gewählt wurden, hatten die Gesetzesinitiative und konnten die Minister anklagen.

Am 13. September gab Ludwig XVI. der Verfassung die offizielle Zustimmung. In den Tuilerien herrschte Trauerstimmung. Madame Elisabeth hatte ihren Bruder beschworen, dem gottlosen Machwerk die Zustimmung zu verweigern. Was die Königin von ihm hielt, ist bekannt. Am 14. September zog der König feierlich zur Reithalle, dem Tagungsort der Nationalversammlung, um einen Eid auf die verhaßte «Charta» zu schwören. Die Königin, die ihren Abscheu nicht verbergen konnte, wohnte der Zeremonie mit versteinertem Gesichtsausdruck in einer improvisierten Loge auf den Rängen der Halle bei. Als das Königspaar wieder in den Privatgemächern war, brach Ludwig XVI. in den Armen seiner Frau weinend zusammen. Trotzdem mußten sie das Spiel zu Ende spielen und mit scheinbar fröhlicher Miene an den Feierlichkeiten am Sonntag, dem 18. September, teilnehmen. In Paris herrschte Jubel. Auf einem Spaziergang durch Chaillot wurde dem König applaudiert. Um fünf Uhr nachmittags stieg ein Ballon mit Sinnbildern der Verfassung in den Himmel. Am Abend fuhr das Königspaar in offener Kalesche über die Champs-Élysées, die bis zur Barrière de l'Étoile festlich illuminiert waren. Zeitgenossen schwärmten noch später von den prachtvollen Feierlichkeiten. Zuweilen ertönte der Ruf: «Es lebe der König!» Trotzdem war das Königspaar nicht mit der Seele dabei. «Wie traurig», meinte die Königin, «daß etwas so Schönes in unseren Herzen nur ein Gefühl von Trauer und Besorgnis hinterläßt!»[20] Anschließend sahen sich die Herrscher in der Oper das Ballett *Psyché* an. Der König schwieg wie gewöhnlich und schien in einen endlosen Traum versunken. Marie Antoinette bemühte sich zu lächeln. Madame de Staël, die der Aufführung beiwohnte, berichtet, daß sie «in dem Moment, als die Furien tanzten und ihre Fackeln schwenkten, als der Feuerschein sich im ganzen Saal ausbreitete, im fahlen Licht dieser Nachbildung des Höllenfeuers das Gesicht des Königs und der Königin sah», worauf sie «finstere Vorahnungen über die Zukunft» ergriffen hätten.[21] In den folgenden Tagen sah man die Königsfamilie im Théâtre-Français und bei einer Aufführung der italienischen Truppe. Sogar Marie Antoinette wurde mit Hochrufen bedacht. «Dies ist ein Beispiel für die Macht, welche die Königin ausüben könnte, wenn sie dieses wankelmütige und leichtsinnige Volk nur annehmen und etwas umschmeicheln könnte», schrieb ihr La Marck, der ähnliche Ansichten vertrat wie Barnave.[22] Der König und die Königin, die das Einverständnis zur Verfassung als verhängnisvollen Fehler betrachteten, dachten keinen Augenblick daran, sie zu respektieren. Sie hofften vielmehr darauf, daß sie sich als unpraktikabel erweisen werde. Dann hätte sich Ludwig XVI. mit Hilfe ausländischer Kräfte zum Vermittler zwischen Volk und Nationalversammlung gemacht und seine Prärogativen wiederhergestellt. Aber das war eben nur ein Wunschtraum. Baron Goguelat, der Sekretär der Königin, hörte oft ihre «Nörgeleien» zum Thema. «Sie konnte sich nicht vorstellen, daß in dem, was man repräsentative verfassungsmäßige Regierung nannte, gewaltige Möglichkeiten schlummerten»,[23] sagte er.

Marie Antoinette, die über das «Unglück» lamentierte, nur «von Schurken umgeben zu sein», rechtfertigte ihre Taktiken gegenüber Fersen, der sich inzwischen fragte, ob sie nicht tatsächlich das Spiel der «Rasenden» spiele. «Das war wesentlich», antwortete sie ihm, «wenn wir jeden Zweifel darüber ausräumen wollten, nicht mit Aufrichtigkeit zu handeln. Ich glaube, daß man ihnen dies alles am besten damit verleidet, daß man sich den Anschein gibt, als sei man ganz dabei; bald wird sich zeigen, daß nichts geht. [...] Vor allem ersehe ich aus der Erklärung von Pillnitz nicht, daß die ausländische Hilfe bereitsteht. Vielleicht ist dies ein Glück, denn um so weiter kommen wir und um so mehr spüren diese Bettler ihr Unglück; vielleicht kommt es noch dahin, daß sie selbst die Hilfe der Ausländer wünschen. [...] Ihr würdet mir nicht glauben, was mich das alles kostet, was ich im Augenblick tue», klagte sie[24] und schrieb Mercy einen ähnlichen Brief.

Am 30. September ging die konstituierende Versammlung nach Abschluß ihrer Arbeit auseinander. Am nächsten Tag trat die gesetzgebende Versammlung, wie man sie nannte, zusammen. Mit ihrer neuen Zusammensetzung – sie bestand vornehmlich aus Juristen – präsentierte sie sich von vornherein als eine Verfechterin der verfassungsmäßigen Prinzipien. Die 264 gemäßigten Feuillants auf der Rechten standen noch immer unter der Führung von Barnave, Lameth und Duport, die als ausscheidende Deputierte nicht zur Wahl gestanden hatten. Die 136 Jakobiner auf der Linken waren Gegner des Hofs und der Aristokratie. Mehrere stammten aus der Gironde. Einige duldeten die Monarchie noch, aber die Mehrheit war für die Republik. Zwischen der Rechten und der Linken zählte man 345 Deputierte, die man die «Unabhängigen» oder «Konstitutionellen» nannte. Sie verfügten über keine herausragende Persönlichkeit. Dieses Zentrum war unentschlossen und konnte sich nach rechts wie nach links neigen.

In dieser neuen Versammlung sah die Königin von Anfang an nur «einen Haufen Schurken, Toren und Dummköpfe», aus denen «man keinerlei Nutzen ziehen»[25] könne. «Die Franzosen sind in jeder Hinsicht schrecklich», schrieb sie. Ebenso wie vor den «Greueln, zu denen das Volk stets bereit» sei, fürchtete sie die Umtriebe der Emigranten. Obwohl sie nichts sehnlicher wünschte, als die Revolutionäre auszumerzen und die Machenschaften der Prinzen zu vereiteln, versuchte sie sich mit Blick auf die Zukunft mit beiden Seiten zu arrangieren. «Man muß sehr wohl darauf achten, daß die Hiesigen, die im Vorteil sind und mit denen man leben muß, uns nichts vorwerfen können; aber man muß auch daran denken, daß die draußen wieder Herren werden können, so daß man auch ihnen nicht mißfallen darf.»[26] Diese Rücksichten trugen mit dazu bei, daß Marie Antoinette eine völlig widersprüchliche Politik einschlug.

Sie hatte Barnave heimlich getroffen und führte den Briefwechsel mit ihm weiter. Noch immer optimistisch über die Zukunft der konstitutionellen Monarchie, mahnte er das Königspaar erneut dazu, die verlorene Popularität wiederzugewinnen. Die Herrscher sollten sich wegen der Republikaner keine großen Sorgen machen. Sie müßten sich vor allem auf das Volk stützen und sich von den Unternehmungen der Aristokratie und den ausländischen Mächten distanzieren. «Der König und das Volk werden immer zusammensein, sobald sie sich verständigt haben», versprach er. «Wenn der König das Vertrauen des Volkes aufrechterhält und festigt, werden die

Emigranten [...] bald nachgeben und versuchen müssen, beim König wieder in Gunst zu kommen. Wenn die ausländischen Mächte sehen, daß er das Vertrauen des Volkes, das die Grundlage der Macht ist, rasch zurückgewinnt, können sie nicht mehr danach trachten, diesen natürlichen und sicheren Fortschritt durch äußere Unternehmungen [...] zu vereiteln oder zu behindern.»[27]

Barnaves dubiose Rolle war in Frankreich und im Ausland seit Wochen bekannt. Der junge Mann, der sich bei zahlreichen Deputierten verdächtig gemacht und nur noch die konservative Minderheit in der legislativen Versammlung hinter sich hatte, geriet immer mehr ins Kreuzfeuer der Kritik. Die Emigranten äußerten sich erschreckt über seinen Einfluß auf Marie Antoinette und brandmarkten sie selbst als «Demokratin». «Es heißt, die Königin schlafe mit Barnave», notierte Fersen in seinem *Journal*.[28] Verärgert über ihre undurchsichtigen Unternehmungen, schrieb er ihr ganz offen: «Wollt Ihr Euch aufrichtig hinter die Revolution stellen, und glaubt ihr, daß es kein anderes Mittel gibt? Habt Ihr einen Plan und welchen?»[29] «Seid beruhigt», antwortete sie, «ich lasse mich nicht auf die Seite der ‹Rasenden› ziehen, und wenn ich mit einem zusammenkomme oder mit einigen Umgang pflege, so nur, um mich ihrer zu bedienen. Sie alle flößen mir zuviel Abscheu ein, als daß ich mich je zu ihnen hinziehen ließe.»[30] Dann verriet sie ihren letzten Plan: Sie wolle, wenn alles gutgehe, in der zweiten Novemberhälfte erneut versuchen, zu einer Festung an der Grenze zu fliehen. Mehr denn je hoffte sie auf den Kongreß europäischer Herrscher, die der bedrängten Monarchie aus der schwierigen Lage helfen sollten. «Ich habe Euch meine Gedanken zu einem Kongreß mitgeteilt», schrieb sie Mercy. «Diese Maßnahme wird jeden Tag dringlicher.»[31] Marie Antoinette befürchtete eine Invasion durch die Truppen der Emigranten. «Auf der einen Seite sind wir dann gezwungen, gegen sie zu marschieren, und auf der anderen sind wir der Unaufrichtigkeit und des Einvernehmens mit ihnen verdächtig. Diese Versammlung, die ganz von der republikanischen Partei beherrscht wird, nutzt dann die Umstände aus und bringt erneut das Volk gegen uns auf. [...] Nur mit Schaudern kann man an die Folgen eines solchen Ereignisses denken und an die Situation, der wir ausgesetzt sein werden.»[32] In völliger Verkennung der Lage glaubte sie, man könne den Bürgerkrieg verhindern, wenn man nur die Emigranten von ihrem Einmarsch abbringe. Ein Kongreß, gestützt auf eine eindrucksvolle Streitmacht, werde die Prinzen schon in die Schranken weisen, die «Aufrührer» im Inneren einschüchtern und den treuen Untertanen Ludwigs XVI., die von zwei Jahren revolutionärer Unruhen genug hatten, wieder Mut machen. Erneut diffamierte sie die Verfassung, «die das Unglück und Verderben des ganzen Königreichs» bedeute. «Wir wünschen zu einer erträglichen Ordnung zu gelangen, die aber läßt sich nicht einrichten mit den Franzosen, die auf beiden Seiten nur vom Parteiengeist beherrscht sind. Folglich müssen uns die Mächte zu Hilfe kommen, aber auf nützliche und eindrucksvolle Weise.»[33] Sie forderte den König auf, ein Memorandum zum Thema zu schreiben.[34] Der Kaiser, der die Sicht seiner Schwester nicht teilte, ließ sich mit einer Antwort auf ihre verzweifelten Briefe Zeit. Über Mercy ließ er sie wissen, daß ein Kongreß überflüssig geworden sei, da der König die Verfassung gebilligt habe. «Man kann mit den Räubern der souveränen Macht nicht verhandeln», sagte er ihr. «Der König kann ihr Mandat nicht annehmen, und wenn er es annimmt, was könnte man dann von ihm verlangen, das nicht im Widerspruch zu seinen eingegangenen Verpflichtungen stünde? Da jede Forderung nur im Namen des Königs und für ihn gestellt werden kann, müßte dieser Monarch, wenn er die Verhandlungen übernimmt, auch die Folgen tragen. Wenn man sich auf eine Ablehnung hin zum Krieg entschließt, wem macht man ihn dann? Nach Annahme der Verfassung besteht zwischen König und Nationalversammlung ja kein Unterschied mehr.»[35] Während Mercy zum Abwarten riet, stachelte Fersen, der sich vom Kaiser zum Narren gehalten fühlte, Marie Antoinette gegen ihren Bruder auf und stellte ihn als Verräter hin. Er riet ihr von jetzt an, Hilfe in Spanien, in nördlichen Ländern und in Rußland zu suchen, und führte ihr vor Augen, wie gleichgültig den europäischen Herrschern die Lage des französischen Königs war. In der enttäuschten Königin erwachte wieder der ganze Zorn auf die Franzosen: «Je mehr ich diese Nation sehe, desto mehr hasse und verachte ich sie», schrieb sie ihm ohne Umschweife.[36]

In den Tuilerien war die Atmosphäre alles andere als heiter. Zwar war die Überwachung der königlichen Familie seit der Annahme der Verfassung beträchtlich gelockert worden, doch nahmen Ludwig XVI. und Marie Antoinette mit Recht an, sie seien von Spionen umgeben. Der König wurde bedenklich wortkarg. Elisabeth, die mit seinen Brüdern und einigen Emigranten korrespondierte, kritisierte offen die monarchiefeindlichen Taktiken der Schwägerin. «Unser Familienleben ist eine Hölle», seufzte die Königin in einem Brief an Fersen. «Auch mit den besten Absichten hat man keine Möglichkeit, etwas zu sagen. Meine Schwester[37] ist so indiskret und von Intriganten umgeben [...], daß wir nicht miteinander reden können; sonst müßten wir den ganzen Tag streiten.»[38] Prinzessin Lamballe, die in ihren Gemächern einen Salon führte, scharte die letzten Reste der aristokratischen Partei von Paris um sich. Die Königin mischte sich manchmal unter die Gäste und gab geheimnisvolle Weisungen weiter. Außerhalb des Kreises sah man sie nicht mehr. Entgegen Barnaves Ratschlägen ging sie nicht mehr ins Theater und pflegte nur noch «mit den entschlossensten Gegnern der Revolution» einen freundlichen Umgang.

Marie Antoinette war nicht wiederzuerkennen. Der Maler Kucharski, dem sie einige Stunden Modell saß, hat der Nachwelt ein Porträt hinterlassen, das, obgleich noch schmeichelhaft, die Zeitgenossen erschreckt hat. Die Sechsunddreißigjährige war alt und mager geworden. Weiße Haare und eine beunruhigende Rötung auf den Wangen zeigten, daß es ihr nicht gutging. Diese Frau, die von Zukunftsängsten geplagt und von einer gewaltigen Verantwortung erdrückt wurde, die stets wachsam sein mußte und die nächtelang bis zur Erschöpfung Briefe schrieb oder entschlüsselte, war sich schon selbst fremd geworden: «Manchmal verstehe ich mich selbst nicht mehr und muß mich erst beim Nachdenken vergewissern, daß ich es bin, die spricht. [...] Ich halte besser durch, als ich dürfte bei der starken geistigen Ermüdung, unter der ich ständig leide, da ich das Haus nur noch selten verlasse. Ich habe keinen Moment für mich zwischen den Besuchen, den Schreiben und der Zeit, die ich mit meinen Kindern verbringe. Die letzte Beschäftigung, die nicht die geringste ist, macht mein ganzes Glück aus[39] [...], und wenn ich traurig bin, nehme ich meinen kleinen Knaben in den Arm und drücke ihn ganz fest an mich. Dies tröstet mich im Augenblick.»[40] Fersen, der einen heimlichen Besuch in den Tuilerien angekündigt hatte, erhielt eine Warnung: «Es ist völlig unmöglich, daß Ihr in diesem Augenblick hierher kommt. Ihr würdet unser Glück aufs Spiel setzen, und wenn ich dies sage, so dürft Ihr mir glauben, denn es ist mein innigster Wunsch, Euch zu sehen.»[41]

Marie Antoinette wußte dabei nicht, daß er sich in Brüssel mit der extravaganten Eleonore Sullivan zeigte, der offiziellen Geliebten Quentin Crawfords, eines steinreichen Nabobs und aufgeklärten Kunstliebhabers. Crawford und Eleonore Sullivan waren beide überzeugte Monarchisten und intrigierten nach Kräften, um dem König und der Königin von Frankreich zu helfen. Fersens Liaison gab allerhand Anlaß zu Klatsch, der selbst seiner Schwester Sophie in Schweden zu Ohren kam. Eilig schrieb sie dem Bruder: «Ich warne Euch, mein lieber Axel, wegen der Liebe zu ihr.[42] Wenn Sie diese Nachricht bekäme, würde es ihr tödliche Pein verursachen. Alle Welt beobachtet Euch und spricht über Euch. Denkt an die unglückliche Sie. Erspart ihr den schlimmsten aller Schmerzen.»[43]

Die Grafen Provence und Artois, die in Koblenz Hof hielten, starteten weiterhin Angriffe gegen das neue Regime. Im Königreich selbst machte sich die Konterrevolution, geschürt von Aristokraten und unterstützt von abtrünnigen Priestern, immer stärker bemerkbar. Die religiöse Auseinandersetzung wurde bald zum wesentlichen Aspekt des Konfliktes zwischen den Anhängern der alten Monarchie einerseits und den Liberalen und Demokraten andererseits. Angesichts der konterrevolutionären Umtriebe erließ die Versammlung mehrere Dekrete gegen die Unruhestifter. Monsieur wurde ultimativ aufgefordert, binnen zwei Wochen nach Frankreich zurückzukehren, sonst würde sein Anspruch auf die Thronfolge erlöschen. Die gleiche Frist zur Rückkehr in die Heimat wurde den übrigen Emigranten gesetzt. Andernfalls würden sie wegen Hochverrates angeklagt und ihre Güter zugunsten der Nation mit Beschlag belegt. Außerdem sollte der König die Reichsfürsten, die den «Flüchtlingen» Asyl gewährten, dazu bewegen, «den Truppenaufmärschen und Rekrutierungen, die sie an den Grenzen duldeten, ein Ende zu setzen». Das Dekret vom 29. November schießlich sah für Priester, die den Bürgereid auf die Verfassung verweigerten, den Entzug der Pension und die Deportation vor. Die Dekrete brauchten die Unterschrift des Königs. Ludwig XVI. war gezwungen, sich eindeutig für oder gegen die Revolution zu erklären.

Barnave richtete dringliche Appelle an die Königin, den König zur Annahme der Dekrete zu bewegen. Mit ihnen werde er die immer heftigeren Vorwürfe, das Königspaar beteilige sich an konterrevolutionären Umtrieben, zum Verstummen bringen. Die Gemäßigten hofften auf seine Zustimmung, mit der er sich endgültig mit der Nation ausgesöhnt hätte. Aber Ludwig XVI. hatte anderes vor: Da er die Machenschaften seiner Brüder von jeher mißbilligt und seit Monaten eine ausländische Invasion befürchtet hatte, stimmte er zwar dem Dekret zur Rückkehr der Prinzen zu und war zu einem Appell an die ausländischen Herrscher bereit. Aber gegen die beiden anderen Dekrete legte er sein Veto ein. Die Gemäßigten waren enttäuscht, und die Jakobiner liefen Sturm. Sie verlangten die Abschaffung des Vetorechtes für den König.

Die Republikaner verstärkten erneut ihre Offensive. Die Gegenrevolution, die die Errungenschaften von zwei Jahren bedrohte, mußte vernichtet, die Staaten, die sie unterstützten, bekämpft werden. Seit der Erklärung von Pillnitz ging mehr denn je die Angst vor einem bewaffneten Konflikt um, und die meisten Jakobiner unterstellten dem Kaiser mehr Kriegsbereitschaft, als er in Wahrheit hatte. Die Notwendigkeit eines Verteidigungskrieges wurde erst in der Versammlung und dann im ganzen Land debattiert. Begeisterte Patrioten wie Brissot oder Condorcet sahen in ihm ein Mittel, die Franzosen und den König zu zwingen, sich für oder gegen die Revolution zu erklären. Nur Robespierre und Marat versuchten der Versammlung deutlich zu machen, daß ein bewaffneter Konflikt den König und das «österreichische Komitee» in den Tuilerien begünstige.

Tatsächlich machte die Aussicht auf einen Krieg den Herrschern wieder

Hoffnung. «Ich glaube», schrieb Marie Antoinette Fersen am 9. Dezember 1791, «wir werden keiner Macht, die etwas gegen uns ausrichten kann, den Krieg erklären, denn dazu sind wir zu feige. Vielmehr werden wir ihn den Kurfürsten und anderen deutschen Fürsten erklären, da wir hoffen, daß sie sich nicht verteidigen können. Die Einfältigen sehen nicht, daß sie damit nur uns dienen, denn wenn wir anfangen, müssen schließlich auch die anderen Mächte eingreifen, um die Rechte der einzelnen zu verteidigen. Doch müssen die Staaten überzeugt werden, daß wir hier nur den Willen anderer ausführen und daß sie uns am besten helfen, wenn sie über uns herfallen.»[44] Eine Woche später erläuterte sie Mercy die Position Ludwigs XVI. im Hinblick auf die internationalen Beziehungen: «Jetzt müssen wir uns den Kaiser und andere Mächte dienstbar machen.»[45] Der ehemalige Botschafter antwortete sofort, daß «der Plan, den Kurfürsten den Krieg zu erklären, eine entscheidende Chance» biete.[46] Weiter unten fügte er hinzu: «Es ist unmöglich, daß ein innerer oder auswärtiger Krieg ausbleibt. Es ist sogar wahrscheinlich, daß beide zur gleichen Zeit stattfinden. So kritisch diese Möglichkeit auch ist, mit ihr kann der Thron schneller und sicherer wieder aufgerichtet werden als mit jeder anderen; und wenn kein Fehler unterläuft, wenn man die Öffentlichkeit auf seine Seite bringt und bei sich behält, dann steht man auf sichererem Boden als je zuvor», prophezeite er mit Genugtuung.[47] Glücklich über die neue Wendung der Ereignisse, sprach sich der König Baron Breteuil gegenüber für den Krieg aus. Er hoffte darauf, daß er sich in einem Konflikt zum Schiedsrichter machen könne, eine Einschätzung, bei der er sich gewaltig verrechnete.

Barnave, der das Doppelspiel des Königspaares durchschaut hatte, brach den Briefwechsel mit der Königin schließlich ab. «Ich sehe für den Plan, den zu verfolgen man Euch zwingt, geringe Erfolgsaussichten. Ihr seid zu weit von Euren Unterstützern entfernt; Ihr seid verloren, bevor sie zu Euch gelangen», soll er sie bei der letzten geheimen Unterredung gewarnt haben.[48] Enttäuscht und verbittert wandte sich der junge Mann von der Politik ab und kehrte nach Grenoble zurück. Seine Voraussagen dürften Marie Antoinette erschreckt haben. Obwohl sie den drohenden Krieg für heilsam hielt, hatte sie Angst.

Kapitel XXVII

Um so schlimmer wird der Sturz sein

Fersen und Mercy blieben die unumstrittenen Berater der Königin. Seit einigen Wochen versuchte Fersen, nach Paris zu kommen, er wollte mit Marie Antoinette sprechen und ihr neue Pläne vorschlagen. Sie sollten in die Normandie fliehen, dort wollte Gustav III. ein Schiff für sie vorbereiten lassen. Marie Antoinette brannte zwar darauf, Fersen wiederzusehen, dennoch widersetzte sie sich zunächst der Begegnung, denn das Risiko für sie wie für Fersen war sehr groß. Jeder wußte, daß Fersen die Flucht nach Varennes organisiert hatte. Wenn es gelungen wäre, ihn zu ergreifen, hätte man ihn ins Gefängnis geworfen und mit dem Tode bestraft. Anfang Februar 1792 willigte Marie Antoinette dann doch ein, daß er sie aufsuchte.

Am Abend des 13. Februar, einem Montag, traf Fersen in Paris ein und ging zu Goguelat, um zu hören, ob Marie Antoinette ihn erwartete. Wenig später gelangte er unerkannt in die Tuilerien bis zu ihren Gemächern. In seinem Tagebuch heißt es über die Begegnung: «Zur Königin gegangen, habe meinen üblichen Weg genommen, Furcht vor den Nationalgarden. Ihr Zimmer wundervoll. Bin dortgeblieben.» Das ist alles, was wir über jene Begegnung erfahren, über die soviel Tinte geflossen ist.[1]

Mit dem König sprach Fersen erst gegen sechs Uhr am nächsten Abend. Ludwig XVI. erwartete die Rettung von einem Krieg oder einem Kongreß unter dem Schutz starker Truppen, Fluchtpläne lehnte er kategorisch ab. «Nun, wir sind unter uns und können sprechen», sagte er zu Fersen. «Ich weiß, daß man mich für schwach und unentschlossen hält, aber niemand hat sich je in einer Lage wie der meinigen befunden. Ich weiß, daß ich den richtigen Augenblick versäumt habe. Ich habe ihn versäumt, es war der 14. Juli. Damals hätten wir gehen müssen, und ich wollte es. Aber wie hätte ich es tun können, wenn selbst Monsieur mich bat, nicht fortzugehen, und Marschall de Broglie, der das Kommando führte, mir antwortete: ‹Ja, wir können nach Metz gehen, aber was machen wir, wenn wir dort sind?› Ich habe den Augenblick versäumt, seitdem habe ich ihn nicht wiedergefunden. Die ganze Welt hat mich im Stich gelassen.» Der König bat Fersen, den europäischen Mächten eindringlich auseinanderzusetzen, daß er keinen freien Schritt mehr tun konnte und daß seine Erklärungen null und nichtig waren. Er zog sich früh zurück und ließ Marie Antoinette und Fersen allein. Fersens Tagebuch zufolge erzählte Marie Antoinette ihm in allen Einzelheiten von der Flucht nach Varennes und schilderte die Schikanen, die sie seitdem erdulden mußten. Sie sprach auch über Duport, Lameth und Barnave. «Sie hält sie für schlecht, vertraut ihnen nicht, bedient sich aber ihrer», schreibt Fersen. «Das ist gut so.» Die Minister waren in ihren Augen alle Verräter mit Ausnahme von Bertrand de Moleville. Um halb zehn verließ Fersen Marie Antoinette. Es ist nicht überliefert, wie sie Abschied nahmen. Er ließ sie «zum Schein» in dem Glauben, er wolle «einen Abstecher Richtung Spanien machen bis nach Orléans oder Tours» und sei eine Woche später wieder zurück.[2]

Statt dessen fuhr er mit einer Mietkutsche von Marie Antoinette direkt in die Rue de Clichy zu seiner Mätresse Eleonore Sullivan, die mit ihrem offiziellen Geliebten Crawford nach Paris zurückgekehrt war. Crawford, ehemaliger Kolonialherr in Indien, war der monarchischen Sache ganz und gar ergeben. Er wußte, daß Fersen in Beziehungen zu der Königin stand, von dessen Verhältnis zu Eleonore Sullivan hatte er indes keine Ahnung. Die Königin hatte Crawford schon in den Tuilerien empfangen und ihm geheime Missionen anvertraut; darum wunderte sie sich nicht, daß Fersen nach der Rückkehr von seiner kurzen Reise nach Mittelfrankreich im Haus von Crawford absteigen wollte. Am 21. Februar schickte sie Goguelat zu Crawford, weil sie annahm, Fersen sei inzwischen wieder da. Tatsächlich hatte er sich seit dem 14. Februar in einer Dachkammer bei der schönen Eleonore versteckt gehalten, ohne daß der Hausherr etwas davon ahnte. Als Goguelat erschien, mußte er so tun, als sei er gerade von einer Reise zurückgekehrt. Er sprach mit Crawford, ließ ausrichten, daß er nicht in die Tuilerien kommen könne, und verließ die Hauptstadt, ohne daß er Marie Antoinette noch einmal gesehen hatte. Am 24. Februar traf er in Brüssel ein.

Die Königin war äußerst wachsam und vorsichtig. Bis spät in die Nacht hinein schrieb und dechiffrierte sie Briefe. Das Verschlüsseln und Entschlüsseln der Korrespondenz nahm unvorstellbar viel Zeit in Anspruch, alle Briefe, die sie schrieb oder die sie erhielt, waren mit unsichtbarer Tinte oder in Geheimschrift abgefaßt. Madame Campan beschreibt das Verfahren: ‹Jeder Korrespondent mußte das gleiche Buch in derselben Auflage besitzen. Sie hatte *Paul et Virginie* ausgewählt. Nach einer vereinbarten Ordnung bezeichnete man mit Zahlen die Seite und die Zeile, in welcher sich die gesuchten Buchstaben befanden, und zuweilen ein einsilbiges Wort. Ich half ihr dabei, die Buchstaben zu suchen. Oftmals fertigte ich für sie eine genaue Abschrift an dessen, was sie chiffriert hatte, ohne daß ich nur ein einziges Wort davon verstand.»[3] Die Anspannung wuchs von Tag zu Tag. Angstvoll warteten der König und die Königin auf eine französische Kriegserklärung, überdies lebten sie in beständiger Furcht vor einem Anschlag auf ihr Leben. Laporte, Intendant der Zivilliste, hatte dem Königspaar enthüllt, daß ein jüngst in Dienste genommener Bäcker, ein Jakobiner, überall herumerzählte, daß er mit dem König kurzen Prozeß machen wolle. Daraufhin beschloß Ludwig XVI., kein Brot und kein Gebäck mehr aus dem Schloß kommen zu lassen. Seine geliebten Kuchen bestellte er künftig bei Madame Campan, welche die Aufträge an zuverlässige Lieferanten weitergab. Überdies wurde das Personal verringert. Der König und die Königin speisten künftig allein mit Madame Elisabeth, ohne jegliche Bedienung. Die Gerichte wurden einfach auf einem Serviertisch aus Mahagoni abgestellt, wenn abgetragen werden sollte, läutete der König. Sobald die königliche Familie am Tisch saß, brachte Madame Campan Brot und Gebäck. «Alles wurde unter dem Tisch verborgen aus Sorge, daß man doch eine Bedienung würde hereinkommen lassen müssen», schreibt Madame Campan. Thierry de Ville d'Avray, der Intendant für die Petits Appartements, der seit vielen Jahren das Vertrauen des Königs genoß, schloß nach dem Essen das Brot, den Wein und den gemahlenen Zucker ein.

Die Nationalversammlung bereitete alles für den Krieg vor. Nach der Ratifikation des Dekretes, in dem die deutschen Fürsten aufgefordert wurden, alle Emigranten auszuweisen, wurde beschlossen, drei Armeen unter dem Kommando von Rochambeau, La Fayette und Luckner aufzustellen. Der neue Kriegsminister Graf Narbonne wollte den Anschein erwecken, als sei Frankreich zu einem Krieg gegen ganz Europa gerüstet. Während er die Abgeordneten mit optimistischen Berichten einschläferte, erhöhte er die Zahl der Wachposten beim König und tat alles, um die Exekutive zu stärken.

Anders als Marie Antoinette hoffte, beabsichtigte Leopold II. nicht, auf die französischen Provokationen zu reagieren. Er forderte die deutschen Fürsten ebenfalls zur Vertreibung der Emigranten auf. Allerdings machte er unmißverständlich deutlich, daß ein französischer Vorstoß auf deutsches Territorium mit einem unerbittlichen militärischen Gegenschlag beantwortet würde. Am 25. Januar 1792 hatte die Versammlung vom König verlangt, er solle den Kaiser fragen, ob Österreich immer noch Frankreichs Verbündeter sei; wenn Leopold dies verneinen sollte, wollte man ihm den Krieg erklären. Bei dieser Sitzung hielt Brissot eine regelrechte Anklagerede gegen Österreich, und der Abgeordnete Guadet wetterte gegen das «österreichische Komitee», das angeblich von der Königin geleitet wurde. Außenminister Lessart und Kriegsminister Narbonne wurden beschuldigt, gemeinsame Sache mit Marie Antoinette und dem Wiener Hof zu machen. Wenig später beanspruchte die Nationalversammlung, über den Inhalt der Korrespondenz mit Wien informiert zu werden.[4] Kaunitz übermittelte am 17. Februar Leopolds Antwort. In dem Brief empörte er sich über die Schrecken der Revolution und stellte die Möglichkeit einer militärischen Demonstration der vereinigten Truppen von Österreich, Schweden und Preußen in Aussicht. Als das Schriftstück am 1. März in der Nationalversammlung verlesen wurde, gab es einen Tumult. Da Lessarts Depeschen in maßvollem Tonfall gehalten waren, beschuldigte man ihn des Verrats. Ludwig XVI. mußte sich einen neuen Minister suchen.

Am 10. März kam genau in dem Augenblick, als Ludwig XVI. die Entlassung Lessarts bekanntgeben wollte, die Nachricht, daß Leopold II. überraschend gestorben war. Im Verlauf einer bewegten Sitzung schlug Brissot vor, den ehemaligen Minister unter Anklage zu stellen. Vergniaud ergriff das Wort und rief aus: «Von dieser Tribüne, von welcher ich zu Euch spreche, erblickt man den Palast, wo niederträchtige Ratgeber den König täuschen und in die Irre leiten [...] und Machenschaften betreiben, welche uns alle dem Haus Österreich ausliefern werden. Ich blicke auf die Fenster, hinter denen man die Konterrevolution schürt. [...] Stets sind Grauen und Entsetzen [...] aus diesem berühmten Palast gedrungen. Mögen sie heute im Namen des Gesetzes dorthin zurückkehren. [...] Alle diejenigen, welche den Palast bewohnen, sollen wissen, daß unsere Verfassung nur dem König Unverletzlichkeit zuerkennt. Sie sollen wissen, daß das Gesetz alle Schuldigen ohne Unterschied erreichen wird und daß kein einziger Kopf, welcher für schuldig befunden wurde, dem Schwert des Gesetzes entgehen wird.»[5] Diese Rede zielte direkt auf die Königin, die Versammlung bedachte sie mit tosendem Beifall. Wenige Augenblicke später wurde die Anklage gegen Lessart angenommen.

Der König und die Königin warteten in höchster Anspannung auf Nachrichten aus der Nationalversammlung. Marie Antoinette war auf das Schlimmste gefaßt. Ludwig XVI. hatte ihr seit dem Morgen den Tod ihres Bruders verheimlicht, nun konnte er nicht länger schweigen. Die Nachricht erschütterte sie so sehr, daß sie, von Nervenkrämpfen geschüttelt, zu Bett gehen mußte. Madame de Lamballe wich nicht von ihrer Seite. Am nächsten Morgen folgten der König, die Kinder und der Hof dem üblichen

Protokoll der Trauerzeit, die zwei Monate dauern sollte. Glühende Republikaner empörten sich darüber und versuchten die königliche Familie damit zu provozieren, daß sie mit der roten Mütze auf dem Kopf erschienen. Sobald die Königin sich wieder einigermaßen gefaßt hatte, schickte sie Goguelat zu ihrem Neffen, dem neuen Kaiser Franz II. Weil sie nicht wagte, ihrem Kurier eine Botschaft mitzugeben, die ihn in Gefahr bringen könnte, schrieb sie nur den einen Satz auf ein Stück Papier: «Mein lieber Neffe, glaubt in allem der Person, welche dieses Papier überbringt.» Der König setzte noch hinzu: «Ich denke wie Eure Tante und habe das gleiche Vertrauen.»[6] Goguelat verließ Paris am 13. März. Er sollte dem jungen Monarchen schildern, in was für einer «schrecklichen Lage» sich der König und die Königin von Frankreich befanden. Ferner sollte er sagen, daß die Girondisten wohl bald den Krieg erklären würden, weil sie sich siegessicher fühlten, und daß der Angriff wahrscheinlich bei Trier oder Koblenz erfolgen würde. Goguelat bat um rasche Hilfe für das französische Königspaar. «Wenn der Krieg erst einmal begonnen sei, werde sich, so glaubt der König, eine vielköpfige Partei um ihn sammeln», schrieb Cobenz nach der langen Unterredung mit Goguelat an Kaunitz. «Er denkt, daß er fest auf seine derzeitige Garde zählen kann, auf zwei Drittel der Nationalgarde von Paris, auf seine gesamte Kavallerie und die Schweizer. In Paris würden sich, so hofft Seine Majestät, sieben Achtel des Bürgertums auf seine Seite stellen, und nur der Pöbel aus den Vororten Saint-Antoine und Saint-Marceau, welche fast ausschließlich von Fabrikanten und Arbeitern bewohnt seien, werde den Jakobinern folgen.» Goguelat hatte Cobenz überdies versichert, daß die Alliierten als Befreier empfangen würden, wenn sie die Verfassung respektierten. Der König verspreche, die Verfassung in einigen Punkten zu ändern, wo er es für nötig befinde. Schließlich fügte Goguelat noch hinzu, es sei wünschenswert, daß die Emigranten bei der Nachhut blieben, aber der König behalte es sich vor, aus dieser Abteilung die Elite zu wählen, die den Kern einer künftigen französischen Armee bilden würde.[7]

Während Goguelat seine Mission in Wien ausführte, stellte der König ein neues Kabinett zusammen. Es bestand aus lauter Persönlichkeiten der Gruppe unter den Jakobinern, die man Girondisten nannte. Roland wurde Innenminister, Grave Kriegsminister, Clavière Finanzminister und Dumouriez Außenminister. Zur Befriedigung des Königspaares waren die neuen Minister allesamt für den Krieg. In Anbetracht der Situation spielte Dumouriez die entscheidende Rolle. Seiner festen Überzeugung nach mußte sich Frankreich nach dem Krieg, den er herbeiwünschte, von Österreich abwenden und eine Allianz mit Preußen schließen, denn das Bündnis mit Österreich habe für die französischen Interessen stets verhängnisvolle Folgen gehabt. Dumouriez kam mit einem regelrechten politischen Programm in sein Amt. Dem Programm lag die Überzeugung zugrunde, daß die anderen europäischen Mächte Frankreich als einen in Auflösung begriffenen Staat ansahen und ihren Nutzen daraus ziehen wollten. Um zu verhindern, daß Frankreich ein zweites Polen würde, wollte Dumouriez unbedingt dem Angriff der Feinde zuvorkommen, solange sie noch uneinig waren. Zunächst sollten die Untertanen des Kaisers in den Niederlanden dazu gebracht werden, daß sie sich erhoben. Dann würde man sich all dessen bemächtigen, was der König von Sardinien bis zu den Alpen besaß, und dabei an allen natürlichen Grenzen in der Defensive bleiben. Dumouriez wollte genau die Ideen umsetzen, die Militärs und Diplomaten seit Ende des 18. Jahrhunderts über die Ausdehnung der französischen Grenzen entwickelt hatten.

Im übrigen war Dumouriez ein entschiedener Befürworter der konstitutionellen Monarchie. Er legte Ludwig XVI. seine Überlegungen offen dar, und Ludwig gefiel die unverblümte Sprache des Soldaten, der sich nicht lange mit rhetorischen Floskeln aufhielt. Der König berichtete der Königin von seinem guten Eindruck, daraufhin wollte sie ebenfalls mit Dumouriez sprechen.

Sie empfing ihn in ihrem Schlafzimmer. Mit großen Schritten und stolzem Gesichtsausdruck ging sie in ihrem Zimmer hin und her. Hochmütig und schroff kam sie sofort und sehr direkt zur Sache. «Monsieur», eröffnete sie ihm, «Ihr seid zwar im Augenblick allmächtig, aber nur dank der Gunst des Volkes, das seine Götzen rasch zerschmettert. Eure Existenz hängt von Eurem Verhalten ab. [...] Ihr könnt ermessen, daß weder der König noch ich all diese Neuerungen dulden können und ebensowenig die Verfassung. [...] Ich sage es offen, Ihr müßt Euch entscheiden.» Dumouriez ließ sich nicht erschüttern und antwortete ganz ruhig: «Madame, ich bin zutiefst betrübt über die schmerzliche Eröffnung, welche Eure Majestät mir soeben gemacht hat. Ich werde sie [Eure Majestät] nicht verraten, aber ich stehe zwischen dem König und der Nation, und ich gehöre meinem Vaterland an. Erlaubt mir, Euch vor Augen zu führen, daß das Wohl des Königs, Euer Wohl und das Eurer erlauchten Kinder mit der Verfassung verbunden sind. [...] Ich würde Euch und ihm einen schlechten Dienst erweisen, wenn ich Euch etwas anderes sagte.» Voller Ärger über seine Worte stieß die Königin fast drohend hervor, die Verfassung werde nicht lange bestehen. Ruhig und fest erwiderte Dumouriez: «Glaubt mir, Madame, ich habe nicht das geringste Interesse, Euch zu täuschen, ich verabscheue ebensosehr wie Ihr Anarchie und Verbrechen. Glaubt mir, ich habe Erfahrung. In meiner Stellung vermag ich die Ereignisse besser zu beurteilen als Eure Majestät. Dies ist keine momentane Volksbewegung, wie Ihr es zu glauben scheint. Dies ist die nahezu einhellige Erhebung einer großen Nation gegen tiefverwurzelte Übel. [...] Ich habe bei der Revolution nur den König und die gesamte Nation im Auge: Alles, was dazu angetan ist, sie zu trennen, führt zum Untergang beider.» Und dann erläuterte Dumouriez der Königin die Taktik der verschiedenen Gruppierungen. Sie fühlte sich auf eigenartige Weise an Barnave und das Triumvirat erinnert.[8] Dumouriez wurde mit freundlichen Worten entlassen, obgleich seine Ausführungen die Königin nicht überzeugt hatten. Seine Auffassung von der Revolution billigte sie ganz und gar nicht. Sie setzte all ihre Hoffnungen auf den Krieg, doch Krieg bedeutete für sie etwas vollkommen anderes als für Dumouriez. In ihren Augen war das einzige Ziel die Befreiung der königlichen Familie und die Restauration der königlichen Macht.

Alles in allem standen nach dem Tod von Leopold II. die Chancen für die Königin besser. Der neue Kaiser war vierundzwanzig Jahre alt, «im Grunde seiner Seele Militär» und befürwortete die Konterrevolution. Im Lauf der zurückliegenden Monate hatte er es sich nicht nehmen lassen, die Politik seines Vaters zu kritisieren, weil sie ihm zu nachgiebig gegenüber der Revolution erschienen war. Sobald er auf dem Thron saß, schlug er gegenüber Frankreich einen kriegerischen Ton an. Er hoffte, daß Frankreich die Feindseligkeiten eröffnen werde, «damit das Recht auf der Seite der Mächte steht und es ihnen gestattet ist, Eroberungen zu machen, wenn es möglich ist, und sie in diesem Fall rechtmäßig zu behalten als Entschädigung für die Kosten des Krieges, was auf andere Weise nicht erfolgen könnte». Goguelats Botschaft war angekommen. Franz II. und seine Minister suchten nach einem Vorwand für die bewaffnete Auseinandersetzung, und sie fanden ohne Schwierigkeiten einen solchen. Kaunitz rührte an die Ehre der französischen Nation und verlangte unter Androhung einer militärischen Intervention, daß Ludwig XVI. vollständig in seine Rechte wiedereingesetzt werde. Zugleich geißelte er die «blutrünstige und rasende Parteiung», die in Frankreich herrschen wolle. Für Dumouriez war dies der *casus belli*. Am 20. April 1792 legte Ludwig XVI. der Nationalversammlung die Kriegserklärung an den «König von Böhmen und Ungarn» vor. Ohne daß es Ludwig XVI. und Marie Antoinette bewußt war, hatte die letzte Kraftprobe der Monarchie begonnen. Heimlich sandte der König den Journalisten Mallet du Pan zum Kaiser, zum König von Preußen und zu den deutschen Fürsten und ließ ihnen mitteilen, daß er den Konflikt zum Anlaß nehmen wollte, um seine Macht wiederherzustellen.

Der Beschluß der Nationalversammlung erfüllte Marie Antoinette mit Befriedigung. Bereits vor einem Monat hatte sie Mercy und Fersen davon unterrichtet, daß die Truppen bereitstanden. Am 26. März schrieb sie an Mercy: «Monsieur Dumouriez zweifelt nicht mehr daran, daß die Truppen im Einvernehmen mit den Mächten marschieren, und hat den Plan, ihnen durch einen Angriff auf Savoyen und einen weiteren im Gebiet von Lüttich zuvorzukommen. Der letztere Angriff soll von La Fayettes Armee durchgeführt werden. Dies ist das Ergebnis der gestrigen Beratungen; es ist gut, den Plan zu kennen, damit man auf der Hut sein und die angemessenen Vorbereitungen treffen kann. Allem Anschein nach wird dies umgehend geschehen.»[9] Am 30. März teilte sie Fersen das gleiche mit und fügte hinzu: «Man hofft, daß man etwas wird machen können, da auf beiden Seiten (in Savoyen und in der Region um Lüttich) nicht genug Truppen stehen. Turin wurde durch mich vor drei Wochen unterrichtet. Es ist entscheidend wichtig, daß bei Lüttich Vorsichtsmaßnahmen ergriffen werden.»[10] Am Tag vor der Kriegserklärung hatte sie noch gezittert bei dem Gedanken, daß die Mächte versuchen könnten, den Konflikt durch Verhandlungen auszuräumen. «Gebe Gott, daß dies nicht geschieht und daß man endlich Rache nimmt für all die Demütigungen, die man von diesem Land hier empfängt», schrieb sie in ihrem Brief an Fersen.[11]

Am 28. April griffen die Franzosen in Belgien an, der Vorstoß wurde ein Desaster. Die Hälfte der Offiziere war emigriert, und die Soldaten, Männer aus dem Volk, widersetzten sich dem Kommando, weil sie die adligen Befehlshaber verdächtigten, sie seien vom Feind bestochen. Auf den bloßen Verdacht des Verrats hin, ohne irgendeine Art von Verfahren, hatten die eigenen Männer General Dillon abgeschlachtet. Am 18. Mai versammelten sich die Generäle in Valenciennes und beschworen den König, so schnell wie möglich um Frieden zu bitten. La Fayette erklärte sich bereit, mit seinen Männern nach Paris zu marschieren und Jakobiner und Demokraten zu vertreiben. Robespierre hielt flammende Reden gegen die Girondisten, weil sie für den Ausbruch des Konflikts verantwortlich seien, und gegen die Generäle, weil sie gemeinsame Sache mit dem Hof machten.

Der Mißerfolg der Franzosen gab Österreich und Preußen Auftrieb. Sie wollten nicht verhandeln und gedachten sich bei ihren Operationen Zeit zu lassen. Am 12. Mai hatte der König von Preußen den Marsch auf die französische Hauptstadt beschlossen, der Herzog von Braunschweig wurde zum Oberbefehlshaber der vereinigten österreichischen und preußischen Armeen ernannt. Durch den Grafen Caraman, der Breteuil in Berlin vertrat, wurde Ludwig XVI. über die genaue Aufstellung der preußischen Truppen informiert.[12] Fersen teilte der Königin die Pläne der Alliierten mit. Preußen sei, so schrieb er ihr am 2. Juni, von den Gegnern Frankreichs der entschlossenste. «Die Spitze der preußischen Armee trifft am 9. Juli ein, alles wird am 4. August dort sein. Sie operieren an der Mosel und an der Maas, die Emigranten bei Philippsburg, die Österreicher im Breisgau. Der Herzog von Braunschweig ist am 5. Juli in Koblenz, wenn dort alles angekommen ist. Der Herzog von Braunschweig wird vorrücken, die Festungen bedecken und mit einer Elitetruppe von 30000 Mann geradewegs auf Paris marschieren. Die Zarin schickt 15000 Mann, darunter 3000 Berittene. Sie landen in Wismar und marschieren durch Deutschland. Am 22. [Juni] hat sie 30000 Mann nach Polen gebracht.»[13] Er fügte noch hinzu, Graf Caraman glaube fest, daß der König von Preußen Verhandlungen strikt ablehnen werde. «Versucht den Krieg in die Länge zu ziehen, und verlaßt vor allem Paris nicht», schloß er. Sein Brief kreuzte einen vom 5. Juni datierten Brief der Königin, in dem sie ihm den unmittelbar bevorstehenden Angriff der französischen Armee unter Luckner ankündigte. «Den Truppen fehlt es an allem, und sie sind in der allergrößten Unordnung», berichtete sie.[14] Fersen wurde ungeduldig, weil die Alliierten immer noch zögerten. Es gebe «kein anderes Heilmittel für soviel Schrecken als eine sehr harte und sehr drohende Erklärung der ausländischen Mächte, in welcher Paris oder irgendeine andere Stadt des Königreiches für die Sicherheit der königlichen Familie verantwortlich gemacht würde. Doch eine solche Erklärung könnte ihre volle Wirkung nur dann entfalten, wenn ihr Nachdruck verliehen würde durch eindrucksvolle Truppen, welche jeden Augenblick losschlagen könnten.»[15] Die Tage in den Tuilerien verstrichen in Angst und Ungewißheit. Obwohl man nichts Genaues über die Absichten des Königs und der Königin wußte, ging das Gerücht um, die Herrscher verrieten ihre Nation. Die panische Furcht, die alten Kräfte des Ancien régime könnten triumphierend zurückkehren, stachelte die patriotischen Gefühle an und führte dazu, daß der Graben des Hasses zwischen Patrioten und Konterrevolutionären noch tiefer wurde. Verfolgt vom Schreckgespenst einer aristokratischen Verschwörung, begannen die Massen sich zu bewaffnen.

Marie Antoinette zweifelte keinen Augenblick an der Legitimität ihres Handelns. Angstvoll fragte sie sich, wann endlich die fremden Armeen in ihrem siegreichen Vormarsch, den sie seit Monaten herbeisehnte, die Hauptstadt erreichen würden. Jeder ihrer Briefe an Fersen ist ein Aufschrei über ihre «immer entsetzlichere» Lage. Die ersten Niederlagen der Franzosen hatten den Haß des Volkes gegen die Königin noch geschürt, die Menschen standen unter ihren Fenstern und schleuderten Verwünschungen zu ihr hinauf. Die Gemäßigten forderten, sie hinter den Klostermauern von Val-de-Grâce einzusperren, die anderen verlangten ihren Kopf. Aus Furcht vor einem Attentat ließ sie unter ihrem Bett einen kleinen Hund schlafen, der Alarm schlagen sollte, wenn jemand versuchte, in ihr Schlafzimmer einzudringen. Anläßlich der Thronbesteigung von Franz II. hatte man sich in der Hauptstadt eine Flugschrift mit dem Titel *Große Verzweiflung von Marie Antoinette über den Tod von Leopold und die hoffnungslose Krankheit von Monsieur, dem Bruder des Königs* aus den Händen gerissen. «Mein einziges Vergnügen ist es», wurde darin der Königin in den Mund gelegt, «zu sehen, wie diese Hauptstadt in ihrem eigenen Blut badet. [...] Jeder Kopf eines Franzosen, den man mir bringt, wird in Gold aufgewogen werden.» Täglich erschienen neue Pamphlete und beflügelten die Phantasie eines Volkes auf der Suche nach Schuldigen. Einhellig empörten sich der *Ami du peuple* und *Père Duchesne* gegen «Madame Veto», die «das Volk zu ihrem Spielzeug macht, obgleich es ihr Herr ist, ihr Souverän. [...] Aber damit ist es vorbei, das Volk hat Rache genommen, und jetzt werden wir die Könige tanzen lassen.»[16] Seit Jahren schon war die Königin in den Augen der Öffentlichkeit die «Mutter aller Laster», nun beschäftigte das «weibliche Ungeheuer», das nach Blut dürstete, die Einbildungskraft der Franzosen.[17] Mit rauschendem Beifall wurde in Paris das Stück *Mucius Scaevola im Lager von Porsenna* bedacht, in dem es um nichts anderes als Königsmord ging.

Um der Gegenrevolution Widerstand zu leisten, nahm die Legislative drei Dekrete an: Alle Priester, die von den Bürgern denunziert würden, sollten deportiert werden. Die dem König nach der Verfassung zustehende Garde, die verdächtigt wurde, mit der Konterrevolution zu paktieren, wurde aufgelöst. Schließlich sollte in Paris zum Schutz der Hauptstadt vor den mit dem Hof verbündeten Generalen ein Lager für 20000 Mann der Nationalgarde eingerichtet werden. Diese Beschlüsse weckten Ludwig XVI. endlich aus seiner wochenlangen düsteren Erstarrung. Er akzeptierte die Auflösung seiner Garde, den anderen beiden Dekreten setzte er jedoch ein erbittertes Veto entgegen. Die Königin bestärkte ihn in der Ablehnung, und ungeachtet der Beschwörungen von Roland und den anderen Ministern blieb er dabei. Weil er sich der Unterstützung der höheren Offiziere der Armee sicher glaubte, entließ er am 12. Juni die girondistischen Minister mit Ausnahme von Dumouriez. Dumouriez zog es allerdings vor, an die Front zu gehen. Ludwig XVI. berief ein gemäßigtes «Ministerium Feuillant», was auf die Nationalversammlung und die Volksmassen wie eine Provokation wirken mußte. Während die Deputierten über die Entlassung der Minister wetterten, die das Vertrauen des Volkes mit sich nahmen, prangerte La Fayette die Anarchie im Land an. In einem Brief an die Legislative bezeichnete er die Jakobiner als «innere Aufrührer». Jakobiner und Girondisten fürchteten, der «Held beider Welten» könnte einen militärischen Schlag führen. Sie beschlossen, an einem «Tag des Volkes» die Stärke der

Nation zu demonstrieren und den König dem Willen der Patrioten zu unterwerfen.

Am 20. Juni, dem Jahrestag des Ballhausschwures, setzte sich eine unüberschaubare Menschenmasse aus den Vorstädten, bewaffnet mit Piken, Äxten und Eisenstangen, in Richtung der Nationalversammlung in Marsch. Sie wollten verlangen, daß der König sein Veto zurücknahm. Der Anblick so vieler Menschen, die drohend ihre Waffen schwangen, versetzte die Deputierten in Angst und Schrecken, und sie empfingen nur eine kleine Abordnung in der Reithalle der Tuilerien, wo sie tagten. Die Abgewiesenen sammelten sich im Park, einige in der Nähe des Schlosses. Es dauerte nicht lange, bis die Gittertore gestürmt waren. Die Nationalgarde leistete keinen ernsthaften Widerstand, viele Gardisten wechselten auf die Seite der immer weiter anschwellenden Schar der Aufrührer.

Drinnen im Schloß drängten sich die Königin, Madame Elisabeth und die Kinder des Königspaares angsterfüllt im Schlafzimmer des Königs zusammen, der als einziger die Ruhe nicht verloren hatte. Die Königin und die Kinder weinten. Um drei Uhr konnten die Gardisten und Gendarmen den Bierbrauer Santerre, der das Bataillon der Nationalgarde aus der Vorstadt Saint-Antoine befehligte, nicht länger aufhalten. Die Türen des Schlosses gaben unter den Hieben der Angreifer nach. Die Männer, welche die Tore hätten verteidigen sollen, machten keinerlei Anstalten, die Angreifer zurückzudrängen. Innerhalb von wenigen Augenblicken überschwemmte die Menge das Schloß.

In Panik hörte die königliche Familie das Geschrei des Pöbels und den Lärm der unter Axthieben zersplitternden Türen. Die wenigen Getreuen, die noch beim König geblieben waren, führten die sich heftig sträubende Königin und ihre Kinder in das Zimmer des Dauphins, während der König den Angreifern entgegenschritt. Madame Elisabeth klammerte sich an seine Rockschöße und ging mit ihm. Geschützt von einer Handvoll treuer Grenadiere, stand der König den Aufrührern in einer Fensternische gegenüber, wohin seine Bewacher ihn gedrängt hatten. Die Königin wartete unterdessen zwei Stunden lang im Zimmer ihres Sohnes mit ihren Kindern, mit Madame de Tarente und Madame de Tourzel, zitternd vor Angst. Immer wieder verlangte sie, man solle sie zum König lassen. Man mußte ihr eindringlich vor Augen führen, in was für eine Gefahr sie den König und den Dauphin durch ihr Erscheinen bringen würde, bis sie von der Bitte abließ. Dann vernahm man plötzlich neuen, noch bedrohlicheren Lärm. Immer mehr Türen zerbarsten, die Angreifer kamen immer näher. Sie drangen in die Gemächer der Königin ein und verwüsteten sie. Marie Antoinette floh vor der rasenden Menge mit ihren Kindern zurück in das Schlafzimmer des Königs. Dort ging das endlose Warten weiter. Von allen Seiten rief man nach der Königin, und die Rufe klangen von Minute zu Minute bedrohlicher. Unter dem Schutz einiger Grenadiere, die nicht von ihrer Seite wichen, den Dauphin im Arm, trat Marie Antoinette mehr tot als lebendig, aber immer noch stolz und hochmütig, aus dem Zimmer des Königs in den Saal des Rates. Dort wurde sie in eine Ecke gestoßen, und man schob einen schweren Tisch vor sie hin, der sie vor der herandrängenden Menge schützte. Der Bierbrauer Santerre stellte sich als Wachposten neben ihr auf. Stundenlang zeigte man ihr Galgen und Guillotinen im Miniaturformat, überschüttete man sie mit Verwünschungen und Drohungen. Der Dauphin schluchzte. Wie sein Vater hatte er die rote Mütze der Patrioten aufgesetzt. Sehen konnte er seinen Vater nicht, denn dieser befand sich im nächsten Zimmer.

Den ganzen Tag über versuchte Ludwig XVI. mit dem Volk über sein Veto zu diskutieren, Monsieur de Beauvau, Monsieur de Mouchy und Monsieur de Mailly waren bei ihm und verließen ihn keinen Augenblick. Unerschütterlich erklärte er ein ums andere Mal, daß er in dieser Sache von seinen einmal getroffenen Entscheidungen nicht abgehen werde. Um zehn Uhr abends leerten sich Höfe und Parkanlagen endlich. Die königliche Familie war vollzählig und wohlbehalten wieder vereint. Weinend fielen sich der König, die Königin, Madame Elisabeth und die Kinder in die Arme. Die Königin sank erschöpft in einen Sessel. Man wollte eine kleine Stärkung einnehmen.

Obgleich die Königin mit ihren Kräften am Ende war, schrieb sie noch drei Briefe an Fersen. In den ersten beiden wagte sie nicht offen zu sein und schilderte die Situation der königlichen Familie verschleiert: «Euer Freund ist in allergrößter Gefahr. Seine Krankheit schreitet schreckenerregend voran. Die Ärzte wissen keinen Rat mehr. [...] Die geschicktesten Ärzte verzweifeln daran. Nur eine sofortige Wendung könnte ihn erretten, und eine solche kündigt sich nicht an. Wir sind alle verzweifelt darüber. Teilt den Menschen, die mit ihm zu tun haben, mit, wie es um ihn steht, damit sie ihre Vorkehrungen treffen. Die Zeit drängt.»[18] Einige Tage später konnte sie ihm einen mit unsichtbarer Tinte geschriebenen Brief zukommen lassen. «Ich lebe noch, aber es ist ein Wunder. Der Tag des 20. [Juni] war entsetzlich. Sie haben es nicht mehr auf mich abgesehen, sondern auf das Leben meines Gemahls, und sie machen kein Geheimnis mehr daraus. Die Festigkeit und Kraft, welche er an den Tag gelegt hat, haben für den Augenblick auf sie Eindruck gemacht, aber die Gefahren können sich jeden Moment wiederholen. Ich hoffe, daß Ihr unsere Nachrichten empfangt. Adieu. Gebt um unsretwillen auf Euch acht, und sorgt Euch nicht um uns.»[19]

Obwohl die Königin immer schärfer überwacht wurde, erhielt sie noch Briefe von Fersen. Er beruhigte sie, so gut er konnte, mit den neuesten Nachrichten über den Herzog von Braunschweig: Der Herzog schicke sich an, «geradewegs nach Paris zu marschieren. Die verbundenen Armeen läßt er an den Grenzen zurück, damit sie die Festungen sichern und die Truppen, die sich dort befinden, daran hindern, daß sie anderswo operieren und sich ihren Operationen in den Weg stellen.» Überdies, teilte er triumphierend mit, werde der Oberbefehlshaber vor seinem Einmarsch «ein sehr hartes Manifest» vorlegen «im Namen der verbündeten Mächte. Darin werden sie ganz Frankreich und Paris im besonderen für die königliche Familie verantwortlich machen.» Fersen glaubte, daß Drohungen ausreichen würden, um die Revolution aufzuhalten, das Manifest erschien ihm als der Rettungsanker für die königliche Familie. «Man wird Sorge tragen, daß das Manifest so gut wie möglich wird; wir werden uns darum kümmern», schrieb er am 10. Juli. Am 26. versicherte er ihr noch einmal, daß er verlangt habe, das Manifest möglichst scharf und drohend zu formulieren. Am 28. erhielt er die endgültige Fassung des Schriftstücks, das unter der Bezeichnung «Manifest des Herzogs von Braunschweig» in die Geschichte eingegangen ist, obwohl es in Wahrheit von Monsieur de Limon auf der Grundlage der Vorstellungen von Fersen verfaßt wurde.

Während Fersen für die Königsfamilie kämpfte, begann nach dem 20. Juni in den Tuilerien wieder so etwas wie ein Hofleben. Marie Antoinette war starr vor Angst und lebte in der wahnhaften Hoffnung, die ausländischen Armeen würden sie befreien. Der Gedanke an das Manifest des Herzogs von Braunschweig war der einzige Lichtblick. «Unsere Lage ist entsetzlich», schrieb sie am 3. Juli an Fersen, «aber sorgt Euch nicht zu sehr. Ich habe Mut, und etwas in meinem Inneren sagt mir, daß wir bald glücklich errettet sein werden. Dieser Gedanke allein hält mich aufrecht. [...] Wann werden wir uns in aller Ruhe wiedersehen?»[20] Drei Tage später malte sie sich in düstersten Farben die Feiern zum 14. Juli auf dem Marsfeld aus. «Man predigt den Königsmord», schrieb sie an Fersen, «und schmiedet finstere Pläne.»[21] Weil Marie Antoinette einen Anschlag auf den König fürchtete, ließ sie für ihn eine Art gefütterten Brustpanzer anfertigen, der ihn vor Dolchstößen schützen sollte. Nur einmal willigte Ludwig XVI. ein, ihn zu tragen, das war am 14. Juli.

Fersen war nicht der einzige, der die königliche Familie retten wollte. Auch die gemäßigten Konstitutionalisten versuchten, das Ende der sterbenden Monarchie aufzuhalten, weil sie gleichermaßen die Folgen einer Invasion in Frankreich und die Exzesse der Jakobiner fürchteten. La Fayette hatte sich auf einen offenen Konflikt mit der Nationalversammlung eingelassen. Da er sich seiner Truppen sicher fühlte, schlug er dem König vor, daß er ihn während der gefürchteten Feiern am 14. Juli schützen und am nächsten Tag mit einer ausreichenden Eskorte nach Compiègne bringen würde. Diesen Plan hatte er zusammen mit Luckner geschmiedet, Luckner hatte Montmorin und dem amerikanischen Gouverneur Morris davon erzählt. «In sechs Wochen wird es zu spät sein», sagte Morris voraus und bestärkte La Fayette in seinem Vorhaben.[22] Ludwig XVI. schien dem Plan nicht abgeneigt, doch die Königin lehnte ihn ab, und sie setzte sich durch.[23] Hatte ihr Fersen nicht nachdrücklich abgeraten, sich La Fayette anzuvertrauen?[24] In Wahrheit schreckte Marie Antoinette davor zurück, sich den Konstitutionalisten auszuliefern, weil diese in ihren Augen das größte Hindernis für die Restauration der alten Monarchie darstellten. «Die Personen, die das Vertrauen des Königs und der Königin besaßen, haßten Monsieur de La Fayette genauso, als wäre er ein rasender Jakobiner. Die Aristokraten wollten lieber alles riskieren, um die Wiederherstellung des Ancien régime zu erreichen, als wirksame Hilfe annehmen unter der Bedingung, daß sie ehrlich die Prinzipien der Revolution anerkannten, das heißt die repräsentative Regierung. Das Angebot von Monsieur de La Fayette wurde darum abgelehnt, und der König unterwarf sich dem schrecklichen Zufall, in Paris die deutschen Truppen zu erwarten. Die Royalisten geben sich leichtfertigen Hoffnungen hin und glauben fest, daß die Niederlagen der französischen Armeen das Volk von Paris so sehr erschrecken würden, daß es duldsam und unterwürfig würde, sobald es davon erführe.»[25] So war es keineswegs. Als die Situation der französischen Truppen immer schlimmer wurde, Luckner vor den Mauern von Lille zum Rückzug blies und die Belgier sich offen feindselig gegen die Franzosen stellten, erklärte die Nationalversammlung am 11. Juli «das Vaterland in Gefahr». Das bedeutete die Erhebung der Massen gegen die ausländischen Despoten und gegen den König, dem lauter als je zuvor vorgeworfen wurde, er paktiere mit den Feinden der Nation. Ungeachtet des königlichen Vetos strömten Nationalgardisten aus den verschiedenen Teilen des Landes zu Tausenden nach Paris, die Revolution im Herzen. Sie wollten den 14. Juli feiern, den Jahrestag des Sturms auf die Bastille. Die meisten gehörten den Jakobinerclubs in ihren Departements an. Als den Jakobinern von Paris bewußt wurde, was für eine Macht die Männer bedeuteten, die wie durch ein Wunder plötzlich in der Hauptstadt standen, beschlossen sie, diese Macht zu nutzen und zu organisieren.

Die Feiern zum 14. Juli verliefen ohne größere Zwischenfälle, dennoch fürchteten der König und die Königin, die daran teilnahmen, daß ihre letzte Stunde gekommen wäre. «Niemals werde ich den Gesichtsausdruck der

Königin vergessen», schrieb Madame de Staël später. «Ihre Augen schwammen in Tränen, der Glanz ihrer Garderobe, die Würde ihrer Haltung bildeten einen scharfen Gegensatz zu dem Zug, von welchem sie umgeben war. Zwischen ihr und dem Pöbel standen lediglich einige Nationalgardisten. Die bewaffneten Männer auf dem Marsfeld erweckten den Eindruck, sie seien eher zu einem Aufruhr gekommen als zu einer Feier.»[26] Der König trug als einziger ein feierliches, besticktes Gewand. Unter vollkommenem Schweigen schritt er zum Altar des Vaterlandes und legte den Eid auf die Verfassung ab. Niemand klatschte bei dieser Geste, die für Anhänger und Gegner der Revolution gleichermaßen sinnentleert war.

Eine Kraftprobe kündigte sich an. Diesmal waren sich der König und die Königin dessen bewußt, aber noch wiegten sie sich in der Hoffnung auf den Vormarsch der siegreichen Truppen. Am 24. Juli beschwor Marie Antoinette Fersen, so schnell wie möglich das oft erwähnte Manifest abzusenden. «Wir erwarten es notwendigerweise mit allergrößter Ungeduld, es wird viele Menschen um den König sammeln und ihn in Sicherheit bringen. [...] Die Schar der Mörder wächst unaufhörlich.»[27] Fersen in Brüssel glaubte nach wie vor an den durchschlagenden Erfolg seines Manifests und den bevorstehenden Sieg der vereinigten preußischen und österreichischen Armeen, er schickte bereits den Entwurf einer Ministerliste für Ludwig XVI.: Breteuil sollte Premierminister werden, Bombelles Außenminister, Barentin Justizminister, der Bischof von Pamiers Finanzminister ... Auch über die Entsendung der Botschafter an die europäischen Höfe hatte er sich schon Gedanken gemacht.[28] Fersen wußte, daß dem Königspaar noch schwere Zeiten bevorstanden. «Gott bewahre Euch alle, dies ist mein einziger Wunsch», schrieb er an Marie Antoinette und gab ihr diesen letzten, unfaßlichen Rat: «Wenn es einmal nötig wird, daß Ihr Euch versteckt, dann zögert nicht, ich bitte Euch, es zu tun. Das könnte Zeit geben, damit man zu Euch gelangen kann. Für diesen Fall gibt es einen Keller im Louvre, welcher an das Appartement von Monsieur de Laporte angrenzt. Ich weiß, daß er wenig bekannt und sicher ist. Dorthin könnt Ihr gehen.»[29] Auf diese verwunderliche Botschaft antwortete die Königin, «die Mörder streifen beständig um das Schloß», die Föderierten aus Marseille bewachten das Palais Royal und die Tuilerien, angesichts dieser Umstände sei es «schwierig, sich mit der Auswahl der Minister zu befassen».[30]

Während die Königin darauf wartete, daß das rettende Manifest veröffentlicht wurde, unterbreitete man ihr und dem König neue Fluchtpläne. Madame de Staël wollte ihnen zur Flucht in die Normandie verhelfen, doch dies lehnten sie ebenso ab wie den Vorschlag des überzeugten Royalisten Bertrand de Moleville. Moleville hatte sich mit Montmorin und Malouet verständigt, wie man die königliche Familie unbemerkt aus den Tuilerien herausbringen könnte; er wollte sie dann heimlich zum Schloß Gaillon in der Normandie führen. Von dort konnten sie an die Küste gelangen und sich nach England einschiffen. Der König und die Königin waren zunächst sehr angetan von diesem Plan und gedachten einzuwilligen. Bertrand de Moleville wartete ungeduldig, daß man ihm den endgültigen Termin für die Flucht nannte, da erfuhr er, der König und die Königin wünschten, daß vorerst keine weiteren Vorbereitungen getroffen würden. Sie wollten erst im allerletzten Augenblick fliehen.

«Diese verhängnisvollen Worte trafen mich wie ein Blitzschlag», rief Moleville aus. «Was sollte das heißen: im allerletzten Augenblick? [...] Welche Dummköpfe oder Verräter hatten einen so niederträchtigen Rat gegeben?»[31] Moleville ließ dem König noch ein Billett zukommen und beschwor ihn, seine Entscheidung zu ändern. Ludwig XVI. schickte ihm seine Nachricht mit ein paar eigenhändigen Randbemerkungen zurück: Er glaube nicht, daß eine Erhebung unmittelbar bevorstehe, und befand, es sei «weniger gefährlich zu bleiben, als zu fliehen». Genau dies riet Fersen in seinen Briefen. Montmorin zufolge hatte die Königin dem König abgeraten, in die Normandie zu fliehen, weil sie dem Befehlshaber der Provinz, Herzog Liancourt, mißtraute. «Monsieur Bertrand bedenkt nicht», habe sie gesagt, «daß er uns den Konstitutionalisten ausliefert.» Die Herrscher wiesen die Angebote all jener zurück, die versuchten, die Monarchie und das Leben der königlichen Familie zu retten. «Ihre Majestäten schenkten weder einer einzelnen Person noch einem aus mehreren Personen bestehenden Rat ihr Vertrauen», klagte Bertrand de Moleville.

Ende Juli (Moleville nennt kein genaues Datum), während der König und die Königin diesen letzten Fluchtplan erwogen, wurde endlich das Manifest veröffentlicht, auf welches das Königspaar wider die Vernunft all seine Hoffnungen setzte. Der Herzog von Braunschweig drohte an, «Paris einer militärischen Vollstreckung und totalen Unterwerfung auszuliefern, wenn der königlichen Familie nur das Geringste geschieht». Der Inhalt des Manifests wurde am 3. August bekannt, das Volk war empört. Der König begriff, daß er versuchen mußte, sich zu rechtfertigen. Er erklärte, daß er alles dafür tun werde, daß Frankreich im Krieg den Sieg davontrage. Doch seine Worte überzeugten niemanden. Anstatt die Anhänger Ludwigs XVI. zusammenzuführen, wie jener es gehofft hatte, beschleunigte das Manifest das Ende der Monarchie. Von allen Seiten erschallte der Ruf, der König solle abgesetzt werden. Der Bürgermeister von Paris, Pétion, verlangte die Einberufung eines Nationalkonvents, dessen Mitglieder durch allgemeine Wahlen bestimmt werden sollten. Doch die Nationalversammlung lehnte es ab, über die Absetzung des Königs zu beraten. Die Girondisten wurden von den Ereignissen überrollt, außerdem drohte die Invasion, und so strebten sie eine heimliche Verständigung mit Ludwig XVI. an. Der König lehnte Verhandlungen kategorisch ab, bemühte sich allerdings, einige einflußreiche Persönlichkeiten zu kaufen, von denen er annahm, daß sie die so sehr gefürchtete Erhebung zumindest verzögern könnten. Angestachelt von den Jakobinern, ermutigt von den jakobinischen Deputierten, beschlossen die Sektionen der Hauptstadt, die Monarchie gewaltsam zu stürzen. Die Sektionen, Föderierten und Nationalgarden bewaffneten sich innerhalb weniger Tage.

Keine Erhebung wurde je so gründlich vorbereitet wie jene am 10. August 1792. Der neue Kommandant der Nationalgarde, Mandat, rief zur Verteidigung des Schlosses die Schweizer herbei, die in Rueil und Courbevoie im Quartier lagen. Auf diese Elitetruppen konnte der König uneingeschränkt zählen. Zu den 900 Schweizern kamen noch 900 Gendarmen und 2000 Nationalgardisten hinzu, die ohne Zweifel nicht so zuverlässig waren, wie man am Sonntag, dem 5. August, gesehen hatte. Etliche von ihnen hatten gerufen «Kein König mehr!», als der König die Kapelle betrat. An jenem Sonntag «war der Hof strahlender denn je», behauptet Bertrand de Moleville. «Auf allen Gesichtern war deutlich die Sorge um den König und die Königin zu lesen und auch der Gedanke, daß man sie womöglich zum letzten Mal sah.» Diesen letzten Gottesdienst des Königreiches hat Hubert Robert in einem außergewöhnlichen Bild festgehalten, dessen Farben allerdings längst verblaßt sind. Das Bild zeigt die königliche Familie von hinten, in ihre Gebete vertieft.

Am Nachmittag des 9. August wurde Ludwig XVI. gewarnt, die Erhebung stehe unmittelbar bevor. Die Sektionen der Innenstadt, die Bevölkerung der Vorstädte und die Föderierten hatten sich bewaffnet, die Föderierten hatten 5000 Patronen vom Magistrat bekommen, der mit einer Kraftprobe rechnete. Am Abend entsandten die Sektionen eilends gewählte Kommissare zum Rathaus, sie sollten die als zu gemäßigt geltende Stadtverwaltung ablösen. Die Kommissare bildeten die aufständische Commune von Paris. In den Tuilerien war scheinbar alles ruhig. Mandat hatte die nötigen Befehle zur Verteidigung des Schlosses erteilt. Gegen elf Uhr erschien Rœderer, der Prokurator der Commune, und teilte dem König mit, daß 2000 Mann bereits auf den Beinen seien und daß sich die gesamte Hauptstadt erhebe. Eine Dreiviertelstunde später läutete die große Glocke des ehemaligen Franziskanerklosters, eine zweite antwortete, dann eine dritte. Bald läuteten alle Kirchen der Hauptstadt die Glocken. In den Tuilerien hörte man das dumpfe Rühren der Trommeln, in allen Quartiers wurde Generalalarm geschlagen.

Was da zum Schloß heraufklang, war die Totenglocke der Monarchie. Blaß, aber würdevoll trat die Königin von dem Fenster zurück und setzte sich in einen Sessel, Madame Elisabeth und ihre Ehrendamen stellten sich um sie herum auf. Rœderer setzte sich auf einen Schemel neben sie. Lange Zeit wurde kein Wort gesprochen. Ganz plötzlich verstummte der Lärm, dumpfes Schweigen folgte auf das unheilverheißende Läuten. Die Frauen blickten sich an, dann stand die Königin auf. Elisabeth ging mit ihr in ein Zimmer im Entresol, dort legten sie sich hin. Die Ehrendamen hielten weiter Wache. Der König schlief, vollkommen angekleidet, in seinen Gemächern, die Kinder ruhten friedlich unter der Obhut von Madame de Tourzel in ihrem Schlafzimmer. Mitten in der Nacht riß eine Feuersalve die Prinzessinnen aus dem Schlaf und holte sie brutal in die Wirklichkeit zurück. Sie flohen ins Zimmer des Königs, der immer noch friedlich schlummerte. Gegen vier Uhr, als der Tag zu dämmern begann, erwachte Marie Antoinette und verließ das Schlafzimmer ihres Gemahls, im Saal des Rates stieß sie zu ihrem Gefolge. Kurz darauf erwachte auch der König. Müde, mit verquollenem Gesicht, die Perücke auf der einen Seite zerdrückt, trat er herein. Noch war alles ruhig, man wartete. Es schien, als wäre die Zeit stehengeblieben. Unterdessen kroch das fahle Licht der Morgendämmerung in alle Ecken des Schlosses.

Auf einmal drang unbestimmter Lärm herauf: die Geräusche eines Volkes, das beim ersten Tageslicht erwacht. Zum ersten Mal in ihrem Leben schenkte die Königin dem Erwachen der Hauptstadt Beachtung. Aber dieser Morgen war anders als alle vorhergehenden, an diesem Morgen zog eine neue Ära herauf, und noch wußte niemand, was sie bringen würde. Die Bewohner der Tuilerien sahen sich der unerbittlichen Realität gegenüber: Sollten sie Widerstand leisten und kämpfen? Auf Drängen der Königin entschloß sich der König, unverzüglich die Front seiner Truppen abzuschreiten. Begleitet von seiner Frau, stieg Ludwig XVI. mit schweren Schritten die Schloßtreppe hinab und trat vor die Nationalgardisten, die mehr auf der Seite des Volkes als auf der Seite des Königs standen. Von einem Fenster zum Garten beobachtete Madame Campan, wie die Kanoniere ihre Posten verließen und mit geballter Faust, Verwünschungen auf den Lippen, herbeikamen. Blaß wie Gespenster kehrten der König, die Königin, Madame Elisabeth und die Kinder ins Schloß zurück. Im Vorübergehen sagte Marie Antoinette zu ihrer Kammerfrau, daß nun alles verloren sei, «daß der König keine Kraft und Entschlossenheit gezeigt habe und daß diese seltsame Truppenschau mehr Schlimmes als Gutes bewirkt habe».[32] Wenig später öffnete man die Türen, und die Adligen traten herein, die den König unterstützten. Es waren fast dreihundert, für die letzte Schlacht gerüstet mit Schwertern, Pistolen, manche mit Schürhaken. «Alle waren so schlecht bewaffnet», berichtet Madame Campan, «daß darüber noch Witze gemacht wurden, denn geistreich sind die Franzosen in jeder Lage.»

Unterdessen setzten sich die Bewohner der Vorstädte und die Föderierten in Marsch. Die Männer aus Marseille und das Bataillon aus der Vorstadt Saint-Marceau überquerten den Pont Saint-Michel und den Pont Neuf, sammelten sich auf der Place du Carrousel und näherten sich in einer eindrucksvollen Schlachtordnung dem Schloß. Die Königin bekam Angst und fragte Rœderer, was zu tun sei. «Dem Prokurator [...] schien es angebracht, daß der König und die königliche Familie sich in die Nationalversammlung begaben.» Mit ihrem üblichen Hochmut erwiderte die Königin: «Monsieur, es sind Truppen hier. Wir müssen endlich wissen, wer den Sieg davonträgt, der König und die Verfassung oder der Aufruhr.» Fassungslos angesichts soviel Verblendung, fragte Rœderer, welche Verfügungen getroffen seien. Man führte eine fruchtlose Diskussion, während sich rund um das Schloß im Sonnenlicht eines strahlenden Sommertages immer mehr Aufständische sammelten. Ludwig XVI. ging ein zweites Mal zu den Garden hinab, und diesmal schrien sie ihm entgegen: «Nieder mit dem König! Nieder mit dem Veto!» Das war zuviel. Der König machte kehrt und stieg wieder zu seinen Gemächern hinauf.

Inzwischen war es zehn Uhr. Die Nachricht kam, daß Mandat auf dem Platz vor dem Rathaus ermordet worden war, weil man ihn verdächtigt hatte, er mache gemeinsame Sache mit dem Hof. Die Königin zitterte. Rœderer beschwor den vollkommen lethargischen König, in die Nationalversammlung zu fliehen. Die Königin protestierte, man müsse kämpfen, Widerstand leisten. Rœderer drängte den König: «Sire, [...] dies ist kein Rat mehr, den wir Euch zu geben uns erlauben. In diesem Augenblick gibt es nur eine Entscheidung, und wir verlangen Eure Erlaubnis, Euch fortführen zu dürfen.» Ein Minister drängte den König ebenfalls, und schließlich fügte er sich. «Gehen wir», sagte er nur.[33] Die Königin schwieg, doch sie befand sich «in einem solchen Aufruhr», daß Madame de Tourzel «sah, wie ihre Brust bebte und ihr Gesicht sich einen Augenblick verzerrte». Sie nahm ihre Kinder an die Hand, und dann setzte der kleine Zug sich zur Nationalversammlung in Bewegung. Vor dem Schloß bahnte Monsieur de Bachmann, der Kommandant der Schweizer, ihnen einen Weg zwischen zwei Reihen seiner Männer. Monsieur de Poix ging vor dem König, die Königin mit dem Dauphin an der Hand schritt hinter ihrem Gemahl. Die Tochter der Königin und Madame Elisabeth hatten sich an den Händen gefaßt, nach ihnen kamen die Prinzessin Lamballe und Madame de Tourzel, als letzte die Minister.

«Der König ging aufrecht in straffer Haltung, indes stand das Unglück ihm ins Gesicht geschrieben. Die Königin war in Tränen aufgelöst, von Zeit zu Zeit wischte sie sie ab und versuchte, eine strahlende Miene aufzusetzen, die sie dann für einige Minuten behielt.» La Rochefoucauld bot ihr den Arm und merkte, daß sie «am ganzen Körper bebte».[34] Nur der kleine Dauphin war unbekümmert, er begriff nicht, was um ihn herum geschah. Er machte sich ein Spiel daraus, mit den Füßen abgestorbene Blätter herumzuschieben. Am Tor zur Nationalversammlung wollte die Menge die königliche Familie am Eintreten hindern. Das Königspaar wurde beschimpft, einen Augenblick sah es so aus, als wäre ihr Leben in Gefahr. Als sie endlich in der Reithalle angekommen waren, sagte der König zu den Deputierten: «Ich komme, Messieurs, um einen großen Anschlag zu verhindern, denn ich denke, daß ich nirgendwo sicherer bin als in Eurer Mitte.» Dann setzte er sich neben den Parlamentspräsidenten, die Königin und ihre Kinder nahmen auf den Bänken der Minister Platz. Einige Deputierte gaben zu bedenken, daß die Verfassung jegliche Beratung der Versammlung in Anwesenheit des Königs untersagte, und so entschied man, den König und die Seinen in der hinter dem Platz des Präsidenten gelegenen Loge des Protokollführers unterzubringen.

Die gesamte königliche Familie saß zusammengedrängt in dem engen Raum. Auf einmal hörte man Schüsse, danach eine Kanonensalve. In den Tuilerien tobte der Kampf zwischen den Föderierten und den Menschen aus den Vorstädten auf der einen Seite, den Schweizern und den Verteidigern der Monarchie auf der anderen Seite. Bevor der König das Schloß verließ, hatte er das Kommando Marschall Mailly übertragen und ihm versichert, daß er zurückkehren werde, sobald die Ruhe wiederhergestellt sei. Aber er hatte dem Marschall nicht den Befehl erteilt zu schießen. Die Deputierten wollten eine Delegation zum Schloß schicken und den Aufständischen mitteilen, daß es keinen Sinn habe, das Schloß zu stürmen, da der König in der Nationalversammlung Zuflucht gesucht habe, doch diese Mühe war vergebens. Die Delegation mußte auf halbem Weg kehrtmachen. Die Aufständischen drangen bereits in das Schloß ein. Da streckte eine Feuersalve aus den Schloßfenstern mehrere Dutzend Männer nieder. Unmittelbar darauf feuerten die Schweizer Kanonenschüsse ab, damit gerieten die Angreifer vollends in Panik. Es hieß bereits, die Schweizer hätten den Sieg davongetragen, als die Föderierten aus Brest und Marseille und die Männer aus der Vorstadt Saint-Antoine eintrafen. Sie stellten sich mit ihren Kanonen den Monarchisten in den Weg, und die Lage veränderte sich schlagartig. In diesem Augenblick ließ Ludwig XVI. den Schweizern den Befehl überbringen, sie sollten das Feuer einstellen. Zornerfüllt legten die

Männer ihre Waffen nieder, und die Aufständischen begannen sie abzuschlachten. Das Volk und die Föderierten fühlten sich verraten: Die Verteidiger des Schlosses hatten die Angreifer ins Innere gelockt und ihnen eine Falle gestellt. «Eine solche Schandtat duldet keine Entschuldigung, keine Vergebung, keine Menschlichkeit», schreibt der Historiker Marcel Reinhard. «Dies war der letzte Beweis für ein königliches, ein konterrevolutionäres Komplott.»[35]

Unterdessen stimmten die Abgeordneten der Nationalversammlung über die vorläufige Absetzung des Königs und seine Internierung ab. Brissot verlangte, daß die königlichen Gemächer versiegelt und die Papiere der Minister sowie des Intendanten der Zivilliste, Laporte, unter Verschluß genommen würden. Zuletzt beschlossen die Deputierten, einen in allgemeinen Wahlen gewählten Konvent einzuberufen, der dem Land neue Institutionen geben sollte. Auf Anstoß der revolutionären Commune, welche die Herrschaft über die Hauptstadt übernommen hatte, wurden in Paris systematisch alle Symbole des Ancien régime zerstört, und die Verfolgung der Adligen begann. Viele wurden niedergemetzelt.

Es war unmöglich, die königliche Familie an irgendeinen Ort in der Stadt zu führen. Die Nationalversammlung verabschiedete darum ein Dekret, wonach der König und seine Familie so lange in ihrer Mitte bleiben sollten, bis die Ruhe in der Stadt wiederhergestellt wäre. Nach vielen Stunden in der stickigen Loge des Protokollführers brachte man die königliche Familie in vier Zellen des angrenzenden Klosters der Feuillanten unter, Madame Campan und ihre Schwester erhielten die Erlaubnis, für die Gefangenen frische Kleider zu holen. Die beiden Frauen fanden die Königin ausgestreckt auf einer Pritsche «in einem Zustand unbeschreiblichen Schmerzes». Marie Antoinette war einem Nervenzusammenbruch nahe. In einem Redeschwall erging sie sich über die Schrecken der Zeit, die Raserei der einen und die Korruption der anderen. «Alle Welt hat schuld an unserem Unglück!» rief sie verzweifelt aus. In der angrenzenden Zelle saß schweigend der König, ein Diener brachte seine Haare in Ordnung. «Ich sehe noch diese kleine Zelle der Feuillanten vor mir, ich werde sie immer sehen, grün tapeziert, darin die schäbige Pritsche, von wo uns die entthronte Herrscherin die Arme entgegenstreckte und sagte, daß unser Unglück, deren Ursache sie doch war, ihr Unglück verschlimmere», schrieb Madame Campan viele Jahre später.[36]

Bis zum 13. August blieb die königliche Familie im Kloster der Feuillanten. Die Commune übte immer stärkeren Druck auf die Nationalversammlung aus und erreichte, daß Ludwig XVI. und die Seinen im Turm des Temple eingekerkert werden sollten. Die Deputierten der Nationalversammlung hatten das Palais du Luxembourg, das erzbischöfliche Palais oder das Justizministerium vorgeschlagen; die endgültige Entscheidung wollten sie indes dem Nationalkonvent überlassen, der im September gewählt werden sollte. Noch wurde nicht klar gesagt, daß dem König der Prozeß gemacht werden sollte, aber seit dem Abend des 10. August waren seine Papiere beschlagnahmt. Ohne daß klare rechtliche Befugnisse erteilt worden waren, hatten die Untersuchungen zur Vorbereitung des Prozesses gegen Ludwig XVI. begonnen. Von der Königin war noch keine Rede.

Am 13. August gegen fünf Uhr nachmittags traf Pétion in Begleitung eines Munizipalbeamten ein, um die königliche Familie zum Temple zu führen. Der König, die Königin, die beiden Kinder, Madame Elisabeth, Prinzessin Lamballe und Madame de Tourzel wurden in einer Hofkarosse zusammengepfercht. Die Karosse setzte sich in Bewegung in Richtung des Temple, einer Residenz des Grafen von Artois, in der die Königin einst viele unbeschwerte Stunden verbracht hatte. Nur zwei Pferde waren vorgespannt, neben der Karosse ging eine Eskorte aus Nationalgardisten, die ihre Waffen in die Luft reckten. Ganz langsam durchquerte die Kutsche die Stadt, von allen Seiten schallten dem Königspaar Spottverse und Beleidigungen entgegen – wie anders waren einst die glanzvollen Besuche in der Hauptstadt gewesen! Auf der Place Vendôme wurde die Kutsche aufgehalten. Die Statue Ludwigs XIV. hatte man vom Sockel gestürzt, der entthronte Herrscher sollte sehen, wie mit Tyrannen verfahren wurde. Um sieben Uhr kamen die Gefangenen endlich beim Temple an, einem weitläufigen Gebäude aus dem 17. Jahrhundert, das Prinz Conti im 18. Jahrhundert umgebaut hatte. Der Temple war erleuchtet, als würden Gäste zu einem großen Fest erwartet. Ludwig XVI. und Marie Antoinette schöpften Hoffnung. Tatsächlich servierte man ihnen ein hervorragendes Abendessen. Unterdessen schlief der vollkommen erschöpfte Dauphin auf den Knien seiner Gouvernante ein, und sie verlangte mehrmals, daß man ihr sein Zimmer zeigte. Schließlich führte man sie dorthin, und da begriff sie, daß die königliche Familie nicht in dem sogenannten Palais du Prieur wohnen sollte. Durch furchteinflößende unterirdische Gänge führte der Munizipalbeamte Madame de Tourzel in einen kleineren Turm des Temple. In der Wohnung des Archivars des Templerordens hatte man für die königliche Familie ein provisorisches Lager aufgeschlagen, später sollten sie in den großen Wehrturm umziehen.

Unter der strengen Aufsicht von Wachposten der Commune begann ein seltsames Familienleben. Wenige Tage nach der Ankunft im Temple wurden mit einer Ausnahme die Diener abgezogen, die man der königlichen Familie zunächst noch zugebilligt hatte. Nur François Hue blieb bis zuletzt im Dienste Ludwigs XVI. Am 19. August holte man Madame de Tourzel und die Prinzessin Lamballe und sperrte sie ins Gefängnis La Force. Unter Tränen verabschiedeten sich die drei Frauen. Die königliche Familie konnte sich nicht mehr darüber hinwegtäuschen, daß man sie als Gefangene behandelte.

Gleichförmig verstrichen die Tage. Der König stand um sechs Uhr auf und kleidete sich an, dann sprach er seine Gebete und las bis neun Uhr. Die Königin stand später auf, half dem Dauphin, sich fertigzumachen, und frühstückte dann mit dem König, ihren Kindern und Madame Elisabeth. Nach dem Frühstück übte der König mit seinem Sohn Lesen und Schreiben und unterwies ihn in Latein, Geschichte und Geographie, die Königin und Madame Elisabeth zeichneten und unterrichteten Madame Royale in Musik. Wenn Santerre, der neue Kommandant der Nationalgarde, es gestattete, konnten die Gefangenen einen Spaziergang in den Gärten unternehmen. Der Dauphin war begeistert, er spielte bis zum Mittagessen Ball. Nach dem Mittagessen, das im Zimmer der Königin eingenommen wurde, spielte der König mit seiner Schwester eine Partie Tricktrack oder Pikett. Danach schlief er gewöhnlich in einem Sessel ein. Die Königin und ihre Schwägerin stickten oder strickten, die Kinder lernten ihren Unterrichtsstoff. Um sieben Uhr las eine der Frauen laut vor, gegen acht Uhr wurde der Dauphin zu Bett gebracht, anschließend aß die übrige Familie zu Abend. Nach dem Abendessen ging der König in sein Schlafzimmer und las bis Mitternacht. Marie Antoinette saß mit Madame Elisabeth zusammen, bis die Wächter kamen und sie einschlossen.

Kapitel XXVIII

Sic transit …

Am 3. September bat Ludwig XVI. nach dem Mittagessen wie jeden Tag um die Erlaubnis, mit seiner Familie innerhalb der Umfriedung des Temple spazierengehen zu dürfen. Doch diesmal ließen die Wachoffiziere die Gefangenen nicht hinaus. Nach kurzer Zeit schallten beunruhigende Schreie herauf, die Kerkermeister schienen Angst zu haben. Der ehemalige Kammerdiener des Dauphins, Cléry, der seinen Herrn im Gefängnis weiterhin diente, trat herein, totenblaß und unfähig, ein Wort hervorzubringen. Die königliche Familie war starr vor Schreck. Der König fragte, ob sie in Sicherheit seien. Man antwortete ihm, in der Stadt sei das Gerücht aufgekommen, er sei geflohen, und nun wolle sich das Volk vergewissern, daß er sich nach wie vor im Temple befinde. Die Menge werde wahrscheinlich fordern, daß er sich zusammen mit der Königin am Fenster zeige. Immer lauteres Geschrei drang aus dem Hof herauf. Begleitet von einem struppig aussehenden Mann, stürzte ein Vertreter der Commune herein. Die beiden verlangten, daß Ludwig XVI. und Marie Antoinette ans Fenster treten sollten, andere Munizipalbeamte widersprachen mit Nachdruck. Schließlich sagte einer der Männer ihnen die schreckliche Wahrheit: «Man will vor Euch den Kopf der Lamballe verbergen, welcher Euch gebracht worden ist, damit Ihr seht, wie das Volk sich an seinen Tyrannen rächt. Ich rate Euch, zeigt Euch, wenn Ihr nicht wollt, daß das Volk heraufkommt.» Bei diesen Worten sank die Königin ohnmächtig nieder, die Kinder begannen zu schreien. Jemand hatte die Vorhänge beiseite gezogen, und Cléry blickte in das grauenhaft verzerrte, blutüberströmte Gesicht der Prinzessin Lamballe; das Haupt war auf eine Pike gespießt.

Man hatte die Prinzessin aus ihrer Zelle geholt, angeblich um sie in ein anderes Gefängnis zu bringen. Dabei war sie der rasenden Menge in die Hände gefallen und ein Opfer der Metzeleien geworden, die als «Septembermorde» in die Geschichte eingegangen sind. Sie wurde mit Gewehrkolben erschlagen, enthauptet, dann schleppte man ihren geschändeten Körper durch die staubigen Straßen – ein blutiges Opfer für die Götter der Revolution.

Nach den Septembermorden ging das Leben im Temple ohne sichtbare Veränderung weiter. Der König und vor allem die Königin hielten über Cléry und über Turgy, der ehedem zum Küchendienst gehört hatte und der seinem Herrn ebenfalls ins Gefängnis gefolgt war, Kontakt mit der Außenwelt. Die beiden durften den Temple verlassen, und dabei nahmen sie Nachrichten der königlichen Familie mit. Tagsüber verständigten sich die Königin und Madame Elisabeth durch Zeichen mit Turgy: Wenn die Österreicher siegten, sollte er den Zeigefinger der rechten Hand auf das rechte Auge legen, wenn die Engländer landeten, den Daumen auf das rechte Ohr, und so weiter. Der König und die Königin erwarteten ihre Rettung vom Einzug der ausländischen Armeen in die Hauptstadt. Sie rechneten ganz fest mit einem Sieg der Alliierten.

Seit die königliche Familie im Temple eingesperrt war, hatte sich die militärische Lage zugespitzt. Am 19. August war La Fayette zu den Feinden, den Österreichern, übergelaufen, nachdem er den Versuch aufgegeben hatte, seine Truppen nach Paris zu führen. Am 20. waren die Preußen nach Longwy vorgedrungen, am 23. hatte die Stadt kapituliert, ebenfalls am 23. fiel Verdun. Damit war der Weg nach Paris frei. Panik erfaßte die Hauptstadt. Die Commune ließ wahllos Verdächtige ins Gefängnis werfen, sie trug die Hauptverantwortung für die Septembermorde, die zwischen dem 2. und 6. September von fanatischen Sansculotten begangen wurden. Angesichts dieser Situation erklärte Danton, der Justizminister der provisorischen Regierung, die bis zur Wahl des Nationalkonvents im Amt bleiben sollte, Ludwig XVI. zur Geisel. Die Aussicht, daß ein Friedensschluß im Austausch gegen das Leben der königlichen Familie zustande kommen könnte, sorgte in jenen dramatischen Tagen wahrscheinlich dafür, daß die Gefangenen unbehelligt blieben.

Am 21. September hörte man um vier Uhr den Lärm eines Auflaufs, kurz darauf erschallten Trompeten. Es waren nicht die Armeen, die das Königspaar so sehr herbeisehnte, sondern Herolde riefen im Namen des Konvents die Republik aus. Hébert, Redakteur des *Père Duchesne* und einer der schlimmsten Feinde Marie Antoinettes, war an diesem Tag zur Wache im Temple eingeteilt. «Ich rauchte meine Pfeife [...], da erklang ein Trompetenstoß unten im Turm. Es entstand ein höllisches Durcheinander in dem Zimmer, wo die *Veto*-Sippe versammelt war und mit kindischen Spielen die Zeit totschlug. Der dicke Schurke glaubte, die Schwadronen des Feindes wären im Anmarsch, und rieb sich erfreut die Hände. Aber nichts da! Was für eine Enttäuschung, als er das Dekret hörte, welches das Ende des Königtums in Frankreich verkündete. Er ließ sich nichts anmerken, erstickte aber förmlich vor Wut. Die Autrichienne behauptete, ihr sei unwohl, um ihren Kummer zu verbergen, die dicke Elisabeth weinte in einer Ecke. Diese Farce dauerte bis zum Abendessen. Das große Wildschwein ließ sich keinen Bissen entgehen, aber Madame Veto hatte sich schon vorher hingelegt nach einem Glas Wasser anstatt der Suppe.» Die Königin war bei ihm nur «die Tigerin, die in Strömen von Blut schwimmt. [...] Sie hat die verschlagene Miene einer Katze angenommen. Es sieht aus, als schnurre sie sanft, und sie zeigt Samtpfoten. Indessen wartet sie nur den richtigen Augenblick ab, um mit ihren Krallen zuzuschlagen.»[1] Am nächsten Tag erfuhren der König und die Seinen, daß die französischen Truppen unter dem Kommando von Dumouriez und Kellermann am 20. September die Preußen bei Valmy geschlagen hatten. Sie waren fassungslos.

Der Sieg bei Valmy entschied zwar nicht den Krieg, aber die Aussicht auf eine französische Niederlage war zunächst in die Ferne gerückt. Die neue französische Regierung brauchte zuerst einmal die Anerkennung der ausländischen Mächte. Trotz der republikanischen Rhetorik der meisten Deputierten äußerte sich der Exekutivausschuß sehr zurückhaltend über den einstigen Herrscher. Außenminister Lebrun sandte den europäischen Herrschern eine Erklärung, warum man Ludwig XVI. abgesetzt hatte. Er schloß mit der Versicherung, daß «die Republik keineswegs die Absicht hat, dem ehemaligen Oberhaupt dieses Staates Leid zuzufügen. Sie beklagt dessen Unglück und verurteilt zugleich die Verfehlungen, welche vielleicht mehr die Verbrechen des Königtums als die seinen waren.»[2] Am 26. September verkündete er im Nationalkonvent, daß «England und Holland die Zusicherung ihrer strikten Neutralität bekräftigt haben, allerdings mit einem Vorbehalt hinsichtlich der Person des Königs».[3]

Dumouriez, der La Fayette als Befehlshaber der Nordarmee nachgefolgt war, hatte am 21. September ein kompliziertes diplomatisches Spiel mit den Preußen begonnen in der Hoffnung, sie aus der Allianz mit Österreich herauszulösen. Das Schicksal des Königs und seiner Familie hing von diesen Verhandlungen ab. Am 23. September empfing Dumouriez im Hauptquartier von Kellermann den Preußen Manstein. Manstein versicherte, der preußische König Friedrich Wilhelm sei bereit, Frieden zu schließen, wenn in Frankreich die Monarchie wiederhergestellt würde. Man vereinbarte einen Waffenstillstand, ohne daß Dumouriez irgendwelche Versprechungen gemacht hatte. Unterdessen erfuhr Dumouriez, daß die Republik ausgerufen worden war, und bevor er die Gespräche fortsetzte, wollte er die Anweisungen der neuen Regierung abwarten. In der Zwischenzeit traf sein Adjutant Thouvenot mit dem Herzog von Braunschweig persönlich zusammen. Der Oberbefehlshaber äußerte Sorge über das Schicksal der königlichen Familie und gab zu verstehen, daß die Zusicherung einer Wiederherstellung des Königtums – oder zumindest einer ehrenvollen Behandlung des Königs – ausreichen würde, um den Krieg zwischen Frankreich und Preußen zu beenden. Später könne man sogar über ein Bündnis sprechen.[4] Daraufhin schrieb Dumouriez an den König von Preußen, um die Zusicherung zu erhalten, daß er mit Frankreich verhandeln werde. Der gönnerhafte Ton des Schreibens verärgerte den König, überdies schätzten seine Berater den Konflikt anders ein als der Herzog von Braunschweig. Der König hielt am Bündnis mit Österreich fest und lehnte es ab, mit Frankreich zu verhandeln; seinen Oberbefehlshaber wies er an, den Rückzug anzutreten. Der Nationalkonvent wollte von einer Wiederherstellung der Monarchie nichts hören und setzte den Krieg fort. Ludwig XVI. blieb eine Geisel, aber für den Augenblick war keine Rede davon, über seine Freilassung zu verhandeln.

Der König und seine Familie wurden von nun an als politische Gefangene betrachtet, die Haftbedingungen wurden verschärft. Am 29. September nahm man ihnen Papier und Stifte ab. Der König wurde in den großen Wehrturm gebracht, die Arbeiten zum Umbau des Turms in ein Gefängnis waren soeben abgeschlossen worden. Am nächsten Tag durfte Marie Antoinette nicht mit ihrem Mann zu Abend essen. Marie Antoinette bat und flehte so lange, bis gestattet wurde, daß die Familie wenigstens die Mahlzeiten gemeinsam einnehmen durfte. Drei Wochen später quartierte man auch die übrigen Familienmitglieder im großen Turm ein. Die neuen Wohnräume, bestehend aus vier spärlich möblierten Zimmern, waren auf zwei Stockwerke verteilt, das zweite und dritte. Die Tapete im Vorzimmer stellte das Innere eines Gefängnisses dar, die Fenster waren mit dicken Gittern versperrt, wegen der breiten Scharten konnte die Luft nicht zirkulieren. Trotz des Ofens war es kalt, und der König wurde krank. Die Königin und Madame Elisabeth pflegten ihn mit Hilfe von Cléry, bis dieser ebenfalls krank wurde. Dann sorgten die beiden Frauen auch für ihn.

Am 2. Dezember wurde ein neuer Magistrat gewählt. Er verschärfte die Bewachung der königlichen Gefangenen noch weiter. Man nahm ihnen Messer, Scheren und alle anderen scharfen Gegenstände ab. Während der König und die Seinen diese Schikanen erdulden mußten, drangen wenig ermutigende Nachrichten zu ihnen: Longwy und Verdun waren geräumt worden, die französischen Truppen hatten Mainz und Frankfurt besetzt und bei Jemmappes einen Sieg errungen. Allem Anschein nach erfuhren die Gefangenen nicht, daß der Prozeß gegen den König vorbereitet wurde. Während die Deputierten noch darüber diskutierten, ob man den König überhaupt anklagen durfte, legte Innenminister Roland ihnen Beweise vor, die den Prozeß unausweichlich machten. Roland hatte erfahren, daß es in den Tuilerien eine Schatulle mit Papieren gab, die der König selbst zusammengestellt hatte. Er sah sich diese Schatulle an und fand viel belastendes Material, unter anderem einen Teil der Korrespondenz des Hofes mit Mirabeau. Aus den Dokumenten ging überdies hervor, daß der König in großem Umfang Politiker der Revolution bestochen hatte. Außerdem bewiesen die Papiere, daß der König in Kontakt mit Emigranten gestanden und heimlich mit Österreich verhandelt hatte. Nach diesen Enthüllungen war der König verloren. Am 3. Dezember nahm der Konvent ein Dekret an, in dem der König vorgeladen wurde. Eine Kommission wurde damit beauftragt, die Anklagepunkte gegen «Louis Capet» zusammenzutragen. Cléry flüsterte seinem Herrn die Neuigkeiten zu, während er ihm beim Ankleiden half. Weder der König noch die Königin ahnten etwas von den juristischen Problemen, vor die der Prozeß den Konvent stellte. Ebensowenig wußten sie über die Stimmung der Öffentlichkeit in jenem Dezember 1792.

Am 11. Dezember wurde ab fünf Uhr morgens Generalalarm geschlagen. Der König, die Königin und Madame Elisabeth begriffen, daß der Prozeß beginnen sollte. Das Frühstück wurde wie üblich hereingetragen, man sagte der königlichen Familie nichts über den weiteren Gang der Dinge. Die Erwachsenen brachten kaum ein Wort heraus. Mit kindlicher Sorglosigkeit bat der Dauphin seinen Vater, mit ihm zu spielen. Doch das Spiel wurde schon bald unterbrochen. Munizipalbeamte holten Louis Capet ab, den Dauphin führten sie zu seiner Mutter. Der König folgte dem Bürgermeister von Paris, der ihn zum Konvent begleiten sollte. Marie Antoinette wurde lediglich mitgeteilt, daß man ihren Mann zum Konvent bringe. Am Abend durfte der König seine Familie nicht sehen, sein Protest wurde ignoriert. Marie Antoinette erhielt keinerlei Nachricht, was im Konvent geschah. In den folgenden Tagen wurde der König in seinem Zimmer eingeschlossen und durfte nicht mit seiner Familie sprechen. Cléry bemühte sich verzweifelt zu erfahren, was vor sich ging, es gelang ihm sogar, Nachrichten von einem Zimmer ins andere zu schmuggeln. Am 14. Dezember hörte die Königin, daß der König Malesherbes empfangen hatte. Mehr erfuhr sie nicht. Seit sie von ihrem Mann getrennt war, verfiel sie zusehends, oft weinte sie stundenlang. Wenn Cléry ein paar Worte mit ihr wechseln konnte, versuchte er sie aufzumuntern, indem er ihr versicherte, die Deputierten würden den König wahrscheinlich in ein neutrales Land wie Spanien ausweisen. Am 19. Dezember ließ Ludwig XVI. Glückwünsche zum Geburtstag seiner Tochter ausrichten, sie war an diesem Tag vierzehn Jahre alt geworden. Am 1. Januar übermittelte Cléry die Neujahrswünsche.

Inzwischen hatte die Königin unerträgliche Angst. Sie wußte, daß der König am 26. Dezember vor dem Konvent befragt worden war und daß die Verkündung des Urteils bevorstand. Schließlich eröffnete ihr der König selbst, zu welcher Strafe man ihn verurteilt hatte. Sie rechnete bereits mit dem Schlimmsten, als sie am Abend des 20. Januar 1793 mit Madame Elisabeth und den Kindern zu ihm gelassen wurde. Mit dem Dauphin an der Hand trat sie als erste ein, ihr folgten die beiden Prinzessinnen. «Alle warfen sich dem König in die Arme. Viele Minuten lang herrschte kummervolles Schweigen, nur unterbrochen durch Schluchzen.»[5] Sie setzten sich, hielten einander umarmt und sprachen fast zwei Stunden lang leise miteinander. Die Wächter vor der Tür verstanden kein Wort von dieser letzten Unterhaltung. Gegen Viertel nach zehn erhob sich der König. Er und Marie Antoinette faßten den Dauphin an den Händen, die beiden Prinzessinnen klammerten sich an den Arm des Königs. Alle weinten. «Ich versichere Euch», sagte der König, «daß ich Euch morgen früh um acht Uhr wiedersehen werde.» – «Versprecht Ihr uns das?» fragten alle zusammen. – «Ja, ich verspreche es Euch.» – «Warum nicht schon um sieben Uhr?» bat die Königin. – «Nun gut», erwiderte der König, «dann um sieben Uhr. Adieu.»[6] Er umarmte sie alle lange und ging in sein Schlafzimmer. Schluchzend stiegen die Frauen in ihre Zimmer hinaus. Am ganzen Körper zitternd, legte sich Marie Antoinette in ihren Kleidern aufs Bett. Ab sechs Uhr morgens wartete sie darauf, daß man sie holte, um sie zum König zu führen, aber niemand erschien. Abbé Edgeworth, der dem König in den letzten Stunden beistand, hatte ihm abgeraten, seine Familie noch einmal zu sehen; wahrscheinlich glaubte er, daß eine weitere Begegnung die Trennung noch unmenschlicher gemacht hätte. Der König folgte dem Rat seines Beichtvaters und wandte sich an Cléry: «Sagt der Königin, meinen lieben Kindern und meiner Schwester, daß ich ihnen zwar versprochen habe, sie an diesem Morgen wiederzusehen, aber daß ich ihnen den Schmerz einer so grausamen Trennung ersparen möchte. Wie schwer ist es zu gehen, ohne sie noch einmal umarmt zu haben. […] Ich betraue Euch damit, daß Ihr ihnen meine Abschiedsgrüße überbringt.»[7] Dann gab er Cléry sein Siegel für den Dauphin und seinen Ehering für die Königin. «Sagt Ihr, daß ich sie unter Schmerzen verlasse.» Zuletzt gab er Cléry noch ein Päckchen Haare für die Königin. Später gelang es Cléry, die letzten Worte des Königs und die kostbaren Gegenstände zu überbringen.

Kurz nach neun Uhr wurde Ludwig XVI. zum Schafott gebracht. Die

Königin hörte Trommelwirbel, und da wußte sie, daß sie ihren Gemahl nicht mehr wiedersehen würde. Im Temple hatte man wie jeden Tag das Mittagessen serviert. Die Königin wollte wenigstens ihre Kinder dazu bewegen, daß sie etwas aßen, aber allen war der Hals wie zugeschnürt. Sie warteten auf den schrecklichen Augenblick. Erneuter Trommelwirbel und Artilleriesalven verkündeten, daß das Haupt des Königs gefallen war. Die Königin, die Kinder und Madame Elisabeth weinten und schrien. Dann kniete die Königin vor ihrem Sohn nieder und begrüßte den neuen König Ludwig XVII.

Nach dem Tod des Königs versank Marie Antoinette in schwermütiger Erstarrung. Sie weigerte sich zu essen, verließ ihr Zimmer nicht mehr und wurde häufig von Krämpfen heimgesucht, die sie sehr erschöpften. Sie war nicht wiederzuerkennen, mit siebenunddreißig Jahren war sie eine kränkelnde alte Frau. Ihre Leiden rührten Goret, einen der Munizipalbeamten, und er überzeugte sie davon, daß sie unbedingt an die frische Luft gehen mußte. Da sie sich weigerte, in den Garten hinabzusteigen, weil sie dabei an der Tür des Königs vorbeigekommen wäre, führte Goret sie an jedem Tag, an dem er Wache hatte, zu einer umlaufenden Galerie ganz oben auf dem Turm. Dort setzte sie sich auf einen Sessel, die Kinder und ihre Schwägerin blieben an ihrer Seite.

Solange der Prozeß gegen den König gedauert hatte, war von der Königin keine Rede gewesen. Die Girondisten, in deren Händen noch immer die Macht lag, wollten ihr anscheinend das Schicksal ihres Gatten ersparen. Nach der Hinrichtung des Königs sah es so aus, als hätte man seine Familie vergessen. Tatsächlich jedoch war die königliche Familie in den Augen der Männer an der Spitze des Staates ein Pfand, das im Umgang mit den ausländischen Mächten noch wichtig werden konnte. Für den Augenblick waren der Kaiser und die anderen Herrscher viel zu sehr damit beschäftigt, eine Koalition gegen die französische Republik zu bilden, als daß sie daran dachten, die Freilassung der Königin und ihrer Kinder zu verlangen. Allein Fersen sorgte sich um ihr Leben. Am 26. Januar, als er die Nachricht von der Hinrichtung des Königs hörte, wurde erzählt, die gesamte königliche Familie sei ermordet worden. «Oh, verlaßt mich nicht», schrieb er schmerzerfüllt an seine Schwester Sophie. «Die Frau, die mein ganzes Glück bedeutete, für die ich lebte, jawohl, meine zärtliche Sophie, denn niemals habe ich aufgehört, sie zu lieben, nein, nicht einen Augenblick konnte ich es, und alles hätte ich ihr geopfert, die Frau, die ich so sehr geliebt habe, ich spüre es genau in diesem Augenblick, für die ich tausend Leben gegeben hätte, sie ist nicht mehr. [...] Ihr angebetetes Bild wird für alle Ewigkeit in meinem Gedächtnis bleiben.»[8] Nachdem Fersen erfahren hatte, daß die Königin noch lebte, war er in allergrößter Sorge um sie. «Bald hoffe ich, dann wieder verzweifle ich», schrieb er an seine Schwester, «und die Untätigkeit, zu der ich verbannt bin, die geringen Mittel, die mir zur Verfügung stehen, vergrößern meine Qualen noch. Mit den Menschen meiner Umgebung spreche ich nur von ihr, davon, wie man sie retten könnte, und die ganze Zeit grämen wir uns und beweinen ihr Schicksal.»[9] In einem langen, verwirrten und angstvollen Brief an Mercy spielte er am 3. Februar alle erdenklichen Möglichkeiten durch, wie man die Witwe Ludwigs XVI. befreien könnte. Da Fersen fürchtete, daß ein Vorstoß des Kaisers zugunsten Marie Antoinettes – vorausgesetzt, Franz II. wäre dazu bereit gewesen – ein Mißerfolg werden und sie erst recht der revolutionären Justiz ausliefern könnte, zog er Bestechung in Erwägung. Er glaubte immer noch, die Revolution sei die Frucht einer Intrige des Herzogs von Orléans, und er plante, «mit Geld und Versprechungen die treibenden Kräfte der orleanistischen Partei wie Laclos, Santerre, Dumouriez zu gewinnen».[10]

In Paris hegten einige wenige Getreue noch immer die Hoffnung, man könnte Marie Antoinette, Madame Elisabeth und den Kindern zur Flucht aus dem Temple verhelfen. Der Stadtverordnete Lepitre eröffnete Marie Antoinette den Plan. Lepitre hatte am 10. August 1792 am Sturm auf die Tuilerien teilgenommen, doch das Schicksal der königlichen Familie im Temple ging ihm zu Herzen. Er tat alles, um ihr Los zu erleichtern, und hielt Marie Antoinette über Neuigkeiten von draußen auf dem laufenden. Zusammen mit seinem Kollegen Toulan hatte er Kontakt mit Jarjayes aufgenommen, der einst der Mittelsmann zwischen der Königin und Barnaves gewesen war. Sie erkundeten gründlich die Örtlichkeiten im Temple und die Gewohnheiten all derjenigen, die dort Dienst taten, und kamen zu dem Schluß, daß man die Frauen in der Uniform von Nationalgardisten hinausschmuggeln könnte, dem jungen König wollte man Kleider vom Sohn des Öllampenanzünders anziehen. Die Vorbereitungen zogen sich hin, der Februar verging, dann der März. Die Retter der Königin wußten nicht einmal, wo sie die königliche Familie unterbringen sollten, wenn die Flucht geglückt war.

Ende März schöpfte die Commune Verdacht. Es wurde beschlossen, alle diejenigen, die im Temple Dienst taten, gründlich zu überprüfen. In Anbetracht der Umstände fand es Lepitre zu gefährlich, den ursprünglichen Plan auszuführen, aber er bot Marie Antoinette an, sie allein zu retten. Die Königin lehnte ab, beauftragte Jarjayes jedoch mit einer neuen Geheimmission. Sie gab ihm das Siegel und den Ehering des Königs mit dem Auftrag, die beiden Dinge Monsieur auszuhändigen (wahrscheinlich wußte sie nicht, daß er sich zum Regenten erklärt hatte). Sie hatte noch einen zweiten Auftrag. «Wenn Ihr an einem sicheren Ort seid», schärfte sie Jarjayes ein, «möchte ich, daß Ihr meinem Freund, der mich im letzten Jahr besucht hat, mitteilt, wie es um mich steht. [...] Ich wage nicht zu schreiben, doch hier ist ein Abdruck meines Mottos. Bestellt, wenn Ihr es abschickt, daß die Person, welcher es gehört, fühlt, daß es niemals zuvor wahrer gewesen ist.» Fersen bekam den Brief erst am 21. Januar 1794. In einer Tagebuchnotiz unter diesem Datum erläutert er die Bedeutung des Mottos: «Das Motto war ein Stempel, der eine Taube im Flug zeigte, darunter der Satz: *Tutto a te mi guida.* [Alles führt mich zu Dir.] Die Idee war damals gewesen, mein Wappen zu nehmen, man hatte den fliegenden Fisch für einen Vogel gehalten. Der Stempelabdruck war auf einer Karte. Unglücklicherweise hatte die Hitze den Abdruck gänzlich ausgelöscht. Ich bewahre ihn trotzdem als kostbaren Besitz in meiner Schatulle auf zusammen mit einer Abschrift der Nachricht und der Zeichnung des Stempels.»[11]

Das Schicksal der Königin hing von der Entwicklung des Krieges ab, und um diese Zeit war sie in größerer Gefahr als je zuvor. Die Hinrichtung Ludwigs XVI. erschien allen europäischen Herrschern als eine Provokation, in ihren Augen war die Republik ein schändliches Regime und Frankreich eine gefährlich nach Eroberungen dürstende Nation. Tatsächlich hatte Danton am 31. Januar seine Theorie von den natürlichen Grenzen dargelegt und damit die Forderung nach Annexion des linken Rheinufers und Belgiens begründet. Der Konvent hatte bereits Nizza annektiert. Am 1. Februar hatte der Konvent England und Holland den Krieg erklärt, die Armee von Dumouriez war nach Holland eingedrungen, am 25. Februar stand sie in Breda.

Für die Mächte, die dabei waren, ein Bündnis gegen die Republik zu schließen, ging es darum, die Beleidigung der Würde des Königtums zu rächen, die Ausbreitung der revolutionären Gefahr zu verhindern und den französischen Eroberungsgelüsten entgegenzutreten. In den meisten Staatskanzleien keimte schon bald der Gedanke, daß man Frankreich vernichten mußte. Wenn Frankreich erst einmal von den vereinigten Armeen niedergerungen war, konnte man es wie ein zweites Polen behandeln und die Beute aufteilen. Baron Thugut, der Verantwortliche der Hof- und Staatskanzlei des Kaisers, schrieb an seinen Herrn: «Ausschlaggebend ist [...], daß es in Frankreich Parteien gibt, die sich wechselseitig bekämpfen und schwächen und daß man Nutzen aus diesem Konflikt zieht und versucht, die Festungen in die Hand zu bekommen sowie einen möglichst großen Teil des Landes. Dann kann man der Partei, welche zuletzt den Sieg davontragen wird, die Bedingungen diktieren und sie zwingen, den Frieden und den Schutz des Kaisers zu erkaufen, indem man ihr den Teil der Eroberungen zurückgibt, welchen Seine Majestät für angemessen befinden wird.»[12] Mercy zögerte nicht zu sagen: «Nicht durch eine Schlacht oder sogar mehrere gewonnene Schlachten wird man eine Nation in die Knie zwingen, die nur dadurch gezähmt werden kann, daß man einen großen Teil ihrer Kämpfer und nahezu die Gesamtheit ihrer Führung auslöscht. Die Clubs unterdrücken, das Volk entwaffnen, die großartige Hauptstadt zerstören, brandschatzen und Schrecken über das Land bringen, Hunger und Elend – dies sind die beklagenswerten Aufgaben, welche es zu erfüllen gilt.»[13] Die Männer an der Spitze Österreichs dachten in aller Ruhe darüber nach, wie sie Frankreich dem Erdboden gleichmachen und zerstückeln würden; das Schicksal der Gefangenen im Temple kümmerte sie wenig.

Die österreichische Gegenoffensive begann am 1. März. Am 2. März mußten die Franzosen Aachen räumen, am 3. standen die Österreicher vor Lüttich, während Dumouriez seinen Feldzug in Holland fortführte. Der Konvent befahl ihm, sich nach Belgien zurückzuziehen. Der General gehorchte, schrieb den Deputierten des Konvents jedoch einen geharnischten Brief und machte sie für die Niederlagen verantwortlich. Am 18. März wurde er bei Neerwinden geschlagen und mußte Belgien aufgeben. Die Alliierten hatten in aller Heimlichkeit Verhandlungen mit ihm aufgenommen und stellten in Aussicht, daß sie seinen Plan, nach Paris zu marschieren, den Konvent zu vertreiben und die Monarchie wiederherzustellen, unterstützen würden. Doch die Soldaten versagten ihrem Kommandanten die Gefolgschaft. Der Konvent schickte Kommissare zum Sieger von Valmy, Dumouriez ließ sie verhaften und lief dann zu den Österreichern über.

Die Nachricht, daß Dumouriez, der als der beste Stratege Frankreichs galt, genau in dem Moment übergelaufen war, als der Herzog von Braunschweig im Rheinland einen neuen Angriff begann, beruhigte Fersen vollkommen. Er malte sich bereits aus, daß Marie Antoinette Regentin werden würde. «Ich würde mich nicht wundern», teilte er am 29. März seinem Freund Taube mit, «wenn die Schurken, sobald sie sich überall geschlagen sehen, hilflos, bedroht von Hunger und Elend, den jungen König und seine Mutter nach Versailles führten und dann mit ihnen und den Mächten verhandeln wollten.»[14] Am 5. April vertraute er seinem Tagebuch an, er «fürchte nichts mehr für die Königin».[15] Baron Breteuil schlug er vor, den Bischof von Pamiers zu Marie Antoinette zu senden, «um sie im Augenblick ihrer Freilassung über ihre Stellung aufzuklären und ihr zu raten, was sie weiter unternehmen soll».[16] In diesem Sinn schrieb er am 8. April einen vielsagenden Brief an Marie Antoinette: «Die Lage, in welcher Ihr Euch befinden werdet, wird sehr mißlich sein, Ihr werdet einem Schurken [Dumouriez] sehr verbunden sein, welcher in der Tat nur der Notwendigkeit gehorcht hat und sich erst dann gut betragen wollte, nachdem er die Unmöglichkeit, lange Widerstand zu leisten, eingesehen hatte. Das ist sein ganzes Verdienst Euch gegenüber, aber der Mann ist nützlich, man muß sich seiner bedienen und die Vergangenheit vergessen. [...] Sein Interesse ist aufs engste mit dem Euren und der Wiederherstellung Eurer Macht als Regentin verknüpft.»

Und er fuhr fort: «Euer Streben nach Wiederherstellung der Monarchie wird noch durch den Einfluß der verbündeten Mächte behindert. Es ist kein Zweifel mehr, daß die teilweise Zerstückelung des Königreiches beschlossen wird. Ihr Interesse [...] ist es, Frankreich eine Regierung zu geben, welche es in einem Zustand der Schwäche halten wird.» Dann folgten Vorschläge für die Zusammensetzung des Regentschaftsrates. Der Entwurf für diesen Brief ist noch bei Fersens Papieren, das Original wurde allerdings nie abgeschickt, weil Fersen in der Zwischenzeit erfuhr, daß Dumouriez nicht mehr nach Paris marschieren konnte.[17]

Die bedrohliche Lage an den Grenzen veranlaßte die Mitglieder des Konvents, radikale Maßnahmen zu ergreifen. Am 10. März wurde ein «Revolutionstribunal» eingerichtet, vor dem sich alle «Aristokraten», deren Bediente, widerspenstige Priester und alle, die aus irgendeinem Grund in Verdacht geraten waren, verantworten mußten. Am 21. März wurden als Hüter der Revolution Ausschüsse gebildet, die Listen mit Namen von Verdächtigen erstellen sollten. Nach Dumouriez' Verrat gerieten die Mitglieder des Konvents immer mehr in Panik, der Kampf zwischen Girondisten und Bergpartei spitzte sich zu. Nach Ansicht der Bergpartei wollten die Girondisten gemeinsame Sache mit der Konterrevolution machen, die Republik konnte nur überleben, wenn man die inneren Feinde ebenso unnachsichtig verfolgte wie die äußeren Feinde. Zur Verteidigung der Republik wurde am 6. April der Wohlfahrtsausschuß geschaffen, er sollte die Minister überwachen. Im Wohlfahrtsausschuß dominierte die Bergpartei, und bald schon war er das wahre Exekutivorgan der Republik.

Das Schicksal der Königin erwähnte Robespierre zum ersten Mal am 27. März in einer großen Rede vor dem Konvent. Er richtete einen flammenden Appell an das Volk, alle inneren und äußeren Feinde zu vernichten, und kündigte an, nunmehr sei «für alle Patrioten der Augenblick gekommen, daß sie mit aller Kraft jenen starken und unsterblichen Haß wiederaufleben lassen, welcher sie einst gegenüber allen Königen beseelte. [...] Sollte die Bestrafung eines Tyrannen, nach langen, schändlichen Debatten endlich erreicht, unsere einzige Huldigung an Freiheit und Gleichheit sein? Werden wir dulden, daß ein nicht weniger schuldiges, nicht weniger von der Nation angeklagtes Individuum, welches man bis heute aus einem Rest abergläubischer Verehrung für das Königtum verschont hat, werden wir dulden, daß dieses Individuum in aller Ruhe hier der Früchte seines Verbrechens harrt? Eine große Republik, die so frech beleidigt, so unverfroren verraten wurde, erwartet von Euch den Anstoß, daß der heilige Haß auf das Königtum wiederbelebt wird und der öffentliche Wille neue Kraft erhält.» Dann verlangte er, daß Marie Antoinette von Österreich dem Revolutionstribunal vorgeführt werde, weil sie «an dem Anschlag auf die Freiheit und die Sicherheit des Staates beteiligt» gewesen sei.[18] Am 10. April wetterte er noch einmal gegen die inneren und äußeren Feinde und wiederholte «den Vorschlag hinsichtlich der Marie Antoinette von Österreich».[19]

Während Girondisten und Bergpartei offen gegeneinander kämpften, die französische Armee einen Rückschlag nach dem anderen erlitt und sich die Vendée und bald auch die Bretagne im Namen des Königs erhoben, blieb Marie Antoinette unbehelligt im Temple. Fersen und Mercy verstärkten ihre Bemühungen zur Rettung der Königin, weil sie fest glaubten, Frankreich werde bald um Frieden bitten. Es gelang ihnen, mit Danton Kontakt aufzunehmen, und er schien bereit zu sein, für sehr viel Geld ihren Wünschen entgegenzukommen. Der Wohlfahrtsausschuß schickte heimlich einen Abgesandten nach Venedig und Neapel, der über die Freilassung der Gefangenen im Temple verhandeln sollte. Dieser Mann namens Maret, der spätere Herzog von Bassano, ein ehemaliger Feuillant, der von Lebrun protegiert wurde, hatte bereits geheime Missionen in England ausgeführt. «Der vernünftigste Teil der Regierung», berichtet er, «war übereingekommen, sich an die einzigen Verbündeten zu wenden, die der Republik geblieben waren: Venedig, Florenz und Neapel. Die Republikaner wollten nicht, daß die ganze Welt sich von ihnen abwandte. Wenn diese drei Staaten als Bedingung für die Allianz die Sicherheit der Königin und ihrer Familie verlangten, würde dies, so glaubte man fest, nicht abgelehnt werden. Das Projekt wurde beschlossen, und ich wurde mit seiner Ausführung beauftragt.»[20] Chauvelin wurde mit ähnlichen Instruktionen nach Florenz geschickt; es hatte den Anschein, als beabsichtigte Frankreich, um Frieden nachzusuchen. Aber der Sturz der Girondisten und die Erneuerung des Wohlfahrtsausschusses, den Robespierre beherrschte, nachdem Danton ausgeschaltet war, beendeten die Geheimverhandlungen, die nicht lange geheim geblieben waren. Maret und sein Gefährte Sémonville gerieten in einen Hinterhalt der Österreicher, sie wurden in unterirdischen Verliesen der Festung von Mantua eingesperrt und mit beipielloser Brutalität behandelt. Da die Mitglieder des Wohlfahrtsausschusses keinerlei Druckmittel gegenüber Wien besaßen und rasch jeden Anschein zerstreuen wollten, sie paktierten mit dem Feind oder empfänden Mitleid mit der königlichen Familie, beschlossen sie, von nun an hart mit der Königin zu verfahren.

Die royalistischen Aufständischen in der Vendée und in der Bretagne errangen Erfolge, der girondistische Widerstand, der Anfang Juni begonnen hatte, griff auf die gesamte Normandie über, Lyon, Marseille und Bordeaux erhoben sich, und die verbündeten Mächte bedrohten nach wie vor französisches Territorium. Im Nationalkonvent herrschte regelrecht Panik. Am 11. Juli enthüllte Cambon, gestützt auf einen Bericht von Couthon, ein angebliches Komplott des Generals Dillon: Der General habe geplant, den Sohn Ludwigs XVI. zu entführen und ihn als Ludwig XVII. zum König zu proklamieren.[21] Für den Wohlfahrtsausschuß war das Anlaß genug, «den Sohn von Louis Capet in Sicherheit zu bringen», das heißt, ihn von seiner Mutter zu trennen.[22]

Am Abend des 13. Juli saßen Marie Antoinette und Elisabeth über ihre Handarbeiten gebeugt, Marie Thérèse las ihnen vor, und der junge König schlief friedlich. Auf einmal drangen mehrere Stadtverordnete in das Zimmer ein und wollten «den Sohn Capet» holen. Die Königin, seit Wochen schwach und apathisch, fand schlagartig ihre Kräfte wieder und stellte sich den Männern in den Weg. Fast eine Stunde lang verteidigte sie wie eine Löwin das Bett ihres Sohnes, der inzwischen aufgewacht war und vor Angst schrie. Erst als die Männer drohten, ihre Kinder umzubringen, gab sie auf. Erschöpft von dem harten Kampf, sank sie leblos zusammen und bat ihre Schwägerin, den Prinzen anzukleiden. Zum Abschied bedeckte sie ihn mit Küssen, schluchzend wurde er fortgeführt. Die Verzweiflung der Königin kannte keine Grenzen mehr, als sie erfuhr, daß der Flickschuster Simon zum Erzieher ihres Sohnes bestimmt worden war. Bleich wie ein Gespenst, in dunkle Trauerkleider gehüllt, ging sie ruhelos in ihrem Zimmer hin und her und sagte kein Wort. Ihr einziger Wunsch war es, im Turm hinaufsteigen zu dürfen, denn dort gab es einen Spalt, durch den sie ihren Sohn von weitem beobachten konnte, wenn er hinausgeführt wurde.

Die Aufständischen in der Vendée und die Girondisten gewannen an Boden. Am 14. Juli 1793, einen Tag nach der Ermordung Marats, klagte Couthon Royalisten und Föderalisten gemeinsam an, sie hätten zusammen mit den Königstreuen aus der Vendée einen Aufstand vorbereitet, dessen Ziel die Restauration der Monarchie unter dem «Sohn Capet» gewesen sei. Die Alliierten beobachteten mit Genugtuung den Parteienzwist und setzten ihren Vormarsch ermutigt fort. Am 23. Juli kapitulierte Mainz, am 28. Valenciennes, einen Tag zuvor war Marseille in die Hände der Engländer gefallen, um dieselbe Zeit drangen die Österreicher ins Unterelsaß vor. Am 1. August trug Barère in einer tumultartigen Sitzung im Namen des Wohlfahrtsausschusses auf der Tribüne des Konvents einen langen Bericht über die Verschwörung Europas gegen Frankreich vor. «Die Zerstörung der Vendée, die Bestrafung der Verräter, die Auslöschung des Royalismus – das ist es, was wir brauchen. Die entschiedene und rasche Verbindung all unserer Kräfte gegen die gemeinsame Front der Feinde – das ist unsere heilige Pflicht und das einzige Pfand für unseren Sieg!» rief er aus. Er wetterte gegen «den lächerlichen Kreuzzug der Vendée, um Ludwig XVII. zu salben», und forderte in einem glühenden Appell dazu auf, die äußeren Feinde zu bekämpfen und «das Königtum mit seinen Wurzeln auszureißen. Wer hat denn dafür gesorgt, daß in London, in Wien, in Berlin, in Madrid die Hoffnung lebendig blieb, in unserer Mitte könnte der Königsthron wiedererrichtet werden? Haben wir nicht viel zu lange die Verbrechen der Österreicherin vergessen? Sind wir nicht auf seltsame Weise gleichgültig gewesen gegenüber den einzelnen Mitgliedern der Familie unserer ehemaligen Tyrannen? Hat nicht der Schlummer der Republikaner die Royalisten bei ihren Verschwörungen ermutigt?»[23] Die Schuldigen waren klar benannt, sie mußten bestraft werden. Nachdem der Konvent diesen Bericht gehört hatte, entschied er, die Erhebung in der Vendée niederzuschlagen und Marie Antoinette in die Conciergerie zu bringen; sie sollte vor das Revolutionstribunal gestellt werden. Madame Elisabeth und die Kinder sollten weiter im Temple bleiben, allerdings würde man die Ausgaben für ihren Unterhalt soweit wie möglich verringern. Schließlich wurde noch beschlossen, daß am 10. August die Gräber der Könige von Frankreich zerstört werden sollten.

Man wartete nicht einmal bis zum nächsten Tag, um den Beschluß hinsichtlich der Königin in die Tat umzusetzen. Mitten in der Nacht zum 2. August weckte man die Frauen und eröffnete ihnen, daß Marie Antoinette auf Anweisung des Prokurators der Commune unverzüglich in die Conciergerie geführt werden solle. Mit versteinerter Miene hörte die gestürzte Königin zu, als das Dekret verlesen wurde. Da sie sofort gehen mußten, zog sie sich vor den Stadtverordneten an. Die Männer ließen sie keinen Augenblick aus den Augen und durchsuchten sie gründlich. Die einstige Herrscherin von Frankreich schnürte ihre Habseligkeiten zu einem Bündel zusammen, umarmte lange ihre Schwägerin und ihre Tochter und verließ dann das Zimmer im Temple, ohne sich noch einmal umzudrehen. Die beiden Frauen hatten sie begleiten wollen, doch das wurde ihnen verweigert. Eine Kutsche brachte Marie Antoinette in die Conciergerie, in der üblicherweise politische Häftlinge eingesperrt wurden. In der Kanzlei der Conciergerie mußte sie wie jeder einfache Bürger die üblichen Aufnahmeformalitäten über sich ergehen lassen, dann wurde sie in ihre Zelle geführt, einen engen Raum mit feuchten Wänden. Madame Richard, die Frau des Concierge, hatte ein Gurtbett hineinstellen lassen und zwei Matratzen, ein Kopfkissen und eine Bettdecke gebracht. Außerdem standen in dem Raum noch ein Sessel aus Schilfrohr, der als Toilettenstuhl diente, ein Bidet aus braunem Schafleder, ein Tisch und zwei strohgeflochtene Stühle. Hinter einem Wandschirm im selben Zimmer hielten sich Tag und Nacht zwei Gendarmen zu ihrer Bewachung auf.

Fersen «zerriß» die Nachricht «die Seele». Er suchte immer noch nach einem Weg, die Königin zu retten. Nach einem langen Gespräch mit La Marck sah er nur die eine Möglichkeit, ein starkes Kavalleriekorps nach Paris zu schicken. Er eilte zu Mercy und unterbreitete ihm diesen Vorschlag, doch Mercy «reagierte eiskalt. Er hält die königliche Familie für verloren und glaubt, daß man nichts mehr für sie tun kann.»[24] Auf Drängen von Fersen willigte Mercy wenigstens ein, daß er an den Prinzen von Coburg schreiben und ihn nachdrücklich bitten würde, nach Paris zu marschieren und zu versuchen, die Königin zu befreien. Doch der Brief hatte keinen Erfolg, der Prinz lehnte ab. Mercy schrieb daraufhin an den Herzog von York. Während er auf die Antwort wartete, sandte er den Tänzer Noverre und den Finanzmann Ribbes in geheimer Mission nach Paris; sie sollten über die Freilassung Marie Antoinettes verhandeln. «Seit diesem Augenblick [seit man die Königin in die Conciergerie gebracht hatte] lebe ich nicht mehr, denn das ist kein Leben, wenn man so dahinvegetiert wie ich und so leidet, wie ich leide», schrieb Fersen an seine Schwester Sophie. «Wenn ich nur etwas für ihre Befreiung tun könnte, dann, so scheint mir, würde ich weniger leiden. Doch nur warten zu müssen und andere bitten zu müssen ist entsetzlich. [...] Ich kann mich mit nichts beschäftigen, ich kann an nichts anderes denken als an das Leid dieser unglücklichen, bewundernswerten Fürstin. [...] Mein größtes Glück wäre es, wenn ich für sie sterben und sie damit retten könnte. [...] Ich werfe mir sogar vor, daß ich atme, wenn ich daran denke, daß sie in ihrem abscheulichen Gefängnis eingesperrt ist.»[25]

Um diese Zeit veröffentlichte Madame de Staël anonym eine gefühlvolle Schrift mit dem Titel *Gedanken einer Frau über den Prozeß gegen die Königin*. Sie wandte sich darin an Gleichgesinnte, wies die verleumderischen Anklagen zurück, die seit so vielen Jahren gegen Marie Antoinette erhoben wurden, und bat um Mitgefühl für die unglückliche Mutter. «Die Verurteilung der Königin wäre ein nutzloses und darum um so mehr entwürdigendes Verbrechen. Man würde es als Ausdruck unmenschlicher Grausamkeit oder panischer Furcht eines schlechten Gewissens ansehen. [...] Verteidigt die Königin mit allen Waffen der Natur, holt das Kind, das zugrunde gehen wird, wenn es diejenige verliert, von der es so sehr geliebt wurde, und das bald selbst ein lästiger Gegenstand sein wird für diejenigen, die soviel Unglück auf sein Haupt laden.» Staël schickte ein Exemplar der Schrift seiner Frau an Fersen, aber in Fersens Augen waren es nur «gelehrte und geschraubte Phrasen».[26]

Die Königin in ihrem Kerker verbrachte ihre Zeit mit Lesen, solange es nur halbwegs hell war. Sie verschlang *Die Reisen von Kapitän Cook, Die Reise des jungen Anacharsis, Berühmte Schiffbrüchige* und etliche Romane, darunter *Evelina*, die sie von Richard, dem Concierge, erhielt. Unzählige Neugierige defilierten an ihrer Zelle vorüber, sie schien niemanden und nichts wahrzunehmen. Viele wollten einen Blick auf die berühmte Gefangene werfen, und sie entlohnten Richard reichlich; für ihn entwikkelte sich Marie Antoinettes Kerkerhaft zu einem lohnenden Unternehmen. Am 3. September führte er einen gewissen Rougeville zu ihr. Dieser ließ demonstrativ eine Nelke zu Boden fallen. Marie Antoinette hob sie auf und fand zwischen den Blütenblättern ein Billett, auf dem zu lesen stand, daß eine Entführung geplant sei. Da sie keinen Stift hatte, stach sie mit einer Nadelspitze ihre Antwort in ein Stück Papier. Doch die Frau des Concierge fing die Antwort ab. Rougeville floh. Man verhörte den diensthabenden Gendarmen, und bald schon ging das Gerücht von einer neuen Verschwörung zur Befreiung der «Witwe Capet» und Wiederherstellung der Monarchie. Die Zelle der Königin wurde durchsucht, aber man fand nur einige Ringe, das letzte, was ihr noch geblieben war. Das sogenannte Nelkenkomplott lenkte die Aufmerksamkeit genau in dem Augenblick wieder auf sie, als der öffentliche Ankläger Fouquier-Tinville darüber klagte, daß er nicht genügend Beweismittel habe, um die Anklageschrift aufzusetzen. Während Billaud-Varenne lautstark den Kopf der Königin verlangte, verhörte man sie über das Nelkenkomplott.

Der Wohlfahrtsausschuß beauftragte die beiden Deputierten Amar und Sevestre damit, die Untersuchung gegen die «Witwe Capet» zu führen. Um vier Uhr nachmittags am 3. September kamen sie in ihre Zelle und verhörten sie, scheinbar ging es nur um den Besuch von Rougeville. Die Königin hielt es für das Klügste, alles abzustreiten: Niemand habe ihr ein Billett zugesteckt, und daß sie beim Anblick des Fremden gezittert habe, hänge mit «dem angespannten Zustand ihrer Nerven» zusammen.[27] Die Deputierten stellten immer mehr Fragen, bald schon war vom Nelkenkomplott keine Rede mehr. Offensichtlich sammelten die Deputierten Belastungsmaterial für einen großen Prozeß. Sie fragten die Königin, was sie über die augenblickliche politische Situation wisse, ob sie von den Siegen der französischen Armeen gehört habe, ob sie «mit heimlichen Mitteln Beziehungen nach draußen» unterhalte. Marie Antoinette wies auf die Umstände ihrer Gefangenschaft hin und erwiderte, daß sie nur das erfahre, was die Ausrufer der Zeitungen unten auf der Straße hinausschrien. «Interessiert Ihr Euch für die militärischen Erfolge unserer Feinde?» – «Ich interessiere mich für die Erfolge der Nation meines Sohnes, wenn man Mutter ist, ist dies das wichtigste Band», erwiderte sie durchaus geschickt. Und dann bekräftigte sie, daß ihre einzige Sorge das Glück Frankreichs sei. «Daß Frankreich groß und glücklich ist, ist alles, was wir brauchen», sagte sie ruhig zu den Männern, die ihr unbedingt ein paar belastende Sätze entlocken wollten. Nachdem sie ihnen versichert hatte, daß sie stets nur ihre Pflicht getan habe, kamen sie auf ein konkretes Thema zu sprechen: die Flucht nach Varennes. Marie Antoinette wiederholte, was sie bereits den Deputierten gesagt hatte, die nach dem 21. Juni 1791 die erste Untersuchung geführt hatten: Als ergebene und gehorsame Ehefrau sei sie ihrem Gemahl gefolgt, der im übrigen gar nicht die Absicht gehabt habe, Frankreich zu verlassen, vielmehr habe er «aus freien Stücken zu seinem Volk zurückkehren» wollen.

Die Untersuchung des Nelkenkomplotts wurde zielstrebig weiterbetrieben, noch am selben Tag wurden Zeugen und Verdächtige befragt. Dann konfrontierte man die Königin mit den Aussagen.[28] Auf eindringliches Befragen gab sie schließlich zu, daß sie am 4. September tatsächlich eine Nachricht von einem geheimnisvollen Besucher erhalten hatte. Sie behauptete, auf dem Zettel hätten nur einige reichlich vage Sätze gestanden, sie habe lediglich geantwortet, daß sie unter ständiger Bewachung stehe. Das große Komplott, dessen Fäden man ohne sonderliche Überzeugung zu entwirren suchte, war nichts als ein Vorwand. Wie beim ersten Verhör hielten sich Amar und Sevestre nicht lange mit Routinefragen auf. Diesmal fragten sie Marie Antoinette, ob sie Beziehungen zu Abgeordneten der Legislative gehabt und wieviel sie über die politischen Ereignisse vor dem 10. August gewußt habe. Wieder zog sie sich auf ihre Rolle als ergebene Ehefrau des Königs zurück. «Ich wußte nur das, was mir die Person sagte, der allein ich verbunden war», erwiderte sie und hob hervor, daß dem König nichts so sehr am Herzen gelegen habe wie das Glück seines Volkes.

Nach Abschluß der Untersuchung hielt man es aus Gründen der Vorsicht für geboten, die Gefangene in eine besser gesicherte Zelle zu verlegen. Zu diesem Zweck wurde die Krankenabteilung der Conciergerie umgebaut, sorgfältig wurden alle Ausgänge zugemauert, bevor man Marie Antoinette dorthin brachte. Sie litt unter dauernden Blutungen und verfiel mit jedem Tag, man mußte ihr stärkende Mittel verabreichen. Mit großer Wahrscheinlichkeit hofften einige Mitglieder des Wohlfahrtsausschusses, daß sie über kurz oder lang eines natürlichen Todes sterben würde. Doch während die äußere Bedrohung unvermindert fortbestand, löste im Inneren eine schwere Lebensmittelknappheit neue Aufstände der Sansculotten aus. Am 5. September wurde «der Terror auf die Tagesordnung gesetzt», am 15. wurde das Revolutionstribunal umgebildet, am 17. wurde das Gesetz über die Verdächtigen verabschiedet. In dieser aufgeheizten Atmosphäre drang die Nachricht vom Nelkenkomplott an die Öffentlichkeit. Die allgemeine Empörung über die Witwe Capet kannte keine Grenzen, sie war der willkommene Sündenbock, den man opfern mußte. Im Nationalkonvent türmten sich die Petitionen, die den Tod der «österreichischen Wölfin» forderten. Am 9. September verlangte Billaud-Varenne im Jakobinerclub, so schnell wie möglich das Urteil zu fällen, auf das ganz Frankreich warte.

Es dauerte bis zum 3. Oktober, bis nach einer weiteren flammenden Rede von Billaud die Anklageerhebung beschlossen wurde. Zuvor hatte der Nationalkonvent entschieden, die girondistischen Abgeordneten vor Gericht zu stellen. «Der Nationalkonvent», sagte Billaud, «hat soeben ein großes Beispiel für Strenge gegenüber Verrätern gegeben, die auf den Untergang ihres Landes sinnen. Doch einen wichtigen Beschluß muß er noch fassen. Eine Frau, die Schande der Menschheit und ihres Geschlechtes, die Witwe Capet, muß endlich für ihre Verbrechen auf dem Schafott büßen. Schon erzählt man überall [...], daß heimlich das Urteil über sie gesprochen worden sei und daß das Revolutionstribunal sie von der Schuld reingewaschen habe: Als könnte eine Frau, die das Blut von Tausenden Franzosen vergossen hat, jemals von einem französischen Gericht freigesprochen werden! Ich verlange, daß das Revolutionstribunal diese Woche über ihr Schicksal befindet.»[29] Der entsprechende Beschluß wurde gefaßt.

Der öffentliche Ankläger Fouquier-Tinville war immer noch nicht mit der Anklageschrift gegen Marie Antoinette fertig. Für die Abfassung mußte er auf Beweisstücke aus dem Prozeß gegen Ludwig XVI. zurückgreifen, die Papiere studieren, die man am Tag nach der Erstürmung der Tuilerien in den Gemächern der Königin konfisziert hatte, komplizierte Nachforschungen über ihr Handeln anstellen und glaubwürdige Zeugen herbeischaffen. Eine ernsthafte Untersuchung hätte Monate gebraucht. Obgleich Ludwig XVI. innerhalb kurzer Zeit vor die Deputierten des Konvents gebracht worden war, die sich zu seinen Richtern erklärt hatten, war das Verfahren gegen ihn doch ein regelrechter Prozeß gewesen. Das Revolutionstribunal hingegen, der Inbegriff eines Sondergerichts, hielt sich mit den Formalitäten der ordentlichen Gerichtsbarkeit nicht auf, schon gar nicht bei einer Angeklagten, deren Schicksal von vornherein besiegelt war. Das Revolutionstribunal war ausdrücklich dazu geschaffen worden, um durch Todesstrafen Terror auszuüben, ein Verfahren vor diesem angeblichen Gericht konnte nur eine Farce werden. Die ganze «Untersuchung» für den Prozeß gegen die Königin bestand darin, daß man in aller Eile einige Randfiguren versammelte und sie zu Zeugen ernannte. Von den einundvierzig Personen, die vor den Schranken des Revolutionstribunals erschienen, hatten höchstens fünf oder sechs einigermaßen gehaltvolle Aussagen zu machen. Am 13. Oktober, dem Vorabend des ersten Verhandlungstages, begab sich Fouquier-Tinville persönlich ins Archiv und holte Beweisstücke «aus dem Prozeß gegen Capet und solche, die für den Prozeß gegen seine Witwe herangezogen werden sollen». Das vollständige Dossier fand er nicht, nur die Papiere der Königin, die man nach der Flucht nach Varennes in den Tuilerien sichergestellt hatte. Er ließ es damit bewenden.[30]

Um die Öffentlichkeit davon zu überzeugen, daß «die Österreicherin» die schändlichsten Verbrechen auf sich geladen hatte, wollte sich Fouquier-Tinville auf ungeheuerliche Vorwürfe stützen, die der kleine Ludwig XVII. gegen seine Mutter erhoben hatte. Der Flickschuster Simon, dem die «Erziehung» des Jungen übertragen worden war, hatte ihn einmal dabei überrascht, wie er onanierte, und ihn zur Rede gestellt. Der Junge hatte ohne Zögern geantwortet, seine Mutter habe ihm solche Dinge beigebracht. Simon bat daraufhin Hébert, den Stellvertreter des Prokurators der Commune, unverzüglich zu kommen. Über das Gespräch der beiden Männer ist nichts überliefert, es ist auch nicht bekannt, ob Hébert noch einmal allein mit dem Jungen sprach. Auf jeden Fall suchte am 6. Oktober eine offizielle Kommission, bestehend aus dem Bürgermeister, dem Prokurator der Commune, zwei Mitgliedern des Generalrats und einem Polizisten, den Temple auf und verhörte Ludwig XVII., seine Schwester und seine Tante.[31]

Der Junge saß in einem Sessel, seine Beine, die noch nicht den Boden berührten, baumelten in der Luft. Er sagte aus, daß seine Mutter und seine Tante sich vertraulich mit verschiedenen Munizipalbeamten unterhalten hätten, so mit Lepitre, Toulan, Bruniau und Vincent. Er sagte weiterhin, diese Männer hätten Nachrichten von draußen gebracht und den Zeitungsausrufern Geld dafür gezahlt, daß sie unten auf der Straße besonders laut ihre Neuigkeiten hinausschrien. In den Tuilerien hätten sich «Pétion, Manuel, Bailly und La Fayette sehr seltsam mit den Frauen betragen», und er glaube, daß seine Mutter Briefe von ihnen empfangen habe, solange sie noch im Temple gewesen sei. Schließlich erzählte er noch bereitwillig, seine Mutter und seine Tante hätten ihm «die überaus verderblichen Gewohnheiten» beigebracht und manchmal hätten sie sich «damit amüsiert, ihm dabei zuzusehen, oft sei dies geschehen, wenn sie ihn zwischen sich liegen ließen», heißt es in dem Bericht über das Verhör. «Durch die Art, wie das Kind sich ausdrückte, gab es uns zu verstehen, daß seine Mutter es veranlaßte, sich ihr zu nähern; daß dies zu einer Kopulation führte und eine Schwellung an einem seiner Hoden zur Folge hatte, [...] weshalb er einen Verband trägt, und daß seine Mutter ihm eingeschärft habe, niemals darüber zu sprechen. [...] Dies sei danach mehrmals wiederholt worden.»

Am nächsten Tag, dem 7. Oktober, befragte man Marie Thérèse in Gegenwart mehrerer mit der Untersuchung beauftragter Personen, darunter dem Maler David, der dem Wohlfahrtsausschuß angehörte. Das Mädchen stritt ab, daß ihre Mutter geheime Verbindungen mit den diensttuenden Munizipalbeamten gehabt habe. Sie erinnere sich lediglich daran, daß sie die Ausrufer gehört habe, während sie im Bett gelegen habe. Ihr Bruder nannte zu etlichen Punkten Einzelheiten, die bewiesen, daß sie nicht die Wahrheit sagte. Marie Thérèse schien es die beste Art der Verteidigung, daß sie behauptete, ihr Bruder habe mehr Verstand als sie und eine bessere Beobachtungsgabe. Zuletzt fragte man sie, ob ihre Mutter und ihre Tante ihren Bruder zu sich ins Bett geholt hätten, und sie «antwortete nein». Dem Protokoll zufolge fügte Ludwig XVII. dem nichts mehr hinzu.

Die Kinder wurden entlassen, als nächstes verhörte man Madame Elisabeth. Selbstverständlich stritt sie jegliche Heimlichkeiten mit den Munizipalbeamten zum Austausch von Nachrichten ab. Daraufhin holte man ihren Neffen herein, und er behauptete das Gegenteil. Dann las man ihr die Aussage des Kindes «bezüglich der erwähnten Schamlosigkeiten» vor. Madame Elisabeth war niedergeschmettert. «Eine solche Infamie könne sie nicht fassen, und darum könne sie nicht darauf antworten. Im übrigen habe das Kind diese Gewohnheit seit längerer Zeit gehabt, und es müsse sich daran erinnern, daß sie und seine Mutter es deswegen mehrfach gescholten hätten.» Nachdem der Junge bei seinen Behauptungen blieb, weigerte sich Madame Elisabeth, noch irgend etwas zu sagen. Daraufhin bedrängte man den Jungen weiter mit Fragen: «Wer habe ihm denn nun diese Gewohnheiten beigebracht?» – «Beide zusammen.» – «Sei dies am Tag oder in der Nacht geschehen?» – «Daran erinnere er sich nicht, aber er glaube, es sei morgens gewesen.» Dann folgten noch Fragen über die Flucht nach Varennes.

Marie Antoinette ahnte offensichtlich nicht, daß man für ihren Prozeß «Beweise» sammelte. Am 12. Oktober um sechs Uhr ließ Hermann, der Präsident des Revolutionstribunals, die Witwe Capet zum Verhör in den großen Ratssaal holen, außer ihm waren noch Fouquier-Tinville und der Schreiber Fabricius anwesend. Dies war ein nichtöffentliches Verhör, das die eigentliche Anhörung, die für den übernächsten Tag vorgesehen war, vorbereiten sollte.[32] Hermann fragte die Angeklagte zunächst nach «Namen,

Vornamen, Beruf, Alter, Land und Wohnort» und steuerte dann geradewegs auf sein Ziel zu. Antworten auf seine Fragen wurden nicht erwartet, jede Frage war bereits eine Anklage. «Ihr habt vor der Revolution politische Beziehungen zum König von Böhmen und Ungarn gehabt, und diese Beziehungen waren gegen die Interessen Frankreichs, das Euch mit Wohltaten überschüttete.» Marie Antoinette erwiderte, sie sei lediglich in «freundschaftlichen Beziehungen» zu ihrem Bruder gestanden, niemals habe sie über Politik mit ihm gesprochen. Im übrigen habe sie sich seit Beginn der Revolution «jeglichen Briefwechsel nach draußen versagt und sich niemals in innere Angelegenheiten eingemischt». Niemals habe sie Agenten bezahlt, um mit ihrer Familie oder anderen ausländischen Mächten zu korrespondieren, keineswegs sei sie in den Tuilerien die Seele der Konterrevolution gewesen. Und selbstverständlich stritt sie ab, daß sie dem Kaiser jemals habe Geld zukommen lassen. Nur diese letzte Antwort entsprach der Wahrheit.

Nachdem Hermann offen die Anklage des Hochverrats erhoben hatte, warf er der Königin ihren weitreichenden, schädlichen Einfluß auf Ludwig XVI. vor: «Ihr habt Ludwig Capet die Kunst der gründlichen Verstellung gelehrt, womit er viel zu lange das brave französische Volk getäuscht hat, welches sich nicht vorstellen konnte, daß man Schurkerei und Niedertracht so weit treiben kann. – Antwort: Ja, das Volk sei getäuscht worden, es sei sogar grausam getäuscht worden, aber dies sei weder durch ihren Ehemann noch durch sie geschehen.» Diese Antwort war aus Marie Antoinettes Sicht vollkommen ehrlich, denn sie war unerschütterlich davon überzeugt, daß die einzige legitime Macht nach wie vor die Macht des Königs war, der den Staat verkörperte; sich dagegen zu erheben war ein todeswürdiges Verbrechen. Die Logik der Monarchie und die Logik der Revolution standen sich unversöhnlich gegenüber.

Hermann klagte sie weiter an, sie sei «die Hauptanstifterin des Verrats von Louis Capet» gewesen. «Auf Euren Rat und Euer Drängen hin wollte er aus Frankreich fliehen und sich an die Spitze der Rasenden stellen, die danach strebten, das Vaterland zu zerreißen.» Marie Antoinette zog sich auf die Position zurück, die sie bereits in früheren Verhören eingenommen hatte: Sie habe ihrem Ehemann gehorcht, er habe im übrigen keineswegs die Absicht gehabt, außer Landes zu gehen. Sie behauptete sogar, «in dem Falle hätte sie alle Mittel eingesetzt, um ihn davon abzubringen». Die Reise Ludwigs XVI. habe einzig das Ziel gehabt, ihm «die Freiheit zu geben, die er hier offensichtlich nicht mehr besessen habe, und von dort alle Parteien zu versöhnen für das Glück und den Frieden des Landes».

Auf den Vorwurf, sie habe den König zur Kriegserklärung ermutigt, erinnerte sie Hermann daran, daß Ludwig XVI. von der Mehrheit der Deputierten zu diesem Schritt gedrängt worden sei. Ob sie wisse, daß diese «freiheitsfeindliche Partei», wie Hermann sie nannte, hinter Schloß und Riegel sei, direkt neben ihr, in der Conciergerie, und daß der Prozeß gegen die girondistischen Abgeordneten gleich nach ihrem Prozeß beginnen werde? Im Zusammenhang mit der Kriegserklärung wiederholte sie noch einmal, daß sie keinerlei Kontakte zum Ausland unterhalten habe.

Dann kam der Präsident auf die Tage im Oktober 1789 zu sprechen, auf ihren Anteil an den Ereignissen des 10. August 1792 und schließlich auf das Nelkenkomplott. Nach Abschluß des Verhörs fragte man die Angeklagte, ob sie den Beistand eines Advokaten wünsche. Sie bejahte, und da sie behauptete, sie kenne keinen Anwalt, wurden ihr Tronçon-Ducoudray und Chauveau-Lagarde von Amts wegen zur Seite gestellt. Chauveau-Lagarde erfuhr noch am 13. Oktober von seiner Ernennung und eilte sofort in die Conciergerie, es war seine erste Begegnung mit der Königin. Er hatte erfahren, daß der Prozeß am nächsten Morgen beginnen sollte. Ratlos angesichts der ungeheuren Aufgabe, die er vor sich hatte, beschwor er die Königin, beim Konvent um einen Aufschub zu bitten. Die Königin weigerte sich zunächst, die Deputierten, die ihren Gemahl verurteilt hatten, um irgend etwas zu bitten, doch schließlich gab sie seinem inständigen Drängen nach und richtete ein Gesuch an den Konvent. Eine Antwort erhielt sie nicht.

Am Morgen des 14. Oktober wurde Marie Antoinette in einem abgetragenen Trauerkleid, mit einer häßlichen Witwenhaube auf dem Kopf, in den von Neugierigen überfüllten Gerichtssaal geführt. Nur mit Mühe erkannte man in dieser Frau mit den weißen Haaren und den verhärmten Gesichtszügen die einstige Herrscherin Frankreichs. Sehr aufrecht schritt sie zu einem Sessel, den man vor dem Tisch des öffentlichen Anklägers und der Richter für sie aufgestellt hatte, auf der anderen Seite der Schranke warteten die Zuschauer auf ihre Verurteilung. Unauffällig nahmen die Geschworenen ihre Plätze ein, alles Männer, die Robespierre und Fouquier ergeben waren, ein Wundarzt, ein Buchhändler, ein Perückenmacher, ein Schuster, ein Kaffeehausbesitzer, ein Hutmacher, ein Musiker, zwei Schreiner, ein Versteigerer, ein Journalist, ein ehemaliger Prokurator und der vormalige Marquis d'Antonnelle, ehemals Abgeordneter der Legislative, von Anfang an ein glühender Anhänger der Revolution.

Marie Antoinette wurde aufgefordert, ihre Namen, Vornamen und so weiter zu nennen, dann verlas der Schreiber die Anklageschrift. Sie hörte kaum hin, mit zerstreutem Gesichtsausdruck trommelte sie auf die Lehne ihres Sessels. Nach den üblichen juristischen Formalitäten, die allerdings so knapp wie möglich abgehandelt wurden, ging es direkt zur Sache: «Nach Prüfung aller Beweisstücke, welche vom öffentlichen Ankläger vorgelegt werden, ist offensichtlich, daß nach dem Beispiel der Messalinas Brunhilde, Fredegunde und Medici, welche man einst als Königinnen von Frankreich bezeichnete und deren in alle Ewigkeit hassenswerte Namen für immer in den Annalen der Geschichte festgehalten sind, daß Marie Antoinette, die Witwe von Louis Capet, seit dem ersten Tag ihres Aufenthalts in Frankreich die Geißel und Blutsaugerin des Landes gewesen ...» Dann folgten alle Anklagepunkte gegen die Witwe Capet: ihre Verschwendung, ihr heimliches Einvernehmen mit dem Feind, ihr Auftritt bei dem Gelage für die Leibgarde im Oktober 1789, ihre Beteiligung am Druck und an der Verbreitung von Schmähschriften gegen sie selbst, womit sie den Eindruck habe erwecken wollen, sie werde schlecht behandelt in Frankreich, ihre konterrevolutionären Machenschaften, ihre Verantwortung für die Flucht nach Varennes, das Massaker auf dem Marsfeld, ihre Rolle am 10. August und schließlich das Verbrechen des Inzests. Von der langen Aufstellung wurden hauptsächlich drei Anklagepunkte festgehalten: Sie habe «das Vermögen des Landes vergeudet», sie habe «in heimlichem Einvernehmen und Briefwechsel mit dem Feind» gestanden und sie habe «eine Verschwörung gegen die innere und äußere Sicherheit des Staates betrieben». Der Prozeß gegen Marie Antoinette war damit ein Hochverratsprozeß.[33]

Nach der Verlesung der Anklage begann die endlos lange Vernehmung der einundvierzig Zeugen. Laurent Lecointre, am 5. und 6. Oktober 1789 stellvertretender Kommandant der Nationalgarde und inzwischen Deputierter von Seine-et-Oise, berichtete ausführlich von dem Gelage für die Leibgardisten mit der offensichtlichen Absicht, die Geschworenen davon zu überzeugen, daß die Königin damals die treibende Kraft der Konterrevolution gewesen war. Lapierre, Generaladjutant der vierten Division, sagte über den 20. Juni 1791 aus, ohne eine überzeugende Tatsache vorzubringen. Der Wundarzt Roussillon behauptete, er habe nach dem 10. August 1792 in den Tuilerien unter dem Bett der Königin Weinflaschen gefunden, die dafür bestimmt gewesen seien, die Moral der Truppe zu heben. Im übrigen klagte er die Königin an, sie habe zu den Massakern in Nancy und auf dem Marsfeld angestiftet und ihrem Bruder Geld geschickt.

Als nächster war Hébert an der Reihe. Er sagte aus, daß er im Temple im Zimmer der Witwe Capet ein religiöses Buch gesehen habe und darin ein Bild des heiligen Herzen Jesu – das Herz Jesu war seit kurzem ein Emblem der Konterrevolution. Weiter sagte er, die Königin habe zur Zeit ihrer Gefangenschaft im Temple Helfer gehabt und habe sie nun auch wieder in der Conciergerie. Schließlich brachte er die niederträchtige Anschuldigung des Inzests vor. Während über die Rolle der Munizipalbeamten im Temple verhandelt wurde und noch einmal das Nelkenkomplott zur Sprache kam, meldete sich einer der Deputierten zu Wort und verlangte, Marie Antoinette solle zum Vorwurf des Inzests Stellung nehmen. Entrüstet erhob sie sich: «Wenn ich nicht geantwortet habe, so deshalb, weil die Natur sich sträubt, auf einen solchen Vorwurf an eine Mutter zu antworten. Ich appelliere an alle Mütter hier im Saal.» Danach entstand ein solcher Tumult im Publikum, daß man die Beratungen einige Minuten unterbrechen mußte. «Habe ich nicht zuviel Würde in meine Antwort gelegt?» flüsterte die Königin Chauveau-Lagarde zu. Er wunderte sich über diese Frage. «Ich frage», fuhr sie fort, «weil ich gehört habe, wie eine Frau aus dem Volk zu ihrer Nachbarin gesagt hat: ‹Siehst du, wie stolz sie ist!›» Chauveau-Lagarde schrieb später über diese Szene: «Diese Beobachtung der Königin läßt erkennen, daß sie noch immer hoffte, und zeigt, daß sie infolge der Reinheit ihres Gewissens vollkommen Herrin ihrer selbst war, denn inmitten der allergrößten seelischen Erregung vernahm sie jedes Wort, das um sie herum gesagt wurde, und sie versuchte [...], ihr Schweigen und ihre Worte der Situation entsprechend zu lenken.»[34]

Es wurde noch ein weiterer bedeutungsloser Zeuge vernommen, dessen Aussage sie dazu bringen sollte, daß sie La Fayette im Zusammenhang mit der Flucht nach Varennes belastete. Danach war der erste Teil der Sitzung vorüber. Während man sie in ihren Kerker zurückbrachte, konnte sie einige Worte mit ihrem Verteidiger wechseln. Er beruhigte sie. «Nicht allein, daß es keinerlei Beweise für all die lächerlichen Anklagen dieser Zeugen gab», schrieb Chauveau-Lagarde später, «man hatte nicht einmal das geringste Indiz.»[35]

Die Zeugen, die am Nachmittag vernommen wurden, brachten keine ernsthafteren Anschuldigungen vor. Terrasson, Angestellter im Büro des Justizministeriums, sagte aus, er habe gesehen, wie Marie Antoinette am 21. Juni «rachsüchtige Blicke» ausgesandt habe; für ihn war das Beweis genug, daß sie die Schuld an dem Blutbad auf dem Marsfeld trug. Ein Hausmädchen namens Reine Millot wußte zu berichten, die Witwe Capet habe dem Kaiser Geld zukommen lassen und geplant, den Herzog von Orléans zu ermorden. Zu dem Journalisten Labennette waren angeblich Schergen gekommen, die gedungen waren, ihn zu töten. Die Aussagen von Bailly und Manuel, dem ehemaligen Prokurator der Commune, erbrachten keine neuen Anschuldigungen gegen die Königin – vielmehr wirkten sie selbst wie Angeklagte. Um elf Uhr abends wurde der erste Sitzungstag geschlossen, vollkommen erschöpft legte sich die Königin nieder. Sie hoffte, das Urteil würde auf Deportation lauten.

Am nächsten Tag ging es mit ähnlichen Zeugen weiter, darunter waren mehrere Munizipalbeamte, die Marie Antoinette während ihrer Gefangenschaft im Temple bewacht hatten. Sie belasteten sie nicht. Zwei Zeugenaussagen verdienen es, herausgehoben zu werden: die Aussage des ehemaligen Kriegsministers Graf La Tour du Pin, der gestand, daß er die Königin über «den genauen Zustand der französischen Armee» informiert habe, und die Aussage von Valazé. Valazé war Abgeordneter des Nationalkonvents und hatte die erste Untersuchungskommission geleitet, die damit beauftragt gewesen war, Beweismaterial gegen Ludwig XVI. zu sammeln. In diesem Zusammenhang hatte er die Papiere eingesehen, die der König am 10. August versiegelt hatte. Nun gab er an, er habe damals bei den Akten eine Notiz des Königs gesehen, worin er den Minister gebeten habe, der Königin die Pläne für den Feldzug mitzuteilen. Marie Antoinette wurde dazu befragt und antwortete, sie wisse nichts davon. Es wurde kein Beweisstück vorgelegt. Nachdem der letzte Zeuge seine Aussage gemacht hatte, wurde die Königin gefragt, ob sie noch etwas zu ihrer Verteidigung vorzubringen habe. «Gestern kannte ich die Zeugen nicht», sagte sie. «Ich wußte nicht, was sie aussagen würden. Nun denn, kein einziger hat eine begründete Anschuldigung gegen mich vorgebracht. Ich habe nur noch zu bemerken, daß ich die Gemahlin Ludwigs XVI. war und daß ich mich seinem Willen fügen mußte.»

Die Zeugenvernehmungen waren abgeschlossen. Nach einer kurzen Unterbrechung sprach Fouquier-Tinville für die Anklage. Er verlangte, man müsse «Antoinette als erklärte Feindin der französischen Nation ansehen».[36] Nach ihm waren die Anwälte an der Reihe. Da sie sich nur flüchtig hatten Notizen machen können, mußten sie ihre Plädoyers aus dem Stegreif halten. Chauveau-Lagarde sprach «über die angebliche Verschwörung mit den ausländischen Mächten», Tronçon-Ducoudray «über die angebliche Verschwörung mit den Feinden im Innern». Sie gingen auf die wichtigsten Anklagepunkte ein und hoben hervor, daß für die schwerwiegenden Anschuldigungen keinerlei Beweise vorgelegt worden seien. «Habe ich nicht selbst die beiden Teufelsadvokaten gesehen», empörte sich am nächsten Morgen der *Père Duchesne,* «wie sie sich wie toll gebärdeten, um die Unschuld der Vettel zu beweisen, nein, nicht genug damit, sie wagten es sogar, den Tod des Verräters Capet zu beklagen und zu den Richtern zu sagen, es sei genug mit der Bestrafung des dicken Schweins, wenigstens seiner Schlampe von Frau müsse man Gnade angedeihen lassen.» Marie Antoinette war gerührt, daß Chauveau-Lagarde mit solchem Feuer für sie gesprochen hatte, und dankte ihm mit warmen Worten.[37]

Die Verteidigung durfte nicht das letzte Wort haben. Die Angeklagte wurde hinausgeschickt, und bevor die Geschworenen sich zur Beratung zurückzogen, hielt Hermann, der Präsident des Tribunals, eine lange Rede, in der er die Zeugenvernehmungen noch einmal zusammenfaßte und die so etwas wie ein zweites Plädoyer der Anklage war.[38] Er stellte den Prozeß gegen die Königin dem Prozeß gegen Ludwig XVI. gleich und beschuldigte sie, sie sei «die Komplizin oder vielmehr die Anstifterin der meisten Verbrechen gewesen, welcher sich der letzte Tyrann Frankreichs schuldig gemacht hat». Er ließ alle Punkte der Anklage gelten, unabhängig von den Zeugenaussagen. «Wenn man für alle diese Tatsachen einen mündlichen Beweis wollte», sagte er, «hätte man die Angeklagte vor dem gesamten französischen Volk erscheinen lassen müssen. Die greifbaren Beweise finden sich in den Papieren, welche bei Louis Capet beschlagnahmt wurden, sie sind in einem Bericht von Gohier für den Nationalkonvent aufgelistet. [...] Das französische Volk klagt Antoinette an, alle politischen Ereignisse der letzten fünf Jahre sind Beweismittel gegen sie.» Den Geschworenen wurden vier Fragen vorgelegt:

1. Steht es fest, daß es Machenschaften und heimliches Einvernehmen mit den ausländischen Mächten und anderen äußeren Feinden der Republik gegeben hat mit dem Ziel, ihnen Hilfe in Form von Geld zukommen zu lassen, ihnen Zutritt auf französischen Boden zu verschaffen und den Erfolg ihrer Waffen zu begünstigen?
2. Ist Marie Antoinette von Österreich [...] überführt, an solchen Machenschaften teilgenommen und ein solches Einvernehmen unterhalten zu haben?
3. Steht es fest, daß es ein Komplott und eine Verschwörung gegeben hat, um den Bürgerkrieg im Inneren der Republik zu entzünden?
4. Ist Marie Antoinette von Österreich [...] überführt, an diesem Komplott und dieser Verschwörung teilgenommen zu haben?[39]

Nach ungefähr einer Stunde Beratung kehrten die Geschworenen in den Gerichtssaal zurück. Sie bejahten alle vier Fragen.

Die Königin wurde hereingeholt. «Antoinette», sagte Hermann, «so lautet der Spruch der Geschworenen.»[40] Danach ergriff Fouquier das Wort und verlangte, die Angeklagte wegen Hochverrats zum Tode zu verurteilen. «Als sie ihr Urteil hörte, zeigte sie keinerlei Gemütsbewegung», heißt es im *Moniteur*. «Sie ging aus dem Gerichtsaal, ohne ein Wort zu sagen, ohne noch einmal zu den Richtern oder zum Publikum zu sprechen.»[41] Chauveau-Lagarde jedoch bemerkte, «daß sich in ihrer Seele eine Art Umwälzung vollzogen hatte [...]. Sie zeigte nicht das geringste Anzeichen von Furcht noch von Ärger, noch von Schwäche. Sie war wie ausgelöscht durch das Unerwartete. Ohne ein Wort und ohne eine Geste stieg sie die Stufen hinab und durchschritt den Saal, ohne etwas zu sehen oder zu hören. Und als sie vor der Schranke angekommen war, hinter der sich das Volk befand, hob sie majestätisch den Kopf. Ist es nicht offensichtlich, daß die Königin bis zu diesem schrecklichen Augenblick die Hoffnung bewahrt hatte?»[42]

Gegen halb fünf am Nachmittag des 16. Oktober war die Königin wieder in der Conciergerie. Sofort verlangte sie nach einer Feder, Papier und Tinte und schrieb einen langen Abschiedsbrief an Madame Elisabeth:

«Euch, meiner Schwester, schreibe ich zum letzten Male. Ich bin soeben verurteilt worden, nicht zu einem schimpflichen Tod, denn schimpflich ist er nur für Verbrecher, sondern dazu, mit Eurem Bruder wiedervereinigt zu werden, unschuldig wie er. Ich hoffe, daß ich in den letzten Augenblicken die gleiche Festigkeit wie er zeigen werde. Ich bin ruhig, wie man es ist, wenn das Gewissen einem nichts vorwirft. Zutiefst bedaure ich, daß ich meine armen Kinder verlassen muß. Ihr wißt, daß ich nur für sie lebte und für Euch, meine liebe, zärtliche Schwester. In Eurer Freundschaft habt Ihr alles geopfert, um bei uns zu bleiben. In welcher Lage lasse ich Euch zurück! […] Möge mein Sohn niemals die letzten Worte seines Vaters vergessen, die ich ich ihm hier noch einmal ausdrücklich wiederhole: Er soll niemals versuchen, unseren Tod zu rächen. Ich muß zu Euch noch von einer für mein Herz sehr schmerzlichen Sache sprechen: Ich weiß, wie sehr dieses Kind Euch Kummer bereitet haben muß. Vergebt ihm, meine liebe Schwester, bedenkt sein Alter und wie leicht es ist, ein Kind sagen zu lassen, was man will, auch wenn es dies nicht versteht. […] Es bleibt mir nur noch, Euch meine letzten Gedanken anzuvertrauen. […] Ich sterbe im katholischen, apostolischen und römischen Glauben, dem Glauben meiner Väter, in dem ich erzogen wurde und zu dem ich mich immer bekannt habe. Ich habe keinerlei geistliche Tröstung zu erwarten, da ich nicht weiß, ob es noch Priester dieser Religion gibt, und überdies brächte sie der Ort, an welchem ich mich befinde, in zu große Gefahr, wenn sie hier einträten. […] Ich vergebe allen meinen Feinden das Leid, das sie mir angetan haben. Ich sage meinen Tanten, meinen Brüdern und Schwestern Lebewohl. Ich hatte Freunde, und der Gedanke, daß ich für immer von ihnen getrennt werde, daß sie Schmerzen leiden, ist der größte Kummer, den ich sterbend mit mir nehme. Mögen sie wenigstens wissen, daß ich bis zum letzten Augenblick an sie gedacht habe. Adieu, meine liebe, zärtliche Schwester, möge Euch dieser Brief erreichen! Denkt immer an mich. Ich küsse Euch von ganzem Herzen und ebenso meine armen, geliebten

Kinder. Mein Gott, wie herzzerreißend ist es, sie für immer zu verlassen. Adieu! Adieu!»[43]

Bei Tagesanbruch betrat das Dienstmädchen, die kleine Rosalie Lamorlière, die Zelle. Die Königin lag in ihrem Trauerkleid auf ihrem Bett und weinte. Sie weigerte sich, irgend etwas zu essen. Rosalie beschwor sie, wenigstens einige Löffel Brühe zu sich zu nehmen, doch sie brachte fast nichts hinunter. Gegen acht Uhr half Rosalie der Königin beim Umkleiden, denn sie durfte nicht in ihrem Witwenkleid zur Hinrichtung geführt werden. «Ihre Majestät trat in die kleine Gasse, die ich üblicherweise zwischen ihrem Gurtbett und der Mauer ließ. [...] Sie gab mir ein Zeichen, mich vor ihr Bett zu stellen, damit ihr Leib den Blicken des Gendarmen verborgen war. Dann hockte sie sich nieder und ließ ihr Kleid zu Boden gleiten, um zum letzten Mal die Wäsche zu wechseln. In dem Augenblick trat der Gendarmerieoffizier auf uns zu, blieb beim Kopfkissen stehen und beobachtete die Königin, wie sie sich umkleidete. Ihre Majestät warf sich sofort ihr Tuch um die Schultern, und mit großer Sanftmut sagte sie zu dem jungen Mann: ‹Ich bitte Euch im Namen des Anstands, Monsieur, daß ich unbeobachtet meine Wäsche wechseln darf.› – ‹Das kann ich nicht zulassen›, erwiderte der Gendarm.» Mit Rosalies Hilfe zog die Königin ein Morgenkleid aus weißem Pikee an und setzte eine Leinenhaube ohne Bänder auf.[44]

Gegen zehn Uhr kam der Schließer Larivière in die Zelle der Königin. «Ihr wißt, daß ich sterben muß?» sagte sie leise zu ihm. Bevor er antworten konnte, standen schon die Richter und der Schreiber in der Zelle und lasen der Verurteilten zum zweiten Mal die Anklage vor. Dann trat der Henker Henri Sanson herein. «Er ging auf die Königin zu und sagte zu ihr: ‹Streckt Eure Hände vor.› Ihre Majestät wich zwei Schritte zurück und fragte verstört: ‹Wollt Ihr mir die Hände binden? Ludwig XVI. hat man sie nicht gebunden.› Die Richter sagten zu Sanson: ‹Tu deine Pflicht.›»[45] Sanson fesselte der Königin die Hände brutal hinter dem Rücken, riß ihr die Haube vom Kopf und schnitt ihr die Haare ab. Sie war fertig. Nun begann ihr letzter Weg.

Der Henker hielt Marie Antoinette an einem langen Strick, und so stieg sie auf den Schinderkarren, der sie zum Schafott auf der Place de la Révolution bringen sollte. Der Karren rumpelte langsam vorwärts, vorbei an den Menschenmassen, die sich seit dem Morgengrauen entlang der Strecke drängten. Dreißigtausend Gendarmen waren unterwegs verteilt, sie sollten eine Befreiung in letzter Minute verhindern. An der Ecke zur Rue Saint-Honoré hielt der Maler David mit dem Bleistift das letzte Bild der Königin von Frankreich für die Nachwelt fest: Sehr aufrecht steht sie auf dem Karren, mit bleichem Gesicht, die Backenknochen brennen wie vom Fieber gerötet, die Augen sind blutunterlaufen, grob abgeschnittene weiße Haare schauen unter der Haube hervor. Marie Antoinette sah nichts und niemanden mehr. Sie achtete nicht einmal auf den Priester, den man ihr geschickt und der sie begleitet hatte. Sie hatte sich auch geweigert, bei ihm zu beichten.[46] Nicht einmal die Rufe «Es lebe die Republik! Nieder mit der Tyrannei!» schien sie noch zu hören.

Auf der Place de la Révolution, der ehemaligen Place Louis-XV, schaute die Königin zum Park der Tuilerien hinüber. Ihr Blick fiel auf das Schafott, sie erbleichte. Noch immer nahm sie keine Notiz von dem Priester, sie achtete nicht auf seine letzten Worte. Leicht, als bedeute es keine Anstrengung, stieg sie vom Karren herab und schritt «herausfordernd» die groben Stufen zum Schafott hinauf. Mit einer heftigen Bewegung des Kopfes schüttelte sie die Haube ab und ließ die Henker ihres Amtes walten. Die Vorbereitungen zur Hinrichtung dauerten vier endlos lange Minuten. Dann zitterte das Brett, das Fallbeil sauste herab. Sanson hob den blutigen Kopf hoch. «Es lebe die Revolution!» brüllte die Menge. Es war Viertel nach zwölf.

* * *

20. Oktober 1793. «Obgleich ich darauf vorbereitet war und es seit der Überführung in die Conciergerie erwartete, hat mich die Gewißheit niedergeschmettert. Ich war unfähig, irgend etwas zu fühlen. Ich ging weg, um mit meinen Freunden über das Unglück zu sprechen, mit Madame de Fitz-James und dem Baron [Breteuil], den ich nicht antraf. Ich weinte mit ihnen, vor allem mit Madame de Fitz-James. [...] Jede Minute dachte ich an sie, an all die schrecklichen Umstände ihres Leidens, [...] daran, daß sie vielleicht an mir gezweifelt hat, an meiner Ergebenheit, meiner Zuneigung. Dieser Gedanke zerriß mir das Herz. Danach fühlte ich, wie vielfältig mein Verlust war: Gefühl, Interesse, Leben, alles war in ihr vereint, und alles war verloren. [...] In manchen Augenblicken empfand ich sogar Widerwillen gegen Eleonore. Es war nicht dasselbe Empfinden, dieses Zartgefühl, diese Sorge, diese Zärtlichkeit ...»

21. Oktober. «Daß sie allein gewesen ist in ihren letzten Augenblicken, ohne Tröstung, ohne einen Menschen, mit dem sie sprechen, dem sie ihre letzten Wünsche mitteilen konnte, diese Vorstellung ist entsetzlich. Diese Ungeheuer aus der Hölle! Nein! Ohne Rache wird mein Herz niemals ruhig sein.»

24. Oktober. «Ihr Bild, ihre Leiden, ihr Tod und mein Gefühl gehen mir nicht aus dem Kopf, ich kann an nichts anderes denken.»

26. Oktober. «Jeden Tag denke ich daran, und jeden Tag wird mein Kummer größer. Jeden Tag spüre ich mehr, was ich verloren habe.»

5. November. «Ach, wie sehr werfe ich mir alles vor, womit ich sie gekränkt habe, und wie stark empfinde ich jetzt, daß ich sie geliebt habe. Eleonore wird niemals ihren Platz in meinem Herzen einnehmen. Welche Sanftheit, welche Zärtlichkeit, welche Güte, welche Fürsorge, welch ein liebendes, zartfühlendes und weiches Herz ...»

Hans Axel Graf von Fersen[47]

Anmerkungen

Sigelverzeichnis

A.N. = Archives nationales.

A.A.E. = Archives du ministère des Affaires étrangères.

B.N. = Bibliothèque nationale.

A.G. = *Correspondance secrète entre Marie-Thérèse et le comte Mercy-Argenteau, avec les lettres de Marie-Thérèse et de Marie-Antoinette,* hrsg., eingel. u. komment. von Alfred Ritter von Arneth u. A. Geffroy.

A.F. = *Correspondance secrète du comte de Mercy-Argenteau avec l'empereur Joseph II et le prince de Kaunitz,* hrsg. von Alfred Ritter von Arneth u. Jules Flammermont.

Kapitel I

1 Haus-, Hof- und Staatsarchiv Wien, Familienakten, 54.

2 Ebenda.

3 Ebenda.

4 Ebenda.

5 Ebenda.

6 Ebenda.

7 »Instruction pour mes enfants, tant pour la vie spirituelle que temporelle«, ebenda.

8 Das Testament des Kaisers wurde 1751 abgefaßt und um mehrere Zusätze ergänzt. Der Kaiser setzte seinen ältesten Sohn als Alleinerben ein. Neben ausgedehnten Ländereien hinterließ Franz I. ein Vermögen von ungefähr 19 Millionen Gulden. (Vgl. dazu H.-L. Mikoletzky, *Österreich. Das große 18. Jahrhundert,* S. 216ff., zitiert bei: V.-L. Tapié, *L'Europe de Marie-Thérèse,* Paris 1973.

9 Vgl. Kapitel IV.

10 Arneth, *Maria Theresias letzte Regierungszeit,* Bd. I, Wien 1876, S. 560.

11 A.A.E., Correspondance politique, Autriche, 285.

12 Ebenda, Correspondance politique, Autriche, 307.

13 Ebenda, Correspondance politique, Autriche, 308.

14 Ebenda, Correspondance politique, Autriche, 285.

15 Arneth, *Maria Theresia und ihre Kinder. Ihre Correspondenz,* Bd. III, Wien 1881, S. 31.

16 Ders., Bd. I, S. 552f.

17 A.F., Bd. II, S. 341f.
18 A.A.E., Correspondance politique, Autriche, 310.
19 Arneth, *Maria Theresia und Marie Antoinette*, S. 353ff.
20 Ebenda S.353ff.
21 Ebenda S.353ff.
22 A.F., Bd. II, S. 358.
23 Arneth, *Maria Theresia und Marie Antoinette*, S. 361f.
24 A.A.E., Mémoires et Documents France, 426.
25 *Mémoires* des Herzogs von Croÿ, Bd. II, S. 396 (Beschreibung der Hochzeitsfeierlichkeiten S. 393-421).
26 Ebenda.

KAPITEL II

1 A.F., Bd. II, S. 366.
2 Ebenda S.366.
3 Amiguet, *Lettres de Louis XV à l'infant de Parme*, 4. Juni 1770, S. 155.
4 Arneth, *Maria Theresia und Marie Antoinette*, Briefwechsel, 2. Auflage 1866, S. 354ff.
5 A.G., Bd. I, S. 7.
6 Wie aus handschriftlichen Aufzeichnungen hervorgeht, erfuhr Marie Antoinette zeit ihres Lebens nichts von dem geheimen Briefwechsel zwischen Mercy und ihrer Mutter.
7 A.F., Bd. II, S. 375.
8 Ebenda S. 368.
9 Ebenda S. 357.
10 A.F., Bd. I, S. XLII.
11 A.G., S. 17.
12 Ebenda S. 17.
13 Ebenda S. 14.
14 Ebenda S. 46.
15 Ebenda S. 14.
16 Ebenda S. 12.
17 Ebenda S. 12.
18 Ebenda S. 26.
19 Ebenda S. 26.
20 Ebenda S. 26.
21 Ebenda S. 26.
22 Ebenda S. 26.
23 Ebenda S. 17.
24 Ebenda S. 27.
25 Ebenda S. 28.
26 Amiguet, op. cit., S. 161.
27 A.G., Bd. I, S. 7.
28 Haus-, Hof- und Staatsarchiv, Wien, Frankreich-Berichte, 144.
29 A.G., Bd. I, S. 7.
30 Ebenda S. 77.
31 Ebenda S. 78.
32 Ebenda S. 55f.
33 Ebenda S. 53.
34 Ebenda S. 19f.
35 B.N., Mss. 14447.
36 A.G., Bd. I, S. 66.
37 Ebenda S. 73.
38 Ebenda S. 74.
39 Ebenda S. 91f.
40 Ebenda S. 107.
41 Ebenda S. 88.
42 Ebenda S. 39.

KAPITEL III

1 A.G., Bd. I, S. 135.
2 Ebenda S. 134.
3 Ebenda S. 134.
4 Ebenda S. 129.
5 Haus-, Hof- und Staatsarchiv, Wien, Frankreich-Berichte, 150.
6 Flammermont, *Correspondance des agents diplomatiques* ..., vgl. die Berichte des spanischen Botschafters Aranda, S. 474-479.
7 Haus-, Hof- und Staatsarchiv, Wien, Frankreich-Berichte, 147.
8 Ebenda.
9 Ebenda.

10 A.F., Bd. II, S. 384.
11 Ebenda S. 384.
12 Ebenda S. 385.
13 Ebenda S. 385.
14 A.G., Bd. I, S. 83.
15 Ebenda S. 128f.
16 Madame du Deffand, *Letters to Horace Walpole,* hrsg. von A. Toynbee, London 1912, Bd. II, S. 232-235.
17 A.G., Bd. I, S. 97.
18 Ebenda S. 142f.
19 Ebenda S. 142f.
20 Ebenda S. 144.
21 Ebenda S. 63.
22 Ebenda S. 63.
23 Ebenda S. 158.
24 Ebenda S. 158.
25 Ebenda S. 165.
26 Ebenda S. 165.
27 Ebenda S. 165.
28 Bachaumont, *Mémoires secrets,* Mai-Juni 1771.
29 Haus-, Hof- und Staatsarchiv, Wien, Frankreich-Berichte, 147.
30 Ebenda.
31 A.G., S. 172.
32 A.F., Bd. I, S. 391.
33 Ebenda.
34 A.G., Bd. I, S. 178.
35 Ebenda S. 178.
36 Ebenda S. 178.
37 Ebenda S. 183.
38 Ebenda S. 184.
39 A.F., Bd. II, S. 394.
40 A.G., Bd. I, S. 202.
41 Ebenda S. 203f.
42 A.F., Bd. II, S. 396.
43 Ebenda S. 395.
44 A.G., Bd. I, S. 209.
45 Ebenda S. 209.
46 Ebenda S. 210.
47 A.F., Bd. I, S. 397.
48 A.G., Bd. I, S. 218.
49 Ebenda S. 221, 223.
50 Ebenda S. 254.
51 Ebenda S. 250.
52 Ebenda S. 250.
53 Ebenda S. 264.
54 A.F., Bd. II, S. 403.
55 A.G., Bd. I, S. 261.

Kapitel IV

1 A.F., Bd. II, S. 401.
2 Als »Geheimnis des Königs« bezeichnete man die Geheimdiplomatie, die der König bisweilen sogar ohne Wissen seiner Minister führte.
3 A.F., Bd. II, S. 404f.
4 Ebenda S. 399.
5 Ebenda S. 402, 405.
6 Ebenda S. 406.
7 A.G., Bd. I, S. 293.
8 Ebenda S. 272.
9 A.A.E., Correspondance politique, Sardaigne, 1771. 255.
10 A.G., Bd. I, S. 298.
11 Arneth, *Maria Theresia und Joseph II.*, Bd. I S. 326, Bd. II S. 299, Bd. III S. 375.
12 A.G., Bd. I, S. 305.
13 Ebenda S. 305.
14 Ebenda S. 315.
15 Ebenda S. 310.
16 Ebenda S. 318.
17 Ebenda S. 320f.
18 Ebenda S. 321.
19 Ebenda S. 329.
20 Ebenda S. 331.
21 Ebenda S. 332.
22 Ebenda S. 353.
23 Ebenda S. 378.
24 Haus-, Hof- und Staatsarchiv, Wien, Frankreich-Berichte, 150, 23. Januar 1772.
25 Haus-, Hof- und Staatsarchiv, Wien, Frankreich-Berichte, 147, November 1771.
26 A.G., Bd. I, S. 237.
27 Haus-, Hof- und Staatsarchiv, Wien, Frankreich-Berichte, 147.
28 Ebenda.

29 A.G., Bd. I, S. 328.
30 Haus-, Hof- und Staatsarchiv, Wien, Frankreich-Berichte, 147, November 1771.
31 Ebenda 16. Dezember 1771.
32 *Correspondance entre Marie-Antoinette et Marie-Thérèse,* hrsg. von Girard, S. 90.
33 Ebenda S. 91.
34 Haus-, Hof- und Staatsarchiv, Wien, Frankreich-Berichte, 154, Mai-Juni 1773.
35 Ebenda August 1773.
36 Ebenda.
37 A.G., S. 400f.
38 Ebenda.
39 A.G.
40 A.G.
41 A.G.
42 A.G., Bd. I, S. 459.

Kapitel V

1 Zitiert bei Pierre de Nolhac, *Marie-Antoinette dauphine.*
2 Geffroy, *Gustave III et la cour de France,* Bd. I, Kap. IV, S. 214.
3 Ebenda S. 255.
4 A.G., Bd. I, S. 435.
5 Ebenda S. 435.
6 Ebenda S. 435.
7 Ebenda S. 446.
8 Ebenda S. 422.
9 Ebenda S. 442.
10 A.G., Bd. II, S. 31.
11 A.G., Bd. I, S. 457f., Bd. II, S. 35.
12 A.G., Bd. I, S. 431.
13 A.G., Bd. II, S. 103.
14 Ebenda S. 75.
15 Ebenda S. 54.
16 Ebenda S. 94.
17 Ebenda S. 95.
18 Ebenda S. 95.
19 Ebenda S. 95.
20 Madame de Campan, *Mémoires,* hrsg. von Funck-Brentano, Paris 1928, Bd. I, S. 52f.
21 Ebenda.
22 Ebenda.
23 A.G., Bd. II, S. 108.
24 Auszüge aus dem Tagebuch Fersens, zitiert bei: Klinckowström, *Le comte de Fersen et la cour de France,* S. XVIf.
25 Ebenda S. XVIII.
26 A. Söderhjelm, *Jouranl intime et correspondance du comte Axel de Fersen,* S. 34f.
27 Ebenda S. 34.
28 Klinckowström, *op. cit.,* S. IX, und Geffroy, *op. cit.,* Bd. I, S. 359.
29 Moreau, *Mes souvenirs,* Bd. I, S. 334.
30 A.F., Bd. II, S. 445.
31 A.G., Bd. II, S. 117.
32 Ebenda S. 117.
33 Croÿ, *Mémoires,* Bd. III, S. 61.
34 Geffroy, *op. cit.,* Bd. I, S. 212.
35 *Mémoires du duc de Richelieu,* hrsg. von Didot, Bd. II, S. 276, sowie Brief von Mercy an Maria Theresia vom 19. Februar 1774, in: A.G., Bd. II, S. 110ff.
36 Geffroy, *op. cit.,* Bd. I, S. 212.
37 Vgl. Pierre Darmon, *La Variole et les princes* ..., S. 85-146.
38 Croÿ, *op. cit.,* Bd. III, S. 85.
39 A.G., Bd. II, S. 134.
40 Ebenda S. 137.
41 Croÿ, *op. cit.,* Bd. III, S. 85f.
42 Ebenda S. 85f.
43 Ebenda S. 85f.
44 A.G., Bd. II, S. 135.
45 Croÿ, *op. cit.,* Bd. III, S. 92.
46 Ebenda S. 92.
47 Ebenda S. 92.
48 A.G., Bd. II, S. 137.
49 Croÿ, *op. cit.,* Bd. III, S. 102.
50 Ebenda S. 104.
51 A.G., Bd. II, S. 145.
52 Briefe des Herzogs von Orléans an Madame de Montesson, veröffentlicht

von Gabriel de Broglie in: *Nouvelle Revue des Deux Mondes*, Paris 1974.

53 Moreau, *op. cit.*, Bd. I, S. 362.

Kapitel VI

1 A.G., Bd. II, S. 140.

2 Ebenda S. 149.

3 Baudeau, *Chronique secrète de Paris sous le règne de Louis XVI*, in: *Revue Rétrospective*, 1833, 1. Reihe, Bd. 3.

4 Anläßlich der Thronbesteigung hatte der neue Herrscher Anspruch auf ein »freiwilliges Geschenk« seiner Untertanen als Dank dafür, daß er alle Privilegien, Konzessionen, Ämter, Adelsbriefe, Statuten von Gemeinschaften und Zünften sowie die Genehmigung von Märkten und Jahrmärkten bestätigte. Diese höchst einträgliche Steuer war noch 1725 erhoben worden, die Eintreibung hatte bis 1744 gedauert.

5 Die Königin erhielt zehn Denier pro 268 Liter Wein, die in die Stadt Paris gebracht wurden. Das Geld war für den persönlichen Verbrauch der Königin bestimmt. Ihren Namen hatte die Abgabe daher, daß die Börse früher am Gürtel getragen wurde.

6 A.G., Bd. II, S. 204.

7 Flammermont, *Correspondance des agents diplomatiques à l'étranger*, Bericht von Monsieur de Viry vom 13. Mai 1774, S. 319.

8 A.G., Bd. II, S. 137.

9 Ebenda S. 137.

10 Ebenda S. 147f., Nr. 1.

11 Ebenda S. 147.

12 Ebenda S. 147.

13 A.F., Bd. II, S. 450.

14 Ebenda S. 453ff.

15 Ebenda S. 453ff.

16 A.G., Bd. II, S. 153.

17 Ebenda S. 150.

18 A.F., Bd. II, S. 456.

19 A.F., Bd. II, S. 456.

20 Véri, *Journal*, Bd. I, S. 100.

21 Brief von Mercy an Maria Theresia vom 15. Juli, A.G., Bd. II, S. 196ff.

22 Véri, *op. cit.*, Bd. I, S. 139.

23 Brief vom 15. Juni 1774.

24 Baudeau, *op. cit.*

25 Unveröffentlichte Memoiren des Grafen Caraman, zitiert bei: Pierre de Nolhac, *Le Trianon de Marie-Antoinette*, S. 94ff.

26 Madame Campan, *Mémoires*, Bd. I, S. 67f.

27 »Kleine Königin von zwanzig Jahren.«

28 A.G., Bd. I, S. 345, vgl. ferner ebenda S. 285, 289f., 354, 449.

29 Georgel, *Mémoires*, Bd. I, S. 254, Bd. II, S. 6-9.

30 A.G., Bd. II, S. 278.

31 Ebenda S. 221.

32 Ebenda S. 221.

33 Croÿ, *op. cit.*, Bd. III, S. 132.

34 A.G., Bd. II, S. 217.

35 A.G., Bd. II, S. 217.

36 Soulavie, *Mémoires*, Bd. I, Kap. V.

37 Baudeau, *op. cit.*

38 A.G., Bd. II, S. 225f.

39 Ebenda S. 241.

40 Campan, *Mémoires*, Bd. I, S. 69.

41 Véri, *op. cit.*, Bd. I, S. 152.

42 Croÿ, *op. cit.*, Bd. III, S. 141.

43 Flammermont, *op. cit.*, S. 474-478.

Kapitel VII

1 *Correspondance littéraire, philosophique et critique* ..., Bd. X, S. 511.

2 Oberkirch, *Mémoires*, S. 312.

3 A.G., Bd. II, S. 249.

4 Ebenda S. 295.
5 Ebenda S. 297.
6 Croÿ, *op. cit.*, Bd. III, S. 170.
7 A.G., Bd. II, S. 295.
8 Véri, *op. cit.*, Bd. I, S. 240.
9 Ebenda S. 240.
10 Ebenda S. 242.
11 Métra, *Correspondance secrète*, Bd. I, S. 360.
12 Véri, *op. cit.*, Bd. I, S. 243.
13 Lauzun, *Mémoires*, in: Maugras, *Le duc de Lauzun et la Cour de Marie-Antoinette*, S. 101.
14 Ebenda S. 101.
15 Ligne, *Fragments d'Histoire de ma vie*, Bd. II, S. 88.
16 Besenval, *Mémoires*, hrsg. von Ghislain de Diesbach, Paris 1987, S. 181.
17 A.G., Bd. II, S. 367.
18 Ségur, *Mémoires*, Bd. III.
19 Besenval, *op. cit.*, S. 193.
20 A.G., Bd. II, S. 361.
21 Ebenda S. 310.
22 Ebenda S. 313.
23 Besenval, *op. cit.*, S. 176ff.
24 Ebenda S. 176ff.
25 Ebenda S. 176ff.
26 Ebenda S. 176ff.
27 Ebenda S. 176ff.
28 Ebenda S. 176ff.
29 Ebenda S. 176ff.
30 Ebenda S. 176ff.
31 Croÿ, *op. cit.*, Bd. III, S. 174.
32 A.G., Bd. II, S. 346.
33 Ebenda S. 350.
34 Ebenda S. 356.
35 Ebenda S. 362.
36 Ebenda S. 343.

Kapitel VIII

1 A.G., Bd. II, S. 359.
2 Véri, *op. cit.*, Bd. I, S. 308.
3 Ebenda S. 308.
4 Marie Antoinette sollte vom Amtsadel nie sehr viel halten.
5 A.G., Bd. II, S. 357.
6 Véri, *op. cit.*, Bd. I, S. 310.
7 Ebenda S. 310.
Besenval, *op. cit.*, S. 187.
9 Véri, *op. cit.*, Bd. I, S. 311.
10 Ebenda S. 315.
11 Ebenda S. 316.
12 Ebenda S. 317.
13 A.G., Bd. II, S. 360.
14 Ebenda S. 364-366.
15 Ebenda S. 380.
16 Ebenda S. 371.
17 Ebenda S. 383.
18 Ebenda S. 366.
19 Ebenda S. 394.
20 Ebenda S. 373.
21 Ebenda S. 374.
22 Ebenda S. 374.
23 Horace Walpole, Brief vom 23. August 1775, zitiert bei: A.G., S. 369, Nr. 1.
24 Campan, *op. cit.*, Bd. I, S. 109.
25 Lauzun, *Mémoires*, in: Gaston Maugras, *op. cit.*, S. 104f., Nr. 1.
26 Ebenda S. 104f.
27. A.G., Bd. II, S. 398.
28 Ebenda S. 399.
29 Véri, *op. cit.*, Bd. I, S. 368.
30 A.G., Bd. II, S. 397.
31 Besenval, *op. cit.*, S. 270.
32 A.G., Bd. II, S. 404.
33 Ebenda S. 409.

Kapitel IX

1 Croÿ, *op. cit.*, Bd. III, S. 239.
2 A.G., Bd. II, S. 415.
3 Véri, *op. cit.*, Bd. I, S. 399.
4 Ebenda S. 399f.
5 Ligne, *op. cit.*, S. 193.
6 A.G., Bd. II, S. 447.

7 Ebenda S. 448.
8 Archiv Stockholm, zitiert bei: A. G., Bd. II, S. 446, Nr. 2.
9 A.G., Bd. II, S. 446.
10 Ebenda S. 446.
11 Ebenda S. 441.
12 Brief vom 18. Mai 1776, zitiert bei: Ségur in *Au couchant de la monarchie*, Bd. I, S. 352.
13 A.G., Bd. II, S. 454.
14 A.G., Bd. II, S. 475.
15 Campan, *op. cit.*, S. 90.
16 A.G., Bd. II, S. 478.
17 Ebenda S. 495.
18 Ebenda S. 501.
19 Ebenda S. 490.
20 Ebenda S. 486.
21 Ebenda S. 496.
22 Croÿ, *op. cit.*, Bd. III, S. 225.
23 A.G., Bd. II, S. 492.
24 Ebenda S. 496.
25 A.G., Bd. III, S. 7.
26 A.G., Bd. II, S. 525.
27 A.G., Bd. III, S. 286.
28 Besenval, *op. cit.*, S. 181.

Kapitel X

1. A.G., Bd. III, S. 17.
2 Flammermont, *Correspondance des agents diplomatiques* ..., S. 333. Zum Benehmen der Königin siehe auch andere Gesandtschaftsberichte, S. 348-356.
3 A.G., Bd. II, S. 527.
4 A.G., Bd. III, S. 19.
5 Ligne, *op. cit.*,
6 A.G., Bd. III, S. 18.
7 A.G., Bd. II, S. 531.
8 Ebenda S. 534.
9 Ebenda S. 534.
10 Ebenda S. 478.
11 Ebenda S. 484.
12 Ebenda S. 484.
13 A.G., Bd. III, S. 2.
14 Ebenda S. 3.
15 Ebenda S. 50.
16 Ebenda S. 50.
17 Ebenda S. 79.
18 Ebenda S. 79f.
19 Ebenda S. 81.
20 Ebenda S. 80.
21 Haus-, Hof- und Staatsarchiv, Wien, Familienakten, Sammelbd. 7.
22 Ebenda.
23 A.G., Bd. III, S. 76.
24 Ebenda S. 76.
25 Ebenda S. 86.
26 Brief vom 9. Juni 1777, unvollständig zitiert bei: Arneth, Bd. III, S. 74; vgl. Haus-, Hof- und Staatsarchiv, Wien, Familienakten, Sammelbde. 7.
27 Haus-, Hof- und Staatsarchiv. Wien, Familienakten, Sammelbd. 7.
28 Ebenda.
29 Die hier abgedruckten Textstellen sind teilweise noch unveröffentlicht; vgl. Haus-, Hof- und Staatsarchiv, Wien, Familienakten, 55: «Réflexions données à la reine de France».
30 A.G., Bd. III, S. 85.
31 Girard, *op. cit.*, S. 212f.
32 Haus-, Hof- und Staatsarchiv, Wien, Frankreich-Berichte 163, August 1777.
33 Haus-, Hof- und Staatsarchiv, Wien, Frankreich-Berichte 163, 12. September 1777.
34 Lescure, *Correspondance secrète*, Bd. I, S. 93.
35 Girard, *op. cit.*, S. 221f.
36 A.N. O^1 3051.
37 A.G., Bd. III, S. 113.
38 Girard, *op. cit.*, S. 215f.
39 Haus-, Hof- und Staatsarchiv, Wien, Frankreich-Berichte 219.
40 A.G., Bd. III, S. 123.
41 Ebenda S. 121.
42 Ebenda S. 138.
43 Ebenda S. 138.
44 Haus-, Hof- und Staatsarchiv, Wien, Frankreich-Berichte.

45 Haus-, Hof- und Staatsarchiv. Wien, Familien-Korrespondenz, 26.
46 A.G., Bd. III, S. 177.
47 Ebenda S. 181.

Kapitel XI

1 A.F., Bd. II, S. 513.
2 Ebenda S. 516.
3 Ebenda S. 518.
4 A.G., Bd. III, S. 158.
5 Ebenda S. 158.
6 Ebenda S. 161.
7 Ebenda S. 162.
8 A.F., Bd. II, S. 521.
9 A.E., Autriche, 334, Nr. 7.
10 Arneth, *Joseph II. und Leopold II.*, 10. August 1783.
11 Arneth und Geffroy, Bd. III, S. 167.
12 Ebenda S. 169.
13 Ebenda S. 169.
14 A.E., Autriche, 334, fol. 416.
15 A.G., Bd. III, S. 172.
16 Ebenda S. 173.
17 A.E., Autriche, 334, fol. 355.
18 A.G., Bd. III, S. 179.
19 Ebenda S. 183.
20 Véri, *op. cit.*, Bd. II, S. 93f.
21 Haus-, Hof- und Staatsarchiv, Wien, Familien-Korrespondenz, 26.
22 A.E., Autriche, 334, fol. 445f.
23 A.G., Bd. III, S. 186.
24 Was Véri in seinem Tagebuch über die Begegnung der Königin mit den beiden Ministern berichtet, deckt sich mit Mercys Darstellung in der Depesche vom 20. April. (A. G., *op. cit.*, Bd. III, Nr. 1, S. 188.)
25 Véri, *op. cit.*, Bd. II, S. 97f.
26 A.G., Bd. III, S. 191.
27 Ebenda S. 207.
28 Ebenda S. 207.
29 Ebenda S. 200f.
30 A.F., Bd. II, S. 527.
31 A.G., Bd. III, S. 214.
32 Ebenda S. 216.
33 A.F., Bd. II, S. 528f.
34 A.G., Bd. III, S. 213.
35 Ebenda S. 213.
36 Véri, *op. cit.*, Bd. II, S. 114.
37 A.G., Bd. III, S. 221.
38 Depesche Mercys, zitiert nach Fußnote in: A. G., Bd. III, S. 227.
39 A.G., Bd. III, S. 234.
40 Véri, *op. cit.*, Bd. II, S. 151.
41 A.G., Bd. III, S. 235.
42 Ebenda S. 252.
43 Ebenda S. 258.
44 Ebenda S. 258.
45 Ebenda S. 254.
46 Ebenda S. 311.

Kapitel XII

1 Tagebuch Ludwigs XVI., A.N. A.E. II, 1281.
2 Croý, *op. cit.*, Bd. III, S. 136.
3 Ebenda S. 136.
4 Ebenda S. 136.
5 Ebenda S. 136.
6 Campan, *op. cit.*,, Kap. IX.
7 A.G., Bd. III, S. 285.
8 Ebenda S. 283.
9 Ebenda S. 286.
10 Croý, *op. cit.*, Bd. III, S. 153.
11 Ebenda S. 156f.
12 A.G., Bd. III, S. 296.
13 Véri, *op. cit.*, Bd. II, S. 178.
14 Söderhjelm, *op. cit.*, S. 54f.
15 Ebenda S. 54f.
16 Klinckowström, *op. cit.*, Bd. I, S. XXXII.
17 Ebenda S. XXVII.
18 Ebenda S. XXXII.
19 Söderhjelm, *op. cit.*, S. 61.
20 Saint-Priest, *Mémoires*, Bd. II, S. 67.
21 Klinckowström, *op. cit.*, Bd. I, S. XXXIII.

22 Saint-Priest, *Mémoires*, Bd. II, S. 67f.
23 Brief veröffentlicht von Klinckowström, Bd. I, S. XXXV; (das Original befindet sich unter den Papieren Gustavs III. im Archiv von Uppsala).
24 Da die Oper *Dido* in Paris erst 1783 aufgeführt wurde, kann man an der Authentizität dieser Episode zweifeln. Ihre Arien waren allerdings bekannt, und Fersen hatte einer Aufführung der Oper schon in Turin beigewohnt. Ergänzend zum Bericht von Baron Creutz siehe Barringtons Schilderung.
25 Zitiert bei: H. Vallotton, *Marie-Antoinette et Fersen*, S. 103.
26 A.G., Bd. III, S. 306.
27 Ebenda S. 306.
28 Esterházy, *Mémoires*, S. 181.
29 A.G., Bd. III, S. 314.
30 Ebenda S. 323.
31 Ebenda S. 339.
32 Ebenda S. 332.
33 Ebenda S. 338.
34 *Lettres d'Axel Fersen à son père* ..., veröffentlicht von Graf Wrangel, S. 52.
35 Der Historiker Roger Sorg hat diesen Brief Taubes vom 20. April 1780 in einem schwedischen Archiv entdeckt und ihn im *Mercure de France* vom 15. Juli 1933 unter dem Titel *Fersen officier français et Marie-Antoinette* veröffentlicht. Sorg bezieht sich in seinem Artikel auch auf den Brief von Baron Creutz an Gustav III., den Klinckowström veröffentlicht und auf den 10. April 1779 datiert hat. Alma Södehrjelm ordnet dem Brief das gleiche Datum zu. Sorg weist dagegen darauf hin, daß der Brief nur mit einer Angabe zu Tag und Monat, nicht aber mit einer Jahresangabe versehen war und lediglich mit anderen Dokumenten aus dem Jahre 1779 verwahrt wurde. Nach einem Vergleich mit Taubes Brief kommt er zum Schluß, daß Creutz' Depesche wahrscheinlich im Jahre 1780 geschrieben wurde. Beide Datierungen scheinen möglich.
36 Bei diesem Tanz müssen die Paare auf das Zeichen eines männlichen Tänzers hin, der für sich wieder eine Partnerin finden muß, alle den Partner wechseln.
37 Wrangel, *op. cit.*, S. 51f.
38 Ebenda S. 52f.
39 A.G., Bd. III, S. 407.
40 A.G., Bd. II, S. 262.
41 Ebenda S. 281.
42 A.G., Bd. III, S. 424.
43 Ebenda S. 431.
44 Ebenda S. 437.
45 Ebenda S. 475.
46 Véri, *op. cit.*, Bd. II, S. 316.
47 Ebenda S. 263.

Kapitel XIII

1 Besenval, *op. cit.*, S. 180f.
2 Tilly, *Mémoires*, Bd. I, S. 13f.
3 »Charakteristik der Königin Marie-Antoinette«, nach Baron Pichler, in: *Maria-Theresia und Marie-Antoinette*, hrsg. von Arneth, S. 393f.
4 A.G., Bd. III, S. 181.
5 Grimm ..., *Correspondance* ..., Bd. V, S. 140.
6 Véri, *op. cit.*, Bd. II, S. 50.
7 Besenval, *op. cit.*, hrsg. Barrière, Bd. II, S. 309.
8 Campan, Bd. I, S. 115.
9 Ebenda S. 115.
10 A.N. O^1 1875, 1877-1881.
11 Campan, *op. cit.*, Bd. I, S. 115.
12 Ebenda S. 115.
13 Grimm, Bd. XII, S. 427.
14 Lescure, *Correspondance secrète*, Bd. I, S. 310.
15 A.G., Bd. III, S. 465.
16 Ebenda, S. 462.
17 Campan, *op. cit.*, Bd. I, S. 112.
18 Lévis, *Souvenirs et portraits*, S. 137f.

19 Campan, *op. cit.*, Bd. I, S. 72f.
20 Lévis, *op. cit.*, S. 137f.
21 Archives départementales des Yvelines, Fonds Bombelles, 18. Dezember 1781.
22 A.G., Bd. III, S. 468.
23 Ebenda S. 483.
24 Véri, *op. cit.*, Bd. II.
25 Besenval, *op. cit.*, S. 324-336.
26 Ebenda S. 324-336.
27 Ebenda S. 324-336.
28 Ebenda S. 324-336.
29 Ebenda S. 324-336.
30 Arneth, *Marie-Antoinette, Joseph II. und Leopold II.*, S. 22.
31 A.G., Bd. III, S. 482.
32 Girard, *op. cit.*, S. 323.
33 Ebenda S. 324.
34 A.F., Bd. I, S. 8.
35 Ebenda S. 12.
36 A.E., Autriche, 340.
37 A.E., Autriche, 345, fol. 133.
38 A.F. Bd. I, S. 3.
39 Ebenda S. 19.
40 Mercy an Kaunitz, Depesche vom 7. Februar 1781, in: A.F., Bd. I, S. 25.
41 A.F., Bd. I, S. 25f.
42 Ebenda S. 37.
43 Arneth, *Marie-Antoinette, Joseph II. …*, S. 111.
44 Campan, *op. cit.*, Bd. I, S. 133f.
45 A.F., Bd. I, S. 58.
46 Ebenda S. 62.

Kapitel XIV

1 Tagebuch Ludwigs XVI.
2 A.N., AE II 1733.
3 Lescure, *Mémoires secrets*, 20-22. Dezember 1781 und 26. Januar 1782.
A.N., K. 1017.
5 A.F., Bd. I, S. 85.
6 Ebenda S. 79f.
7 Ebenda S. 84.
8 Ebenda S. 87.
9 Ebenda S. 108, Nr. 1.
10 Oberkirch, ebenda S. 152.
11 Ebenda S. 153.
12 Campan, *op. cit.*, Bd. I, S. 174.
13 Oberkirch, *op. cit.*, S. 154.
14 Ebenda S. 154.
15 A.F., Bd. I, S. 110f.
16 Ebenda S. 110f.
17 Arneth, *Marie-Antoinette, Joseph II. und Leopold II. …*, S. 27.
18 Oberkirch, *op. cit.*, S. 198.
19 Ebenda S. 199.
20 A.F., Bd. I, S. 109.
21 Besenval, hrsg. von G. de Diesbach, S. 293f.
22 A.F., Bd. I, S. 151.
23 Ebenda S. 187.
24 Mercys Depesche vom 17. Juni 1783, zitiert bei: A.F., Bd. I, S. 187.
25 Ebenda S. 187.
26 Ebenda S. 192.
27 Ebenda S. 199.
28 Arneth, *Marie-Antoinette, Joseph II. …*, S. 30ff.
29 Ebenda S. 35.

Kapitel XV

1 Wrangel, *Lettres d'Axel Fersen à son père*, S. 114.
2 Ebenda S. 75.
3 Ebenda S. 85.
4 Ebenda S. 145.
5 Ebenda S. 145.
6 Ebenda S. 158.
7 Ebenda S. 176.
8 Ebenda S. 176.
9 Ebenda S. 181.
10 Söderhjelm, *op. cit.*, S. 77.
11 Ebenda S. 77.

12 Bombelles, *Journal,* Bd. I, S. 262.
13 Söderhjelm, *op. cit.,* S. 81f.
14 Söderhjelm, *op. cit.,* S. 90.
15 Ebenda S. 91.
16 Bombelles *op. cit.,* Bd. I, S. 262f.
17 Söderhjelm, *op. cit.,* S. 384.
18 Françoise Kermina, *Fersen,* Paris 1985.
19 So schreibt Fersen zum Beispiel während der Flucht nach Varennes in sein Tagebuch: »Ich war bei Mercy und fragte ihn, ob man sich um Joséphines Diamanten gekümmert hat ...« Die Besitzerin dieser Diamanten, die Mercy in Brüssel der Erzherzogin Maria Christine übergab, ist zweifellos Marie Antoinette.
20 Bombelles, *op. cit.,* Bd. I, S. 293.
21 Vgl. Verlet, *Le château de Versailles,* S. 603.
22 Campan, *op. cit.,* Bd. I, S. 201.
23 Vgl. Claude Petitfrère, *Le scandale du »Mariage de Figaro«,* S. 9-13.
24 Campan, *op. cit.,* Bd. I, S. 204.
25 Bombelles, *op. cit.,* Bd. I, S. 339.
26 Ebenda S. 339.
27 Augeard, *Mémoires,* S. 121.
28 Ebenda S. 121.
29 Arneth, *Marie-Antoinette, Joseph II. ...,* S. 110f., zitiert bei: A.F., Bd. I, S. 229.
30 Bombelles, *op. cit.,*, S. 284.
31 Arneth, *Marie-Antoinette, Joseph II. ...,* S. 36.
32 A.F., Bd. I, S. 244.
33 Ebenda S. 257.
34 Mercys Depesche von 20. März 1784, zitiert bei: A.F., Bd. I, S. 256.
35 Ebenda S. 261.
36 Ebenda S. 263.
37 Ebenda S. 264.
38 Bombelles, *op. cit.,* Bd. I, S. 326.
39 Söderhjelm, *op. cit.,* S. 99.
40 Oberkirch, *op. cit.,* S. 354.
41 Bombelles, *op. cit.,* Bd. I, S. 328.
42 Ebenda S. 329.
43 Ebenda S. 355.
44 Oberkirch, *op. cit.,* S. 338.
45 Bombelles, *op. cit.,* S. 332.
46 Söderhjelm, *op. cit.,* S. 99.
47 Brief zitiert bei Desjardins, *op. cit.,* S. 57, nach *La Collection de Gustave III,* Bd. 5, 4^0, Nr. 101, Universität Uppsala.
48 Ebenda S. 57.
49 Ebenda S. 57.
50 Söderhjelm, *op. cit.,* S. 101.
51 Ebenda S. 101.
52 Hézecques, *Souvenirs ...,* S. 22.
53 Oberkirch, *op. cit.,* S. 354.

Kapitel XVI

1 Der Kaiser gab seine Ansprüche auf Maastricht und die Grafschaft Vroomshoop auf. Er bekräftigte die Überlassung eines Teils von Geldern an die Republik und trat das übrige österreichische Gelderland einschließlich der damit verbundenen Gebiete sowie ein Gebietsstück jenseits der Maas ab.
2 A.F., Bd. I, S. 267f.
3 Ebenda S. 269.
4 Offizielle Depesche von Mercy vom 1. August 1784, A.F., Bd. I, S. 281.
5 A.A.E., Correspondance politique Autriche, 347, fol. 394.
6 A.F., Bd. I, S. 281.
7 Ebenda S. 282.
8 Ebenda S. 283.
9 Ebenda S. 289.
10 Offizielle Depesche von Mercy vom 17. Oktober 1784, A.F., Bd. I, S. 319.
11 Offizielle Depesche von Mercy vom 6. November 1784, ebenda.
12 Arneth, *Marie-Antoinette und Joseph II. ...,* S. 45.
13 *Marie-Antoinette, Joseph II. und Leopold II. ...,* S. 43.
14 Offizielle Depesche von Mercy vom 6. November 1784, A.F., Bd. I, S. 325.

15 Offizielle Depesche von Mercy vom 27. November 1784, A.F., Bd. I, S. 342-345.
16 Ebenda S. 345f.
17 Ebenda S. 347.
18 Arneth, *Marie-Antoinette und Joseph II. …*, S. 50.
19 Ebenda S. 47.
20 A.F., Bd. I, S. 339.
21 Arneth, *Marie-Antoinette und Joseph II. …*, S. 52.
22 Ebenda S. 52.
23 A.A.E., Correspondance politique Autriche, 348-349.
24 A.A.E., Correspondance politique Autriche, 348.
25 Bombelles, *op. cit.*, Bd. II, S. 18.
26 Diese Szene gibt Mercy in seiner offiziellen Depesche an den Kaiser vom 31. Dezember 1784 wieder, zitiert in: A.F., Bd. I, S. 365-368.
27 Arneth, *Marie-Antoinette und Joseph II. …*, S. 64.
28 Schreiben des Herzogs von Zweibrükken, zitiert bei: Arneth/Flammermont, Bd. I, S. 375, Nr. 1.
29 Arneth, *Marie-Antoinette und Joseph II. …* , S. 72.
30 Ebenda S. 72.
31 Ebenda S. 76.
32 A.F., Bd. I, S. 404.
33 Arneth, *Marie-Antoinette und Joseph II. …*, S. 97.
34 Lescure, *op. cit.*, Bd. II, S. 83.
35 A.F., Bd. I, S. 47.
36 Bombelles, *op. cit.*, Bd. II, S. 21.
37 Lescure, *op. cit.*, Bd. I, S. 570.

Kapitel XVII

1 Söderhjelm, *op. cit.*, S. 104.
2 Ebenda S. 106.
3 Ebenda S. 104.
4 A.N. O[1] 1875.
5 Campan, *op. cit.*, Bd. I, S. 197f.
6 Ebenda S. 197f.
7 Ebenda S. 207-210.
8 Ebenda S. 207-210.
9 A.N. X 2 B 1417 und B.N. Mss. Joly de Fleury 2089, Zusammenfassung der Affäre durch P. du Laurencel.
10 Georgel, *Mémoires pour servir à l'histoire des événements de la fin du XVIIIe siècle depuis 1760 jusqu'en 1810*, Paris 1820, Bd. II, S. 2.
11 Ebenda S. 66f.
12 Ebenda S. 68.
13 Ebenda S. 72.
14 Bombelles, *op. cit.*, Bd. I, S. 193f.
15 X 2 B 1417 Stück 56, Aussage von Bassenge.
16 Ebenda.
17 Georgel, *op. cit.*, Bd. II, S. 86f.
18 X 2 B 1417, Aussage von Saint-James.
19 Ebenda.
20 Georgel, *op. cit.*, Bd. II, S. 98f.
21 Diese Szene wird sowohl von Georgel wie von Madame Campan berichtet, beide Berichte stimmen weitgehend überein. Madame Campan schreibt allerdings, Rohan habe den bewußten Brief mit der Unterschrift »Marie Antoinette von Frankreich« bei sich gehabt und ihn dem König gezeigt. Der König habe sich gewundert, daß ein Prinz aus dem Haus Rohan auf eine so plumpe Fälschung hereingefallen sei. Selbst wenn Rohan niemals Marie Antoinettes Handschrift gesehen hätte, habe er wissen müssen, daß die Königinnen von Frankreich immer nur mit ihrem Taufnahmen unterzeichneten. Weiter schreibt Madame Campan, der König habe Rohan aufgefordert, unverzüglich ein Geständnis der gesamten Angelegenheit zu verfassen.
22 Bei der folgenden Schilderung stützen wir uns auf das Tagebuch von Marschall Castries (A.N. 306 A.P. 17) und spätere Aussagen von Rohan (A.N. X

2 B 1417). Die Texte ergänzen sich perfekt. Allerdings ist hervorzuheben, daß Rohan sich in seiner ersten Niederschrift, von der Marschall Castries berichtet, außerordentlich weitschweifig über die Szene im Park ausläßt. Darum wird diese Passage vollständig zitiert.

23 Tagebuch von Marschall Castries, A.N. 306, A.P. 17.

24 X 2 B, 1417.

25 Tagebuch von Marschall Castries.

26 Ebenda.

27 Ebenda.

28 Ebenda.

29 Ebenda.

30 Arneth, *Marie-Antoinette, Joseph II. und Leopold II.*, S. 93.

Kapitel XVIII

1 Grimm, *op. cit.*, Bd. XIV, S. 215.

2 Lescure, *op. cit.*, Bd. I, S. 589.

3 Ebenda S. 594.

4 Ebenda S. 592.

5 Söderhjelm, *op. cit.*

6 Arneth, *Marie-Antoinette, Joseph II. ...*, S. 96.

7 Vgl. weiter oben den Wortlaut der Patentbriefe.

8 Lescure, *op. cit.*, Bd. I, S. 595f.

9 Tagebuch des Abbé Véri, veröffentlicht von Herzog Castries, in: *Revue de Paris*, November 1953.

10 D'Hézecques, *op. cit.*, S. 261.

11 Tagebuch des Abbé Véri.

12 Ebenda.

13 Ebenda.

14 Bombelles, *op. cit.*, Bd. II, S. 67.

15 Ebenda S. 69.

16 B.N. Mss. Joly de Fleurie 2088, fol. 173.

17 B.N. Mss. Joly de Fleurie 2088-2089.

18 Ebenda fol. 198-19.

19 Beugnot, *Mémoires*, Bd. I, S. 595f.

20 B.N. Mss. Joly de Fleurie 2088.

21 Ebenda.

22 Ebenda fol. 186.

23 Ebenda fol. 204.

24 Ebenda fol. 65ff.

25 Ebenda fol. 244ff.

26 Georgel, *op. cit.*, Bd. II, S. 145ff.

27 Ebenda S. 145ff.

28 A.F., Bd. I, S. 470.

29 Arneth, *Marie-Antoinette, Joseph II. ...*, S. 101f.

30 A.F., Bd. I, S. 448.

31 A.F., Bd. II, S. 13.

32 Ebenda S. 16.

33 A.F., Bd. II, S. 4.

34 Bombelles, *op. cit.*, Bd. II, S. 108.

35 Ebenda S. 108.

36 Ebenda S. 108.

37 Bombelles, *op. cit.*, S. 381f.

38 A.N. X 2 B 1417.

39 Ebenda, Verhör am 17. Januar 1786.

40 Ebenda, Verhör am 1. Februar 1786.

41 Ebenda.

42 Ebenda, Verhör des Straßenmädchens Leguay, genannt d'Oliva, am 19. Januar 1786.

43 A.F., Bd. II, S. 10.

44 Rétaux de Villette, *Mémoires historiques des intrigues de la cour.*

45 Mercy erhielt vom Präsidenten d'Aligre keine Informationen (vgl. A.F., Bd. II, S. 28ff.). Aus den Papieren von Pierre du Laurencel geht eindeutig hervor, daß Laurencel Mercy präzise auf dem laufenden hielt. Darum können wir die lange Anm. 3 (S. 28f.) bei Flammermont hinsichtlich der Memoiren von Madame Campan korrigieren: Madame Campan berichtet, daß Pierre du Laurencel der Königin Informationen gab und daß die Königin ihn bat, belastende Schriftstücke bei sich behalten zu dürfen. Flammermont schreibt, Madame Campan erzähle »Märchen«, Laurencel habe keine Rolle in der Affäre ge-

spielt. Die Papiere von Joly de Fleury beweisen das Gegenteil.

46 B.N. Mss. Joly de Fleurie 2089.

47 A.F., Bd. II, S. 24f.

Kapitel XIX

1 A.F., Bd. II, S. 28.

2 Haus-, Hof- und Staatsarchiv, Frankreich-Berichte, 247, fol. 161.

3 Campan, *op. cit.*, Bd. I, S. 221f.

4 Haus-, Hof- und Staatsarchiv, Frankreich-Berichte, 247, fol. 161.

5 A.N. 306 AP 17, Tagebuch von Marschall Castries.

6 A.N. X 2 B 1417.

7 *Mémoires* der Gräfin La Motte, S. 118.

8 Ebenda S. 118.

9 A.A.E., Correspondance politique Vienne, 350, fol. 139.

10 L. Lacour, *Mémoires du comte Lamotte-Valois*, Vorwort, S. 30f., zitiert in: E. Campardon, *Marie-Antoinette et le procès du collier*, S. 204.

11 Für weitere Informationen verweisen wir auf das materialreichste Werk zu diesem Thema: Louis Hastier, *La vérité sur l'affaire du collier*, Paris 1955.

12 Bombelles, *op. cit.*, Bd. II, S. 137.

13 Ebenda S. 140.

14 Ebenda S. 149.

15 Arneth, *Marie-Anoinette, Joseph II.* ..., S. 105.

16 A.F., Bd. II, S. 53.

17 Ebenda S. 56.

18 Ebenda S. 57.

19 Ebenda S. 69.

20 Ebenda S. 77.

21 Ebenda S. 80.

22 Ebenda S. 80.

23 Ebenda S. 82.

24 Ebenda S. 85.

25 Ebenda S. 92.

26 Marmontel, *Mémoires*, Bd. III, S. 126.

27 Ebenda S. 128.

28 P. Chevallier, *Journal de l'Assemblée des notables*.

29 Vgl. in Kap. XVI Marie Antoinettes langen Brief an Joseph II., in dem sie schreibt, wie begrenzt ihr Einfluß ist.

30 Lescure, *op. cit.*, Bd. II, S. 154.

31 Besenval, *op. cit.*, Bd. II, S. 255f.

32 Ebenda S. 255f.

33 A.F., Bd. II, S. 114.

Kapitel XX

1 A.F., Bd. II, S. 131.

2 Saint-Priest, *op. cit.*, Bd. II, S. 77.

3 Sallier, *Annales françaises*, S. 128.

4 *Mémoires du prince de Talleyrand*, Bd. I, S. 192f.

5 Arneth, *Joseph II. und Leopold von Toscana* ..., Bd. II, S. 145.

6 A.F., Bd. II, S. 141.

7 Ebenda S. 165.

8 Gemeint ist die Ehefrau von Marie Antoinettes Bruder Leopold.

9 Arneth, *Marie-Antoinette, Joseph II.* ..., S. 113.

10 Bombelles, *op. cit.*, Bd. II, S. 204f.

11 Ebenda S. 204f.

12 Arneth, *Marie-Antoinette, Joseph II.* ..., S. 113.

13 A.F., Bd. II, S. 165.

14 Saint-Priest, *op. cit.*, S. 80.

15 A.N. O^1 1802-1803. Vgl. Marguerite Jallut, Philippe Huisman, *Marie Antoinette, l'impossible bonheur*, Lausanne 1970; Françoise Kermina, *Fersen*, Paris 1985; Évelyne Lever, *Ludwig XVI.*, Paris 1985.

16 D'Hézecques, *op. cit.*, S. 154.

17 Söderhjelm, *op. cit.*, S. 113.

18 A.F., Bd. II, S. 174.

19 Arneth, *Marie-Antoinette, Joseph II. …*, S. 115.
20 Bombelles, *op. cit.*, Bd. II, S. 207.
21 A.F., Bd. II, S. 185.
22 Arneth, *Marie-Antoinette, Joseph II. …*, S. 116.
23 A.N.K. 171.
24 Hézecques, *op. cit.*, S. 231.
25 Ebenda S. 2.
26 A.F., Bd. II, S. 189.
27 Ebenda S. 198.
28 Ebenda S. 199.
29 Ebenda S. 191.
30 Ebenda S. 192.
31 Ebenda S. 205.
32 Ebenda S. 194.
33 Ebenda S. 195.
34 Ebenda S. 211.
35 Bombelles, *op. cit.*, Bd. II, S. 232.
36 »Memorandum über den Stand der Angelegenheiten«, A.N. A.P., Bestand Rosanbo, Karton 18, Dossier 4, zitiert in: Pierre Grosclaude, *Malesherbes*, S. 655ff.
37 A.F., Bd. II, S. 217.
38 *Considérations …*, Bd. XII, S. 165.
39 A.F., Bd. II, S. 218.

KAPITEL XXI

1 Bombelles, *op. cit.*, Bd. II, S. 243.
2 Soulavie, *Mémoires*, Bd. I, Vorrede, S. LXVIII.
3 Ebenda.
4 Bombelles, *op. cit.*, Bd. II, S. 214.
5 Söderhjelm, *op. cit.*, S. 126.
6 Fersen hat den Brief von der Hand der Königin aufbewahrt. A.N. A.P. 440.
7 A.F., Bd. II, S. 232.
8 *Seconde lettre adressé au roi par M. de Calonne, le 4 avril 1789, London.* Zitiert in: J. Egret, *Necker*, Paris 1975.
9 Bombelles, *op. cit.*, Bd. II, S. 283.
10 Augeard, *Mémoires*, S. 169.
11 Saint-Priest, *op. cit.*, Bd. II, S. 77.
12 Bombelles, *op. cit.*, Bd. II, S. 305.
13 Duquesnoy, *Journal*, Bd. I, S. 5f.
14 Augeard, *op. cit.*, S. 183.
15 Ebenda S. 184.
16 Ebenda S. 186.
17 A.F., Bd. II, S. 247.
18 Campan, *op. cit.*, S. 332ff.
19 Bombelles, *op. cit.*, Bd. II, S. 328.
20 Ferrières, *Mémoires*, S. 64.
21 Bombelles, *op. cit.*, Bd. II, S. 331.
22 Campan, *op. cit.*, S. 332ff.
23 Saint-Priest, *op. cit.*, Bd. II, S. 82.
24 Ebenda S. 82.
25 Duquesnoy, *op. cit.*, Bd. I, S. 118.
26 *Histoire de la Révolution française*, Bd. I, S. 272f.
27 A.F., Bd. II, S. 255.
28 Ebenda S. 255.
29 Ebenda S. 253.
30 Saint-Priest, *op. cit.*, Bd. II, S. 83.
31 Bombelles, *op. cit.*, Bd. II, S. 338.
32 *Considérations …*, Bd. I, S. 226.
33 Bombelles, *op. cit.*, Bd. II, S. 339.
34 Ebenda S. 339.
35 *Histoire de la Révolution française*, Bd. II.
36 Bombelles, *op. cit.*, Bd. II, S. 341.
37 Saint-Priest, *op. cit.*, Bd. II, S. 83.
38 Bombelles, *op. cit.*, Bd. II, S. 342.
39 Ebenda S. 344.
40 Pierre Caron, »La tentative de contre-révolution«, in: Revue d'histoire moderne, 1906, Bd. VIII, S. 5-34, 649-678.
41 *Histoire de la Révolution française*, Bd. II, S. 25.
42 Ebenda S. 25.
43 Chateaubriand, *Mémoires d'outre-tombe*, Buch V, Kap. VIII.
44 Ebenda Buch IV, Kap. IX.
45 Flammermont, *Correspondance des agents diplomatiques …*, S. 231.
46 Gouverneur Morris, *Journal*.
47 Flammermont, *op. cit.*, S. 232.
48 Ebenda S. 233.

49 Ferrières, *op. cit.*
50 Söderhjelm, *op. cit.*, S. 242.
51 A.F., Bd. II, S. 258.
52 Campan, *op. cit.*, Bd. II, S. 8.
53 Charles Brifaut, *Récits d'un vieux parrain à son filleul*, Paris 1858.

Kapitel XXII

1 Flammermont, *Correspondance des agents diplomatiques* ..., S. 243.
2 A.F., Bd. II, S. 257.
3 Flammermont, *Correspondance des agents diplomatiques* ..., S. 242.
4 A.F., Bd. II, S. 256f.
5 Saint-Priest, *op. cit.*, Bd. II, S. 84.
6 Montyon, *Particularités* ..., S. 223, Anm. 1, zitiert bei: J. Egret, *Necker*, S. 317.
7 A.F., Bd. II, S. 258.
8 Vgl. Vicomte Fleury, *Les Derniers Jours de Versailles*.
9 La Tour du Pin, *Mémoires*, S. 111f.
10 Die Polignacs verhaftet, Die Entdekkung des Komplotts der Aristokraten, Die Geständnisse des Grafen von Artois ...
11 Madame Tourzel, *Mémoires*, Bd. I, S. 242.
12 Saint-Priest, *op. cit.*, Bd. II, S. 84.
13 Söderhjelm, *op. cit.*, S. 132.
14 Lescure, *op. cit.*, Bd. II, S. 382.
15 Young, *Voyages en France*, Bd. I, S. 250, 263, 283.
16 Mousset, *Fernan Nuñez. Un témoin ignoré de la révolution*, S. 82f.
17 Saint-Priest, *op. cit.*, Bd. II, S. 85.
18 Vgl. Dom Leclercq, *Les journées d'octobre*, S. 20, Anm. 4.
19 La Tour du Pin, *op. cit.*, S. 113.
20 Ebenda S. 113.
21 Mousset, *op. cit.*, S. 92.
22 Dom Leclercq, *op. cit.*, S. 30, Anm. 4.
23 Saint-Priest, *Abrégés des circonstances*, S. 300.
24 *Journal*, Hg. von Hue, S. 2f.
25 Dom Leclercq, *op. cit.*, S. 63, nach Unterlagen des Stadtarchivs von Versailles.
26 La Tour du Pin, *op. cit.*, S. 249.
27 Miot de Melito, *Mémoires*.
28 Saint-Priest, *Mémoires*, Bd. II, S. 35.
29 La Tour du Pin, *op. cit.*, S. 117.
30 Tourzel, *op. cit.*, Bd. I, S. 11f.
31 Ferrières, *op. cit.*, Bd. I, S. 316.
32 Staël-Holstein, *Correspondance diplomatique* ..., Schreiben vom 8. Oktober 1789.
33 François Hue, *Dernières années du règne de Louis XVI*.
34 Tourzel, *op. cit.*, Bd. I, S. 36f.
35 Verfahren im Châtelet, Zeugenaussagen Nr. 387 und 388; zitiert bei Dom Leclercq.
36 Madame Campan hat in einem nicht veröffentlichten, nach ihrem Tod vernichteten Fragment ihrer *Mémoires* angeblich geschrieben, Fersen habe die Nacht vom 5. auf den 6. Oktober bei der Königin verbracht und sei wie durch ein Wunder am nächsten Morgen beim Sturm auf das Schloß entkommen. Dies berichtet Lord Holland. Er nennt als Quelle Talleyrand, der wiederum von Madame Campan persönlich davon erfahren habe. Nichts spricht dafür, daß man Lord Hollands Bericht Glauben schenken kann.
37 Tourzel, *op. cit.*, Bd. II, S. 26f.
38 Madame de Staël, *op. cit.*, Bd. I, S. 272.
39 Saint-Priest, *Mémoires*, Bd. II, S. 89.
40 Duquesnoy, *op. cit.*, Bd. I, S. 408.
41 Saint-Priest, *op. cit.*, Bd. II, S. 22.

Kapitel XXIII

1 A.F., Bd. II, S. 271f.
2 Pasquier, *Mémoires*, Bd. I.
3 Saint-Priest, *op. cit.*, S. 90.
4 Mme de Staël, *Considérations* ..., Bd. I.
5 A.F., Bd. II, S. 270f.
6 Lacroix, *Actes de la Commune de Paris pendant la Révolution*, Bd. II, S. 220f.
7 Ausgabe vom 10. Oktober 1789, Artikel erstmals zitiert bei: Gérard Walter, *Marie-Antoinette*, S. 332.
8 Alle Passagen zu Augeards Plänen sind seinen *Mémoires* entnommen, S. 195f.
9 Saint-Priest, *op. cit.*, Bd. II, S. 91.
10 La Tour du Pin, *op. cit.*, S. 126.
11 Lescure, *op. cit.*, S. 406.
12 Escherny (Graf François d'), *Correspondance d'un habitant de Paris ... de 1789 à avril 1791*, Paris 1791.
13 A.F., Bd. II, S. 282.
14 Ebenda S. 276f.
15 Ebenda S. 282.
16 Ebenda Bd. II, S. 278f.
17 La Marck, *Correspondance entre le comte de Mirabeau et le comte de La Marck*, Bd. I, S. 107.
18 Ebenda Bd. I, S. 119.
19 Zitiert bei: Chaussinand-Nogaret, *Mirabeau*, S. 185.
20 Söderhjelm, *op. cit.*, S. 138.
21 Duquesnoy, *op. cit.*, Bd. II, S. 280f.
22 Campan, *op. cit.*
23 Saint-Priest, *op. cit.*, Bd. II, S. 91.
24 Mousset, *Fernan Nuñez* ..., S. 227.
25 La Marck, *op. cit.*, Bd. I, S. 139.
26 Ebenda S. 140.
27 Chaussinand-Nogaret, *Mirabeau entre le roi et la Révolution, Notes à la Cour*, S. 37.
28 Söderhjelm, *op. cit.*, S. 147.
29 Chaussinand-Nogaret, *Mirabeau ... Notes à la Cour* ..., S. 43-47.
30 Lescure, *op. cit.*, Bd. II, S. 449.
31 La Marck, *op. cit.*, Bd. I, S. 189.
32 Lescure, *op. cit.*, Bd. II, S. 453.
33 Mousset, *op. cit.*, S. 230.
34 Gräfin Boigne, *Mémoires*, hrsg. von Jean-Claude Berchet, Paris 1986, Bd. I, S. 76.
35 Lescure, *op. cit.*, Bd. II, S. 453.
36 La Tour du Pin, *op. cit.*, S. 132.

Kapitel XXIV

1 Saint-Priest, *op. cit.*, Bd. II, S. 92.
2 Zitate aus Briefen Fersens an seine Schwester zwischen dem 4. April und 28. Juni 1790, zitiert bei Alma Söderhjelm, S. 151-154.
3 Ebenda S. 155.
4 Ebenda S. 148.
5 Ebenda S. 145.
6 Chaussinand-Nogaret, *Mirabeau ... Notes à la Cour*, S. 77-80.
7 Ebenda S. 83.
8 Arneth, *Marie-Antoinette, Joseph II.* ..., S. 135ff.
9 Lescure, *op. cit.*, Bd. II, S. 472ff.
10 Ebenda S. 475.
11 Ebenda S. 47.
12 Bouillé, *Mémoires* ..., S. 187.
13 Ebenda S. 181.
14 Archiv des Schlosses Breteuil. Das Dokument trägt die Siegel des Königs und der Königin.
15 Bouillé, *op. cit.*, S. 190.
16 La Marck, *Correspondance avec Mirabeau*, Brief vom 9. November 1790.
17 La Marck, *Mémoires*.
18 Lescure, *op. cit.*, Bd. II, S. 483.
19 Bouillé, *op. cit.*, S. 195-198.
20 Mousset, *op. cit.*, S. 241.
21 Chaussinand-Nogaret, *Mirabeau ... Notes à la Cour*, S. 175.

22 Ebenda, *43ᵉ Note à la Cour*, S. 237ff.
23 Bouillé, *op. cit.*
24 Mousset, *op. cit.*, S. 242.
25 Arneth, *Marie-Antoinette, Joseph II. ...*, S. 145.
26 Ebenda S. 147.
27 Ebenda S. 151.
28 Mousset, *op. cit.*, S. 244.
29 Ebenda S. 245.
30 Ebenda S. 243.
31 Campan, *op. cit.*, Bd. II, S. 68f.
32 Arneth, *Marie-Antoinette, Joseph II. ...*, S. 147-150.
33 Mousset, *op. cit.*, S. 244.
34 Lescure, *op. cit.*, Bd. II, S. 520.
3 Klinckowström, *op. cit.*, S. 105.
36 Lescure, *op. cit.*, Bd. II, S. 526.
37 Klinckowström, *op. cit.*, S. 105.
38 Ebenda S. 108.
39 Ebenda S. 108.
40 Mousset, *op. cit.*, S. 247f.
41 Ebenda S. 248.
42 A.F., Bd. II, S. 531.
43 Arneth, *Marie-Antoinette, Joseph II. ...*, S. 177-182.

Kapitel XXV

1 Söderhjelm, *op. cit.*,, S. 181.
2 Choiseul-Stainville, *Relation du départ de Louis XVI.*
3 Marie-Thérèse, *Journal*, S. 23.
4 Tourzel, *op. cit.*, Bd. I, S. 312.
5 Ebenda S. 313.
6 Ebenda S. 313.
7 Erklärung des Königs an die Franzosen beim Verlassen von Paris, veröffentlicht von Marcel Rheinard in: *La Chute de la royauté.*
8 La Fayettes letzter Biograph Étienne Taillemite glaubt eher, daß der General für die Affäre nicht verantwortlich ist.
9 Bouillé, *op. cit.*, Bd. I, S. 249.
10 Marie-Thérèse, *Journal*, S. 27.
11 Choiseul-Stainville, *op. cit.*, S. 93ff.
12 Ebenda S. 28.
13 Deslon, *Relation*, S. 178.
14 Choiseul-Stainville, *op. cit.*, S. 104.
15 Marie-Thérèse, *op. cit.*
16 Pétion, *Le retour de Varennes*, in: Mortimer-Ternaux, *Histoire de la Terreur*, Bd. I, S. 375.
17 Ebenda S. 361.
18 Ebenda S. 362.
19 Dumas, *Souvenirs*, S. 497.
20 Ebenda S. 497.
21 Thiébault, *Mémoires*, Bd. I, S. 282f.
22 Mousset, *op. cit.*, S. 278.
23 Pétion, *op. cit.*, S. 370.
24 Ebenda S. 370.

Kapitel XXVI

1 Der vielzitierte Brief lag zwischen Fersens Unterlagen. Lucien Maury hat ihn gefunden und erstmals in der *Revue bleu* veröffentlicht. Die Königin hatte den Brief verschlüsselt verschickt. Eine handschriftliche Kopie von Fersens Großneffen, Baron Klinckowström, wird im Nationalarchiv verwahrt, A.P. 440.
2 Söderhjelm, *op. cit.*, S. 204, A.P. 440. Die Auslassungspunkte beziehen sich auf einzelne durch Streichung unkenntlich gemachte Worte der Königin. Im gleichen Brief wurden an der Stelle, wo Marie Antoinette von Fersens Gesundheit spricht, weitere drei Zeilen und am Ende eineinhalb Zeilen ausgestrichen. Das Original des Briefes ist erhalten (A.N. A.P. 440).

3 Marie Antoinette/Barnave, *Correspondance secrète*, ..., S. 37f.
4 Ebenda S. 37.
5 Ebenda S. 45.
6 Klinckowström, *op. cit.*, Bd. I, S. 147f.
7 Arneth, *Marie-Antoinette, Joseph II. und Leopold II.* ..., S. 184f.
8 Marie Antoinette/Barnave, *Correspondance secrète*, ..., S. 50f.
9 Arneth, *Marie-Antoinette, Joseph II. und Leopold II.* ..., S. 193.
10 Ebenda S. 195.
11 Marie Antoinette/Barnave, *Correspondance secrète* ..., S. 68.
12 Ebenda S. 70.
13 Ebenda S. 76.
14 Ebenda S. 78.
15 Arneth, *Marie-Antoinette, Joseph II. und Leopold II.* ..., S. 196f.
16 Ebenda S. 196.
17 Ebenda S. 200-206.
18 Ebenda S. 207.
19 Marie Antoinette/Barnave, *Correspondance secrète* ..., S. 101.
20 Tourzel, *op. cit.*, Bd. I, S. 392f.
21 Mme de Staël, *Considérations* ...
22 La Marck, *Correspondance* ..., Bd. III, S. 228.
23 Goguelat, *Mémoires*.
24 Klinckowström, *op. cit.*, Bd. I, S. 192f.
25 Ebenda S. 208, A.N. A.P 440.
26 Ebenda S. 199f.
27 Marie Antoinette/Barnave, *Correspondance secrète*, ..., S. 132.
28 Klinckowström, *op. cit.*
29 Ebenda S. 195, A.N. A.P. 440.
30 Ebenda S. 199.
31 Söderhjelm, *op. cit.*, S. 229 (25. September 1791).
32 Arneth, *Marie-Antoinette, Joseph II. und Leopold II.* ..., S. 215f.
33 Ebenda S. 226.
34 Klinckowström, *op. cit.*, Bd. I, S. 231.
35 Arneth, *Marie-Antoinette, Joseph II. und Leopold II.* ..., S. 224.
36 A.N. A.P. 440, unveröffentlicht.
37 Ihre Schwägerin Madame Elisabeth.
38 Klinckowström, *op. cit.*, Bd. I, S. 207, A.N. A.P. 440.
39 Die Worte sind absichtlich unkenntlich gemacht.
40 A.N. A.P. 440. Söderhjelm, *op. cit.*, S. 229.
41 Ebenda S. 229.
42 In seinem Briefwechsel und seinem Tagebuch bezeichnet Fersen die Königin mit «Elle», Eleonore Sullivan mit «El».
43 Söderhjelm, *op. cit.*, S. 229.
44 Klinckowström, *op. cit.*, Bd. I, S. 271, A.N. A.P. 440.
45 Arneth, *Marie-Antoinette, Joseph II. und Leopold II.* ..., S. 234.
46 Ebenda S. 237.
47 Ebenda S. 239.
48 Campan, *op. cit.*, Bd. II, S. 18.

Kapitel XXVII

1 Diese hastig hingeschriebenen Zeilen haben reichlich Stoff für Spekulationen geliefert. Die Worte «Bin dortgeblieben» wurden später durchgestrichen, waren aber trotzdem noch leicht zu entziffern. Für Fersen hieß «dortgeblieben», daß er «dort geschlafen» hatte. Die Chronisten, die Marie Antoinettes Tugend verteidigen wollten, haben nach allen möglichen Erklärungen dafür gesucht, was «dortgeblieben» hätte bedeuten können. Doch aus den nächsten Sätzen im Tagebuch geht eindeutig hervor, was mit «dortgeblieben» gemeint war. Fersen schreibt selbst, daß er mit dem König erst am nächsten Tag um sechs Uhr abends gesprochen habe.
2 Söderhjelm, *op. cit.*, S. 241-247, vollständige Übersetzung der entsprechenden Passagen aus Fersens Tagebuch.
3 Campan, *op. cit.*, Bd. II, S. 97f.

4 *Le Moniteur*, Bd. XI, S. 522.
5 F. Hue, S. 101.
6 Arneth, *Marie-Antoinette, Joseph II. und Leopold II. ...*, S. 258.
7 Philipp von Cobenzl an Wenzel von Kaunitz, Wien, 30. März 1792, in: A. von Vivenot, *Quellen ...*, Bd. I, S. 432.
8 Dumouriez, *Mémoires*, Bd. II, S. 162-165.
9 Arneth, *Marie-Antoinette, Joseph II. und Leopold II. ...*, S. 259f.
10 Klinckowström, *op. cit.*, Bd. I, S. 220, A.N. A.P. 440.
11 Ebenda S. 234.
12 Ebenda S. 248f.
13 Ebenda S. 286.
14 Ebenda S. 289.
15 Ebenda S. 299.
16 *Le Père Duchesne*, Nr. 120-122.
17 Chantal Thomas, *La Reine scélérate*, Paris 1989.
18 Briefe vom 23. und 26. Juni 1792, in: Klinckowström, *op. cit.*, Bd. I, S. 308f.
19 Ebenda S. 319.
20 Ebenda S. 317.
21 Ebenda S. 318.
22 Vgl. É. Taillemite, *La Fayette*.
23 Klinckowström, *op. cit.*, Bd. I, S. 326, verschlüsselter Brief vom 11. Juli.
24 Vgl. Brief von Fersen vom 10. Juli, in: Klinckowström, *op. cit.*, Bd. I, S. 323.
25 Madame de Staël, *Considérations ...*
26 Ebenda.
27 Klinckowström, *op. cit.*, Bd. I, S. 333.
28 Ebenda S. 336f.
29 Ebenda S. 338.
30 Ebenda S. 341.
31 Bertrand de Moleville, *Histoire de la Révolution en France*.
32 Campan, *op. cit.*, Bd. II, S. 143f.
33 Madame Tourzel, *Mémoires*.
34 François de La Rochefoucauld, *Souvenirs de 10 août 1792 ...*, Paris 1929.
35 Marcel Rheinard, *La chute de la royauté*.
36 Campan, *op. cit.*, Bd. II, S. 151ff.

Kapitel XXVIII

1 *Le Père Duchesne*, September 1792.
2 A.A.E., Correspondance politique Angleterre, 61, Erg. 125.
3 *Le Moniteur*, Bd. XIV, S. 61f.
4 Mortimer-Ternaux, *op. cit.*, Bd. IV, S. 451.
5 Cléry, *Journal de ce qui s'est passé à la tour du Temple*, S. 178.
6 Ebenda S. 179.
7 Ebenda S. 187.
8 Söderhjelm, *op. cit.*, S. 277f.
9 Ebenda S. 281.
10 Klinckowström, *op. cit.*, Bd. I, S. 406f.
11 Söderhjelm, *op. cit.*, S. 323.
12 Vivenot, *Vertrauliche Briefe von Thugut*, Wien 1872, Bd. I, S. 13.
13 Mercy am 6. Februar 1793 an Starhemberg, Thureim, S. 36f.
14 Söderhjelm, *op. cit.*, S. 288.
15 Ebenda S. 288.
16 Ebenda S. 288.
17 A.N. A.P. 440.
18 *Le Moniteur*, Rede Robespierres vom 27. März 1793, S. 816f.
19 *Le Moniteur* vom 13. April 1793, S. 109-114.
20 Ernouf, *Maret*, S. 153.
21 *Le Moniteur* vom 13. Juli 1793 über die Szene am 11. Juli, S. 103f.
22 Vgl. Bernard Vinot, *Saint-Just*, S. 169-174.
23 *Le Moniteur* über die Sitzung am 1. August 1793, S. 325-328.
24 Söderhjelm, *op. cit.*, S. 297.
25 Ebenda S. 298ff.
26 Ebenda S. 312.
27 *Actes du Tribunal révolutionnaire*, kommentiert von G. Walter, S. 64.
28 Ebenda S. 68ff.
29 *Le Moniteur* vom 5. Oktober über die Sitzung am 3. Oktober 1793.
30 A.N.W. 290, Akte 179.

31 A.N.W. 297, Akte 261.

32 Vgl. Campardon, *Marie-Antoinette à la Conciergerie*, und G. Walter, *op. cit.*, S. 81-88.

33 Ebenda.

34 Aufzeichnungen von Chauveau-Lagarde, in: G. Lenôtre, *La captivité et la mort de Marie-Antoinette*, S. 344.

35 Ebenda S. 344.

36 *Le Moniteur* vom 28. Oktober 1793.

37 Die beiden Rechtsanwälte wurden noch im Gerichtssaal festgenommen, streng verhört und nach der Hinrichtung der Königin freigelassen.

38 *Le Moniteur* vom 28. Oktober 1793.

39 Ebenda.

40 Ebenda.

41 Ebenda.

42 Aufzeichnungen von Chauveau-Lagarde, in: G. Lenôtre, *op. cit.*, S. 348.

43 Die Echtheit dieses Briefes, der sich unter den Papieren des Konventsmitgliedes Courtois fand, wurde von mehreren Historikern in Zweifel gezogen, so etwa von Roger Sorg (in: *Historia*, August/September 1955). Ohne zu dieser Kontroverse Stellung beziehen zu wollen, muß man doch anmerken, daß der Stil und der Tonfall dieses Briefes davon abweichen, wie Marie Antoinette sich üblicherweise ausdrückte.

44 *Relation de Rosalie Lamorlière*, in: G. Lenôtre, *op. cit.*

45 *Relation de Louis Larivière*, in: G. Lenôtre, *op. cit.*

46 Anscheinend leistete ein königstreuer Priester, der Abbé Magnin, der Königin in den letzten Stunden Beistand. Es heißt, er sei heimlich in die Conciergerie geschmuggelt worden.

47 Auszüge aus Fersens Tagebuch, in: Söderhjelm S. 310, 311, 315.

Quellen und Bibliographie

Handschriftliche Quellen

Die wichtigsten Archive

Archives nationales
BB^{30} 82.
C 45, 182, 186, 192, 220-223.
K 160-164, 505-506, 528.
O^1 598, 1708, 1873-1887, 3250-3264, 3276, 3745, 3790-3799.
F^7 6413, 3870.
$X^{2\ B}$ 1417.
W 290.
AD^1 74-76, 108.
AP. 440.
AP. 306, fonds Castries.

Archives des Affaires étrangères
Correspondance politique, *Autriche,* Bde. 285-363.
Correspondance politique, *Prusse,* Bde. 188-212.
Mémoires et documents, *France,* Bde. 426, 429, 1897.

Bibliothèque nationale
Collection Joly de Fleury, Mss. 2088-2089.

Archives Breteuil
Haus-, Hof- und Staatsarchiv, Wien.

Familienakten Vermählungen, 54-55. Das Material dokumentiert vor allem die Erziehung der Erzherzöge und Erzherzoginnen. Es enthält zudem die handschriftlichen Ratschläge Josephs II. an seine Schwester, die Königin von Frankreich.

Familienakten Vermählungen, 50. Material zu den Vorbereitungen der Hochzeit Marie Antoinettes mit dem französischen Thronfolger.

Familienakten Sammelbände, 7. Briefe Josephs II. zur Frage der Nachfolge in Bayern.

Interessant sind außerdem Schreiben, die nach dem Tod Ludwigs XV. entstanden sind und in denen der Kaiser über seine Schwester spricht. Der Karton enthält auch Josephs Briefe an seinen Bruder Leopold zum Eheleben Marie Antoinettes und Ludwigs XVI.

Familienkorrespondenz, 27 A. Briefe Ludwigs XVI. und Marie Antoinettes aus dem Jahre 1788.

Frankreich-Berichte. Die Reihe umfaßt die Korrespondenz Mercy-Argenteaus mit Maria Theresia, Joseph II., Leopold II., Kaunitz, Colloredo, Neny und Cobenzl. Der Briefwechsel, der mit Ausnahme von Mercys Gesandtschaftsberichten auf Französisch abgefaßt ist, wurde mehrfach herausgegeben, hauptsächlich von Arneth, Gustave Geffroy und Jules Flammermont (vgl. Gedruckte Quellen). Diese kommentierten Editionen, die Signaturen allerdings vermissen lassen, sind nach wie vor Grundlage jeder ernsthaften Beschäftigung mit Marie Antoinette. Die meisten Biographen haben ihren vertraulichen Briefwechsel mit Maria Theresia und Mercy herangezogen, um ihr Alltags- und Privatleben zu beleuchten, der politischen Dimension dieser Korrespondenz jedoch keine Beachtung geschenkt. Es lag nahe, die Briefe unter diesem Aspekt erneut zu betrachten.

1769, Karton 141.

1770, Karton 142, 144.

1771, Karton 147.

1772, Karton 148.

1770-1780, Karton 149, 150. Beide Kartons enthalten sämtliche Briefe Maria Theresias an Mercy.

1773-1774, Karton 154.

1775-1776, Karton 155.

1777, Karton 157.

1778, Karton 158.

1779, Karton 160.

1780, Karton 162. Das Bündel enthält zudem Mercys Briefe an Joseph II. aus den Jahren 1773-1774 und 1776-1780.

1773-1780, Karton 163. Enthält die vertraulichen Briefe Mercys an Maria Theresia.

1781, Karton 165.

1782, Karton 166.

1783, Karton 168.

1784, Karton 169.

1784-1785, Karton 173.

1787-1788, Karton 176.

1788-1789, Karton 177.

1790-1792, Karton 178.

1791-1793, Karton 180.

Gedruckte Quellen

Korrespondenzen, Zeitungen und Berichte

Anonym, *Journal pour servir à l'histoire du XVIIIe siècle,* 4 Bde., Paris 1788-1789.

Anonym, *Bulletin à la main pour les années 1787-1789,* 3 Bde., (B.N. Réserve, Lc2 2225).

Allonville, Armand-François, comte de, *Mémoires secrets de 1770 à 1830,* 6 Bde., Paris 1838-1841.

Amiguet, Philippe, *Lettres de Louis V à son petit-fils, l'infant de Parme* ..., Paris 1938.

Argenson, René-Louis de Voyer, marquis d', *Journal et Mémoires*, hrsg. von E. J. B. Rathery, 9 Bde., Paris 1859-1867.

Augeard, Jacques Mathieu, *Mémoires secrets de J.-M. Augeard, secrétaire des Commandements de la reine Marie-Antoinette*, hrsg. von E. Bavoux, Paris 1866.

Bachaumont, Louis Petit de, *Journal ou Mémoires secrets pour servir l'Histoire de la République des Lettres depuis 1762*, 36 Bde., London 1777-1789.

Bailly, Jean-Sylvain, *Mémoires*, 4 Bde., Paris 1804.

Barentin, Charles-Louis-François de Paule de, *Mémoire autographe de M. de Barentin, Chancelier et Garde des Sceaux, sur les derniers Conseils du Roi Louis XVI*, hrsg. von M. Champion, Paris 1844.

Barnave, Antoine Pierre Joseph Marie, *Introduction à la Révolution française*, hrsg. von F. Rude, Paris 1960. (Siehe auch Marie Antoinette.)

— *Theorie der französischen Revolution*, übers., eingel. u. hrsg. von E. Schmitt, München 1972.

Baudeau, Abbé, *Cronique secrète de Paris sous le règne de Louis XVI*, hrsg. von Taschereau, *Revue rétrospective, Paris 1833-1838, 1. Serie, Bd. 3*.

Beauchamp, comte de, *Les Comptes de Louis XVI*, o.O. 1909.

Beaucourt, Gaston Du Fresne, marquis de, *Captivité et derniers moments de Louis XVI, récits originaux et documents officiels*, ausgew. u. hrsg. für die Société d'histoire contemporaine, Paris 1892. (Siehe Bd. I: *Récits originaux.)*

Bertrand de Moleville, Antoine François, *Histoire de la Révolution de France pendant les dernières années du règne de Louis XVI*, 3 Bde., Paris 1801.

Besenval, Pierre Victor, baron de, *Mémoires du Baron de Besenval*, hrsg. von Berville u. Barrière, 2 Bde., Paris 1821.

— *Erzählungen von Pierre [Victor] de Besenval*, eingel. u. komment. von K. Brand, 1906.

Beugnot, Arthur, comte de, *Mémoires du comte Beugnot*, hrsg. von comte A. Beugnot (Enkel), 2 Bde., o.O. 1866.

Boigne, Adèle d'Osmond, comtesse de, *Mémoires ... Récits d'une tante*, hrsg. von J.-Cl. Berchet, Bd. I: *Du règne de Louis XVI à 1820, Neuaufl., Paris 1979*.

— *Plaudereien über die Gesellschaft ihrer Zeit*, übers., ausgew. u. bearb. von F. Matthaesius, Stuttgart 1965.

Boislisle, Arthur de, *Choix de lettres adressées à Mgr. de Nicolaÿ*, évêque de Verdun par le dauphin, la dauphine et divers princes, princesses ou personnages de la Cour (1750-1767), Nogent-le-Rotrou 1875.

Bombelles, Marc, marquis de, *Journal du marquis de Bombelles*, 2 Bd., Genf 1977/1982.

Bouillé, François Claude Amour, marquis de, *Mémoires du marquis de Bouillé*, hrsg. von F. Barrière, Paris 1859.

Brissot, Jacques Pierre, *Correspondance et Papiers*, hrsg. von C. Perroud, Paris 1912.

— *Mémoires*, hrsg. von C. Perroud, 2 Bde., Paris 1910.

Burcke, Edmund, »Réflexions pour être envoyées à la Reine de France par l'intermédiaire du comte de Mercy-Argenteau ...« in: *Revue rétrospective*, Bd. I, 2. Serie.

Campan, Jeanne Louise Henriette Genest, *Mémoires sur la vie privée de Marie-Antoinette*, 2 Bde., Paris 1822.

— *Anekdoten-Tagebuch der Frau von Campan, hrsg. von Maigne. Nebst einer Sammlung bisher ungedruckter Briefe der Frau von Campan an ihren Sohn*. Übers. von F. Ritter, Stuttgart 1825.

Chateaubriand, vicomte René de, *Mémoires d'outre-tombe*, Paris 1949.

Choiseul, Claude Antoine Gabriel, duc de, *Relation du départ de Louis XVI le 20 Juin 1791*, Paris 1822.
Cléry, Jean-Baptiste C., *Journal de ce qui s'est passé à la Tour du Temple pendant la captivité de Louis XVI, roi de France*, London 1789.
Croÿ, Emmanuel, duc de, *Journal inédit* ..., 4 Bde., Paris 1906.
Cars, Jean-François de Pérusse, duc de, *Mémoires*, 2 Bde., Paris 1890.
Desmoulins, Camille, *Correspondance inédite*, hrsg. von Matton, 1836.
Dufort de Cheverny, Jean-Nicolas, comte de, *Mémoires*, hrsg. von R. de Crèvecœur, 2 Bde., Paris 1909.
Duquesnoy, Adrien Cyprien, *Journal d'Adrien Duquesnoy, député du Tiers État de Bar-le-Duc, sur l'Assemblée Constituante*, 2 Bde., Paris 1894.
Escherny, François-Louis, comte d', *Correspondance d'un habitant de Paris avec ses amis de Suisse* ... Paris 1791.
Esterházy, Valentin, comte de, *Mémoires* ..., *Paris 1905*.
Ferrières, Charles Elie, marquis de, *Mémoires*, Paris 1822.
— *Correspondance inédite*, hrsg. von H. Carré, o.O. 1932.
Fersen, Axel, Graf von, *Le comte de Fersen et la Cour de France*, extraits des papiers du Grand Maréchal de Suède, comte Jean Axel de Fersen, hrsg. von Baron R. M. von Klinckowström, 2 Bde., Paris 1877. Baron Klinckowström hat den Nachlaß seines Großonkels nur in »zensierter« Form veröffentlicht. Die Archivarin Alma Söderhjelm hat reichhaltiges, unveröffentlichtes Material zusammengetragen und herausgegeben. Ihre Textsammlung ist für die Bearbeitung des Themas noch heute von grundlegender Bedeutung: *Journal intime et Correspondance du comte Axel de Fersen*, Paris 1930.
— *Rettet die Königin. Revolutionstagebuch 1789-1793*, ausgew. u. aus den Frz. u. Schwed. übers. von A. Carlsson, München 1969.
Flammermont, Jules, *Les Remontrances du Parlement de Paris au XVIIIe siècle*, Paris 1898.
— *Louis XVI et le Baron de Breteuil*, Paris 1885.
— *Les Correspondances des agents diplomatiques étrangers en France avant la Révolution*, Paris 1896.
Frénilly, August-François Fauveau de, *Souvenirs du baron de Frénilly, pair de France* ..., Paris 1908.
Geffroy, Auguste, *Gustave III et la Cour de France*, 2 Bde., Paris 1867.
Genlis, Félicité du Crest de Saint-Aubin, marquise de Sillery, comtesse de, *Mémoires sur le XVIIIe siècle*, 10 Bde., Paris 1820.
— *Denkwürdigkeiten der Gräfin von Genlis über das achtzehnte Jahrhundert und die französische Revolution*, übers., 3 Bde., Stuttgart, Tübingen 1825.
Georgel, Abbé, *Mémoires pour servir à l'histoire des événements de la fin du XVIIIe siècle*, 6 Bde., Paris 1820.
Goguelat, François, baron de, *Mémoires*, Paris 1823.
Goret, Charles, *Mon témoignage sur la détention de Louis XVI et de sa famille dans la Tour du Temple* ... Paris 1825.
Goubert, Pierre/Denis, Michel, *1789. Les Français ont la parole. Cahiers des États Généraux* ..., Paris 1964.
Grégoire, Abbé Henri-Baptiste, *Mémoires de Grégore, ancien évêque de Blois* ..., 2 Bde., Paris 1837.
Grimm/Diderot/Raynal/Meister, *Correspondance littéraire, philosophique et critique*, hrsg. von Tourneux, 16 Bde., Paris 1877-1882.

Hardy, *Mes loisirs ou Journal d'événements tels qu'ils parvinrent à ma connaissance, de 1764-1789,* B.N. Ms.fs. 6680-6687.

Hézecques, Félix, comte de France d', *Souvenirs d'un page de la Cour de Louis XVI,* Nachdr., Brionne 1983.

Holland, Henry Richard Vassall Fox, baron, *Foreign Reminiscenses,* hrsg. von seinem Sohn, London 1851.

Hue, François, baron de, *Dernières années du règne et de la vie de Louis XVI,* Paris 1860.

Joseph II., *Correspondance secrète du comte de Mercy-Argenteau avec Joseph II et le Prince de Kaunitz,* hrsg. von Arneth u. Flammermont, 2 Bde., Paris 1889-1891.

— *Joseph II. und Graf Ludwig Cobenzl, ihr Briefwechsel,* hrsg. von Adolf Beer u. Joseph Ritter von Fiedler ..., 2 Bde., 8^0, Wien 1901.

— *Joseph II. und Leopold von Toscana, ihr Briefwechsel von 1781 bis 1790,* hrsg. von Alfred Ritter von Arneth ..., 2 Bde. (Bd. 1: 1781-1785; Bd. 2: 1786-1790), Wien 1872.

— *Joseph II., Leopold II. und Kaunitz, ihr Briefwechsel,* hrsg. von Adolf Beer, Wien 1873.

— *Marie-Antoinette, Joseph II. und Leopold II., ihr Briefwechsel,* hrsg. von Alfred Ritter von Arneth, Leipzig 1866.

— *Maria Theresia und Joseph II., ihre Correspondenz, sammt Briefen Joseph's an seinen Bruder Leopold,* hrsg. von Alfred Ritter von Arneth ..., 3 Bde. (Bd. 1: 1761-1772; Bd. 2: 1773-Juli 1778; Bd. 3: August 1778-1780), Wien 1867-1868.

— *Correspondances intimes de l'empereur Joseph II avec son ami le comte de Cobenzl et son premier ministre, le prince de Kaunitz ...,* eingef. u. komment. von Sébastien Brunner, Mainz 1871.

La Fayette, Gilbert Motier, marquis de, *Mémoires, correspondances et manuscrits du Général Lafayette,* hrsg. von seiner Familie, 6 Bde., Paris 1837

Lage de Volude, Béatrix, Étiennette d'Amblimont, marquise de, *Souvenirs d'émigration ... 1792-1794,* Paris 1869.

La Marck, prince Auguste d'Arenberg, comte de, *Correspondance entre le comte de Mirabeau et le comte de La Marck pendant les années 1789, 1790, 1791,* hrsg. von A. de Bacourt, 3 Bde., 1851

— *Briefwechsel zwischen dem Grafen von Mirabeau und dem Fürsten A. von Arenberg, Grafen von der Mark, 1789-1791, enthaltend die Geschichte der geheimen Verbindung Mirabeau's mit dem französischen Hofe. Nach A. von Bacourt, deutsch bearbeitet von J. Ph. Städtler,* 3 Bde. Brüssel, Leipzig 1851.

Lameth, Alexandre de, *Histoire de l'Assemblée Constituante (1789-1790), 2 Bde., Paris 1828.*

Lameth, Théodore de, *Mémoires,* hrsg. von E. Wervert, Paris 1913.

La Tour du Pin, Henriette Louise, marquise de, *Journal d'une femme de cinquante ans,* Neuaufl., Paris 1989.

— *Tagebuch einer Fünfzigjährigen, 1778-1815. Ein Lebensbild aus bewegter Zeit,* übers. von S. Katthaus, Zürich, Leipzig 1937.

Lauzun, Armand-Louis de Gontaut, duc de Biron et duc de, *Mémoires,* hrsg. u. eingel. von G. d'Heylli, Paris 1880.

La Vauguyon, Paul-François de, *Portrait de feu Monseigneur le Dauphin,* o.O. 1766.

Lefebvre, Georges, *Recueil de documents relatifs aux séances des États Généraux, mai-juin 1789,* Bd. I: 1. *Les préliminaires, la séance du 5 mai,* Paris C.N.R.S. 1953; 2. *La séance du 23 juin,* Paris 1962.

Lescure, François Adolphe Mathieu de, *Correspondance secrète inédite sur Louis XVI, Marie-Antoinette, la Cour et la Ville de 1777 à 1792,* hrsg. von Lescure, 2 Bde., Paris 1866.

Lévis, Gaston, duc de, *Souvenirs et portraits* (1780-1789), Paris 1813.

Liederkerke-Beaufort, Christian, comte de, »Souvenirs d'un page du comte de Provence«, *Revue de Paris,* 5, 1952, S. 52-84.

Ligne, Charles Joseph Lamoral, prince de, *Fragments de l'Histoire de ma vie,* Paris 1928.

— *Œuvres,* hrsg. von Lacroix, 4 Bde., Brüssel 1860.

— *Literat und Feldmarschall: Briefe und Erinnerungen des Fürsten Charles Joseph de Ligne 1735-1814,* hrsg. u. eingel. von G. Elbin, Stuttgart 1979.

— *Gestalten und Werke. Aus den Schriften des Fürsten Karl Joseph de Ligne,* ausgew., eingel. u. hrsg. von H.-H. v. d. Burg, mit einem Vorwort v. P. van Zeeland, Graz 1965.

Loménie de Brienne, comte de, *Journal de l'Assemblée des Notables de 1787, par le comte de Brienne et Étienne-Charles de Loménie de Brienne, archevêque de Toulouse,* hrsg. von Pierre Chevallier, Paris 1960.

Ludwig XVI., König von Frankreich, *Description de la Forêt de Compiègne telle qu'elle était en 1765 ...,* Versailles 1766.

— *Maximes morales et politiques tirées de Télémaque,* Versailles 1766.

— *Réflexions sur mes Entretiens avec M. le duc de La Vauguyon,* von Louis-Auguste dauphin, eingel. von M. de Falloux ..., Paris 1851.

— *Journal,* hrsg. von L. Nicolardot, Paris 1873.

Luynes, Honoré Albert, duc de, *Mémoires du duc de Luynes sur la Cour de Louis XV (1735-1758) ...,* Paris 1765.

Madame Royale, (Marie Thérèse von Frankreich), *Journal de la duchesse d'Angoulême, corrigé et annoté par Louis XVIII, Paris 1893.*

Mallet du Pan, Jacques, *Journal historique et politique,* 12 Bde., Genf 1784-1787.

— *Mallet's du Pan Betrachtungen über die Natur der französischen Revolution und die Ursachen, die ihre Dauer verlängern,* übers. v. G. Schatz, Leipzig 1794.

— *Mémoires et correspondances pour servir à l'histoire de la Révolution française,* hrsg. von A. Sayous, 2 Bde., Paris 1851.

Malouet, Pierre-Victor, baron de, *Mémoires de Malouet,* 2. Aufl., 2 Bde., Paris 1874.

— *Des Herrn Malouet Briefe über die Revolution,* übers. von J.Mauvillon, Leipzig 1793.

Marie Antoinette, (siehe auch Joseph II.):

— *Correspondance secrète entre Marie-Thérèse et le comte de Mercy-Argenteau, avec les lettres de Marie-Thérèse et de Marie-Antoinette,* eingel., komment. u. hrsg von Alfred Ritter von Arneth u. M. A. Geffroy, 3 Bde., Paris 1874.

— *Correspondance entre Marie-Antoinette et Marie-Thérèse,* hrsg. von Georges Girard, Paris 1933.

Marie-Antoinette, Joseph II. und Leopold II. Ihr Briefwechsel, hrsg. von Alfred Ritter von Arneth, Leipzig, Paris, Wien 1866.

Marie-Antoinette et Barnave, Correspondance secrète, (Juli 1791-Januar 1792), hrsg. von Alma Söderhjelm, Paris 1934.

Maria Theresia, (siehe auch Joseph II. und Marie Antoinette):

— *Briefe der Kaiserin Maria Theresia an ihre Kinder und Freunde,* hrsg. von Alfred Ritter von Arneth, 4 Bde., Wien 1881.

— *Maria-Theresia und Marie-Antoinette,* Wien 1866. Die Ausgabe enthält die Briefe Vermonds.

— *Maria-Theresia. Geheimer Briefwechsel mit Marie Antoinette* hrsg. von Paul Christoph, Frankfurt a. M., Berlin 1991.

Marmontel Jean-François, *Mémoires,* hrsg. von M. Tourneux, 3 Bde., Paris 1891.

Martange, *Correspondance inédite,* hrsg. von Charles Bréard, Paris 1898.

Mercier, Louis-Sébastien, *Tableau de Paris,* 12 Bde., Amsterdam 1781-1789; *Le Nouveau Paris,* 6 Bde., VII. Jahr d. Rev.

— *Mein Bild von Paris: Mit 43 Wiedergaben nach zeitgenössischen Kupferstichen*, übers. u. hrsg. von J. Villain, Frankfurt a. M. 1979.

Metra, François, *Correspondance secrète* ..., 12 Bde., Paris 1787-1790.

Miot de Melito, André François, comte de, *Mémoires*, Bd. I, Paris 1858.

Mirabeau (vgl. Literaturverzeichnis: Chaussinand-Nogaret, Guy).

Montbarey, Alexandre Marie Léonor de Saint-Maurig, prince de, *Mémoires autographes de M. le Prince de Montbarey*, 3 Bde., Paris 1826.

Montjoye, *Histoire de la conjuration de Louis-Philippe-Joseph d'Orléans, surnommé Égalité*, 3 Bde., Paris 1796.

Montlosier, François Dominique, comte de Reynaud, *Mémoires de M. le comte de Montlosier sur la Révolution française* ..., Paris 1830.

Montyon, Antoine, baron de, *Particularités et observations sur les ministres des Finances de France les plus célèbres, depuis 1660 jusqu'à 1791*, Paris 1812.

Moreau, Jacob-Nicolas, *Mes souvenirs*, hrsg. von C. Hermelin, 2 Bde., Paris 1898-1901.

Morellet, André, Abbé, *Mémoires inédits de l'Abbé Morellet sur le XVIIIe siècle et sur la Révolution*, 2 Bde., Paris 1822.

— *Lettres à Lord Shelburne*, Paris 1898.

Morris, Gouverneur, *Journal pendant les années 1789, 1790, 1791, 1792*, hrsg. von Pariset, Paris 1901.

Mouffle D'Angerville, *La vie privée de Louis XV*, 4 Bde., London 1781.

— *Geschichte des Privatlebens Ludwigs XV., Königs von Frankreich*, Übers., 5 Bde., Berlin, Stettin 1781-1785.

Necker, Jacques, *Œuvres de Necker*, hrsg. von Baron de Staël, 15 Bde., Paris 1820-1821.

— *Des Herrn Necker Versuch über den Kornhandel und über die Gesetze diesen Gegenstand betreffend*, Übers., Dresden 1777.

— *Rechenschaft dem König gegeben von Necker im Jänner 1781*, übers. von J. F. v. P., Wien 1781.

— *Über die Wichtigkeit der Religiösen Meinungen von Necker*, übers. von Ströhlin, Stuttgart 1788.

— *Über die französische Staatsumwälzung. Aus dem Französischen des Necker*, 2 Bde., Zürich 1797.

Nicolardot, Louis, *Journal de Louis XVI*, Paris 1873.

Nougaret, Pierre-Jean-Baptiste, *Anecdotes du règne de Louis XVI*, 6 Bde., Paris 1791.

Nuñez, Fernan, comte de, *Un témoin ignoré de la Révolution: le comte Fernan Nuñez, ambassadeur d'Espagne à Paris*, hrsg. von Albert Mousset, Paris 1924.

Oberkirch, baronne d', *Mémoires sur la Cour de Louis XVI et la société française avant 1789*, hrsg. von Suzanne Burkard, Paris 1970.

Papillon de la Ferté, Denis Pierre Jean, *Journal intime 1766-1780*, Paris 1887.

Pasquier, Étienne-Denis, *Histoire de mon temps. Mémoires* ..., Bd. I, 6. Aufl., Paris 1894.

Pilcher (Vgl. *Maria-Theresia und Marie-Antoinette*, hrsg. von Arneth, 1866).

Rabaut-Saint-Étienne, Jean Paul, *Œuvres* ..., hrsg. von Collin de Plancy, 2 Bde., Paris 1825.

Rochambeau, Jean-Baptiste Donatien de Vimeur, comte de, *Mémoires militaires, historiques de Rochambeau*, 2 Bde., Paris 1824.

Rœderer, Pierre Louis, comte de, *Œuvres*, hrsg. von seinem Sohn Baron A. M. Rœderer, 8 Bde., Paris 1853-1859.

Roland de la Platière, Marie Jeanne Phlipon, *Mémoires de Mme Roland*, hrsg. von Paul de Roux, Paris 1966.

— *Memoiren der Frau Roland*, 2 Bde., o.O. 1844.

Sabran, comtesse de, *Correspondance inédite,* (1778-1788) Paris 1875.
Saint-Priest, Guillaume Emmanuel Guignard, comte de, *Mémoires,* 2 Bde., Paris 1929.
Sallier, *Annales françaises depuis le commencement du règne de Louis XVI jusqu'aux États généraux (1774-1789),* Paris 1813.
Ségur, Louis Philippe, comte de, *Mémoires ou souvenirs et anecdotes,* 5. Aufl., 2 Bde., Paris 1843.
Sénac de Meilhan, Gabriel, *Le gouvernement, les mœurs et les conditions en France avant la Révolution,* hrsg. von Lescure, Paris 1862.
Soulavie, Jean Louis Giraud, Abbé, *Mémoires historiques et politiques du règne de Louis XVI,* 6 Bde. Paris 1801.
Staël-Holstein, Anne Louise Germaine de, *Considérations sur les principaux événements de la Révolution française,* postum hrsg. von Hzg. Broglie u. Baron Staël, Paris 1843.
— *Betrachtungen über die vornehmsten Begebenheiten der französischen Revolution,* hrsg. von dem Herzog von Broglie u. Freiherrn von Staël [Übers.], Heidelberg 1818.
Staël-Holstein, Auguste Louis, baron de, *Correspondance diplomatique du baron de Staël-Holstein* ..., hrsg. von L. Léouzon le Duc, Paris 1881.
Stedingk, Curt von, *Mémoires posthumes ..., rédigés sur les lettres, dépêches et autres pièces authentiques ..., par le général comte de Björntstjerma,* Paris 1844-1847.
Talleyrand, Charles-Maurice de, *Mémoires,* 2 Bde., Paris 1757.
— *Memoiren des Fürsten Talleyrand,* hrsg. vom Herzog von Broglie. Deutsche Original-Ausg. von Adolf Ebeling, 3 Bde., Köln, Leipzig 1891.
Terray, Abbé, *Mémoires* ..., Paris 1776.
Thiébault, Paul Charles François, général baron de, *Mémoires,* 1893-1895.
— *Memoiren aus der Zeit der französischen Revolution und des Kaiserreichs,* bearb. von F. Mangold, 3 Bde., Stuttgart 1902.
Tilly, Alexandre, comte de, *Mémoires,* 2 Bde., Paris 1929.
Tourzel, Louis-Joséphile de Croý d'Havré, duchesse de, *Mémoires* ..., hrsg. von Duc de Cars, Paris 1883.
Tourzel, Pauline de, *Souvenirs de quarante ans,* (1789-1839). Eine Schilderung der Ereignisse nach dem 12. August 1792, siehe: Tourzel ..., duchesse de, *Mémoires.*
Turgut, Anne Robert Jacques, *Œuvres de Turgot et document le concernant avec biographie et notes par Gustav Schelle,* 5 Bde., Paris 1913-1923.
Véri, Joseph-Alphonse, Abbé de, *Journal,* hrsg. von Baron Jehan de Witte, 2 Bde., Paris 1928. (Einige nach 1781 entstandene Fragmente veröffentlicht von Castries in der *Revue de Paris* vom November 1953.)
Vivenot, Alfred Ritter von, *Vertrauliche Briefe von Thugut,* Wien 1872.
Walpole, Horace Earl of Orford, *The Letters of Horace Walpole, fourth Earl of Orford,* hrsg. von P. Cunningham, London 1857; Edinburgh 1906.
Young, Arthur, *Travels in France during the Years 1787, 1788, 1789* ..., hrsg. von Constantia Maxwell, Cambridge 1929.

Literaturverzeichnis

Actes du colloque sur le bicentenaire de Vergennes, 1.-2. Oktober 1987, *Revue d'Histoire diplomatique,* 3-4, Paris 1987.
Almeras, Henri d', *Marie-Antoinette et les pamphlets royalistes et révolutionnaires,* Paris 1907.
Antoine, Michel, *Louis XV,* Paris 1989.

— *Le dur métier de roi. Études sur la civilisation politique de la France d'Ancien Régime,* Paris 1986.
Arnaud, Claude, *Chamfort,* Paris 1988.
Arnaud-Bouteloup, Jeanne, *Le rôle politique de Marie-Antoinette,* Paris 1924.
— *Marie-Antoinette et l'art de son temps,* Paris 1924.
Arneth, Alfred Ritter von, *Geschichte Maria-Theresia's, 10 Bde., Wien 1863-1879.*
Aulard, Alphonse, *Histoire politique de la Révolution française,* Paris 1901.
— *La société des Jacobins. Recueil de documents pour l'histoire du club des jacobins de Paris,* 6 Bde., Paris 1889-1897.
Babelon, Jean-Pierre, *La vie quotidienne à Paris dans la seconde moitié du XVIIIe siècle,* Paris 1973.
Badinter, Elisabeth, *Les remontrances de Malesherbes (1771-1775),* Paris 1978.
Badinter, Robert u. Elisabeth, *Condorcet, un intellectuel en politique,* Paris 1988.
Baecque, Antoine de, *La Caricature révolutionnaire,* Paris 1988.
— *L'an I des droits de l'homme.* Les débats de 1789 à l'Assemblée nationale, ausgew. von A. de Baecque, W. Schmale u. M. Vovelle, Paris 1988.
Barret-Kriegel, Blandine, *Les historiens et la monarchie,* 4 Bde., Paris 1968.
Barton, Hildor Arnold, »The Origins of the Brunswick Manifesto«, in: *French historical Studies,* Nr. 5, 1967.
— *Count Hans Axel von Fersen,* Boston 1975.
Bérenguer, Jean, *Histoire de l'empire des Habsbourg,* Paris 1990.
Bertaud, Jean-Paul, *Les origines de la Révolution française,* Paris 1971.
— *Les amis du roi: journaux et journalistes royalistes en France de 1768 à 1792,* Paris 1984.
Bluche, François, *Le despotisme éclairé,* Paris 1968.
— *La vie quotidienne de la noblesse française au XVIIIe siècle,* Paris 1973.
— *Frankreich zur Zeit Ludwigs XVI.: Leben und Kultur am Vorabend der Revolution,* Stuttgart 1989.
Bluche, Frédéric, *Danton,* übers. von J. Baxmann, Stuttgart 1988.
— *Les massacres de septembre,* Paris 1987.
Bodinier, Gilbert, *Les officiers de l'armée royale, combattants de la guerre d'indépendance des États-Unis, de Yorktown à l'An II,* Paris 1983.
Bottineau, Yves, *L'art d'Ange-Jacques Gabriel à Fontainebleau,* Paris 1962.
Bourgeois, Émilie, *La diplomatie secrète au XVIIIe siècle,* 3 Bde., Paris o.J.
Boutry, Maurice, *Autour de Marie-Antoinette,* Paris 1907.
Breillat, Pierre, *Ville nouvelle, capitale modèle, Versailles,* Versailles 1986.
Britsch, Amédée, *La jeunesse de Philippe-Égalité,* Paris 1926.
Broglie, Charles Jacques Vidor Abert, duc de, *L'alliance autrichienne,* 2 Bde., Paris 1895.
— *Marie-Thérèse, impératrice,* Paris 1888.
Butler, Rohan, *Choiseul, Father and Son,* Oxford 1980.
Campardon, Émile, *Marie-Antoinette et le procès du collier,* Paris 1863.
— *Marie-Antoinette à la Conciergerie,* Dokumentation mit Protokoll zum Prozeß gegen die Königin, Paris 1864.
Capefique, G. B., *Louis XVI, son administration, et ses relations diplomatiques avec l'Europe,* 4 Bde., Paris 1844.
Caron, Pierre, *Les massacres de septembre,* Paris 1935.
— »La tentative de contre-révolution de juin-juillet 1789«, in: *Revue d'histoire moderne et contemporaine,* Bd. 8 (1906-1907).

Carré, Henri/Sagnac, Philippe/Lavisse, Ernest, *Louis XVI (1774-1789)*, Paris 1911.
Chagniot, Jean, *Paris et l'armée au XVIIIᵉ siècle*, Paris 1985.
Chambrun, Charles de, *Vergennes*, Paris 1944.
Chaumié, Jacqueline, *Le réseau d'Antraigues et la Contre-Révolution*, Paris 1965.
Chaussinand-Nogaret, Guy, *La civilisation des Lumières*, Paris 1971.
— *Mirabeau*, übers. von B. Wehringer.
— *Mirabeau entre le roi et la Révolution. Notes à la Cour suivies de discours*, Paris 1986.
Chevallier, Jean-Jacques, *Barnave ou les deux faces de la Révolution*, Paris 1936.
Chevallier, Pierre, *Histoire de la Franc-Maçonnerie française*, Neuaufl., 3 Bde., Paris 1984.
— Colloque international de Sorrèze.
Chiappe, Jean-François, *Louis XVI*, 3 Bde., Paris 1987-1989.
Cobban, Alfred, *The Social Interpretation of the French Revolution*, Cambridge 1964.
Crankshaw, Edward, *Maria Theresia: die mütterliche Majestät*, übers. von G. Treffer, 6. Aufl., München 1983.
Darnton, Robert, *Der Mesmerismus und das Ende der Aufklärung in Frankreich*, A. d. Amerik. u. Frz. u. mit einem Essay von M. Blankenburg, München, Wien 1983.
Dechêne, Abel, *Un enfant royal, le duc de Bourgogne*, Paris 1933.
— *Le dauphin, fils de Louis XVI*, Paris.
Desjardins, Gustave, *Le Petit Trianon Versailles*, Paris 1885.
Diesbach, Ghislain de, *Madame de Staël*, Paris 1983
— *Histoire de l'émigration*, Paris 1975.
Doyle, William, *Origins of the French Revolution*, Oxford 1980.
Égret, Jean, *La révolution des notables. Mounier et les monarchiens*, Paris 1950.
— *Louis XV et l'opposition parlementaire (1715-1774)*, Paris 1970.
— *Necker, ministre de Louis XVI*, Paris 1975.
Ernouf, Alfred-Auguste, *Maret, duc de Bassano*, Paris 1878.
Eude, Michel, »Breteuil, Bombelles, Castries en 1791«, in: *Annales historiques de la Révolution française*, Bd. 34, (1962).
Fagniez, Gustave, »La politique de Vergennes et la diplomatie de Breteuil (1774-1787)«, in: *Revue historique*, Paris 1922.
Faure, Edgar, *La disgrâce de Turgot*, Paris 1961.
Faÿ, Bernard, *Ludwig XVI. oder das Ende einer Welt*, übers. von A. Seiffhart, München 1956.
— *L'esprit révolutionnaire en France et aux États-Unis à la fin du XVIIIᵉ siècle*, Paris 1925.
Fayard, Jean-François, *La justice révolutionnaire*, Paris 1988.
Fejtö, François, *Joseph II., Kaiser und Revolutionär. Ein Lebensbild*, übers. von U. Rohden, Stuttgart 1956.
Filleul, Paul, *Le duc de Montmorency-Luxembourg*, Paris 1939.
Flammermont, Jules, *Négotiations secrètes de Louis XVI et du baron de Breteuil avec la cour de Berlin, décembre 1791–juillet 1792*, Paris 1885.
Fleischmann, Hector, *Les maîtresses de Marie-Antoinette*, Paris 1910.
— *Les pamphlets libertins contre Marie-Antoinette*, Neuaufl., Genf 1976.
Fleury, Adrien, vicomte de, *Les derniers jours de Versailles*.
Franqueville, Charles, comte de, *Le château de la Muette*, Paris 1915.
Funck-Brentano, Franz, *La mort de la reine*, Paris 1901.
— Marie-Antoinette et l'énigme du collier, Paris 1926.
Furet, François, *1789, vom Ereignis zum Gegenstand der Geschichtswissenschaft*, übers. von T. Schoenbaum-Holtermann, München 1980.

Furet, François/Richet, Denis, *Die Französische Revolution*, übers. von U. F. Müller, München 1968.
Furet, François/Ozouf, Mona, *Dictionnaire critique de la Révolution française*, Paris 1988.
Gaxotte, Pierre, *Le siècle de Louis XV*, Paris 1933.
— *La Révolution française*, Neuaufl., Paris 1962.
Girault de Coursac, Pierrette, *L'éducation d'un roi, Louis XVI*, Paris 1972.
Godechot, Jacques, *La Contre-Révolution*, Paris 1961.
— *La prise de la Bastille*, Paris 1965.
— *Les révolutions*, Paris 1963.
Grosclaude, Pierre, *Malesherbes, témoin et interprète de son temps*, 2 Bde., Paris 1961.
Griffiths, Robert H., *Le centre perdu. Malouet et les monarchiens dans la Révolution française*, Grenoble 1988.
Gruber, Alain-Charles, *Les Grandes Fêtes et leurs décors à l'époque de Louis XVI*, Genf, Paris 1972.
Harris, Robert D., *Necker and the Revolution of 1789*, London 1986.
Hazard, Paul, *Die Herrschaft der Vernunft. Das europäische Denken im 18. Jahrhundert* ..., übers. von H. Wegener u. K. Linnebach, Hamburg 1949.
Hours, Bernard, *Madame Louise, princesse au Carmel*, Paris 1987.
Huart, Suzanne d', *Brissot, la Gironde au pouvoir*, Paris 1986.
Jallut, Marguerite, *Marie-Antoinette et ses peintres*, Paris 1955.
Jullien, Adolphe, *La Cour et l'Opera sous Louis XVI*, Paris 1878.
Kermina, Françoise, *Hans-Axel de Fersen*, Paris 1985.
Khevenhüller-Metsch, Joseph, *Aus der Zeit Maria-Theresia's. 1742-1776*, 5 Bde., Wien 1907-1917.
Labourdette, Jean-François, *Vergennes, ministre de Louis XVI*, Paris 1990.
— »Vergennes ou la tentation du ministériat«, in: *Revue historique*, CCLXXV/1, Paris 1986, S. 73-107.
— »Vergennes et la Cour«, in: *Revue d'histoire diplomatique*, 3-4, Paris 1987, S. 289-321.
Lacour-Gayet, Robert, *Calonne, financier, réformateur contre-revolutionnaire (1734-1802)*, Paris 1963.
Lecestre, Léon, *Les tentatives d'évasion de Marie-Antoinette au Temple et à la Conciergerie*, Paris 1886.
Leclercq, Dom H., *Les journées d'octobre et la fin de l'année 1789*, Paris 1924.
— *La fédération (janvier-juillet 1790)*, 2 Bde., Paris 1929.
— *L'église constitutionelle (juillet 1790-avril 1791)*, Paris 1934.
— *La fuite du roi (avril-juillet 1791)*, Paris 1936.
— *L'œuvre de la Constituante (juillet-décembre 1791)* Paris 1938.
— *Feuillants et Girondins (août 1791-avril 1792)*, Paris 1940.
Lefebvre, Georges, *1789: das Jahr der Revolution*, übers. von U. F. Müller, München 1989.
Lenôtre Georges, *La captivité et la mort de Marie-Antoinette*, Neuaufl., Paris 1951.
— *Le vrai Chevalier de Maison-Rouge*, Neuaufl., Paris 1959.
Lever, Évelyne, *Ludwig XVI.*, übers. von P. Kayser u. M. Müller, Stuttgart 1988.
— *Louis XVIII*, Paris 1988.
Lombarès, Michel de, *Enquête sur l'échec de Varennes*, Paris 1988.
Manceron, Claude, *Les hommes de la liberté*, Paris 1972-1989.
Mansel, Philip, *Louis XVIII*, London 1981.
— *The Court of France, 1789-1830*, Cambridge 1988.
Mathiez, Albert, *Die Französische Revolution*, übers. von E. Frisch, 3 Bde., Zürich 1940-50.

— *Le club des Cordeliers pendant la crise de Varennes et le massacre du Champs-de-Mars,* Paris 1910.
— »Étude critique sur les journées des 5 et 6 octobres 1789«, in: *Revue historique,* Bd. 67, 1898, S. 241-281; Bd. 68, S. 258-294; Bd. 69, 1899, S. 41-66.
Maugras, Gaston, *La disgrâce du duc et de la duchesse de Choiseul. La vie à Chanteloup, la mort,* Paris 1903.
— *La fin d'une société: le duc de Lauzun et la Cour de Marie-Antoinette,* Paris 1893.
Mauzi, Robert, *L'idée du bonheur dans la littérature et la pensée française au XVIIIe siècle,* Paris 1960.
Methivier, Hubert, *L'Ancien Régime en France XVIe, XVIIe, XVIIIe siècles,* Paris 1981.
Mortimer-Ternaux, Louis, *Histoire de la Terreur,* 8 Bde., Paris 1862-1869.
Mousnier, Roland, *Les institutions de la France sous la monarchie absolue: 1598-1789,* 2. Bde., Paris 1974-1980.
Nolhac, Pierre de, *Histoire du château de Versailles,* 3 Bde., Paris 1911-1918.
— *Versailles et la Cour de France,* 10 Bde., Paris 1925-1930.
— *Le Trianon de Marie-Antoinette,* Paris 1914.
Nordmann, Claude, *Gustav III, un démocrate couronné,* Paris 1986.
Orateurs de la Révolution française. Les Constituants, ausgew. u. komment. von François Furet u. Ran Halévi, Paris 1989.
Petitfrère, Claude, *Le scandale du »Mariage de Figaro«,* Brüssel 1989.
Pimodan, Claude Emmanuel Henri Marie, comte de, *Le comte de Mercy-Argenteau, ambassadeur impérial à Paris sous Louis XVI,* Paris 1911.
Poignant, Simone, *Les filles de Louis XV, l'aile des princes,* Paris 1970.
Poisson, Georges, *Choderlos de Laclos, ou l'obstination,* Paris 1985.
Préclin, Edmond/Tapié, Victor-Lucien, *Le XVIIIe siècle ...,* Paris 1952.
Price, Munro, *The Comte of Vergennes and the Baron of Breteuil: French Politics and Reform in the Reign of Louis XVI,* Cambridge University, Ph. D., Maschinenschrift.
Proyart, Abbé, *Louis XVI et ses vertus aux prises avec la perversité de son siècle ...,* 5 Bde., Paris 1805.
Quétel, Claude, *Histoire vraie d'une prison légendaire,* Paris 1988.
Rampelberg, René Marie, *Le ministre de la maison du roi, baron de Breteuil, 1783-1788,* Paris 1975.
Reinhard, Marcel, *La chute de la royauté,* Paris 1907.
Renouvin, Pierre, *Les assemblées provincales de 1787 ...,* Paris 1921.
Rousselet, Marcel, *Les souverains devant la justice,* Paris 1946.
Rudé, Georges, *The Crowd in the French Revolution,* Oxford 1959.
Sagnac, Philippe, *La chute de la royauté,* Paris 1907.
Ségur, marquis de, *Au couchant de la monarchie,* Bd. I: *Louis XVI et Turgot,* Bd. II: *Louis XVI et Necker,* Paris 1909.
Seligman, Edmond, *La justice en France pendant la Révolution,* Paris 1901-1913.
Sevin, André, *Le défenseur du roi, Raymond de Sèze,* Paris 1936.
Soboul, Albert, *Die große Französische Revolution,* hrsg. u. übers. von J. Heilmann u. D. Krause-Vielmar, Frankfurt a. M. 1976.
— *La civilisation et la Révolution française,* Bd. I: *La crise de l'Ancien Régime,* Paris 1970.
— *Le procès de Louis XVI,* Paris 1966.
Solé, Jacques, *La Révolution en questions,* Paris 1988.
Solnon, Jean-François, *La Cour de France,* Paris 1987.
Sorel, Albert, *L'Europe et la Révolution française,* 8 Bde., Paris 1885-1911.

— *La Question d'Orient au XVIIIe siècle*, Paris 1878.
Sorg, Roger, »Fersen officier français et Marie-Antoinette«, in: *Mercure de France*, 15. Juli 1933.
— »Le véritable testament de Marie-Antoinette«, in: *Historia*, August/September 1955.
Stryienski, Casimir, *La mère des trois derniers Bourbons. Marie-Josèphe de Saxe et la cour de Louis XV, d'après les documents inédits tirés des archives royales de Saxe*, Paris 1902.
— *Mesdames de France, filles de Louis XV*, Paris 1910.
Sutherland, Donald M. G., *France 1789-1815, Revolution and Counter-Revolution*, London 1985.
Sydenham, M.-J., *The Girondins*, London 1961.
Tackett, Timothy, *Religion, revolution and regional culture in eigteenth-century France*, Princeton 1986.
Taillemite, Étienne, *La Fayette*, Paris 1989.
Tapié, Victor-Lucien, *Maria-Theresia: die Kaiserin und ihr Reich*, übers. von U. Szyskowitz u. E. Wacker, Graz, Wien, Köln 1980.
Thomas, Chantal, *La reine scélérate. Marie-Antoinette dans les pamphlets*, Paris 1989.
Tocqueville, Alexis de, *Coup d'œil sur le règne de Louis XVI*, Paris 1952.
Tulard, Jean, *Frankreich im Zeitalter der Revolutionen, 1789-1851*, übers. von A. Moser, Stuttgart 1989.
— *La Révolution (1789-1799)*, in: *Nouvelle histoire de Paris*, Paris 1989.
Tulard, Jean/Fayard, Jean-François/Fierro, Alfred, *Histoire et dictionnaire de la Révolution française, 1789-1799*, Paris 1987.
Vaissière, Pierre de, *La mort du roi*, Paris 1910.
Vatel, Charles, *Histoire de Madame du Barry*, 3 Bde., Versailles 1883.
Verlet, Pierre, *Le Château de Versailles*, Paris 1985.
— *Le mobilier royal français*, 2 Bde., Paris 1946-1955.
Vidalenc, Jean, *Les émigrés français, 1789-1795*, Caen 1963.
Vinot, Bernard, *Saint-Juste*, übers. von F. Saalburg, Stuttgart 1989.
Vovelle, Michel, *L'état de la France pendant la Révolution, 1789-1799*, Paris 1988.
— *La chute de la Monarchie, 1787-1792*, Paris 1972.
Vuaflart, Albert/Bourin, Henri, *Les Portraits de Marie-Antoinette*, Paris 1909.
Waddington, Richard, *Louis XV et le renversement des alliances*, Paris 1896.
Wallon, Henri Aléxandre, *Histoire du tribunal révolutionnaire*, 6 Bde., Paris 1880-1882.
Welvert, Eugène, »L'éminence grise de Marie-Antoinette«, in: *Revue d'histoire de Versailles*, 1921-1922.
Winock, Michel, *1789, l'année sans pareille*, Paris 1988.
Wrangel, Frederik Ulrik, Grefe, *Origines et débuts du Royal-Suédois*, o.O. 1914.

Wichtige Biographien Marie Antoinettes

Zu Marie Antoinette gibt es zahlreiche Biographien, von denen im folgenden nur die wichtigsten aufgeführt sind.

Castelot, André, *Marie Antoinette. Von Versailles zur Guillotine*, übers. von A. v. Steerbach, 2. Aufl., München 1989.
Chalon, Jean, *Chère Marie-Antoinette*, Neuaufl., Paris 1956.

Goncourt, Edmond u. Jules de, *Geschichte der Marie Antoinette. Von Edmond und Jules de Goncourt,* übers. von Schmidt-Weissenfels, Prag 1859.
Huismann, Philippe/Jallut, Marguerite, *Marie-Antoinette. l'impossible bonheur,* Paris, Lausanne 1970.
Kunstler, Charles, *La vie privée de Marie-Antoinette,* Paris 1938.
Nolhac, Pierre de, *Marie-Antoinette dauphine,* Paris 1929.
— *La reine Marie-Antoinette,* Paris 1929.
Vallotton, Henri, *Marie-Antoinette et Fersen,* Paris, Genf 1952.
Walter, Gérard, *Marie-Antoinette,* Paris 1946.
Webster, Nesta, *Marie-Antoinette intime,* Paris, Genf 1957.
Zweig, Stefan, *Marie Antoinette. Bildnis eines mittleren Charakters,* Erw. Neuausg. Frankfurt a. M. 1951.

Namenregister